Mario Keßler
Sozialisten gegen Antisemitismus

Mario Keßler, Prof. Dr., Jg. 1955, ist Senior Fellow am Leibniz-Zentrum für Zeithistorische Forschung in Potsdam, an dem er von 1996 bis 2021 arbeitete. Er lehrte an der Universität Potsdam, war Gastprofessor an der Yeshiva University in New York und unterrichtete an weiteren Universitäten in der DDR, der Bundesrepublik, den USA und Israel.

Mario Keßler

Sozialisten gegen Antisemitismus

Zur Judenfeindschaft und ihrer Bekämpfung (1844–1939)

VSA: Verlag Hamburg

www.vsa-verlag.de

Diese Publikation wurde gefördert mit Mitteln des Leibniz-Zentrum für Zeithistorische Forschung in Potsdam (ZZF) und der Rosa-Luxemburg-Stiftung Berlin.

Umschlagfoto: Kundgebung des Allgemeinen jüdischen Arbeiterbundes 1917
Druck und Buchbindearbeiten: CPI books GmbH, Leck
ISBN 978-3-96488-144-1

Inhalt

Vorbemerkung

Im 19. Jahrhundert hatte sich die sozialistische Bewegung zur Befreiung der Menschen von Unterdrückung, Ausbeutung und Völkerhass gebildet. Sozialismus und Antisemitismus waren und sind somit prinzipiell miteinander unvereinbar. Dennoch war das Verhältnis sozialistischer Persönlichkeiten und Bewegungen zum Antisemitismus niemals einfach, und judenfeindliche Vorurteile gab und gibt es auch in der Linken.

In den letzten Jahren rückten die Forschung und ihre Wahrnehmung in der Öffentlichkeit jedoch zunehmend von der Ansicht ab, Sozialismus und Antisemitismus seien gegensätzlicher Natur. Dies ging zum Teil so weit, der politischen Linken eine allgemeine Judenfeindschaft zu unterstellen. Ohne die problematischen Aspekte dieser Beziehung, angefangen von Karl Marx' umstrittener Schrift von 1844, zu leugnen, sucht das vorliegende Buch die historischen Proportionen in transnationaler Perspektive wiederherzustellen.

Es ist teils ideologiekritisch, teils organisationsgeschichtlich angelegt und behandelt die Positionen der europäischen Arbeiterbewegung (ohne christliche und anarchistische Parteien) zum Antisemitismus. Dabei waren Juden zwar Opfer des Antisemitismus, bekämpften ihn aber auch aktiv, gemeinsam mit ihren nichtjüdischen Genossinnen und Genossen. Untersucht wird der Zeitabschnitt vom deutschen Vormärz bis zum Beginn des Zweiten Weltkrieges. Die wechselvolle Haltung der Arbeiterbewegung zum Zionismus und zu Palästina als spezifischer Antwort auf den Antisemitismus findet gleichfalls Beachtung. Eine Vollständigkeit der Darstellung anzustreben, wäre aufgrund der Themenfülle wie des verfügbaren Raumes illusorisch. Die behandelten Fragen sollen jedoch zu einem möglichst breiten Verständnis der Probleme hinführen. Dabei geht es stets darum, aus der mit Emotionen überladenen Thematik ihren rationalen Kern herauszuschälen.

Das Buch führt in den Forschungsstand ein, ohne diesen in jeder Einzelfrage auszubreiten. Die Literaturhinweise gestatten es, solchen Einzelfragen vertieft nachzugehen. Die angefügten Dokumente suchen das Gesagte zu illustrieren, vermitteln in ihrer Denkweise und Sprache aber auch ein Gefühl für den vielgenannten Zeitgeist, dessen Ausdrucksformen sich von unserer Gegenwart sehr unterscheiden. Dabei sollten wir uns dessen stets bewusst sein, dass etwaige Äußerungen vor Auschwitz anders aufgefasst werden durften, als sie heute gelesen werden müssen. Die Protagonisten dieses Buches konnten sich in ihren schlimmsten Albträumen die Vernichtung der europäischen Juden nicht vorstellen – bis der »Anschluss« Österreichs und die deutsche Pogromnacht 1938 einen Vorschein auf das Grauen warfen.

Eine Analyse des faschistischen Vernichtungs-Antisemitismus durch die europäische Linke nach 1945 kann aus Zeit- und Platzgründen hier nicht erfolgen. Doch finden sich im Text genug Hinweise auf den Ursprung und die Hintergründe von Denkfiguren, die auch heute noch lebendig sind. Unter anderen Bedingungen als unter denen der historischen Akteure will dieses Buch zum Abbau fortwirkender Vor- und Pauschalurteile beitragen; eines Abbaus, dessen unsere Gesellschaft, soll sie eine bessere Gesellschaft werden, dringend bedarf.

Diese Arbeit knüpft in Teilen an meine DDR-Habilitationsschrift von 1990 über *Zionismus und internationale Arbeiterbewegung 1897–1933* (Buchausgabe 1994) an. Das Buch ist vergriffen, der Akademie-Verlag, in dem es erschien, existiert nicht mehr, doch die damaligen Gedanken sollten angesichts der Bedeutung des Themas neu durchdacht werden.

Zur Zitierweise, Umschrift und den Übersetzungen

Jedes Kapitel verfügt über einen in sich geschlossenen Anmerkungsapparat, in dem der vollständige Titel der zitierten Arbeit beim ersten Mal genannt und im Folgenden durch den Verfasser-Nachnamen sowie den gekürzten Titel oder ein Titelstichwort ausgewiesen wird.

Bei russischen, polnischen und hebräischen Publikationen und Termini sind die deutschen Übersetzungen bei der ersten Nennung sowie in der Bibliografie beigefügt. Bei Titeln und Bezeichnungen in westlichen Sprachen wurde darauf verzichtet.

Russische Namen, Begriffe und Publikationen werden im Text allgemein durch die Steinitzsche (phonetische) Umschrift wiedergegeben. In den Anmerkungen und der Bibliografie findet die auf dem tschechischen Alphabet beruhende deutsche Bibliotheksumschrift Anwendung. Die Umschrift hebräischer Titel folgt in vereinfachter Form dem amerikanischen Katalogsystem. Jiddische Termini richten sich in der Umschrift nach der jeweiligen Eigenbezeichnung.

In Zitaten werden Auslassungen des Verfassers durch eckige Klammern [...] ausgewiesen, Auslassungen ohne Klammern entsprechen dem jeweiligen Original. Die Übersetzungen mit Ausnahme der hebräischen Quellen stammen, soweit nicht anders angegeben, von mir. Eleanor Yadin ist wiederum für unermüdliche Hilfe bei der Beschaffung ansonsten kaum erreichbarer Literatur und für Übersetzungen aus dem Hebräischen sehr zu danken. Dr. Dominik Rigoll kontrollierte und verbesserte meine Übersetzung des Dokuments 5 aus dem Französischen. Dr. Wladislaw Hedeler half mit russischen Quellen und Literaturhinweisen. Zudem danke ich dem VSA: Verlag und dort Gerd Siebecke für seine ständige Unterstützung. Ein besonderer Dank geht an Juliane Deppe für das umsichtige Lektorat.

Kapitel 1
Judenfeindschaft, Judenemanzipation und Sozialismus

»Politischer Antisemitismus hatte äußerst wenig mit den Juden als Juden zu tun«, schrieb der Engländer James Parkes kurz nach dem Zweiten Weltkrieg.[1] Sehr viel hatte er zu tun mit dem Gebrauch überlieferter judenfeindlicher Ressentiments für politische Massenbewegungen.[2] Der moderne Antisemitismus, wie er sich im 19. Jahrhundert entwickelte, baute auf einer tradierten Judenfeindschaft auf und verband sie mit Nationalismus und Rassismus. Politische Parteien und Interessenverbände suchten dieser qualitativ neuen Form der Judenfeindschaft eine Massenbasis zu schaffen. Doch das Bild vom verwerflichen und verachtenswerten Juden hat eine lange Tradition in der europäischen Geschichte.

Inwieweit in der Antike eine spezielle Judenfeindschaft existiert habe oder diese Feindschaft als Bestandteil allgemein fremdenfeindlicher Einstellungen anzusehen sei, ist in der Forschung noch immer umstritten. An gezielten Judenverfolgungen, so unter Seleukidenkönig Antiochos IV. (215–164 v. u. Z.) und während der römischen Eroberung Jerusalems (70 u. Z.) kann indes kein Zweifel bestehen.[3] Doch als das Christentum, selbst aus dem Judentum hervorgegangen, sich sukzessive als Konkurrenz zu diesem begriff, entstand unstreitig eine massive antijüdische Tradition. Das Christentum verstand sich als »neuer Bund« und als »wahres Israel«. Das zunächst als innerjüdische Angelegenheit angesehene Problem des Christusmordes wurde von der Kirche seit Beginn des zweiten Jahrhunderts zunehmend als Anschuldigung gegen die Juden instrumentalisiert.

Die Durchsetzung des Christentums als Staatsreligion war im Römischen Reich zwischen 324 und 395 begleitet von Judenfeindschaft: Juden wurden aus dem öffentlichen Leben hinausdrängt, ihre Konversion zum Christentum wurde gefordert und sie wurden auch zum Ziel physischer Angriffe. Seitdem bildete der Glaubensgegensatz die Grundlage für eine soziale Ablehnung der Juden durch das Christentum und die Institutionen der christlich geprägten Welt. Mit der religiösen Durchdringung des sogenannten Abendlandes verbreitete sich die Juden-

---

[1] James Parkes: Antisemitismus. Ein Feind des Volkes, übers. von Arno Dohm, Nürnberg 1948, S. 10.

[2] Ressentiments unterscheiden sich von Vorurteilen dadurch, dass sie ausgesprochen oder unausgesprochen die Existenz von Menschen infrage stellen und nicht nur deren als negativ empfundene Eigenschaften ablehnen.

[3] Vgl. hierzu u.a. Zvi Yavetz: Judenfeindschaft in der Antike. Die Münchner Vorträge, München 1997; Peter Schäfer: Judenhass und Judenfurcht. Die Entstehung des Antisemitismus in der Antike, Berlin 2010.

feindschaft über den Klerus hinaus und wurde Teil der Volksfrömmigkeit. Durch Missionsbestrebungen der Bettelorden steigerte sie sich im Zeitalter der Kreuzzüge (seit 1096) zur systematischen Diskriminierung. Juden wurden zum Zunfthandwerk nicht zugelassen und dadurch weitgehend in den als »Wucher« gekennzeichneten Geld- und Kleinhandel abgedrängt. Durch die Bestimmungen des IV. Laterankonzils 1215 wurden sie zur äußerlich ausgegrenzten Gruppe; sie mussten gekennzeichnete Kleidung tragen, wurden in abgesonderte Wohngebiete, die Ghettos, verwiesen und zu öffentlichen Ämtern nicht mehr zugelassen. Sie wurden zu Sündenböcken für Probleme erklärt, die nichts mit ihnen zu tun hatten, und aus mehreren Ländern ausgewiesen.

Diese soziale Stigmatisierung der Juden steigerte sich zu ihrer Verfolgung, besonders nach der Pestepidemie von 1348–1350, zu deren Verursachern die Juden erklärt wurden. Die inzwischen tief verwurzelten Ressentiments führten zu antijüdischen Ausschreitungen.[4] Doch auch im Islam, der anderen monotheistischen Großreligion, entstand eine Judenfeindschaft.[5]

Im 15. und 16. Jahrhundert wurden Juden aus vielen deutschen Städten ausgewiesen – am Ende des 15. Jahrhunderts mit der Rechristianisierung auch aus Spanien (1492) und Portugal (1496/97), wo sie einen integralen Teil der Kultur der muslimischen Staaten gebildet hatten. Die erzwungenen Konversionswellen gingen auf der iberischen Halbinsel mit einem Abstammungsnachweis (*estatutos le limpieza de sangre*) einher, um gegebenenfalls zum Christentum Konvertierte, die heimlich an der jüdischen Religion festhielten, identifizieren zu können. Damit wurden erstmals rassistische Kriterien zur Bestimmung von Juden angewandt.[6]

Nach der vollständigen Rechristianisierung Spaniens und Portugals kam es nach 1492 zu einer großen Immigrationswelle sephardischer Juden in das Gebiet der heutigen Niederlande und Belgiens. War die lutherische Reformation insgesamt judenfeindlich eingestellt,[7] so erhob die Aufklärung die Forderung nach Aufhebung der jüdischen Absonderung und nach bürgerlicher Gleichberechtigung. Die philosophische und literarische Aufklärung suchte die Fesseln der Kirche zu sprengen und die Religion zur Privatsache zu erklären.[8]

Vor der französischen Revolution von 1789 unterstanden die Juden in weiten Teilen Europas unmittelbar dem Schutz der jeweiligen Landesherren. In Po-

[4] Vgl. František Graus: Pest, Geißler, Judenmorde. Das 14. Jahrhundert als Krisenzeit, Göttingen 1987.

[5] Vgl. Georges Bensussan: Die Juden der arabischen Welt. Die verbotene Frage, übers. von Jürgen Schröder, Berlin/Leipzig 2019.

[6] Vgl. Immanuel Geiss: Geschichte des Rassismus, Frankfurt a. M. 1988, S. 114–121.

[7] Vgl. Heiko A. Oberman: Wurzeln des Antisemitismus. Christenangst und Judenverfolgung im Zeitalter von Humanismus und Reformation, 2. Aufl., Berlin [West] 1981.

[8] Vgl. u.a. Jacob Katz: Aus dem Ghetto in die bürgerliche Gesellschaft, übers. von Wolfgang Lotz, Frankfurt a. M. 1988.

len übertrug der politisch herrschende Adel (die Szlachta) den Juden Funktionen eines Bürgertums, das die Gesellschaft noch nicht hervorgebracht hatte. Ihre Nützlichkeit für das Feudalsystem war Voraussetzung für Schutz und weitgehende Autonomie, die den Juden in Polen zugestanden wurde. Die Kosakenaufstände gegen die polnische Herrschaft führten in der Ukraine von 1636 bis 1638 und 1648/49 zu Massakern – Pogromen – gegen Juden, denen schätzungsweise über 100.000 Menschen zum Opfer fielen. Dadurch verschlechterten sich die sozialen und besonders die ökonomischen Verhältnisse der Juden in den ukrainischen Gebieten drastisch.

Auch in Mittel- und Westeuropa erlebten die Juden im 16. und 17. Jahrhundert einen ökonomischen Abstieg. Da sie aus dem städtischen Leben weitestgehend in die Ghettos abgedrängt worden waren, konzentrierten sie sich auf die Mittlertätigkeit zwischen Land und Stadt, so im Viehhandel, als Hausierer oder Trödler. Für die Landesherren war Judenpolitik vor allem Fiskalpolitik; die landesherrlichen Schutzbriefe, die die Juden vor unmittelbarer Verfolgung schützten, waren an jüdischen Besitz und an Zahlungen gebunden. Die verarmten Juden, die keine Schutzbriefe ausgestellt bekamen, wurden häufig in die Kriminalität abgedrängt, was zum weiteren Anwachsen der Judenfeindschaft beitrug. Diese wandernden »Betteljuden« bildeten um 1780 etwa zehn Prozent der jüdischen Bevölkerung.[9]

Nur einer dünnen Schicht von Kaufleuten und Händlern gelang der Aufstieg zu Lieferanten der Fürstenhöfe, zu »Hofjuden«. Diese zahlenmäßig sehr kleine Gruppe zog den Neid ihrer Umgebung auf sich und gab ebenfalls judenfeindlichen Stereotypen Nahrung. Die europäische Kirchenspaltung hatte die Judenfeindschaft nicht vermindert, da nach vorherrschender Meinung unter den Reformatoren für die Erneuerung von Kirche und Gesellschaft auch die Überwindung des Judentums nötig sei. Das allmähliche Abflauen des innerchristlichen Gegensatzes nach der Katastrophe des Dreißigjährigen Krieges führte im 18. Jahrhundert schrittweise zur Verbesserung der sozialen Lage der Juden in Mitteleuropa und zeitweilig auch zur Verringerung des Judenhasses. Der aufkommende liberale, auf freier Konkurrenz beruhende Kapitalismus veränderte die sozialen Beziehungen. Die entstehende säkulare Wettbewerbsordnung sah nicht mehr in der Abstammung, sondern im Besitz das entscheidende Kriterium und konnte die Existenz sozialer Gruppen nicht mehr dulden, die aus Gründen benachteiligt waren, die außerhalb der Ökonomie zu suchen sind. Die Entfaltung der bürgerlichen Gesellschaft musste die Integration der Juden auf der Basis gleicher Rechte und Pflichten einschließen. Dabei waren führende Köpfe der Aufklärung von antijüdischen Denkmustern nicht frei, die aus ihrer Religionskritik gespeist wurden –

[9] Vgl. Werner Bergmann: Geschichte des Antisemitismus, München 2002, S. 13f.

und zugleich bekämpften sie, wie Immanuel Kant, rassistische Vorurteile, Kolonialismus und Sklaverei.[10]

Der mit dem jüdischen Aufklärer Moses Mendelssohn befreundete preußische Staatsrat Christian Wilhelm von Dohm erhob im Jahre 1781 in seinem Buch *Über die bürgerliche Verbesserung der Juden* die Forderung nach Aufhebung der jüdischen Sonderexistenz, für die er die Judenfeindschaft der christlichen Kirchen verantwortlich machte. Er meinte, den Juden als Belohnung für soziales Wohlverhalten sowie als Vorschuss auf künftige Leistungen für den Staat die Bürgerrechte zu gewähren, sei den Ideen der Aufklärung gemäß.

Der Jakobiner Andreas Riehm bejahte die Ideen der Französischen Revolution und forderte in seiner Schrift *Apologie für die unterdrückte Judenschaft* in Deutschland 1798 die volle Gleichberechtigung der Juden, ohne diese an irgendwelche Bedingungen zu knüpfen. Die französische Revolutionsregierung proklamierte die rechtliche Emanzipation der Juden, wenngleich die christlichen Befürworter der jüdischen Emanzipation wie Honoré Gabriel Mirabeau und Bischof Henri Grégoire Widerstände überwinden mussten: Die Legislative vollzog den abschließenden gesetzgeberischen Akt erst im November 1791, den die Direktorialverfassung 1795 bestätigte.

Das Regime Napoleons I. verwirklichte zumindest zeitweise diese Prinzipien in den von ihm eroberten Ländern. Doch der Widerstand gegen die nationale Unterdrückung durch Napoleon manifestierte sich in Deutschland auch in der Zurückweisung der jüdischen Emanzipation. Die politische Romantik verband mit Ernst Moritz Arndt, Friedrich Ludwig Jahn und besonders extrem dem wenig bekannten Hartwig Hundt-Radowsky[11] die Forderung nach nationaler Befreiung und Einheit mit Doktrinen, die die Reinheit des germanischen Blutes anstrebten, die christliche Religion als Grundwert des deutschen Nationalbewusstseins definierte und die traditionelle religiöse Judenfeindschaft durch eine wertmäßig abgestufte Hierarchie der Menschenrassen ergänzen wollte. Hervorgehoben sei, dass antijüdische und antifeministische Haltungen oft Hand in Hand gingen; die bedeutende Rolle, die jüdische Salonnières um 1800 im geistigen Leben von Berlin, aber auch Wien spielten, war ihren Widersachern somit aus doppeltem Grund ein Dorn im Auge.[12]

---

[10] Vgl. z.B. Peter Grove: Immanuel Kant: Judentum und Vernunftreligion, in: Roderich Barth u.a. (Hrsg.): Christentum und Judentum. Akten des Internationalen Kongresses der Schleiermacher-Gesellschaft in Halle, März 2009, Berlin/Boston 2012, S. 177–191.

[11] Vgl. Peter Fasel: Vordenker des Holocaust, in: Die Zeit, Nr. 5, 22. Januar 2004.

[12] Vgl. aus der inzwischen umfangreichen Literatur zu diesem Thema Hilde Spiel: Fanny von Arnstein oder die Emanzipation. Ein Frauenleben an der Zeitenwende 1758–1818, Frankfurt a. M. 1962 (zahlreiche Neuauflagen); Deborah Hertz: Die jüdischen Salons im alten Berlin 1780–1806, übers. von Gabriele Neumann-Kloth, München 1995.

Die Berliner Tischgesellschaft von 1811, ein wichtiges Zentrum intellektueller Aktivitäten, der u.a. Johann Gottlieb Fichte, Heinrich von Kleist, Clemens Brentano, Achim von Arnim, Carl von Clausewitz und Karl von Savigny angehörten, schloss ausdrücklich nicht nur Angehörige der jüdischen Religionsgemeinschaft, sondern auch Getaufte und sogar deren Nachkommen von der Mitgliedschaft aus. Die nationale Befreiung von der französischen Herrschaft ging mit der Rücknahme wesentlicher Grundsätze der Französischen Revolution einher. Der Gedanke der Gleichberechtigung von Juden und Nichtjuden galt nunmehr als verpönt. Die Aktivitäten der studentischen Burschenschaften, so das Wartburgfest von 1817, waren von antijüdischen Slogans geprägt.

In Frankreich verstärkte sich die Judenfeindschaft mit den Problemen der Industrialisierung nach 1830. Mit Edouard Drumont, einem Verkünder von Rassentheorien und Autor des Werkes *La France juive* (1866), erfolgte der Übergang zum modernen politischen Antisemitismus, für dessen Entstehungsgeschichte im deutschen Sprachraum Wilhelm Marr von Bedeutung ist. Er prägte 1879 in seiner Schrift *Der Sieg des Judenthums über das Germanenthum* den Begriff des Antisemitismus. Dieser verstand sich als politische, nicht als religiöse Opposition gegen die juristische Gleichbehandlung der Juden und war mit einem aggressiven Nationalismus verbunden, der andere Völker – am stärksten nichteuropäische Völker – als kulturell und ethnisch minderwertig diskriminierte. Hier verbanden sich in folgenreicher Weise antisemitische mit kolonialrassistischen Denkmustern auf der Grundlage antidemokratischen und oft geschlechterstereotypen Denkens. Die israelische Historikerin Shulamit Volkov hat diese irrationale, indes rational maskierte Haltung den »kulturellen Code« des Antisemitismus genannt.[13]

Vor allem das Aufkommen politischer Massenparteien ermöglichte in der zweiten Hälfte des 19. Jahrhunderts die Wendung der bisher vorwiegend mit religiösen Deutungsmustern operierenden Judenfeindschaft zum politischen Antisemitismus: Seit den 1880er-Jahren benutzten die sich nun stets als Antisemiten bezeichnenden Gegner der jüdischen Emanzipation rassistisch aufgeladene Denkmuster und verstärkten ihre Anstrengungen, die Gleichberechtigung der Juden rückgängig zu machen. Insgesamt gewannen, wie Albert Lindemann festhielt, vor der Jahrhundertwende »antiliberale und antirationale Tendenzen an Bedeutung. Von fast allen Seiten, und zwar sowohl von Nicht-Juden als auch von Juden selbst, kam scharfe Kritik an dem, was nun als oberflächlicher Optimismus der Jahrhundertmitte galt, an dem unkritischen Glauben an Fortschritt, Wissenschaft und Technik. Nicht weniger scharfe Kritik wurde an den oft korrupten Praktiken der Liberalen an der Macht geübt. Mit dieser Kritik verbunden waren Zukunftsängste

[13] Shulamit Volkov: Antisemitismus als kultureller Code, München 2000.

und das Gefühl, dass die Gesellschaft im Verfall begriffen war.«[14] Der Kulturpessimismus wuchs ins Politische und suchte, zunächst noch mit bescheidenem Erfolg, nach einer Massenbasis.

Diese »kulturelle Transformation des Fin de siècle«[15] stellte die Weichen für Frühformen der faschistischen Bewegung, die im Pariser Dreyfus-Prozess (1894–1898) und weiteren antisemitischen Schauprozessen erstmals eine massenwirksame Propagandatätigkeit entfalteten. Die Verankerung der gesetzlichen Gleichberechtigung der Juden in Europa (zuletzt in Russland 1917 und in Rumänien 1918) konnte aber nicht mehr verhindert werden.

Die Positionen der Arbeiterbewegung gegenüber der »jüdischen Frage« waren zunächst nicht einheitlich; der Weg zu ihrem Verständnis und zur Solidarität mit den immer stärker verfolgten Juden war lang und spannungsreich. Er reichte von den vorurteilsbeladenen, auch antijüdisch zu deutenden Äußerungen von Karl Marx über zweideutige Positionen von Friedrich Engels, die dann aber zu seiner entschiedenen Bekämpfung des Antisemitismus führten, von analogen Entwicklungen im französischen Sozialismus bis hin zu den Auseinandersetzungen innerhalb der jüdischen Arbeiterbewegung des Russischen Reiches, die sich nach Inhalt und Form von den west- und mitteleuropäischen Schauplätzen stark unterschieden. Hinzu traten die Kontroversen mit und um den Zionismus, insbesondere seiner sozialistischen Variante, als einer lange Zeit umstrittenen Form jüdischer Emanzipation.

Hier sind einige Worte zu den verwendeten Begriffen am Platz: Das Wort Sozialismus wird in einem umfassenden Sinn mit der organisierten Arbeiterbewegung (ohne ihren christlichen und anarchistischen Zweig) verbunden. Der Terminus des Kommunismus meint zum einen die von Marx und Engels um 1848 begründete und mit ihren Namen verbundene Theorie und Praxis. Zum anderen meint er die in Opposition zur Mehrheitssozialdemokratie ab 1914 entstandene politische Richtung der Arbeiterbewegung, einschließlich der kommunistischen Dissidenten und Grenzgänger, bei denen eine strikte Abgrenzung zum äußersten linken Flügel der Sozialdemokratie (die diesen Flügel gleichfalls oft von sich abstieß) indes nicht in jedem Fall möglich oder nötig ist.

Der Antisemitismus wird hier in Unterscheidung zu älteren Formen der Judenfeindschaft auf die in den 1880er-Jahren entstandene politische Ideologie und Bewegung angewendet, die zwar auf überlieferten Ressentiments fußte, ihnen jedoch in Verbindung mit Imperialismus und Sozialdarwinismus eine neue, massenwirksame Qualität verlieh. Dabei fanden antisemitische Vorurteile speziell

[14] Albert S. Lindemann: The Jew Accused. Three Anti-Semitic Affairs (Dreyfus, Beilis, Frank), 1894–1915, Cambridge u.a. 1993, S. 29.

[15] Stanley Payne: Geschichte des Faschismus. Aufstieg und Fall einer europäischen Bewegung, Wien 2006, S. 37.

unter Sozialisten auch dann ihren Ausdruck, wenn damit zwar angeblich unveränderbare negative Eigenschaften von Juden gemeint waren, diese jedoch nicht in eine spezielle Rassentheorie gefasst wurden, wie dies bei der politischen Rechten oft der Fall war.

Über die Frage, ob die Juden, denen der Antisemitismus galt, ein Volk oder eine Religionsgemeinschaft sind, ist viel geschrieben worden. Sie sind in jedem Fall eine Solidar- und Schicksalsgemeinschaft, die im östlichen Europa nationale Merkmale aufwies. Dass sie als nichtchristliche Gemeinschaft im christlichen Europa an ihrer Religion und ihren Traditionen festhielten und überlebten, hat zum Judenhass ebenso beigetragen wie die Tatsache, dass sie von ihren Feinden wahlweise mit Geldgeschäften (als »jüdische Kapitalisten«) oder mit revolutionärer Theorie und Praxis (als »jüdische Bolschewisten«) identifiziert wurden. Ihre Akkulturation, die äußerliche Übernahme von Werten und Gepflogenheiten der Mehrheitsgesellschaft, führte nicht oder nur in geringem Maße zu ihrer Integration durch Assimilation und dadurch zur Anerkennung seitens dieser Mehrheitsgesellschaft. Das Integrationsangebot der Arbeiterbewegung brachte einen relativ großen Anteil der Juden aufseiten derer, die als die Linken bezeichnet wurden und werden. Das Wort von der »jüdischen Frage« oder »Judenfrage« meinte somit zwei einander völlig entgegenstehende Auffassungen: Die Judenfeinde verstanden darunter ihre oft gewaltsame »Lösung« durch Ausgrenzung, Vertreibung und Vernichtung; der humane Teil der Menschen, darunter die sozialistische Bewegung, sah darin die Integration der Juden als gleichberechtigte Mitglieder der Gesellschaft, unabhängig von den Wegen der Integration.

Im »westlichen« Sozialismus war mit der Integrationsidee die Absicht verbunden, jüdische Sozialisten sollten alles »Jüdische« aufgeben und sich vorbehaltlos als Teil der Nation und ihrer Arbeiterbewegung sehen, mochten manche Vorurteile dem noch entgegenstehen. Dies war in Osteuropa, im Gebiet des Russischen Reiches und in Rumänien, aus zwei Gründen unmöglich. Zum einen verhinderte eine rigide antisemitische Gesetzgebung und die daran geknüpfte Alltagspraxis eine Integration der dort zum Teil kompakt lebenden jüdischen Bevölkerung. Logisch bedingte zum anderen die Forderung nach Emanzipation dort ihre Befreiung als Volk mit weitgehend nationalen und kulturell spezifischen Merkmalen. Da die Juden aber kein eigenes Territorium besaßen, war ein Teil des Strebens nach Emanzipation mit der Forderung nach einem solchen Territorium verbunden, was den Aufstieg des Zionismus ermöglichte. Doch suchte ein anderer Teil die Emanzipation innerhalb der Mehrheitsgesellschaft bei Beibehaltung jüdischer national-kultureller Autonomie zu verwirklichen. Nur eine Minderheit übernahm zunächst das Emanzipations- und Assimilations-Paradigma des westlichen Sozialismus.[16]

---

[16] Nach Abschluss des Manuskripts erhielt der Verfasser Kenntnis von folgender Arbeit: Alessandra Tarquini (Hrsg.): The European Left and the Jewish Question, 1848–1992: Bet-

All dies formte die Analysen und Strategien der Arbeiterbewegung, worüber hier berichtet wird.[17]

ween Zionism and Antisemitism, London 2021. Für die hier behandelten Fragen sind darin besonders von Interesse Michel Dreyfus: Antisemitism and the French Left. Five (or Maybe Six) Types in a Long-Term Perspective, S. 12–26); Alberto Scigliano: Religion et Politique. Saint-Simonians, Jews and the Jewish Paradigm (S. 37–51); Stefania Mazzone: Anarchists and Jes: Bernard Lazare's Analysis of Antisemitism (S. 67–80); Luca Basile: Sorel and the Jewish Question (S. 95–109); Andrea Pinazzi: Antonio Gramsci and the Jewish Question (S. 125–136). Ebenfalls erst nach Abschluss des Manuskripts erschien Jeffrey Veidlinger: Mitten im zivilisierten Europa. Die Pogrome von 1918 bis 1921 und die Vorgeschichte des Holocaust, übers. von Martin Richter, München 2022.

[17] Die Kapitel 2–5 und 7 wurden in veränderter Fassung bereits früher veröffentlicht, worüber die Angaben in den Fußnoten zu Beginn der Kapitel informieren.

Kapitel 2
Arbeiteremanzipation und frühmoderner Antisemitismus

Die proletarische oder Arbeiteremanzipation und der Kampf gegen den Antisemitismus, einschließlich dessen frühmoderner Formen, gingen im Verlaufe der Geschichte des 19. und 20. Jahrhunderts eine widersprüchliche, doch ehrenhafte Symbiose ein.[1] Ungeachtet aller Probleme, über die dieses Buch berichtet, erwies sich der Gedanke der Solidarität als starkes Band. Dies war Mitte des 19. Jahrhunderts keineswegs selbstverständlich. Zwar gehörten Proletarier wie Juden zu den Benachteiligten der aufstrebenden bürgerlichen Gesellschaft. Der Grad der Benachteiligung war indes sehr unterschiedlich: Das materielle Elend jener noch in den Ghettos lebenden Juden war durchaus mit der schlimmen Lage des »Vierten Standes« vergleichbar. Doch in West- und Mitteleuropa war schon in der ersten Jahrhunderthälfte nach 1800 ein jüdisches Bürgertum entstanden, das zu Wohlstand gekommen war und dessen Angehörige die Rechtsgleichheit innerhalb der existierenden Gesellschaft einforderten, keineswegs jedoch deren Überwindung anstrebten, wie es zumindest die frühe marxistische Arbeiterbewegung auf ihre Fahnen geschrieben hatte.

Diese Konstellation führte zu einer spannungsreichen Wechselbeziehung zwischen proletarischer und jüdischer Emanzipationsbewegung, deren Untersuchung auch hinsichtlich des nach wie vor debattierten Charakters der Revolution von 1848/49 nützlich erscheint.

Hier sollen deshalb Unterschiede wie Berührungspunkte proletarischer und jüdischer Emanzipationsbestrebungen umrissen werden, bevor der Frage nachgegangen wird, welchen Anteil die proletarische Bewegung am Kampf gegen die Judenfeindschaft wie am Emanzipationsprozess der Juden in der Revolution nahm. Schließlich steht die Frage, ob – und wenn ja, inwiefern – jüdische Aktivitäten in der Arbeiterbewegung während der Revolution sich aus einem spezifisch jüdischen Erfahrungshintergrund herleiteten.

Arbeiter und Juden: Zwei Formen der Emanzipation

Bei genauerer Betrachtung der politischen Zustände am Vorabend der Revolution fallen zumindest im deutschsprachigen Raum die Unterschiede zwischen Arbeiterbewegung und jüdischer Emanzipationsbewegung stärker ins Auge als die Ge-

[1] Zuerst erschienen in: Mario Keßler: Arbeiteremanzipation und frühmoderner Antisemitismus. Drei Studien, Berlin 2013, S. 6–14 (Pankower Vorträge, Heft 178).

meinsamkeiten, die aufgrund des sichtbaren Engagements von Juden innerhalb der proletarischen Linken naheliegend scheinen.

Zunächst, Jacob Toury folgend, einige definitorische Bemerkungen.[2] Die Arbeiterbewegung entstand im 19. Jahrhundert in der Auseinandersetzung mit dem sich entfaltenden Industrie- und Finanzkapitalismus. Im Zentrum der die Arbeiterbewegung bald zutiefst prägenden sozialistischen Weltanschauung stand als Gruppenkonzept das Proletariat oder die arbeitende Klasse. »Sprechen wir vom Volke«, schrieb Stephan Born, einer der wichtigsten Persönlichkeiten jüdischer Herkunft in der Arbeiterbewegung, im Mai 1848, »so rechnet man zu oft alle Welt dazu, und doch soll diese Zeitschrift [nämlich *Das Volk*] hauptsächlich nur eine bestimmte Klasse im Staat vertreten: die arbeitende Klasse…«[3] Dennoch erstrebte die Arbeiterbewegung letztlich eine Emanzipation der Menschheit, verstand sich als handelndes Subjekt einer – gewissermaßen – Gesamtgeschichte, aber auch als wichtiger Teilfaktor jenes gesamtgesellschaftlichen Emanzipationsprozesses.

Die jüdische Emanzipationsbewegung bezog sich hingegen auf einen schon quantitativ weitaus geringeren Bevölkerungsanteil. Vor allem jedoch waren die Juden im deutschsprachigen Raum eine noch kulturell-religiös fundierte Gruppierung mit weit zurückreichenden Traditionsbindungen.

Die Grundlagen einer ökonomischen Sonderexistenz der Juden – die (ohnehin nie alleinige) Wahrnehmung wirtschaftlich notwendiger, doch moralisch geächteter Funktionen wie dem Zinsgeschäft oder dem Tauschhandel – waren in Deutschland, anders als in Osteuropa, bereits in der frühen Neuzeit weitestgehend geschwunden.[4] Im Vormärz jedoch wurden Juden häufiger als im vorangegangenen Jahrhundert Opfer gewalttätiger Ausschreitungen, deren wichtigste Ursache das Aufkommen eines völkischen Nationalismus war.[5] Dieser Nationalismus postulierte die angebliche Reinheit des germanischen Blutes und schloss Juden aus der Gemeinschaft der Deutschen aus.

Der soziale Wandlungsprozess im 18. Jahrhundert hatte die große Mehrheit der deutschen Juden bis zum Vormärz an die unteren Segmente der bürgerlichen Schichten herangeführt. Damit verbunden war ein Durchdenken der traditionsgebundenen Gruppeninhalte durch die Juden, besonders auch der religiösen Werte, was zu ausgiebigen Kontroversen führte. Lediglich eine Minderheit jüdischer Radikaler sah in der Arbeiterbewegung eine Option, um auf die Judenfeindschaft

---

[2] Vgl. Jacob Toury: Die Dynamik der Beziehungen zwischen Juden und Arbeiterbewegung im Deutschland des 19. Jahrhunderts, in: Walter Grab (Hrsg.): Juden und jüdische Aspekte in der deutschen Arbeiterbewegung 1848–1918, Tel Aviv 1977, S. 47–62.

[3] Zit. n. ebd., S. 47.

[4] Vgl. Abraham Léon: Die jüdische Frage. Eine marxistische Darstellung [1946], Essen 1995.

[5] Hierzu mehr bei Stefan Rohrbacher: Gewalt im Biedermeier. Antijüdische Ausschreitungen in Vormärz und Revolution (1815–1848/49), Frankfurt a. M./New York 1993.

zu reagieren. Damals wie später speiste sich ihr säkularer Messianismus auch aus der ethisch-religiösen Prägung ihrer Kindheit und Jugend.[6] Doch weit eher waren jüdische Persönlichkeiten in der Revolution auf Seiten des gemäßigten Bürgertums zu finden.

In der Revolution waren die Juden, allgemein gesprochen, Teil des oppositionellen Bürgertums gegen eine absolute Monarchie und strebten nach einem Verfassungsstaat. Sie bewegten sich damit zumeist innerhalb der Grenzen bürgerlich-demokratischer Gesinnung. Persönlichkeiten wie Eduard Simson oder Ludwig Bamberger traten weniger als Juden denn als Vertreter der demokratischen und liberalen Öffentlichkeit politisch hervor. Demgegenüber verband Gabriel Riesser bürgerlich-demokratische Aktivitäten unmittelbar mit dem Kampf gegen antijüdische Hetze und Stimmungen.[7] Doch die (bald so bezeichnete) »jüdische Frage« blieb in der deutschen Revolution von 1848/49 noch marginal. So kann es kaum überraschen, dass die damals einsetzende »Trennung der proletarischen von der bürgerlichen Demokratie in Deutschland«[8] kaum anhand der jüdischen Emanzipation nachweisbar ist. Dennoch lassen – im historischen Rückblick – die Positionen von Vertretern der Arbeiterbewegung hinsichtlich der Judenfeindschaft wie der jüdischen Emanzipation bereits Rückschlüsse zu auf den damaligen Reifegrad der Bewegung wie auf spätere Stellungnahmen der Sozialdemokratie.

Juden und Judenverfolgung in der Revolution 1848/49

Die schlimmsten Judenverfolgungen während der gesamten Emanzipationsperiode ereigneten sich zu Beginn der Revolution 1848. Sie übertrafen an Ausmaß die sogenannten Hep-Hep-Krawalle von 1819 und die Ausschreitungen während der 1830er Jahre.[9] Die Unruhen erstreckten sich über ganz Mitteleuropa mit den ländlichen Schwerpunkten im Elsass sowie in Böhmen und Mähren. In Deutschland lag der Schwerpunkt im Südwesten.

Die von der Wirtschaftskrise ruinierten und an (zum Teil) jüdische Gläubiger verschuldeten Bauern und Handwerker sahen in den Juden keine Kampfgenossen,

---

[6] Vgl. z.B. Adam M. Weissberger: The Jewish Ethic and the Spirit of Socialism, New York 1997.

[7] Vgl. Margarita Pazi: Die Juden in der ersten deutschen Nationalversammlung (1848/49), in: Walter Grab (Hrsg.): Jahrbuch des Instituts für deutsche Geschichte, Bd. 5, Tel Aviv 1976, S. 177–209, besonders S. 198f.

[8] Gustav Mayer: Radikalismus, Sozialismus und bürgerliche Demokratie, hrsg. von Hans-Ulrich Wehler, Frankfurt a. M. 1969, S. 198f.

[9] Mit dem antisemitischen Ruf »Hep-Hep« (Hierosolyma est perdita = Jerusalem ist verloren) wurden Juden vor allem von deutschnationalen studentischen Burschenschaftern gejagt.

sondern die Ursache ihres Elends. Die in Leipzig erscheinende jüdische Zeitschrift *Orient* schrieb am 25. März 1848: »Die Freiheit ist in Deutschland eine ungezogene Tochter, die um sich schlägt. Die Deutschen lebten bisher in der Finsternis der Sklaverei und können das plötzlich aufstrahlende Licht nicht ertragen.«[10]

Der Magdeburger Reformrabbiner Ludwig Philippson erkannte, dass sich bei diesen judenfeindlichen Exzessen antifeudale und antikapitalistische Tendenzen miteinander vermischten. Er schrieb in der *Allgemeinen Zeitung des Judentums* am 17. April 1848, dass der aus den untersten Volksschichten hervorbrechende Hass sich nicht nur gegen Juden richte, sondern auch gegen Adel und Beamte, und hob hervor: »Da nun die Besitzlosen nicht, wie sie gewollt, gegen die Besitzenden überhaupt losbrechen konnten, suchten sie sich die noch immer ausnahmsweise dastehenden und mindest beschützten Juden aus.«[11]

In den Volksaufständen vom März 1848 kämpften auch jüdische Revolutionäre gegen die militärische Übermacht und entrichteten einen Blutzoll, der deutlich über ihrem Anteil an der Gesamtbevölkerung lag. In Berlin zählte man unter den 231 gefallenen Barrikadenkämpfern mindestens zehn Juden. In Wien befanden sich unter den 13 Märzgefallenen zwei Juden.[12] Unter den zahlreichen Zeugnissen jüdischer Revolutionäre seien die Verse des späteren Mitbegründers des Centralvereins deutscher Staatsbürger jüdischen Glaubens Emil Lehmann hervorgehoben, der, Ernst Moritz Arndt paraphrasierend, schrieb:

Was ist des Juden Vaterland?
Das Land ist's, drin er Freiheit fand.
Das einen Glauben achtet, ehrt.
Den Gottesdienst ihm nicht verwehrt.[13]

Zum Frankfurter Vorparlament, das Ende März/Anfang April 1848 zusammentrat, wurden zehn Juden aus Deutschland und Österreich eingeladen; unter den 586 Abgeordneten der Paulskirche befanden sich 16 Männer jüdischer Herkunft, von denen zehn jedoch getauft waren. Es war Gabriel Riesser, der bereits im Vorparlament durchgesetzt hatte, allen volljährigen Männern ohne Unterschied des Standes, Vermögens und Glaubens das aktive und passive Wahlrecht zu gewähren.[14]

---

[10] Zit.n. Walter Grab: Der deutsche Weg der Judenemanzipation 1789–1938, München/Zürich 1991, S. 111.

[11] Zit.n. ebd.; vgl. Helmut Berding: Moderner Antisemitismus in Deutschland, Frankfurt a. M. 1988, S. 74–78.

[12] Vgl. Wolfgang Häusler: Die Revolution von 1848 und die österreichischen Juden. Eine Dokumentation, in: Das Judentum im Revolutionsjahr 1848, Wien 1974, S. 40.

[13] Abgedruckt bei Grab: Judenemanzipation, S. 112.

[14] Vgl. ebd., S. 114.

Der soeben genannte Emil Lehmann rühmte den Märtyrertod des nach der Niederlage des Wiener Oktoberaufstandes 1848 hingerichteten jüdischen Revolutionärs Hermann Jellinek. In einem Gedicht, das Ferdinand Freiligraths *Die Toten an die Lebenden* nachempfunden war, schrieb Lehmann zu Jellineks Andenken:

Hört es! Der für euch gestritten, der gekämpft für euer Recht.
Der für euch den Tod erlitten, für ein freieres Geschlecht, –
Aus dem Stamm war er geboren, dem Spinoza ist entsprossen;
Und für Deutschlands Freiheit ist auch eines Juden Blut geflossen.[15]

Ganz anders reagierte der Wiener Korrespondent der *Neuen Rheinischen Zeitung*, Eduard von Müller-Tellering, auf Jellinek.[16] Dieser war für ihn eine der jüdischen »Schacher-Pflanzen«, die man irrtümlich Demokraten nennt, und die in »Zeitungen, demokratischen Vereinen, Fackelzügen und so weiter unbeirrt ein unausstehliches Gesalbader verbreiten.«[17] Doch war dies nur eines von zahlreichen Beispielen antijüdischer Hetze, die der Feder Müller-Tellerings entflossen. Der verantwortliche Redakteur der *Neuen Rheinischen Zeitung*, Karl Marx, ließ diese antijüdischen Tiraden kommentarlos durchgehen. Er schrieb vielmehr an Müller-Tellering nach Wien: »Mein lieber Tellering, [...] Ihre Korrespondenzen sind unstreitig die besten, die wir erhalten, ganz unsrer Tendenz gemäß, und da sie aus unsrer Zeitung in französische, italienische und englische Journale übergegangen, haben Sie viel zur Aufklärung des europäischen Publikums beigetragen. [...] Grüßen Sie Ihre Frau aufs beste von mir und versichern Sie meiner steten Freundschaft.«[18]

Marx kam während der Revolution nicht auf das Problem der Judenfeindschaft zu sprechen. *En passant* bemerkte er am 17. November 1848, die Juden seien »seit der Emanzipation ihrer Sekte wenigstens in ihren vornehmen Vertretern überall an die *Spitze der Kontrerevolution* getreten«;[19] eine falsche Ansicht, die der Leipziger *Orient* scharf zurückwies.[20] Auch für Friedrich Engels war die Judenfeindschaft zu dieser Zeit noch kein Problem, dem seine Aufmerksamkeit galt.

Wolfgang Häusler hat am Beispiel Wiens detailliert nachgewiesen, in welch starkem Maße die bürgerlich-demokratische Presse in der Revolution die Sache der

---

[15] Abgedruckt ebd., S. 117.

[16] Vgl. zu Müller-Tellering Ernst Hanisch: Der kranke Mann an der Donau. Marx und Engels über Österreich, Wien 1978, passim.

[17] Zit.n. Grab: Judenemanzipation, S. 118.

[18] Karl Marx an Eduard von Müller-Tellering, Brief vom 5. Dezember 1848, in: Karl Marx/Friedrich Engels: Werke (im Folgenden: MEW), Bd. 27, S. 485.

[19] Karl Marx: Bekenntnisse einer schönen Seele, in: Neue Rheinische Zeitung, Nr. 145, 17. November 1848, in: MEW, Bd. 6, S. 25; Hervorhebung im Text.

[20] Vgl. Grab: Judenemanzipation, S. 119.

Gleichberechtigung der Juden zu ihrer eigenen machte.[21] Ihm war jedoch kein Beispiel bekannt, dass die Wiener Arbeiterpresse explizit die jüdische Emanzipation als Teil der gesamtgesellschaftlichen Befreiung begriff. So muss hier ein – wichtiger – Verweis auf die Zeit unmittelbar vor dem Ausbruch der Revolution genügen. Der aus Ungarn stammende revolutionäre Demokrat Karl Beck, selbst Jude, kämpfte für die volle Gleichberechtigung der Juden, blieb aber nicht bei dieser Forderung stehen. Er erkannte vielmehr die Klassengegensätze auch innerhalb der jüdischen Gemeinschaft und nahm gegen die Praktiken christlicher wie jüdischer Ausbeuter Stellung. Seinen 1846 erschienenen *Liedern vom armen Mann* stellte Beck ein »Vorwort an das Haus Rothschild« voran, in dem er die Politik dieses Bankhauses angriff, ohne sich antijüdischer Klischees zu bedienen. Beck kritisierte Rothschild vielmehr als Stütze reaktionärer Regierungspolitik. Es hieß:

Das Lied, was uns die Geister geboten,
Du nennst es Hunger nach Ruhm und Broten.
Ob mutig zum Kampf die Hörner blasen,
Du willst, dass friedlich die Völker grasen:
Drückst kalten Bluts mit Deinen Noten/
Den Stahl in die Faust der gefürsteten Macht,
zu bannen die drohende Geisterschlacht.[22]

In Berlin blieben die antijüdischen Strömungen während der gesamten Revolutionszeit ein nur marginales Phänomen, wie Rüdiger Hachtmann in seiner großen »Politik- und Gesellschaftsgeschichte« (so der Untertitel) Berlins des Jahres 1848 herausgearbeitet hat. »Von ›Jud‹ oder ›Christ‹ ist gottlob nicht mehr die Rede«, meinte der jüdische Pädagoge Moritz Steinschneider im März 1848, und sein Kollege Leopold Zunz maß wenig später den »Häkeleien mit und gegen Juden [...] keine Bedeutung bei.«[23]

Antijüdische Tumulte trübten am 5. April dieses Bild. Die demokratische Presse hob hervor, dass diese »Pöbel-Tumulte« keineswegs für das Berliner Proletariat typisch seien. »Glücklicherweise«, so der *Publicist* vom 12. April, herrsche »in unseren Arbeiterklassen gegenwärtig ein so gesunder und kräftiger Sinn«, dass sich für judenfeindliche Handlungen »nicht Viele finden lassen.«[24] Ein Buchdrucker schrieb in der vom Handwerkerverein herausgegebenen ersten Nummer der *Deutschen Arbeiter-Zeitung* am 8. April, die konservative Gegenpartei habe die

[21] Wolfgang Häusler: Demokratie und Emanzipation 1848, in: Das Judentum [...], S. 92–111.

[22] Abgedruckt ebd., S. 97.

[23] Beide Zitate bei Rüdiger Hachtmann: Berlin 1848. Eine Politik- und Gesellschaftsgeschichte der Revolution 1848, Bonn 1997, S. 536f.

[24] Zit. n. ebd., S. 537.

Juden »zum Opfer erkoren«, mache sie zum »Sündenbock« für die »stattgehabte Staatsumwälzung« und gebe ihnen zugleich »an dem ganzen Notstande der Arbeiter« die Schuld. Die Ursachen dafür lägen indes »in der schlechten politischen und socialen Ordnung, in der wir bisher lebten, und in falschen und verkehrten Verwaltungsmaßregeln«; den Juden dürfe man weder »unseren Notstand« noch »unsere Revolution« pauschal zuschreiben.[25] Letzteres verweist prägnant auf die unterschiedlichen Zielstellungen von proletarischer und jüdischer Emanzipation.

Konterrevolution, Antisozialismus und Judenhass

Die siegreiche Konterrevolution unterband sowohl die Ansätze einer eigenständigen proletarischen Partei wie auch die von der Paulskirche eingeforderte und verkündete Emanzipation der Juden.[26] Mehr noch: »Die triumphierenden Restaurationsgewalten waren an der politischen Gleichstellung der Juden ebenso wenig interessiert wie an ihrer gesellschaftlichen Eingliederung. Die protestantischen und katholischen Geistlichen, die unter traditionsverwurzelten Schichten hohes Ansehen genossen und wichtige Funktionen der Volkserziehung ausübten, betonten in ihren Predigten und in der Presse die Fremdheit und Außenseiterrolle der Juden.«[27] Bereits während der Revolution entstand in reaktionären Kreisen die Neigung, die Juden als Hauptverursacher der revolutionären Ereignisse zu bezeichnen. »So wurde der Boden für die Diskreditierung der Revolution und der Juden zugleich vorbereitet.«[28] Viele jüdische Aktivisten von 1848 bekannten sich auch in späteren Jahren zu ihren Jugendidealen. So schrieb Stephan Born in seinen *Erinnerungen eines Achtundvierzigers* 1898 an die deutschen Arbeiter: »Ihr erhebt euch aus eurer Niederlage, ihr seid stärker geworden. Nur einige Jahrzehnte und ihr stellt eine Macht dar, die aus dem Nichts zum Lichte emporgedrungen ist; man muss mit euch rechnen, ihr steht da als ein lebendiges Zeugnis für die Gesetze der Völkerentwicklung. [...] Das ist der Sieg der Ideen, der mehr wert ist als der Vorteil des Augenblicks, mehr als materielle Kraft und zufällige Überlegenheit der Arme oder der Zahl, und dieser Sieg über die Geister, er ist der wirkliche, die eigentlich gewonnene Schlacht.«[29]

[25] Zit. n. ebd., S. 538.

[26] Vgl. Werner E. Mosse: The Revolution of 1848. Jewish Emancipation in Germany and its Limits, in: Ders. u.a. (Hrsg.): Revolution and Evolution 1848 in German-Jewish History, Tübingen 1981, S. 393.

[27] Grab: Judenemanzipation, S. 120.

[28] Jacob Toury: Die Revolution von 1848 als innerjüdischer Wendepunkt, in: Hans Liebeschütz/Arnold Paucker (Hrsg.): Das Judentum in der deutschen Umwelt 1800–1850, Tübingen 1977, S. 375.

[29] Zit. in: Walter Grab: Jakobinismus und Demokratie in Geschichte und Literatur, Frankfurt a. M. 1998, S. 213f.

Das Projekt einer allgemein-menschlichen Emanzipation vor dem spezifisch jüdischen Erfahrungshintergrund durchzog auch einen guten Teil des Werkes und Wirkens von Moses Hess, über den in einem folgenden Kapitel berichtet wird. Sein »zionistisches« Hauptwerk, *Rom und Jerusalem* entsprang Überlegungen, wie die spezifisch jüdische Emanzipation im Rahmen einer allgemeinen sozialen Befreiung zu realisieren sei. Auf seine Weise blieb Hess sich selbst und den Ideen der Revolution von 1848 damit treu.

Die Tatsache, dass viele Juden dem Geist der Revolution die Treue hielten, während das deutsche Bürgertum sich immer mehr davon abwandte, trug zur Herausbildung und Verstärkung antijüdischer Vorurteile in der bürgerlichen Öffentlichkeit bei. Stellvertretend für diese Entwicklung sei – neben dem ehemaligen Barrikadenkämpfer und späteren Judenhasser Richard Wagner – Wilhelm Marr genannt. Dieser einstige Linksdemokrat entwickelte sich allmählich zum radikalen Rechten. Er war es bekanntlich, der 1879 den Terminus »Antisemitismus« erstmals verwandte.[30] Doch übten sich auch einzelne sozialdemokratische Politiker wie Johann Baptist Schweitzer und Wilhelm Hasselmann in antisemitischer Rhetorik. Zudem war – insbesondere nach dem Gründerkrach von 1873 – ein proletarischer Antisemitismus zu beobachten.[31] Noch in den 1880er und 1890er Jahren erlagen manche deutschen und österreichischen Sozialisten der gefährlichen Illusion, die antijüdischen Ressentiments proletarisierter Kleinbürger in antikapitalistische Bahnen lenken und für ihre eigenen Ziele nutzen zu können.

Doch schon mit der Niederlage der »achtundvierziger« Revolution wurde jene Etappe in der deutschen Geschichte beendet, in der die Arbeiter unter der Fahne der bürgerlichen Demokratie gekämpft hatten – in einem Bündnis, wie es besonders Johann Jacoby in der Berliner Preußischen Nationalversammlung propagiert hatte.[32] Johann Jacoby, Stephan Born, Ludwig Kalischer und Ferdinand Lassalle kamen als Juden zur revolutionären Bewegung. Dort wurden sie, zumindest dem Anspruch nach, als Juden nicht länger stigmatisiert. Ihren bisherigen Außenseiter-Status tauschten sie nun bewusst gegen einen andersgearteten, aber nicht minder deutlichen Außenseiter-Status ein.[33]

Unter dem Schirm zuerst noch allgemein-demokratischer, radikaler Forderungen entstand mit der marxistischen Arbeiterbewegung eine Kraft, die einen Weg zur Umwandlung der Gesellschaft aufzeigen wollte, der dem bisherigen allgemei-

---

[30] Vgl. Moshe Zimmermann: Wilhelm Marr. The Patriarch of Anti-Semitism, New York/Oxford 1986.

[31] Vgl. Arno Herzig: The Role of Anti-Semitism in the Early Years of the German Workers' Movement, in: Leo Baeck Institute: Year Book XXVI, London 1981, S. 243–259.

[32] Vgl. zu ihm Edmund Silberner: Johann Jacoby. Politiker und Mensch, Bonn/Bad Godesberg 1976; Rolf Weber: Das Unglück der Könige ... Johann Jacoby 1805–1877. Eine Biographie, Berlin [DDR] 1987.

[33] Vgl. Toury: Revolution, S. 375.

nen Emanzipationsstreben der Juden zu widersprechen begann: jenem Emanzipationsstreben, das die Juden auf eine Eingliederung in die bürgerliche Gesellschaft und die Akzeptanz ihrer Normen orientierte. In einer Epoche, in der sich das Wetterleuchten des Rassismus nur schwach am Horizont ankündigte, schien die Assimilation an die bürgerliche Gesellschaft zum »deutschen Weg der Judenemanzipation« (Walter Grab) zu werden. Die Geschichte verlief anders und unendlich tragischer. Doch auch die proletarische Emanzipation wies den Juden dort, wo sie in die sozialistische Revolution einmündete, beinahe ausschließlich den Weg der Assimilation in Richtung einer Auflösung des Judentums als Ethnizität zu. Für einen spezifisch jüdischen Erfahrungshintergrund, gar produktiv in politisches Handeln eingebracht, ließ auch diese Konzeption nur wenig Raum. Somit entstand in der revolutionär-sozialistischen Bewegung der von Isaac Deutscher als »nichtjüdischer Jude« definierte Typus des Aktivisten, zumeist des intellektuell Tätigen. All seine Vertreter, schrieb Deutscher, »hielten das Judentum für zu beschränkt, zu archaisch und einengend. Sie alle suchten jenseits von ihm nach Idealen und Zielen, und sie sind der Inbegriff für viele der bedeutendsten Leistungen des neuzeitlichen Denkens [...].«[34]

Aber indem ihnen die Gesellschaft keine Integrationschancen mehr bot oder sie diese nicht mehr suchten, blieben sie, so Deutscher, »in gewissem Sinne wurzellos, aber eben nur in mancher Hinsicht, waren sie doch ganz eng mit der intellektuellen Tradition und den edelsten Bestrebungen ihrer Zeit verbunden. Aber immer, wenn religiöse Intoleranz oder nationalistische Stimmungen aufkamen, immer wenn Engstirnigkeit und Fanatismus triumphierten, waren sie die ersten Opfer. Von jüdischen Rabbinern exkommuniziert, wurden sie von christlichen Geistlichen verfolgt; von den Schergen der absolutistischen Herrscher und ihrer Soldateska gehetzt, wurden sie von den pseudodemokratischen Spießern gehasst und schließlich von ihren eigenen Parteien verstoßen. Fast alle wurden aus ihren Heimatländern vertrieben, und ihre Schriften wurden zuweilen auf dem Scheiterhaufen verbrannt.«[35]

---

[34] Isaac Deutscher: Die ungelöste Judenfrage. Zur Dialektik von Antisemitismus und Zionismus, hrsg. und übers. von Eike Geisel und Mario Offenberg, Berlin [West] 1977, S. 8.

[35] Ebd., S. 14.

Kapitel 3
Ambivalenzen und Grenzen: Karl Marx und die Juden[1]

Im Vorwort einer Neuausgabe seiner Frühschriften schrieb Herbert Marcuse 1965: »Dass all dies vor Auschwitz geschrieben wurde, trennt es so tief von der Gegenwart. Was an ihm richtig war, ist seither vielleicht nicht falsch geworden, aber vergangener.«[2]

Mit Rekurs auf die frühe Marx-Schrift *Zur Judenfrage* betonte Isaac Deutscher ein Jahr später: »Für mich machen die tragischen Ereignisse der Nazizeit die klassische marxistische Analyse der Judenfrage weder hinfällig noch revisionsbedürftig. Selbstverständlich konnte der klassische Marxismus niemals mit so etwas wie der ›Endlösung‹ der Nazis oder den schwerwiegenden Komplikationen in der stalinistischen und nachstalinistischen Periode in der Sowjetunion rechnen. Der klassische Marxismus ging ganz allgemein von einer gesünderen und normaleren Entwicklung unserer Zivilisation aus, d.h. von einer rechtzeitigen Transformation der kapitalistischen Gesellschaft in eine sozialistische.«[3] An anderer Stelle schrieb Deutscher jedoch, dass »ein gewisser feindseliger Unterton« in den frühen marxistischen Arbeiten zu verzeichnen gewesen sei; dieser Unterton sei »nicht gegen die Juden als Juden« gerichtet, sondern gegen sie »als führender und auffälliger Teil der westeuropäischen Bourgeoisie.«[4]

Der Jude Marx im Widerstreit der Meinungen

Die Schriften von Karl Marx sind in der Tat voller gehässiger Äußerungen gegen politische Widersacher jüdischer Herkunft, am deutlichsten gegen Lassalle. Sie finden sich vor allem in Marx' Korrespondenz mit seinem engsten Freund Engels, weit weniger indes in seinen zur Veröffentlichung bestimmten Schriften. Freundliche Bemerkungen über die Juden sind hingegen rar. Auch die Anfänge des jüdischen Sozialismus finden bei Marx keinen schriftlich nachweisbaren Niederschlag.

---

[1] Zuerst erschienen in: Berliner Dialog-Hefte, 8 (1997), Nr. 1, S. 3–14. Wiederabdruck in: Mario Keßler: Heroische Illusion und Stalin-Terror. Beiträge zur Kommunismus-Forschung, Hamburg 1999, S. 164–180.

[2] Herbert Marcuse: Kultur und Gesellschaft I, Frankfurt a. M. 1965, S. II.

[3] Isaac Deutscher: Wer ist Jude [1966], in: Ders.: Die ungelöste Judenfrage. Zur Dialektik von Antisemitismus und Zionismus, hrsg. und übers. von Eike Geisel und Mario Offenberg, Berlin [West] 1977, S. 26.

[4] Ders.: Die russische Revolution und das jüdische Problem [1964], ebd., S. 38.

Über diese Fragen ist bereits eine ganze Forschungsliteratur entstanden, was das Interesse an Marx bei Freunden und Gegnern einmal mehr widerspiegelt. Tomáš Masaryk wies bereits 1898 kurz auf Marx' Antisemitismus hin,[5] obgleich Marx diesen Begriff noch nicht kannte.

Die meisten der Abhandlungen zum Thema »Karl Marx und die Juden« sind unter dem Einfluss der allgemeinen Haltung ihrer jeweiligen Verfasser zum Marxismus entstanden. Dabei haben rechts- wie auch linksorientierte Historiker mit ihrer Kritik an Marx nicht gespart. Zeitlich und politisch so weit entfernte Autoren wie Camillo Bernieri,[6] Maximilian Rubel,[7] Hans Lamm[8] oder Léon Poliakov[9] beobachteten einen Marxschen Antisemitismus, der sich, so die verbreitete Ansicht, aus jüdischem Selbsthass speise. Theodor Lessing, von dem der Begriff stammt, behandelte Marx in seiner gleichnamigen Abhandlung nicht.[10]

Unter Marxisten gab und gibt es zu diesem Thema unterschiedliche Meinungen. Aus der Welt des Sowjetmarxismus sind auffallend wenige Äußerungen hierzu verzeichnet. Nur selten hat sich ein wirklicher Marxkenner des heiklen Themas angenommen. In einer 1927 auch in Englisch herausgegebenen Arbeit über Marx und Engels bemerkte David Rjazanov, Marx habe »eine scharfe Trennlinie zwischen armen Juden, zu denen er sich hingezogen fühlte, und den reichen Vertretern des Finanzjudentums gezogen.«[11] Von dem problematischen Terminus des »Finanzjudentums« einmal abgesehen, nannte der von Stalin ermordete Marxbiograf keine Quelle für seine These.

Von dem israelischen Historiker Edmund Silberner stammt eine der gründlichsten, aus den Quellen herausgearbeitete Analyse der Marxschen Haltung gegenüber den Juden.[12] Silberners Beitrag war, ungeachtet der Marx-Gegnerschaft seines Verfassers (eines früheren Trotzkisten) der erste, der sich um eine möglichst vollständige Katalogisierung der entsprechenden Marxschen Äußerungen bemühte. Sein Fazit, dass Marx »unbestreitbar eine Schlüsselstellung« in dem einnehme, »was man mit einem neuen, aber treffenden Terminus nicht umhin kann, als die antisemitische Tradition des modernen Sozialismus zu bezeichnen«,[13] wurde keineswegs von allen nichtmarxistischen Forschern geteilt. Mit kritischem Blick auf

---

[5] Tomáš Masaryk: Die philosophischen und sociologischen Grundlagen des Marxismus [1899], Osnabrück 1964, S. 454.

[6] Camillo Bernieri: Le juif antisémite, Paris 1935, S. 62–78.

[7] Maximilian Rubel: Karl Marx. Essai de biographie intellectuelle, Paris, 1957, S. 88.

[8] Hans Lamm: Karl Marx und das Judentum, München 1969, S. 30, 60 und passim.

[9] Léon Poliakov: Geschichte des Antisemitismus, Bd. VI, Worms 1987, S. 224.

[10] Theodor Lessing: Der jüdische Selbsthaß, Berlin 1930.

[11] David Rjazanov: Karl Marx and Friedrich Engels, New York 1927, S. 35.

[12] Edmund Silberner: Was Marx an anti-Semite?, in: Historica Judaica, 11 (1949), Nr. 1, S. 3–52. Deutsch in: Ders.: Kommunisten zur Judenfrage. Zur Geschichte von Theorie und Praxis des Kommunismus, Opladen 1983, S. 16–42.

[13] Ebd., S. 42.

Silberner schrieb Robert Wistrich: »Die marxistische wie die liberale Analyse der jüdischen Frage nahm an, der Antisemitismus sei ein temporäres und zweitrangiges Phänomen; mit seinem Verschwinden werde der letzte Faktor schwinden, der den ›illusorischen‹ nationalen Zusammenhalt der Juden begünstigte.«[14] Wistrich verwies somit die Marxschen Ansichten zurück in den historischen Kontext.

Darin konnten ihm auch kritisch-marxistische Historiker folgen. Enzo Traverso setzte sich mit Meinungen auseinander, die (wie Karl Löwith[15] oder Arnold Toynbee[16]) das Marxsche Denken als eine sozialistische Säkularisierung der jüdischen Eschatologie begriffen, und kam zu dem Schluss: »Es ist ganz sicher möglich, eine strukturelle Homologie zwischen der marxistischen Vision der Rolle des Proletariats in der kapitalistischen Gesellschaft und der messianischen Vision der Juden als auserwähltem Volk, als Subjekt der Erlösung, festzustellen; oder noch zwischen der Idee der sozialistischen Revolution und der hebräischen Auffassung der Apokalypse als notwendigem Übergang von der historischen Gegenwart zur messianischen Zukunft (die Wiederherstellung des Reichs Gottes auf Erden); sicher ist aber auch, dass Marx diese Parallelität nie in Erwägung zog und seine Theorie auf die Analyse der kapitalistischen Produktionsweise gründet, dafür aber auch nie aus den Quellen des Judaismus schöpfen musste.«[17]

Dies zeigte sich schon am Beginn seiner wissenschaftlichen, politischen und publizistischen Tätigkeit, als er, wie Werner Blumenberg schrieb, »mit sittlichem Pathos das Bündnis der Philosophie mit dem Proletariat proklamierte«[18] und dabei, so Gustav Mayer, die Überlegenheit seiner neuen Betrachtungsweise über das Junghegelianertum zu demonstrieren suchte.[19] Doch tat er dies, in Blumenbergs Worten, an einem »untauglichen Thema.«[20] Er tat es in der Form einer Polemik gegen Bruno Bauer, der die Emanzipation der Juden unterstützt habe, diese aber nur als Emanzipation von der jüdischen Religion begriff. Die Art des Marxschen Argu-

[14] Robert S. Wistrich: Marxism and Jewish Nationalism: The Theoretical Roots of Confrontation, in: Ders. (Hrsg.): The Left against Zion. Communism, Israel and the Middle East, London/Totowa, N. J. 1979, S. 1.

[15] Karl Löwith: Weltgeschichte und Heilsgeschehen. Die theologischen Voraussetzungen der Geschichtsphilosophie, Stuttgart 1961, S. 48.

[16] Arnold Toynbee: L'histoire. Un essai d'interprétation, Paris 1951, S. 439, nach der im Folgenden genannten Arbeit von Traverso.

[17] Enzo Traverso: Die Marxisten und die jüdische Frage. Geschichte einer Debatte (1843–1943), übers. von Astrid St. Germain, Mainz 1995, S. 36f.

[18] Werner Blumenberg: Karl Marx mit Selbstzeugnissen und Bilddokumenten [1962], Reinbek bei Hamburg 1989, S. 57.

[19] Vgl. Gustav Mayer: Der Jude in Karl Marx, in: Neue Jüdische Monatshefte, 2 (1918), S. 327–331; Ders.: Early German Socialism and Jewish Emancipation, in: Jewish Social Studies, 1 (1939), Nr. 2, S. 409–422.

[20] Blumenberg: Karl Marx mit Selbstzeugnissen, S. 57.

mentierens zeigt den Weg hin zur eigenständigen Gesellschaftstheorie, doch auch die Erkenntnisschranken, die dem rheinisch-jüdischen Revolutionär erwuchsen.

»Zur Judenfrage«

Karl Marx' Vater Heinrich, der sich spätestens 1819 protestantisch taufen ließ, entschied 1824, auch seinen Sohn taufen zu lassen. »Die Taufe war zwar nicht das Ergebnis seiner persönlichen Entscheidung«, schrieb Silberner über die Umstände der Konversion von Karl Marx, »er hatte als damals Sechsjähriger keine Wahl, aber unfreiwillig wie der Akt war, änderte er nichts an den Folgen des Religionswechsels. In einem Milieu von Neubekehrten aufwachsend, jeder jüdischen Erziehung bar, war Karl Marx den Einflüssen seiner christlichen Umwelt, die nicht besonders judenfreundlich war, offen ausgesetzt.«[21] Er pflegte oftmals, wenn dies vom jeweiligen Kontext her nicht nötig war, in herabsetzender Weise an die jüdische Herkunft von politischen Gegnern und sogar von Freunden und Genossen zu erinnern. So bezeichnete er bereits 1842 den Pariser Korrespondenten der *Augsburger Allgemeinen Zeitung* als einen »Konvertiten«.[22] Dies bezog sich offenbar auf Heinrich Heine, den Marx damals noch nicht persönlich kannte. Ohne der Schilderung hier allzu sehr vorzugreifen, sei gesagt, dass diese Verhaltensweise von Friedrich Engels geteilt wurde. Dieser titulierte öffentlich noch 1885 seinen und Marx' früheren Mitstreiter Stephan Born mit dessen abgelegten Namen Simon Buttermilch.[23]

Der junge Marx wuchs in einem Klima auf, in dem um die Inhalte und Formen der jüdischen Emanzipation heftig gestritten wurde. In einem Brief an Arnold Ruge vom 13. März 1843 erklärte er, die politische Emanzipation der Juden zu unterstützen. Denn Bruno Bauers Ansicht, dass die Juden erst politisch emanzipiert werden könnten, wenn sie Atheisten geworden seien, erscheine ihm »doch zu abstrakt«. Es gelte, eine entsprechende Petition des Vorstehers der Kölner Juden an den Preußischen Landtag zu unterstützen, um so viele Löcher in den christlichen Staat zu stoßen als möglich. Marx unterließ nicht zu betonen, wie »widerlich« ihm der israelitische Glaube sei.[24]

Marx' einziger substanzieller Beitrag zur Diskussion über die Emanzipation der Juden bestand in seinem 1843 verfassten und im folgenden Jahr in den *Deutsch-Französischen Jahrbüchern* (von denen nur dieses eine Doppelheft erschien) abge-

---

[21] Silberner: Kommunisten zur Judenfrage, S. 20.

[22] Karl Marx: Der Kommunismus und die Augsburger »Allgemeine Zeitung«, in: Rheinische Zeitung, Nr. 289, 16. Oktober 1842, in: MEW, Bd. 1, S. 106.

[23] Friedrich Engels im Vorwort zur 3. Auflage von Marx' Enthüllungen über den Kommunisten-Prozeß zu Köln [1885], in: MEW, Bd. 21, S. 219. Vgl. zu Engels das nächste Kapitel.

[24] Marx an Ruge, 13. März 1843, in: MEW, Bd. 27, S. 418.

druckten Essay *Zur Judenfrage*.[25] Ungleich Bruno Bauer, betonte Marx, der Kampf um die Herbeiführung bürgerlich-demokratischer Rechte verlange weder von Juden noch von Christen, ihre Religion aufzugeben. Das von Bauer auf theologischer Ebene behandelte Problem wollte Marx auf die weltliche Ebene verschieben und wählte als Gegenstand seiner Untersuchung »nicht den Sabbatjuden, [...] sondern den Alltagsjuden«. Marx identifizierte den »weltlichen Grund« des Judentums mit »praktischem Bedürfnis« und »Eigennutz«, den »weltlichen Kultus« des Juden mit »Schacher«, den »weltlichen Gott« mit »Geld«. Er folgerte, dass »die Emanzipation vom Schacher und Geld, also vom praktischen, realen Judentum« notwendigerweise »die Selbstemanzipation unserer Zeit« sei.[26]

Dieser Schluss folgte dem Gedanken, dass der – als jüdisches Charakteristikum angesehene – Eigennutz die praktische Nutzanwendung des Rechtes auf Eigentum sei.[27] Marx erkannte dabei durchaus, dass nicht ausschließlich Juden die Wesenszüge der bürgerlichen Gesellschaft verkörperten. Die historische Entwicklung habe zur Übertragung der handelskapitalistischen Tätigkeit von Juden auf Christen geführt; oder, wie Marx es in seiner junghegelianischen Diktion beschrieb: »Die gesellschaftliche Emanzipation des Juden ist die Emanzipation der Gesellschaft vom Judentum.«[28]

Der israelische Historiker Shlomo Na'aman schrieb, Marx habe diesen Titel eher zufällig gewählt, und die Abhandlung wäre nie zum Ausgangspunkt irgendwelcher theoretischer Erörterungen geworden, hätte sich im Gefolge der Marx-Rezeption nicht eine Marx-Orthodoxie herausgebildet. »Karl Marx hat sich nie und nirgends als Kenner des Judentums ausgegeben, und es gibt kein Anzeichen dafür, dass er seinen Aufsatz als Grundlage für dessen Erforschung ansah.«[29] So war es aber, und auch wer Marx' Texte keinen kanonischen Charakter zuschreibt, muss den Inhalt und die Wirkung von *Zur Judenfrage* prüfen.

Nichtmarxisten, doch ebenso auch kritische Marxisten schrieben über diese Abhandlung, dass Marx seinen eigentlichen Anspruch, die Judenfrage zu analysieren, nicht eingelöst habe, da er zwar die dialektisch-materialistische Methode bereits »rein logisch handhabt«,[30] das Thema aber »losgelöst von den historischen und sozialen Bedingungen der Juden seiner Zeit behandelt«.[31] Zwar entsprach die

---

[25] Eine Neuausgabe der Deutsch-Französischen Jahrbücher, hrsg. von Karl Marx und Arnold Ruge, erschien 1981 in Leipzig.

[26] Karl Marx: Zur Judenfrage (1843), in: MEW, Bd. 1, S. 347–377, hierzu S. 372.

[27] Vgl. ebd., S. 354ff.

[28] Ebd., S. 377.

[29] Shlomo Na'aman: Marxismus und Zionismus, Gerlingen 1997, S. 51.

[30] Blumenberg: Karl Marx mit Selbstzeugnissen, S. 58.

[31] Rosemarie Leuschen-Seppel: Sozialdemokratie und Antisemitismus im Kaiserreich. Die Auseinandersetzungen der Partei mit den konservativen und völkischen Strömungen des Antisemitismus 1878–1914, Bonn 1978, S. 24.

Frage nach dem »praktischen, realen« Judentum der Marxschen Methode, aber seine Antwort, in der er das »wirkliche Judentum« pauschal an Voraussetzungen und Erscheinungsformen des Kapitalismus band, bewegte sich lediglich im Rahmen damaliger Urteile und Vorurteile, die eine historische Ausnahmesituation ungeprüft auf die generelle Lage der Juden im kapitalistischen Europa übertrugen.

Die nachweisbare Tatsache, dass ein Großteil der Juden sogar in Deutschland während des 19. Jahrhunderts keineswegs in der Zirkulationssphäre und bei der Kapitalakkumulation führend tätig war,[32] spielte bei Marx keine Rolle. Daher ist sein damals verwendeter Begriffsapparat als Erklärungsmodell der bürgerlichen Gesellschaft bestenfalls bedingt nutzbar. »Jude« und »Judentum« dienten zwar als »soziale Symbole«[33] der auf Privateigentum und Konkurrenz beruhenden Gesellschaft, aber gerade diese Symbole waren kaum geeignet, den Blick für die kapitalistische Realität zu schärfen.[34] Marx sah damals im Geld und im Handel nicht nur das Wesen des Judentums, sondern vor allem den Kern der bürgerlichen Gesellschaft, was Enzo Traverso zu Recht nicht nur als eine falsche Analyse der Judenfrage, sondern auch als eine »prämarxistische Auffassung des Kapitalismus« bezeichnete.[35]

»Die Identifikation Judentum/Handel/bürgerliche Gesellschaft gibt«, so Traverso weiter, »die Unreife der ökonomischen Begriffe des jungen Marx wider, der nunmehr [bereits] einen klaren kommunistischen Standpunkt einnimmt, der dennoch nicht im Proletariat das universelle Subjekt menschlicher Emanzipation erkannt hat, und somit geneigt ist, eher im Handel und Verkehr als in der Produktion die charakteristischen Züge und grundlegenden Strukturen des kapitalistischen Systems zu sehen.«[36]

Die Schwächen der Marxschen Darlegungen entsprangen jedoch auch seiner Unterschätzung der politischen Rolle kleiner Völker; ein Fehlurteil, das er mit Engels teilte und weitgehend von Hegel übernommen hatte.[37] Die im unabgeschlossenen nationalen Konstituierungsprozess befindlichen Juden absorbierten daher

---

[32] Vgl. z.B. Jacob Toury: Soziale und politische Geschichte der Juden in Deutschland 1847–1871, Düsseldorf 1977.

[33] Joachim Höppner: Einleitung zu: Karl Marx/Arnold Ruge (Hrsg.): Deutsch-Französische Jahrbücher, S. 53.

[34] Vgl. Rosemarie Leuschen-Seppel: Sozialdemokratie und Antisemitismus, S. 20–24; Wolfgang Fritz Haug: Antisemitismus in marxistischer Sicht, in: Herbert A. Strauss/Nobert Kampe (Hrsg.): Antisemitismus. Von der Judenfeindlichkeit zum Holocaust, Frankfurt a. M./New York 1984, S. 234–255.

[35] Traverso: Die Marxisten und die jüdische Frage, S. 41.

[36] Ebd., S. 42

[37] Vgl. Roman Rosdolsky: Friedrich Engels und das Problem der »geschichtslosen Völker«. Die Nationalitätenfrage in der Revolution 1848–1849 im Lichte der »Neuen Rheinischen Zeitung«, in: Archiv für Sozialgeschichte, Bd. 4, Hannover 1964, S. 87–282. Neuausgabe: Zur nationalen Frage. Friedrich Engels und das Problem der »geschichtslosen« Völker, Berlin [West] 1979.

noch weniger als etwa Tschechen und Südslawen die Aufmerksamkeit von Marx und Engels. Die Mängel der Marxschen Abhandlung *Zur Judenfrage* gestatten es daher nicht, sie als »Richtschnur« für die Behandlung der Problematik anzusehen.[38]

Unter der allgemeinen, unscharfen Verwendung der Begriffe »Jude« und »Judentum« litt die ohnehin nicht gerade leicht lesbare und nachvollziehbare Abhandlung. Nichts deutete darauf hin, dass derselbe Marx nur acht Jahre später, 1851, mit dem *18. Brumaire des Louis Bonaparte* ein inhaltlich wie stilistisches Meisterwerk der politischen Publizistik abliefern würde. Nichts ließ auch ahnen, dass Marx in geistiger Partnerschaft mit Engels schon 1848 im *Kommunistischen Manifest* den klassischen Katalog sozialistischer Emanzipationsforderungen aufstellen würde, die eine wie auch immer geartete »Emanzipation der Gesellschaft vom Judentum« als geradezu grotesk erscheinen ließ.

Dennoch klingt in dieser frühen Marxschrift bereits ein Axiom sozialistischer Theorie und Politik an, dass nämlich die Emanzipation der Juden eine Emanzipation der Menschen von jener Gesellschaft verlangt, die die Ausbeutung und Unterdrückung fortschreibt. Zu Marx' Lebenszeiten schienen Ausbeutung und Unterdrückung, auch der Juden, an kapitalistische und vorkapitalistische Gesellschaften gebunden. Er konnte sich nicht vorstellen, dass seine Forderung, »alle Verhältnisse umzuwerfen, in denen der Mensch ein erniedrigtes, ein geknechtetes, ein verlassenes, ein verächtliches Wesen ist«,[39] zukünftig auch in Staaten einzulösen wäre, deren diktatorischen Führungen ihren Anspruch auf Legitimität aus den Schriften von Karl Marx ableiteten.

Marx verwarf anderthalb Jahrzehnte nach seiner Schrift *Zur Judenfrage* implizit den Gedanken, dass der Kult des Geldes eine spezifisch jüdische Besonderheit sei. In einer Max Weber vorweg genommenen Passage der *Grundrisse* heißt es:

»Der Geldkultus hat seinen Ascetismus, seine Entsagung, seine Selbstaufopferung – die Sparsamkeit und Frugalität, das Verachten der weltlichen, zeitlichen und vergänglichen Genüsse; das Nachjagen nach dem ewigen Schatz. Daher der Zusammenhang des englischen Puritanismus oder auch des holländischen Protestantismus mit dem Geldmachen.«[40] Zugleich wirft die Lektüre von Marx' *Zur Judenfrage* das Problem der »Missachtung des konkret leidenden Menschen zugunsten einer leidenden Menschheit« auf.[41] Der kritische Marxist Hans Mayer, der

---

[38] Dieser Terminus findet sich repräsentativ bei Henry Görschler: Die revolutionäre Arbeiterbewegung und ihr Verhältnis zum Antisemitismus, in: Wissenschaftliche Zeitschrift der Karl-Marx-Universität Leipzig. Gesellschaft- und sprachwissenschaftliche Reihe, 13 (1965), Nr. 3, S. 540.

[39] Karl Marx: Zur Kritik der Hegelschen Rechtsphilosophie. Einleitung [1844], in: MEW, Bd. 1, S. 385.

[40] Karl Marx: Grundrisse der Kritik der politischen Ökonomie (Rohentwurf), Berlin [DDR] 1953, S. 143.

[41] Hans Mayer: Außenseiter, Frankfurt a. M. 1975, S. 10.

diese Frage stellte, sah eine strukturelle Schwäche des Marxschen Denkens in der von ihm akzentuierten Vernachlässigung des Einzelmenschen, wo es um die Idee einer Befreiung der Menschheit ging. Als Erbe der bürgerlichen Aufklärer habe Marx »die unreduzierbare und abseitige Subjektivität« von Angehörigen der gesellschaftlichen Randgruppen, zu denen die Juden gehörten, missachtet.[42] So sehr Marx die bürgerliche Aufklärung dialektisch »aufgehoben« und auf die soziale Frage angewandt habe, so wenig Platz hätten die Randgruppen, die Außenseiter wie Juden, Homosexuelle und sogar die Frauen im Denken von Marx und seiner sozialistischen Mitstreiter gehabt. Mayer wies jedoch selbst auf eine weiterreichende Antwort hin, als er betonte, individuelles und kollektives Handeln der Marginalisierten könne diese aus ihrem randständigen Status befreien. Dies sei aber nur um den Preis der aktiven Teilhabe an Bewegungen zur Veränderung der Gesellschaft möglich: So tausche der Jude als »existenzieller Außenseiter« diesen Status ein zugunsten einer Entscheidung für ein »intentionelles« Außenseitertum: Indem er sich der revolutionären Arbeiterbewegung anschließe, wechsele er von – aus Sicht der Herrschenden – einer verachteten in eine andere verachtete, indes auch gefürchtete Gruppe.[43] Während die jüdische Existenz das Gefüge der Gesellschaft an sich nicht bedrohe, werde der jüdische Revolutionär zu einer doppelten Herausforderung: Die Lösung der sozialen Frage sei ohne die gleichberechtigte Integration der Juden in die Gesellschaft nicht zu haben.

Eine Weiterentwicklung marxistischer Positionen zur jüdischen Frage schloss demnach ein einfaches Fortschreiben der von Marx 1843/44 geäußerten Ansichten aus. Vielmehr war eine solche Weiterentwicklung mit dem von Marx fortwährend erarbeiteten Instrumentarium nur »gegen« seine Frühschrift möglich.[44] Die unabdingbare Notwendigkeit solchen Handelns ergab sich für die Sozialisten in den Jahren unmittelbar nach Marx' Tod, als das Erstarken des Antisemitismus und das Wachstum der jüdischen Arbeiterbewegung einsetzten. Die Rezeption der Marxschen Arbeit *Zur Judenfrage* blieb dabei jedoch ein marginales Phänomen. Kautsky erwähnte die Schrift in seiner Broschüre *Rasse und Judentum* (1914) überhaupt nicht, da er jede mögliche Verbindung des Marxismus mit dem Antisemitismus (der eine ganz andere Dimension bekommen hatte als der Marx bekannte Judenhass) vermeiden wollte. Kautsky wollte aber Marx auch nicht öffentlich kritisieren, wenn es nicht unumgänglich war. Vor allem aber war er nach

---

[42] Ebd.

[43] Ebd., S. 19.

[44] Dies ist im Sinne Gramscis zu verstehen, der von der Oktoberrevolution als einer »Revolution gegen das ›Kapital‹ von Karl Marx« sprach, die in einem kapitalistisch relativ wenig entwickelten Land stattfand, international letztlich isoliert blieb und somit die marxistische Theorie, die eine solche Möglichkeit ursprünglich nicht erwogen hatte, zur Weiterentwicklung und zur Verarbeitung neuer Realitäten zwang. Antonio Gramsci: Philosophie der Praxis, hrsg. von Christian Riechers, Frankfurt a. M. 1967, S. 24.

siebzig Jahren seit der Marxschrift um die Erfahrung reicher, dass die Juden weit eher Parias denn Agenten des modernen Kapitalismus waren.[45]

Auch innerhalb der deutschen Sozialdemokratie hielt sich die Rezeption der Marxschen *Judenfrage* in Grenzen, obwohl die Schrift ganz oder auszugsweise 1881 im *Sozialdemokrat* und 1890 im *Berliner Volksblatt* veröffentlicht wurde.[46] Ein Grundgedanke, der Marxismus und Liberalismus gemeinsam war, durchzog jedoch sowohl die Marxschrift wie auch die allermeisten Äußerungen von Sozialisten bis in die Zeit des Aufstiegs Hitlers: der Gedanke, dass die jüdische Emanzipation durch Assimilation bei Verzicht auf jüdische Identität erfolgen müsse – durch Assimilation an die bürgerliche Gesellschaft, wie die Liberalen meinten; durch Assimilation an die allgemeine revolutionäre Bewegung, deren künftiger Sieg im sozialistischen Zukunftsstaat münden und dadurch beinahe-automatisch die jüdische Frage lösen werde. Marx' Schrift *Zur Judenfrage* erwies sich als Teil dieser Hoffnung und dieser Illusion.

Marx und die Juden nach 1844

Es ist nicht leicht, Marx' Ansichten über die Juden nach der Abfassung seiner Schrift *Zur Judenfrage* auf einen Nenner zu bringen; zu fragmentarisch sind seine Äußerungen, zu widersprüchlich besonders dann, wenn man öffentliche und private Stellungnahmen miteinander zu vergleichen sucht. Insgesamt wird man sagen können, dass die wenigen publizierten Sequenzen, die überhaupt die jüdische Frage berührten, mindestens zum Teil ein Mitgefühl mit der diskriminierten jüdischen Bevölkerung bezeugten. Die zu Marx' Lebenszeiten nicht veröffentlichten Texte und besonders seine Briefe an Engels verraten hingegen heftigste Antipathie gegenüber den Juden. Mindestens ebenso schwer wiegt wohl die Gleichgültigkeit von Marx gegenüber den Anfängen der jüdischen Arbeitsbewegung, gerade, weil Marx das Entstehen selbst noch so marginaler sozialistischer Gruppen in der ganzen Welt aufmerksam verfolgte und gern kommentierte.

Am 15. April 1854 schrieb Marx für die *New York Daily Tribune* einen Artikel, der die Lage der Bewohner von Jerusalem behandelt. »Nichts aber«, so Marx, »gleicht dem Elend und den Leiden der Juden in Jerusalem, die den schmutzigsten Flecken der Stadt bewohnen, Harêth-el-Yahud, im Viertel des Schmutzes, zwischen Zion und Moria, wo ihre Synagogen liegen; sie sind unausgesetzt Gegenstand muselmanischer Unterdrückung und Unduldsamkeit, von den Griechisch-Orthodoxen beschimpft, von den Katholiken verfolgt und nur von den spärlichen

---

[45] Vgl. Jack Jacobs: Sozialisten und die »jüdische Frage« nach Marx, übers. von Cornelia Dieckmann, Mainz 1994, S. 20f.

[46] Vgl. Leuschen-Seppel: Sozialdemokratie und Antisemitismus, S. 81–86.

Almosen lebend, die ihnen von ihren europäischen Brüdern zufließen. [...] Ihre Blicke auf den Berg Moria gerichtet, wo sich einst der Tempel Salomos erhob und dem sie sich nicht nähern dürfen, vergießen sie Tränen über das Unglück Zions und ihre Zerstreuung in der ganzen Welt.«[47] Der letzte Satz stammt von dem französischen Historiker César Famin und wurde von Marx, der hier seine Solidarität mit den bedrückten Juden ausdrückte, zustimmend zitiert.

Am 14. Mai 1859 verurteilte Marx in einem anderen Aufsatz für die *New York Daily Tribune* judenfeindliche Ausschreitungen des Wiener Mobs; diese »primitiven Grobiane« würden »einen Vorgeschmack von ihren zukünftigen Taten« geben, »indem sie unvermittelt über die unglücklichen Israeliten« herfielen und sie misshandelten.[48]

Bei der Drucklegung des ersten Bandes des *Kapital* war Marx 1867 offenbar von seiner 1843 geäußerten Meinung gänzlich abgerückt, wonach die Juden Ausdruck des kapitalistischen Geschäftsgebarens seien, denn er nahm nur ganz vereinzelt auf sie Bezug. So schrieb er im 4. Kapitel im Zusammenhang mit der Verwandlung von Geld in Kapital, der Kapitalist wisse, dass alle Waren, ungeachtet ihres minderen Aussehens oder Geruchs, »im Glauben und in der Wahrheit Geld, innerlich beschnittene Juden« seien.[49] Ein ähnlich schiefes Bild entsprang folgendem Vergleich: Die Summe der zirkulierenden Waren könne durch keinen Wechsel in ihrer Verteilung vermehrt werden, »so wenig wie ein Jude die Masse der edlen Metalle in einem Lande dadurch vermehrt, dass er einen Farthing aus der Zeit der Königin Anna für eine Guinee verkauft.«[50]

Ein äußerst negatives Bild von den Juden zeigen eine Reihe von Texten, die Marx nicht zur Veröffentlichung bestimmt hatte. Seinem Lehrer Feuerbach attestierte Marx in den später berühmt gewordenen Thesen, er habe die Praxis nur in ihrer »schmutzig jüdischen Erscheinungsform« begriffen.[51] Im Briefwechsel mit Engels wies Marx nicht nur gelegentlich in herabsetzender Weise auf die jüdische Herkunft dritter Person hin; er tat dies auch in Bezug auf Kampfgefährten wie Leo Fränkel oder Eduard Bernstein.[52] Seine besondere Antipathie gegenüber dem Genossen und Rivalen Ferdinand Lassalle brachte Marx durch Beschimpfungen wie »Jüdel«, »Itzig«, »Iitzig« oder »Baron Itzig« vielfach zum Ausdruck.[53]

---

[47] Karl Marx: Die Kriegserklärung – Zur Geschichte der orientalischen Frage, in: New-York Daily Tribüne, Nr. 4054, 15. April 1854, in: MEW, Bd. 10, S. 176.

[48] Ders.: Hochbedeutendes aus Wien, in: New-York Daily Tribüne, Nr. 5655, 6. Juni 1859, in: MEW, Bd. 13, S. 335f.

[49] Ders.: Das Kapital. Erster Band (1890), in: MEW, Bd. 23, S. 169.

[50] Ebd.: S. 177.

[51] Ders.: Thesen über Feuerbach (1932), in: MEW, Bd. 3, S. 5.

[52] Vgl. bspw. Marx an Friedrich Adolph Sorge in Hoboken (1879), in: MEW, Bd. 34, S. 410, 412 (»Jüdel Bernstein«).

[53] Belege bei Silberner: Kommunisten zur Judenfrage, S. 38.

Das prägnanteste Beispiel dieser Art, ein Brief an Engels vom 30. Juni 1862, sei hier zitiert. Es hieß darin, es sei Marx vollkommen klar, dass Lassalles Kopfbildung und Haarwuchs beweisen würden, dass er »von den Negern abstammt, die sich dem Zug des Moses aus Ägypten anschlossen (wenn nicht seine Mutter oder Großmutter von väterlicher Seite sich mit einem Nigger kreuzten). Nun, diese Verbindung von Judentum und Germanentum mit der negerhaften Grundsubstanz müssen ein sonderbares Produkt hervorbringen. Die Zudringlichkeit des Burschen ist auch niggerhaft.«[54]

Friedrich Engels' Bemerkungen über Lassalle waren beinahe von der gleichen Sorte. So schrieb er Marx am 7. März 1856, Lassalle sei ein »echter Jud von der slawischen Grenze« und »immer auf dem Sprunge, unter Parteivorwänden jeden für seine Privatzwecke zu exploitieren. Dann diese Sucht, sich in die vornehme Welt einzudrängen, de parvenir, wenn auch nur zum Schein, den schmierigen Breslauer Jud mit allerhand Pomade und Schminke zu übertünchen, waren immer widerwärtig.«[55]

Eine solche Verallgemeinerung von Lassalles wirklichen oder angeblichen Fehlern, die Unterstellung, sie seien spezifisch jüdische Charakteristika, hätte Engels kaum getätigt, wüsste er sich nicht im Einverständnis mit seinem Freund.

Ist es zu viel gesagt, dass Marx seine jüdische Herkunft als peinlich empfand? Er wollte jedenfalls in keiner Weise an sie erinnert werden. Dementsprechend reagierte er, als sein Schwiegersohn Charles Longuet in einem Nachruf auf Jenny Marx 1881 erwähnte, vor der Eheschließung habe das rassische Vorurteil überwunden werde müssen, da Marx als Jude geboren sei. In einem überaus gereizten Brief an seine Tochter Jenny Longuet schrieb Marx daraufhin, es sei kein rassisches Vorurteil zu überwinden gewesen, und »Herr Longuet« würde ihm, Marx, einen Gefallen tun, würde er seinen Namen künftig öffentlich nicht mehr erwähnen.[56]

Unter Bezug auf jene Teile der Marxschen Korrespondenz, »die sie zu einer oft qualvollen Lektüre machen«, hielt Werner Blumenberg fest, dass Marx' antijüdischer Affekt »in einer vergangenen Zeit die Reaktion empfindsamer Naturen [war], die sich innerlich vom Judentum gelöst hatten, auf eine feindliche Umwelt, und er war selbst ein Erzeugnis des Antisemitismus«. Für Blumenberg und viele andere Forscher war auffallend, dass »eine Persönlichkeit wie Marx diese Schwäche bis an sein Lebensende nicht überwinden konnte.«[57]

Als Schwäche muss Marx diese seine Haltung auch empfunden haben: Wie sonst hätte er Äußerungen getan, von denen er glaubte, sie würden nie publik

---

[54] Marx an Engels in Manchester (1862), in: MEW, Bd. 30, S. 259.

[55] Engels an Marx in London (1865), in: MEW, Bd. 29, S. 31.

[56] Vgl. Marx an Jenny Longuet in Argenteuil (1881), in: MEW, Bd. 35, S. 241f.

[57] Blumenberg: Karl Marx mit Selbstzeugnissen, S. 58; ähnlich Robert S. Wistrich: Revolutionary Jews from Marx to Trotsky, London 1976, S. 42f.

werden; Äußerungen, die in so scharfem Gegensatz zu seinem nachdrücklich bekundeten Internationalismus standen, der ein wichtiges Merkzeichen seines öffentlichen Wirkens war? Das Bekanntwerden solch rassistischer Bekundungen, wie Marx sie über Lassalle an Engels äußerte, hätte gewiss seinem Ruf in der Arbeiterbewegung damals irreparabel geschadet.[58] Hätte sich Marx zur entstehenden sozialistischen Bewegung unter den jüdischen Proletariern im Londoner East End wie im russischen Zarenreich geäußert, wäre ihm – so viel darf angenommen werden – gewiss manch affektbeladenes Vorurteil unterlaufen, das auszusprechen er tunlichst vermeiden musste, wollte er seine Stellung im internationalen Sozialismus nicht gefährden.

Jedenfalls scheint dies eine schlüssige Erklärung für die paradox anmutende Tatsache zu sein, dass Marx, der so oft seine Stimme für die Unterdrückten erhob, mit keinem Wort auf die Anfänge der jüdischen Arbeiterbewegung in seinem Wohnort 1875/76 einging.[59] Auch ein noch so kurzer Kommentar über die Anfänge der jüdischen sozialistischen Bewegung in Osteuropa war nirgendwo zu lesen, obwohl doch russisch-jüdische Sozialisten zu den ersten Rezipienten des *Kapital* gehörten.[60] Marx' Tochter Eleanor Aveling sagte zu Max Beer, »dass ihr Vater kein Interesse an jüdischen Angelegenheiten hatte und keinen Kontakt zur Londoner Judenheit aufnahm.«[61] Sie selbst war in dieser Hinsicht von ihrem Vater grundverschieden: »Meine glücklichsten Momente habe ich, wenn ich im East End unter jüdischen arbeitenden Menschen bin.«[62] Als der Londoner Klub der jüdischen Sozialisten für den 1. November 1890 ein Protestmeeting gegen die Verfolgung der Juden in Russland organisierte und Eleanor Aveling als Rednerin einlud, antwortete sie: »Ich bin hocherfreut, auf dem Meeting am 1. November sprechen zu können, und dies umso mehr, da mein Vater Jude war.«[63] Marx wäre über diese Äußerung alles andere als erfreut gewesen. Von ihm waren derartige Aktivitäten gewiss nicht zu erwarten. Sogar während der großen, bis dahin beispiellosen Pogromwelle, die das Zarenregime 1881/82 zu verantworten hatte, protestierte Marx, entgegen seinem sonstigen Verhalten in derartigen Situationen, nicht.

---

[58] Diese Annahme geht von der weitgehenden Ablehnung antijüdischer Einstellungen in der Arbeiterbewegung aus.

[59] Vgl. Silberner: Kommunisten zur Judenfrage, S. 39f.

[60] Vgl. Robert Brym: The Jewish Intelligentsia and Russian Marxism. A Sociological Study of Intellectual Radicalism and Ideological Divergence, London/Basingstoke 1978; Jonathan Frankel: Prophecy and Politics. Socialism, Nationalism and the Russian Jews, 1862–1917, Cambridge u.a. 1981.

[61] Max Beer: Fifty Years of international Socialism, London 1935, S. 72.

[62] Zit. n. ebd.

[63] Zit.n. William J. Fishman: East End Jewish Radicals, 1875–1914, London 1975, Neuausgabe Nottingham 2004, S. 197.

War dies Gleichgültigkeit gegenüber jüdischen Angelegenheiten? Dies war es gewiss auch, doch wohl mehr noch der Ausdruck seiner Affekte. Es zeigte erneut, dass Marx von seiner Umwelt nicht daran erinnert werden wollte, dass er Jude war. Natürlich erinnerten sich seine politischen Widersacher daran, so Michail Bakunin. Er betonte zwar, man dürfe Marx' »außerordentliche Verdienste um den Sozialismus nicht verkennen, dem er, es werden bald fünfundzwanzig Jahre sein, klug und energisch treu dient«.[64] Seiner persönlichen Abneigung gegen Marx konnte Bakunin allerdings kaum anders Ausdruck verleihen, denn durch wüsteste antisemitische Beschimpfungen. Sie werfen ein grelles Licht auf Bakunin und sollen hier zitiert werden:

»Selbst ein Jude«, so Bakunin über Marx, »hat er um sich, in London und in Frankreich, vor allem aber in Deutschland, eine Menge kleiner mehr oder weniger gescheiter, intriganter, beweglicher, spekulierender Juden, wie es die Juden überall sind, [...] einen Fuß in der Bank, den anderen in der sozialistischen Bewegung und mit dem Hintern auf der deutschen Tagesliteratur sitzend. [...] Nun, diese ganze jüdische Welt, die eine ausbeuterische Sekte, ein Blutegelvolk, einen einzigen fressenden Parasiten bildet, eng und intim nicht nur über die Staatsgrenzen hin, sondern auch über alle Verschiedenheiten der politischen Meinung hinweg, – diese jüdische Welt steht heute zum großen Teil einerseits Marx, anderseits Rothschild zur Verfügung. Ich bin sicher, dass die Rothschild auf der einen Seite die Verdienste von Marx schätzen, und dass Marx auf der anderen Seite instinktive Anziehung und großen Respekt für die Rothschild empfindet.«[65]

In der sozialdarwinistischen Sprache Bakunins tauchte bereits jener eliminatorische Antisemitismus auf, der von ganz anderen politischen Kräften künftig praktiziert werden sollte; von Kräften, die auch den Marxismus ein für alle Mal ausrotten wollten. Es blieb Marx erspart, im Lichte dieser Entwicklungen seine Aussagen zu den Juden revidieren zu müssen.

Fazit und Ausblick

Marx' zahlreiche antijüdische Äußerungen in seinen Privatbriefen sind dennoch von geringerer Bedeutung als seine unleugbare Ignoranz gegenüber den zu seinen Lebzeiten sichtbaren Dimensionen der jüdischen Frage. Zwar hat Marx keine »antisemitische Tradition des modernen Sozialismus« begründet,[66] und Versuche, eine

[64] Michail Bakunin an Alexander Herzen, 28. Oktober 1869; wiederabgedruckt in: Michail Bakunin: Gott und der Staat und andere Schriften, hrsg. von Susanne Hillmann, Reinbek bei Hamburg 1969, S. 28f.

[65] Michail Bakunin: Persönliche Beziehungen zu Marx [1871/72], in: Ders: Gott und der Staat, S. 180.

[66] Terminus bei Silberner: Kommunisten zur Judenfrage, S. 42.

solche aus seinen Schriften zu rekonstruieren, konnten nicht überzeugen. Doch wurde bereits sichtbar: Der klassische Marxismus bemaß den Juden als ethnisch-kultureller oder gar als religiöser Gemeinschaft keine lange Lebensspanne zu; die »chimärische Nationalität« der Juden[67] sei zur Assimilation an die übrigen Nationen geschichtlich verurteilt. Der moderne Kapitalismus besiegle das Schicksal des Judentums, zerstöre seine »Kasten-Existenz«; damit komme es zum *Untergang des Judentums*, wie der Titel eines unter Kommunisten populären Buches lautete.[68] Sein Autor Otto Heller starb am 24. März 1945 als Häftling im KZ-Außenlager Ebensee als eines von Millionen Opfern des Judenmordes.

Die moderne Barbarei des Faschismus, die in diesem Judenmord grausam gipfelte, zwang die Marxisten, ihr Grundprinzip vom diskontinuierlichen, doch gesetzmäßigen Fortschritt in der Geschichte zu überprüfen. Der marxistische französische Schriftsteller Robert Merle kam in seinem literarischen Porträt des Auschwitz-Kommandanten Rudolf Höß zu dem bedrückenden Schluss: »Was furchtbar ist und uns eine desolate Meinung vom Menschengeschlecht aufdrängt: um ihre Pläne auszuführen, findet eine Gesellschaft dieses Typs unweigerlich die willigen Werkzeuge für ihre Verbrechen.«[69]

Zwar sahen viele Marxisten die systematische und planmäßige Ausrottung der europäischen Juden als ein extremes, sich stark dem Irrationalen nähernden Produkt des Kapitalismus und der ihm innewohnenden Barbarei. Deshalb fragten verschiedene DDR-Forscher nach einer Ökonomie der Endlösung.[70] Doch auch der Holocaust-Überlebende Ernest Mandel betonte eine »Tendenz zur Reproduktion naziähnlicher Verhältnisse.«[71]

Auch Isaac Deutscher sah, wie wir eingangs gesehen haben, lange Zeit die marxistische Analyse der jüdischen Frage durch Auschwitz nicht als widerlegt an. Am Ende seines Lebens – er starb 1967 – scheint er jedoch zu anderen Schlussfolgerungen gelangt zu sein: In seinen hinterlassenen Papieren findet sich eine bewe-

---

[67] Marx: Zur Judenfrage, S. 348.

[68] Otto Heller: Der Untergang des Judentums. Die Judenfrage/Ihre Kritik/Ihre Lösung durch den Sozialismus [1931], 2. Aufl., Wien/Berlin 1933, S. 24.

[69] Robert Merle: Der Tod ist mein Beruf, übers. von Kurt Noch, 5. Aufl., Berlin 1983, S. 316 (zuerst: La mort est mon métier, Paris 1952).

[70] Für eine frühe Kontroverse zwischen Eberhard Czichon, Dietrich und Kurt Gossweiler auf der einen, Tim Mason auf der anderen Seite zu diesem Problem vgl. Mario Keßler: Die SED und die Juden – zwischen Repression und Toleranz. Politische Entwicklungen bis 1967, Berlin 1995, S. 128f.

[71] Ernest Mandel: Der zweite Weltkrieg, Frankfurt a. M. 1991, S. 224. Vgl. ebd., S. 239: »Rein zahlenmäßig übersteigt der Mord an den mittelamerikanischen Indianern den Mord an den europäischen Juden. [...] Das Verhältnis [zwischen Ermordeten und Überlebenden] ist schlimmer als bei den europäischen Juden. Allerdings gab es keinen formalen Beschluss der spanischen Herren, alle indianischen Männer, Frauen und Kinder auszurotten.« Wie sehr Mandel mit dem ihm quälenden Problem rang, zeigt auch das entsprechende Kapitel in seinem Buch: Trotzki als Alternative, Berlin 1992, S. 209–223.

gende Passage: »Für einen Historiker, der die Massenvernichtung der Juden zu begreifen sucht, besteht die größte Schwierigkeit in der absoluten Einmaligkeit dieses schrecklichen Geschehens«, schrieb Deutscher. »Es wird niemals nur eine Frage der Zeit und der historischen Perspektive sein. Ich glaube, dass die Menschen auch in tausend Jahren Hitler, Auschwitz, Majdanek und Treblinka kaum besser verstehen werden als unsere Generation. Kann man von ihnen denn einen besseren historischen Überblick erwarten? Für die Nachwelt wird alles vielleicht sogar noch schwerer zu verstehen sein als für uns. [...] Die bedingungslose Versessenheit des Nazismus, jeden Juden in seinem Herrschaftsbereich auszurotten – ob Mann, Frau oder Kind – übersteigt das Fassungsvermögen eines Historikers, der sich bemüht, die Beweggründe menschlichen Handelns zu ermitteln und die Interessen hinter diesen Beweggründen aufzuspüren. Wer traut sich zu, die Beweggründe und Interessen zu analysieren, die sich hinter den Ungeheuerlichkeiten von Auschwitz verbergen?«[72]

Angesichts des nazistischen Ungeheuers, das auch ihn alsbald verschlingen sollte, entwarf Walter Benjamin das Bild vom »Engel der Geschichte«. Dieser Engel »hat das Antlitz der Vergangenheit zugewendet. Wo eine Kette von Begebenheiten vor uns erscheint, da sieht er eine einzige Katastrophe, die unablässig Trümmer auf Trümmer häuft und sie ihm vor die Füße schleudert. Er möchte wohl verweilen, die Toten wecken und das Zerschlagene zusammenfügen. Aber ein Sturm weht vom Paradiese her, der sich in seinen Flügeln verfangen hat. Dieser Sturm treibt ihn unaufhaltsam in die Zukunft, der er den Rücken kehrt, während der Trümmerhaufen vor ihm zum Himmel wächst. Das was wir den Fortschritt nennen, ist dieser Sturm.«[73] Der Marxist Benjamin sah sich gezwungen, Marx radikal zu revidieren, als er schrieb: »Marx sagt, die Revolutionen sind die Lokomotive der Geschichte. Aber vielleicht ist dem gänzlich anders. Vielleicht sind die Revolutionen der Griff des in diesem Zuge reisenden Menschengeschlechts nach der Notbremse.«[74]

---

[72] Isaac Deutscher: Die jüdische Tragödie und der Historiker, in: Ders.: Die ungelöste Judenfrage, S. 104.

[73] Walter Benjamin: Über den Begriff der Geschichte, in: Ders.: Gesammelte Schriften, Bd. 1/2, Frankfurt a. M. 1974, S. 697f.

[74] Ders.: Anmerkungen zu »Über den Begriff der Geschichte«, Bd. 1.3, Frankfurt a. M. 1974, S. 1232.

Kapitel 4
Friedrich Engels und der Antisemitismus

Worin bestand Friedrich Engels' Beitrag zur Diskussion über die Ursachen und Folgen der Judenfeindschaft?[1] Reflektierte seine Haltung zum Antisemitismus den damals aktuellen Grad der Bedrohung für die Juden? Zu Engels' Lebzeiten bestand die Alternative: Emanzipation oder Ausgrenzung, nicht aber Emanzipation oder Vernichtung der Juden. Jedoch tauchten bereits erste Stimmen auf, die »den Juden« als rassisch minderwertig und als lebensunwert diskriminierten. Friedrich Engels wurde noch Zeuge des Auftretens der ersten antisemitischen Massenparteien, und er riet der sozialistischen Linken eindringlich, den Kampf gegen diese Parteien entschieden zu führen. Zu fragen ist demnach weiterhin: Wie repräsentativ war Engels' Haltung für den Stand der inner-sozialistischen Diskussion zu diesem Problem und wie beeinflusste Engels diese Debatten? Dabei sind zwei deutlich voneinander unterscheidbare Abschnitte der Engelsschen Haltung zum Antisemitismus zu beobachten. Allerdings bildete Engels' Polemik gegen Eugen Dühring die Zäsur zwischen beiden, wenngleich die Kritik am Antisemitismus Dührings eher nebensächlich war. Anzumerken ist, dass Antisemitismus und Judenfeindschaft in Engels' Schriften noch ebenso wenig ein Zentralthema waren wie für die Arbeiterbewegung im 19. Jahrhundert insgesamt.

Engels' Wahrnehmung der Juden 1848–1878

In der Revolution von 1848/49 befasste sich Engels häufig, wenn auch keineswegs systematisch, mit der Rolle von kleinen Völkern, die er mehrfach als »geschichtslos« bezeichnete. Bis zu diesem Zeitpunkt hatte die Entwicklung in Deutschland und den großen westeuropäischen Nationen Engels ganze Aufmerksamkeit in Anspruch genommen. Seine en passant geäußerten Bemerkungen zu den Juden lassen nicht darauf schließen, dass er ein größeres Interesse an ihrer Lage hatte. Im Frühjahr 1845 edierte Engels *Ein Fragment Fouriers über den Handel.* In Fouriers Schrift finden sich zahlreiche antisemitische Auslassungen, etwa der Art, dass »die Juden nur jüdische Comptoiristen haben, Leute, welche die geheimen Feinde aller Nationen sind« – Bemerkungen, die Engels kommentarlos abdruckte. In einem Anfang September 1846 für die Chartisten-Zeitschrift *The Northern Star* ge-

[1] Zuerst erschienen in: Theodor Bergmann/Mario Keßler/Joost Kircz/Gert Schäfer (Hrsg.): Friedrich Engels – ein »Klassiker« nach 100 Jahren, Hamburg 1996, S. 103–117. Wiederabdruck in: Mario Keßler: Heroische Illusion und Stalin-Terror. Beiträge zur Kommunismus-Forschung, Hamburg 1999, S. 181–198.

schriebenen Artikel über *Regierung und Opposition in Frankreich* bemerkte er unreflektiert eine »Vorherrschaft von Rothschild & Co.« in Frankreich.[2]

In seinen zahlreichen Artikeln für die *Neue Rheinische Zeitung* sprach Engels 1848/49 gelegentlich die Lage der Juden in Ostmitteleuropa an. So schrieb er am 9. Juni 1848, dass die Deutschen und die Juden sich in Polen »zur Herrschaft emporzuschwingen« suchten.[3] Am 9. August bemerkte er eine »unerwartete Sympathie und Anerkennung, welche die polnischen Juden in der letzten Zeit in Deutschland gefunden« hätten.[4] Er fuhr fort:

»Verrufen, soweit der Einfluss der Leipziger Messe reicht, als der vollständigste Ausdruck des Schachers, der Filzigkeit und des Schmutzes, sind sie plötzlich deutsche Brüder geworden; der biedere Michel drückt sie unter Wonnetränen an sein Herz, und Herr Stenzel [ein Breslauer Historiker und Mitglied des Frankfurter Parlaments] reklamiert sie im Namen der deutschen Nation als Deutsche, welche auch Deutsche sein *wollen.*«[5]

Die ironische Spitze richtete sich gegen die antijüdischen Vorurteile des deutschen Spießers, nicht gegen die Juden. Doch ist dem kritischen Urteil Roman Rosdolskys zuzustimmen, der von »geschmacklosen antijüdischen Korrespondenzen dieses Blattes« (der *Neuen Rheinischen Zeitung*) schrieb.[6] Es war, die »vielstimmige ›Volksmeinung‹ […], die in diesen Korrespondenzen erklang, dieselbe Volksmeinung, die zwar großenteils der berechtigten Empörung über die wirtschaftliche Ausbeutung des ›kleinen Mannes‹ entsprang, gleichzeitig aber auch den Hass des christlichen Kleinbürgers und Fabrikanten gegen die jüdische ›Konkurrenz‹, des verschwenderischen Junkers gegen seine jüdischen Gläubiger, der Kirche gegen die verstockten Ketzer zum Ausdruck brachte, und die infolge ihrer Blindheit für die sozialen Zusammenhänge sowie ihrer religiösen und nationalistischen Borniertheit das geeignetste Werkzeug in den Händen der reaktionären Parteien, des Klerus und der Regierungen bildete.«[7]

Der latente oder manifeste Antikapitalismus, der die antisemitischen Äußerungen inspirierte, war allerdings keineswegs progressiv. Statt auf die Gleichberechtigung der Juden zielte er auf ihre Ausgrenzung ab.[8] Dies wurde besonders deutlich in den Beiträgen des Wiener Korrespondenten der *Neuen Rheinischen Zeitung*,

---

[2] Friedrich Engels: Regierung und Opposition in Frankreich, in: MEW, Bd. 4, S. 28.

[3] Ders.: Neue Teilung Polens, in: MEW, Bd. 5, S. 56.

[4] Ders.: Die Polendebatte in Frankfurt, in: MEW, Bd. 5, S. 323.

[5] Ebd.; Hervorhebung im Text.

[6] Roman Rosdolsky: Zur nationalen Frage. Friedrich Engels und das Problem der »geschichtslosen« Völker, Berlin [West] 1979, S. 194.

[7] Ebd.

[8] Zum frühproletarischen Antisemitismus vgl. die Zusammenfassung bei Arno Herzig: The Role of Anti-Semitism in the Early Years of the German Worker's Movement, in: Leo Baeck Institute: Year Book XXVI, London 1981, S. 243–259.

Eduard von Müller-Tellering, die der verantwortliche Redakteur Karl Marx, soweit bekannt, ohne Beanstandung abdruckte. Zwei Beispiele – von vielen – seien genannt: »Die Juden«, schrieb von Müller-Tellering am 17. Oktober 1848, »haben ein gutes Geschäft bei der Eroberung [Wiens durch kaiserliche Truppen] gemacht. Was die Kroaten raubten und stahlen, haben nämlich meist jüdische Demokraten für ein Spottgeld erhandelt. [...] Die Militärdiktatur hat alle öffentlichen Gebäude durchsuchen lassen, um Individuen und Waffen zu finden; nur die Judensynagoge, wo, wie man sagt, das ganze demokratische Israel sein Asyl aufgeschlagen hat, ist verschont geblieben.«[9] Am nächsten Tag schrieb der Korrespondent: »Es fällt jedem auf, dass auch nicht ein einziger Jude zur Rechenschaft gezogen worden ist, obwohl gerade die Juden überall an der ungefährdeten Spitze der Bewegung gestanden, und das Schwarzgelbtum immer wütend über dieselben gewesen ist. Bedenkt man indessen, dass Rothschild in Penzig um ein Darlehen von einigen 80 Milliönchen angegangen worden ist [...], so dürfte das Rätsel gelöst erscheinen.«[10]

Die Ironie der Geschichte wollte es, dass von Müller-Tellering nach der Niederschlagung der Revolution in das Lager der siegreichen Reaktion überwechselte und 1850 eine antikommunistische Schmähschrift mit dem Titel *Vorgeschmack in die künftige deutsche Diktatur von Marx und Engels* veröffentlichte. Darin griff er seinen ehemaligen Chefredakteur und Parteigänger mit wüsten antisemitischen Beleidigungen an. Marx sei ein »aufgeblasener Jude«, der angeblich »demokratischen Knoblauch [...] ausdünstet«; er habe ein »rachedurstiges, von der verworfensten Malice durchnadeltes Judenherz.«[11]

Friedrich Engels konnten von Müller-Tellerings antisemitische Hetzereien kaum entgangen sein. Seine eigenen Bemerkungen über die Juden waren von anderer Art: Engels' am 21. Juni 1848 geäußerte Bewunderung für den Freiheitskampf der Polen – »ein tapferes Volk von 20 Millionen« – ging einher mit einer Kritik an den »deutsch-jüdischen Polenfresser[n]«.[12] In Ungarn würden sich die Juden, schrieb Engels am 13. Januar 1849, ebenso wie die Siebenbürger Sachsen, »auf die Beibehaltung einer absurden Nationalität mitten in fremdem Lande« versteifen.[13] Welche statt der »absurden« ihre wirkliche Nationalität sei, erklärte Engels nicht. Er scheute sich nicht, die polnischen Juden am 29. April 1849 als »schmutzigste aller Rassen« zu bezeichnen. Sie könnten »weder ihrem Jargon noch ihrer Abstammung nach, sondern höchstens durch ihre Profitwütigkeit mit

[9] Zit.n. Rosdolsky: Zur nationalen Frage, S. 185.

[10] Zit.n. ebd. Schwarzgelbtum: das Haus Habsburg und seine Anhänger, Vertreter einer »großdeutschen« Reichseinigung gegen die Ansprüche der Hohenzollern.

[11] Zit.n. Silberner: Kommunisten zur Judenfrage, S. 327.

[12] Friedrich Engels: Neue Politik in Posen, in: MEW, Bd. 5, S. 94.

[13] Ders.: Der magyarische Kampf, in: MEW, Bd. 6, S. 170.

Frankfurt in Verwandtschaftsverhältnis stehen«, das heißt mit den dort ansässigen jüdischen Bourgeois.[14]

In einer witzig intendierten Parodie auf die Sprache der Ostjuden schrieb Engels, ausgehend von einem Gedicht von Ernst Moritz Arndt:

»Soweit ein polnischer Jude deutsch kauderwelscht, Auf Wucher leiht, Münz und Gewicht verfälscht« – soweit reiche das deutsche Vaterland von Felix Maria Fürst von Lichnowsky, einem rechten Abgeordneten des Frankfurter Parlaments.[15]

Waren Engels' Bemerkungen, über den individuellen Fall hinaus, Teil einer »Kinderkrankheit der Arbeiterbewegung«, wie Rosdolsky schrieb,[16] oder Beleg für eine »antisemitische Tradition des modernen Sozialismus«, wie Edmund Silberner behauptete?[17] Hier reicht vorerst die Feststellung aus, dass in der Geschichte des Sozialismus beide Komponenten schon recht bald auftraten: der Flirt mit judenfeindlichen Äußerungen und der entschlossene Kampf gegen die Diskriminierung der Juden – Letzteres indes vorrangig, sobald sich der Antisemitismus als eine Gefahr für die Arbeiterbewegung selbst erwies.

Diese funktionale Sichtweise war charakteristisch für den entstehenden Marxismus. Sie beruhte auf einer bestimmten Prämisse seiner Gründerväter: Engels und auch Marx nahmen die Juden, vor allem außerhalb Westeuropas, als archaische Elemente einer rückständigen Lebensweise wahr, die der moderne Kapitalismus zu überwinden suchte. Antisemitische Äußerungen, von welcher Seite sie auch kamen, erschienen ihnen als Protest gegen die sich hartnäckig dem »Gang der Geschichte« entgegenstellenden rückständigen Lebensformen des Ghettos. Weder Marx noch Engels machten sich die Mühe, den sozialen Ursachen dieser Rückständigkeit nachzugehen. Dies war Teil ihrer allgemeinen Abneigung gegen das Festhalten ethnisch-kultureller Traditionen jener kleinen Völker, die sie, ganz im Sinne Hegels, als geschichtslos ansahen. In der Revolution 1848/1849 äußerten sich die meisten dieser Völker Ostmitteleuropas, übrigens nicht die Juden, erstmals in Form nationaler Unabhängigkeitsbewegungen. Ein Bestreben, das die allermeisten deutschen und ungarischen Revolutionäre zurückwiesen, so auch Marx und Engels. Beide sahen, so Engels' britischer Biograf Henderson, »diese unbedeutenden Fürstentümer [wie Siebenbürgen] als Überbleibsel eines vergangenen Zeitalters und meinten, dass sie beseitigt werden sollten, damit die nationale Einheit durchgesetzt werden könne. Die ›Neue Rheinische Zeitung‹ sprach sich für die Bildung eines Nationalstaates aus und wies alle Vorschläge bezüglich der Bildung einer neuen Föderation zurück.«[18] Gustav Mayer hat zu Recht darauf verwie-

---

[14] Ders.: (Posen), in: MEW, Bd. 6, S. 448f.

[15] Ders.: Die Polendebatte, S. 353.

[16] Rosdolsky: Zur nationalen Frage, S. 195.

[17] Silberner: Kommunisten zur Judenfrage, S. 42.

[18] W[illiam] O[tto] Henderson: The Life of Friedrich Engels, Bd. l, London 1976, S. 146.

sen, dass Engels' harsche Kritik an den Unabhängigkeitsbemühungen der osteuropäischen Völker noch verstärkt wurde »durch die Tatsache, dass die slawischen Völker Österreichs sich inzwischen endgültig der Gegenrevolution verschrieben hatten. Die Heere Diebitschs und Paskiewitschs wären ausschließlich slawische Heere gewesen, Windischgrätz hätte gegen Prag hauptsächlich slawische Truppen verwandt, und die Armeen der Österreicher, die sich in Italien zur Unterdrückung am besten gebrauchen ließen und deren Brutalitäten den Deutschen zur Last gelegt würden, wären aus Slawen zusammengesetzt.«[19]

Obwohl all das mit den Juden nichts zu tun hatte, waren diese dennoch für Marx und Engels ein typisch geschichtsloses Volk. Für die Gründerväter des Marxismus stand somit nur ihre möglichst rasche Angleichung an die Umwelt zur Debatte. Der Jude Marx wie der Nichtjude Engels hatten demnach nichts mit Fragen nach einer eigenständigen jüdischen Identität im Sinn. Diejenigen Juden, die in Sprache und Auftreten ihre Herkunft nicht verleugnen konnten oder wollten, wurden in der Korrespondenz zwischen Marx und Engels, also in nichtöffentlichen Äußerungen, oftmals zum Spott- oder Lachobjekt. Die Korrespondenz enthält namentlich über Lassalle eine Reihe von geschmacklosen, oft auch böswilligen Bemerkungen. Analog zu Marx bezeichnete Engels Lassalle etwa als »Jüdel Braun«, »Ephraim Gescheit«, »Itzig« und nach dessen Tod als »Itzig Selig« und »Baron Itzig«.[20] In öffentlichen Stellungnahmen enthielt sich Engels derartiger Wendungen. Die wenigen Male, die er in den 1850er bis Mitte der 1870er Jahren auf die Juden zu sprechen kam, hatte er nichts Wesentliches über sie mitzuteilen:

In seiner 1851/52 für die *New York Daily Tribune* geschriebenen, aber mit Marx' Namen gezeichneten Artikelserie über *Revolution und Konterrevolution in Deutschland* schrieb Engels über die osteuropäischen Juden, dass sie, »wenn sie überhaupt zu einer Nationalität gehören, in diesen Ländern sicher eher Deutsche als Slawen sind«, zumal ihre »Muttersprache ein schauderhaft verdorbenes Deutsch« sei.[21] Von dieser Wertung abgesehen, scheint Engels implizit die Existenz einer eigenständigen jüdischen Nationalität hier in Betracht gezogen zu haben. In dem zuerst anonym als Broschüre 1859 erschienenen Aufsatz *Po und Rhein* bezeichnete Engels mit deutlich kritischem Unterton die *Augsburger Allgemeine Zeitung* »trotz ihres Hasses gegen Juden und Türken« als ein »christlich-germanisches Blatt«, das »eher sich selbst beschneiden [ließe] als das ›deutsche‹ Gebiet in Italien.«[22]

[19] Gustav Mayer: Friedrich Engels. Eine Biographie, 2. Aufl., Bd. 1, Den Haag 1934, S. 308.

[20] Diese und weitere Äußerungen finden sich mit Belegen bei Silberner: Kommunisten zur Judenfrage, S. 47.

[21] Friedrich Engels: Revolution und Konterrevolution in Deutschland, in: MEW, Bd. 8, S. 50.

[22] Ders.: Po und Rhein, in: MEW, Bd. 13, S. 228.

Am 6. April 1866 hielt Engels in Bezug auf die Haltung der Arbeiterklasse zur polnischen Nationalbewegung fest: »Polen ist in religiösen Dingen stets äußerst liberal gewesen; davon zeugt, dass die Juden dort Asyl fanden, als sie in allen anderen Teilen Europas verfolgt wurden.«[23] Fünf Jahre später, am 11. November 1871, schrieb er in einem Beitrag für den sozialdemokratischen *Volksstaat* über die kurzzeitige Blüte der Gründerzeit: »Und wenn dieser Gründungsschwindel in der letzten Zeit auch in Deutschland und Österreich in vollen Schwung gekommen ist, wenn Fürsten und Juden, Reichskanzler und Pfäfflein gemeinsam auf die Ersparnisse der kleinen Leute Jagd machen, so kann uns das nur willkommen sein.«[24] Dies besagte, die Arbeiterbewegung werde von der Verschärfung der Klassengegensätze profitieren, für die christliche wie jüdische Ausbeuter verantwortlich zeichneten.

Gegen den politischen Antisemitismus

Seit Ende der 1870er Jahre löste in den deutschsprachigen Ländern der rassistisch orientierte politische Antisemitismus den religiös motivierten Antijudaismus zunehmend ab. Durch den »Gründerkrach« von 1873 wurde eine lang anhaltende wirtschaftliche Depression ausgelöst. Im Zuge dessen verschärften sich, wie von Engels vorausgesehen, die sozialen Spannungen und das politische Klima. Dieses war vom zurückgehenden Einfluss des politischen Liberalismus, aber auch von einem allgemeinen Schwund an Liberalität geprägt und schlug sich im »Kulturkampf«, in der Unterdrückung der Sozialdemokratie und im Aufkommen minderheitenfeindlicher Strömungen nieder.

Die Juden waren als sozio-kulturelle Minorität trotz und gerade wegen ihrer Assimilationsbestrebungen besonders von der Verschlechterung der politischen Atmosphäre betroffen. Vom Ende der 1870er- bis Anfang der 1880er-Jahre formierten sich eine Reihe antisemitischer Gruppierungen, von denen die Christlich-Soziale Partei des Berliner Hofpredigers Adolf Stoecker die wichtigste wurde. Bis zur Mitte der 1890er-Jahre blieben die Antisemiten ein politisch relevanter Faktor in Deutschland. Mit dem Abflauen der Agrarkrise und dem langen Wirtschaftsaufschwung nahm ihre Bedeutung zunächst ab.[25]

Vor allem das Auftreten des Berliner Nationalökonomen Eugen Dühring und seine massiven judenfeindlichen Angriffe veranlassten Engels, sich mit diesem

[23] Ders.: Was hat die Arbeiterklasse mit Polen zu tun?, in: MEW, Bd. 16, S. 161.

[24] Ders.: Über den Gründungsschwindel in England, in: MEW, Bd. 17, S. 459.

[25] Vgl. u.a. Peter G. J. Pulzer: Die Entstehung des politischen Antisemitismus in Deutschland und Österreich 1867–1914, Gütersloh 1966; Hermann Greive: Geschichte des modernen Antisemitismus in Deutschland, Darmstadt 1983; Helmut Berding: Moderner Antisemitismus in Deutschland, Frankfurt a. M. 1988.

auseinanderzusetzen. In Engels' umfangreicher Streitschrift aus dem Jahre 1878 hieß es:

»[...] selbst der bis ins Lächerliche übertriebene Judenhass, den Herr Dühring bei jeder Gelegenheit zur Schau trägt, ist eine, wo nicht spezifisch preußische, so doch spezifisch ostelbische Eigenschaft. Derselbe Wirklichkeitsphilosoph, der auf alle Vorurteile und Superstitionen souverän herabsieht, steckt selbst so tief in persönlichen Marotten, dass er das aus der Bigotterie des Mittelalters überkommene Volksvorurteil gegen die Juden ein auf ›Naturgründen‹ beruhendes ›Naturvorurteil‹ nennt und sich bis zu der pyramidalen Behauptung versteigt: ›der Sozialismus ist die einzige Macht, welche Bevölkerungszuständen mit stärkerer jüdischer Untermischung‹ (Zustände mit jüdischer Untermischung! welches Naturdeutsch!) ›die Spitze bieten kann‹. Genug.«[26]

Dühring könne »die Wirklichkeitsphilosophie nicht fertigbringen, ohne seinen Widerwillen gegen Tabak, Katzen und Juden als allgemeingültiges Gesetz der ganzen übrigen Menschheit, die Juden eingeschlossen, aufzudrängen.«[27]

In seinem Vorwort zur Neuauflage der Schrift 1885 schrieb Engels: »Was aber Herr Dühring über meinen Angriff geschrieben hat, habe ich nicht gelesen und werde es nicht ohne besondere Veranlassung lesen; ich bin theoretisch mit ihm fertig.«[28]

Es ist daher unwahrscheinlich, dass Engels Dührings Pamphlet aus dem Jahre 1881 über *Die Judenfrage als Racen-, Sitten- und Kulturfrage* zur Kenntnis genommen hat. Darin fasste Dühring alle gegen die Juden gerichteten Anschuldigungen zusammen und stellte diese als angeblich unwandelbare »Rasseneigenschaften« dar. Er forderte, die Juden unter Ausnahmegesetze zu stellen, ihr Zusammenleben mit dem deutschen Volk gesetzlich zu unterbinden. In einer späteren Schrift, *Der Wert des Lebens. Eine Denkbetrachtung im Sinne heroischer Lebensauffassung* folgerte Dühring, die Judenfrage könne »nur durch Ertötung und Ausrottung« der Juden gelöst werden; ein Aufruf zum Massenmord, den er 1901 wiederholte.[29]

Doch entging Engels keineswegs die Tatsache, dass sich die deutsche Sozialdemokratie mit dem Antisemitismus auseinandersetzte. Stoeckers Christlich-Soziale Partei versuchte mit populistischer Agitation, sich eine Massenbasis unter den Berliner Arbeitern zu schaffen. Anfang 1881 beriefen die Sozialdemokraten

---

[26] Engels: Herrn Eugen Dührings Umwälzung der Wissenschaft (»Anti-Dühring«), in: MEW, Bd. 20, S. 104.

[27] Ebd., S. 134.

[28] Ebd., S. 9.

[29] In der 5. Auflage von *Die Judenfrage* ... Hierzu und für die weiteren Dühring-Zitate vgl. Silberner, S. 50. Vgl. zu Dührings Antisemitismus meinen Aufsatz: »Sozialismus« und Judenhass: Eugen Dühring, in: Rolf Hecker/Ingo Stützle (Hrsg.): Engels' »Anti-Dühring«. Kontext, Interpretationen, Wirkung. Begleitband zur neuen Studienausgabe, Berlin 2020, S. 143–156.

eine Massenversammlung in Berlin ein, um die »Stellung der Arbeiter zur Judenfrage« zu klären. Eduard Bernstein schrieb über die enthusiastische Zustimmung der Arbeiter zu den Reden, die gegen »den mit der antisemitischen Agitation verbundenen Lug und Trug« gehalten wurden. Ein entsprechender, von der Versammlung verabschiedeter Beschluss wandte sich »gegen eine Schmälerung der den Juden verfassungsmäßig garantierten staatsbürgerlichen Gleichstellung« und warnte »alle städtischen und ländlichen Lohnarbeiter Deutschlands vor den Betörungsversuchen gewisser angeblicher Volksfreunde der verschiedensten Art, sich nicht zu einer Beteiligung an jener Bewegung verleiten und als Werkzeug für solche bewusst oder unbewusst volksfeindlichen Zwecke gebrauchen zu lassen«. Außerdem warnte der Beschluss »die Arbeiter vor irgendwelcher aktiven Beteiligung an dieser sie nicht direkt berührenden Bewegung.«[30]

Engels vermerkte im November 1882, »dass die sogenannte ›antisemitische Bewegung‹ in den Sozialdemokraten ihre entschiedensten Gegner hat und in Deutschland, speziell in Berlin, [...] an der Haltung der Sozialdemokraten gescheitert ist.«[31]

In dieser Zeit wurde Engels durch Karl Kautsky über die Erfolge der antisemitischen Bewegung in Österreich informiert. Im Juni 1884 schrieb Kautsky an Engels über antisemitische Tendenzen in Österreich, die »oppositionell und demokratisch auftreten, also den Instinkten der Arbeiter entgegenkommen.« Ein halbes Jahr später berichtete er, dass der Antisemitismus in Wien »kolossale Dimensionen [...] annimmt und ein gut Teil kleinbürgerlicher, mitunter sehr ›radikaler‹ Elemente aufgenommen [hat], die bisher bei uns waren.«[32]

Engels reagierte auf Kautskys Befürchtungen nicht unmittelbar. Doch am 19. April 1890 schrieb er dem Wiener Bankangestellten und Sozialdemokraten Isidor Ehrenfreund jenen vielzitierten Brief, der Engels' Haltung zum Antisemitismus, den er als soziales Phänomen jetzt sehr ernst nahm, zusammengefasst wiedergibt (*Dokument 3*).

Ehrenfreund hatte Engels am 21. März brieflich mitgeteilt, dass unter den Mitgliedern des Klubs der Beamten der Wiener Bank- und Kreditinstitute sowie unter einem gewissen Teil der Wiener Bevölkerung Antisemitismus weit verbreitet sei und sich in der Propaganda gegen das »jüdische Kapital« ausdrücke. Engels' ausführliche Antwort wurde in der sozialdemokratischen *Arbeiter-Zeitung* am 9. Mai veröffentlicht.

Zu Beginn seines Schreibens warnte Engels die Sozialdemokraten, sich von der antikapitalistischen Rhetorik der Antisemiten verführen zu lassen: »Ob Sie aber mit dem Antisemitismus nicht mehr Unglück als Gutes anrichten, muss ich

[30] Eduard Bernstein: Die Geschichte der Berliner Arbeiterbewegung, Bd. 2, Berlin 1907, S. 60.

[31] Friedrich Engels: Was der Pindter flunkert, in: MEW, Bd. 19, S. 313.

[32] Beide Zitate in: Benedikt Kautsky (Hrsg.): Friedrich Engels' Briefwechsel mit Karl Kautsky, Wien 1955, S. 125.

Ihnen zu bedenken geben. Der Antisemitismus ist das Merkzeichen einer zurückgebliebenen Kultur und findet sich deshalb auch nur in Preußen und Österreich resp. Russland. Wenn man hier in England oder Amerika Antisemitismus treiben wollte, so würde man einfach ausgelacht [...].«[33]

»Es ist in Preußen der Kleinadel, das Junkertum, das 10 000 Mark einnimmt und 20 000 Mark ausgibt und daher den Wucherern verfällt, das in Antisemitismus macht, und in Preußen und Österreich ist es der dem Untergang durch die großkapitalistische Konkurrenz verfallene Kleinbürger, der den Chor dabei bildet und mitschreit. Wenn aber das Kapital diese Klassen der Gesellschaft vernichtet, die durch und durch reaktionär sind, so tut es, was seines Amtes ist, und tut ein gutes Werk, einerlei, ob es nun semitisch oder arisch, beschnitten oder getauft ist; es hilft den zurückgebliebenen Preußen und Österreichern vorwärts, dass sie endlich auf den modernen Standpunkt kommen, wo alle alten gesellschaftlichen Unterschiede aufgehen in den einen großen Gegensatz von Kapitalisten und Lohnarbeitern. Nur da wo dies noch nicht der Fall ist, [...] wo also die Produktion noch in den Händen von Bauern, Gutsherren, Handwerkern und ähnlichen aus dem Mittelalter überkommenen Klassen sich befindet – nur da ist das Kapital vorzugsweise jüdisch, und nur da gibt's Antisemitismus.«

»Der Antisemitismus ist also nichts anderes als eine Reaktion mittelalterlicher, untergehender Gesellschaftsschichten gegen die moderne Gesellschaft, die wesentlich aus Kapitalisten und Lohnarbeitern besteht, und dient daher nur reaktionären Zwecken unter scheinbar sozialistischem Deckmantel; er ist eine Abart des feudalen Sozialismus, und damit können wir nichts zu schaffen haben. Ist er in einem Lande möglich, so ist das ein Beweis, dass dort noch nicht genug Kapital existiert. Kapital und Lohnarbeit sind heute untrennbar. Je stärker das Kapital, desto stärker auch die Lohnarbeiterklasse, desto näher also das Ende der Kapitalistenherrschaft. Uns Deutschen, wozu ich auch die Wiener rechne, wünsche ich also recht flotte Entwicklung der kapitalistischen Wirtschaft, keineswegs deren Versumpfen im Stillstand.

Dazu kommt, dass der Antisemitismus die ganze Sachlage verfälscht. Er kennt nicht einmal die Juden, die er niederschreit. Sonst würde er wissen, dass hier in England und in Amerika, dank der osteuropäischen Antisemiten, und in der Türkei,[34] dank der spanischen Inquisition, es Tausende und aber Tausende jüdischer Proletarier gibt; und zwar sind diese jüdischen Arbeiter die am schlimmsten ausgebeuteten und die allerelendesten. Wir haben hier in England in den letzten zwölf

---

[33] Friedrich Engels: Über den Antisemitismus (Aus einem Brief nach Wien), in: MEW, Bd. 22, S. 49–51, und Dokument 3.

[34] Engels bezog sich offenbar auf Saloniki, das damals noch zum Osmanischen Reich gehörte und wo eine bedeutende, klassenmäßig gegliederte jüdische Gemeinde ansässig war.

Monaten drei Streiks jüdischer Arbeiter gehabt, und da wollen wir Antisemitismus treiben als Kampf gegen das Kapital?«

Stärken wie zeitbedingte Schwächen traten in Engels' Argumentation gleichermaßen hervor. Seine Darlegungen brachten Ursachen, Klasseninhalt und Zielsetzungen des damaligen Antisemitismus auf einen Nenner. In gewohnt eindrucksvoller Diktion warnte er eindringlich vor jeder antisemitischen Versuchung. Engels gab nicht nur Hinweise auf ein präzises gesellschaftstheoretisches Erklärungsmodell für das Fortwirken antijüdischer Vorurteile in der damaligen Gegenwart, sondern wies auch auf die Hauptopfer der antisemitischen Kampagnen hin, auf die doppelt – national wie sozial – unterdrückten jüdischen Arbeiter.

Die Schwächen von Engels' Darstellung fallen aber nicht minder ins Auge. Hierbei ist Enzo Traverso zuzustimmen, der anmerkte, dass Engels überhaupt nicht »die Möglichkeit eines modernen, durch die Widersprüche einer entwickelten kapitalistischen Gesellschaft genährten Antisemitismus« in Betracht zog.[35] Engels unternahm mit seinem Brief einen beachtenswerten Schritt, um die Arbeiterbewegung für die Gefahren, die mit dem Aufstieg der antisemitischen Bewegung verbunden waren, zu sensibilisieren. Die Sozialisten sollten den Kampf gegen Antisemitismus zu ihrer ureigenen Sache machen – dennoch trugen Engels' Darlegungen auch unbeabsichtigt dazu bei, die Illusion zu nähren, dass der Antisemitismus dank der Fortentwicklung des Kapitalismus dazu bestimmt war, sich auf sozusagen natürliche Weise aufzulösen.

Dabei wird man Engels kaum einen Mangel an Sensibilität für das Krisenpotenzial, das in der imperialistischen Politik beschlossen lag, bescheinigen können. In einer überaus eindrucksvollen Passage hatte Engels am 4. Januar 1888 antithetisch die Auswirkungen der zukünftigen Weltmacht-Politik des kaiserlichen Deutschlands beschrieben:

»Deutschland wird Verbündete haben, aber Deutschland wird seine Verbündeten und diese werden Deutschland bei erster Gelegenheit im Stich lassen. Und endlich ist kein andrer Krieg für Preußen-Deutschland mehr möglich als ein Weltkrieg, und zwar ein Weltkrieg von einer bisher nie geahnten Ausdehnung und Heftigkeit. Acht bis zehn Millionen Soldaten werden sich untereinander abwürgen und dabei ganz Europa so kahlfressen wie noch nie ein Heuschreckenschwarm. Die Verwüstungen des Dreißigjährigen Krieges zusammengedrängt in drei bis vier Jahre und über den ganzen Kontinent verbreitet; Hungersnot, Seuchen, allgemeine, durch akute Not hervorgerufene Verwilderung der Heere wie der Volksmassen; rettungslose Verwirrung unseres künstlichen Getriebs in Handel, Industrie und Kredit, endend im allgemeinen Bankrott; Zusammenbruch der alten Staaten und

---

[35] Traverso: Die Marxisten und die jüdische Frage, S. 48.

ihrer traditionellen Staatsweisheit, derart, dass die Kronen zu Dutzenden über das Straßenpflaster rollen und niemand sich findet, der sie aufhebt [...].«[36]

Wohl nie zuvor und vielleicht nie seitdem hatte ein sozialistischer Schriftsteller derart präzise die barbarischen Folgen imperialistischer Hegemonial- und Gewaltpolitik vorweggenommen. Umso dringender stand für Engels die Alternative: Sozialismus oder Barbarei – tertium non datur. Wie dieser immense Konflikt letztendlich ausgehen würde, stand für Engels außer Frage. Ein Resultat dieses Weltkrieges sei »absolut sicher: die allgemeine Erschöpfung und die Herstellung der Bedingungen des schließlichen Sieges der Arbeiterklasse. [...] Der Krieg mag uns vielleicht momentan in den Hintergrund drängen, mag uns manche schon eroberte Position entreißen. Aber wenn sie die Mächte entfesselt haben, die sie dann nicht wieder werden bändigen können, so mag es gehn wie es will: am Schluss der Tragödie sind sie ruiniert und ist der Sieg des Proletariats entweder schon errungen oder doch unvermeidlich.«[37]

Dass die von Engels klarsichtig erahnte »Verwilderung der Heere wie der Volksmassen« sich mittelbar oder unmittelbar gegen schutzlose Minderheiten, wozu die Juden gehörten, richten könnte, stand damals außerhalb seiner Überlegungen. Der barbarische Wunsch Eugen Dührings und sehr bald so vieler anderer, die Juden auszurotten, war für Engels kaum mehr als eine krankhafte Phantasmagorie Halbintellektueller. Möglicherweise war es Engels, trotz seiner Warnungen in dieser Hinsicht, nicht voll bewusst, welch gefährliches Ausmaß die explosive Verbindung von Rassismus mit antikapitalistischer Demagogie bereits damals angenommen hatte. Die entsprechenden Entwicklungen in Frankreich nahm Engels zwar zur Kenntnis, tat sie aber als relativ harmlos ab. So schrieb er an Ehrenfreund im besagten Brief, dass »Herr Drumont mit seinen Schriften – die an Geist denen der deutschen Antisemiten unendlich überlegen sind – doch nur ein bisschen wirkungslose Eintags-Sensationen« erregen würde.[38]

Edouard Drumont, Journalist und Autor des 1886 veröffentlichten Werkes *La France juive*, war Begründer des radikalen Antisemitismus in Frankreich. In den 1880er Jahren berief sich der blanquistische Sozialist Albert Régnard in der *Revue socialiste* deutlich auf Drumont.[39] Engels konnte kaum entgangen sein, dass gerade angeblich sozialistische Gegner des Marxismus in Frankreich zu antisemitischen Stereotypen griffen, um Karl Marx herabzusetzen. Dies hatte eine lange Tradition, die bis in die 1840er Jahre zurückreichte. Schon Marx' und Engels' alter Konkur-

[36] Engels: Einleitung (zu Siegismund Borkheims Broschüre »Zur Erinnerung für die deutschen Mordspatrioten 1806–1807)«, in: MEW, Bd. 21, S. 350f.

[37] Ebd., S. 351.

[38] Ders.: Über den Antisemitismus, S. 49.

[39] Vgl. Francois-Georges Dreyfus: Antisemitismus in der Dritten Französischen Republik, in: Bernd Martin/Ernst Schulin (Hrsg.): Die Juden als Minderheit in der Geschichte, München 1981, S. 235; vgl. auch das 7. Kapitel dieses Buches.

rent Pierre-Joseph Proudhon hatte gefordert: »Man muss ihre [der Juden] Vertreibung aus Frankreich verlangen, ausgenommen derjenigen, die mit Französinnen verheiratet sind; man muss den Kultus verbieten, denn der Jude ist der Feind der Menschheit, man muss diese Rasse nach Asien zurückschicken oder sie ausrotten. Heine, [Alexandre] Weill und andere sind nur Spione; Rothschild, [Adolphe] Crémieux, Marx, [Achille] Fould sind böse, unberechenbare, neidische Wesen, die uns hassen.«[40]

Manchen französischen Sozialisten erschien der Feind zunehmend als eine Mischung aus Jude und Bürgertum. Der zweimalige Nachdruck des übersetzten Briefes von Engels an Ehrenfreund in *Le Socialiste* am 3. Juli 1892 und am 9. April 1899[41] dürfte daran wenig geändert haben. Dieses Feindbild erklärt auch mindestens teilweise die Überraschung und anfänglich völlige Indifferenz, wenn nicht Schadenfreude vieler französischer Sozialisten gegenüber der Affäre Dreyfus ab 1894. Die Erkenntnis von Jean Jaurès, dass Antisemitismus und Feindschaft gegenüber der Dritten Republik zusammenfielen, war jedoch ganz im Sinne von Engels' Haltung; und es gelang Jaurès, große Teile der französischen Sozialisten zur Verteidigung zu mobilisieren.[42]

Dass Engels die antisemitisch geführten Angriffe auf Marx ignorierte, hing möglicherweise auch mit seiner Abneigung dagegen zusammen, die Auseinandersetzung auf einem derartigen Niveau zu führen. Wie Marx schob auch Engels »das alles beiseite wie Spinnweb, achtete dessen nicht, antwortete nur, wenn äußerster Zwang da war.«[43] So reagierte Engels auch nicht auf antisemitische Angriffe Bakunins gegen Marx.[44]

Neben den Aktivitäten der Antisemiten-Parteien und ihrer pseudosozialistischen Demagogie gab es einen weiteren gewichtigen Faktor, der Engels' Aufmerksamkeit bezüglich des Antisemitismus und der Lage der Juden erregte, zugleich auch seinem Optimismus auf ein anhaltendes Wachstum der sozialistischen Bewegung Nahrung gab: die Aktivitäten jüdischer Proletarier in Engels' Wohnort London.

Die erste jüdische sozialistische Organisation in London war die am 20. März 1876 von Aaron Liberman und Lazar Goldenberg gegründete Hebrew Socialist Union. Engels scheint Liberman über den gemeinsamen Freund Carl Hirsch gekannt zu haben. Er war über die Organisation auch durch die Lektüre von Pjotr

---

40 Zit. n. ebd., S. 233.

41 Vgl. Edmund Silberner: Western European Socialism and the Jewish Problem (1800–1918). A Selective Bibliography, Jerusalem 1955, S. 33, Nr. 331.

42 Vgl. Harvey Goldberg: Jean Jaurès and the Jewish Question: The Evolution of a Position, in: Jewish Social Studies, 20 (1958), Nr. 2, S. 67–94.

43 Engels: Rede am Grabe von Karl Marx, 17. März 1883, in: MEW, Bd. 19, S. 337.

44 Vgl. das 3. Kapitel dieses Buches, S. 40.

Lawrows Zeitschrift *Wperjod* (Vorwärts) informiert.[45] Libermans Aufruf vom Juli 1876 *An die jüdische Jugend*, der in der Beilage des *Wperjod* erschien (*Dokument 2*), entsprach ganz den Auffassungen von Engels: »Alle Völker rüsten sich zum Kampf, das Proletariat organisiert sich, das Joch des Kapitals und der Tyrannei abzuschütteln. [...] Es ist Zeit, dass auch unsere Proletarier diesem großen Werk sich anschließen, zurückerobern, was die Ausbeuter ihres eigenen Volkes ihnen geraubt haben. [...] Die Menschenverbrüderung kennt keine Einteilung nach Völkern und Stämmen, sie kennt nur nützliche Arbeiter und verderbenbringende Ausbeuter. Gegen diese soll das arbeitende Volk den Kampf beginnen.«[46]

Engels hatte Mitte der 1870er Jahre über zwei andere jüdische Aktivisten, Grigori Gurjewitsch und Maxim Romm, Kontakte zu einer sozialistischen Gruppe in Berlin, die »Jüdische Sektion«.[47] Um 1890 schrieb Engels die Einleitung für eine jiddische Ausgabe des *Kommunistischen Manifests* und sandte sie nach New York. Die Sendung ging verloren, doch berichtete Abraham Cahan, der amerikanische Schriftsteller, dass Engels an einer Publikation des *Manifests* in Jiddisch sehr interessiert gewesen sei. Er überraschte Cahan bei ihrem Zusammentreffen in London durch seine Kenntnis der jiddischen Sprache.[48] Engels ersuchte auch seinen in den USA lebenden Freund Friedrich Adolph Sorge um Informationen über den jüdischen Sozialisten Joseph Barondess, nachdem dieser in Amerika einen Unfall erlitten hatte.[49] Er kritisierte gegenüber Sorge die negative Haltung englischer Docker zur jüdischen Einwanderung.[50] 1893 schrieb er voller Genugtuung an Laura Lafargue über die gemeinsame Maifeier von Juden mit französischen, russischen, deutschen, österreichischen, polnischen, spanischen und britischen Arbeitern.[51] Im folgenden Jahr übersandte er der Russisch-Jüdischen Freien Bibliothek in London auf deren Bitte hin eine Reihe von Büchern.[52] Engels stand mit jüdischen Gruppen in Europa, einschließlich Russlands, in Kontakt.[53] Den-

---

[45] Vgl. Jack Jacobs: Kautsky on the Jewish Question, Ph. D. Thesis, Columbia University, New York 1983, S. 39f.

[46] Elie Paretzki: Die Entstehung der jüdischen Arbeiterbewegung in Russland [1932], Zandvoort 1971, S. 32, und Dokument 2 in diesem Buch.

[47] Engels nannte Gurjewitsch in einem Brief an Lawrow vom 15. September 1876, in: MEW, 34, S. 200, und Romm in Briefen an F. A. Sorge, vgl. MEW, Bd. 37, S. 479 und Bd. 38, S. 12, 32. Vgl. auch Jacobs: Kautsky on the Jewish Question, S. 42f.

[48] Vgl. ebd., S. 43. Vgl. Engels über Cahan in: MEW, Bd. 38, S. 155, 464.

[49] Vgl. Engels an Sorge, 24. Oktober 1891, in: MEW, Bd. 38, S. 182.

[50] Vgl. Engels an Sorge, 9. August 1891, in: MEW, Bd. 38, S. 143.

[51] Engels an Laura Lafargue, 3. März 1893, hier zit.n. Jacobs: Kautsky on the Jewish Question, S. 45.

[52] Vgl. Edmund Silberner: Friedrich Engels' Geschenk an eine jüdische Bibliothek in London, in: Walter Grab (Hrsg.): Jahrbuch des Instituts für deutsche Geschichte, Tel Aviv 1980, S. 493–496.

[53] Vgl. Jacobs: Kautsky on the Jewish Question, S. 46.

noch finden sich in Engels' Privatkorrespondenz – sogar der letzten Lebensjahre – hin und wieder Bemerkungen, in denen die jüdische Herkunft von Sozialisten ironisch kommentiert wird.

So schrieb Engels am 22. Dezember 1894 an Victor Adler, der bekanntlich selbst Jude war, Max Beer sei ein »sehr grüner Junge in England mit galizisch-talmudischer Brille«.[54] Im Dezember 1891 bemerkte Engels, man müsse gegenüber den vielen Juden, die sich für den Sozialismus aussprechen, vorsichtig sein. Er schrieb:

»Man merkt, dass wir ein ›Faktor‹ im Staat werden, [...] und da die Juden mehr Verstand haben als die übrigen Bourgeois, merken sie's zuerst – besonders unter dem Druck des Antisemitismus – und kommen [zu] uns zuerst. Kann uns nur angenehm sein, aber weil die Leute gescheiter sind und durch den jahrhundertelangen Druck aufs Strebertum sozusagen angewiesen und dressiert, muss man auch mehr aufpassen.«[55]

Doch bezeichnete Engels noch 1890 die polnischen Juden als die Karikatur der Juden[56] und schrieb ein Jahr darauf an Paul Lafargue: »Ich fange an, den französischen Antisemitismus zu verstehen, wenn ich sehe, wie diese Juden polnischen Ursprungs und mit deutschen Namen sich überall einschleichen, sich alles herausnehmen und sich überall vordrängen, bis sie die öffentliche Meinung der Stadt des Lichts bestimmen, auf die der simple Pariser so stolz ist und die er für die höchste Macht des Universums hält.«[57] Diese private Bemerkung steht im Gegensatz zu seinen öffentlichen Stellungnahmen: 1894 warnte Engels die französischen Sozialisten in der *Neuen Zeit* vor den Antisemiten: Wer diesen folge, möge bald erfahren, »was es mit diesen glänzenden Phrasen auf sich hat und welche Melodien die Geigen spielen, von denen der antisemitische Himmel voll hängt«.[58]

Engels erlebte noch, wie die SPD der Bekämpfung des Antisemitismus auf ihrem Kölner Parteitag im Oktober 1893 einen speziellen Tagesordnungspunkt widmete. Der Hauptredner August Bebel erklärte (*Dokument 4*), dass der Antisemitismus »der Missstimmung gewisser bürgerlicher Schichten [entspringt], die sich durch die kapitalistische Entwicklung bedrückt fühlen und zum Teil durch diese Entwicklung dem wirtschaftlichen Untergang geweiht sind, aber in Verkennung der eigentlichen Ursache ihrer Lage den Kampf nicht gegen das kapitalistische Wirtschaftssystem, sondern gegen eine in demselben hervortretende Erscheinung richten, die ihnen im Konkurrenzkampf unbequem wird: gegen das jüdische Ausbeutertum.« Die Antisemiten würden »zur Erkenntnis kommen müssen, *dass nicht*

---

[54] Engels an Victor Adler, 22. Dezember 1894, in: MEW, Bd. 39, S. 353.

[55] Engels an August Bebel, 1. Dezember 1891, in: MEW, Bd. 38, S. 228. Vgl. Jacobs, Kautsky on the Jewish Question, S. 48f.

[56] Engels an Paul Ernst, 3. Juni 1890, in: MEW, Bd. 37, S. 412.

[57] Engels an Paul Lafargue, 22. Juli 1892, in: MEW, Bd. 38, S. 403.

[58] Friedrich Engels: Die Bauernfrage in Frankreich und Deutschland, in: MEW, Bd. 22, S. 499.

bloß der jüdische Kapitalist, sondern die Kapitalistenklasse überhaupt ihr Feind ist und dass nur die Verwirklichung des Sozialismus sie aus ihrem Elende befreien kann«.[59] Diese Worte nahm der Parteitag in Form einer Resolution an.

Engels zeigte sich mit Bebels Bestrebungen, gegen den Antisemitismus anzugehen, bereits ein Jahr früher sehr einverstanden.[60] Bebel hob seinerseits hervor, dass Engels' Brief an Ehrenfreund ihn in seinen Ansichten bestärkt habe.[61] Die Kölner Parteitagsresolution spiegelte Engels' Ansichten zu einem guten Teil wider.

Selbstverständlich war in den 1890er Jahren die bewusste Indienstnahme des Antisemitismus durch Teile der deutschen Eliten von der Sozialdemokratie noch nicht vorherzusehen. Dennoch war das damals gängige (und oft fälschlich Bebel zugeschriebene) Bonmot vom Antisemitismus als dem »Sozialismus des dummen Kerls«[62] eine unbeabsichtigte Verharmlosung der tatsächlichen Lage – wie auch die Schlussfolgerung der Parteitagsresolution. Denn warum sollten Antisemiten zu sozialistischen Erkenntnissen kommen »müssen«? Tatsächlich formierten sich damals bereits manche Kräfte, die die jüdische – auch physische – Existenz infrage stellten. Friedrich Engels hatte entscheidenden Anteil an der Mobilisierung der sozialistischen Bewegung gegen den Antisemitismus. Engels reflektierte in seinen Analysen besser und genauer als all seine Zeitgenossen die möglichen barbarischen Konsequenzen imperialistischer Politik. Dennoch glaubte er an eine rechtzeitige Transformation der kapitalistischen Gesellschaft in eine sozialistische. Eine Entfaltung des rassistischen Antisemitismus unter den Bedingungen der modernen technisierten Barbarei und im Namen des Fortbestandes der alten Ordnung war für ihn wie für alle Sozialisten unvorstellbar.

---

[59] Protokoll über die Verhandlungen des Parteitages der Sozialdemokratischen Partei Deutschlands. Abgehalten zu Köln a. Rh. vom 22. bis 29. Oktober 1893, Berlin 1893, S. 223f. und Dokument 4. Orthografie modernisiert. Hierzu mehr im 6. Kapitel dieses Buches.

[60] Vgl. Engels an Bebel, 19. November 1892, in: MEW, Bd. 38, S. 518f.

[61] Bebel an Engels, 9. Juli 1892, in: Werner Blumenberg (Hrsg.): August Bebels Briefwechsel mit Friedrich Engels, Den Haag 1965, S. 562.

[62] Bebel selbst führte das Wort auf den österreichischen demokratischen Parlamentarier Ferdinand Kronawetter zurück; vgl. August Bebel in: Hermann Bahr (Hrsg.): Der Antisemitismus. Ein internationales Interview [1894], Königstein im Taunus 1979, S. 24, während Otto Heller es dem österreichischen Sozialdemokraten Engelbert Pernerstorfer zuschrieb. Vgl. Otto Heller: Der Untergang des Judentums – Die Judenfrage, ihre Kritik, ihre Lösung durch den Sozialismus, 2. Aufl., Wien/Berlin 1933, S. 132.

Kapitel 5
Proletarische und jüdische Emanzipation bei Moses Hess

Die Ideenwelt von Moses Hess (1812–1875) ist ohne die bürgerliche Aufklärung und die Klassenkämpfe, die die Industrielle Revolution begleiteten, nicht zu denken. Zudem speisten sich diese Ideen aus Hess' Außenseiter-Stellung als Jude, für den es keine rechtliche Gleichstellung gab. Somit durchzog das Projekt einer allgemein-menschlichen Emanzipation vor dem spezifisch jüdischen Erfahrungshintergrund einen guten Teil seines Werkes und Wirkens.[1]

Hess entstammte einer orthodox-jüdischen Familie aus Bonn und erhielt durch seinen Großvater eine traditionelle Erziehung. Als Autodidakt lernte Hess Französisch und besuchte als Gasthörer Vorlesungen in Philosophie an der Universität seiner Heimatstadt. Er stand bereits damals radikalem Gedankengut nahe, das er mit der Philosophie Spinozas zu verbinden suchte. »Hess war ein Berufsrevolutionär in dem Sinn, dass er vom Vertrauen in eine harmonische und gerechte Gesellschaftsordnung beseelt war, die die Vorgeschichte der Menschheit als soziale Wesen abschließen werde und in der der wahre Mensch im Einklang sowohl mit der Natur wie dem Kosmos existieren werde«, wie ein neuerer amerikanischer Biograf emphatisch bemerkte.[2] Seine Schriften trugen »stets Merkmale des Visionärtums«, schrieb auch Leszek Kolakowski.[3]

Der Emanzipationsgedanke zwischen Freiheit und Gleichheit

Noch in Bonn veröffentlichte Hess 1837 seinen literarisch-politischen Erstling, *Die heilige Geschichte der Menschheit*. Darin beschwor er den Kampf der biblischen Hebräer gegen das Unterdrückungs-Regime von Seleukidenkönig Antiochus IV., »der in seinem ganzen Reich zur bequemern Herrschaft einen gleichmäßigen Götzendienst einführen« wollte und daher auch bei den Juden darauf drang,

---

[1] Zuerst in Englisch in: Mario Kessler: Moses Hess and Ferdinand Lassalle: Pioneers of Social Emancipation, Berlin 2013, S. 9–49 (BzG – Kleine Reihe Biographien, Bd. 28); auf Deutsch in: Mario Keßler: Arbeiteremanzipation und frühmoderner Antisemitismus. Drei Studien, Berlin 2013, S. 29–44. Die Übersetzung erfolgte durch den Verfasser. Vgl. auch Ders.: Engels' Weggefährte Moses Hess im Widerstreit der Meinungen. Vom Frühmarxismus zur DDR, in: Detlef Lehnert/Christina Morina (Hrsg.): Friedrich Engels und die Sozialdemokratie. Werke und Wirkungen eines Europäers, Berlin 2020, S. 309–333.

[2] Peter C. Caldwell: Love, Death, and Revolution in Central Europe. Ludwig Feuerbach, Moses Hess, Louise Dittmar, Richard Wagner, New York 2009, S. 40.

[3] Leszek Kolakowski: Die Hauptströmungen des Marxismus, Bd. 1: Entstehung, München/Zürich 1988, S. 125.

»die Lehre vom einigen Gotte, ihrem Schutzherrn, vergessen und seinen vorgeschrieben Cultus annehmen sollten. Da erhob sich unter den Juden ein zweiter Abraham,[4] und begründete durch seinen Stamm die letzte Periode des alten heiligen Bundes.«[5] Damit stellte Hess den Makkabäer-Aufstand, die Wiedererringung der Unabhängigkeit der Hebräer und die Wiederaufnahme des Tempeldienstes, an den das Chanukka-Fest erinnert, in die Tradition des Freiheitskampfes der Völker. Aber er warnte auch vor inneren Streitigkeiten, wie sie 160 v. u. Z. zur Ermordung von Judas Makkabäus geführt hatten:

»Aber wie lobenswerth ihr Eifer für das Gesetz auch war, so wurde doch die blinde Wuth und der fanatische Hass gegen alles Ausländische, welche durch diese Kriege bei den Juden den Gipfel erreichten, der wahren Erkenntnis Gottes von der andern Seite höchst nachtheilig. Die Folge war nämlich, dass die Juden nach dieser Zeit stolz und streitsüchtig wurden, und sich bei ihnen innere Spaltung in förmlichen Secten bildeten. Die Einen hielten fest am Buchstaben der Schrift, die Anderen sancionirten auch spätere Satzungen; aber weder die Einen noch die Andern erkannten Gott im Geiste und in der Wahrheit.«[6]

Nicht der lähmende Streit um die Auslegung der reinen Lehre, sondern handlungsleitendes tätiges Wissen im Sinne Spinozas sei damals wie heute im Emanzipationskampf der Juden nötig; »nicht aber an das *todte Wort* haben wir zu glauben und daran festzuhalten. Huldigten wir dieser Ansicht nicht, würden wir am Buchstaben kleben, so würden wir uns augenscheinlich widersprechen, wie die *Christen*, wenn sie am Buchstaben kleben, und wähnen, die Wahrheit sei nur in einer gewissen begränzten, abgeschlossenen Büchersammlung enthalten.«[7]

1841 publizierte Hess *Die europäische Triarchie*. Diese Schrift beinhaltete ein »leidenschaftliches Plädoyer für das Recht der Juden, seien sie getauft oder ungetauft, Christen zu heiraten«. Damit sah er den Begriff des Juden nicht mehr nur als religiös festgelegt.[8] Die Emanzipation der Juden, für die die Französische Revolution das Tor aufgestoßen habe, sei »ein integrirendes Moment der Emancipation des Geistes«. Erst die bürgerliche Revolution sprenge die Einschließung der Juden als außerhalb der Gesellschaft stehende religiöse Gemeinschaft. Ohne die Revolution »fehlt den Juden ein Wesentliches, wir möchten sagen, das Wesentlichste, zu ihrer Gleichstellung, wenn ihnen nicht neben dem Staatsbürgerrechte auch durch die bürgerliche Ehe das Mittel gegeben wird, aus ihrer separaten ge-

[4] Hess bezog sich auf Mattatias, den Initiator des Makkabäer-Aufstandes, den seine fünf Söhne, darunter Judas Makkabäus, siegreich gestalteten.

[5] Moses Hess: Die heilige Geschichte der Menschheit. Von einem Jünger Spinoza's, Hildesheim 1964. Fotomechanischer Nachdruck der Stuttgarter Erstausgabe von 1837, S. 64.

[6] Ebd., S. 68.

[7] Ebd., S. 196f.; Hervorhebung im Original.

[8] Solomon Liptzin: Germany's Stepchildren [1944], Cleveland/New York 1961, S. 101.

sellschaftlichen Stellung herauszukommen«.[9] Nicht die aufgezwungene Taufe, sondern die Zuerkennung gleicher staatbürgerlicher Rechte müsse die Grundlage gesellschaftlicher Anerkennung der Juden bilden. Noch immer sei es in Deutschland Angehörigen jüdischer »Nationalität« versagt, außerhalb ihrer Konfession zu heiraten. Und genau diese Schranke müsse als Erstes fallen.[10]

Im Jahr 1841 lernte Hess Karl Marx kennen und schrieb seinem Freund, dem Schriftsteller und Spinoza-Übersetzer Berthold Auerbach, über diese Begegnung: »Du kannst Dich darauf gefasst machen, den größten, vielleicht den einzigen jetzt lebenden eigentlichen Philosophen kennenzulernen, der nächstens, wo er öffentlich auftreten wird (in Schriften sowohl als auch auf dem Katheder) die Augen Deutschlands auf sich ziehen wird. [...] Dr. Marx, so heißt mein Abgott, ist noch ein ganz junger Mann (etwa 24 Jahre höchstens alt), der der mittelalterlichen Religion und Politik den letzten Stoß versetzen wird; er verbindet mit dem tiefsten philosophischen Ernst den schneidendsten Witz; denke dir Rousseau, Voltaire, Holbach, Lessing, Heine und Hegel in einer Person vereinigt, ich sage *vereinigt*, nicht zusammengeschmissen – und so hast Du Dr. Marx.«[11]

Ende 1842 zog Hess erstmals nach Paris. Dort entstand sein nächstes Werk, die *Philosophie der Tat*, ein Beitrag zu einem Sammelband sozialistischer Aufsätze, den Georg Herwegh 1843 in der Schweiz herausgab. Hier diskutierte Hess die Art und Weise, wie der Sozialismus zu verwirklichen sei: »Ohne Revolution fängt sich keine neue Geschichte an. Wie sehr auch in Deutschland die französische Revolution *Anklang* fand, so wurde doch das Wesen derselben, das eben in dem *Umsturz* der bisherigen Säulen des sozialen Lebens bestand, durchaus verkannt. Für das Denken wird in Deutschland der Werth der *Negation* erkannt, für's Handeln nicht. Der Werth der *Anarchie* besteht aber darin, dass das Individuum wieder auf sich selbst angewiesen wird, von sich ausgehen muss.«[12] Nicht unerwähnt bleiben soll, dass Hess die französisch-peruanische Frühsozialistin Flora

---

[9] Moses Hess: Die europäische Triarchie, Amsterdam 1971. Fotomechanischer Nachdruck der Leipziger Erstausgabe von 1841, S. 138.

[10] Ebd., S. 139. Geistige Schranken, die »gemischte« Ehen verhinderten, wurden aber auch von jüdischer Seite her errichtet, was Hess selbst betraf: Damals lernte er in Köln seine spätere Frau Sibylle Pesch (1820–1903) kennen, doch wagte er erst nach dem Tode seines Vaters 1851 die Putzmacherin katholischer Konfession zu heiraten.

[11] Moses Hess an Berthold Auerbach, Brief vom 2. September 1841, in: Moses Hess: Ausgewählte Schriften, hrsg. und eing. von Horst Lademacher, Köln 1962, S. 382; Hervorhebung im Original.

[12] Moses Hess: Philosophie der Tat, in: Michael Vester (Hrsg.): Die Frühsozialisten 1789–1848, Bd. II, Reinbek bei Hamburg 1971, S. 166; Hervorhebungen im Original. Zuerst erschienen in: Georg Herwegh (Hrsg.): Einundzwanzig Bogen aus der Schweiz, Zürich 1843, neu hrsg. von Ingrid Pepperle, Leipzig 1989.

folgend, Vorstandsmitglied des Allgemeinen Deutschen Arbeitervereins. 1864 war er einer der Mitbegründer der Internationalen Arbeiterassoziation, der Ersten Internationale. Er starb 1875 in Paris und wurde wunschgemäß auf dem jüdischen Friedhof Köln-Deutz beigesetzt. Der Grabstein ist noch heute dort zu sehen, seine Gebeine wurden allerdings 1961 nach Israel überführt und sind am Kinnereth-See bestattet.

Seit Beginn der 1840er Jahre bewegte sich Hess in seiner Publizistik, so Shlomo Avineri, »von theoretischen und philosophischen Gegenständen hin zu Fragen der politischen und organisatorischen Praxis.«[18] In seiner in dialogischer Form für Nicht-Philosophen abgefassten Schrift *Kommunistisches Bekenntnis in Fragen und Antworten* wandte er sich »in strikter Weise gegen die utopischen Bemühungen, die künftige sozialistische Gesellschaft in ihrer Natur und Struktur detailliert zu beschreiben.«[19] Seine Generation, so Hess, könne »nur die Vorarbeiten zur kommunistischen Gesellschaft machen.«[20] Die Revolution sei kein einmaliger dramatischer Akt, an dessen Ende eine fertige kommunistische Gesellschaft stehe. Vielmehr sei die Revolution ein lang andauernder Prozess, zu dessen Gelingen eine Reihe von Vorarbeiten nötig sei.

Avineris israelischer Landsmann Shlomo Na'aman untersuchte Hess' Stellung im Rahmen der Sozialgeschichte jüdischer Emanzipation und kam nach der Analyse der frühkommunistischen Schriften von Hess zu folgendem Ergebnis: Hess gehörte zur ersten Generation der durch die Französische Revolution emanzipierten rheinischen Juden; eine Generation, zu der auch Heinrich Heine, Heinrich B. Oppenheim und Ludwig Bamberger zählen. Die Feindschaft reaktionärer Kreise war ihnen selbstverständlich; Judenhass gehörte zum Lager der politischen Reaktion und verwunderte sie kaum. Hindernisse spornten sie an.[21]

Obgleich Hess zeitweilig den Namen Moritz (statt Moses) führte, verleugnete er sein Judentum nicht. Mit antijüdischen Ressentiments geriet er schon recht früh in Berührung. Er hatte zu Beginn der 1840er Jahre dem deutschnationalen Dichter Nikolaus Becker eine Komposition zugeschickt, die er als »deutsche Marseillaise« stilisierte. Becker hatte ihm jedoch die Noten zurückgeschickt und auf die Rückseite des Manuskriptes mit verstellter Schrift geschrieben: »Du bist ein Jude.«[22]

[18] Shlomo Avineri: Moses Hess. Prophet of Communism and Zionism, New York/London 1985, S. 140.

[19] Ebd., S. 141.

[20] Moses Hess: Philosophische und sozialistische Schriften 1837–1850, S. 364.

[21] Vgl. Shlomo Na'aman: Emanzipation und Messianismus. Leben und Werk des Moses Hess, Frankfurt a. M./New York 1982, S. 34. Eine Zusammenfassung gibt Na'aman in: Moses Hess: Zwischen Messianismus und Emanzipation, in: Walter Grab: Juden und jüdische Aspekte 1848–1918. Ein internationales Symposium, Tel Aviv 1977, S. 15–44.

[22] Bruno Frei: Im Schatten von Karl Marx. Moses Hess – hundert Jahre nach seinem Tod, Wien 1977, S. 15.

Hess' erneute Überlegungen zum Stellenwert der jüdischen innerhalb der allgemein-menschlichen Emanzipation setzten in den späten 1850er Jahren ein. Er war der erste Sozialist, der dieser Frage eine gesonderte Bedeutung beimaß.[23] Mit der in Briefform konzipierten und 1862 erschienenen Schrift *Rom und Jerusalem* wurde Hess ein Vorläufer der jüdischen nationalen Emanzipation; der politische Zionismus sollte ihn als einen seiner Ahnherren reklamieren (*Dokument 1*). Robert Wistrich sah Hess als »die herausragendste Gestalt in der Vorgeschichte der zionistischen Bewegung«, dessen philosophische und ökonomische Schriften noch immer anregend seien.[24] In *Rom und Jerusalem* trennte Hess nunmehr die jüdische von der allgemein-menschlichen Emanzipation. Im Gegensatz zu Marx, der die allgemein-menschliche Emanzipation als Voraussetzung für die Befreiung der Juden ansah, begriff Hess die jüdische Emanzipation als Vorbedingung der allgemein-menschlichen Emanzipation und des Sozialismus.

Dies war die Quintessenz von Hess' Abhandlung: »Solange der Jude seine Nationalität verleugnet, [...] muss seine falsche Stellung mit jedem Tage unerträglicher werden – wozu die Täuschung? Die europäischen Völker haben die Existenz der Juden in ihrer Mitte niemals anders denn als Anomalie betrachtet. Wir werden stets Fremde unter Nationen bleiben, die uns wohl aus Humanität und Rechtsgefühl emanzipieren, aber nie und nimmer achten werden, solange wir das ubi bene ibi patria mit Hintansetzung unserer eigenen großen nationalen Erinnerungen als Grund- und Glaubenssatz voranstellen.«[25]

Palästina, zu dem die Juden über Jahrhunderte hinweg eine enge geistige Beziehung behalten hätten, sei die natürliche Heimstätte des jüdischen Volkes: »Im Exil kann das Judentum nicht regeneriert werden, kann es durch Reformen und philanthropische Bemühungen höchstens zur Abtrünnigkeit gebracht werden. [...] Die jüdische Volksmasse wird sich an der großen geschichtlichen Bewegung der modernen Menschheit erst dann beteiligen, wenn sie ein jüdisches Vaterland haben wird.«[26]

---

[23] Dies betonen, neben Frei und Na'aman, besonders zwei weitere Hess-Biografen. Vgl. Theodor Zlocisti: Moses Hess, der Vorkämpfer des Sozialismus und Zionismus, 2. neu bearb. Aufl., Wien 1921; Edmund Silberner: Moses Hess. Geschichte seines Lebens, Leiden 1966. An weiteren wichtigen Arbeiten über Hess sind zu nennen Horst Lademacher: Moses Hess in seiner Zeit, Bonn 2012 (die erw. Ausgabe einer zuerst 1977 erschienenen Studie) und Zvi Rosen: Moses Hess und Karl Marx. Ein Beitrag zur Entstehung der Marxschen Theorie, Hamburg 1983. Rosen fasste die Ergebnisse seines Buches zusammen in seinem Aufsatz: Moses Hess (1812–1875), in: Walter Euchner (Hrsg.): Klassiker des Sozialismus, Bd. 1, München 1991, S. 121–138.

[24] Robert S. Wistrich: Socialism and the Jews. The Dilemmas of Assimilation in Germany and Austria-Hungary, London/Toronto 1982, S. 36.

[25] Moses Hess: Rom und Jerusalem. Die letzte Nationalitätenfrage [1862], Wien/Jerusalem 1935, S. 40 (Fünfter Brief). Auszugsweiser Abdruck als Dokument 1 in diesem Buch.

[26] Ebd., S. 130 (Zwölfter Brief).

Diese jüdische Heimstätte solle einen sozialistischen Charakter tragen: »Die zivilisierten Völker bereiten sich vor auf diese neue Ära (nicht mit der preußischen zu verwechseln) durch die Erkämpfung eines freien nationalen Bodens, durch die Vernichtung jeder Rassen- und Klassenherrschaft von außen und von innen, durch eine Assoziation aller Produktivkräfte, in welcher der feindselige Gegensatz von kapitalistischer Spekulation und von produktiver Arbeit gleichzeitig mit jenem von philosophischer Spekulation und wissenschaftlicher Arbeit schwinden wird.«[27]

Hess hoffte auf Hilfe aus Frankreich, dem klassischen Land der Menschenrechte, und er hoffte implizit sogar, dass die arabische Bevölkerung Palästinas zu Verbündeten im Kampf um eine jüdische Heimstätte werden könnte. Im Kampf gegen »die Türken im Heiligen Land unserer Väter« sollten alle Nationen zusammenstehen.[28] Die Deutschen kämen jedoch als Verbündete der Juden nur in Ausnahmefällen in Betracht: »Der deutsche Jude ist wegen des ihn von allen Seiten umgebenden Judenhasses stets geneigt, alles Jüdische von sich abzustreifen und seine Rasse zu verleugnen [...]. Selbst die Taufe erlöst ihn nicht von dem Alpdruck des deutschen Judenhasses. Die Deutschen hassen weniger die Religion der Juden als ihre Rasse, weniger ihren eigentümlichen Glauben als ihre eigentümlichen Nasen.«[29]

Moses Hess und sein umstrittenes Erbe

Bereits auf dem 1. Zionisten-Kongress 1897 in Basel wurde Moses Hess als Vorkämpfer der jüdischen Emanzipation gewürdigt.[30] Seine Bedeutung für den internationalen Sozialismus war hingegen lange umstritten. Isaiah Berlin kritisierte die Unterschätzung »durch gläubige Marxisten«, die »der höheren Weihe ihrer eigenen Glaubensartikel diente, doch auf Kosten der historischen Wahrheit ging«. Er nannte besonders Auguste Cornu in dessen ansonsten, wie er schrieb, ebenso »verständlicher wie wissenschaftlicher« Abhandlung *Moses Hess et la Gauche hégélienne*. In dieser sei Hess, so Berlin, offenkundig »als unbedeutender und intellektuell leichtgewichtiger Vorläufer« beschrieben worden, »dessen Ideen vom Marxismus überholt wurden«.[31]

---

[27] Ebd., S. 129 (Zwölfter Brief). Hess' Hochschätzung der landwirtschaftlichen Genossenschaften ergab sich aus seiner Mitarbeit in der Alliance Israélite Universelle, die genau die Errichtung solcher Genossenschaften in Palästina propagierte und (in bestimmtem) Maße vorantrieb. Vgl. Tamar Bermann: Produktivierungsmythen und Antisemitismus. Eine soziologische Studie, Wien 1973, S. 79f.

[28] Hess: Rom und Jerusalem, S. 42 (Fünfter Brief).

[29] Ebd., S. 25 (Fünfter Brief).

[30] Vgl. Silberner: Moses Hess, S. 427f.

[31] Sir Isaiah Berlin: The Life and Opinions of Moses Hess, Cambridge 1959, S. 47. Dieses harsche Urteil wurde Cornus Schrift aber nicht gerecht.

Die vielschichtige Persönlichkeit von Moses Hess als Freund von Marx und Engels, als einem der ersten Kommunisten in der Arbeiterbewegung wie auch als Vorläufer des Zionismus stellte Marxisten vor besondere Probleme, zu einem fairen Urteil zu gelangen. Denn zumindest vom streng kommunistischen Standpunkt aus, waren Marxismus und Zionismus miteinander unvereinbar. Mehr noch: Da Hess' philosophischen Schriften keine einheitliche Ideologie zugrunde lag – er war zu verschiedenen Zeiten seines Lebens Spinozist, Hegelianer, Feuerbachianer, Monist und Marxist – fand er keinen Eingang in die Ruhmeshalle sowjet-kommunistischer Provenienz. Andererseits war er in den 1840er Jahren unleugbar Parteigänger von Marx und Engels, der auch nicht in der folgenden Reaktionsperiode mit ihnen brach, obgleich er Joseph Moll, August Willich und Karl Schapper unterstützte, die, anders als Marx und Engels, für ein Weiterbestehen des Bundes der Kommunisten nach der Niederlage der Revolution eintraten.[32] Schließlich stand er in den Auseinandersetzungen mit Michail Bakunin und den Anarchisten in der Ersten Internationale erneut an der Seite von Marx und Engels.

Doch war die Verdammung des »wahren Sozialismus«, für dessen Aufkommen »deutsche Philosophen, Halbphilosophen und Schöngeister« verantwortlich seien, ein zentraler Punkt im *Manifest der kommunistischen Partei*.[33] Die Hauptkritik von Marx und Engels richtete sich gegen Karl Grün, wohingegen Hess namentlich nicht genannt wurde. Doch durfte dieser Marx' und Engels' Angriff auf den als sentimental und idealistisch geschmähten vorgeblichen Pseudokommunismus durchaus auf sich beziehen. Hess hielt weiterhin daran fest, dass der Kommunismus nicht nur aus rein ökonomischen Notwendigkeiten abzuleiten sei, sondern vielmehr auch ein Aufruf zu ethisch bestimmtem Handeln war. Nach Sidney Hooks Urteil war für Hess die historische Entwicklung der Gesellschaft das Ergebnis »des Konfliktes zweier im Menschen miteinander ringenden Kräfte – des Egoismus, der sich im Kampf um menschliche Selbstbehauptung gegenüber anderen zeigte, und der Liebe als Zeichen eines jeden Aktes des Gewissens, der selbst von der grundlegenden Übereinstimmung der Interessen des Einzelnen mit denen der Menschheit getragen war«.[34]

In den Analysen zum Denken von Moses Hess zeigten sich unter marxistischen Forschern zwei Tendenzen: Die Mehrheit beurteilte ihn äußerst kritisch, doch gab es bemerkenswerte Ausnahmen, die sich an frühe Urteile von Eduard Bernstein

[32] Franz Borkenau sah deshalb in Marx' und Engels' Entscheidung, den Bund der Kommunisten 1850 aufzulösen, den Beginn der »nachrevolutionäre[n] Phase« ihres Wirkens und die Gründung der Ersten Internationale eher als organisatorische denn revolutionäre Arbeit im eigentlichen Sinn. Franz Borkenau (Hrsg.): Karl Marx, Frankfurt a. M. 1956, S. 125f.

[33] Karl Marx/Friedrich Engels: Manifest der Kommunistischen Partei, in: MEW, Bd. 4, S. 485.

[34] Sidney Hook: Karl Marx and Moses Hess, in: New International, 1 (1934), Nr. 5, S. 140f.

und Franz Mehring hielten. Beide sozialistischen Theoretiker betonten die entscheidende Rolle von Moses Hess als dem radikalsten unter den »wahren Sozialisten«.[35] Bernstein würdigte Hess' zuerst 1851 in Genf publizierte Schrift *Jugement dernier du vieux monde social* als ein zeitgenössisches Beispiel weitsichtiger sozialistischer Publizistik.[36] Mehring schrieb über Marx und seine Kritik an den »wahren Sozialisten«: »Das war arg übertrieben, soweit es auf die Sache, und ganz ungerecht, soweit es auf die Personen ankam.«[37] Er betonte, »das schroffe Urteil, das er [Marx] im ›Kommunistischen Manifest‹ über sie fällt, gibt doch nicht erschöpfend seine Stellung zu diesem Sozialismus wieder; er hat ihn zeitweise für einen Most gehalten, der bei allem absurden Gebärden doch wohl einen Wein geben könnte. Dasselbe galt, und in noch höherem Grade, für Engels.«[38] In der Revolution von 1848 hätten, so Mehring weiter, die »wahren« Sozialisten »durchaus auf dem linken Flügel der Bourgeoisie gestanden; ganz zu schweigen von Hess, der noch in Reih und Glied der deutschen Sozialdemokratie gekämpft hat«. Keiner von ihnen habe sich dem Lager der siegreichen Konterrevolution angeschlossen.[39] Ebenso würdigte Max Beer in seiner *Allgemeinen Geschichte des Sozialismus und der sozialen Kämpfe*, die 1921 erstmals erschien, Hess als den »Pionier des Sozialismus im Rheinland«, der dieser bis zum Auftreten von Marx war.[40]

Dem widersprach Georg Lukács. 1926 hielt er bündig fest: »Das vollständige Zuendedenken« des »wahren« Sozialismus »musste ins Lager der Reaktion führen«.[41] Für Lukács war klar, »dass die harte Kritik des Kommunistischen Manifestes in allen wesentlichen Fragen zu Recht besteht; dass Hess in keinerlei Beziehung eine Bedeutung für die gegenwärtige Theorie der revolutionären Arbeiterbewegung zukommt; ja, dass sogar seine rein historische Rolle in der Entwicklungsgeschichte des historischen Materialismus von seinen Verehrern [...] vielfach übertrieben wird«. Hess erscheine in diesem Licht als ein durchaus gescheiterter Vorgänger von Marx, habe zudem, so Lukács, die objektive Richtung der gesellschaftlichen Entwicklung nicht begriffen, da er diese vom bloßen mo-

---

[35] Vgl. Eduard Bernstein: Marx und der »wahre« Sozialismus, in: Die Neue Zeit, 14 (1895–96), Bd. 2, S. 4-11 und 48–55; Franz Mehring, Nochmals Marx und der »wahre« Sozialismus, ebd., S. 395–401.

[36] Vgl. Eduard Bernstein: Dokumente des Sozialismus, Bd. 1, Berlin 1901, S. 533–552, besonders S. 533, wo er Hess' Schrift und seine anderen Arbeiten als »auf der Höhe des sozialistischen Wissens ihrer Zeit« stehend charakterisiert.

[37] Franz Mehring: Karl Marx. Geschichte seines Lebens [1918], Berlin [DDR] 1983, S. 124.

[38] Ebd., S. 122.

[39] Ebd., S. 124.

[40] Max Beer: Allgemeine Geschichte des Sozialismus und der sozialen Kämpfe [1921], 7. Aufl., mit Ergänzungen von Hermann Duncker, Berlin 1931, S. 520.

[41] Georg Lukács: Moses Hess und die Probleme der idealistischen Dialektik, in: Archiv für die Geschichte des Sozialismus und der Arbeiterbewegung, 12 (1926), S. 106.

ralischen Standpunkt aus beurteilt habe. Er habe Fichtes »revolutionäre Utopie« mit ihren abstrakten Glaubenssätzen nicht überwinden können.[42]

Obgleich Lukács wegen seiner Beteiligung an der ungarischen reformkommunistischen Regierung von Imre Nagy im Herbst 1956 in der Sowjetunion beinahe zur Unperson geworden war, teilte die dortige offizielle Philosophie nicht nur sein ablehnendes Urteil über Hess, sondern suchte diesen auch als Persönlichkeit in ein schlechtes Licht zu rücken. Im Vorwort zu einer Aufsatzsammlung über deutsche Frühsozialisten, die vom Moskauer Institut für Marxismus-Leninismus besorgt wurde, wurde Hess 1961 als ein unzuverlässiger und sogar unehrlicher Mensch beschrieben. Er habe vorgegeben, Kampfgefährte von Marx zu sein und »gleichzeitig in seinen konfusen Schriften den Grund gelegt für jene verderbliche Richtung in der deutschen sozialistischen Bewegung, die wir als ›wahren Sozialismus‹ kennen«. Sein ganzes Leben habe Hess »ununterbrochen hin und her geschwankt zwischen proletarisch-revolutionärem Geist und kleinbürgerlicher Versöhnlerei, zwischen proletarischem Internationalismus und bürgerlichem Nationalismus« und dabei endlose »philanthropische Phrasen« über »Menschlichkeit, Brüderlichkeit, Humanismus« im Munde geführt.[43]

Noch im Jahre 1975 griff eine andere sowjetische Autorin, Galina Belkina, die Ideen der »wahren Sozialisten« und namentlich Hess als »aufgewärmte[n] Brei« an, der nur noch »unter den existenzialistischen Stammgästen westlicher Cafés« einige Freunde finden würde.[44] 1980 gestand Teodor Oiserman, einer der einflussreichsten sowjetischen Philosophen, zwar zu, das einige der »wahren Sozialisten« im Jahre 1848 zum Lager der Revolution gestoßen seien, kam aber dennoch zu dem Schluss: »Als *ideologische* Strömung jedoch war der ›wahre Sozialismus‹ zweifellos reaktionär«.[45]

Nach jahrzehntelanger Verdammung sah 1986 endlich der Moskauer Philosophiehistoriker Jakow Rokitjanski Hess als wichtigen Partner von Marx und Engels, der zwar vormarxistische Positionen vertrat, aber sein ganzes Leben lang für die Sache des Sozialismus kämpfte.[46] Ebenfalls 1986 würdigte die Leipziger Philosophieprofessorin Martina Thom »die kommunistischen Auffassungen« von Hess

[42] Ebd., S. 108f.

[43] Jefim Kandel/Sofia Lewiowa: Marx und Engels als Erzieher der ersten proletarischen Revolutionäre, in: Jefim Kandel (Hrsg.): Marx und Engels und die ersten proletarischen Revolutionäre, Berlin [DDR] 1965, S. 15f.

[44] Galina Belkina: Marxismus oder Marxologie, Berlin [DDR] 1975, S. 81.

[45] Teodor Oiserman: Die Entstehung der marxistischen Philosophie, 2. Aufl., Berlin [DDR] 1980, S. 513f.; Hervorhebung im Original.

[46] Jakow Rokitjanski: Zur Geschichte der Beziehungen von Karl Marx und Friedrich Engels zu Moses Hess in Brüssel 1845/1846, in: Marx-Engels-Jahrbuch, Bd. 9, Berlin [DDR] 1986, S. 224.

in Zusammenhang mit der Herausbildung der Weltanschauung von Marx.[47] Ein Jahr später nannte der Historiker Rolf Weber Hess einen »philosophisch orientierten Kommunisten«.[48]

Insgesamt wird man sagen dürfen, dass DDR-Philosophen und -Historiker Moses Hess positiver bewerteten als ihre sowjetischen Kollegen. Wolfgang Mönke, ein Schüler Auguste Cornus, sah Hess 1982, nach mehreren kritischen Beiträgen früherer Jahre, als wahren Revolutionär und als »eine[n] der bedeutendsten sozialistischen Schriftsteller, Publizisten und Agitatoren im Deutschland des Vormärz«. Hess »wahrer« Sozialismus »machte viele deutsche Arbeiter erstmalig mit sozialistischen Ideen bekannt«, und dies trotz seines Unvermögens, »sich von kleinbürgerlichen Vorstellungen zu lösen [...]«. Ohne Negativurteil bezeichnete Mönke Hess als einen »ideelle[n] Wegbereiter des Zionismus«.[49]

Es waren aber nicht Historiker der Sowjetunion oder der DDR, sondern Reformkommunisten wie Ernst Bloch und Bruno Frei, die Hess auch aus kommunistischer Sicht als Vorkämpfer der jüdischen Emanzipation würdigten. Ernst Bloch nannte in seinem im amerikanischen Exil entstandenen Hauptwerk *Das Prinzip Hoffnung*, das ab 1955 in der DDR erscheinen konnte, *Rom und Jerusalem* als das »ergreifendste zionistische Traumbuch« und fuhr fort: »Hess war ein aufrechter Revolutionär bis zuletzt, gehörte trotzdem zur ›Hirnweberei‹ der linken Hegelschule. Er gehörte zum ›Wahren Sozialismus‹, dessen ökonomische Unwissenheit, spekulatives Spinnweb, praktische Naivität das ›Kommunistische Manifest‹ hernach so scharf kritisiert hat. Hess blieb in der idealistischen Dialektik, obwohl, ja weil er Hegels Selbstbewegung der Vernunft mit ›der Kraft und des Willens‹ durchsetzen wollte. Er ging mit dieser ›Philosophie der Tat‹ viel mehr auf Fichtes Tathandlung zurück als zur Erfassung der ökonomisch-materiellen Faktoren der Geschichte voran.«[50]

Der Sozialismus blieb die Triebkraft in Hess' Denken und Handeln, hob Bloch hervor: »Als einer der ersten hat er das Judentum, wie er es aus den Propheten las, auf die Sache des revolutionären Proletariats bezogen. Sozialismus wird für Hess ›Sieg der jüdischen Mission im Geiste der Propheten‹: nur zu diesem Ende plante dieser internationale Sozialist ›ein Aktionszentrum in Palästina‹, worin der Geist der jüdischen Rasse [im Sinne von Nation; M. K.] wieder auferstehen

---

[47] Martina Thom: Dr. Karl Marx. Das Werden der neuen Weltanschauung, Berlin [DDR] 1986, S. 102.

[48] Rolf Weber: Das Unglück der Könige. Johann Jacoby 1805–1877. Eine Biographie, Berlin [DDR] 1987, S. 96.

[49] Wolfgang Mönke: Hess, Moses, in: Erhard Lange/Dietrich Alexander (Hrsg.): Philosophen-Lexikon, Berlin [DDR] 1982, S. 385–388.

[50] Ernst Bloch: Das Prinzip Hoffnung, Bd. 2, Berlin [DDR], S. 169f. Das Zitat findet sich auch in: Ernst Bloch: Freiheit und Ordnung. Abriss der Sozialutopien, Leipzig 1985, S. 163.

kann.«[51] Genau deshalb gelte: »Zionismus mündet im Sozialismus oder er mündet überhaupt nicht.«[52]

Der österreichische Kommunist Bruno Frei würdigte in seiner 1977 erschienenen Hess-Biografie emphatisch den bedeutsamen Stellenwert von Hess in der Herausbildung des marxistischen Denkens. Mehr als irgendein anderer zeitgenössischer Autor habe Hess Marx und Engels auf ihrem Wege hin zum Kommunismus beeinflusst. Mehr als ein halbes Jahrhundert lang hätten kommunistische Autoren diese Tatsache negiert oder geleugnet. »Dieses Unrecht ist zu revidieren.«[53] Frei sah die anerzogene jüdische Ethik als Grundlage für Hess' Kampf um den Sozialismus und Kommunismus. Hess' frühes Interesse an Spinoza legte nach Überzeugung Freis den Grundstein für dessen Hinwendung zum Sozialismus und schließlich zum Kommunismus. Doch habe Hess' kommunistische Überzeugung nicht nur auf ethischen Prinzipien beruht, sondern auch auf einer Klassenanalyse, die der von Marx und Engels nahekam. Die Diskussionen über das Problem der sozialen Ungleichheit und dessen Gründe, die Marx, Engels und Hess um 1843 miteinander führten, verstand Frei als einen Gedankenaustausch zwischen Partnern gleichen Ranges.[54]

Hess sei mit seinen Ideen der Zeit voraus gewesen, und dies gelte besonders für *Rom und Jerusalem*. Seine Vision aber sei mit der Errichtung des Staates Israel keine Wirklichkeit geworden. Hess sah Frei zufolge das jüdische Staatsmodell in Palästina als ein sozialistisches Modell. Im Gegensatz dazu lag Israel als »ein kapitalistischer Staat [mit dem Einsprengsel des sozialistischen Kibbuz] von Hess' Vision so weit entfernt wie die Vereinigten Staaten von den Idealen ihrer Gründer«.[55] Aber Blochs Ausspruch, wonach der Zionismus nur durch den Sozialismus oder überhaupt nicht verwirklicht werden könne, habe, so Frei, der Wirklichkeit nicht standgehalten. Nach Auschwitz sei die Errichtung des Staates Israel, auch eines kapitalistischen Israels, zur historischen Notwendigkeit geworden.

Die Geschichte habe die kommunistischen Kritiker des Zionismus, ungeachtet ihrer noblen Motive, tragischerweise widerlegt, resümierte Bruno Frei. *In Rom und Jerusalem* habe Hess schon 1862 eine Katastrophe vorausgeahnt. Die Integration der Juden in die deutsche Gesellschaft habe sich trotz all ihrer Bestrebungen als unmöglich erwiesen. Die Neubefragung von Hess gelte, so Frei, damit gerade für seinen Gedanken, wonach der Sozialismus keine automatische Notwendigkeit des Geschichtsverlaufes sei. Um einen Sozialismus Wirklichkeit werden zu lassen, der den Namen verdient, bedürfe es auch einer ethischen Motivation, die auf

51 Ebd., S. 164f.
52 Ebd., S. 176.
53 Frei: Im Schatten von Karl Marx, S. 8.
54 Vgl. ebd., S. 66f.
55 Ebd., S. 152.

humanistischen Grundsätzen beruht. Hierfür könnten Leben und Leistung von Moses Hess noch immer Hinweise vermitteln, die des Nachdenkens wert seien.

Kapitel 6
Die deutschsprachige Arbeiterbewegung bis 1914

»Von deutscher Seite ist die deutsch-jüdische Assimilation niemals als eine Aufforderung zur völligen Gemeinsamkeit, gar Brüderlichkeit verstanden worden«, schrieb der 1933 vertriebene Literaturwissenschaftler Hans Mayer. Man habe auch in den Jahrzehnten vorher, »in all dieser Zeit bis zum Widerruf von 1933 kaum jemals im öffentlichen Leben nachweisen können, dass die Deutschen den jüdischen Mitbürger als ihresgleichen empfunden und behandelt hätten. Die Juden waren auch bei ihren Freunden doch immer die im Einzelfall vielleicht schätzenswerten – Anderen. Auch überzeugte liberale Bürger und plebejische Demokraten vermochten den inneren Vorbehalt nicht zu überwinden. Die Juden waren, auch nach der christlichen Taufe, nach wie vor ›getaufte Juden‹.«[1]

Ähnliches schrieb Gershom Scholem: Eine Gemeinsamkeit der Anschauungen, »ein deutsch-jüdisches Gespräch in irgendeinem echten Sinne«, habe nie existiert, sondern »immer nur vom Chorus der jüdischen Stimmen her bestanden« und sei »auf der Ebene historischer Realität niemals etwas anderes als eine Fiktion« gewesen, »die zu hoch bezahlt worden ist.«[2] Gilt das bittere Fazit Hans Mayers und Gershom Scholems auch für die deutsche Arbeiterbewegung?

Angesichts des hohen Blutzolls, den diese Arbeiterbewegung im Kampf gegen die Nazi-Diktatur entrichtete, verneinten dies viele Historiker. So betonte Paul Massing 1949 in einer Pionierarbeit zu diesem Thema: Niemals erlag »die sozialistische Bewegung der Versuchung – die manchmal stark gewesen sein muss – durch Konzessionen an antijüdische Vorurteile Anhänger zu gewinnen. Für die antisemitischen Agitatoren und die Gruppen, die hinter ihnen standen, hatte sie nur Verachtung [übrig]. Vom Beginn der sozialistischen Arbeiterbewegung bis zu ihrer Unterdrückung durch den Nationalsozialismus zeugen die Äußerungen ihrer Führer, die Beschlüsse der Parteitage und ihr politisches Verhalten in kritischen Situationen für die standhafte Opposition gegen jede Art von Antisemitismus.«[3]

Ernst Hamburger würdigte, dass »die Sozialisten weder in der Theorie noch in der politischen Praxis jemals geschwankt und sich gegen alle Versuchungen, antisemitischen Regungen um taktischer Erfolge willen entgegenzukommen, [als] gefeit erwiesen haben«.[4] Im Gegensatz dazu kam Edmund Silberner, wie wir be-

---

[1] Hans Mayer: Der Widerruf. Über Deutsche und Juden, Frankfurt a. M. 1994, S. 436f.

[2] Gershom Scholem: Wider den Mythos vom deutsch-jüdischen Gespräch, in: Ders.: Judaica 2, Frankfurt a. M. 1963, S. 11.

[3] Paul W. Massing: Vorgeschichte des politischen Antisemitismus [1949], übers. von Felix Weil, Frankfurt a. M. 1985, S. 159 (Reprint der deutschen Erstausgabe von 1959).

[4] Ernst Hamburger: Juden im öffentlichen Leben Deutschlands. Regierungsmitglieder, Beamte und Parlamentarier in der monarchischen Zeit 1848–1918, Tübingen 1968, S. 148.

reits wissen, zu dem Schluss, dass es »eine langanhaltende antisemitische Tradition im modernen Sozialismus« nicht nur in Deutschland gebe, man somit von einem »sozialistischen Antisemitismus« als einer eigenständigen Form von Judenfeindschaft sprechen müsse.[5] Silberner bestritt nicht, dass »die deutsche Sozialdemokratie entschieden gegen judenfeindliche Ausschreitungen auftrat, ebenso wie sie jedes politische Programm bekämpfte, das sich auf den Antisemitismus stützte« – seine Grundaussage blieb davon indes unberührt.[6]

Unter Berufung auf Silberner kritisierte noch in jüngerer Vergangenheit der Historiker Lars Fischer scharf die Haltung der Sozialdemokratie im kaiserlichen Deutschland. Sie habe mehr dazu beigetragen, die allgemein akzeptierten Vorstellungen über die Juden zu verfestigen als zu untergraben. Sowohl die Antisemiten als auch die Gegner des politischen Antisemitismus seien im kaiserlichen Deutschland von ähnlichen antijüdischen Stereotypen geleitet worden.[7] Die im Kaiserreich 1871 und schon vier Jahre vorher in der österreichisch-ungarischen Doppelmonarchie den Juden zugesicherte rechtliche Gleichheit ging nicht mit einer gesellschaftlichen Gleichheit einher.

Die SPD im deutschen Kaiserreich

Wir haben gesehen, dass im Mitteleuropa des 19. Jahrhunderts die Emanzipation der Juden ein wichtiges Ziel der Revolutionäre war, die für politische Freiheit und soziale Gleichheit aller Menschen eintraten. Die Reichseinigung erfolgte jedoch nach der Niederlage der bürgerlich-demokratischen Revolution 1849 zwei Jahrzehnte später »von oben« durch Bismarcks Machtpolitik.

Das deutsche Kaiserreich von 1871 krankte, wie der Historiker Arthur Rosenberg hervorhob, daran, dass der politische Kompromiss zwischen Junkern und Bürgertum »in der Form des bürokratischen Selbstherrschertums«[8] verwirklicht wurde. Dadurch wurde die Arbeiterklasse außerhalb der Staatsordnung gestellt. Die Bourgeoisie hatte sich ihrerseits im Wesentlichen mit den wirtschaftlichen Machtpositionen zufriedengegeben, ohne der Monarchie und dem Junkertum die politische Entscheidungsgewalt abzuringen. Für die deutsche Bourgeoisie, schrieb Hans Mayer 1948, wurde die Staatsräson »zum beherrschenden Prinzip; die individuelle Sphäre des Einzelnen wurde entweder an einen mystischen Nationalis-

[5] Edmund Silberner: Sozialisten zur Judenfrage. Ein Beitrag zur Geschichte des Sozialismus vom Anfang des 19. Jahrhunderts bis 1914, Berlin [West] 1962, S. 290.

[6] Ebd., S. 203.

[7] Lars Fischer: The Socialist Response to Antisemitism in Imperial Germany, New York, 2007, S. XIII.

[8] Arthur Rosenberg: Entstehung und Geschichte der Weimarer Republik. Neuausgabe, hrsg. von Mario Keßler, Hamburg 2021, S. 39.

mus oder eine staatsfromme ›Innerlichkeit‹ ausgeliefert. So entstand der ›Untertan‹.«[9] Die Forderung nach konsequenter Parlamentarisierung des Reiches wurde somit vor allem Angelegenheit der Sozialdemokratie. Der Parteivorstand der SPD wurde, so nochmals Rosenberg, »die heimliche Gegenregierung und August Bebel auf der Höhe seines Einflusses eine Art von Gegenkaiser«.[10]

Konsequenterweise betraf die bereits vom Norddeutschen Reichstag 1869 beschlossene und im Deutschen Reich bekräftigte rechtliche Gleichstellung der Juden mit den übrigen Bürgern lediglich die individuellen Rechte der jüdischen Staatsbürger, wie Walter Grab festhielt. Dem Judentum jedoch billigten die Obrigkeiten Preußens und die meisten Teilstaaten des Reiches nur den Rang einer geduldeten Religion zu. Sie führten keine Trennung des Staates von der Kirche durch und gewährten nur den christlichen Konfessionen Anspruch auf Staatsmittel. Grab unterstrich: »Die konservativen Machtträger, die den rapiden sozialen Wandel als Bedrohung der althergebrachten Gesellschaftshierarchie empfanden, gewährten den jüdischen Einzelbürgern zwar Gleichheit vor dem Gesetz, weil marktwirtschaftliche Bedürfnisse wie freie Berufswahl, Freizügigkeit und Freihandel dies erforderlich machten; sie neigten jedoch dazu, alle politischen Freiheitsrechte, also auch die Judenemanzipation, als staatliche Konzessionen mit Vorbehalt des Widerrufs zu betrachten.« Die Forderung nach voller jüdischer Gleichberechtigung ohne Widerruf »beruhte auf dem demokratischen Egalitätsbegriff des Naturrechts, der von der Französischen Revolution in politische Praxis übertragen worden war.«[11]

Im deutschen Kaiserreich waren die Juden von einer Reihe von Berufen, so den Offiziers- und Beamtenlaufbahnen, ausgeschlossen. Dies reflektierte anschaulich den Charakter des 1871 mit »Blut und Eisen« anstatt durch demokratische Willensbildung zusammengeschmiedeten Reiches, in dem die überlieferte soziale Hierarchie und das monarchische Prinzip beibehalten wurden. »Nicht das kosmopolitische und menschheitsbefreiende Ideengut der Aufklärung, sondern romantische Vorstellungen einer pseudo-mittelalterlichen Kaiserherrlichkeit prägten das geistige Antlitz des Bismarckstaats«, um noch einmal Walter Grab zu zitieren. »Nicht brüderliche Gleichberechtigung aller Nationen, sondern chauvinistischer Dünkel und der irrationale Glaube an die Überwertigkeit des Deutschtums wurden zur herrschenden Gesinnung.«[12]

Dabei setzte sich die Erkenntnis, dass der moderne Antisemitismus seinem Wesen nach eine Komponente kapitalistischer Unterdrückungsmechanismen war, in

[9] Hans Mayer: Karl Marx und das Elend des Geistes. Studien zur neuen deutschen Ideologie, Meisenheim 1948, S. 46f.

[10] Rosenberg: Entstehung und Geschichte, S. 71.

[11] Walter Grab: Zwei Seiten einer Medaille. Demokratische Revolution und Judenemanzipation, Köln 2000, S. 233f.

[12] Walter Grab: Gefahren des deutschen Nationalismus, in: Europäische Ideen, Nr. 82 (1992), S. 21.

der Sozialdemokratie erst in Etappen durch. Sie wurde jedoch schließlich Allgemeingut der sozialistischen Bewegung. Damit verschwanden judenfeindliche Vorurteile indes nicht automatisch, sondern überdauerten in den Randzonen der Sozialdemokratie und der mit ihnen verbundenen Gewerkschaften.

Die Entwicklungsetappen der deutschen Sozialdemokratie sind beinahe kongruent mit den Zäsuren der deutschen Geschichte: Vier Jahre nach der Reichseinigung entstand 1875 die einheitliche Arbeiterpartei. Ihre legale Existenz wurde durch den Sturz Bismarcks und den Übergang zur Wilhelminischen Periode des Kaiserreiches ermöglicht. Die Spaltung der Partei fiel mit der Spaltung der deutschen Gesellschaft in der Endphase des Ersten Weltkrieges zusammen, ihr Verbot und ihre Neukonstituierung in Deutschland mit dem Aufstieg und der Niederringung des Hitlerstaates.[13]

Doch auch die antisemitische Bewegung ist in ihren Zäsuren an die politischen und wirtschaftlichen Konjunkturen in Deutschland gekoppelt. Die erste Blütezeit des organisierten Antisemitismus fällt mit der langen Wirtschaftskrise der 1870er- bis 1890er-Jahre zusammen. In den Jahren des wirtschaftlichen Hochs, in denen Deutschland bis 1914 zur zweitstärksten Industriemacht der Erde wurde, trat der organisierte Antisemitismus hinter andere Manifestationen des Nationalismus zurück. In der Not des Krieges erstarkten judenfeindliche Vorurteile, um schließlich in den Krisenjahren der Weimarer Republik zur politisch mitentscheidenden Kraft zu werden, die den ersten Versuch einer Demokratie in Deutschland zu vernichten half.[14]

Es ist also offensichtlich, dass sowohl die Sozialdemokratie wie auch die antisemitische Bewegung Faktoren der politischen Meinungsbildung und Entscheidungsfindung waren. Ebenso offenkundig ist, dass sie, ausgehend voneinander entgegengesetzten Positionen, auf die politischen Vorgänge in Deutschland Einfluss ausübten und von ihnen, dem jeweils herrschenden Kräfteverhältnis gemäß, beeinflusst wurden.

Im Abschnitt über Friedrich Engels wurde auf das antisemitische Auftreten des als Sozialisten firmierenden Berliner Nationalökonomen Eugen Dühring bereits hingewiesen. Gefährlicher als Dühring wurden andere Entwicklungen: Schon Ende der 1870er- wie Anfang der 1880er-Jahre formierte sich eine Reihe antisemi-

---

[13] Zur Geschichte der SPD (und der Arbeiter) im deutschen Kaiserreich vgl. u.a. Gary P. Steenson: »Not One Man! Not One Penny!« German Social Democracy, 1863–1914, Pittsburgh 1981; Gerhard A. Ritter/Klaus Tenfelde: Arbeiter im deutschen Kaiserreich 1871 bis 1914, Bonn 1992.

[14] Vgl. u.a. Paul W. Massing: Vorgeschichte des politischen Antisemitismus, Frankfurt a. M. 1985; Hermann Greive: Geschichte des modernen Antisemitismus in Deutschland, Darmstadt 1983; Helmut Berding: Moderner Antisemitismus in Deutschland, Frankfurt a. M. 1988; Peter G.J. Pulzer: Die Entstehung des politischen Antisemitismus und Österreich 1867–1914, Gütersloh 1966.

tischer Gruppierungen, von denen die Christlich-Soziale Partei des Berliner Hofpredigers Adolf Stoecker die wichtigste wurde.[15] Zur Abwehr dieser Tendenzen beriefen die Sozialdemokraten Anfang 1881 eine Massenversammlung nach Berlin ein. Eduard Bernstein schrieb über die enthusiastische Zustimmung der Arbeiter zu den Reden, die gegen »den mit der antisemitischen Agitation verbundenen Lug und Trug« gehalten wurden. Ein entsprechender, von der Versammlung verabschiedeter Beschluss wandte sich »gegen eine Schmälerung der den Juden verfassungsmäßig garantierten staatsbürgerlichen Gleichstellung« und warnte »alle städtischen und ländlichen Lohnarbeiter Deutschlands vor den Betörungsversuchen gewisser angeblicher Volksfreunde der verschiedensten Art, sich nicht zu einer Beteiligung an jener Bewegung verleiten und als Werkzeug für solche bewusst oder unbewusst volksfeindlichen Zwecke gebrauchen zu lassen«.[16]

Der *Sozialdemokrat*, die wichtigste Zeitung der deutschen Sozialdemokratie, setzte sich mit judenfeindlichen Vorurteilen auseinander, tat dies aber anfangs keineswegs konsequent. Das seit der Gründung 1879 in Deutschland verbotene, zunächst in Zürich, später in London gedruckte Blatt, stand seit 1881 unter Eduard Bernsteins Chefredaktion. Noch am 9. Januar 1881 erschien ein, möglicherweise von Bernsteins Vorgänger Georg von Vollmar lancierter Artikel, der die »Verjudung« des Deutsches Reiches beklagte und behauptete: »Dank der verjudeten Gesinnung des Reichskanzlers ist auch das monarchische Prinzip, die Deutsche Monarchie selber vollständig verjudet!« Die deutsche Politik werde nach dem Gesetz des Schachers betrieben, die Monarchie selbst sei ein »Objekt des Schacherns« geworden.[17]

Drei Wochen später druckte das Blatt jedoch einen Artikel, der die von der Regierung willkürlich verhängten Ausnahmegesetze, den Belagerungszustand, und die Judenhetze als »zwei Schandbeulen des Volkes der Denker im 19. Jahrhundert« brandmarkte.[18] Grundsätzlich aber zeigte die deutsche Sozialdemokratie in den 1880er Jahren kein besonderes Interesse an der auch damals sogenannten Judenfrage. Allgemein galt als verbindlich, dass die Juden sich an die bestehende Gesellschaft assimilieren sollten. Dies werde zwar den Antisemitismus nicht beseitigen – dafür werde erst der sozialistische Zukunftsstaat sorgen –, doch sei es unter

---

[15] Vgl. Robert S. Wistrich: Socialism and the Jews. The Dilemmas of Assimilation in Germany and Austria-Hungary, London/Toronto 1982, S. 90–101.

[16] Eduard Bernstein: Die Geschichte der Berliner Arbeiterbewegung, Bd. 1, Berlin 1907, S. 60.

[17] Die Verjudung des Deutschen Reiches, in: Der Sozialdemokrat, Nr. 2, 9. Januar 1881. Für diese Arbeit wurde der 1970 beim Institut für Marxismus-Leninismus in Berlin [DDR] herausgebrachte Reprint verwendet. Die Zeitung ist inzwischen digital bei der Friedrich-Ebert-Stiftung abrufbar.

[18] Socialpolitische Rundschau, in: Der Sozialdemokrat, Nr. 5, 30. Januar 1881.

den gegebenen Verhältnissen die beste Lösung.[19] Auch Eduard Bernstein, der von London aus einen großen Einfluss auf die deutschen Debatten ausübte, hielt dies für den wenigstens in West- und Mitteleuropa damals einzig gangbaren Weg.[20]

Friedrich Engels' Brief »Über den Antisemitismus« leistete 1890 einen wichtigen Beitrag zur Klärung der sozialdemokratischen Grundposition gegenüber dem Antisemitismus. Diese Position schlug sich im Programm nieder, das die SPD (wie sie sich nun offiziell nannte) ein Jahr später auf ihrem Erfurter Parteitag verabschiedete. Die SPD betonte, sie kämpfe »für gleiche Rechte und gleiche Pflichten aller ohne Unterschied des Geschlechts und der Abstammung. Von diesen Anschauungen ausgehend bekämpft sie in der heutigen Gesellschaft nicht bloß die Ausbeutung und Unterdrückung der Lohnarbeiter, sondern jede Art der Ausbeutung und Unterdrückung, richte sie sich gegen eine Klasse, eine Partei, ein Geschlecht oder eine Rasse.«[21]

Zu den Sozialdemokraten, die sich mit dem Antisemitismus prinzipiell auseinandersetzten, gehörte August Bebel. Auf dem Kölner SPD-Parteitag von 1893 hielt er einen damals viel beachteten Diskussionsbeitrag, in dem er den reaktionären Charakter der Judenfeindschaft sichtbar machte (*Dokument 4*). Der Antisemitismus, hieß es in der von Bebel dem Parteitag vorgelegten Resolution, greife in seiner scheinbar antikapitalistischen Attacke gegen das »jüdische Ausbeutertum« lediglich Erscheinungen der Klassenherrschaft, nicht aber diese selbst an. Wenn die Sozialdemokratie nur stärker werde, dann müssten die in judenfeindlichen Vorurteilen befangenen antikapitalistischen Rebellen geradezu zwingend zu der Einsicht gelangen, dass »die Sozialdemokratie der entschiedenste Feind des Kapitalismus ist« und »die Ausbeutung des Menschen durch den Menschen keine speziell jüdische, *sondern eine der bürgerlichen Gesellschaft eigentümliche Erwerbsform ist, die erst mit dem Untergang der bürgerlichen Gesellschaft endigt.*« Somit begriff Bebel den Antisemitismus als ein reines Durchgangsstadium sozial entwurzelter und politisch ungeschulter Schichten, deren Unzufriedenheit von den Judenhassern ausgenutzt werde. Sobald diese Schichten jedoch bereit seien, der politischen Aufklärungsarbeit von Sozialdemokraten ihr Ohr zu leihen, ändere sich dies. Dann werden sie, wie Bebel voller Zuversicht meinte, »zur Erkenntnis kommen müssen, *dass nicht bloß der jüdische Kapitalist, sondern die Kapitalisten-*

[19] Vgl. S. [Karl Kautsky]: Das Judenthum, in: Die Neue Zeit (im Folgenden: NZ), 8 (1890), S. 30.

[20] Vgl. Eduard Bernstein: Das Schlagwort und der Antisemitismus, in: NZ, 11 (1892/93), Bd. 2, S. 236f.

[21] Programm der Sozialdemokratischen Partei Deutschlands (Erfurter Programm), abgedruckt in: Lothar Berthold/Ernst Diehl (Hrsg.): Revolutionäre deutsche Parteiprogramme. Vom Kommunistischen Manifest zum Programm des Sozialismus, Berlin [DDR] 1964, S. 84.

klasse überhaupt ihr Feind ist und dass nur die Verwirklichung des Sozialismus sie aus ihrem Elende befreien kann.«[22]

Eine solch deterministische Sicht – wonach die Ausgebeuteten zu den von der Sozialdemokratie vertretenen Anschauungen kommen »müssen« – machte die Stärke und die Schwäche der sozialistischen Argumentation aus. Anders als die bürgerlich-liberalen Gegner des Antisemitismus wie Theodor Mommsen oder Rudolf Virchow sahen die Sozialdemokraten, wie der Historiker Peter Pulzer hervorhob, »den Kern der Sache in der sozialen und wirtschaftlichen Struktur und zogen daraus Schlüsse, die in jedem Fall einleuchtend und logisch waren; die Liberalen hatten hauptsächlich ihren Kummer und ihre Abneigung in der Hoffnung gesucht, dass solche periodischen Wogen der Finsternis zurückweichen würden, wie sie gekommen waren«.[23]

Doch folgten die sozialdemokratischen Theoretiker und Politiker manchmal explizit und manchmal unausgesprochen zwei Prämissen, die die Problematik ihrer Position deutlich werden ließ: Zum einen galt der Antisemitismus zwar als moralisch verwerflich und bekämpfenswert, doch wurde seine Gefährlichkeit unterschätzt. Wenn es nur der sozialdemokratischen Agitation bedurfte, damit aus antisemitischen Rebellen Vorkämpfer für die Sache des Sozialismus wurden, hatte dann nicht der Antisemitismus eine, gewissermaßen, progressive Katalysator-Funktion? War er nicht eine mögliche Vorbedingung für das Aufflammen antikapitalistischer Stimmungen, die dann von den Sozialdemokraten nur noch in die richtige Richtung gelenkt werden müssten? Victor Adler, Parteiführer der österreichischen Sozialdemokratie, selbst Jude und aus der deutschnationalen Bewegung zum Sozialismus gestoßen, meinte 1887, dass die antisemitischen Führer, von denen er einige gut kannte, »die Geschäfte der Sozialdemokratie« besorgen würden.[24] Ähnlich äußerte sich Franz Mehring, der um 1900 eine Reihe abschätziger Bemerkungen über Juden machte.[25] Selbst Wilhelm Liebknecht, ein scharfer Gegner des Antisemitismus, erklärte: »Ja, die Herren Antisemiten ackern und

---

[22] August Bebels Rede mit dem Resolutionstext ist abgedruckt im Protokoll über die Verhandlungen der sozialdemokratischen Partei Deutschlands, abgehalten zu Köln a. Rh. vom 22. bis 29. Oktober 1893, Berlin 1893, S. 223–240. Wiederabdruck als Dokument 4 in diesem Buch. Hervorhebungen wie im Original; Orthografie modernisiert.

[23] Pulzer: Entstehung des politischen Antisemitismus, S. 214.

[24] Victor Adler: Der Antisemitismus, in: Die Gleichheit vom 7. Mai 1887. Wiederabdruck in: Ders.: Aufsätze, Reden und Briefe, Bd. 8, Wien 1929, Zitat S. 347f.

[25] Zu Mehring vgl. Robert S. Wistrich: Anti-Capitalism or Anti-Semitism: The Case of Franz Mehring, in: Leo Baeck Institute: Yearbook XXII (1977), S. 35–51 (Wiederabdruck in: Ders.: Socialism and the Jews, S. 116–126); Lars Fischer: »Es ist überall derselbe Faden, den ich spinne«. Annäherungen an Franz Mehrings Haltung zu Antisemitismus und Judentum, in: Dieter Bähtz u.a. (Hrsg.): Dem freien Geiste freien Flug. Beiträge zur deutschen Literatur für Thomas Höhle, Leipzig 2003, S. 129–154.

säen, und wir Sozialdemokraten werden ernten. Ihre Erfolge sind uns also keineswegs unwillkommen.«[26]

»Trotz dieser Ambivalenzen spielte die Sozialdemokratie eine herausragende Rolle bei der Abwehr des Antisemitismus im Kaiserreich«, heißt es in einer neueren Studie.[27] Oftmals sprengten Sozialdemokraten antisemitische Versammlungen. Für die Zeit der Anti-Sozialistengesetze liegen Informationen über mindestens 60 solcher Aktionen vor, für die Zeit zwischen 1890 und 1900 sogar 400 Fälle. Daneben setzten sich Sozialdemokraten auf eigenen Veranstaltungen intensiv mit Antisemitismus auseinander. Laut Reinhard Rürup befassten sich in den Jahren 1891 bis 1893 über 30 öffentliche Versammlungen der SPD mit dem Thema des Antisemitismus. Zudem gab die SPD Wahlempfehlungen gegen die Christlich-Soziale Partei von Adolf Stoecker heraus. Bei Wahlen stellte sie jüdische Kandidaten auf, wovor die meisten bürgerlichen Parteien und Wählervereinigungen aus Rücksicht vor antisemitischen Vorurteilen der Wähler zurückschreckten.[28] Ernst Hamburger zufolge waren von den 417 SPD-Abgeordneten des Reichstags zwischen 1881 und 1914 etwa zehn Prozent jüdisch – ein Anteil, der den Prozentsatz von Juden in der deutschen Bevölkerung um ein Zehnfaches übertraf.[29] Auch in der Partei- und Fraktionsspitze waren Juden zahlreich vertreten. Es gab, so Rürup, »kein anderes politisches Lager und keine große soziale Schicht in Deutschland […], die mit solcher Konsequenz und – relativ gesehen, d. h. im Hinblick auf die Angehörigen der eigenen Bewegung – mit solchem Erfolg den Antisemitismus bekämpft und geächtet hat«.[30]

Im Jahr 1887 zog der für seine Judenfeindschaft bekannte Otto Böckel als erster unabhängiger Kandidat für den Wahlkreis Marburg-Kirchhain in den Reichstag ein. Neben verschiedenen anderen Projekten rief er 1890 den Mitteldeutschen Bauernverein ins Leben, dessen politischer Arm die gleichfalls von Böckel gegründete Antisemitische Volkspartei war. Er gehörte damit zu den ersten Politikern, der den Terminus »Antisemitismus« als Agitationsmittel benutzte. Böckel leistete Rechtsberatung für verschuldete Bauern, eröffnete »judenfreie« Viehmärkte und gründete landwirtschaftliche Produktionsgenossenschaften. Mit der nächsten Reichstagswahl erhöhte sich die Zahl antisemitischer Abgeordneter auf fünf,

---

[26] Wilhelm Liebknecht: Wilhelm Liebknecht über den Kölner Parteitag, Bielefeld 1893, S. 28; weitere Beispiele bei Silberner: Sozialisten zur Judenfrage, S. 205.

[27] Susanne Beer: »Noch ist es Zeit der Verwirrung entgegenzutreten…«. Die Abwehr des Antisemitismus im Kaiserreich und der Weimarer Republik, in: Sozial.Geschichte Online, Nr. 22/2018, S. 18f.

[28] Vgl. Reinhard Rürup: Sozialdemokratie und Antisemitismus im deutschen Kaiserreich, in: Micha Brumlik u.a. (Hrsg.): Der Antisemitismus und die Linke, Frankfurt a. M. 1991, S. 7–16 u. 20f.

[29] Vgl. Hamburger: Juden im öffentlichen Leben Deutschlands, S. 254.

[30] Rürup: Sozialdemokratie und Antisemitismus, S. 29.

und 1893 zogen 16 antisemitische Abgeordnete in das Parlament ein, zum Teil unter dem von Böckel kreierten Slogan »Gegen Junker und Juden«. Die SPD-Presse nahm deutlich Stellung gegen solche Tendenzen. Parallel dazu hoffte sie weiterhin, der Antisemitismus möge für unzufriedene Bauern, Stadt- und Landarbeiter ein Durchgangsstadium auf dem Weg zur Sozialdemokratie sein.[31]

Bis zur Mitte der 1890er Jahre blieben die Antisemiten ein politisch relevanter Faktor in Deutschland, bevor mit dem Abflauen der Agrarkrise und dem langen Wirtschaftsaufschwung ihre Bedeutung zunächst abnahm.[32] Aus dieser Tatsache und dem allgemeinen Abklingen gesellschaftlicher Spannungen zogen deutsche (und österreichische) Sozialdemokraten immer wieder den Schluss, die Juden würden im Laufe des wirtschaftlichen und gesellschaftlichen Fortschritts als eigenständige sozio-kulturelle Gemeinschaft notwendigerweise verschwinden: Sie würden sich in die Gesamtbevölkerung unter Zurücknahme und schließlich Aufgabe ihrer Traditionen eingliedern. In der Tat schien die Assimilation großer Teile der Juden an die deutsche Gesellschaft zu Beginn des 20. Jahrhunderts trotz aller Hindernisse unaufhaltbar. Unterschiedliche Stimmen wie Karl Kautsky und Otto Bauer, W. I. Lenin und J. W. Stalin und auch Rosa Luxemburg betonten, die Juden seien keine Nation, sondern – jedenfalls in West- und Mitteleuropa – nur eine durch Religion und gemeinsame Vergangenheit geeinte Gemeinschaft. Der moderne Kapitalismus ebne jedoch diese Unterschiede sukzessive ein. Die Übernahme des liberalen Emanzipations- und Assimilationskonzeptes durch die SPD, das das Judentum in Deutschland als Religion definierte, wie auch das Konzept der deutschen Kulturnation hieß Juden als gleichberechtigte Teile der Nation willkommen. Allerdings wurde ihnen in diesen Programmen außerhalb des religiös definierten Rahmens keine eigenständig begriffene Existenz zugestanden. Jüdisch-religiöse und selbst jüdisch-säkulare Traditionen wurden als Überbleibsel des Ghetto-Zeitalters betrachtet, die man hinter sich lassen solle.[33]

Sozialdemokratische Publizisten und Kulturkritiker gaben ihre Abneigung gegenüber solchen »Überbleibseln« in Unterhaltungsblättern wie dem *Wahren Jakob* einen deutlicheren Ausdruck als in der offiziellen Parteipresse. Rosemarie Leuschen-Seppel und Hans-Gerd Henke zeigten anhand zahlreicher Beispiele, dass in Texten und besonders in Karikaturen weitaus mehr antisemitische Stereotype überlebten als in offiziellen Verlautbarungen oder Analysen führender

---

[31] Beispiele bei Rosemarie Leuschen-Seppel: Sozialdemokratie und Antisemitismus. Die Auseinandersetzung der Partei mit den konservativen und völkischen Strömungen des Antisemitismus 1878–1941, Bonn 1978, S. 144–148. Das Buch gilt als Standardwerk zum Thema.

[32] Vgl. zum Kontext noch immer Hans Rosenberg: Große Depression und Bismarckzeit. Wirtschaftsablauf, Gesellschaft und Politik in Mitteleuropa, 2. Aufl., Frankfurt a. M. 1976.

[33] Ausführlich hierzu auch Enzo Traverso: Die Marxisten und die jüdische Frage. Geschichte einer Debatte (1843–1943), übers. von Astrid St. Germain, Mainz 1995.

Köpfe der Partei.[34] Doch schlug sich dies im Binnendiskurs der Arbeiterbewegung fast ebenso wenig nieder wie in (von der Politischen Polizei beobachteten) Kneipengesprächen.[35]

Nach der Jahrhundertwertwende finden sich deshalb relativ wenige Artikel zum deutschen Antisemitismus in der SPD-Presse. Ende 1905 behandelte Philipp Scheidemann in der *Neuen Zeit* den Antisemitismus im Bund der Landwirte, einer 1893 gegründeten Interessenvertretung des agrarischen Mittelstandes unter Führung ostelbischer Grundbesitzer. Da sich die Interessen dieser Führungsschicht mit denen des mittelständischen Anhangs oft kaum vereinbaren ließen, diene der Antisemitismus dazu, die Widersprüche zu kitten. Hauptangriffsziel seien die im ländlichen Raum lebenden Juden, deren Rolle als Geldverleiher gegenüber den oft hoch verschuldeten Bauern ins Absurde übertrieben werde. Es sei dem Bund der Landwirte gelungen, den dilettantisch agierenden völkischen Kräften die Führung innerhalb des Antisemiten-Lagers zu entwinden. Der Antisemitismus habe sich deshalb wieder zum dem zurückverwandelt, der er in den 1880er Jahren gewesen war: zu einer Hilfstruppe der konservativen Reaktion, was aber nur von seiner Hilflosigkeit zeuge:

»Die Tatsache, dass die antisemitischen Gruppen überhaupt noch vegetieren können, beweist, wie politisch rückständig die kleinbürgerlichen und kleinbäuerlichen Schichten in Deutschland noch sind. Immerhin: durch die antisemitische Demagogie sind sie wenigstens politisch interessiert worden, und so kann es nicht ausbleiben, dass sie schließlich auch zu einer klaren Entscheidung kommen müssen: entweder reaktionär sans phrase, das heißt konservativ müssen sie werden, oder aber sie werden den Antisemitismus in seiner ganzen Jämmerlichkeit erkennen und dann den Blick nach vorwärts richten. Das bedeutet dann politisch *denken* lernen und Sozialdemokrat werden.«[36]

Eine jüdische Herkunft war in der SPD kein Karriere-Hindernis. »Es gehört vielmehr zu den Ruhmesblättern der SPD-Geschichte«, so Reinhard Rürup, »dass sie mit Singer – und mit Hugo Haase als seinem Nachfolger im Parteivorsitz – jahrzehntelang einen Juden an der Spitze der Partei und der Reichstagsfraktion hatten, während die liberalen Parteien sich nicht einmal mehr trauten, einen jüdischen Kandidaten für den Reichstag aufzustellen.«[37] Der Unternehmer Paul Sin-

[34] Vgl. ausführlich Leuschen-Seppel: Sozialdemokratie und Antisemitismus, S. 242–273; Hans-Gerd Henke: Der »Jude« als Kollektivsymbol in der deutschen Sozialdemokratie 1890–1914, Mainz 1994, S. 92–99.

[35] Vgl. hierzu Richard J. Evans: Kneipengespräche im Kaiserreich. Stimmungsberichte der Hamburger Politischen Polizei 1892–1914, Reinbek bei Hamburg 1989.

[36] Philipp Scheidemann: Wandlungen des Antisemitismus, in: NZ, 24 (1905/06), Bd. 2, S. 636; Hervorhebung im Original.

[37] Reinhard Rürup: Paul Singer (1844–1911), in: Die Neue Gesellschaft/Frankfurter Hefte, 29 (2013), Nr. 5, S. 23.

ger war unter Einsatz seines persönlichen Vermögens für die SPD tätig, so als Inhaber der Firma »Vorwärts. Buchdruckerei und Verlagsanstalt Paul Singer & Co« und als Mitbegründer des Verlages J.H.W. Dietz. Er genoss, so Robert Wistrich, ein »enormes Ansehen unter den Arbeitern.«[38]

Bereits seit den 1880er-Jahren warnte Singer vor kolonialen Ambitionen des Reiches. Lange bevor die »Weltpolitik« zur quasi-offiziellen Ideologie des Hohenzollern-Staates wurde, sah er deren inhumane Konsequenzen für die Kolonialvölker, aber auch die Unrealisierbarkeit der Ziele, denen sich die deutschen »Eliten« zunehmend verschrieben. Singer warnte hellsichtig vor Zugeständnissen an die Kolonialpolitik des Kaiserreiches vonseiten der SPD, so bereits in seiner Rede auf dem Mainzer Parteitag 1900. Im Reichstag klagte Singer im selben Jahr eindrucksvoll die militärische Aggression der europäischen Mächte gegen China an.[39] Er wurde ebenso zur Zielscheibe von Angriffen der antisemitischen Rechten wie sein Nachfolger im Parteivorsitz, Hugo Haase.

Obgleich Marx tief verpflichtet, vermied Hugo Haase weitgehend »die Benutzung des diesem eigenen spezifischen Vokabulars.«[40] Er bejahte die sozialistische Revolution grundsätzlich, doch suchte er nach friedlichen Wegen, die für ihn unumgängliche Transformation der kapitalistischen in eine sozialistische Gesellschaft zu vollziehen. Der Rechtsanwalt, der einen oft einsamen Kampf gegen die (vor)bürgerliche Klassenjustiz der Wilhelminischen Ära führte, trat jeder Abwertung des Rechtsstaates auch in den eigenen Reihen vehement entgegen. Für die verschiedenen Parteiflügel war Haase der Mann, der »trotz beginnender Anfeindungen seitens der Rechten und Linken als Integrationsfigur angesehen wurde und kurzzeitig auch als solche wirken konnte.«[41]

Gegen seine innere Überzeugung fühlte sich Haase stets an die Partei- und Fraktionsdisziplin gebunden. So sprach sich unter Haases Leitung der SPD-Parteivorstand noch am 25. Juli 1914 gegen den Kriegskurs der kaiserlichen Regierung aus. Doch am 2. August befürwortete eine Mehrheit des Vorstandes den Plan zur Bewilligung der Kriegskredite. Während der erregten Debatte traf Hermann Müller aus Paris ein und erklärte, die französischen Genossen würden wahrscheinlich für die Kriegskredite stimmen. Das bedeutete einen schweren Rückschlag für die ohnehin nicht sehr erfolgversprechenden Bemühungen Hugo Haases, eine Mehrheit für die Ablehnung der Kredite zu erreichen. So beschloss die Reichstagsfrak-

[38] Wistrich: Socialism and the Jews, S. 96.

[39] Vgl. zu ihm Ursula Reuter: Paul Singer (1844–1911). Eine politische Biographie, Düsseldorf 2004.

[40] Ernst-Albert Seils: Hugo Haase. Ein jüdischer Sozialdemokrat im deutschen Kaiserreich, sein Kampf für Frieden und soziale Gerechtigkeit, Frankfurt a. M. 2016, S. 97.

[41] Dieter Engelmann/Horst Naumann: Hugo Haase. Lebensweg und politisches Vermächtnis eines streitbaren Sozialisten, Berlin 1999, S. 27.

tion schließlich, mit 78 gegen 14 Stimmen für die Kriegskredite zu stimmen und tat dies im Reichstag dann einstimmig.

Bis es so weit war, dominierte in der SPD die Auffassung eines kontinuierlichen, beinahe linearen, von den reaktionären Kräften zwar bekämpften, doch unaufhaltbaren Fortschritts. Eine solche Haltung vertrat insbesondere Karl Kautsky. Dieser war vor 1914 die unbestrittene theoretische Autorität nicht nur des deutschen, sondern des internationalen Sozialismus. Kautsky war am Schicksal der Juden interessiert und bekämpfte den Antisemitismus.

Sein erster ausführlicher Essay zum Thema erschien 1890 anonym unter dem Titel »Das Judenthum« in der *Neuen Zeit*, der theoretischen Zeitschrift der SPD. Die Antisemiten würden die Juden angreifen, weil sie diese als ökonomische Konkurrenten sähen. Sie würde dies aber nicht zugeben, sondern behaupten, dass ihre Gegnerschaft zu den Juden in den »ewigen Naturgesetzen« begründet sei »als naturnothwendige Folge des Rassengegensatzes.«[42]

Die Abneigung gegen die Juden sei eine alte Erscheinung, die man schon bei den Römern beobachten könne. Sie sei zudem weit verbreitet, selbst in Asien. Doch sei die Opposition gegen die Juden weder ein natürliches Gefühl noch unveränderlich oder immer vorhanden gewesen. Die unterstellten natürlichen Merkmale der Juden seien in Wirklichkeit Produkte sozialer Verhältnisse, »Eigenthümlichkeiten von Bewohnern bestimmter Lokalitäten unter bestimmen Produktionsverhältnissen«. Daraus erkläre sich auch, dass es den Juden gelungen sei, ihre eigene »Nationalität« zu bewahren.

So spielten die Geografie und der Bevölkerungsdruck im alten Palästina eine Rolle. Als die Juden aufgrund des Bevölkerungsdruckes und der Kriegsgeschehnisse Palästina verlassen mussten, dachten sie stets daran, zurückzukehren. So wählten sie nichtlandwirtschaftliche Berufe, die ihnen die Rückkehr erleichtern sollten, und wurden zu einem Handelsvolk mit all den Charakterzügen der Städter. »Erst durch das einseitige städtische Leben hat der Typus des semitischen Bergvolkes seine spezifischen sogenannten jüdischen Züge erhalten.« Mit der allgemeinen Verstädterung infolge der industriellen Revolution würden aber diese Merkmale aufhören, spezifisch jüdisch zu sein. Der Kapitalismus würde die soziale Differenzierung unter den Juden beschleunigen und sie in Arbeiter, Intellektuelle und selbst in Bauern verwandeln. Damit gehe die Auflösung des Judentums als eigenständiger Gemeinschaft einher. So sehr Kautsky hier die Verbindung von Religiosität und Ethnizität der Juden wie auch ihren Drang, die Tradition zu bewahren, unterschätzte, so sehr kann dieser Aufsatz als ernsthafter Versuch gewertet werden, die antisemitischen Mythen zu entschleiern und ihnen mit historisch-materialistischen Argumenten entgegenzutreten.

---

[42] S. [Karl Kautsky]: Das Judenthum, in: NZ, 8 (1890), S. 23–30. Hiernach die folgenden Zitate.

Unter dem Eindruck des vom Zarenregime zu Ostern 1903 im moldauischen Kischinjow organisierten Judenmassakers (vgl. das 9. Kapitel) betonte Karl Kautsky, dass nur die revolutionäre Beseitigung der existierenden Gesellschaft dem Antisemitismus eine endgültige Niederlage zufügen könne. Bis dahin sollten die jüdischen Bevölkerungsteile so wenig Feindseligkeiten wie irgend möglich auf sich ziehen, »aufhören, Fremde zu sein«, stattdessen »sich mit der Masse der Bevölkerung vermischen«.[43] Dies war allerdings eine Forderung, die angesichts der auch in den unteren Volksschichten massiven Judenfeindschaft nicht einzulösen war – ganz abgesehen von der Gesetzgebung, die eine solche Integration von vornherein verhinderte. Doch betonte Kautsky, der Kampf um die Lösung der jüdischen Frage sei ein integraler Teil des Kampfes um eine menschenwürdige Gesellschaft. Nur durch geeintes Handeln jüdischer und nichtjüdischer Arbeiter könne diese Gesellschaft Wirklichkeit werden, in der Antisemitismus keine Möglichkeit haben werde zu existieren.[44] Wie andere deutsche und österreichische Sozialisten, sah Kautsky am Beginn des 20. Jahrhunderts den Kern der »jüdischen Frage« in der Beseitigung des undemokratischen Zarenregimes. »Das Ghetto hatte [im Russischen Reich] in seiner Gesamtheit überlebt und mit ihm die traditionellen Bräuche, die Religion und die nationalen Eigenheiten des jüdischen Volkes.«[45]

Am Vorabend des Ersten Weltkriegs erschien Kautskys Schrift *Rasse und Judentum*, in der er seine Überlegungen zum Gegenstand zusammenfasste. Dieses Buch suchte die Diskussionen innerhalb der Sozialdemokratie auf einen Nenner zu bringen. Kautsky erörterte ausführlich die Frage nach dem Charakter und den Merkmalen der jüdischen Gemeinschaft. Er behauptete, dass die Juden eine »Kaste« und keine Nation seien,[46] jedoch in Osteuropa über Merkmale verfügen, die »den Schein einer jüdischen Nationalität« nahelegen würden.[47] Jiddische Kunst und Literatur seien durchaus »Produkte und Mittel eines nationalen Lebens der russischen Juden«. Ihre kulturelle Entfaltung trage jedoch vorübergehenden Charakter, denn »das, was man die jüdische Nation nennt, kann nur siegen, um unterzugehen«.[48]

Erst mit dem Sieg der sozialistischen Revolution, keineswegs mit der Durchsetzung der bürgerlichen Gesellschaft, würden die Bedingungen für die Absonderung der Juden verschwinden. Erst dann würde dem Antisemitismus die Existenzgrundlage entzogen, könne die Assimilation der Juden eingeleitet werden.

[43] Karl Kautsky: Das Massaker von Kischineff und die Judenfrage, in: NZ, 21 (1902/03), Bd. 2, S. 305.
[44] Vgl. ebd., S. 305f.
[45] Robert S. Wistrich: Socialism and the Jews, S. 140.
[46] Karl Kautsky: Rasse und Judentum. Ergänzungsheft zur »Neuen Zeit«, Stuttgart 1914, S. 51, 61.
[47] Ebd., S. 93.
[48] Ebd., S. 92.

Kautsky habe, kritisierte Wistrich mit Recht, den Juden lediglich die allzu starre Alternative zwischen Isolation und »revolutionärer Assimilation« an die Arbeiterbewegung geboten. Aber gerade letztere sei zeitweilig in Mitteleuropa, nicht aber im russischen Zarenreich, eine realistische Option gewesen.[49]

Manche Termini Kautskys schienen zudem, wie Enzo Traverso zutreffend festhielt, »einem sozialdarwinistischen Handbuch entnommen«.[50] Dies zeigte sich beispielsweise in folgender Passage: »Durch die allmähliche natürliche Auslese sowie durch Anpassung an die Lebensbedingungen kamen die Juden dahin, den verheerenden Wirkungen des städtischen Milieus erfolgreicher zu widerstehen als der bäuerliche Zuzug vom Lande. Erneuerte sich dieser bei den Nichtjuden immer wieder im Laufe einiger Generationen, so wurden die Juden eine rein städtische Bevölkerung.« In den Städten sei ihre kaufmännische Spezialisierung mit der Zeit ein »erbliches Unterscheidungsmerkmal« geworden.[51]

Vier Monate vor Beginn des Ersten Weltkrieges brachte der *Vorwärts*, die zentrale SPD-Tageszeitung, die optimistische Mehrheitsmeinung innerhalb der Partei auf einen klaren Nenner: »Der Antisemitismus ist tot und abgetan«, hieß es bündig. »Die wild aufschäumenden Wogen, die die Bewegung gegen das Judentum einst warf, haben sich längst geglättet.«[52]

Auch August Bebel schrieb in seinem Nachwort zum 1906 in zweiter Auflage erschienenen Separatdruck seiner Kölner Parteitagsrede zuversichtlich, dass der Antisemitismus »in Deutschland nie Aussicht hat, irgendeinen maßgeblichen Einfluss auf das staatliche und soziale Leben auszuüben«.[53] Doch wiesen die Sozialdemokraten, und dies verdient trotz der Unzulänglichkeiten in ihrer Argumentation hervorgehoben zu werden, als erste politische Kraft auf die sozialökonomischen Ursachen des modernen Antisemitismus hin. Im Vergleich zu ihnen begnügte sich generell die Antisemitismuskritik von bürgerlich-liberaler Seite damit, ihn als reines Produkt demagogischer Agitation abzutun, wie Peter Pulzer herausgearbeitet hat.[54]

Einige Stimmen aus dem sogenannten revisionistischen Flügel der Partei, die hinter das marxistische Fortschrittsdenken ein kritisches Fragezeichen setzten, begnügten sich indes nicht mit dieser optimistischen Diagnose. In den *Sozialistischen Monatsheften*, die den Revisionisten nahestanden, nannte Ludwig Quessel die Einwanderungsbeschränkungen für Ostjuden als Grund für ein Nachlassen des Konkurrenzdrucks auf dem Arbeitsmarkt und damit auch des Antisemitis-

---

[49] Wistrich: Marxism and Jewish Nationalism, S. 8f.

[50] Traverso: Die Marxisten und die jüdische Frage, S. 99.

[51] So Kautsky noch in der zweiten Auflage seiner Schrift (Berlin 1921, S. 62f.).

[52] Vorwärts, 30. März 1914, zit. n. Leuschen-Seppel: Sozialdemokratie und Antisemitismus, S. 201.

[53] August Bebel: Sozialdemokratie und Antisemitismus, 2. Aufl., Berlin 1906, S. 38.

[54] Vgl. Pulzer: Entstehung des politischen Antisemitismus, S. 213f.

mus und folgerte, seine Ausbreitung sei an das Auf und Ab des kapitalistischen Arbeitsmarktes gebunden. Ein Niedergang des Antisemitismus müsse demnach nicht von Dauer sein.[55]

Auch Eduard Bernstein gab sich damit nicht zufrieden. Der Antisemitismus sei noch nicht erledigt, denn er sei keineswegs nur an niedergehende Gesellschaftsschichten gebunden. Zwar gebe es den »Radauantisemitismus«[56] der im kapitalistischen Konkurrenzkampf zerriebenen Mittelklasse. Doch sei daneben eine subtile Variante des Antisemitismus gerade unter Intellektuellen zu beobachten, die potenziell gefährlicher sei. Gerade in Regierungskreisen und den sie unterstützenden Schichten verstärke sich der Judenhass. Dies liefere übrigens auch dem Zionismus Argumente, den die Sozialdemokratie zu Unrecht als ein totgeborenes Kind bezeichne. Das bedeute nicht, so Bernstein, dass die SPD den Zionismus unterstützen solle. Schließlich sei dieser eine »Teilerscheinung der großen Welle nationalistischer Reaktion, die über die bürgerliche Welt sich ergossen hat und auch Eingang in die sozialistische Welt sucht.«[57]

Die österreichische Arbeiterbewegung in der Habsburger-Monarchie

In Österreich, und hier ist die westliche Reichshälfte der Doppelmonarchie im Blick, ging der Niedergang des politischen Liberalismus in den letzten beiden Jahrzehnten des 19. Jahrhunderts mit dem Aufstieg des Antisemitismus einher. Dieser war in seinem Ausmaß wie seinen Wirkungen nachhaltiger als in Deutschland. In Wien, dem Brennglas aller politischen Bewegungen, bildeten sich miteinander konkurrierende, doch teilweise auch konvergierende Strömungen des Antisemitismus heraus: die deutschnationale sowie die christlich-soziale Strömung. Der Antisemitismus in der Habsburger-Monarchie war »eine multinationale Angelegenheit«, schrieb Robert Wistrich. Dies bedingte eine gegenüber Deutschland stärkere Militanz.[58]

Innerhalb der deutschnationalen Strömung verband ihr Sprecher Georg Ritter von Schönerer seine Ablehnung der habsburgischen Monarchie, des Liberalismus und des Kapitalismus mit einem zunehmend rassistisch aufgeladenen Antisemitismus. Dieser richtete sich auch gegen getaufte Juden, deren Assimilationsbestrebungen er als Täuschungsmanöver brandmarkte. Dementsprechend hieß es in der

---

[55] Ludwig Quessel: Die jüdische Neukolonisation in Palästina, in: Sozialistische Monatshefte (im Folgenden: SM), 20 (1914), Bd. 2, S. 673.

[56] Eduard Bernstein: Der Schulstreit in Palästina, in: NZ, 32 (1913/14), Bd. 1, S. 752.

[57] Ebd. Vgl. zu Bernstein Robert S. Wistrich: Eduard Bernsteins Einstellung zur Judenfrage, in: Ludger Heid/Arnold Paucker (Hrsg.): Juden und deutsche Arbeiterbewegung bis 1933. Soziale Utopien und religiös-kulturelle Traditionen, Tübingen 1992, S. 79–90.

[58] Wistrich: Socialism and the Jews, S. 187.

zweiten Fassung des Linzer Programms seiner Bewegung 1885: »Zur Durchführung der angestrebten Reformen ist es unerlässlich, den jüdischen Einfluss auf allen Gebieten des öffentlichen Lebens zu beseitigen.«[59] Damit erreichten die auch als Schönerer-Bewegung bezeichneten Deutschnationalen zwar keinen Massenanhang, konnten sich jedoch im akademischen Milieu unter Studenten und bald auch unter Professoren eine verlässliche Gefolgschaft sichern.

Einen Massenanhang schuf sich indes besonders in Wien ab 1891 die Christlichsoziale Partei (CSP) unter ihrem überaus geschickt agierenden und wichtigsten Politiker Karl Lueger. Im Jahr 1895 gewann die CSP die Gemeinderatswahlen in Wien, doch wurde ihr Bürgermeister-Kandidat Lueger erst zwei Jahre später zum Bürgermeister ernannt, nachdem sich Papst Leo XIII. beim bislang Widerstand leistenden Kaiser Franz Joseph II. für ihn verwandt hatte.

Die CSP sah sich als Interessenvertreterin des »kleinen Mannes«, der Bauern, proletarisierten Handwerker und Kleingewerbetreibenden. Sie operierte mit antikapitalistischen Losungen, die besonders gegen die Wiener Großbanken gerichtet waren, von denen die Mehrzahl in jüdischem Besitz war. Lueger trat mit Erfolg für die Kommunalisierung und Verstaatlichung defizitärer Betriebe ein, während anderswo dies noch als gefährliches sozialistisches Experiment galt. Dadurch wurde die Grundlage für ein modernes Elektrizitätswesen sowie das engmaschige innerstädtische Verkehrsnetz mit einem elektrischen Straßenbahnsystem geschaffen.[60] Die CSP war und verstand sich als die mit der Sozialdemokratie konkurrierende Kraft um die Stimmen der Arbeiter. In seinem öffentlichen Auftreten griff Lueger folglich die 1889 gegründete Sozialdemokratische Arbeiterpartei Österreichs (SDAPÖ) scharf an. Er bezeichnete sie als religionsfeindlich und machte dafür die – seiner Meinung nach – offensichtliche Überrepräsentanz marxistischer Juden in der Parteiführung verantwortlich. Dabei war Lueger kein rassistischer Antisemit; seine scheinbar gemäßigte Diktion fand somit auch Anklang unter politisch orientierungslosen oder in katholisch-religiösen Vorurteilen befangenen Arbeitern.[61]

Doch reagierten die Sozialdemokraten gegenüber den antisemitischen Angriffen oftmals nur defensiv und suchten dem Eindruck entgegenzuwirken, sie seien eine »Judenschutztruppe«, wie das gängige Schimpfwort lautete. Die Ursache für ein solches Zurückweichen liegt in massiven untergründigen Vorbehalten und Vorurteilen gegenüber Juden, die in der SDAPÖ weit ausgeprägter waren als in ihrer deutschen Schwesterpartei. Dies hing sowohl mit dem geringeren Organisationsgrad der österreichischen Arbeiter als auch mit dem generell niedrigeren Stand der gesellschaftlichen Entwicklung zusammen: Sogar im deutschsprachigen Teil

---

[59] Zit. n. Pulzer: Entstehung des politischen Antisemitismus, S. 127.

[60] Vgl. Hans Hautmann/Rudolf Kropf: Die österreichische Arbeiterbewegung vom Vormärz bis 1945. Sozialökonomische Ursprünge ihrer Ideologie und Politik, Wien 1974, S. 96f.

[61] Vgl. Pulzer: Entstehung des politischen Antisemitismus, S. 144f.

der Monarchie befanden sich die wenigen industriellen Kerne (die zudem überwiegend im tschechisch besiedelten Gebiet lagen) inmitten einer noch überwiegend agrarisch strukturierten Gesellschaft.[62]

Der spätere SDAPÖ-Gründer Victor Adler sah 1887 im Antisemitismus eine Bewegung der dumpfesten Volksschichten und warnte vor der pauschalen Gleichsetzung von Judentum und Kapitalismus. Doch auch er gab der Hoffnung Ausdruck, die antisemitischen Führer würden »die Geschäfte der Sozialdemokratie« besorgen, indem die radikalisierten Volksschichten zunehmend empfänglicher für antikapitalistisches Gedankengut würden. Der Streit zwischen Antisemiten und Juden sei ein Streit, der die Sozialdemokratie nicht berühre; sie habe »nur die Aufgabe, auf ihrer Hut zu sein, dass sie weder von den Juden, noch von den Antisemiten dazu benützt wird, die Kastanien aus dem Feuer zu holen«.[63] Zwar dürfe, schrieb Adler an anderer Stelle, die Sozialdemokratie niemals mit den Antisemiten paktieren, »aber mindestens ebenso wenig in der Stellungnahme gegen den Antisemitismus sich den Juden verpflichten.«[64] Adler war damit typisch für eine Reihe von Sozialdemokraten jüdischer Herkunft, »sich ihrer antisemitischen Umwelt im Übermaß anzupassen«. Und wie in Deutschland fand sich auch in der sozialdemokratischen Unterhaltungspresse Österreichs das Klischee vom kapitalistischen Ausbeuter mit angeblich »typisch jüdischen« Merkmalen.[65]

Victor Adler litt, wie der um ein positives Urteil bemühte Sozialdemokrat Julius Braunthal einräumen musste, in seinen Jugend- und frühen Mannesjahren stark unter seiner jüdischen Herkunft, und er wurde darin von zwei seiner Klassenkameraden bestärkt: seinem künftigen Parteigenossen Engelbert Pernerstorfer und dem Historiker Heinrich Friedjung (der selbst Jude war).[66] Alle drei waren in verschiedenen Phasen ihres Lebens eifrige Deutschnationale und Anhänger Schönerers. Erst dessen immer stärker werdender Judenhass ließ sie davon abrücken.[67] Damit waren sie keineswegs Ausnahmen unter den »assimilierten«, aus dem Bürgertum stammenden Wiener Juden.[68] Solche Kreise grenzten sich demonstrativ oft

---

[62] Vgl. Hautmann/Kropf: Die österreichische Arbeiterbewegung, S. 21–25.

[63] Victor Adler: Der Antisemitismus, in: Die Gleichheit, 7. Mai 1887. Wiederabdruck in: Ders.: Aufsätze, Reden und Briefe, Bd. 8, Wien 1929, S. 347f.

[64] Victor Adler in: Die Gleichheit, 12. Februar 1887, zit. n. ebd., S. 338.

[65] Vgl. Anton Pelinka: Sozialdemokratie und Antisemitismus, in: Österreichische Zeitschrift für Geschichtswissenschaften, 3 (1992), Nr. 4, S. 541.

[66] Vgl. Julius Braunthal: Victor und Friedrich Adler. Zwei Generationen Arbeiterbewegung, Wien 1965, S. 19.

[67] Vgl. Robert S. Wistrich: Socialism and the Jews, S. 193; Ders.: From Ambivalence to Betrayal. The Left, the Jews, and Israel, Lincoln/London 2012, S. 257.

[68] Während z.B. Silberner: Sozialisten zur Judenfrage, S. 240–245, und Avraham Barkai: The Austrian Social Democracy and the Jews, in: Wiener Library Bulletin, 23 (1970), Nr. 18, S. 16f., Adler und weiteren Sozialdemokraten wie Robert Danneberg und Friedrich Austerlitz antisemitische Neigungen bescheinigten, wies dies J[ohann] W[olfgang] Brue-

von den ärmeren, in ihrer Lebensweise noch ihrer galizischen Heimat verbundenen ostjüdischen Neu-Zuwanderern ab.

In ihrem Selbstverständnis vertraten die Sozialdemokraten ein modernes Gesellschaftsbild, das die Sitten und Bräuche des Ghettos als Überbleibsel des Mittelalters ansah und überwinden wollte. Doch auch die Aufstiegsorientierung der Juden, die alles daransetzten, diesem Milieu zu entkommen, stieß auf Argwohn unter den Sozialdemokraten, übernahmen sie doch oft die antisemitische Zuschreibung vom »jüdischen Strebertum«. Niederschlag findet dies auch in verschiedenen Stellen in Adlers Publizistik. Das Proletariat, betonte er, kämpfe für eine Gesellschaft, »wo die Eigenschaften, die man mit Recht oder Unrecht ›jüdische Eigenschaften‹ nennt, weder zu Macht und Einfluss noch zu Wohlergehen führen« würden. Doch erst der siegreiche Sozialismus werde den entwurzelten Juden »zu Grabe geleiten«.[69]

Die Frage der Abwehr antisemitischer Agitation war nur ein Aspekt der Probleme, um die die Partei im Vielvölkerstaat rang; Probleme der organisatorischen Festigung und des Ringens um ein Programm, das mit dem Instrumentarium des Marxismus die daraus abzuleitenden Kampfbedingungen widerspiegeln sollte, standen im Vordergrund. Ein solches Programm gab sich die SDAPÖ auf ihrem Brünner Parteitag im Jahre 1899.

Die österreichischen Sozialdemokraten waren mehrheitlich zur Auffassung gelangt, das Recht jeder Nationalität auf eigenständige Existenz und Entwicklung anzuerkennen. Aber die Aufsplitterung des multinationalen Großreiches in zahlreiche kleinere nationale Einheiten sollte grundsätzlich vermieden werden, da dies den kapitalistischen Markt verkleinere sowie der wirtschaftlichen und politischen Entwicklung der Völker einen Rückschlag versetze. Vielmehr würde dies separatistischen und chauvinistischen Tendenzen bürgerlicher Nationalisten einen Auftrieb verleihen.[70] Das Brünner Programm forderte demgemäß die Gleichberechtigung aller Völker durch Umwandlung der k.u.k.-Monarchie in einen demokratischen Bundesstaat, wobei aber der Begriff »jüdische Nationalität« vermieden wurde.[71] Dennoch setzte der Gedanke von der Föderalisierung der SDAPÖ

---

gel: The anti-Semitism of the Austrian Socialists, a Reassessment, in: Wiener Library Bulletin, 25 (1972), Nr. 24, S. 39–43, zurück.

[69] Adler: Der Antisemitismus, in: Ders.: Aufsätze, Reden und Briefe, Bd. 8, Wien 1929, S. 348.

[70] Der Programmtext ist abgedruckt in: Klaus Berchtold (Hrsg.): Österreichische Parteiprogramme 1868–1966, Wien 1967, S. 144f. Vgl. zum Zustandekommen des Programms auch Hans Mommsen: Die Sozialdemokratie und die Nationalitätenfrage im habsburgischen Vielvölkerstaat (1867–1907), Wien 1963, S. 314–338, sowie zum Kontext Raimund Löw: Der Zerfall der »Kleinen Internationale«. Nationalitätenkonflikte in der Arbeiterbewegung des alten Österreich (1889–1914), Wien 1984.

[71] Vgl. Oscar J. Janowski: The Jews and Minority Rights, New York 1933, S. 141f.

in Richtung auf verschiedene nationale Sektionen auch die Diskussionen über jüdische Autonomieprojekte in Gang.

Die österreichischen Sozialdemokraten meinten, es genüge, den verschiedenen Völkern die national-kulturelle Autonomie zu gewähren. Dies sei dann möglich, wenn die verschiedenen Nationen einen kulturellen Entwicklungsstand erreichten, in dem sie nicht mehr an die Scholle gebunden seien, sie also den Entwicklungsstand einer städtisch-kapitalistischen Gesellschaft erreichten, wie Karl Renner schrieb.[72]

In diese Diskussion griff 1907 der damals erst 25-jährige Otto Bauer mit seiner Abhandlung über die *Nationalitätenfrage und die Sozialdemokratie* ein, die er zwei Jahre vorher als Dissertationsschrift an der Wiener Universität verteidigt hatte. Diese Arbeit ist für unser Thema aufgrund der darin behandelten Frage von Interesse, ob die Juden eine Nationalität darstellten und ob das Konzept der national-kulturellen Autonomie auf sie anwendbar sei. Als Nation verstand Bauer »die Gesamtheit der durch Schicksalsgemeinschaft zu einer Charaktergemeinschaft geknüpften Menschen«[73] und bezeichnete sie an anderer Stelle des Buches als »eine Naturgemeinschaft und Kulturgemeinschaft«.[74]

Von der Unvermeidbarkeit der jüdischen »Assimilation« ausgehend, sprach sich Bauer gegen die nationale Autonomie der Juden aus, die tatsächlich nur innerhalb eines künstlich von der Gesellschaft abgeschlossenen jüdischen Schulwesens zu verwirklichen sei. Doch würden die rückständigen Ausgangsbedingungen eines solchen Schulwesens die jüdischen von den nichtjüdischen Werktätigen isolieren, was nicht im Interesse der Sozialdemokratie liege.[75] Die sprachliche Absonderung erschwere ohnehin einen Übergang der zahlreichen jüdischen Kleinhändler und Paupers ins Proletariat und sei mitentscheidend für ihre soziale Deklassierung. Natürlich lasse sich radikales und revolutionäres Gedankengut in Jiddisch wie in jeder anderen Sprache äußern und vermitteln; das soziale Erwachen der jüdischen Proletarier Osteuropas in der Revolution 1905 biete den Beweis dafür: »Welche Wandlung in den Köpfen der jüdischen Arbeiter sich vollzogen hat, das hat Europa seit dem Beginn der russischen Revolution staunend gesehen: aus den furchtsamen, demütigen Juden des Ghettos sind die heldenmütigsten Kämpfer der großen Revolution hervorgegangen. Und diese Massen leben nun nicht mehr träge im Kreise der Überlieferung; sie brauchen eine neue Kultur,

---

[72] Für Karl Renner war die Nation ein Verband gleichgesinnter und gleichsprachiger Individuen, die nicht mehr »an die Scholle gebunden« sind. Vgl. Rudolf Springer (Pseudonym von Karl Renner): Der Kampf der österreichischen Nationen um den Staat, 1. Teil: Das nationale Problem als Verfassungs- und Verwaltungsfrage, Leipzig/Wien 1902, S. 11 und 35.

[73] Otto Bauer: Die Nationalitätenfrage und die Sozialdemokratie [1907], 2. Aufl., Wien 1924, S. 135.

[74] Ebd., S. 22.

[75] Ebd., S. 380.

sie beginnen, sich eine neue Kultur zu schaffen.«[76] Diese Kultur führe, so Bauer weiter, zum Aufblühen der jiddischen Literatur und Publizistik und lasse Organisationen entstehen, in denen die jüdische Intelligenz durch die Vermittlung des kulturellen Erbes der Aufklärung dem Ghettoproletariat helfe, seine Rückständigkeit zu überwinden.

Dabei aber unterscheide sich der Prozess der national-kulturellen Emanzipation bei den unter Nichtjuden verstreut lebenden Juden vom nationalen Erwachen anderer »geschichtsloser« Nationen, die durch die »enge Verkehrsgemeinschaft« eines relativ geschlossenen Siedlungsgebietes sich »notwendig zur Kulturgemeinschaft entwickeln« würden.[77]

Infolge der kapitalistischen Entwicklung dieser Nationen würden die traditionellen gesellschaftlichen Funktionen der Juden, vor allem ihre Bindung an Handel und Kleingewerbe, allmählich aufgehoben und sie in einen »immer engeren Verkehr mit den anderen Nationen hineingezwungen, so dass sie ihre kulturelle Sonderart nicht erhalten können; und wenn die kulturelle Sonderart überhaupt nicht erhalten bleibt, so ist auch der Fortschritt der nationalen Kultur nicht möglich«. Die Juden würden, laut Bauer, »eine historische Nation werden, wenn sie überhaupt eine Nation blieben, aber die kapitalistische Gesellschaft lässt sie überhaupt nicht als Nation bestehen«.[78]

Dies war Bauers Grundgedanke: Der Prozess der Assimilation der Juden an ihre Umwelt und das Erwachen der sogenannten geschichtslosen Völker haben dieselbe Ursache: die Transformation der bestehenden Gesellschaft durch die Entwicklung der kapitalistischen Warenproduktion.[79] Für deren weitere Entfaltung seien die Voraussetzungen unter den geschlossen siedelnden slawischen Völkern weit besser als bei den Juden. Deshalb würde die Assimilierung der Letzteren an die Ersteren trotz der diesem Vorgang vorerst entgegenwirkenden sozio-kulturellen Prozesse schließlich doch erfolgen. Die Aufgabe der Sozialdemokratie sei es, die assimilatorischen Tendenzen zu fördern, die allein zum Abbau der antijüdischen Vorurteile bei nichtjüdischen Werktätigen beitragen könnten. Die Erhaltung nationaler Eigenart sei kein Selbstzweck, sondern nur dann sinnvoll, wenn

[76] Ebd., S. 372.

[77] Ebd., S. 373. Der Terminus der »geschichtslosen Nation« stellte für Bauer, anders als bei Engels 1848/49, keine Schlüsselkategorie dar; er erkannte ein halbes Jahrhundert später klar die dynamische Entwicklung dieser Nationen.

[78] Ebd.

[79] Dies war auch der springende Punkt seines Aufsatzes, in dem er Voraussetzungen und Wirkungsweise der Assimilation von nationalen Minderheiten an die »Mehrheitsvölker« darlegte. Vgl. Otto Bauer: Die Bedingungen der nationalen Assimilation, in: Der Kampf, 5 (1911/12), S. 246–262.

sie den »Notwendigkeiten des wirtschaftlichen Verkehrs«, der »stärker als alle sentimentalen Wünsche« sei, gerecht werde.[80]

Auch gegen den Juden Otto Bauer wurde in der historischen Literatur der Vorwurf des Ressentiments aus Verdrängung der eigenen Herkunft laut, was an jüdischen Antisemitismus erinnere.[81] Abgesehen davon, dass Bauer wiederholt vor der Gefahr antisemitischer Tendenzen in der Arbeiterbewegung warnte,[82] lässt sich seine Abhandlung, die ein Plädoyer für die vollständige Emanzipation der Juden und für den Abbau von Vorurteilen ihnen gegenüber darstellt, nur dann als antisemitisch deuten, wenn man jede Stellungnahme gegen die Absonderung der Juden von Nichtjuden mit Feindschaft gegen die kollektive Identität der Juden undifferenziert gleichsetzt. Bauer hatte übrigens den Zionismus nicht expressis verbis kritisiert, sondern allgemein die »nationalen Bestrebungen«, sprich: die nationalistischen Strömungen unter den Juden, was auch die verschiedenen Spielarten »territorialistischen« Gedankengutes einschloss.[83] Natürlich wusste Bauer wie andere jüdische Intellektuelle, dass er sich in der österreichischen Sozialdemokratie politisch mehr aufgehoben fühlen konnte als irgendwo sonst, dass aber eine gewisse Distanz zu den nichtjüdischen Genossen nie ganz zu überwinden war, wozu natürlich auch sein intellektueller Habitus beitrug.[84]

Insgesamt blieb, so das Urteil Karl Kautskys, in Bauers Auffassung zur nationalen Frage (und damit auch hinsichtlich der Frage einer jüdischen Nation) ein offensichtlicher Mangel bestehen: die Überschätzung des nationalen Moments, die in Bauers weitgehend klassenindifferenter Interpretation »gesamtnationaler«, kollektiver psychologischer Merkmale der einzelnen Völker sichtbar werde. Genau dies habe ihn zum Begriff der »nationalen Schicksals- und Kulturgemeinschaft« geführt.[85] Bauers überaus anregender Beitrag zu dieser Frage bleibt, dass

[80] Ders.: Die Nationalitätenfrage und die Sozialdemokratie, Wien 1907, Reprint 1925, S. 377.

[81] »Seinem Volk entfremdet, litt Bauer an dem unter assimilierten Juden so verbreiteten ›jüdischen Komplex‹«, schrieb Silberner: Sozialisten zur Judenfrage, S. 244f., und laut Wistrich zeigte »Bauer eine klare psychologische Voreingenommenheit in seiner Behandlung des Themas – was nicht unabhängig von der unbewussten Verdrängung seiner eigenen Herkunft war«. Wistrich: Revolutionary Jews, S. 117.

[82] Vgl. Otto Bauer: Sozialismus und Antisemitismus, in: Der Kampf, 4 (1910/11), S. 94–95; Ders.: Galizische Parteitage, in: Der Kampf, 5 (1911/12), S. 154–162.

[83] Dies könnte durch die »territorialistischen« Argumente, deren sich manche der frühen »Kulturzionisten« in Galizien um Nathan Birnbaum bedienten, zu erklären sein. Vgl. S[olomon] A. Birnbaum: Nathan Birnbaum and National Autonomy, in: Josef Fraenkel (Hrsg.): The Jews of Austria. Essays in their Life, History and Destruction, London 1967, S. 131–146.

[84] Dies betont auch Wistrich: Socialism and the Jews, S. 333.

[85] So kritisierte Kautsky an Bauer die »gewaltige Überschätzung des nationalen« und die völlige Vernachlässigung des »internationalen Moments«. Karl Kautsky: Nationalität und Internationalität, Stuttgart 1908, S. 15, 35.

er die osteuropäischen Juden als Kollektivum ansah, ihre ethnischen Merkmale als im sozialen Prozess entstandene Charakteristika, somit als historisch determiniert begriff. Der zionistischen Idee einer jüdischen Weltnation als soziale Konstante setzte er eine geschlossene, in weiten Passagen dem historischen Materialismus trotz idealistischer Momente verpflichtete Konzeption entgegen. Seine Schrift fand auch außerhalb der internationalen sozialistischen Bewegung eine bemerkenswerte Resonanz.[86] Dies lag neben ihrem außergewöhnlichen analytischen und sprachlichen Niveau auch darin begründet, dass die Publikation der Arbeit mit autonomistischen Bestrebungen jüdischer Sozialisten in Galizien zusammenfiel.

Galizische Stimmen

Autonomiebestrebungen traten in Galizien, der ökonomisch rückständigsten Provinz der cisleithanischen Reichshälfte des Habsburger-Reiches, bereits in den 1890er Jahren auf.[87] Da die Juden vorrangig in den wenigen Städten Galiziens lebten, entstand dort eine jüdische Arbeiterklasse, die ihre nationale wie soziale Benachteiligung politisch zu überwinden suchte.[88] Ihre gesetzliche Gleichberechtigung gelangte dort an ein Ende, wo es um die Zulassung ihrer jiddischen Muttersprache in öffentlichen Einrichtungen und im Bildungssektor ging. Die 1890 gegründete Regionalorganisation der SDAPÖ bildete sich 1899 zur Polnischen Sozialdemokratischen Partei Galiziens und Schlesiens (PPSD) um, die sich als nationale Organisation polnischer Arbeiter in diesen Territorien definierte.[89]

[86] Vgl. Simon Dubnow: Nationalism and History, Philadelphia 1961, S. 368; Horace B. Davis: Nationalism and Socialism. Marxist and Labor Theories of Nationalism to 1917, 2. Aufl., New York/London 1973, S. 157ff.; Georges Haupt/Michael Löwy/Claudie Weill: Les marxistes et la question nationale 1848–1914, Etudes et textes, Montréal 1974, S. 45ff., 384f.

[87] Die Bezeichnung Cisleithanien bezog sich auf die Leitha, den Nebenfluss der Donau, der die österreichischen von den ungarischen Kronländern der Doppelmonarchie geografisch trennte.

[88] Um 1900 lebten über 811.00 Juden, zwei Drittel der jüdischen Gesamtbevölkerung der österreichischen Reichshälfte, in Galizien. In Krakau stellten sie ein Drittel, in Lemberg über ein Viertel, in Kolomea 44 Prozent und in Brody fast 81 Prozent der Bevölkerung. Vgl. Wistrich: Socialism and the Jews, S. 309.

[89] Vgl. Rick Kuhn: Henryk Grossman and the Recovery of Marxism, Urbana/Chicago 2007, S. 35–72; Ders.: Jüdischer Antizionismus in der sozialistischen Bewegung Galiziens, in: Pardes. Zeitschrift der Vereinigung für jüdische Studien e. V., Bd. 14, Potsdam 2008, S. 124–145; Nathan Weinstock: Le pain de misère. L'histoire du mouvement ouvrier juif en Europe [1984], Bd. 2: L'europe centrale et occidentale jusqu'en 1914, Paris 2002, S. 25–37; Henryk Piasecki: Sekcja Zydowska PPSD i Zydowska Partia Social-Demokratyczna [Die Jüdische Sektion der PPSD und die Jüdische Sozialdemokratische Partei], Wrocław 1982 (mit englischer Zusammenfassung), sowie Löw: Der Zerfall der »Kleinen Internationale«, S. 61–66.

Als Reaktion darauf entstand im Jahre 1905 die Jüdische Sozialdemokratische Partei (JSDP). Sie verlangte von der SDAPÖ die Anerkennung als *nationale* Organisation, was jedoch von dieser wie auch von der PPSD zurückgewiesen wurde, da beide Parteien die Juden nicht als nationale Gruppe anerkennen wollten. Die Entstehung der JSDP fiel in die Zeit eines wirtschaftlichen Aufschwungs und einer Festigung des Klassenbewusstseins der Arbeiter, der Begeisterung für die erste russische Revolution und Aktivitäten marxistischer Studenten an den Universitäten von Krakau, Lemberg und Czernowitz, unter denen der in Krakau Ökonomie studierende Henryk Grossmann herausragte.[90] Grossmann, Gründer und treibende Kraft der JSDP, vertrat eine Position, die der des Jüdischen Arbeiterbundes im Zarenreich entsprach: Er wandte sich sowohl gegen assimilatorische Bestrebungen als auch gegen den Zionismus. Die Haltung der polnischen Sozialdemokraten zu jüdischen Angelegenheiten sei geprägt durch Opportunismus, und »Opportunismus in unserem Land ist Kapitulation angesichts von Vorurteilen und patriotischen Traditionen.«[91] Dabei setzten er und Max Zetterbaum, der Theoretiker der PPSD, den Zionismus mit den Interessen der jüdischen Bourgeoisie gleich.[92]

Der am JSDP-Gründungsparteitag als Gast teilnehmende David Balakan brachte die Grundgedanken der JSDP auf einen Nenner. Er betonte, Galizien wie die Bukownia seien Teile Osteuropas; die Juden dort seien keineswegs an die Mehrheitsbevölkerung assimiliert, sondern eine eigenständige Volksgruppe mit nationalen Merkmalen. Unbegreiflicherweise aber werde sogar unter Sozialisten darüber gestritten, ob es überhaupt eine jüdische Nation gebe, »da doch die Juden eines nationalen Territoriums und wie manche besser zu Unterrichtende wissen wollen, auch einer lebendigen, entwicklungsfähigen, nationalen Sprache ermangelten. Verständnislosigkeit und bürgerliche Beschränktheit in Bezug auf das ›nationale Territorium‹, Unkenntnis der Tatsachen hinsichtlich der jüdischen Sprache spricht aus dieser ›theoretischen‹ Begründung. Gewiss, ein nationales Territorium besitzen die Juden längst nicht mehr. Die räumliche Grundlage wurde ihnen jedoch in jener Zeit, als ein nationales Territorium Voraussetzung einer Nation war, durch die eigenartigen Verhältnisse, unter denen die Juden so viele Jahrhunderte leben

[90] Die Schreibweise seines Namens variierte: Zu verschiedenen Zeiten schrieb er sich in Österreich, Polen, Deutschland und im Exil in den USA Henryk Grossman, Heinrich Grossmann oder Henry Grosman. Zuletzt benutzte er als Leipziger Universitätsprofessor (er starb 1950) die Schreibweise Henryk Grossmann.

[91] Henryk Grossman: Proletariat wobec kwestii żydowskiej z powodu niedyskutowanej dyskusyi w »Krytyce« [Das Proletariat gegenüber der Judenfrage wegen einer undiskutierten Diskussion in der »Kritik«], Krakau 1905, S. 41, zit.n. Kuhn: Jüdischer Antizionismus, S. 128.

[92] Vgl. Max Zetterbaum: Probleme der jüdisch-proletarischen Bewegung, in: NZ, 19 (1901/02), Bd. 1, S. 324–330, 367–373.

mussten, ersetzt. Heute hat sich aber das Wesen der Nation ganz geändert. Sollte zu manchen Sozialdemokraten nichts davon gedrungen sein?«[93]

Die jiddische Sprache und die aus ihr entstandene Nationalkultur bestimmten das Wesen des osteuropäischen Judentums. »Es gibt in jüdischer Sprache eine stattliche Reihe von politischen Tages-, Wochen- und Monatsblättern in Russland, Galizien, London und New York; eine große, im geheimen stark verbreitete, politische Literatur in Russland. Es gibt eine moderne, bodenwüchsige, schöne Literatur, vom Küchenroman bis zu den feinsten Seelenschilderungen, die sich sehen lassen können; ebenso gibt es eine populär-wissenschaftliche Literatur, wenn auch meist in Übersetzungen.«

Doch wie alle Gesellschaften sei auch die jüdische in Osteuropa durch Klassengegensätze geprägt. Einer kleinen Zahl von Kapitalisten stehe die wachsende Zahl von Proletariern und anderen Werktätigen gegenüber. Der Versuch, diese an die Mehrheitsgesellschaft zu »assimilieren« sei im Kern nichts anderes als die Forderung, ihr Klassenbewusstsein zugunsten eines vom Kapitalismus bestimmten Wertesystems aufzugeben. Balakan zitierte zustimmend Nathan Birnbaum, den damals wichtigsten Fürsprecher einer territorial geprägten jüdischen Nationalkultur:

»Die Ostjuden würden einen großen Fehler begehen, wenn sie einen bewußten Widerstand gegen die Landessprache organisierten. Nicht derjenige gibt seine Sprache auf, der eine andere lernt, sondern wer die eigene Sprache überall hintansetzt, auch dort, wo er die fremde nicht braucht, wer nichts mehr übrig hat an Zuneigung zu ihr – an jener Zuneigung, die gerade der Ostjude in so reichem Maße und rührender Weise für sein Jüdisch hat.«[94]

Doch auch in Westeuropa bleibe die Existenz der Juden stets prekär, solange sie der Illusion anhingen, ihre kulturelle Angleichung an das Wertesystem der bürgerlich-kapitalistischen Gesellschaft werde dem Antisemitismus seine Kraft nehmen. Der Kapitalismus beruhe auf Klassengegensätzen und damit auf der Unterwerfung des Schwächeren durch den Stärkeren. In Krisenzeiten greife er zu Sündenbock-Theorien, um den Schwächeren kleinzuhalten – und wer sei schwächer als der Jude, und welches Mittel, den Hass der Volksmassen von den Kapitalisten auf einen Sündenbock abzulenken, eigne sich besser als der Antisemitismus?

---

[93] David Balakan: Die Sozialdemokratie und das jüdische Proletariat, Czernowitz 1905, hier zit.n. der Fassung im Internet: www.marxists.org/deutsch/archiv/balakan/1905/juedprolet/index.html (zuletzt 22.2.2022). Hiernach die folgenden Zitate.

[94] Mathias Acher (Pseudonym von Nathan Birnbaum): Das Stiefkind der Sozialdemokratie, Wien 1905, S. 31. Nach zionistischen Anfängen propagierte Birnbaum die Idee einer jiddisch-basierten jüdischen Nationalkultur in den Territorien, in denen Juden lebten und war am Ende (er starb 1937) Fürsprecher einer politischen Repräsentation des ultraorthodoxen Judentums. Doch auch in seiner Zeit als Zionist riet er von der Errichtung eines jüdischen Staates in Palästina ab; die Juden sollten sich dort auf den Aufbau eines wirtschaftlichen und kulturellen Netzwerkes beschränken, das ihr Überleben als Kulturgemeinschaft und somit als Nation sichere.

Das irregeleitete christliche Kleinbürgertum sehe in dem Juden schlechtweg, sei er Proletarier, Kleinbürger, Fabrikant oder Bankier, seinen »natürlichen« Feind.

»Im Antisemitismus begegnen sich alle rückschrittlichen Elemente, die ihn für ihre Privat- und Klasseninteressen auszubeuten suchen, um Verwirrung und Verrohung ins notleidende Volk zu tragen, es von dem Kampfe gegen seine wahren Feinde abzulenken. Darin stehen die Junker und Pfaffen, als auch die Feinde der französischen Republik, auf derselben Stufe wie die zarische Regierung. Der soziale Antisemitismus ist in seiner Art ein Kind des modernen Kapitalismus.«

Grossmanns Beharren auf der Idee, alle jüdischen Arbeiter Galiziens und der Bukowina hätten sich in der JSDP politisch zu organisieren, erzeugte jedoch einen gegenteiligen Effekt: Die meisten in anderen Zusammenhängen organisierten Arbeiter lehnten dieses Ansinnen rundweg ab. Auf dem 2. Parteitag gab die JSDP im Jahr 1908 ihre Mitgliederzahl mit 3.500 an, und sogar dies mochte eine Übertreibung sein.[95] So glaubte bereits ein Jahr vorher die PPSD in ihrem Bericht an den Stuttgarter Kongress der Zweiten Internationale mitteilen zu können, dass »diese jungen Genossen [der JSDP] trotz redlichster Absicht einen falschen Weg eingeschlagen haben« und dass nunmehr »diese Sonderbewegung im Erlöschen begriffen« sei, was jedoch eine etwas voreilige Prognose darstellte.[96]

Denn die JSDP erlebte 1910/11 einen sichtbaren Aufschwung. Der Grund dafür war ihr bemerkenswertes Engagement gegen die Versuche der österreichischen Regierung, die Juden Galiziens als nationale Entität durch ihre willkürliche Angliederung an die polnische beziehungsweise deutsche Volksgruppe statistisch zu eliminieren. Nach einem Wahlbündnis für die anstehenden Reichsratswahlen fusionierten im Oktober 1911 die JSDP und die 1908 gebildete Jüdische Sektion der PPSD.[97] Die Aktivitäten sollten der nunmehr an die PPSD angeschlossenen (vereinigten) JSDP vereinbarungsgemäß auf die jiddischsprachigen (und unassimilierten) jüdischen Proletarier Galiziens beschränkt bleiben. Über die Interpretation dieser Bestimmungen kam es 1913 zum Bruch zwischen JSDP und PPSD. Letztere konstituierte seitdem keine eigenständige jüdische Organisation mehr. Die JSDP verschwand im Ersten Weltkrieg praktisch aus dem politischen Leben. Ihre Neugründung 1918 blieb ohne größere Wirkung. Sie ging im April 1920 im Jüdischen Arbeiterbund Polens auf.

Der propagierte Internationalismus der österreichischen Arbeiterbewegung ging insgesamt keineswegs mit einer Sensibilisierung für die Lage der Juden einher. Dies zeigte sich am mangelnden Bestreben, den Antisemitismus nicht nur in

---

[95] Vgl. Kuhn: Jüdischer Antizionismus, S. 142.

[96] Berichte der sozialdemokratischen Organisationen Europas, Australiens und Amerikas an den Internationalen Sozialisten-Kongreß zu Stuttgart (18.–24. August 1907) über ihre Tätigkeit in den Jahren 1904–1907, Berlin 1907, S. 176.

[97] Diese hatte ihre Basis mehrheitlich unter »polonisierten« (an die Kultur der polnischen Mehrheitsgesellschaft akkulturierten) jüdischen Arbeitern.

Deklarationen, sondern auch praktisch-politisch zu bekämpfen. Die Sozialdemokratie sprach sich gegen den Antisemitismus aus, tolerierte aber zugleich unausgesprochen antijüdische Vorurteile in ihren Reihen.[98] Das Selbstverständnis der österreichischen wie der deutschen Sozialdemokratie als Arbeiter- und Klassenpartei ließ sie den Antisemitismus oftmals nur als Nebenwiderspruch und Überbleibsel der kapitalistischen Klassengegensätze begreifen. Insgesamt taten die sozialistischen Parteien zu wenig, jenen Steoreotypen zu begegnen, die auch unter Arbeitern Teil einer verbalen Subkultur, eines kulturellen Codes von Klischees, Anspielungen und Gerüchten waren, die zur gesellschaftlich sanktionierten Ablehnung von Juden beitrugen oder ihr doch mindestens nicht entgegenwirkten.[99]

Dort, wo die Anwendung der marxistischen Klassenanalyse besonders vonnöten war, bei der Beurteilung der Lage der jüdischen Werktätigen in Galizien und der Bukownia, wurde sie zugunsten eines abstrakten Appells nach Assimilierung und Akkulturierung der Juden an die bürgerlichen Werte der Mehrheitsgesellschaft relativiert. Dennoch gilt: In ihren verschiedenen Organisationsformen bot die Sozialdemokratie im Habsburger-Reich den Juden eine politische Heimat, die sie in den katholischen und liberalen Parteien nicht fanden.

Einmal mehr bleibt festzuhalten: Antisemitische Vorurteile fanden sich in verschiedenen Ausdrucksformen auch innerhalb der Sozialdemokratie. Der Antisemitismus als politische Ideologie aber war mit der sozialistischen Politik und Kultur letztlich unvereinbar.

---

[98] Dieser Befund bestätigt die Ergebnisse der Arbeiten von Rosemarie Leuschen-Seppel: Sozialdemokratie und Antisemitismus, und Henke: Der »Jude« als Kollektivsymbol in der deutschen Sozialdemokratie.

[99] Vgl. zu diesem kulturellen Code u.a. Victor Karády: Gewalterfahrung und Utopie. Juden in der europäischen Moderne, übers. von Judith Klein, Frankfurt a. M. 1999, S. 210–212.

Kapitel 7
Der französische Sozialismus und der Dreyfus-Prozess

Die Dreyfus-Affäre, einer der großen Justizskandale des ausgehenden 19. Jahrhunderts, war ein Markenzeichen in der Geschichte des Antisemitismus. Sie wurde auch zur Bewährungsprobe für den französischen Sozialismus.[1] Das mit der Gründung und dem Wachstum der Zweiten Internationale sichtbar gewordene eminente Wachstum der internationalen Arbeiterbewegung in vielen Ländern Europas und in Nordamerika ließ viele Sozialisten zur Überzeugung kommen, der Antisemitismus sei nichts weiter als ein Atavismus einer Gesellschaft, deren Untergang in historisch absehbarer Zeit bevorzustehen schien. Ihr Verschwinden würde auch die »jüdische Frage« gegenstandslos werden lassen. Dieser Fortschrittsoptimismus erhielt in Frankreich einen Dämpfer durch die dramatisch aufbrechende Judenfeindschaft in der Dreyfus-Affäre 1894 bis 1899. Diese stellte die dort vollzogene juristische Emanzipation der jüdischen Bürger wieder zur Diskussion. Der französische und internationale Sozialismus sah sich, nachdem die antisemitische Stoßrichtung der Kampagne immer offensichtlicher wurde, herausgefordert, die auf den Ideen von 1789 fußenden Grundsätze bürgerlicher Rechtsgleichheit zu verteidigen.[2]

Judenfeindschaft und Frühsozialismus in Frankreich

Die Französische Revolution garantierte den Juden 1791 die bürgerliche Rechtsgleichheit und nahm damit eine Vorreiter-Rolle in Europa ein. Im 19. Jahrhundert folgten fast alle west- und mitteleuropäischen Staaten dem französischen Beispiel. Dieser rechtliche Rahmen schuf die Voraussetzungen für die Integration der Juden in die bürgerlich-kapitalistische Gesellschaft und schließlich für den Aufstieg in den Mittelstand und, trotz fortbestehender Einschränkungen, teilweise in die oberen Klassen und Schichten der Gesellschaft. Obwohl die Mehrzahl der Juden Handwerker und Kleinhändler blieb oder Teil des zahlenmäßig stürmisch anwachsenden Industrieproletariats war, wurde die Figur des »jüdischen Kapitalisten« zu einem Hauptmerkmal antijüdischer Agitation.

---

[1] Dieses Kapitel erschien auch in: Beiträge zur Geschichte der Arbeiterbewegung, 64 (2022) Nr. 1, S. 3–18..

[2] Die gründlichste neuere Darstellung bleibt Stephen Wilson: Ideology and Experience. Antisemitism in France at the Time of the Dreyfus Affair [1982], London/Toronto 2007. Vgl. weiterhin Julius H. Schoeps/Hermann Simon (Hrsg.): Dreyfus und die Folgen, Berlin 1995, und Michael R. Marrus: The Politics of Assimilation. A Study of the French Jewish Community at the Time of the Dreyfus Affair, Oxford 1971.

Der Platz, den die »jüdische Frage« im politischen Diskurs einnahm, stand dabei in keiner Relation zur wirklichen Rolle der Juden im gesellschaftlichen Leben, die ins Absurde übertrieben wurde. Im Jahre 1870 lebten in Frankreich bei 36 Millionen Einwohnern 50.000 Juden, die, hauptsächlich in Paris oder der Pariser Region konzentriert, weniger als 0,2 Prozent der französischen Bevölkerung ausmachten.[3]

Dabei trug der wirtschaftliche Erfolg der international operierenden Familie Rothschild zur Etablierung des Mythos der jüdischen Bank in der öffentlichen Wahrnehmung bei. Dies blieb nicht ohne Einfluss auf den entstehenden Sozialismus als Herausforderung an die kapitalistische Ordnung mitsamt ihren auch als moralische Übel begriffenen Geld- und Bankgeschäften. Viele der frühen sozialistischen Denker griffen somit nur allzu willig auf die Stereotype zurück, die in den Juden die Hauptprofiteure des Industrie- und Bankenkapitalismus sahen. Am Beispiel der Rothschild-Familie zeigte sich in der Personalisierung der Kapitalismus-Kritik »der Versuch, abstrakte und komplexe Verhältnisse herunterzubrechen und an Individuen festzumachen.«[4] Bis dahin, so Michel Dreyfus, »war der Jude oft als Feind des Christentums wahrgenommen worden, aber mit den Anfängen des Kapitalismus nahm die Kritik an der wirtschaftlichen Rolle der Juden an Fahrt auf«.[5] Die noch aus dem Mittelalter herrührenden und teilweise über eine missverstandene Aufklärung in kleinbürgerliche Kapitalismuskritik eingemündeten Bilder vom »jüdischen Händlergeist« durchzog die politische Publizistik auch der französischen Linken seit Mitte des 19. Jahrhunderts.

Weit stärker als im deutschsprachigen Raum bildete sich im kleinbürgerlichen französischen Sozialismus antisemitisches Gedankengut aus. Dieses forderte den Ausschluss der pauschal als Sinnbild kapitalistischer Ausbeutung apostrophierten Juden aus der Gesellschaft und erwog zudem, ihnen die Bürgerrechte zu entziehen. Solche Auffassungen wurden von Charles Fourier, Alphonse Toussenel, Pierre-Joseph Proudhon und Pierre Léroux vertreten und waren bis in die 1890er Jahre noch unter den Blanquisten, teilweise bei Bénoît Malon und im Kreis um die *Révue Socialiste* zu finden. Im Gegensatz zu diesen waren die Saint-Simonisten (und ihre Schüler) judenfreundlich eingestellt, da sie Handel und Bankwesen, in denen auch sie die Juden vorrangig tätig sahen, als Triebkräfte des wirtschaftlichen Fortschritts rühmten.

---

[3] Vgl. Michel Dreyfus: L'antisémitisme à gauche … aussi, in: Gilles Manceron/Emmanuel Naquet (Hrsg.): Être Dreyfusard hier et aujourd'hui, Paris 2009, S. 371.

[4] Oliver Schulz: Der »jüdische Kapitalist«. Anmerkung zu Ursprung und Entwicklung eines antisemitischen Stereotyps im Frankreich der 1840er Jahre, in: Mareike König/Oliver Schulz (Hrsg.): Antisemitismus im 19. Jahrhundert aus internationaler Perspektive/Nineteenth-Century Anti-Semitism in International Perspective, Göttingen 2019, S. 43.

[5] M. Dreyfus: L'antisémitisme à gauche, S. 372.

Im Anschluss an Edmund Silberner untersuchten Historiker wie Zeev Sternhell, Nancy L. Green, Michel Dreyfus und jüngst Oliver Schulz eingehend die antisemitischen Ressentiments der kleinbürgerlichen Sozialisten. Sie setzen die Ressentiments in ein Verhältnis zu den egalitären Traditionen im progressiven französischen Denken, die einer gesellschaftlichen Ausgrenzung der Juden entgegenstanden; ein Widerspruch, der sich in der ersten antisemitischen Affäre der Dritten Republik entlud: der Dreyfus-Affäre.

Mit einer Vielzahl von Zitaten lässt sich die Judenfeindschaft unter französischen Frühsozialisten belegen: Schon 1829 verband Charles Fourier in seiner Schrift *Le Nouveau monde industriel et societaire* das traditionelle Bild vom Juden als Gottesmörder mit dem des Nutznießers des Kapitalismus. Die Juden seien »eine völlig unproduktive, merkantile und patriarchalische Rasse«, die die »ohnehin schon unerträglichen Handelsbetrügereien noch zu verfeinern« gedachten.[6] Freiwillig würden sie ihre unproduktive Lebensweise nie aufgeben, und deshalb verdienten sie auch nicht die Emanzipation.

Wichtig ist hier neben der Erwähnung des Wuchers im Zusammenhang mit Juden die Charakterisierung des Handels als unproduktiver Tätigkeit. Der handeltreibende Jude lebe vom Geldverleih oder als Spekulant von der Arbeit Anderer. Als produktiver Gegenpol zur Welt der Spekulation wurden Landwirtschaft und Fabrikarbeit betrachtet. Demgegenüber war in der Verklärung und Idealisierung der Landwirtschaft ein grundlegender Aspekt antisemitischer Kapitalismuskritik enthalten. In diesem Zusammenhang, so betont Oliver Schulz »sind auch Vorstellungen von einer ›moralischen Ökonomie‹ von Bedeutung, die als Gegenpol zu einer ›abstrakten‹ kapitalistischen und marktorientierten Wirtschaft eingefordert wurde.«[7]

Auch der Fourier-Schüler Alphonse Toussenel bezog sich im ersten antisemitischen Bestseller des 19. Jahrhunderts, der 1845 publizierten Schrift *Les juifs, rois de l'époque* auf das Finanzgebaren der Juden an der Börse:

»Leider haben die Liberalen und die Philanthropen, die die Börse bevölkern, den Handel ehren und den Konkurs entschuldigen, die Lotterie als unmoralische Sitte und für das Volk schädlich geächtet. Sie finden es vollkommen legitim, dass ein Bankier, der auf die gleiche Weise wie der Lotteriespieler handelt, durch eine Börseninformation Gewinne von mehreren Millionen macht und dabei Hunderte Familien zerstört. Aber sie gestehen einem armen, vom Schicksal begünstigten französischen Arbeiter nicht zu, dass er in Österreich ein Schloss oder in

---

[6] Edmund Silberner: Sozialisten zur Judenfrage. Ein Beitrag zur Geschichte des Sozialismus vom Anfang des 19. Jahrhunderts bis 1914, Berlin [West] 1962, S. 19.

[7] Schulz: Der »jüdische Kapitalist«, S. 46. Zum Begriff der »moralischen Ökonomie« vgl. Edward P. Thompson: The Moral Economy of the English Crowd in the 18th Century, in: Past & Present, 50 (1971), Nr. 1, S. 76–136.

Paris ein Haus gewinnt, ohne jemanden zu zerstören. Alles für die Juden, alles von den Juden!«[8]

Der unverrückbare Charakter der Juden als ausbeuterisches, unproduktives Handelsvolk erkläre die Verfolgungen, denen sie ausgesetzt waren. Toussenel rechtfertigte diese damit, »dass Gott den Dienern seines Gesetzes das Monopol zur Ausbeutung des Erdballs gegeben hat, denn all diese Handelsvölker [worunter Toussenel in abgeschwächter Form auch die dem Calvinismus folgenden Holländer und Schweizer zählte; M. K.] legen in der Kunst der Erpressung des Menschengeschlechtes den gleichen religiösen Fanatismus an den Tag. So habe ich Verständnis für die Verfolgungen, denen die Römer, Christen und Mohammedaner die Juden aussetzten. Der allgemeine Widerwille, den der Jude so lange erregte, war nur die verdiente Strafe für seinen unerbittlichen Hochmut, und unsere Verachtung nur die gerechte Vergeltung des Hasses, den er gegen den Rest der Menschheit in sich zu tragen schien.«[9]

Noch weiter ging Pierre-Joseph Proudhon in seinem Judenhass. 1847 schrieb er, nachdem er Karl Marx in seinen Notizbüchern als »den Bandwurm des Sozialismus« bezeichnet hatte:

»Juden. Einen Artikel gegen diese Rasse zu schreiben, die alles vergiftet, indem sie sich überall festsetzt, ohne jemals mit irgendeinem Volk zu verschmelzen. Man muss ihre Vertreibung aus Frankreich verlangen, ausgenommen diejenigen, die mit Französinnen verheiratet sind; man muss den Kultus verbieten, denn der Jude ist der Feind der Menschheit, man muss diese Rasse nach Asien zurückschicken oder sie ausrotten.«[10]

Solche Äußerungen lassen sich zunächst, doch keineswegs allein durch Proudhons Bruch mit Marx im Jahr 1846 erklären. Dabei stand für Proudhon, dessen Erklärungen über die Religion, den Staat und die Demokratie von Widersprüchen übersät waren, im Gegensatz zu Toussenel der Antisemitismus nicht im Mittelpunkt seines Denkens. »Durch seinen Juden- und Ausländerhass, seinen Nationalismus und seine Frauenfeindlichkeit erscheint Proudhon dennoch als der Vater eines spezifisch französischen Sozialismus, in dem der Antisemitismus seinen Platz hat.«[11]

---

[8] Alphonse Toussenel: Les Juifs, rois de l'époque. Histoire de la féodalité financière, Paris 1845, Nachdruck 2018, S. 84. Zitat (in Französisch) auch bei Schulz: Der »jüdische Kapitalist«, S. 47.

[9] Toussenel: Les Juifs, rois de l'époque, S. 4f. Deutsch in: Silberner: Sozialisten zur Judenfrage, S. 30.

[10] F.-G. Dreyfus: Antisemitismus in der Dritten Französischen Republik, S. 233. Das französische Originalzitat findet sich bei Zeev Sternhell: La droite révolutionnaire, 1885–1914. Les origines françaises du Fascisme, Paris 1978, S. 187.

[11] M. Dreyfus: L'antisémitisme à gauche, S. 374.

Pierre Léroux bezeichnete die Gewinnsucht als besondere Form der jüdischen Kriegsführung gegen die übrige Menschheit. Der Bankier, der sich des Geldes der Arbeiter bemächtige, handle sinngemäß wie der Feudalherr des Mittelalters. Der Krieg mit militärischen Mitteln werde vom Wirtschaftskrieg abgelöst. »Auf den Feudalherrn, diesen Krieger und Zerstörer, ist der Jude gefolgt, der schlaue Ausbeuter: Krieg für Krieg, mit verschiedenen Waffen, ein jeder die seinen.«[12]

Die Gemeinsamkeiten zwischen linken und rechten Antisemiten wären Gegenstand einer eigenständigen Abhandlung. Hier sei nur darauf verwiesen, dass selbst Edouard Drumont als Feind der sozialistischen Arbeiterbewegung dieser die Waffe des Klassenkampfes durchaus zu entwinden suchte. In seinem zweibändigen Werk *La France juive* von 1886, das zum judenfeindlichen Bestseller der *Belle Époque* werden sollte, rief er nach einer Wiedergutmachung für das Unrecht, das die jüdischen Kapitalisten den französischen Arbeitern angetan hätten. Er forderte zum einen, dass die bisher in jüdischem Besitz befindlichen Fabriken den Arbeitern als Experiment der Selbstverwaltung übergeben werden sollten. Diese sollten das Management und die Finanzen in ihre eigenen Hände nehmen. Zum anderen schlug er eine Umverteilung der jüdischen Vermögen (»biens juifs confisques«) vor, die wie die in der Französischen Revolution nationalisierten Vermögen unter Staatsaufsicht gestellt werden sollten. Laut Drumont könnte somit das Proletariat »die produktivste Revolution der Neuzeit« durchführen.[13]

Die entscheidende Änderung hinsichtlich seiner Haltung zum Antisemitismus erfuhr der französische Sozialismus indes durch den Dreyfus-Prozess, der die Frage beantwortete, auf welcher Seite der Antisemitismus zu finden war: Judenfeindschaft, Chauvinismus und Antirepublikanismus wuchsen zueinander ergänzenden Komponenten einer fortschrittsfeindlichen Kampagne zusammen, die letztlich die legale Tätigkeit der Arbeiterbewegung bedrohte. »Die Affäre führte zwischen der nationalistischen, katholischen und pseudosozialistischen Rechten sowie der zunehmend antiklerikalen, antimilitärischen und internationalistischen Linken zum Bruch«, schrieb Robert S. Wistrich.[14]

---

[12] Pierre Léroux: Malthus et les économistes, Paris 1849, S. 23, zit.n. Silberner: Sozialisten zur Judenfrage, S. 48.

[13] Edouard Drumont: La France juive, Bd. 1, Paris 1886, S. 530, zit.n. Nancy L. Green: Socialist Anti-Semitism, Defense of a Bourgeois Jew and Discovery of the Jewish Proletariat. Changing Attitudes of French Socialists before 1914, in: International Review of Social History, 30 (1985), Nr. 3, S. 378.

[14] Robert S. Wistrich: French Socialism and the Dreyfus Affair, in: Wiener Library Bulletin, 28 (1975), Nr. 35/36, S. 18.

Sozialisten contra Antisemiten: Der Dreyfus-Prozess als Wendepunkt

Die Dreyfus-Affäre war seit ihrem Beginn 1894 in einer Reihe politischer Skandale der herausragendste und erschütterte tief das Gefüge der französischen Dritten Republik. Im Prozess und in der Verurteilung des jüdischen Generalstabsoffiziers Alfred Dreyfus als deutscher Spion, die auf falschen Anklagen beruhte, wandelte sich die ursprünglich antideutsche Stimmung rasch ins Antisemitische. Dreyfus wurde zu einer langjährigen Verbannung auf die Teufelsinseln vor der Küste von Französisch-Guayana verbannt. Erst Émile Zolas mutiger Artikel *J'accuse!* (Ich klage an!) vom Januar 1898, der seinen Autor zunächst zur Flucht aus Frankreich zwang, sorgte für einen allmählichen Wandel des öffentlichen Bewusstseins.[15] Im Juni 1899 begnadigte zwar die neue Regierung unter Premierminister Pierre Waldeck-Rousseau Dreyfus, doch hob erst im Juli 1906 das zivile Oberste Berufungsgericht das Urteil gegen Dreyfus auf und rehabilitierte ihn vollständig. Er wurde wieder in die Armee aufgenommen, zum Major befördert und zum Ritter der französischen Ehrenlegion ernannt.

Die französische sozialistische Bewegung war noch immer in mehrere Parteien gespalten. Die wichtigsten waren die marxistische Parti ouvrier français unter Jules Guesde (Guesdisten), die reformorientierte Fédération des travailleurs socialistes unter Paul Brousse (Possibilisten) und die vom Syndikalismus beeinflusste Parti ouvrier socialiste révolutionnaire unter Jean Paul Allemane (Allemanisten). Den Rivalitäten untereinander widmeten die Linken viel Aufmerksamkeit. Folglich trugen sie zunächst kaum Inhaltliches zur Debatte um den Dreyfus-Prozess bei.

Die Sozialisten schlossen sich der anfänglichen Hysterie nicht an, unterschätzten jedoch die politische Bedeutung der Affäre. Zwar bezeichnete Jules Guesde Zolas *J'accuse* als »die revolutionärste Tat des Jahrhunderts«, warnte aber wie die Blanquisten davor, »das Proletariat in einen Kampf zu verwickeln, der im Wesentlichen ein bürgerlicher Kampf« sei.[16] Auch ein Manifest der sozialistischen Parlamentariergruppe (das auch Jaurès trotz seiner Zweifel unterzeichnet hatte) lehnte noch im Januar 1898 eine eindeutige Parteinahme ab. Die Affäre sei eine bürgerliche Angelegenheit, dessen Teilnahme das Proletariat nur vom Klassenkampf ablenken würde. Auf der einen Seite dieses bürgerlichen Kampfes stünden die Klerikalen, die mit der Denunziation eines Juden alle Juden und mit ihnen alle Andersdenkenden, Protestanten oder Freidenker zu disqualifizieren suchten. Auf der anderen Seite stünden die jüdischen Kapitalisten, die sich noch immer nicht von den ver-

[15] Der am 13. Januar 1898 in der von Georges Clémenceau herausgegebenen Zeitschrift *L'Aurore* erschienene Artikel war nicht die erste, jedoch publikumswirksamste Stellungnahme Zolas zugunsten von Alfred Dreyfus. Hannah Arendt schrieb Clémenceau noch vor Zola die entscheidende Rolle in der Dreyfus-Affäre zu. Vgl. Hannah Arendt: Elemente und Ursprünge totaler Herrschaft [1955], München/Zürich 1986, S. 252f.

[16] Green: Socialist Anti-Semitism, S. 386.

schiedenen Finanzskandalen, wie dem Panama-Skandal, erholt hätten.[17] Ihr Engagement für Dreyfus sei vor allem von dem Wunsch getragen, in der Gestalt Dreyfus' alle Juden zu rehabilitieren, die sich irgendwelcher Machenschaften schuldig gemacht hätten. Allerdings distanzierte sich das Manifest von den Hetzreden eines Edouard Drumont, der ausschließlich Juden als Kapitalisten namhaft machte. Es hieß: »Wir Sozialisten machen keinen Unterschied zwischen jüdischem Kapitalismus und christlichem Kapitalismus. [...] Ruft euren dreifachen Kriegsschrei aus: Krieg gegen den jüdischen oder christlichen Kapitalismus, Krieg gegen den Klerikalismus, Krieg gegen die militärische Oligarchie!«[18]

Die Guesdisten unterstützten (wie die versprengten Anhänger Blanquis) das Januar-Manifest und arbeiteten Jean Jaurès' alsbaldigen Bemühungen zur Verteidigung Dreyfus' entgegen.[19] Diese werde die Arbeiter nur vom Klassenkampf ablenken. Das Ergebnis sei eine implizite Kollaboration mit (wenngleich fortschrittlichen) Teilen der Bourgeoisie. Im Juli 1898 gab Jules Guesdes Parti ouvrier français eine Erklärung ab, in der erneut die französischen Arbeiter aufgefordert wurden, nicht an »dieser Schlacht [teilzunehmen], die nicht die ihre ist«. Zwar sei es wichtig, die pseudodemokratische Propaganda der Antisemiten und insgesamt ihren wahren reaktionären Charakter zu entlarven, aber dies sollte die Sozialisten nicht von ihrem »eigentlichen Krieg« gegen die gesamte Bourgeoisie abhalten.[20]

Jean Jaurès, der unter allen Fraktionen der Sozialisten hohes Ansehen genoss und zur Integrationsfigur wurde, trat früh dem Antisemitismus entgegen. Er sah in diesem ein Bündnis »von Oberhaus und Sakristei« gegen den Sozialismus.[21] Obgleich er bemerkte, der Kapitalismus erlaube »dem Stamm Israel [...] unaufhörlich Millionbeträge zu machen«, fügte er hinzu: »Die wahren Juden sind jene, die die Ersparnisse zu beschneiden wissen, und in diesem Sinne gibt es Tausende von Christen, die Juden sind oder bereit sind, es zu werden.« Die Sozialisten müssten

---

[17] Der Panama-Skandal war eine Bestechungsaffäre im Zusammenhang mit dem Bau des Panama-Kanals, die 1892 von Edouard Drumonts antisemitischer Zeitung *La libre parole* aufgedeckt wurde. An der Angelegenheit und dem Versuch ihrer Vertuschung war eine Reihe von Personen jüdischer Herkunft beteiligt.

[18] Alexandre Zévaès: Histoire du socialisme et communisme en France de 1871 à 1947, Paris 1947, S. 282f.

[19] Die Anhänger des 1881 verstorbenen Louis-Auguste Blanqui glaubten, eine hochkonspirative Minderheit könne ohne Unterstützung der Mehrheit die soziale Revolution herbeiführen. Vgl. Frank Deppe: Verschwörung, Aufstand und Revolution. Blanqui und das Problem der sozialen Revolution, Frankfurt a. M. 1970.

[20] Zévaès: Histoire du socialisme, S. 286f.

[21] Jean Jaurès in: La Dépêche de Toulouse, 5. Februar 1890, zit.n. Wilson: Ideology and Experience, S. 357.

gegen jede Ausbeutung sein, nicht nur gegen die jüdische.[22] Der Antisemitismus sei ein »kapitalistischer Schwindel«.[23]

Mit seinem Engagement für Dreyfus gab Jaurès der Linken die Richtung an und »bekannte sich damit zur humanistischen Verpflichtung des Sozialismus«.[24] Die Possibilisten[25] schlossen sich ihm an und verteidigten Dreyfus. Jedes unterdrückte Individuum verdiene Gerechtigkeit. Die Allemanisten und die Anarchisten um Sebastien Faure hatten Dreyfus schon vor Zola unterstützt. Sie waren es, die am 17. Januar 1898 eine antisemitische Versammlung auflösten, die gegen Zolas Veröffentlichung protestierte.[26]

Am 30. August 1898 gestand Oberstleutnant Joseph Hubert Henry, die Dokumente gefälscht zu haben, die Dreyfus überführen sollten. Henry wurde verhaftet und am nächsten Tag tot in seiner Zelle aufgefunden; sein Selbstmord erschien wie ein Geständnis. Die Hauptfigur der Spionage-Affäre, der Geheimdienstoffizier Ferdinand Walsin-Esterházy, wurde zunächst freigesprochen. Im Juli 1899 gestand er schließlich seine Schuld. Er floh nach England, wo er den Rest seines Lebens verbrachte.

Die öffentliche Meinung änderte sich rasch zugunsten der Dreyfusards, während mehrere nationalistische und antisemitische Organisationen verstärkt mit physischer Gewalt gegen sie vorgingen. Nun wurden sich auch die Guesdisten und Blanquisten der Gefahr bewusst, die von den Anti-Dreyfus-Kräften ausging. Ihrem Verteidigungskomitee schlossen sich weitere sozialistische Parteien und Gruppen an. Sie verabschiedeten ein Manifest, das unter der Losung »Vive la république sociale!« alle republiktreuen Kräfte zur Einheit aufrief. »Noch nie«, beschwor Jean Jaurès die Sozialisten, »war die Republik in einer solchen Gefahr; lässt man den Generalen freie Hand, so gibt es bald keine Sozialisten und keine Republikaner mehr.«[27]

Jaurès hatte keinen Zweifel daran, dass die Arbeiterklasse zum ersten Opfer militärischer Gewalt werde und folglich am meisten an der Einhaltung der Gesetze interessiert sein müsse. »Der unschuldig Verurteilte ist«, schrieb Jaurès' deutscher Biograf Heinz Abosch, »weder Bourgeois noch Proletarier, er ist ein Opfer des Unrechts, dem man beistehen muss, ganz gleich, wer er auch sein mag.«[28] Der Sozia-

[22] Jaurès in: La Dépêche de Toulouse, 2. Juni 1890, zit.n. Silberner: Sozialisten zur Judenfrage, S. 86.

[23] Jaurès in: La Petite République, 7. Juni 1896, zit.n. ebd., S. 85. Vgl. zum Folgenden auch Goldberg: Jean Jaurès and the Jewish Question, S. 67–94.

[24] Madeleine Rébérioux: Geschichte des Sozialismus, Bd. V: Die sozialistischen Parteien Europas – Frankreich, Frankfurt a. M. 1974, S. 83.

[25] Possibilisten waren die Anhänger des Possibilismus, eine 1882 entstandene reformistische Richtung innerhalb des französischen Sozialismus. Diese strebte ausschließlich die als praktisch erreichbar geltenden sozialistischen Ziele an.

[26] Green: Socialist Anti-Semitism, S. 388.

[27] Zit. n. Zévaès: Histoire du socialisme, S. 264.

[28] Heinz Abosch: Jean Jaurès. Die vergebliche Hoffnung, München/Zürich 1986, S. 42.

lismus müsse, so Jaurès, mit humanen Prinzipien in Einklang stehen oder er verdiene seinen Namen nicht. Ein um das andere Mal zitierte Jaurès Immanuel Kant: »Wir haben den bestimmten Begriff der Sittlichkeit auf die Idee der Freiheit zuletzt zurückgeführt«; auf dieser Maxime müsse politisches Handeln beruhen.[29] Christina Morina betont in ihrer kenntnisreichen Analyse von Jaurès' Sozialismus-Verständnis, dass der französische Denker auch in seiner eindeutigen Parteinahme für die Unterdrückten nie die Zwänge vergaß, unter denen auch die Kapitalisten bei Strafe ihres ökonomischen Untergangs handeln mussten. Er suchte dem Handeln seiner Mitmenschen mit Empathie zu begegnen, »den endemischen Leidensdruck der ›Proletarier‹ ebenso wahrnehmend wie den systematischen Profitdruck der Unternehmer.«[30] Der Republikanismus war somit für ihn die politisch notwendige Form der Demokratie, deren Gestalt wechseln kann, deren Werte aber überzeitlich bleiben und auch der Unterstützung vonseiten der besitzenden Klasse bedürfen.

Die kapitalistische und bürgerliche Legalität bestehe indes aus zwei Teilen, so Jaurès in seinem wohl eindrucksvollsten Appell zur Verteidigung von Dreyfus (*Dokument 5*). »Es gibt eine ganze Reihe von Gesetzen, die die grundlegende Ungerechtigkeit unserer Gesellschaft schützen sollen; es gibt Gesetze, die das Privileg des kapitalistischen Eigentums, die Ausbeutung des Lohnempfängers durch den Besitzer festschreiben. Wir wollen diese Gesetze brechen und, wenn nötig, sogar mit Hilfe der Revolution die kapitalistische Legalität abschaffen, um eine neue Ordnung zu schaffen. Aber neben diesen Gesetzen des Privilegs und des Raubes, die von einer Klasse und für sie gemacht wurden, gibt es andere, die den armseligen Fortschritt der Menschheit zusammenfassen, die bescheidenen Garantien, die sie durch die lange Anstrengung der Jahrhunderte und die lange Folge von Revolutionen allmählich erobert hat.

Unter diesen Gesetzen ist dasjenige, das es nicht zulässt, dass ein Mensch, wer auch immer er sein mag, verurteilt wird, ohne mit ihm zu sprechen, vielleicht das Wichtigste. Im Gegensatz zu den Nationalisten, die alles, was das Kapital schützt, von der bürgerlichen Legalität fernhalten und alles, was den Menschen schützt, den Generälen überlassen wollen, wollen wir revolutionären Sozialisten in der heutigen Legalität den kapitalistischen Teil abschaffen und den menschlichen Teil retten. Wir verteidigen die gesetzlichen Garantien gegen die tapferen Richter, die sie brechen, so wie wir die republikanische Legalität notfalls gegen putschende Generäle verteidigen würden.«[31]

---

[29] Immanuel Kant: Grundlegung zur Metaphysik der Sitten (Taschenausgabe der Philosophischen Bibliothek bei Felix Meiner), 6. Aufl., Leipzig o. J., S. 77; vgl. Abosch: Jean Jaurès, S. 43.

[30] Christina Morina: Die Erfindung des Marxismus. Wie eine Idee die Welt eroberte, Berlin 2017, S. 192.

[31] Jean Jaurès: L'intérêt socialiste, in: Ders.: Les Preuves. L'affaire Dreyfus [1898], Paris 1981, S. 11f. und Dokument 5.

Fast zeitgleich mit der Begnadigung von Dreyfus im Juni 1899 gelang es Ministerpräsident Waldeck-Rousseau, Jaurès' Verbündeten Alexandre-Étienne Millerand als Handelsminister zum Eintritt in die Regierung zu bewegen. Dem Kabinett gehörte auch General Gaston de Galliffet an, der für das Blutbad an den Kommunarden 1871 die Hauptverantwortung getragen hatte und der die Verlängerung der Haft für Dreyfus forderte. Gerade wegen Galliffets Zugehörigkeit zur Regierung lehnten viele Sozialisten jede Zusammenarbeit mit diesem ab.

Jaurès' und Millerands Anhänger vertraten die Ansicht, wie Tony Judt schrieb, »dass es in Ermangelung einer bevorstehenden Revolution die Aufgabe der Sozialisten sei, sich auf jede erdenkliche Art und Weise für die Verbesserung der Lage ihrer sozialen Gruppe in der Gegenwart einzusetzen. Da die Sozialisten die republikanische Regierungsform akzeptierten und eine Wahl ins Parlament anstrebten, war die Weigerung, als Minister an einer linksgerichteten republikanischen Regierung teilzunehmen, unvernünftig und selbstschädigend.«[32] So setzte die Regierung Waldeck-Rousseau ein von Millerand entworfenes umfangreiches Programm von Arbeiterschutzgesetzen und Sozialreformen in Kraft. Jedoch musste Millerand den von ihm abgelehnten Bündnisvertrag mit dem zaristischen Russland, der Verkörperung der brutalsten Reaktion in Europa, mittragen. Die Konflikte innerhalb des französischen Sozialismus führten zur Neugruppierung ihrer Strömungen: Den Guesdisten, Blanquisten und dem linken Flügel der Allemanisten standen der rechte Flügel der Allemanisten und einige kleine Gruppierungen gegenüber, die statt dem Willen zur Revolution die Orientierung auf Sozialreformen vorzog und zu denen Jean Jaurès gehörte.

Insbesondere Jaurès begründete Millerands Regierungseintritt mit der Herstellung eines möglichst breiten Bündnisses gegen die antirepublikanische Rechte. In einer solchen Lage müssten Sozialisten jede mögliche Position besetzen, die ihnen zufiel. Rosa Luxemburg bezeichnete dieses Vorgehen als einen entscheidenden Fehler: Zwar sei die Gewinnung von Positionen in der Tat notwendig. Doch könnten Sozialisten, »ohne ihre Rolle zu verleugnen, nur in einem Falle in die bürgerliche Regierung eintreten: um sich ihrer gleichzeitig zu bemächtigen und die in die Regierung der herrschenden Arbeiterklasse zu verwandeln«. Davon könne jedoch in diesem Fall keine Rede sein.[33] Sehr klar sah Rosa Luxemburg die Gefahr, dass der Generalstab und mit ihm die gesamte Militärstruktur das instabile Gefüge der Republik überwölben und zum Einsturz bringen könnten: »In einer starken Monarchie naturgemäß bloß zu einem gehorsamen Werkzeug in den Händen der

---

[32] Tony Judt: Marxism and the French Left. Studies on Labour and Politics in France, 1830–1981 [1986], New York/London 2011, S. 116.

[33] Rosa Luxemburg: Eine taktische Frage, in: Leipziger Volkszeitung, Nr. 153, 6. Juli 1899, in: Dies.: Gesammelte Werke (im Folgenden GW), Bd. I/1, Berlin [DDR] 1970, S. 485. Dies war eine von mehreren Abhandlungen Rosa Luxemburgs, in denen sie ihre Position bekräftigte.

Exekutivgewalt reduziert«, habe die Armee »mit ihrem ausgesprochenen Kastengeist in einer parlamentarischen Republik mit einem alle Augenblick wechselnden Regierungszentrum aus Zivilisten [...] naturgemäß die Tendenz, zu einer unabhängigen, mit dem Staatsganzen nur lose zusammenhängenden Macht zu werden.«[34]

Das Problem der Regierungsbeteiligung von Sozialisten im bürgerlichen Staat blieb eine fortdauernde Kontroverse in der Arbeiterbewegung (die auf dem Internationalen Sozialisten-Kongress 1904 in Amsterdam zunächst, doch keineswegs endgültig abschlägig entschieden wurde). Dabei begrüßten Rosa Luxemburg und weitere Vertreter der Zweiten Internationale wie Karl Kautsky und G. W. Plechanow Jaurès' Kampf gegen den Antisemitismus.[35] Im Dezember 1899 verurteilte der Kongress der sozialistischen Organisationen Frankreichs, der einen wichtigen Schritt auf dem Weg zur (1905 realisierten) Einheit der französischen Sozialisten darstellte, den Antisemitismus und warnte die Arbeiter vor seinem reaktionären Wesen. »Der Kongress«, hielt eine Resolution fest, »prangert alle Nationalisten und Antisemiten an, und warnt die Arbeiter vor allen Kräften der Reaktion.«[36]

Nicht unerwähnt bleiben soll, dass die antisemitische Demagogie vom »ausbeuterischen Juden« erstmals auch die Aufmerksamkeit der Sozialisten auf die 1914 etwa 50.000 jüdischen Proletarier und Sub-Proletarier von Paris lenkte. Jene aus Osteuropa eingewanderten Parias unter den Parias, die, um die nackte Existenz ringend, keinerlei Möglichkeit der Assimilation besaßen, waren zum Hauptopfer antisemitischer Verleumdungskampagnen geworden. Ihnen sollten nach dem Willen der gleichen Antisemiten, die das »jüdische Kapital« und die »jüdischen Handlanger fremder Mächte« im Zusammenhang mit dem Dreyfus-Prozess angriffen, Bürgerrechte und Aufenthaltsgenehmigung entzogen werden.[37]

Diesen scharfen Kontroversen lag in der Substanz der Kampf um die Idee der französischen Nation zugrunde. Auf der einen Seite standen die Republikaner, die sich für eine strikte Trennung von Staat und Kirche einsetzten, auf der anderen Seite Traditionalisten und Monarchisten, die eine Rückbesinnung auf die katholischen Wurzeln Frankreichs propagierten und durch die Forderung nach Abkehr

---

[34] Rosa Luxemburg: Die sozialistische Krise in Frankreich, in: Die Neue Zeit, 19/I (1900/1901), S. 521, in: Dies.: GW, Bd. I/2, S. 19. »Der Verzicht des Staates, die Armee zu demokratisieren und sie der Zivilgewalt untertan zu machen, hatte eine höchst merkwürdige Konsequenz: sie stellte die Armee gleichsam außerhalb der Nation«, schrieb auch Hannah Arendt: Elemente und Ursprünge, S. 235.

[35] Vgl. Luxemburg: Die sozialistische Krise in Frankreich, S. 12–26; Karl Kautsky: Jaurès' Taktik und die deutsche Sozialdemokratie, in: Die Neue Zeit, 19/I (1899/1900), S. 516–525; Perepiska G. V. Plechanova i P. B. Aksel'roda [Briefwechsel Plechanow-Axelrod], Bd. 1, Moskau 1925, S. 190.

[36] Congrès général des organisations socialistes françaises (tenu à Paris, Decembre 3–8, 1899), Paris 1900, S. 399, zit.n. Green: Socialist Anti-Semitism, S. 389.

[37] Vgl. ebd., besonders S. 394–397.

vom Laizismus die Prinzipien der Republik infrage stellten:[38] »Die einen standen für wissenschaftliche Moderne, die anderen flüchteten sich vor der Unordnung des Fortschritts in die gefühlte Sicherheit der katholisch-französischen Identität.«[39]

Bürgerliche Republikaner und Sozialisten sahen die Republik als universalistische Heimstatt der französischen Nation, die allen Bürgern Freiheit und Gleichheit vor dem Gesetz gewähren sollte. Dies schloss die von der Französischen Revolution durchgesetzte Judenemanzipation ein. Das Nationenmodell der nationalistischen Rechten basierte hingegen auf kultureller und insbesondere ethnischer Identität, von der die Juden ausgeschlossen wurden. Die französischen Sozialisten aber waren, bei Strafe ihres eigenen Untergangs, der Idee einer Republik der Rechtsgleichheit verpflichtet. Dies trug entscheidend dazu bei, dass sie seit der Jahrhundertwende stärker als bisher gegen antijüdische Propaganda Stellung nahmen.

»L'affaire est morte, vive l'affaire«

»Die Affäre ist tot, es lebe die Affäre« – dieser in Umlauf gebrachte Ausspruch verwies auf den Wunsch vieler Juden, das Ende der Affäre würde die antisemitischen Verschwörungstheorien abklingen lassen und zum Verschwinden bringen.[40]

Vor der Dreyfus-Affäre befanden sich die Juden, schrieb Hannah Arendt, im Prozess der »atomisierenden Assimilation« mit der Folge einer Entpolitisierung.[41] Die scheinbar in die bürgerliche Gesellschaft integrierten Juden hätten die Gefahr der Diskriminierung unterschätzt. Sie hätten sich von ostjüdischen nichtassimilierten Arbeitern ebenso distanziert wie die nichtjüdische Gesellschaft von ihnen selbst. Diese Juden verstanden, so Arendt, nicht, was für alle Juden mit der Affäre auf dem Spiel stand. Dies sei der Grund gewesen, warum es unter französischen Juden so wenig Unterstützung für Alfred Dreyfus gab.

Zu den jüdischen Dreyfusards der ersten Stunde gehörte Bernard Lazare, dessen 1896 veröffentlichte Verteidigungsschrift *Une erreur judiciaire: La vérité sur l'affaire Dreyfus* (Ein Justizirrtum: Die Wahrheit über die Affäre Dreyfus) jedoch ohne Wirkung blieb. Wie Theodor Herzl zog auch Lazare in Konsequenz des Prozesses den Schluss, die Assimilation der Juden sei gescheitert oder im Schei-

---

[38] Durch ihre Spaltung in Legitimisten (Anhänger des 1789 gestürzten Regimes), Orléanisten (Anhänger des liberalen »Bürgerkönigs« Louis-Philippe) und Bonapartisten (Anhänger Napoleons III.) schwächte sich das monarchistische Lager jedoch selbst.

[39] Boris Breun: La parole et l'acte: Jean Jaurès und der Dreyfus-Prozess. Gedanken zum 150. Geburtstag des französischen Sozialisten Jean Jaurès, in: Das Freischüßler, Ausgabe 17 (2009), S. 31.

[40] Eckhardt Fuchs/Günther Fuchs: »J'accuse!«. Zur Affäre Dreyfus, Mainz 1994, S. 141.

[41] Arendt: Elemente und Ursprünge, S. 267.

tern begriffen. Die Assimilation untergrabe die jüdische Solidarität, schrieb er im April 1901:

»Wie in allen Ländern, in denen die Juden emanzipiert wurden, haben sie die Solidarität, die unter ihnen bestand, freiwillig zerbrochen, [...] so dass, wenn sich auch nur drei Dutzend von ihnen fanden, um einen ihrer Märtyrerbrüder zu verteidigen, Tausende gefunden worden wären, um zusammen mit den treuesten Verfechtern ihres Vaterlandes um die Teufelsinsel Wache zu halten.«[42]

Folglich wandte sich Bernard Lazare, wenngleich nur zeitweise, dem Zionismus zu. Der vom Anarchismus beeinflusste Lazare unterstützte zwar die Idee einer jüdischen Heimstatt in Palästina, doch sollte diese keine staatliche Form annehmen. Gegen Ende seines kurzen Lebens – er starb 1903 erst 38-jährig – stand er sozialistischen Ideen nahe, ohne einer Partei beigetreten zu sein.

Der Sozialist und spätere französische Ministerpräsident Léon Blum schrieb über das Ende der Affäre 1935: »So war also unsere eigentliche Aufgabe vollbracht, und der Dreyfusard wurde wieder ein gewöhnlicher Mensch. Wir begannen wieder wie alle Welt zu leben, so, wie wir früher gelebt hatten, stets für die Sache begeistert, wohl wahr, stets voller Überzeugung, aber nicht mehr völlig versunken, verwunschen – wir fanden in uns wieder Raum für die eigenen Interessen, die Sorgen, die Gewohnheitsgefühle der Alltagsexistenz.«[43]

Die Dreyfus-Affäre führte zur Geburt des politischen Intellektuellen im Zeitalter der Massenmedien. Der Terminus war zunächst, wie wir bereits wissen, abschätzig gemeint, beruhte er doch auf Vernunft und der Fähigkeit zur Kritik und Selbstkritik. Seine Gegner erhoben Nationalismus und Rassismus zu den Grundlagen ihres Handelns. Es bedurfte des Ersten Weltkrieges, um ihre politischen Prinzipien – Antisemitismus, Demokratiefeindschaft und Sozialistenhass – zu einer tragfähigen Ideologie zusammenzuführen: dem Faschismus.

Die Hoffnung auf Sicherheit sollte sich auch im klassischen Land der Menschenrechte für die Juden als Trugbild erweisen. Nachdem Édouard Drumonts Buch *La France juive* sich zum Bestseller entwickelt hatte, gründete sein Autor 1890 die Ligue nationale antisémitique de France als erste Organisation ihrer Art. Nicht nur der Terminus des Antisemitismus, sondern auch sein verschwörungstheoretischer Geist fiel auf fruchtbaren Boden. Im Zuge der Dreyfus-Affäre entstanden 1898 mit der Ligue des Patriotes und der Action française unter Charles Maurras zwei weitere antisemitische Massenorganisationen, deren Hetze fortan zur »politischen Landschaft Frankreichs« gehören sollte.[44] Doch überlebte der

---

[42] L'echo sioniste, Nr. XI (April 1901), S. 152, zit.n. Robert S. Wistrich: Revolutionary Jews from Marx to Trotsky, London 1976, S. 146.

[43] Léon Blum: Beschwörung der Schatten. Die Affäre Dreyfus, Berlin 2005, S. 94.

[44] Victor Karády: Gewalterfahrung und Utopie. Juden in der europäischen Moderne, übers. von Judith Klein, Frankfurt a. M. 1999, S. 222.

Antisemitismus in Frankreich wie im deutschsprachigen Mitteleuropa nicht nur in den rechtsradikalen Bewegungen, die ihn als ihren Daseinszweck auf die Fahne geschrieben hatten. Auch in konservativen Kreisen war Antisemitismus weitverbreitet. Allerdings wurde dieser nach außen hin gemäßigter geäußert, zum Beispiel ohne die besessene Rhetorik der Anti-Dreyfusards.

Als kultureller Code blieb der Antisemitismus in Frankreich präsent und schuf eine Atmosphäre, die ab 1940 zur Grundlage wie zur moralischen Rechtfertigung weitgehender Kollaboration mit den deutschen Besatzern wurde. Die Action française sollte über Jahrzehnte hinweg der wichtigste Zusammenschluss der französischen Judenfeinde bleiben und dem Vichy-Regime als ideologische Basis dienen – obwohl sich einige ihrer Mitglieder der Résistance anschlossen, während ehemalige Dreyfusards zu Kollaborateuren der Nazis wurden.[45]

Nach der Erfahrung von Auschwitz musste Hannah Arendt gestehen, dass die Affäre um den Hauptmann Dreyfus aller Welt bewiesen hatte, »dass in jedem jüdischen Baron, in jedem jüdischen Multimillionär, in jedem jüdischen Nationalisten noch ein Stück von jenem Paria steckte, für welchen die Menschenrechte nicht existierten, den die Gesellschaft außerhalb des Gesetzes zu sehen wünschte. Für niemanden war das so schwer einzusehen wie für die emanzipierten Juden selbst, welche seit hundert Jahren die Gleichberechtigung zu einem Glaubensartikel gemacht hatten, gerade weil sie an der politischen Entwicklung der Völker wenig Anteil hatten nehmen können.«[46]

[45] Vgl. hierzu ausführlich Simon Epstein: Les dreyfusards sous l'Occupation, Paris 2001.
[46] Arendt: Elemente und Ursprünge, S. 202.

Kapitel 8
Jingoismus und Antisemitismus: Die britische Arbeiterbewegung bis 1914

Die Geschichte der Juden im Vereinigten Königreich war seit dem 19. Jahrhundert eine Geschichte ihres wirtschaftlichen Aufstiegs und folgender gesellschaftlicher Ehrungen: 1837 wurde Moses Haim Montefiore von Königin Victoria zum Ritter geschlagen, vier Jahre später Isaac Lyon Goldsmid zum Baron ernannt. Dieser war der erste Jude, der einen erblichen Adelstitel erhielt. Der erste jüdische Oberbürgermeister von London, Sir David Salomons, wurde 1855 gewählt, und 1858 folgte die gesetzliche Emanzipation der Juden. Im gleichen Jahr wurde Lionel de Rothschild in das britische Unterhaus gewählt; vor ihm war Benjamin Disraeli als getaufter Christ jüdischer Herkunft bereits Abgeordneter.

Im Jahr 1868 wurde Disraeli Premierminister, nachdem er zuvor Finanzminister gewesen war. 1884 wurde Nathan Mayer Rothschild, First Baron Rothschild, als erster ungetaufter Jude Mitglied des britischen Oberhauses; vor ihm war Disraeli bereits Mitglied.

Im Jahr 1882 lebten rund 45.000 Juden in Großbritannien. Die massiven Pogromwellen im Russischen Reich ließ ihre Anzahl bis auf beinahe 300.000 ansteigen. Diese zunächst oft besitzlosen Flüchtlinge siedelten sich in den Arbeiterbezirken von London (Spitalfields und Whitechapel) und anderen Großstädten an. Im Londoner East End lebte rund ein Viertel aller britischen Juden.[1]

Jüdische Emanzipation und sozialistischer Antisemitismus

An den Anfängen der britischen Arbeiterbewegung unter Robert Owen und den Chartisten waren Juden nicht beteiligt, und ebenso wenig an den ersten Gewerkschaften. Am 20. März 1876 gründeten die aus dem Zarenreich geflüchteten Aaron Liberman und Lazar Goldenberg mit der Hebrew Socialist Union im East End die erste jüdische Arbeiterorganisation. Libermans Aufruf vom Juli 1876 beschwor die Aktionseinheit von Juden und Nichtjuden (*Dokument 2*): »Die Menschenverbrüderung kennt keine Einteilung nach Völkern und Stämmen, sie kennt nur nützliche Arbeiter und verderbenbringende Ausbeuter. Gegen diese soll das arbeitende Volk den Kampf beginnen.«[2]

---

[1] Vgl. als guten Überblick Todd M. Endelman: The Jews of Britain, 1656–2000, Berkeley 2002, besonders S. 127–182.

[2] Elie Paretzki: Die Entstehung der jüdischen Arbeiterbewegung in Russland, Riga 1932 (Nachdruck Zandvoort 1971), S. 32, und Dokument 2.

Vier Jahre später beging Liberman, der sich damals in den USA aufhielt, in Syracuse im Staat New York wegen einer unerfüllt gebliebenen Liebe Selbstmord – nur kurz bevor die britische Arbeiterbewegung einen bemerkenswerten Aufschwung erlebte: 1881 gründete sich die Social Democratic Federation (SDF), von der sich drei Jahre später die radikalere Socialist League abspaltete. Beide Parteien entstanden während des New Unionism – ohne die Serie von Neugründungen britischer Gewerkschaften hätte der Londoner Dockarbeiterstreik von 1889 als erster seiner Art nicht zu einem Teilerfolg und bedeutenden Verbesserungen für die beteiligten Arbeiter geführt.[3] Ein direktes Resultat des New Unionism war 1893 die Gründung der Independent Labour Party.[4]

»Wenn die zugewanderte jüdische Bevölkerung hoffte, einen sicheren Hafen gefunden zu haben, in dem sie sich ein Leben ohne die Bedrohung durch den Antisemitismus aufbauen könnte, sollte sie schwer enttäuscht werden«, schrieb der Historiker Satnam Virdee. »Was sie stattdessen vorfand, war kein Zufluchtsort vor solcher Verfolgung, sondern eine auf die englischen Verhältnisse zugeschnittene Form des Antisemitismus.«[5]

Die Reaktion von Teilen der nichtjüdischen Bevölkerung auf die jüdische Zuwanderung im Londoner East End war von Anfang an feindselig, sodass die Polizei zur Einrichtung von Sperrzonen gezwungen war, die Juden nur auf eigene Gefahr hin betreten konnten. Der aus Litauen stammende Morris Winchewsky, der Herausgeber von *Poilishe Yidl*, der ersten sozialistischen Zeitschrift in jiddischer Sprache in Großbritannien, schilderte diesen Hass:

»Geh an einem beliebigen Sabbatnachmittag nach Whitechapel und stell dich für ein paar Augenblicke in eine Türöffnung, wo einige englische Arbeiter mit ihren Pfeifen im Mund sitzen, und du wirst jedes Mal, wenn ein Jude vorbeigeht, den liebevollen Ruf hören: Drecksjude! Ist das ein Zeichen von Liebe?« Ein Geruch von Gewalt lag in der Luft, und Winchewsky fürchtete: »Schau in die Augen der vorbeigehenden Engländer – kannst Du nicht den Blick erkennen, der schon halb auf ein Pogrom hindeutet? Ein Pogrom?... Ein Pogrom in der Brick Lane, an der Kreuzung zur Commercial Road kann eine blutigere und schrecklichere Angelegenheit sein als eines im Baltikum.«[6]

---

[3] Die genaueste Darstellung – noch dazu in deutscher Sprache – ist noch immer Hans Piazza: Der Londoner Dockarbeiterstreik von 1889. Ein Beitrag zur Geschichte der sozialistischen Bewegung und des Neuen Unionismus in England, Phil. Diss., Leipzig 1963.

[4] Vgl. John Howell: British Workers and the Independent Labour Party, 1888–1906, Manchester 1983.

[5] Satnam Virdee: Socialist antisemitism and it discontents in England, 1884–98, in: Patterns of Prejudice, 51 (2017), Nr. 3/4, S. 356–373, hier S. 360.

[6] Zit.n. William J. Fishman: East End Jewish Radicals, 1875–1914 [1975], Nottingham 2004, S. 90f.

Juden verrichteten oft die körperlich schwersten Arbeiten und erhielten einen niedrigeren Lohn als Briten. Deshalb wurden sie als Lohndrücker bezeichnet. Der Trade Union Congress 1888 riet seinen Mitgliedern, ein wachsames Auge auf die eingewanderten jüdischen Arbeiter zu werfen. Sie galten weniger als Klassengenossen, sondern vielmehr als Eindringlinge, mit denen man nichts zu tun haben wollte.[7]

Parallel zu diesen Ressentiments existierte ein Weiteres: Das Bild des Juden als dem kapitalistischen Ausbeuter par excellence, dessen internationale Verbindungen kaum durchschaubar und jedenfalls der Sache des englischen Arbeiters schädlich seien. Besonders Henry Hyndman, der Gründer der SDF, machte sich zum Sprachrohr solcher Auffassungen. Er sah den kapitalistischen Juden in fast dämonischen Begriffen im Zentrum einer »finsteren ›goldenen Internationale‹, die eines Tages in einen tödlichen Konflikt mit der ›roten Internationale‹ des Sozialismus« geraten werde. Hyndman und seine engsten Mitarbeiter identifizierten die Juden konsequent mit der Herrschaft des Geldes.[8]

In seinem Judenhass ging Hyndman so weit, dass er seine sozialistische Mitstreiterin Eleanor Aveling, Marx' Tochter, antisemitisch angriff. Sie habe »in Nase und Mund den jüdischen Typus von Karl Marx selbst geerbt.«[9] Dies war einer der Gründe, weshalb Eleanor Aveling mit der SDF brach und sich der Socialist League anschloss, der einzigen Arbeiterorganisation, die Verständnis für die Interessen der Juden zeigte. Anders als ihr Vater verbarg sie ihre jüdische Herkunft nie. Von Friedrich Engels ermutigt, besuchte sie oft die jüdischen Arbeiter im Londoner East End und sprach auf deren Versammlungen. Auf eine Einladung, wie bereits erwähnt, im Klub der jüdischen Arbeiter aufzutreten, antwortete sie in einem Brief vom 21. Oktober 1890: »Ich freue mich sehr, auf der Versammlung am 1. Dezember zu sprechen, und dies umso mehr, weil mein Vater Jude war« – eine Bemerkung, die Marx, wäre er noch am Leben gewesen, sicher nicht gebilligt hätte.[10] In einem Brief an Wilhelm Liebknecht vom 1. Januar 1885 bezeichnete sie Hyndman und seine Anhänger als »The Jingo Party.«[11]

Antisemitismus war in der britischen sozialistischen Presse vor dem Zweiten Burenkrieg (oder dem Südafrikanischen Krieg) von 1899 bis 1902 so gut wie gar nicht Thema. Die Dreyfus-Affäre wurde zwar zum Teil in einer antisemitischen Sprache kommentiert, doch stieß dies auch auf deutlichen Widerspruch.[12]

---

[7] Vgl. Virdee: Socialist antisemitism, S. 361.

[8] Zit.n. Claire Hirshfield: The British left and the »Jewish conspiracy«: a case study of modern antisemitism, in: Jewish Social Studies, 43 (1981), Nr. 2, 1981, S. 97; so auch zit. in: Virdee: Socialist antisemitism, S. 362.

[9] Virdee: Socialist antisemitism, S. 363.

[10] Rachel Holmes: Eleanor Marx. A Life, London 2014, S. 354.

[11] Ebd., S. 223.

[12] Vgl. Bill Baker: The Social Democratic Federation and the Boer War, London 1974, S. 5.

Jingoismus und Antisemitismus im Zweiten Burenkrieg

Der Ursprung des Begriffs Jingoismus (*Jingoism*) ist unklar. Die Formulierung »by Jingo« war ein kaum schriftlich belegter Schwur, der anstelle von »by Jesus« verwendet und durch ein Lied popularisiert wurde. In diesem wird sich gegen die (gescheiterte) russische Einnahme von Konstantinopel im Russisch-Türkischen Krieg 1877/78 gewendet.[13] Der Begriff Jingoismus als politische Bezeichnung geht auf den prominenten britischen Radikalen George Holyoake, Aktivist der englischen Freidenker-Bewegung, zurück, welcher in einem Brief an die *Daily News* vom 13. März 1878 verwendet wurde. Mit Jingoismus wird eine Geisteshaltung bezeichnet, die sich in einem mit Säbelrasseln verbundenen Chauvinismus ausdrückt und die etwa dem preußisch-deutschen Hurra-Patriotismus entsprach.[14]

Jene Haltung zeigte sich besonders deutlich im Zweiten Burenkrieg 1899–1902 im Oranje-Freistaat und der Südafrikanischen Republik. In diesem erhielten die Briten eine starke Unterstützung durch die nichtweiße Bevölkerung, wohingegen die Buren diesen Teil der Bevölkerung in der Gefangenschaft grausam behandelten. Die Briten richteten ihrerseits Konzentrationslager für die Buren ein – nach denen im spanisch-amerikanischen Krieg 1898 waren dies weltweit die ersten ihrer Art.[15] Während ein Teil der Bevölkerung – darunter viele Arbeiter – vom Jingoismus erfasst wurde, idealisierte ein anderer die Buren als Freiheitskämpfer und verurteilte den imperialistischen Raubkrieg.

Der Engländer John A. Hobson, prominenter Kritiker des Imperialismus (aber nicht frei von Antisemitismus),[16] führte aus, weshalb sich seiner Meinung nach etliche Arbeiter beim Besuch von Vergnügungsstätten mit einer gehörigen Dosis an Jingiosmus infizieren würden. »Für große Teile der Mittelschicht und der arbeitenden Klassen sind das Varieté und die neugestaltete Kneipe, in die es in unmerklichen Abstufungen übergeht, ein stärkerer Erzieher als die Kirche, die Schule, die politische Versammlung oder sogar als die Presse. Durch Gesang oder Gedichte vermittelt der Künstler dem leichtlebigen Teil der städtischen Bevölkerung grobe Vorstellungen über Moral und Politik und appelliert durch vulgären Humor oder

[13] Der Refrain des von George William Hunt geschriebenen und von Gilbert Hastings MacDermott in den Pubs popularisierten Liedes lautet: »We don't want to fight but by Jingo if we do / We've got the ships, we've got the men, we've got the money too / We've fought the Bear before, and while we're Britons true / The Russians shall not have Constantinople!«

[14] Vgl. Adolf Josef Storfer: Wörter und ihre Schicksale [1935], Wiesbaden 1981, S. 211f.

[15] Vor der Arbeiterbewegung waren es die liberalen Politiker sowie späteren Premierminister Henry Campbell-Bannermann und David Lloyd George, die die Konzentrationslager als barbarisch brandmarkten. Vgl. Andrzej Kaminski: Konzentrationslager 1896 bis heute. Geschichte, Funktion, Typologie, München/Zürich 1990, S. 36.

[16] Vgl. Harvey Mitchell: Hobson Revisited, in: Journal of the History of Ideas, 26 (1955), Nr. 3, S. 397–416.

übertriebenes Pathos an die animalischen Gelüste eines durch Alkohol zu anerkennender Heiterkeit angeregten Publikums.«[17]

Demgegenüber propagierte die britische Arbeiterbewegung Moralvorstellungen, bei denen sich christlicher Glaube mit Abscheu vor oberflächlichen Vergnügungen und einem oftmals militanten Abstinenzlertum verbanden. Diesen Auffassungen folgend betrachtete Hobson das Leben in der Industriestadt als prinzipiell schädlich für die geistig-moralische Entwicklung der Arbeiter. »Das Gedränge großer Massen von Arbeitern in industriellen, durch mechanische Routine geregelten Betrieben, eine noch schädlichere Überlastung im häuslichen Leben, die ständigen Reibungsflächen, die der oberflächliche Kontakt bei der Arbeit oder in der Freizeit mit einer großen Zahl von Personen, die der gleichen Umgebung unterworfen sind, mit sich bringt – diese Bedingungen sind geeignet, unabhängige Charaktere zu zerstören oder zu beeinträchtigen, ohne dass stattdessen ein gesundes, vernünftiges Gemeinschaftsgefühl aufkommt, wie es in einer Stadt entstehen kann, die in erster Linie für ein gutes Leben und nicht für billige Arbeit gedacht ist.«[18]

»Solche Vorstellungen von Manipulation, Beeinflussung und Unterwanderung«, schreibt der Historiker Jörn Wegner, »wirken stark auf die Entwicklung rassistischer, insbesondere antisemitischer, Ideologien ein, lassen sie doch ausreichend Spielraum für klassische antisemitische Klischees. In Bezug auf das oft verklärte Bild der Buren spielten solche Idealvorstellungen einer ›sauberen‹, eher ländlichen Lebensweise eine gewisse Rolle. Das Verhältnis von Kapital und Arbeit wurde in diesen Kategorien schnell romantisiert und der Minenbesitzer, der seinen Gewinn durch die Beschäftigung von Lohnarbeitern erzielte, zum Gegenpart der Buren als ehrlich arbeitenden, einfachen und ›unverdorbenen‹ Bauern.«[19]

Nimmt man dies zum Nennwert, war es nicht weit bis zur Klischeevorstellung, wonach die Buren Fleiß, Sesshaftigkeit und Anstand verkörperten, wohingegen die Juden für städtische Entwurzelung, Ausbeutung und die Übel des Kapitalismus standen, wie der Gewerkschafter John Burns betonte.[20] Doch die Kriegsbegeisterung der britischen Arbeiter war begrenzt und der Jingoismus wurde weit mehr von bürgerlichen Kreisen getragen.[21] Unter den Arbeitern überwog die Kriegs-

[17] John A. Hobson: The Psychology of Jingoism, London 1901, S. 3.

[18] Ebd., S. 6f.

[19] Jörn Wegner: »Free-born Englishmen« und »Jew financiers«. Antisemitismus in der britischen Arbeiterbewegung während des zweiten Burenkrieges, in: Jahrbuch für Forschungen zur Geschichte der Arbeiterbewegung, 11 (2012), Nr. 3, S. 27; Vgl. auch ders.: Die Kriegs- und die Kolonialfrage in der britischen und deutschen Arbeiterbewegung im Vergleich 1899–1914, Berlin 2014, S. 125–136.

[20] Vgl. Susanne Terwey: Moderner Antisemitismus in Großbritannien, 1899–1919. Über die Funktion von Vorurteilen sowie Einwanderung und nationale Identität, Würzburg 2006, S. 50.

[21] Dies zeigte, hier Hobson korrigierend, Richard Price: An Imperial War and the British Working Class, London 1972.

gegnerschaft, die von den Jingoisten mit dem Begriff »pro Boer« belegt wurde. Dies betraf aber nicht nur diejenigen auf der Seite der Buren, sondern so wurden auch jene abwertend bezeichnet, die den Krieg generell ablehnten.[22]

Einmal mehr exponierte sich Henry Hyndman mit antisemitischer Agitation: Seine 16-seitige Broschüre *The Transvaal War and the Degradation of England* erschien auch in der Parteizeitung *Justice*. Darin machte Hyndman grundsätzlich die Juden als Kriegsverursacher aus, wobei er historische Rückgriffe bemühte: Der Krieg zwischen Frankreich und Mexiko, der der Invasion Napoleons III. 1861 folgte, sei durch Juden und Börsenhändler ausgelöst worden, unter deren Einfluss der französische Kaiser gestanden habe. Auch Großbritannien habe grundsätzlich eine Friedenspolitik verfolgt, und Königin Victoria sei immer gegen den Krieg in Südafrika gewesen. Der Einfluss der Juden wäre aber so groß, dass sie gegen den Willen von Staat und Königshaus einen Krieg anzetteln konnten. Hyndman berief sich auf den nachwirkenden Einfluss des 1881 gestorbenen früheren Premieministers Benjamin Disraeli beziehungsweise, dessen Anhänger nicht nur Cecil Rhodes, Premierminister der Kapkolonie, sondern auch Alfred Milner, Gouverneur der Kapkolonie, gesteuert hätten.[23]

In späteren Äußerungen machte Hyndman Juden als die ersten Profiteure des Krieges aus, und die Entscheidungen über Krieg und Frieden würden hauptsächlich in New Court, dem Firmensitz der Rothschild-Bank, getroffen.[24]

Theodore Rothstein, der aus Litauen nach England gekommen und der SDF beigetreten war, protestierte in einem Brief an Hyndman heftig gegen »die Schlammbrühe des Antisemitismus«, der sich über *Justice* ergossen habe. Hyndman erwiderte, jüdische Kapitalisten seien »an entscheidender Stelle in diese ruchlosen Geschäftsgebaren verwickelt, und vor allem die jüdischen Revolverblätter haben den jingoistischen Mob aufgestachelt«.[25] In einem Leserbrief, den *Justice* am 21. Oktober 1899 veröffentlichte, bedauerte Rothstein die »taktlose« Haltung des Blattes, die die sozialistische Propaganda unter den Juden erschwere.[26]

Ernest Belfort Bax, nach einem Intermezzo bei der Socialist League zur SDF zurückgekehrt, griff in diese Debatte mit einem zweiteiligen Aufsatz ein, der am 28. Oktober und 4. November 1899 in *Justice* erschien. »Das schändliche und heimtückische Verbrechen, das England jetzt in Südafrika begeht«, so Bax, »wird von einigen unserer Freunde auf das bösartige Wirken des jüdischen Finanziers zu-

---

[22] Vgl. Wegner: »Free-born Englishmen«, S. 30.

[23] Vgl. die Zusammenfassung der mir nicht vorliegenden Broschüre ebd., S. 31f; vgl. auch Baker: The Social Democratic Federation, S. 6.

[24] Vgl. Terwey: Moderner Antisemitismus in Großbritannien, S. 46.

[25] Beide Zitate in: Gregory Claeys: Imperial Sceptics. British Critics of the Empire, 1850–1920, Cambridge 2010, S. 154.

[26] Edmund Silberner: Sozialisten zur Judenfrage. Ein Beitrag zur Geschichte des Sozialismus vom Anfang des 19. Jahrhunderts bis 1914, Berlin [West] 1962, S. 264f.

rückgeführt – nicht des Kapitalisten im Allgemeinen, nicht einmal des Finanzkapitalisten im Besonderen, sondern des Finanzjuden *als Juden*. Die Tatsache, dass es hier um den Juden geht, ist nicht zu übersehen, denn sonst wäre der Hinweis auf die Rasse völlig bedeutungslos.«[27]

Zwar seien auch Juden am Landraub in Südafrika beteiligt gewesen, doch sei ihre Zahl im Vergleich zu nichtjüdischen Goldspekulanten bedeutungslos. »Sind Chamberlain, Milner, Rhodes, Lennard, Hammond, der Duke of Fife, Earl Grey, Macguire, Robinson, Jameson, Juden? – Nein, wird man wohl antworten, aber die betreffenden arglosen Unschuldigen sind nur die ›Werkzeuge‹ des bösen Juden! Aber was ist ein Werkzeug im menschlichen Sinne? Sicherlich eine schwache Person, die, ohne sich dessen bewusst zu sein, was sie tut, von einer stärkeren Person an der Nase herumgeführt wird.« Eine solche Denkweise sei so lächerlich wie gefährlich. »Ich stimme unserem Freund Rothstein von ganzem Herzen zu, dass dieses Heulen nach der Leber des Finanzjuden, das ihn sozusagen aus der Kategorie des Kapitalisten oder sogar des Finanziers im Allgemeinen heraushebt und ihn einer besonderen Verunglimpfung unterzieht, eine Schande für unsere Bewegung ist; in der Tat, wenn es noch länger andauert, wäre ich bereit, einen klassischen Ausdruck Rothsteins zu entlehnen und zu sagen, dass es ein ›unauslöschliches Brandmal‹ auf dem englischen Sozialismus darstellt.«

Nicht der Jude, sondern der Brite bleibe »mit all der Schande und dem ›Ruhm‹, mit all seinen Schikanen, mit seinen heimtückischen Übergriffen auf schwache und wehrlose Völker zurück; auch mit seinen kriecherischen Zugeständnissen, wann immer eine große europäische Macht einen Schritt macht.« Der lange in Deutschland lebende Bax hoffte, dass »die arbeitende Bevölkerung eines sozialdemokratischen Englands« und dann die gesamte Bevölkerung des Landes die Chance »des Verkehrs mit den Völkern anderer Länder haben [werde], die den Patriotismus an den Wurzeln verdorren lassen wird.«[28]

Ein anonymer, wohl redaktionell verantworteter Artikel zum Thema erschien am 17. Februar 1900 in *Justice*. In diesem wurden die antisemitischen Ausfälle gerechtfertigt. Unter der Überschrift »These Are Your Gods, Oh Israel!« wurden »dunkle Mächte« ausgemacht, die die Regierung kontrollieren würden. Diese imaginäre Gruppe reicher Finanzkapitalisten verfüge über die wahre Kontrolle von Krieg und Frieden, würde sich zudem Geliebte halten – dies sollte in der Leserschaft nicht nur politisch, sondern auch moralisch Abscheu erregen.[29] Ein Flugblatt der SDF über »The Workers and the War« zeigte die Buren als ehrliche, hart

[27] Ernest Belfort Bax: Jews, Boers and Patriots, in: Justice, 28. Oktober 1900, S. 6; Hervorhebung im Original; online unter: www.marxists.org/archive/bax/1899/10/jewsboers.htm (zuletzt 31.3.2022). Hiernach die folgenden Zitate.

[28] Ernest Belfort Bax: Jews, Boers and Patriots – II, in: Justice, 4. November 1900, S. 6; online unter: www.marxists.org/archive/bax/1899/11/jewsboers.htm (zuletzt 20.3.2022).

[29] Vgl. Wegner: »Free-born Englishmen«, S. 32.

arbeitende Landwirte, denen – unter Aufzählung mehrerer jüdischer Namen – das internationale Finanzkapital gegenübergestellt wurde.[30] Im August 1900 verabschiedete die Jahreskonferenz der SDF einen Beschluss, der alle antisemitischen Unterstützungen in der Organisation und im Parteiblatt *Justice* verurteilte.[31] Dies brachte die Judenhetze zum Abklingen.

Doch auch die Independent Labour Party war vor antisemitischen Ansichten nicht gefeit. Ende 1899 erschien anonym unter dem Titel »For whom are we fighting?« ein ausführlicher Artikel im Parteiorgan *The Labour Leader*. Darin wurden die Finanzkapitalisten als Hauptschuldige am Krieg benannt und die Mehrzahl dieser Finanzkapitalisten sei Juden, vornehmlich deutscher Abstammung: »Chiefly German in origin and Jewish in race« (»Größtenteils deutscher Herkunft und jüdischer Rasse«). Hier wurden zwei populäre Feindbilder, Deutsche und Juden, miteinander vermischt. Ein echter Brite, ein »free-born Englishman«, reagiere deutlich langsamer als ein in den unterschiedlichsten Situationen anpassungsfähiger Jude, meinte der Verfasser. Der »internationale Jude« sei der führende Typ des Finanzkapitalisten, der sämtliche Schlüsselstellen in Südafrika kontrolliere: von den Zeitungen bis zu den wirtschaftlichen Strukturen. Der Hinweis fehlte nicht, dass die meisten Music Halls als Horte des »Jingoism« ebenso wie die Börsen an Jom Kippur geschlossen sind. Nicht Hamburg, Wien oder Frankfurt, sondern Südafrika sei die neue Hochburg eines jüdischen Finanzkapitals und Johannesburg das Neue Jerusalem.[32] Dies war nur eines von zahlreichen Beispielen judenfeindlicher Agitation im Zeichen eines Pseudo-Antiimperialismus.[33]

Dabei negierte dieses romantisierende Bild der freiheitlichen Buren im Gegensatz zu den ausbeuterischen Minenbesitzern, deren jüdischer Anteil ins Absurde überhöht wurde, die rassistische und fremdenfeindliche Herrschaftspraxis der Buren. Die Denkfiguren eines sozialistischen oder präziser eines scheinsozialistischen Antisemitismus waren damit nicht aus der britischen Arbeiterbewegung verbannt. Die künftige Hinwendung der 1906 gegründeten Labour Party zum Zionismus sollte dabei nicht ethischen Motiven entspringen, sondern wurde Ausdruck eines »gesamtbritischen« Herrschaftsinteresses, zu dessen Aufgaben die Sicherung des Empire gehörte – nun im Mandatsgebiet Palästina.

---

[30] Der Inhalt des Flugblattes ist zusammengefasst bei Wegner: Die Kriegs- und die Kolonialfrage, S. 130.

[31] Vgl. Baker: The Social Democratic Federation, S. 6.

[32] The Labour Leader, 28. Dezember 1899, zit.n. Wegner: »Free-born Englishmen«, S. 32.

[33] Vgl. weiterhin Wegner: »Free-born Englishmen«, S. 33f.

Kapitel 9
Antisemitismus und Zionismus: die Zweite Internationale

Die seit 1889 in der Zweiten Internationale organisierte sozialistische Bewegung stand von Beginn an vor der Frage des anwachsenden Antisemitismus in der bürgerlichen Gesellschaft.[1] Dabei mussten die Sozialisten die außerordentlichen Unterschiede zwischen den jüdischen Lebensbedingungen in Mittel- und Westeuropa und der ungewissen Existenz der Juden im zaristischen Russland berücksichtigen. Während im Westen das Jahrhundert nach der Französischen Revolution Aufklärung und Fortschritt und damit die »Assimilation« der Juden an ihre Umwelt mit sich brachte, war es in Osteuropa für sie ein Jahrhundert der Isolation und Verfolgung geworden. Mit der Krise des Zarenregimes verschärften sich die von Staat und Kirche betriebenen antijüdischen Repressalien. In Mittel- und Westeuropa versuchten gleichzeitig antisemitische Bewegungen die Emanzipation der Juden rückgängig zu machen. All diese Entwicklungen berührten die sozialistische Bewegung, da der Sozialismus prinzipiell von der Gleichwertigkeit aller Menschen ausgeht.

Das Problem des Antisemitismus in der Internationale

Auf dem Gründungskongress der Internationale im Juli 1889 in Paris wies Pjotr Lawrow, der bekannte russische Narodnik, die Delegierten auf die Arbeit der in England und den USA lebenden jüdischen Sozialisten hin. Noch seien sie gezwungen, sich in Jiddisch an ihre Klassengenossen zu wenden, da sie das Englische noch nicht beherrschten, doch seien sie weit davon entfernt, »sich in ihrer Nationalität abzuschließen«; sie würden »in England, in Amerika, wie in Russland lebhaften Anteil an der sozialistischen Arbeiterbewegung nehmen, so wie sie dieselbe in den verschiedenen Ländern finden«.[2]

Louis Miller, Delegierter der United Hebrew Trades of New York, gab einen Überblick der Tätigkeit der dortigen jüdischen Arbeiterbewegung und bezeichnete ihre Präsenz auf dem Kongress als einen »Beweis, wie tief die Ideen der Solidarität und der Brüderlichkeit der Ausgebeuteten aller Länder in das Herz dieses Proletariats eingedrungen« seien.[3]

---

[1] Das Kapitel folgt in Teilen Mario Keßler: Zionismus und internationale Arbeiterbewegung 1897–1933, Berlin 1994, S. 54–100.

[2] Protokoll des Internationalen Arbeiter-Congresses in Paris. Abgehalten vom 14. bis 20. Juli 1889. Deutsche Übersetzung, Nürnberg 1890, S. 35 (Orthografie modernisiert).

[3] Ebd., S. 116.

Phillip Krantz prangerte als Delegierter der Londoner Jewish Socialist Worker's Union die extreme Ausbeutung der jüdischen Werktätigen in den »Schwitzbuden« der britischen Hauptstadt an.[4] Dass die jüdischen Delegierten auf dem ersten Kongress der Internationale aus England und den Vereinigten Staaten kamen, war kein Zufall. In diesen beiden Ländern hatten sich, durch die liberale Gesetzgebung begünstigt, die ersten jüdischen Arbeiterorganisationen herausgebildet. In London hatte der bereits mehrmals genannte Wilnaer Sozialrevolutionär Aaron Liberman 1876 den jüdischen Arbeiterverein gegründet, der auch in Verbindung mit dem Kreis um die Zeitschrift *Wperjed* stand, dessen führender Kopf Pjotr Lawrow war. In den folgenden Jahren entstanden im Londoner East End eine Reihe sozialistischer und anarchistischer Gewerkschaften. Auch in den USA bildeten sich ähnliche Vereinigungen heraus.[5]

Höhepunkt dieser Entwicklung war der vom 4. bis 6. Oktober 1890 in New York abgehaltene Nationalkongress der organisierten jüdischen Arbeiter.[6] Fast alle Teilnehmer waren Juden osteuropäischer Herkunft, die vor der antisemitischen Politik des Zarenregimes geflohen waren. Deshalb verwundert es nicht, dass auf dem zweiten Kongress der Internationale im August 1891 in Brüssel der Delegierte der United Hebrew Trades, Abraham Cahan, eine Resolution zur Verurteilung von Antisemitismus einbrachte.[7]

Gegen die Bedenken von Victor Adler und Paul Singer[8] trug Cahan seinen Entwurf vor, der die Sozialisten zu verpflichten suchte, allen antisemitischen Machenschaften strikt entgegenzutreten. Sie sollten auch den Kampf der jüdischen Arbeiter gegen das »Schwitzbudensystem« unterstützen. Die lügnerischen Behauptungen der russischen Presse, dass die Sozialisten die Juden verabscheuten, müssten widerlegt werden. Die Internationale sollte klipp und klar ihre Feindschaft gegenüber allen Ausbeutern, Christen wie Juden, zum Ausdruck bringen und ebenso deutlich erklären, dass sie den jüdischen Arbeitern genauso viel Sym-

---

[4] Vgl. ebd., S. 125, 131.

[5] Vgl. Jonathan Frankel: Prophecy and Politics. Socialism, Nationalism and the Russian Jews, S. 28ff.; Nathan Weinstock: Le pain de misère. Histoire du mouvement ouvrier juif en Europe [1984], Bd. 1: L'empire russe jusqu'en 1914, Paris 2002, S. 33–40.

[6] Vgl. Nora Levin: Jewish Socialist Movements, 1871–914. While Messiah Tarried, London/Henley 1978, S. 97.

[7] Cahan war auch mit einem Mandat der jüdischen Sektion der Socialist Labor Party ausgestattet. Auf dem Weg nach Brüssel unterbrach er, wie bereits berichtet, seine Reise in London, um Friedrich Engels zu treffen, der ein reges Interesse an der jüdischen sozialistischen Bewegung bekundete. Vgl. Silberner: Kommunisten zur Judenfrage, S. 43; Levin: Jewish Socialist Movements, S. 499.

[8] Vgl. Edmund Silberner: Sozialisten zur Judenfrage. Ein Beitrag zur Geschichte des Sozialismus vom Anfang des 19. Jahrhunderts bis 1914, Berlin [West] 1962, S. 354.

pathie entgegenbringe wie ihren christlichen Kollegen.[9] Sein Resolutionsentwurf war für Cahan zugleich ein Mittel, »um ein Denken im Zeichen der Religion und Gemeinschaft hinter sich zu lassen, das die verschiedenen Klassen im Namen eines gemeinsamen Jüdischseins vereinen möchte«.[10]

Der belgische Delegierte Jean Wolders entgegnete Cahan, eine solche Resolution sei überflüssig, da die Sozialisten ohnehin stets zwischen Ausbeutern und Ausgebeuteten unterscheiden würden. Cahan erwiderte, mit dieser Argumentation könne auch eine Diskussion zum Militarismus als überflüssig abgelehnt werden. Es sei aber notwendig, alle Formen der Verfolgung und Benachteiligung von Juden entschieden zu verurteilen. Auch die beiden Franzosen Albert Régnard und Paul Argryadès wandten sich gegen die Formulierungen in Cahans Antrag. Nicht der Antisemitismus allein sei ein Übel, ebenso gefährlich sei der »Philosemitismus«.[11] Unter »Philosemitismus« verstand man einerseits jedes nationalistisch-jüdische Gedankengut (bevor der Begriff des Zionismus auftauchte), andererseits und zumeist auch ein von Juden oft als übertrieben empfundenes Identifikationsbedürfnis vonseiten der Nichtjuden mit allem »Jüdischen«.

Die schließlich von Wolders eingebrachte und vom Kongress angenommene Resolution lehnte die Hervorhebung von Konflikten zwischen Rassen und Nationen ab, betonte den »Klassenkampf des Proletariats aller Länder und Rassen« als einziges Mittel, den Sozialismus zu erreichen. Außerdem wurde festgehalten, »dass es für die Proletarier jüdischer Rasse und Zunge kein anderes Mittel der Emanzipation gibt als den Anschluss an die Arbeiterorganisationen der betreffenden Länder«. Die Resolution verurteilte die »antisemitischen und philosemitischen Hetzereien« als »ein Manöver der Kapitalistenklasse und der politischen Reaktion«, das die sozialistische Bewegung spalten und von ihrem Ziel ablenken sollte. Die von Cahan beantragte gesonderte Debatte zum Antisemitismus wurde als überflüssig abgelehnt.[12]

Edmund Silberner bezeichnete die Brüsseler Resolution als »ein einzigartiges Dokument in den Annalen des internationalen Sozialismus«, in der »eine sozialistische Instanz das Sympathiegefühl für eine verfolgte Nationalität missbilligt«. Sie stehe, so Silberner weiter, »in krassem Gegensatz zu dem Geist der sozialis-

---

[9] Congrès international ouvrier socialiste tenu à Bruxelles du 16 au 23 août 1891. Compte rendu analytique, Brüssel 1893, S. 42.

[10] Michele Nani: Le socialisme international à l'èpreuve de la »question juive«. Une résolution de l'Internationale au Congrès de Bruxelles de 1891, in: Anna Boschetti (Hrsg.): L'espace culturel transnational, Paris 2010, S. 239.

[11] Vgl. Congrès international, S. 42f.; Silberner: Sozialisten zur Judenfrage, S. 279–285, schilderte die Ereignisse nach den jiddischsprachigen Lebenserinnerungen von Abraham Cahan: Bleter fun mein Leben, Bd. 3, New York 1926, S. 161ff. Im Protokoll ist Argryadès' Einwand nicht festgehalten.

[12] Vgl. Congrès international, S. 106. Deutsche Übersetzung der Resolution im gekürzten Konferenzbericht: Verhandlungen und Beschlüsse des internationalen Arbeiter-Kongresses zu Brüssel (16.–22. August 1891), Berlin 1893, S. 16.

tischen Internationale, die sich sonst ohne weiteres für unterdrückte Völker einsetzte.«[13] Der britische Historiker James Joll hob hingegen hervor, dass die Internationale eine solche Haltung »gegenüber allen nationalen Problemen und nicht nur hinsichtlich der jüdischen Frage [einnahm]; eine Haltung, die in einem Zeitalter anwachsenden Nationalbewusstseins die Unterstützung vieler tschechischer und polnischer Arbeiter verlor«. Doch nur die Juden, deren Nationalbewusstsein nicht auf einer territorialen Grundlage beruhe, könnten diese Linie akzeptieren; »und dies taten sie wirklich und gaben der sozialistischen Bewegung einige ihrer herausragendsten Führer«.[14]

Das in mehreren Sprachen erschienene sowjetische Werk über die Zweite Internationale hielt ebenfalls fest, dass durch diese Resolution der Kongress den internationalen Charakter der Arbeiterbewegung unterstrich und den Antisemitismus als eine Erscheinungsform des bürgerlichen Nationalismus verurteilte.[15] Dem ist insofern zuzustimmen, als das in der verabschiedeten Resolution offenkundig gewordene Desinteresse an jüdischen Problemen seitens der Kongressmehrheit tatsächlich aus der ablehnenden Haltung der Internationale gegenüber jederart wirklichen oder vermeintlichen nationalistischen Kundgebungen herrührte.

Die Resolution zielte mit ihrer Forderung nach gemeinsamen Aktionen von jüdischen und nichtjüdischen Arbeitern auch auf jenen Punkt, der alsbald zum zentralen Diskussionsthema in der Auseinandersetzung mit Tendenzen innerhalb der jüdischen Arbeiterbewegung Osteuropas werden sollte: ob diese eine eigenständige Partei brauche oder nicht. Es bleibt festzuhalten, dass der Kongress die Gesamtproblematik in seiner Resolution nicht in wünschenswerter und notwendiger Weise erfasst hatte. Der Antisemitismus wurde nicht als vordringlicheres Problem gegenüber »philosemitischen« Äußerungen begriffen. Die pauschale Zurückweisung anti- und »philosemitischer« Bestrebungen, bei der man es beließ, berücksichtigte auch nicht, dass die jüdischen Proletarier unter einer doppelten – ethnischen wie sozialen – Unterdrückung litten. Die aus der Unterschätzung und Unkenntnis spezifisch jüdischer Probleme resultierende undialektische Gleichsetzung von Anti- und Philosemitismus bereitete die europäische sozialistische Bewegung nicht genügend auf damals spürbare antisemitische Bestrebungen und Tendenzen in der Politik der herrschenden Klassen verschiedener Länder vor.

Victor Adler drang auf Cahan ein, dieser möge die jüdische Frage keinesfalls auf dem nächsten Internationalen Sozialistenkongress in Zürich 1893 erneut vorbringen, und Cahan beugte sich diesem Ansinnen.[16] Als Adlers Haltung auch un-

[13] Silberner: Sozialisten zur Judenfrage, S. 282.

[14] James Joll: The Second International, 1889–1914, New York 1956, S. 69.

[15] Vgl. Die Geschichte der Zweiten Internationale, Bd. 1, Moskau 1983, S. 413.

[16] Vgl. Ezra Mendelsohn: The Jewish Socialist Movement and the Second International, 1889–1914. The Struggle for Recognition, in: Jewish Social Studies, 26 (1964), Nr. 3, S. 133.

ter österreichischen Sozialisten noch Jahre später auf Kritik stieß,[17] erklärte er, die jüdische Frage sei in der Internationale »aufgebauscht« worden.[18]

Georgi Plechanow, schon damals als Vaterfigur des russischen Sozialismus anerkannt, kritisierte hingegen die Brüsseler Resolution zum Antisemitismus als unzureichend, da sie nicht zur Solidarisierung mit den national und sozial unterdrückten jüdischen Werktätigen im Zarenreich beitragen könne. Die jüdische Frage in Russland bedürfe einer besonderen Aufmerksamkeit seitens der Internationale.[19]

Auf dem Zürcher Kongress der Internationale 1893 fand diese Mahnung noch keine öffentliche Resonanz.[20] Doch die fortdauernden politischen Aktivitäten jüdischer Proletarier und Intellektueller bewogen die russischen sozialdemokratischen Organisationen auf dem nächsten Kongress 1896 in London erneut, auf die Dimensionen dieses Kampfes aufmerksam zu machen. In dem von Plechanow verfassten Tätigkeitsbericht der russischen Sozialisten hieß es über die jüdischen Ghettoproletarier: »Diese Parias Russlands, welche nicht einmal im Besitz derjenigen elenden Rechte sind, welche die christlichen Angehörigen des russischen Reiches genießen, haben im Kampfe mit ihren Ausbeutern so viel Ausdauer und Verständnis der sozialpolitischen Aufgaben der modernen Arbeiterbewegung an den Tag gelegt, dass man sie in gewisser Hinsicht als die Avantgarde der Arbeiterarmee Russlands betrachten kann.«[21]

Der Bericht fuhr fort: »Wie klar das sozialpolitische Bewusstsein der fortgeschrittensten Vertreter der jüdische Sozialdemokratie ist, werden ein paar Zeilen einer bei Anlass eines Streiks veröffentlichten Broschüre zeigen: ›Es gibt kein einiges jüdisches Volk; innerhalb des Judentums gibt es zwei Völker, zwei feindliche Klassen, und der Kampf dieser Klassen ist soweit gediehen, dass er weder durch

[17] Auf dem 6. SDAPÖ-Parteitag erinnerte der böhmische Delegierte Jakob Brod 1897 an Adlers ablehnende Haltung gegen Cahans Resolution auf dem Brüsseler Kongress der Internationale. Vgl. Verhandlungen des sechsten österreichischen Sozialdemokratischen Parteitages abgehalten zu Wien vom 6. bis einschließlich 12. Juni 1897 im Hotel Wimberg, Wien 1897, S. 87.

[18] Adler auf dem 6. Parteitag der SDAPÖ 1897, in: Victor Adler: Aufsätze, Reden und Briefe, Bd. 8, Wien 1929, S. 387.

[19] Vgl. G. V. Plechanov: Rabočee dviženie v 1891 godu [Die Arbeiterbewegung im Jahr 1891], in: Ders.: Sočinenija [Werke], Bd. 4, Moskau/Leningrad 1924, S. 103–106.

[20] Protokoll des Internationalen Sozialistischen Arbeiterkongresses in der Tonhalle Zürich vom 6. bis 12. August 1893. Herausgegeben vom Organisationskomitee, Zürich 1894, S. 13, 63. An diesem Kongress nahmen neben Abraham Cahan noch neun Delegierte jüdischer Gewerkschaften aus England teil. Jacob Stechenberg vertrat als Delegierter der »Jüdischen Sozialdemokratischen Arbeiter von Lemberg und Krakau« die erste sozialdemokratische jüdische Organisation in der Internationale. Vgl. ebd., S. 60, sowie Mendelsohn: The Jewish Socialist Movement, S. 135.

[21] Bericht der Delegierten der russischen Sozialdemokratie an den internationalen Sozialisten-Kongress in London, o. O. 1896, S. 18.

die Anhänglichkeit an die Synagoge und die Geistlichkeit noch durch die Macht der Regierung unterdrückt werden kann‹.«[22]

Mit dieser internationalistischen Haltung entsprach Plechanow dem allgemeinen Trend der westlich gebildeten Revolutionäre im Zarenreich. Innerhalb der russischen Sozialdemokratie verfestigte sich die Überzeugung, die in absehbarer Zukunft weltweit möglich erscheinende Transformation der kapitalistischen in die sozialistische Gesellschaft werde in Russland auch die sozialen Barrieren niederreißen können, die Juden und Nichtjuden voneinander trennten. Der von der kapitalistischen Gesellschaft in Gang gesetzte Assimilationsprozess der Juden an die nichtjüdische Umwelt, dem sich das Zarenregime brutal, aber letztlich vergebens widersetze, werde im Sozialismus eine neue, höhere Qualität erreichen und Teil eines generellen Verschmelzungsprozesses der Nationen sein.[23]

Diese Haltung stieß unter den führenden Köpfen des 1897 gegründeten Allgemeinen Jüdischen Arbeiterbundes von Russland, Polen und Litauen auf Widerstand. Sie hielten entgegen, dass in Osteuropa keine Integration der Juden durch Assimilation, sondern nur ihre Existenz als Nation perspektivisch durchsetzbar sei. Die kulturelle Eigenart der Juden verhindere in Osteuropa die Assimilation. Doch stehe besonders der Antisemitismus unter allen Klassen der Nichtjuden, auch unter den Arbeitern, jeden Assimilationstendenzen entgegen. Auch sei nicht einzusehen, warum die Juden ihre nationalen Charakteristika für ein abstraktes Ideal, das von nichtjüdischen Sozialisten nicht einmal präzise definiert werden könne, eintauschen sollten. Ein seiner Nationalität bewusster Jude könne wie jeder andere für den Sozialismus kämpfen.[24]

Nicht die nationale Konzeption des Bundes an sich, sondern die aus ihr nicht notwendig hervorgehenden, jedoch die von ihm favorisierten Anschauungen in Fragen der Parteiorganisation beschworen den Konflikt mit Lenin und den Bolschewiki herauf. Den antizionistischen Befürwortern wie Gegnern einer Assimilation der Juden in Osteuropa war jedoch die Sichtweise gemeinsam, dass die jüdische Frage nur dort eine Lösung erfahren könne, wo die Juden lebten, und dass

[22] Ebd.; Orthografie modernisiert.

[23] Vgl. u.a. Jack Jacobs: Sozialisten und die »jüdische Frage« nach Marx, übers. von Cornelia Dieckmann, Mainz 1994, S. 111–131; Enzo Traverso: Die Marxisten und die jüdische Frage. Geschichte einer Debatte (1843–1943), übers. von Astrid St. Germain, Mainz 1995, S. 133–151; Erich Haberer: Jews and Revolution in Nineteenth-Century Russia, Cambridge u.a. 1995, S. 259–269; Philip Mendes: Jews and the Left. The Rise and Fall of a Political Alliance, Houndmills, Bas. 2014, S. 34–36.

[24] Vgl. neben den soeben genannten Arbeiten auch Allan K. Wildman: Russian and Jewish Social Democracy, in: Alexander Rabinowitch/Janet Rabinowitch/Ladis Kristof (Hrsg.): Revolution and Politics in Russia. Essays in Memory of B. I. Nicolaevsky, Bloomington/London 1972, S. 75–87 sowie Zvi Gitelman: A Century of Jewish Politics in Eastern Europe. The Legacy of the Bund and the Zionist Movement, in: Ders. (Hrsg.): The Emergence of Modern Jewish Politics. Bundism and Zionism in Eastern Europe, Pittsburgh 2003, S. 1–19.

eine – von den Zionisten angestrebte – Emigration nach Palästina den Kampf um die soziale Emanzipation der Juden im Zarenreich nicht ersetzen könne.

Die zionistische Herausforderung

Das aufkommende 20. Jahrhundert stand im Zeichen einer »Rivalität zweier Heilserwartungen für die Juden«; dies waren, so der Historiker Shlomo Na'aman, »der marxistische und der zionistische Zukunftsglaube.«[25] Die zionistische Auffassung zur Lösung der jüdischen Frage kam zu gänzlich anderen Schlussfolgerungen als der Marxismus mitsamt seinem Internationalismus, der von abstrakten Zügen indes nicht frei war. Als politische Bewegung am Ende des 19. Jahrhunderts entstanden, war der Zionismus eine Reaktion auf die nationalistischen und zumeist stark antisemitischen Bewegungen in Mittel- und Osteuropa, die Ansprüche auf bestimmte Territorien reklamierten. Die sich durchsetzende Konzeption im Zionismus sah die Zukunft der Juden in Palästina.

Ideen eines nationalen jüdischen Zentrums lassen sich bis in die Mitte des 19. Jahrhunderts zurückverfolgen. Doch trugen solche Siedlungsprojekte, etwa von Philanthropen wie Sir Moses Montefiore vorangetrieben, keinen explizit staatlich-politischen Charakter. Auch die von Hirsch Julius Kalischer 1860 nach Thorn einberufene Versammlung zur Unterstützung der jüdischen Kolonisation hatte mit einer Idee von Staatlichkeit nichts zu tun, hätte dies doch andernfalls einen Konflikt mit dem Osmanischen Reich heraufbeschworen. Überhaupt prägte wahrscheinlich erst 1893 Nathan Birnbaum den Begriff des Zionismus, dessen Ideen am Ende des Jahrhunderts gleichwohl in der Luft lagen.

Vorerst hielt nur eine, wenngleich relevante und wachsende Minderheit der osteuropäischen Juden die tiefe Kluft zwischen der Mehrheitsbevölkerung und den Juden für unüberbrückbar und somit den Antisemitismus für unüberwindlich. Aus der Besinnung und Rückbesinnung auf das hebräische Erbe erwuchs in einem Teil dieser Minderheit eine andere Vorform des modernen Zionismus. Die Schriften von Peretz Smolenskin, Moshe Leib Lilienblum und besonders die Broschüre *Auto-Emancipation* von Leon Pinsker (1882) enthielten alle wichtigen Elemente des künftigen zionistischen Konzepts. Dies inspirierte auch die erste Konferenz der Hovevei Zion (Liebende oder Liebhaber Zions) 1884 in Kattowitz. Deren Siedlungsprojekte in Palästina waren eher religiös denn politisch motiviert, aber bereits von dem Gedanken beeinflusst, dass letztlich nur eine eigenständige jü-

---

[25] Shlomo Na'aman: Marxismus und Zionismus, Gerlingen 1997, S. 245.

dische Heimstatt einen wirklichen Schutz vor Antisemitismus biete. So bildeten sich rasch etwa 80 derartige Gruppen in 50 russischen Städten.[26]

Die frühen zionistischen Ideologen und Politiker entstammten meist dem mitteleuropäischen Bürgertum. Seine Massenbasis fand der Zionismus jedoch unter den zweifach – national und sozial – unterdrückten jüdischen Proletariern im Russischen Reich, in Kongress-Polen und Rumänien.[27]

Der Dreyfus-Prozess bewog Theodor Herzl, bisher ein Befürworter der Assimilation, dazu, 1896 mit seiner Schrift *Der Judenstaat* dem Zionismus die politische und programmatische Grundlage zu geben. Der Berg Zion gab der neuen Bewegung Namen und Symbolik. Ihre organisatorische Gestalt erhielt die Bewegung mit der 1897 auf dem ersten Zionistenkongress in Basel gegründeten Zionistischen Weltorganisation (ZWO) und dem Basler Programm, das für das jüdische Volk die Schaffung einer öffentlich-rechtlich gesicherten Heimatstätte in Palästina forderte. Herzl, der Pinskers *Auto-Emancipation* nicht kannte, sah Palästina zunächst nicht als einzig mögliches Territorium für den jüdischen Staat an und zog auch Pläne für die Staatsgründung in Ostafrika oder Argentinien in Erwägung. Er verwarf diese bald, woraufhin auch der Zionistenkongress von 1903 diese Projekte endgültig ad acta legte.

Vor 1933 entsprach der Zionismus jedoch noch keineswegs den Interessen einer Mehrheit der jüdischen Bevölkerung. Die aufstrebende jüdische Bourgeoisie und der Mittelstand in West- und Mitteleuropa suchten sich an die Mehrheitsgesellschaft zu assimilieren. Dennoch unterstützte das jüdische Bürgertum teilweise den Zionismus. Dieser versprach, die massiven Migrationsschübe aus Osteuropa von Westeuropa weg- und nach Palästina hinzulenken. »Es scheint klar«, schrieb Michael Marrus, »dass die französische jüdische Gemeinde – den jüdischen Gemeinden anderswo nicht unähnlich – zögerte und unwillig war, osteuropäische Juden in großer Zahl aufzunehmen. Diese wurden von manchen französischen Juden beschuldigt, die mühsam gewonnenen Vorzüge der Assimilation zu untergraben.«[28] Eine Unterstützung des Zionismus veranlasste das jüdische Bürgertum

[26] Vgl. Ben-Zion Dinur: Religiozno-nacional'nyj oblik russkogo evrejstva [Religiöses und nationales Bild des russischen Judentums], in: Ja. G. Frumkin u.a. (Hrsg.): Kniga o russkom evrejstve. Sbornik statei [Das Buch über die russischen Juden. Eine Aufsatzsammlung], Bd. 1, New York 1968, S. 315–326, hier S. 318.

[27] Zur Geschichte des Zionismus vgl. Walter Laqueur: Der Weg zum Staat Israel. Geschichte des Zionismus [1972], übers. von Heinrich Jelinek, Wien 1973; Howard M. Sachar: A History of Israel. From the Rise of Zionism to our Time [1976], 3. erw. Aufl., New York 2007. Eine wichtige Quellensammlung ist Julius H. Schoeps (Hrsg.): Zionismus. Texte zu seiner Entwicklung, Wiesbaden 1983. Vgl. aus DDR-Sicht mit vielen Details Angelika Timm: Nationalismus und Sozialreformismus in den jüdischen Arbeiterorganisationen Europas und Palästinas bis 1930, Phil. Diss., Humboldt-Universität Berlin 1976.

[28] Michael R. Marrus: The Politics of Assimilation. A Study of the French Jewish Community at the Time of the Dreyfus Affair, Oxford 1971, S. 161.

des Westens folgerichtig nicht zur Konsequenz der Auswanderung nach Palästina. Das Gros der jüdischen Palästinasiedler stellten Angehörige der gewaltsam entwurzelten Kleinhändler, Handwerker und sogenannte »Luftexistenzen« (Wohnungs- und Beschäftigungslose) aus Osteuropa.

Karl Kraus schrieb in einer Rezension zu Herzls *Judenstaat*, der Zionismus versuche die Interessen der jüdischen von denen der nichtjüdischen Arbeiter zu trennen. »Die den Hunger gemeinsam haben sollten, werden nach nationalen Merkmalen getrennt und gegeneinander ausgespielt. Der Glaube der Väter lässt es nicht mehr zu, dass der jüdische Weber von Lodz zu den Genossen der Not stoße, aber eine festgefügte Organisation soll ihn fortan mit den israelitischen Bewohnern der City, der Boulevards, des Tiergartenviertels und der Ringstraße verbinden [...].«[29]

Die Entstehung und Konstituierung des Zionismus als politische Bewegung war zunächst von deutlicher Ablehnung jedweden sozialistischen Gedankens geprägt. Als auf dem 2. Zionisten-Kongress 1898 in Basel ein Delegierter, Saul R. Landau, die »Gründung einer zionistischen Arbeiterarmee« vorschlug, um »durch ein derartiges Mittel gerade die Klassengegensätze im Judentum gemildert« zu sehen, wurde er vom Auditorium mehrmals unterbrochen.[30]

Vizepräsident Max Mandelstam stellte den Antrag, »alle Sozialisten« von der künftigen Mitarbeit an den Kongressen auszuschließen, aber der weitsichtigere Herzl konnte die Annahme verhindern. Nur Organisationen rein philanthropischen Charakters sollten sich der Belange jüdischer Arbeiter annehmen dürfen, und nur zu dem Zweck, sie zur Auswanderung nach Palästina zu bewegen.[31] Doch auf dem 5. Kongress 1901 musste Oskar Marmorek, der bekannte Architekt, eingestehen, dass diese Organisationen kaum wirksam geworden waren.[32]

Ihrerseits fanden die Zionisten unter assimilationswilligen (sowie streng religiösen) Juden ihre schärfsten Kritiker.[33] Auch die internationale sozialistische Bewegung stand dem Zionismus als einer Form des Nationalismus zunächst ausgesprochen ablehnend gegenüber. Zudem war die betont bürgerliche Prägung der Zionistenkongresse nicht geeignet, um unter jüdischen Proletariern ein positives Echo hervorzurufen.

---

[29] Karl Kraus: Eine Krone für Zion (1898), in: Ders.: Frühe Schriften, hrsg. von Joh[-annes] Braakenburg, Bd. 2, München 1979, S. 301 (Orthografie modernisiert). Vgl. Harry Zohn: »A Crown for Zion«. Karl Kraus and the Jews, in: Wiener Library Bulletin, 24 (1970), Nr. 2, S. 22–26.

[30] Stenographisches Protokoll der Verhandlungen des II. Zionisten-Congresses, gehalten zu Basel vom 28. bis 31. August 1898, Wien 1898, S. 224 (Orthografie modernisiert).

[31] Ebd., S. 226.

[32] Stenographisches Protokoll der Verhandlungen des V. Zionisten-Congresses in Basel, 26., 28., 29. und 30. Dezember 1901, Wien 1901, S. 18f.

[33] Vgl. ausführlich Laqueur: Der Weg zum Staat Israel, Kap. 8.

Das entstehende jüdische Proletariat, das um die Jahrhundertwende noch eher ein auf viele kleine Betriebe verteiltes Handwerksproletariat war, lehnte den Zionismus mehrheitlich ab. Dennoch zog dieser seine mobilisierende Kraft auch aus einer Verbindung zionistischer und sozialistischer Ideen: dem Ziel eines sozialistischen Judenstaates in Palästina. Dies sorgte zunächst für die Gründung mehrer, miteinander konkurrierender Organisationen: die Zionisten-Sozialisten (ZS),[34] die Sozialistische Jüdische Arbeiterpartei (SERP; Socialističeskaja Evrejskaja Rabočaja Partija)[35] und die Poale Zion (Arbeiter Zions; PZ).

Zur wichtigsten zionistisch-sozialistischen Partei wurde die 1906 gegründete Poale Zion, nachdem zunächst die ZS an Mitgliederzahlen stärker war.[36] Die Frühgeschichte der PZ ist untrennbar mit den Namen ihres Gründers Ber Borochow verbunden.[37] Er versuchte in seinem 1905 publizierten Hauptwerk *Haplatforma shelanu* (Unsere Plattform) die territoriale Konzentration der Juden in Palästina mit der anomalen Sozialstruktur der jüdischen Bevölkerung in Osteuropa zu begründen.[38]

Diese anomale Struktur, d.h. das Überwiegen nichtproduktiver Elemente, müsse beseitigt werden, bevor die Juden zum Kampf um den Sozialismus fähig seien, betonte Borochow. Notwendig sei eine Proletarisierung der Juden, die Herausbildung eines jüdischen Land- und in naher Zukunft auch Industrieproletariats. Diese Proletarisierung könne nur in einem eigenen jüdischen Staatswesen erfolgreich sein. Dafür komme nur die alte Heimstatt des jüdischen Volkes, Palästina, in Frage. Anders als der bürgerliche Zionismus führte Borochow keine visionären Gründe für die Wahl Palästinas an, sondern ging von der bereits dort lebenden

---

[34] Die ZS sah Palästina nicht als einzig mögliche Heimstatt für Juden. Dies unterschied sie von der Poale Zion wie überhaupt von der sich durchsetzenden Orientierung auf Palästina im Zionismus.

[35] Die SERP war in dieser Frage allerdings uneins: Ein Teil ihrer Mitglieder optierte für eine »territorialistische« Lösung, d.h. für die Bildung jüdischer Selbstverwaltungsorgane in der Diaspora.

[36] In den Jahren der ersten russischen Revolution zwischen 1905 und 1907 hatten die einzelnen Parteien folgende Mitgliederzahlen aufzuweisen: Sozialdemokratische Partei: 84.000 (davon Bolschewiki: 46.000, Menschewiki: 38.000), Jüdischer Arbeiterbund: 33.000, ZS: 26.000, Poale Zion: 16.000, SERP: 13.000. Die Poale Zion überflügelte in der Zahl der Mitglieder bald die anderen Parteien, wofür die Gründung des Weltverbandes ausschlaggebend war. Die Zahlen nach: Raphael Abramovitch: The Jewish Socialist Movement in Russia and Poland (1897–1919), in: The Jewish People: Past and Present, Bd. 2, New York 1948, S. 389; John L. Keep: The Rise of Social Democracy in Russia, Oxford 1963, S. 288; Robert Brym: The Jewish Intelligentsia and Russian Marxism. A Sociological Study of Intellectual Radicalism and Ideological Divergence, London/Bosingstroke 1978, S. 79.

[37] Zu Borochow und zur Frühgeschichte der Poale Zion vgl. u.a. Frankel: Prophecy and Politics, S. 329–363.

[38] Die vollständige deutsche Ausgabe erschien unter dem Titel »Die Grundlagen des Poalezionismus« erst 1969 in Frankfurt a. M. Nach ihr wird im Folgenden zitiert.

jüdischen Bevölkerung aus. Palästina sei als Siedlungsgebiet am besten geeignet unter den Ländern, »deren ökonomische Entwicklung weit unter der jüdischen Produktion liegt, sodass die Juden bald eine überragende Position im Land einnahmen und nicht bei den Endstadien der Produktion[39] steckenbleiben« müssten wie in der jüdischen Diaspora in Osteuropa, aber auch in den westeuropäischen Einwanderungsländern.[40] Es sei erforderlich, dass die jüdische Migration den Charakter einer »zielgerichteten Kolonisation Palästinas« annehme.[41] Diese planmäßige jüdische Kolonisation sollte damit die politischen und ökonomischen Bedingungen für die Errichtung eines sozialistischen Judenstaates schaffen.

Borochows Konzeption war – bezogen auf proletarische Adressaten – der des bürgerlichen Zionismus überlegen. Die soziologische Sprache und der revolutionäre Anspruch in Borochows Schriften, die Hervorhebung der Belange osteuropäischer jüdischer Arbeiter, Handwerker und Kleinhändler und Borochows taktische Beweglichkeit, die nach 1905 auch die Forderung nach national-politischer Autonomie innerhalb Russlands als Übergangslösung für die Juden vor ihrer Auswanderung nach Palästina einschloss,[42] paarten sich mit organisatorischen Fähigkeiten: Borochow, der bereits 1900 wegen seines Zionismus aus der SDAPR ausgeschlossen worden war, nutzte die Radikalisierung russisch-jüdischer Arbeiter in der Revolution von 1905 zur unverzüglichen Sammlung seiner Anhänger. Im März 1906 mündeten seine Bemühungen in der Gründung der Partei Poale Zion. 1907 konstituierte sich in Den Haag der Allweltliche Jüdische Sozialistische Arbeiterverband Poale Zion (*Ichud Olami*), der das Projekt eines sozialistischen Judenstaates in Palästina zum Programm erhob.[43] Weitere Weltkongresse fanden in Krakau 1909, Wien 1911, Stockholm 1919 und wiederum in Wien 1920 statt.

Die Poale Zion war von vornherein als Weltverband konzipiert worden, dessen palästinensischer Zweig noch vor dem Ersten Weltkrieg mit David Ben Gurion seinen wichtigsten Politiker finden sollte. Weitere poalezionistische Parteien

---

[39] Borochow meinte die Erzeugung von Gebrauchswerten, namentlich Konsumgütern.

[40] Ber Borochow: Die Grundlagen des Poalezionismus, Frankfurt a. M. 1969, S. 46.

[41] Ebd.

[42] Vgl. John Bunzl: Klassenkampf in der Diaspora. Zur Geschichte der jüdischen Arbeiterbewegung, Wien 1975, S. 109f.

[43] Die Poalezionisten verstanden ihre parteipolitischen Aktivitäten auch als direkte Antwort auf ein gescheitertes Vorhaben des zaristischen Geheimdienstes, der Ochrana: Dieser hatte in Absprache mit zionistischen Organisationen 1901 eine sogenannte Unabhängige Jüdische Arbeiterpartei gegründet. Eine Überlegung war, die revolutionären Kräfte unter zionistisch orientierten jüdischen Arbeitern zu spalten. Vgl. N[aum] Buchbinder: Istorija evrejskogo rabočego dviženija v Rossii po neizdannym archivnym materialam [Die Geschichte der Jüdischen Arbeiterbewegung anhand unveröffentlichter Archivmaterialien], Leningrad 1926, S. 186–202. Buchbinder stützte sich auf das nach der Oktoberrevolution geöffnete Archiv der Ochrana. Vgl. auch Ezra Mendelsohn: Class Struggle in the Pale. The Formative Years of the Jewish Worker's Movement in Tsarist Russia, London u.a. 1970, S. 150f., sowie Bunzl: Klassenkampf in der Diaspora, S. 111.

entstanden in Russland, Polen, Österreich, Ungarn, Rumänien, den USA, Argentinien, kleinere Organisationen unter anderem auch in Deutschland, England und Kanada. Sie alle propagierten die Einwanderung jüdischer Proletarier nach Palästina beziehungsweise die Verwandlung jüdischer Kleinbürger und Kleinhändler in Land- und möglichst auch städtische Arbeiter. Diesem Ziel dienten zudem die ab 1909 in Palästina entstehenden Kibbuzim, die gütergemeinschaftlich organisiert waren. Doch wie andere Strömungen im politischen Zionismus negierte auch der sozialistische oder Arbeiterzionismus weitgehend die arabische Bevölkerung. Unter den Losungen »Jüdische Arbeit« (*avoda ivrit*) und »Eroberung der Arbeit« (*kibbush ha-avoda*) sollte ein jüdischer Wirtschaftssektor geschaffen werden, der die Araber vom Arbeitsmarkt ausschließen würde und auf ihre Verdrängung vom Wirtschaftskreislauf hinauslief.

Aufgrund des noch geringen Gewichts der zionistischen Bewegung verwundert es nicht, dass einige Sozialisten um die Jahrhundertwende noch geneigt waren, den Zionismus als bloßes Produkt der Fantasie Herzls und seiner Anhänger abzutun. Johann Pollack sah in ihm »durchaus ein Kind der Laune des Dr. Theodor Herzl«. Er hob den Gegensatz zwischen den Zionisten und dem orthodoxen Rabbinat hervor und bezeichnete die Erklärungen des Basler Gründungskongresses der zionistischen Organisation 1897 als aussichtslos; »das Medikament für diese Krankheit [gemeint war der Antisemitismus; M. K.] findet sich nicht in der zionistischen Apotheke.«[44]

Herzls *Judenstaat* wurde in der *Neuen Zeit* besprochen und als ein »schnurriges Projekt« bezeichnet. »Dem Kampf [gegen den Antisemitismus; M. K.] soll aus dem Wege gegangen werden«, hieß es in der Rezension. »Zu diesem Behuf erlässt der Feuilletonist Th. Herzl einen Aufruf zur Gründung eines Judenstaates in Palästina oder Argentinien, ein Plan, dessen Einzelheiten er in seiner Schrift näher erörtert. [...] Die jüdischen Kapitalisten werden sich wohl hüten, darauf hereinzufallen. Sie wissen zu gut, dass der Antisemitismus ihnen in den neuen Judenstaat nachziehen würde; freilich würde er dann Namen und Charakter des ›Sozialismus des dummen Kerls‹ ablegen und unmaskiert und unverfälscht als Kampf der ausgebeuteten Massen gegen die Ausbeuter auftreten. [...] Da bleiben sie doch lieber in zivilisierten Ländern, wo eine starke Staatsgewalt ihre schützende Ägide über sie hält.«[45]

Max Zetterbaum unternahm 1900 in einer zweiteiligen Artikelfolge in der *Neuen Zeit* den bis dahin ernsthaftesten Versuch einer soziologischen Beurteilung des Zionismus.[46] »Der Begriff und die Frage der jüdischen Nationalität ist

---

[44] Johann Pollack: Der politische Zionismus, in: NZ, 16 (1897/98), Bd. 1, S. 598.

[45] Jakob Stern: Rezension zu: Theodor Herzl: Der Judenstaat. Versuch einer modernen Lösung der Judenfrage, in: NZ, 15 (1896/97), Bd. 1, S. 186; Ortografie modernisiert.

[46] Max Zetterbaum: Probleme der jüdisch-proletarischen Bewegung, in: NZ, 19 (1900/01), Bd. 1, S. 324-330 und 367–373.

schwankend und unentschieden«, stellte er fest. »Die geschichtliche Entwicklung wird über ihre Existenz entscheiden. Das jüdische Proletariat hat gegenwärtig und in absehbarer Zukunft gar kein reales oder ideales Interesse an der ganzen Angelegenheit. Mag der einzelne Genosse sich als Jude in nationaler Hinsicht betrachten, irgendwelche Folgerungen für eine ›nationale‹ Politik, für ›nationale‹ Forderungen in diesem oder jenem Sinne ergeben sich für die Allgemeinheit nicht. Hingegen ist es die einzige Aufgabe der jüdischen Sozialdemokratie, die westeuropäische Kultur und die sozialistische Weltanschauung im jüdischen Proletariat zu verbreiten.«[47]

Obwohl Zetterbaum für den Gedanken nach staatlicher Sicherheit auch für die Juden Verständnis anmeldete, bezweifelte er stark, »ob die Realisierung dieses Gedankens in historisch absehbarer Zeit möglich sei, ob die Türkei, welche in Europa den Boden verliert, welche die nach Autonomie lechzenden Armenier auf scheußliche Weise hinmordet, freiwillig ihre letzte Zuflucht, die asiatischen Provinzen, hergeben, ob die europäischen Großmächte, wie die Zionisten es hoffen, für die Schaffung eines Judenstaates eintreten werden, ob die Versuche einer solchen Staatengründung nicht den noch ziemlich lange bestehenden christlichen Fanatismus der Klerikalen aller Länder gegen die einstigen Mörder des Heilands entfachen werden, ob im Orient unter den heutigen Bedingungen ein kulturvolles Gemeinwesen entstehen könnte usw.«[48]

Der Zweifel, so Zetterbaum weiter, erscheine jedoch den Zionisten schon als Verbrechen; sie verlangten, das ganze jüdische Proletariat solle ihnen Gefolgschaft leisten. Dies könne den Zionisten jedoch egal sein, da sie ihr Ziel, ein jüdischer Staat, nicht mittels einer Massenbewegung, sondern durch Verhandlungen mit dem türkischen Sultan und anderen gekrönten Häuptern erreichen wollten. »Es handelt sich also um ein Befreiungsgeschäft, nicht um einen Befreiungskampf. An einem letzteren wäre die Teilnahme jüdischer Sozialisten denkbar; beim ersteren haben sie nichts zu tun.«[49]

Zetterbaum kritisierte, dass der Zionismus den Klassenkampf innerhalb der jüdischen Bevölkerung negiere.[50] Zionismus und Antisemitismus seinen »bloß zwei Seiten ein und derselben Entwicklung der bürgerlichen Klasse«; der Zionismus stelle sich, so der Autor in äußerster Schärfe, als »der ins Jüdische übersetzte Antisemitismus dar.«[51]

Doch die womöglich schärfste Kritik am frühen Zionismus übte Leo Trotzki. Im Sommer 1903 erreichte auf dem 6. Zionisten-Kongress in Basel der Streit zwi-

[47] Ebd., S. 330.
[48] Ebd., S. 326.
[49] Ebd.; Orthografie modernisiert.
[50] Vgl. ebd., S. 327.
[51] Ebd., S. 328.

schen der Mehrheit um Theodor Herzl und seinen Opponenten in der Frage, ob die Kolonisation entweder in Palästina oder in Britisch-Ostafrika am effektivsten zu realisieren sei, ihren Höhepunkt.

Der Arbeiterzionist Marc Jarblum und der frühere Sozialrevolutionär Moshe Novomeisky, inzwischen ein Zionist, berichteten, Trotzki habe den Zionistenkongress als journalistischer Beobachter besucht.[52] Dies ist glaubhaft, denn am 1. Januar 1904 nahm Trotzki in der *Iskra* unter dem Titel »Die Zersetzung des Zionismus und seine möglichen Nachfolger« eine schneidende Kritik an der zionistischen Bewegung vor, die in ihrer Einseitigkeit dennoch die Atmosphäre des Kongresses gut widerspiegelte.

Theodor Herzl habe, so Trotzki, deshalb Uganda (es ging eher um Kenia) als zeitweilige territoriale Lösung der jüdischen Frage vorgeschlagen, weil er Palästina den Juden zwar versprechen, es ihnen aber nicht geben könne. Aus dieser Krise könne sich der Zionismus nicht wieder erholen, das zionistische Trugbild eines Vaterlandes habe sich als das enthüllt, was er sei, der reaktionäre Traum eines »schamlosen Abenteurers«, der dennoch »rauschenden Beifall« auf dem Basler Kongress erhalten hätte. Mit derartigen Tricks den Zionismus am Leben zu erhalten, sei unmöglich: »Einige Dutzend Intriganten und einige hundert Dummköpfe mögen Herzls Abenteuer noch unterstützen, der Zionismus als Bewegung hat bereits sein Existenzrecht für die Zukunft verloren. Das ist vollkommen klar.«[53]

Doch würde, fuhr Trotzki fort, eine zionistische Linke, von Herzls Vision ernüchtert, »unvermeidlich« in die Reihen der revolutionären Bewegung finden. Den übrigen würde der Bund zur Heimstatt werden, denn dieser würde, obgleich er mit dem Zionismus um Anhänger streite, sich mit seiner Betonung alles »Jüdischen« jenem mehr und mehr angleichen. »So bleibt zu fragen: Wird der Bund imstande sein, ohne Weiteres den demokratischen Flügel [den Linkszionismus] zu absorbieren, der vom Zionismus enttäuscht ist? Und wir fürchten, es ist unmöglich, diese grundlegende Frage nicht in einem bejahenden Sinn zu beantworten.«[54]

Trotzki fuhr fort: »Ist es nicht eine Tatsache, dass die bundistischen Autoren den reaktionären Charakter des Zionismus enthüllt haben? Führt nicht der Bund einen zähen, unerbittlichen Kampf gegen diese Strömung? Ruft nicht allein der Name des Bundes bei jedem ordentlichen Zionisten schon Zornesausbrüche hervor? All das ist in der Tat wahr. Aber die innere Logik dieses Kampfes mit dem Zionismus hat dem nationalistischen Inhalt des Bundes dennoch politisch-agitatorische Formen verliehen. In den meisten Fällen ist ein politischer Kampf zugleich

[52] Vgl. Joseph Nedava: Trotsky and the Jews, Philadelphia 1972, S. 272. Nedava stützte sich auf Interviews mit Jarblum und Novomeisky.

[53] Anon. [L. D. Trockij]: Razloženie sionizma i ego vozmožnye prejemniki [Die Zersetzung des Zionismus und seine möglichen Nachfolger], in: Iskra, 1. Januar 1904. Wiederabdruck in: L. D. Trockij: Sočinenija [Werke], Bd. 4, Moskau 1925, S. 124.

[54] Vgl. ebd., S. 127.

Ausdruck politischer Konkurrenz, in der man viel von seinem Gegner lernt. Der Bund, der sich in der Atmosphäre eines gesteigerten Nationalgefühls bewegte, mit dem autoritären Zarenregime gegen sich und zugleich dem Zionismus im Nacken, musste behaupten, nur er verkörpere die legitimen nationalen Interessen der jüdischen Massen. Aber wenn er einmal diesen Standpunkt bezogen hatte, zeigte sich, dass er nicht länger imstande war, die wirklichen Beziehungen zwischen den nationalen und den klassenmäßigen Elementen zu begreifen.«[55]

Es wäre, schloss Trotzki seinen Artikel, in der Konsequenz damit sehr gut möglich, dass der Bund das nationalistische Erbe des Zionismus übernehmen werde. In diesem Sinne bleibe der Zionismus nicht ohne mögliche Nachfolger.[56]

Aus heutiger Sicht erscheint Trotzkis Polemik abwegig. Der Bund wurde nicht »zionisiert« und trat schon gar nicht das Erbe von Herzls Zionistischer Weltorganisation an, sondern lehnte auch in Zukunft alle Gedanken an ein jüdisches Staatswesen in Palästina strikt ab.[57] Doch konnte Trotzki nicht damit rechnen, dass alsbald Verfechter eines sozialistischen oder Arbeiter-Zionismus um Anhänger innerhalb des jüdischen Proletariats kämpfen und den Bund noch entschiedener auf eine Position des »Diaspora-Nationalismus« drängen würden. Dabei sollten Trotzkis Schriften zur Judenfrage, schrieb der israelische Historiker Baruch Knei-Paz, »nicht von seinen anderen Schriften oder seinen allgemeinen Ansichten getrennt gesehen werden. Sie sind, kurz gesagt, nur ein Beispiel seiner allgemeinen Gegnerschaft zum Nationalismus und selbst zum Nationalbewusstsein und zeigen sein dauerhaftes Festhalten an den Prinzipien des Internationalismus.«[58]

Anders als es Trotzki wahrnahm, wiesen die Bundisten auf die noch fehlende Klassenbasis des Zionismus im Proletariat hin. So definierte David Balakan den Zionismus als »die Bewegung innerhalb des jüdischen Klein- und Mittelbürgertums, das sich unter dem doppelten Druck – der Konkurrenz mit dem Großkapital einerseits und der Ausnahmegesetze und Hetzereien der Regierung andererseits — befindet. Hervorgehend aus der Vorstellung von der Ewigkeit des Antisemitismus setzt sich der Zionismus die Begründung eines Klassenstaates in Palästina zum Ziel und bemüht sich daher, die Klassengegensätze gleichsam im Namen all-

---

[55] Ebd., S. 128.

[56] Ebd.

[57] Ironischerweise findet sich Trotzkis falsche Sicht in späteren sowjetischen Veröffentlichungen, die eine Nähe des Bundes zum Zionismus konstruieren wollten – natürlich ohne Trotzki zu nennen. Diese Kritik gilt auch für den ansonsten faktengenau arbeitenden Lionel Dadiani. Vgl. Lionel A. Dadiani: Meždunarodnoe rabočee dviženie i sionizm v period dejatel'nosti II Internacionala [Die internationale Arbeiterbewegung und der Zionismus in der Periode der Tätigkeit der Zweiten Internationale], in: Narody Azii i Afriki, 15 (1975), Nr. 5, S. 67-82, hierzu besonders S. 75f.

[58] Baruch Knei-Paz: The Social and Political Thought of Leon Trotsky, Oxford 1978, S. 553.

gemeiner nationaler Interessen zu verdecken [...].«[59] Dies war eine Warnung vor entsprechenden Anstrengungen der Zionisten, im Proletariat Fuß zu fassen.

Bis zur Konstituierung der Poale Zion hatte der Bund die zionistischen Aktivitäten im proletarischen Milieu indes nicht als ernsthafte Konkurrenz fürchten müssen. Doch beobachteten und kritisierten die Bundisten Borochows Aktivitäten von Anfang an scharf. Sie wiesen entschieden die Absicht der Poale Zion zurück, mit Palästina ein angeblich »freies Territorium« in Besitz zu nehmen, »an dem auch die übrigen Klassen des jüdischen Volkes ein Interesse haben«, wie einer ihrer Wortführer, Chaim Jakow Gelfand, schrieb.[60] Er fragte, »wie scharf, wie unerbittlich kann denn der Klassenkampf gegen Klassen sein, mit denen das Proletariat ein gemeinschaftliches Ziel, ein gemeinschaftliches Ideal hat, mit denen es, nach Aufforderung der zionistischen Sozialisten, zur Verwirklichung dieses Ideals Hand in Hand gehen soll?!«[61] Auch die sozialistische Variante des Zionismus würde letztlich den gleichen Klasseninteressen dienen wie die Herzlsche Bewegung: denen des Kleinbürgertums und der jüdischen (und nichtjüdischen) Bourgeoisie.

Die Poalezionisten, so Gelfand weiter, hätten der Großbourgeoisie vor allem mit ihrer faktischen Zustimmung zum zionistischen Kolonisationsprojekt einen wertvollen Dienst erwiesen. Die Befürwortung von »Verhandlungen mit Vertretern der Staaten [...], die Kolonialpolitik treiben«, müssten Marxisten aus grundsätzlichen Gründen verurteilen.[62]

Beachtenswert ist, dass die bundistischen Kritiker des Poalezionismus *als Erste* auf die Probleme hinwiesen, die der Zionismus, auch in seiner sozialistischen Variante, für das jüdisch-arabische Verhältnis in Palästina mit sich bringen würde. David Balakan ging davon aus, »die zu Enteignenden würden auch nicht die Hände in den Schoß legen«.[63] Chaim Jakow Gelfand ahnte bereits 1905, dass das Kapital die billigeren arabischen Arbeitskräfte bevorzugen würde, dass es zu einem harten Konkurrenzkampf zwischen Juden und Arabern auf dem Arbeitsmarkt kommen würde: »Wissen denn die zionistischen Sozialisten nicht, dass das Kapital international ist und aller nationalen Grenzen spottet? Wissen sie denn nicht, dass der Kapitalist das Geld überall nimmt, wo er es findet, dass es ihm ganz einerlei ist, welche nationale Farbe das Arbeiterblut trägt, das er trinkt? Oder glauben sie, dass der jüdische Kapitalist um der ›heiligen nationalen Sache willen‹ in Paläs-

---

[59] David Balakan: Die Sozialdemokratie und das jüdische Proletariat, Czernowitz 1905, hier und im Folgenden zit.n. der Internetfassung: www.marxists.org/deutsch/archiv/balakan/1905/juedprolet/index.html (zuletzt 20.3.2022).

[60] A. L. [Chaim Jakow Gelfand]: Der Poale-Zionismus. Eine neue Strömung im russischen Judentum, in: NZ, 24 (1905/06), Bd. 1, S. 811.

[61] Ebd. Gelfand zitiert hier aus der Gründungsdeklaration der Poale Zion.

[62] Ebd. Auch dies ist ein Zitat aus der PZ-Gründungsdeklaration.

[63] Balakan: Die Sozialdemokratie und das jüdische Proletariat.

tina keine billigeren beduinischen oder eingewanderten Arbeitskräfte heranziehen wird, wenn er sich nur Profit davon verspricht? Oder gedenken die zionistischen Sozialisten einen Ansiedlungsbezirk für Beduinen und Ausnahmegesetze gegen einwandernde nichtjüdische Arbeiter einzuführen?«[64]

Gelfands bestechende Überlegungen antizipierten einen zionistischen Staat, in dem »das jüdische Volk, also bei der kapitalistischen Produktionsweise die jüdische Bourgeoisie, die Mehrheit bildet und die in der Minderheit befindlichen Völker wohl ebenso unterdrückt, wie sie es bisher selbst gewesen.«[65] Dies entfalte, schrieb der ähnlich denkende Balakan, seine eigene Logik: »Die Zionistenführer wollen die Kolonisierung auf den Länderkreis um Palästina herum ausdehnen, denn Palästina werde für die Einlass begehrenden Judenmassen bald nicht genug Fassungsraum bieten, anderseits verlangt es die Rücksicht auf den zukünftigen ›nationalen‹ Markt – wieder der bürgerlich kapitalistische Pferdefuß –, ein größeres Palästina anzustreben. Die zionistischen ›Staatsmänner‹ haben noch nicht einen Zipfel von Palästina und haben schon so scharfen Landhunger wie die ›echten‹ Diplomaten.«[66] Der *Sozial-Demokrat*, die jiddischsprachige Zeitung der galizischen JSDP, veröffentliche im Mai 1906 Auszüge eines Buches von Neguib Azoury, *Le réveil de la nation arabe dans l'Asie turque* (Das Erwachen der arabischen Nation in Türkisch-Asien). Azoury beschrieb darin die Entstehung einer arabischen Nationalbewegung gegen die türkische Herrschaft. Die zionistische Kolonisation könne eine solche Entwicklung nur beschleunigen.[67]

Die *Neue Zeit* blieb bis 1917, solange Karl Kautsky ihr Chefredakteur war, gegenüber dem Zionismus entschieden kritisch eingestellt. Dieser würde den Antisemitismus nicht beseitigen können, sondern ihn vielmehr auf den Nahen Osten ausweiten. In Palästina, schrieb Kautsky 1914 in *Rasse und Judentum*, würden die zionistischen Anstrengungen lediglich ein neues Ghetto, ein »Weltghetto«, hervorbringen.[68] »Gewiss«, schrieb Kautsky, »die Lage der russischen und rumänischen Juden ist eine verzweifelte, sie ist unerträglich. Aber die Frage ist nicht die, ob sie in Palästina besser leben würden als heute in Russland, sondern ob die Gründung eines jüdischen Gemeinwesens dort ihnen bessere Aussichten bietet als die russische Revolution[69] oder auch nur die Auswanderung nach England oder Amerika.«[70] Palästina sei zu klein, um auch nur alle osteuropäischen Juden aufnehmen zu können, es fehle an allen Mitteln, um eine ausreichende landwirtschaftliche

---

[64] A. L. [Gelfand]: Der Poale-Zionismus, S. 809.
[65] Ebd.
[66] Balakan: Die Sozialdemokratie und das jüdische Proletariat.
[67] Vgl. Kuhn: Jüdischer Antizionismus, S. 133f.
[68] Karl Kautsky: Rasse und Judentum Ergänzungsheft zur »Neuen Zeit«, Stuttgart 1914, S. 82.
[69] In der 2. Auflage (Stuttgart 1921, S. 85) hieß es: »als die Revolution im eigenen Lande«.
[70] Ebd. (1. Aufl.), S. 79.

Produktion zu realisieren. Noch weniger als andere Völker seien die an eine städtische Zivilisation gewöhnten Juden imstande, Bauern zu werden, und für großangelegte Projekte zur Industrialisierung Palästinas fehle es den Zionisten an wirtschaftlichen und finanziellen Mitteln.

Im Gegensatz zu solcher Kritik sahen die Befürworter einer sogenannten revisionistischen Kolonialpolitik auch im Zionismus ein »zivilisatorisches« Element. Nach einigen vereinzelten Vorstößen auf dem Amsterdamer Kongress der Sozialistischen Internationale 1904 kam es auf dem folgenden Stuttgarter Kongress 1907 in der Kolonialfrage erstmals zum geschlossenen Auftreten von Befürwortern kolonialistischer Vorstellungen. Sie lancierten, wenngleich noch erfolglos, einen Resolutionsentwurf in die Arbeit der Kolonialkommission, der »nicht prinzipiell und für alle Zeiten jede Kolonialpolitik« verwarf, sondern einräumte, dass Kolonialpolitik unter einem »sozialistischen Regime« eine »zivilisatorische« Rolle spielen könne. Vorerst sollten sich die Sozialisten damit begnügen, in den jeweiligen Parlamenten »für Reformen einzutreten, um das Los der Eingeborenen zu verbessern, [...] jede Verletzung der Rechte der Eingeborenen, ihre Ausbeutung und ihre Versklavung zu verhindern, mit allen zu Gebote stehenden Mitteln an ihrer *Erziehung* zur Unabhängigkeit zu arbeiten«.[71]

In der SPD sympathisierten die von Joseph Bloch gegründeten *Sozialistischen Monatshefte* vorsichtig, ab etwa 1907 offen mit kolonialrevisionistischen Ideen.[72] Sie brachten auch der »territorialistischen« und ab 1910 der zionistischen Idee zur »Lösung der Judenfrage« Verständnis entgegen, wenngleich sie auch Kritikern dieser Sichtweise Platz einräumten.[73]

Im Jahre 1908 legte Maxim Anin (eigentlich Anin-Schatz) in seiner Auseinandersetzung mit Otto Bauers *Nationalitätenfrage und Sozialdemokratie* in den *So-*

---

[71] Internationaler Sozialisten-Kongress zu Stuttgart, 18. bis 24. August 1907, Berlin 1907, S. 24. Hervorhebung im Original.

[72] Vgl. zur Kolonialpolitik der SPD die folgende Artikelsammlung: Alfred Mansfeld (Hrsg.): Sozialdemokratie und Kolonien, Berlin 1919, mit zahlreichen Beiträgen aus den »Sozialistischen Monatsheften«. Zu den Hintergründen dieser Position vgl. u.a. Abraham Ascher: Imperialists within German Social-Democracy prior to 1914, in: Journal of Central European Affairs, 21 (1961), Nr. 4, S. 397–422; Roger Fletcher: Revisionism and Empire. Socialist Imperialism in Germany, 1897–1914, London 1984 (und zahlreiche Aufsätze Fletchers zu diesem Thema); Jörn Wegner: Die Kriegs- und die Kolonialfrage in der britischen und deutschen Arbeiterbewegung im Vergleich 1899–1914, Berlin 2014.

[73] Vgl. ausführlich Dan Diner: Sozialdemokratie und koloniale Frage – dargestellt am Beispiel des Zionismus, in: Die Dritte Welt, 3 (1974), Nr. 1/2, S. 58–87; Andreas Morgenstern: Die Sozialistischen Monatshefte im Kaiserreich – Sprachrohr eines Arbeiterzionismus?, in: Jahrbuch für Forschungen zur Geschichte der Arbeiterbewegung, 11 (2012), Nr. 3, S. 5–25; Christian Dietrich: Positions on Zionism in the Wake of the Colonial Policy Debate: Perspectives on Labour Zionism in the »Sozialistische Monatshefte«, in: Steven Parfitt u.a. (Hrsg.): Working-Class Nationalism and Internationalism until 1945. Essays in Global Labour History, Cambridge 2018, S. 63–86.

zialistischen Monatsheften den auch für den Zionismus wichtigen Grundsatz dar, dass die Frage, »ob die Juden eine Nation bilden, heute zweifellos bejahend beantwortet werden dürfte«. Als »ökonomisch eigenartig gegliederte Gruppe« seien die Juden zur Auswanderung so lange gezwungen, wie die ökonomische Situation der Gastländer eine »Untergrabung der sozialökonomischen Grundlagen« der jüdischen Bevölkerung bewirke.[74] Diese Auswanderung sei voluntaristisch zu steuern mit dem Ziel einer Konzentration durch Kolonisierung eines hierfür geeigneten Territoriums.[75]

Die ausschließliche Fixierung der Zionisten auf Palästina kritisierte Anin nicht grundsätzlich, sondern lediglich aus pragmatischen Überlegungen heraus, da er als »Territorialist« auch andere Länder als Siedlungsgebiet für geeignet hielt. Nach Anin dürfe »nicht der sicherlich schöne Idealismus, den die Geschichte des altisraelischen Volkes entflammt, an die Stelle einer sachlichen und nüchternen Prüfung aller objektiven Lösungsmöglichkeiten der Judenfrage als eines sozialökonomischen Problems großen Stils treten.«[76]

Anin konnte sich auf den belgischen Sozialisten Émile Vandervelde berufen, der »die Möglichkeiten einer nationalen oder internationalen zivilisatorischen Kolonisation« pries, »die frei [...] vom Geiste des Gewinns oder der Herrschaft« sei.[77] Auch Eduard Bernstein forderte eine »vernünftige geographische Ausbreitung der Nationen«, an der auch das Proletariat ein Interesse haben solle.[78] Max Schippel pries diese »Art der Kolonisation«, [...] »denn an Stelle der rückständigen Wirtschaft [...] setzt die Ansiedlung europäischer Zivilisation die höchsten Produktionsmethoden ihrer Zeit«. Sie setze jedoch nicht nur »hohe Produktivkraft in den Kolonien an Stelle der winzigen Produktivkraft der Wilden [!; M. K.], sondern kann auch ihre eigene Produktivität viel rascher als das Mutterland entwickeln und so zu einer der mächtigen Triebkräfte der Entfaltung der allgemeinen Produktivkraft der Menschen werden«[79] – um den Preis einer rücksichtslosen Knechtung und Ausplünderung der Kolonien und ihrer Bewohner, was Schippel nicht anführte.

---

[74] Maxim Anin: Ist die Assimilation der Juden möglich?, in: SM, 12 (1908), Bd. 2, S. 618. Noch 1897 hatten die »Sozialistischen Monatshefte« Herzls Judenstaat-Projekt sehr kritisch beurteilt. Vgl. S[ergej] Njewsorow: Der Zionismus, in: SM, 1 (1897), S. 645. Vgl. auch SM, 2 (1898), S. 535.

[75] Maxim Anin: Die Judenfrage als Wanderungsproblem, in: SM, 13 (1909), Bd. 2, S. 852.

[76] Ders.: Die Organisation der jüdischen Wanderung, in: SM , 19/20 (1909), Bd. 3, S. 1249.

[77] Émile Vandervelde: Die Sozialdemokratie und das Kolonialproblem, in: NZ, 27 (1908/09), Bd. 1, S. 837.

[78] Eduard Bernstein: Die Kolonialfrage und der Klassenkampf, in: SM, 11 (1907), Bd. 2, S. 996. Vgl. zu ihm Markku Hyrkkänen: Sozialistische Kolonialpolitik. Eduard Bernsteins Stellung zur Kolonialpolitik und zum Imperialismus 1882–1914. Helsinki 1986.

[79] Max Schippel: Kolonialpolitik, in: SM, 12 (1908), Bd. 1, S. 4.

Diese Haltung bot die Grundlage der aktiven Befürwortung einer Siedlungskolonisation mit zionistischem Vorzeichen. Kautsky, der entschiedene Gegner solcher Absichten, begab sich in eine Defensivposition, indem er die Existenz von Siedlungskolonien als »Arbeitskolonien« rechtfertigte, die von Werktätigen, namentlich Bauern des Mutterlandes, besiedelt würden. »Sie verlassen ihre Heimat, um ökonomischem oder politischem Druck zu entgehen und sich eine neue Heimat, frei von solchem Druck, zu gründen. Auf ihrer eigenen Arbeit, nicht auf der Arbeit unterworfener Eingeborener, beruht eine solche Kolonie.«[80] Diese Form der Kolonisation hatte der Kapitalismus jedoch bis dahin nicht hervorgebracht. Die ehemaligen Kolonialgebiete Nord- und Südamerikas beispielsweise waren aufgrund eines systematischen Völkermordes an den dort lebenden Menschen entstanden.

Die Quintessenz der sozialdemokratischen Befürworter des Zionismus formulierte Ludwig Quessel am deutlichsten. Unmittelbar vor Beginn des Ersten Weltkrieges lobte er die Pläne zur Kolonisation Palästinas als »eine Bewegung edeldenkender, im besten Sinn sozial und nationalgesinnter Männer und Frauen, die ihre nationale Geistigkeit im Interesse der Kulturmenschheit erhalten und fortgebildet wissen wollen und die zugleich die geknechteten osteuropäischen Juden von dem Gefühl der Heimatlosigkeit befreien und eine neue Stammheimat schaffen wollen, in der sie aus der tiefen Nacht sozialen und nationalen Elends zur Freiheit und Menschenwürde emporzudringen vermögen.«[81]

Die arabische Bevölkerung Palästinas fand keinerlei positive Beachtung. Vielmehr meinte Quessel ganz im Sinne der Orientinteressen des deutschen Kapitals, »dass die großen Bewässerungsarbeiten (man denke an die in diesem Jahr von deutscher Arbeit und deutschem Kapital vollendeten Anlagen zur Bewässerung der riesengroßen Ebene von Konya) in der asiatischen Türkei [worunter er auch Palästina fasste; M. K.] bald einen empfindlichen Bauernmangel hervorrufen werden, da sich ihnen an anderen Stellen bessere Lebensbedingungen bieten.«[82] Ein Jahr später, schon im Ersten Weltkrieg, schrieb Quessel in entwaffnender Klarheit, eine derartige Bevölkerungsmigration müsse »Lebensraum« für »die jüdische Kolonisation im Stammland der Judenheit« schaffen.[83]

---

80 Karl Kautsky: Sozialismus und Kolonialpolitik, Stuttgart 1908, S. 27.

81 Ludwig Quessel: Die jüdische Neukolonisation Palästinas, in: SM, 18 (1914), Bd. 2, S. 684.

82 Ebd., S. 683.

83 Ludwig Quessel: Deutsche und jüdische Orientinteressen, in: SM, 19 (1915), Bd. 1, S. 401.

Wer vertritt die jüdischen Arbeiter in der Internationale?

Auf dem vierten Kongress der Internationale 1896 in London nahmen vier Mitglieder der von Plechanow geführten Gruppe »Befreiung der Arbeit« (Osvoboždenie truda) die Belange der osteuropäischen jüdischen Sozialisten wahr.[84] Mit der Gründung und Konsolidierung des Bundes nahm die Zahl jüdischer Kongressabgeordneter schlagartig zu: Auf dem folgenden Kongress in Paris 1900 waren von den 29 Mandatsträgern der russischen Delegation allein zwölf Mitglieder des Bundes, was auch dem damaligen Gewicht dieser Organisation in der sozialistischen Bewegung des Zarenreiches entsprach.[85]

Auf dem Amsterdamer Kongress 1904 tauchte erstmals das Problem einer besonderen jüdischen Vertretung in der Internationale auf. Auf den Kongressen herrschte damals das Zweistimmensystem. Jedes Land hatte zwei Stimmen; und wo mehr als eine sozialistische Partei bestand, war es Sache der betreffenden Delegation, die beiden Stimmen untereinander aufzuteilen.[86] In Paris war je eine Stimme der russischen Vertretung der SDAPR, der der Bund angehörte, und den Sozialrevolutionären zugefallen, der ältesten sozialistisch orientierten Massenpartei Russlands, die einen bäuerlichen Sozialismus vertrat. Nach dem Bruch des Bundes mit der SDAPR 1903 beanspruchte die jüdische Partei eine eigene Stimme auf dem Amsterdamer Kongress. Die Sprecher der Sozialrevolutionäre, Ilja Rubanowitsch und Chaim Shitlowski (die SERP gehörte damals noch den Sozialrevolutionären an), schlugen dem Bund im Vorfeld des Kongresses vor, sich als Repräsentant der Juden der ganzen Welt um Stimmrecht beim ISB zu bewerben. Der Delegationsleiter des Bundes, Wladimir Medem, wies dies zurück; als russische Partei sei der Bund für russische Angelegenheiten zuständig und verlange eine Vertretung innerhalb der russischen Sektion.[87]

Das ISB, dem die Angelegenheit dann zugeleitet wurde, lehnte es ab, dem Bund ein gleiches Stimmrecht wie der SDAPR und den Sozialrevolutionären einzuräumen. Nachdem der Bund dagegen erfolglos protestiert hatte, trat er mit der SDAPR in Verhandlungen und es kam schließlich ein Kompromiss zustande, nach dem zwar die Stimme der SDAPR im ISB weiterhin ihr allein zustand, dem Bund auf den Kon-

---

[84] Vgl. Mendelsohn: The Jewish Socialist Movement, S. 135. Das Folgende auch nach Keßler: Zionismus und internationale Arbeiterbewegung, S. 85–92.

[85] Cinquième congrès socialiste international tenu à Paris du 23 au 27 septembre 1900. Compte rendu analytique officiel, Paris 1902, S. 30 (Die offiziellen französischen Kongressprotokolle werden stets dann angeführt, wenn in den gleichfalls herangezogenen, oftmals gekürzten deutschen Protokollen ein entsprechender Beleg fehlt).

[86] Vgl. A[riyeh] Tartakower: Zur Geschichte des jüdischen Sozialismus, in: Der Jude, 8 (1924), Nr. 7, S. 395.

[87] Vgl. Mendelsohn: The Jewish Socialist Movement, S. 136f.

gressen aber eine halbe Stimme zufallen sollte.[88] Somit wurde der Bund die erste jüdische Partei mit einer eigenständigen Vertretung in der Zweiten Internationale.

Die Rückkehr des Bundes in die SDAPR 1906 annullierte diese Bestimmung und stellte den bis 1903 bestehenden Zustand wieder her. Dies veranlasste Plechanow zu der Bemerkung, die Vertreter des internationalen Proletariats würden »keine Möglichkeit einräumen, die nationalistischen Tendenzen des Bundes zu fördern.«[89] Die vom ISB am 10. November 1906 beschlossene Stimmreform gab jedoch dem Bund Gelegenheit, erneut um eine selbständige Vertretung nachzusuchen. Mit Mehrheit wies das Büro den Antrag des Bundes zugunsten des Vorschlages der Sozialrevolutionäre, die Stimmen innerhalb der Länder nur an politisch autonome Organisationen aufzuteilen, zurück. Von den 20 Stimmen, die der russischen Vertretung auf den Sozialistenkongressen künftig zustanden, erhielten die SDAPR (einschließlich des Bundes) zehn, die Sozialrevolutionäre sieben und die Gewerkschaften drei.90 Der Bund war nunmehr wiederum ohne autonomen Status in der Internationale.

Das Problem der Vertretung jüdischer Arbeiterparteien tauchte aber im nächsten Jahr, 1907, erneut auf. Zu Beginn dieses Jahres wandten sich die ZS an das ISB mit dem Antrag auf eigenständige Repräsentanz auf dem bevorstehenden Stuttgarter Kongress, was die Aufnahme der ZS in die Internationale voraussetzte.[91] Das Büro verwies die ZS an die SDAPR. Dort wurde der Antrag vollständig verworfen und die SDAPR verurteilte in einer Resolution die programmatischen Bestrebungen der ZS zur Förderung der Emigration jüdischer Werktätiger aus Russland. Doch während des Kongresses entschied das Büro überraschenderweise, die ZS mit beratender Stimme in die Internationale aufzunehmen, womit zum ersten Mal Zionisten die Möglichkeit eingeräumt wurde, im Rahmen der

[88] Vgl. Maxim Anin: Das jüdische Proletariat in der Internationale, in: SM, 14 (1910), Bd. 2, S. 1065; Jack Jacobs: Die Sozialistische Internationale, der Antisemitismus und die jüdisch-sozialistischen Parteien des Russischen Reiches, in: Wladislaw Hedeler u.a. (Hrsg.): Ausblicke auf das vergangene Jahrhundert. Die Politik der internationalen Arbeiterbewegung von 1900 bis 2000. Festschrift für Theodor Bergmann, Hamburg 1996, S. 158.

[89] Zit.n. Jacobs: Die Sozialistische Internationale [...], S. 159.

[90] Vgl. Georges Haupt (Hrsg.): Bureau Socialiste International. Coptes rendus des réunions. Manifestes et circulaires, Bd. 1 1907–1910, Paris/Den Haag 1969, S. 252f.; Mendelsohn: The Jewish Socialist Movement, S. 137. Vgl. auch die Materialien im ehemaligen Archiwum Lewicy Polskiej (Archiv der polnischen Linken), jetzt im Bestand des Archiwum Akt Nowych – Archiv der Neuen Akten, Warschau (im Folgenden AAN), 150/1–15, Bl. 37.

[91] Vgl. Tartakower: Zur Geschichte des jüdischen Sozialismus, S. 396f.; Mendelsohn: The Jewish Socialist Movement, S. 141f.; Jacobs: Die Sozialistische Internationale [...], S. 161; Weinstock: Le pain de misère, Bd. 1, S. 229–232. Die ZS hatte bereits vor ihrem im März und April 1906 in Leipzig abgehaltenen Gründungsparteitag dem ISB einen Brief zukommen lassen, in dem sie ankündigte, »die internationale Sozialdemokratie in baldigster Zukunft durch unsere Parteipublikationen mit dem Programm und der Taktik unserer Partei genügend vertraut zu machen [...]«. AAN, 150/1–15, Bl. 22. Der Brief blieb unbeantwortet.

internationalen Organe der Arbeiterbewegung tätig zu werden. Initiator und engagierter Fürsprecher dieser Vorgänge im Büro war der Niederländer Henri van Kol, der auf dem Stuttgarter Kongress durch eine Agitation zugunsten der Tolerierung kolonialer Eroberungen imperialistischer Staaten seitens der Sozialisten auffiel. Die sich anbahnende Verbindung von sozialistischem Zionismus und revisionistischer Kolonialpolitik wurde damit erstmals sichtbar. Am 14. Oktober 1908 setzten sich im ISB zunächst aber die Gegner eines zionistischen Stützpunktes in der Internationale durch. Die Mitgliedschaft der ZS wurde wieder aufgehoben. Dies geschah mit der Begründung, dass die Mitgliedschaft der ZS in der Internationale nur für die Zeit des Stuttgarter Kongresses gegolten habe.[92] Die SERP wurde hingegen vor dem Stuttgarter Kongress in die Untersektion der Sozialrevolutionäre aufgenommen, wozu das ISB seine Zustimmung gab. Im ISB erhielten die SERP wie der Bund beratendes Stimmrecht.

In Stuttgart beteiligten sich die Bundisten an den Diskussionen um die Fragen der Immigration und Emigration. In einem der Versammlung vorgelegten langen Memorandum zur Emigrationsfrage betonten sie, dass die Arbeitskräftemigration durch das kapitalistische Wirtschaftssystem selbst verursacht sei und erst mit diesem überwunden werden könne. Die Sozialisten sollten keinesfalls, wie es amerikanische, australische und niederländische Vertreter in Amsterdam getan hätten, protektionistische Maßnahmen zur Eindämmung der Migration fordern, sondern dafür Sorge tragen, den gesetzlichen Arbeiterschutz in den Einwanderungsländern auszubauen, einen Maximalarbeitstag und einen Minimallohn festzulegen und die eingewanderten Arbeiter in die Gewerkschaften aufzunehmen. Das Memorandum verlangte weiterhin den Ausbau von staatlichen Aus- und Einwanderungs- sowie Arbeitsvermittlungsämtern unter Kontrolle der Arbeiterorganisationen.[93]

---

[92] Das ISB nahm ohne Gegenstimmen (bei Stimmenthaltung von Rubanowitsch und Vaillant) folgende von Victor Adler formulierte und von Lenin unterstützte Resolution an: »Das Büro stellt fest, dass die Zulassung der Zionisten mit beratender Stimme nur für den Stuttgarter Kongress galt, dass die Zionisten dem Büro gegenwärtig nicht angeschlossen sind und geht zur Tagesordnung über.« (Zit.n. W. I. Lenin: Die Tagung des Internationalen Sozialistischen Büros, in: Werke, Bd. 15, S. 239) Auf dieser Sitzung des ISB hatte Lenin darauf hingewiesen, dass die Aufnahme der ZS in die Internationale »gegen den Willen der beiden russischen Untersektionen [der Sozialdemokraten und der Stimmenthaltung übenden Sozialrevolutionäre] ein unzulässiger Verstoß gegen das Statut der Internationale sei«. (Ebd.) Morris Hillquit:, der die Sozialistische Partei der USA auf dem Stuttgarter Kongress vertrat, betonte in einem Brief an das ISB, »que le Bureau a fait une erreur, qui, je l'espère, ne se répétera pas. Les socialistes sionistes ne représentent pas un groupe separé du mouvement socialiste international, et ils constituent encore moins une partie de la socialdemocratie russe.« (AAN, 150/1–15, Bl. 65) In seinem Antwortschreiben an Hillquit verwies das ISB auf die primäre Zuständigkeit der russischen Parteien für diese Frage. (Ebd., Bl. 67).

[93] Vgl. B. Gornberg: Zur Emigrationsfrage. An den Internationalen Sozialistischen Kongress zu Stuttgart. Zu Punkt 4 der Tagesordnung: »Einwanderung und Auswanderung der Arbeiter«, Genf 1907.

Eine entsprechende Resolution zur Emigrationsfrage nannte nationale, politische und religiöse Verfolgung als Hauptursache der Massenauswanderung. Alle Beschränkungen der Rechte von Einwanderern hinsichtlich rassischer oder nationaler Merkmale wurden verurteilt.[94] Das Papier verpflichtete Sozialisten gegen jegliche Diskriminierung dieser Art nicht nur anzukämpfen, sondern den uneingeschränkten Zutritt der eingewanderten Arbeiter zu sozialistischen Parteien und Gewerkschaften zu garantieren. Der Diskussionsredner des Bundes zu diesem Thema, Jewgenj Gisser, wandte sich dementsprechend in der sehr kontrovers geführten Debatte gegen jedwede Einschränkung der Ein- und Auswanderung. Er betonte weiterhin die Verantwortung der Sozialisten für die Integration der Migranten durch den Kampf um generell bessere Lebensbedingungen sowie durch strenge Kontrolle der Auswanderungsagenturen und Schifffahrtsgesellschaften (die die Auswanderer oft übervorteilten).[95]

Dies betraf auch die Rechte jüdischer Migranten, deren missliche Lage oft von den Poalezionisten zu einem Zentralthema ihrer Argumentation gemacht wurde, da sie günstige Bedingungen für jüdische Einwanderer nur in Palästina sahen. Hingegen hatte der Bund bereits in seinem dem Kongress vorgelegten Tätigkeitsbericht festgehalten, »dass der Gang der kapitalistischen Entwicklung in denjenigen Staaten, in denen Juden wohnen, keine solchen wirtschaftlichen Bedingungen schafft, aus denen sich die objektive Notwendigkeit einer Konzentrierung der Juden auf einem selbständigen Territorium ergäbe«, dass vielmehr die Lösung der Judenfrage »nur auf dem Wege eines Kampfes, der die Demokratisierung der gesellschaftlichen und der Staatsordnung der Länder, in denen Juden wohnen, und die Umgestaltung der heutigen Gesellschaft auf sozialistischer Grundlage zum Ziel hat, herbeigeführt werden kann«.[96]

Ungleich der SERP und der ZS unternahm die Poale Zion nie einen Versuch, als Teil der russischen oder einer anderen Landespartei in die Internationale aufgenommen zu werden. Ihre als Weltverband strukturierte Organisation brachte

---

[94] Dieses Thema fand in der Zweiten Internationale überraschend spät Eingang in die Kongresse. Man muss jedoch berücksichtigen, dass die Arbeiterbewegung erst in außereuropäischen Ländern genügend Fuß gefasst haben musste, bevor die Migrationsfrage für ihre Organisationen überhaupt ein wichtiges Thema werden konnte. Vgl. Claudie Weill: Die Frage der Migrationen im internationalen Sozialismus: Stuttgart (1907) – London (1926), in: Mitteilungsblatt des Instituts für soziale Bewegungen, Nr. 26 (2001), S. 55–64.

[95] Vgl. Internationaler Sozialisten-Kongress zu Stuttgart, S. 120. Die entsprechenden Protestnoten der SERP, die vor allem das Recht der eingewanderten Arbeiter auf Erhalt ihrer nationalen Kultur betonten, erreichten den Kongress zu spät, um diskutiert zu werden. Die SERP unterstützte jedoch die Bestrebungen, die sich für eine Beschleunigung der Naturalisierung eingewanderter Proletarier aussprachen. Vgl. Tartakower: Zur Geschichte des jüdischen Sozialismus, S. 396.

[96] Der »Allgemeine jüdische Arbeiterbund« zur Zeit der russischen Revolution (1904–1907). (Bericht an den Stuttgarter Sozialistenkongress 1907), in: Archiv für Sozialwissenschaften und Sozialpolitik, Bd. 37, Tübingen 1913, S. 244.

die Poalezionisten auf den Gedanken, als »allweltliche« Vertretung des jüdischen Proletariats an die Internationale heranzutreten. Im März 1907 richteten die PZ-Parteien Russlands, Österreichs und der USA ein gemeinsames Schreiben an das ISB und ersuchten darin um eine Vertretung auf dem Stuttgarter Kongress nach. Doch auch sie wurden an die SDAPR verwiesen, da sie nur innerhalb der russischen Partei eine Vertretung in der Internationale erlangen könnten; ein Hinweis auf die hauptsächlich im Zarenreich ansässigen Anhänger Borochows.[97]

Obwohl die Bemühungen der PZ aufgrund der unnachgiebigen Position der SDAPR erfolglos blieben und sie nicht am Stuttgarter Kongress teilnehmen konnte, richtete das inzwischen ins Leben gerufene Verbandsbüro der PZ (das Exekutivorgan des Weltverbandes) im Oktober 1908 wiederum ein Schreiben an das ISB, in dem die Forderung nach einer Vertretung in der Internationale erneut erhoben wurde. In diesem Memorandum schlug die PZ entsprechend den Wiener Verhandlungen vor, dass außer ihr selbst auch die SERP, die ZS und sogar der Bund gemeinsam das Mandat für die jüdischen Arbeiter übernehmen sollten.[98]

Aufgrund der Resultate dieser Verhandlungen der drei territorialistischen Parteien zog die PZ das Schreiben ein Jahr später wieder zurück, nur um 1910 dem ISB wiederum einen ähnlich lautenden Antrag zu übergeben. Da der Bund sich erneut zum Sprecher der antizionistischen Kräfte in der Internationale machte, schlugen die Poalezionisten am Vorabend des Kopenhagener Sozialistenkongresses im August 1910 eine neue Taktik ein: In einem Brief an das ISB und das Präsidium des Kongresses beteuerten sie, dass es ihnen nicht um die Verwirklichung zionistischer Ziele, sprich: die Inbesitznahme Palästinas, gehe, sondern lediglich um die Herstellung der organisatorischen Einheit des jüdischen Sozialismus. Es hieß in diesem Schreiben unter anderem: »Die jüdische Sektion in der Internationale würde die tatsächliche Einheit der jüdischen Arbeiterschaft der ganzen Erde manifestieren. Die jüdische Sektion würde ferner die Anerkennung des Rechtes des jüdischen Proletariats – nicht auf einen von uns nie erstrebten ›Judenstaat‹, wohl aber auf die selbständige Ordnung seiner nationalen Angelegenheiten –, die Selbstbestimmung seiner Geschichte und seine nationale Selbstverwirklichung bedeuten – ein unbestreitbares Recht der Sozialisten aller Völker.«[99]

Maxim Anin gab seitens der ZS Schützenhilfe. Er glaubte, dass »ein Komplex von politischen Garantien«, der »die ungehemmte wirtschaftliche, soziale und kulturelle Entwicklung der Juden auf dem Gebiet, das konzentrierte Ansiedlung der

[97] Vgl. Mendelsohn: The Jewish Socialist Movement, S. 139–141.

[98] Vgl. den Bericht über die Arbeit des ISB, in: Vorwärts, 8. Oktober 1908.

[99] An das verehrliche Internationale Sozialistische Büro und das Präsidium des internationalen Sozialistenkongresses, Wien, 24. August 1910, Internationaal Instituut voor Sociale Geschiedenis, Amsterdam (im Folgenden IISG), Second International Archive, Nr. 476; online unter: hdl.handle.net/10622/ARCH01299.476 (zuletzt 20.3.2022). Textstelle auf Deutsch auch bei Mendelsohn: The Jewish Socialist Movement, S. 144.

jüdischen Wanderer zulässt«, nichts mit dem zionistischen Streben nach Errichtung eines jüdischen Staates zu tun habe;[100] eines Staates, in dem sich laut Borochow die »fellachische« Bevölkerung an die jüdischen Einwanderer würde assimilieren müssen, so eigenartig dies von einem Gegner der jüdischen Assimilation in Europa klang.[101] Wladimir Medem bezeichnete namens des Bundes die Demarche der Poale Zion und ihrer Verbündeten als das, was sie im Kern war und blieb: als eine »Manifestation zugunsten des Zionismus«, dem mit der Anerkennung einer »allweltlichen« jüdischen Vertretung in der Internationale eine Eintrittskarte für die Mitarbeit und eine Chance für sein weiteres Vordringen in der internationalen Arbeiterbewegung geboten worden wäre.[102] Dies geschah vor dem Ersten Weltkrieg nicht. Die gemeinsame Denkschrift von PZ, ZS und SERP vom 1. Mai 1911, die letzte vor Ausbruch des Krieges, erreichte zwar ihren Adressaten, das ISB, stieß aber »auf taube Ohren«.[103]

Antisemitismus, Zionismus und die Internationale im Krieg

Mit Beginn des Ersten Weltkrieges zerfiel faktisch die Zweite Internationale. Das ISB wurde aus dem von deutschen Truppen überfallenen Belgien nach Amsterdam verlegt, und es versuchte, unter Mitarbeit der sozialdemokratischen Parteien neutraler Länder die Wiedervereinigung der Internationale in die Wege zu leiten. Mit dem ISB trat auch der PZ-Weltverband, der in Den Haag ansässig war, in Verbindung.[104] Der Weg zum ISB nach Amsterdam war nur kurz. Die Kontakte aber wurden durch einen massiven Ausbruch des Antisemitismus verdüstert:

Auf dem Kriegsschauplatz Osteuropa wurden die Juden zu Hauptopfern, insbesondere seit der Herbstoffensive der russischen Armee 1914. Während an der Westfront der Stellungskrieg zu einer Erstarrung der Fronten führte, war der Kriegsschauplatz im Osten durch wellenförmige Angriffe und Rückzüge gekennzeichnet. Die ethnische Mischung der Bevölkerung rief den ständigen Argwohn der jeweiligen Okkupanten hervor. Anders als die übrigen Völkerschaften galten die Juden bei *allen* Kriegsparteien als unzuverlässig. Sie hatten weniger die Armeen der Mittelmächte, doch vor allem die »eigene« zaristische Armee zu fürchten. Während des Krieges vertrieb die russische Armee rund eine Million Juden

[100] Maxim Anin: Was will die jüdische Sektion in der Internationale?, in: SM, 15 (1911), Bd. 1, S. 400f.

[101] Borochow: Die Grundlagen des Poalezionismus, S. 46.

[102] W[ladimir] Medem: Ein nationalistischer Vorschlag, in: NZ, 28 (1910), Bd. 2, S. 751.

[103] Vgl. Tartakower: Zur Geschichte des jüdischen Sozialismus, S. 397f.; Mendelsohn: The Jewish Socialist Movement, S. 144.

[104] In Vertretung von Ber Borochow leitete Berl Locker das Büro in Den Haag.

aus den Grenzgebieten des Russischen Reiches, von denen Zehntausende nach Deutschland oder Österreich flüchteten.[105]

Bereits vor Kriegsbeginn hatten deutsche Zionisten ein »Komitee zur Befreiung der russischen Juden« gegründet, das im August 1914 in »Komitee für den Osten« (KfdO) umbenannt wurde. »Es ist anerkannt worden«, hieß es in einer Denkschrift des Komitees, »dass das Deutschtum in der neuen Ostmark sich auf keine andere Bevölkerungsschicht mit so großem Vertrauen stützen kann als auf [...] die Juden.«[106] In einer Unterredung mit Hindenburg und Ludendorff bekräftigte Max Bodenheimer, der Leiter des KfdO, Anfang Oktober 1914 diesen Gedanken. Die Oberste Heeresleitung gab eine Reihe jiddischsprachiger Publikationen heraus, in denen die deutsche Armee, die die Russen im Frühjahr 1915 wieder zurückwarf, als Schutzschild vor den Pogromen gepriesen wurde. In der Tat begrüßten viele Juden den Einmarsch der Deutschen und unterstützten mindestens zeitweise die deutsche Besatzungsmacht.[107] Auch der deutsche Zweig der PZ unterstützte die deutsche Besatzung, zeigte sich nach antisemitischen Übergriffen der deutschen Armee und der Verschleppung von Juden zur Zwangsarbeit nach Deutschland aber zunehmend ernüchtert.[108]

Am meisten wurde das Vertrauen deutscher Juden, darunter der sozialistischen Zionisten, in ihr »Vaterland« durch die zum 1. November 1916 vom preußischen Kriegsministerium angeordnete »Nachweisung der beim Heere befindlichen Juden« erschüttert. Die Ergebnisse dieser kurz Judenzählung genannten Erhebung wurden bis nach Kriegsende geheim gehalten, da sie den Antisemiten nicht genehm sein konnten: Der Anteil kriegsfreiwilliger Juden übertraf ihren Anteil an der Bevölkerung. Doch allein die Absicht zeigte den Graben an, der Juden noch immer von vielen Nichtjuden trennte – und dies, obgleich auch ungetaufte Juden nunmehr in die Offiziersränge aufrücken durften, was für manche von ihnen der Erfüllung eines Traumes gleichkam.[109] Für andere wurden der Zionismus und die erstrebte Einwanderung nach Palästina zu einer Hoffnung. Doch hatten mit Kriegsbeginn die türkischen Behörden die Grenzen geschlossen, und eine reguläre jüdische Einwanderung nach Palästina war zunächst nicht mehr möglich.

---

[105] Vgl. Salo W. Baron: The Russian Jew under Tsars and Soviets [1964], 3. Aufl., New York 1987, S. 156–167.

[106] Zit.n. Ludger Heid: Im Reich Ober-Ost, in: Die Zeit, Nr. 9 vom 20. Februar 2014.

[107] Vgl. Fritz Fischer: Griff nach der Weltmacht. Die Kriegszielpolitik des kaiserlichen Deutschland 1914/18, [Neudruck] Kronberg 1977, S. 123f.; Egmont Zechlin: Die deutsche Politik und die Juden im Ersten Weltkrieg, Göttingen 1969, S. 116–120.

[108] Vgl. Zosa Szajkowski: East European Jewish Workers in Germany During World War I, in: Saul Liebermann (Hrsg.): Salo Wittmayer Baron. Jubilee Volume on the Occasion of his 80th Birthday, Jerusalem 1974, S. 887–918.

[109] Vgl. Jacob Rosenthal: Die Ehre des jüdischen Soldaten. Die Judenzählung im Ersten Weltkrieg und ihre Folgen, Frankfurt a. M./New York 2007.

Unter den SPD-Politikern, die das endemische Anwachsen des Antisemitismus nunmehr zu Sympathiebekundungen für den Zionismus veranlasste, gehörte Eduard Bernstein. Einerseits bekräftige er 1917 in einer Broschüre: »Ich bin kein Zionist, ich fühle mich zu sehr als Deutscher, um es sein zu können.«[110] Andererseits schrieb er, die Zionisten besäßen nunmehr ein »Ideal, das nicht lediglich in beschaulicher Mystik zerfließt, sondern tätige Hingebung erfordert oder zu ihr erzieht«; diese Seite des Zionismus stoße bei Bernstein »auf verwandte Empfindungen«.[111]

Doch trotz der Sympathiebezeugungen auch anderer deutscher und österreichischer Sozialdemokraten für den Zionismus[112] konnten beide Parteien nicht den Interessen des mit Deutschland und Österreich-Ungarn verbündeten jungtürkischen Regimes zuwiderhandeln, das mit dem Völkermord an den Armeniern auch gezeigt hatte, dass es nicht bereit war, irgendeinen Bestandteil des Osmanischen Reiches zur Disposition zu stellen, offensichtlich auch nicht Palästina für das Projekt eines jüdischen Staates. Die sozialdemokratischen Parteien der Mittelmächte umgingen das Thema des Antisemitismus: Sie setzten es nicht auf die Tagesordnung ihrer am 12. und 13. April 1915 in Wien abgehaltenen Konferenz.[113]

Hingegen befassten sich sowohl die Konferenz der sozialistischen Parteien neutraler Länder am 17. und 18. Januar 1915 in Kopenhagen[114] wie auch die am 14. Februar desselben Jahres in London stattfindende Konferenz der Entente-Sozialisten[115] mit dem antisemitischen Terror der zaristischen Armee. Der PZ-Weltverband erklärte in seiner Denkschrift *Die Juden im Kriege* im gleichen Jahr, dass »die Aufgabe der proletarischen Internationale natürlich nicht bloß darin [besteht], die unmittelbaren Gefahren abzuwenden, die den Juden Russlands und Palästinas drohen. Wir erwarten von der Solidarität des internationalen Proletariats die *Aufrollung der jüdischen Frage* im Rahmen der nationalen Fragen, deren Lösung durch den Krieg unvermeidlich geworden ist.«[116]

Neben den Forderungen nach Minderheitenschutz für die Juden in Osteuropa und nach der Verantwortlichkeit der türkischen Regierung für eine Verbesserung der Lage der palästinensischen Juden ließ das Memorandum keinerlei Zweifel an

---

[110] Eduard Bernstein: Die Aufgaben der Juden im Weltkriege, Berlin 1917, S. 32.

[111] Ebd., S. 8.

[112] Vgl. Engelbert Pernerstorfer: Zur Judenfrage, in: Der Jude, 1 (1916/17) 5, S. 308–315; Hermann Kranold: Das Interesse der deutschen Sozialisten am Zionismus, in: Der Jude, 3 (1918/19), Nr. 6, S. 251–260. Die *Sozialistischen Monatshefte* verstärkten während des Krieges ihre schon vor 1914 offenkundige Sympathie für den Zionismus. Einzelheiten hierzu bei Keßler: Zionismus und internationale Arbeiterbewegung, S. 92–100.

[113] Vgl. die Materialien dieser Konferenz in: AAN, 150/II-3.

[114] Vgl. AAN, 150/II-1, Bl. 37.

[115] Vgl. ebd., 150/I-I2, Bl. 9.

[116] Die Juden im Kriege. Denkschrift des Jüdischen Sozialistischen Arbeiterverbandes Poale Zion an das Internationale Sozialistische Bureau, 2. Aufl., Den Haag 1917, S. 43; Hervorhebung im Original.

der Art und Weise, wie die jüdische Frage gelöst werden sollte. »Die Tendenz zur Überwindung des wirtschaftlichen Ghettos, in dem die Volksmassen eingeschlossen sind, durch produktive Umschichtung« könne erst mit dem Ausbau »nationale[r] Selbstverwaltungsorgane […] zur vollen Entfaltung« gelangen; und zwar dort, »wo die jüdische Einwanderung mit der Besiedlung und wirtschaftlichen Erschließung eines unterentwickelten Gebietes verbunden ist. Darin besteht die Bedeutung Palästinas und seiner Nachbargebiete für die Geschicke des jüdischen Volkes.«[117] Weiterhin hieß es, dass nur durch die Kolonisation Palästinas, in »Verbindung mit der Scholle«, eine jüdische »*Arbeits- und Kulturgemeinschaft*« entstehen könne.[118]

Anfang des Jahres 1916 ebnete das ISB den Poalezionisten den Weg in die Internationale. Ihnen wurde vom ISB vorgeschlagen, den PZ-Weltverband im Rahmen der Internationale als palästinensische Landespartei zu konstituieren und hierdurch jene der drei Stimmen zu erlangen, die infolge des Abtretens des bis dahin türkischen Saloniki 1913 an Griechenland frei geworden waren. Die Poalezionisten akzeptierten diese Lösung, auch wenn damit der »allweltliche« Charakter ihrer Bewegung vom ISB nicht sanktioniert worden war.

Die Poalezionisten schalteten sich nunmehr in die Bemühungen zur Wiederherstellung der Zweiten Internationale ein und verstärkten gleichzeitig ihre Anstrengungen, die Internationale für die Unterstützung des zionistischen Palästina-Projektes zu gewinnen. Dementsprechend richtete der PZ-Verband im Juli 1916 an die in Den Haag geplante Konferenz der sozialistischen Parteien neutraler Länder ein Schreiben, in dem unter Bezug auf die erwähnte Denkschrift sowie das Nationalitätsprinzip der Internationale die Aufmerksamkeit der Veranstaltung auf einen Plan der PZ zur Realisierung der Autonomie nichtselbständiger Völker gelenkt wurde. Die PZ schlug darin vor, diejenigen Angelegenheiten, die die Minderheitenvölker allein betrafen, der übergeordneten staatlichen Gesetzgebung zu entziehen. Damit sollte auch die Zuständigkeit nichtjüdischer Körperschaften und Einrichtungen für jüdische Probleme prinzipiell infrage gestellt werden.[119] Der Jüdische Arbeiterbund verpflichtete hingegen das internationale Proletariat, »seine besondere Aufmerksamkeit auf die entsetzliche Lage *der Juden in Russland und Rumänien* [zu] richten und die selbständige Forderung der

[117] Ebd., S. 36.

[118] Ebd., S. 37; Hervorhebung im Original.

[119] Vgl. An die Konferenz der sozialistischen Parteien neutraler Länder, Den Haag, im Juli 1916, in: IISG, Second International Archive, Nr. 476; online unter: hdl.handle.net/10622/ARCH01299.476 (zuletzt 20.3.2022), und in: AAN, 150/II-4, Bl. 56–59 (im Folgenden wird auf den leicht auffindbare Internet-Zugang der Materialien im IISG nicht extra mehr hingewiesen).

vollen bürgerlichen und nationalen Gleichberechtigung der Juden auf[zu]stellen« – bezogen auf die Länder, in denen sie lebten.[120]

Das Holländisch-Skandinavische Sozialistische Komitee, das 1917 in Stockholm den bis dahin ernsthaftesten Versuch unternommen hatte, die Zweite Internationale zu restaurieren, übernahm die Hauptforderungen der Poale Zion in sein Friedensmanifest vom 10. Oktober: Anerkennung des internationalen Charakters der jüdischen Frage und ihre Verankerung im angestrebten Friedensvertrag, wirtschaftliche und personelle Autonomie der Juden Osteuropas sowie »Schutz der jüdischen Kolonisation in Palästina«.[121] Damit fand sich zum ersten Mal eine internationale Körperschaft der Sozialdemokratie zur offiziellen Identifikation mit dem zionistischen Palästina-Projekt bereit.[122]

Der Vorstand der Sozialdemokratischen Partei Schwedens stellte sich hinter die Erklärung des Komitees und hob hervor, dass »nur die Verwirklichung dieser Forderungen eine endgültige Lösung der jüdischen nationalen Frage herbeiführen kann.«[123] Im November 1917 gab die American Federation of Labor eine Stellungnahme ähnlichen Inhaltes ab.[124] Führende Vertreter der internationalen Sozialdemokratie – Camille Huysmans, Pieter Jelles Troelstra und Pawel Axelrod – schlossen sich an.[125]

Unterdessen hatte sich im palästinensischen Zweig der Poale Zion eine Orientierung hin zu den Ententemächten ergeben. Mit Beginn des Krieges verboten die türkischen Behörden die Tätigkeit des *Hashomer* (Der Wächter), der paramilitärischen Einheit der Poale Zion. Die meisten ihrer rund 50 Mitglieder schlossen sich noch 1914 der Jüdischen Legion an, die unter Leitung von Zeev Jabotinski und Joseph Trumpeldor mit den Briten zusammenarbeitete, um Palästina von der türkischen Herrschaft zu befreien.[126]

---

[120] AAN, 150/II–4, Bl. 65; Hervorhebung im Original.

[121] Ebd., 150/II–5, Bl. 56. Vgl. Erklärung der Delegation des Jüdischen Sozialistischen Arbeiterverbandes Poale-Zion an das Holländisch-Skandinavische Sozialistische Komitee, Stockholm 1917, S. 8; vgl. weiterhin Mendel Singer: Der Weg des jüdischen Arbeiters zum Sozialismus, Wien o. J. [1930], S. 11.

[122] Diese Tatsache wurde in der Spezialliteratur zum Komitee kaum erwähnt; weder von Merle Fainsod: International Socialism and the World War, Cambridge 1935, Kap. VII noch von Hildamarie Meynell: The Stockholm Conference of 1917, in: International Review of Social History, 5 (1960) 1, S. 1–25. Nur Werner Kowalski: Zusammenbruch und Restauration der Zweiten Internationale (1914–1923), Habil.-Schrift, Bd. 1, Halle 1969, S. 214, geht kurz darauf ein.

[123] AAN, 150/II–6, Bl. 23.

[124] Vgl. Leon Chasanowitsch/Leo Motzkin (Hrsg.): Die Judenfrage der Gegenwart, Stockholm 1919, S. 98f.

[125] Vgl. Freie Tribüne. Organ der jüdischen sozialistischen Arbeiterpartei in Deutsch-Österreich vom 24. u. 31. Januar, 28. März 1919.

[126] Vgl. Martin Watts: The Jewish Legion and the First World War, Basingstoke 2004.

Je mehr die Siegesaussichten der Ententemächte im Ersten Weltkrieg wuchsen, je mehr der britische Imperialismus bei seinen militärischen Operationen gegen das Türkische Reich sowie seinen Zielstellungen im Nahen Osten auch auf die zionistische Karte setzte, desto mehr öffneten sich auch Führungskräfte der Labour Party den zionistischen Bestrebungen. Am 17. August 1917 erschien in der Londoner *Times* ein von den Labour-Politikern Arthur Henderson und Sidney Webb verfasstes »War Aims Memorandum«. Darin hieß es:

»Die britische Arbeiterbewegung fordert für die Juden in allen Ländern dieselben elementaren Rechte der Toleranz, Freiheit des Wohnsitzes und des Handels sowie gleiche Bürgerrechte, die auf alle Angehörigen jeder Nation ausgedehnt werden sollten. Sie vertritt weiterhin die Auffassung, dass Palästina von der abstoßenden und bedrückenden Herrschaft der Türken befreit werden sollte, damit dies Land einen Freistaat unter internationaler Garantie bilden darf, in den diejenigen der Juden, die es wünschen, zurückkehren und an ihrer Erlösung arbeiten dürfen; frei von Einmischung jener, die fremder Rasse oder Religion sind.«[127]

Diese Anteilnahme stand im auffälligen Gegensatz zur Gleichgültigkeit und teils offenen Feindschaft gegenüber dem Schicksal der Juden aus der Zeit vor 1914. Die Wendung findet ihre Erklärung in der Absicht der Labour Party, im Krieg die britische Kolonialpolitik absichern zu helfen.[128] Im Lichte der Besetzung Palästinas durch britische Truppen, die am 8. Dezember 1917 in Jerusalem einzogen, kommt dieser Stellungnahme somit eine besondere Bedeutung zu. Noch vor Ende des Jahres 1917 wurde die Henderson-Webb-Deklaration Teil des offiziellen Kriegszielprogramms der Labour Party.[129]

Die Poale Zion und der Jüdische Arbeiterbund reagierten auf die Erklärung gegensätzlich. Die britischen Poalezionisten begrüßten die Erklärung enthusiastisch. In einer Reihe von Städten beriefen sie Versammlungen ein und starteten eine Kampagne zur Unterstützung der Labour-Kandidaten für die 1918 anstehenden Parlamentswahlen.[130] Diese Aktivitäten beendeten eine über zwei Jahre andauernde Verstimmung in den schmalen Reihen der britischen Poale Zion, nachdem Ende 1915 nach Intervention des Jüdischen Arbeiterbundes ihr Antrag auf kollektive Mitgliedschaft in der Labour Party keine Zustimmung gefunden hatte.[131]

---

[127] Zit.n. Joseph Gorny: The British Labour Movement and Zionism, 1917–1948, London/Totowa, N. J. 1983, S. 7.

[128] Zur Haltung der Labour Party in der kolonialen Frage während des Ersten Weltkrieges vgl. Partha Sarati Gupta: Imperialism and the British Labour Movement, 1914–1964, London/Basingstoke 1979, S. 18ff.

[129] Vgl. S[alomon] Kaplansky: Jews and Arabs in Palestine, London 1922, S. 8.

[130] Vgl. Gideon Shimoni: Poale Zion: a Zionist Transplant in Britain (1905–1945), in: Peter Y. Medding (Hrsg.): Studies in Contemporary Jewry, Bd. 2, Bloomington, Ind. 1986, S. 233.

[131] Vgl. ebd., S. 231.

Während seines Zusammentreffens mit maßgeblichen Labour-Politikern im Herbst 1917 in London protestierte Henryk Erlich, der außenpolitische Sprecher des Bundes, heftig gegen die – wie er betonte – prozionistische Passage der Henderson-Webb-Deklaration, so sehr er die Forderung nach Rechtsgleichheit für die Juden unterstützte. Ihr müsse man die Forderung nach national-kultureller Entwicklungsfreiheit hinzufügen. In Palästina einen jüdischen Staat errichten zu wollen, bedeute hingegen, die dortige Bevölkerung, vor allem die arabische Bevölkerungsmehrheit, einer Handvoll jüdischer Chauvinisten auszuliefern. Dieser Programmpunkt der Labour Party rieche, so Erlich, nach Imperialismus.[132]

Die zionistische Kritik an seiner Position beantwortete Erlich in der bundistischen Presse mit dem Argument, die Errichtung eines jüdischen Staates im Nahen Osten gefährde den Kampf um die Gleichberechtigung der Juden in Europa. Auch ein anderer Bundist, Wladimir Kantorowitsch, verwies auf die arabische Bevölkerungsmehrheit in Palästina, angesichts derer das zionistische Unterfangen »lächerlich« wirke. Die britische Labour Party sei nicht fähig, von der bürgerlichen Ideologie loszukommen; als Opportunisten hätten die Labouristen Marxismus und Sozialismus nie verstanden.[133]

Die Labour-Führung blieb von solcher Kritik unbeeindruckt. Die Konferenz der sozialdemokratischen Parteien der Entente-Staaten, die vom 20. bis zum 24. Februar 1918 in London stattfand und auf der die Labour Party die treibende Kraft war, bekräftigte, Palästina solle ein »Freistaat unter internationaler Garantie« werden und als solcher für die jüdische Einwanderung und die zionistische Kolonisation offenstehen.[134] Die Jahrestagung der Labour Party wiederholte im August 1918 diese Forderung.[135]

Diese Entwicklung muss vor dem Hintergrund des verstärkten Antisemitismus im Ersten Weltkrieg auch im Vereinigten Königreich gesehen werden, den die Labour Party nunmehr entschieden ablehnte. Hingegen sahen größere Teile der bürgerlichen Öffentlichkeit im zugewanderten Juden den »Deutschen« oder unterstellten ihm prodeutsche Sympathien, so die *National Review* unter ihrem Herausgeber Leo Maxse. Der »internationale Jude«, so lassen sich die Anschuldigungen zusammenfassen, habe stets Zugang zur Downing Street, während er doch ebenso gute Kontakte zu den Mittelmächten unterhalte.[136]

---

[132] Vgl. Aryeh Gelbard: Der jüdische Arbeiterbund Russlands im Revolutionsjahr 1917, Wien 1982, S. 65.

[133] Vgl. ebd., S. 65f.

[134] Chasanowitsch/Motzkin (Hrsg.): Die Judenfrage der Gegenwart, S. 100.

[135] Vgl. Singer: Der Weg des jüdischen Arbeiters zum Sozialismus, S. 11.

[136] Leo Maxse: The International Jew, in: The National Review, 66 (1916), S. 652f., zit.n. Susanne Terwey, Juden sind keine Deutschen! – Über antisemitische Stereotype um Juden in Deutschland und Großbritannien vor und während des Ersten Weltkrieges und die jüdische Abwehr, in: Sachor, 11 (2001), S. 53.

In Frankreich wurde ab 1914 der Antisemitismus ganz in den Dienst der Union sacrée, des Bündnisses zwischen dem kriegsbereiten Teil der Sozialisten und dem Militär, gestellt. Die im März 1908 von Léon Daudet gegründete Tageszeitung *L'Action française* löste nach der Zahl der Auflage Edouard Drumonts *La Libre parole* ab. Ihre verschwörungstheoretischen Konstrukte machten deutsche Juden als schlimmsten Teil der »boches« namhaft, während die französischen Juden nun die Hoffnung hegen konnten, als Patrioten von allen Teilen der Bevölkerung akzeptiert zu werden. Selbst ein langjährig aktiver Antisemit wie Maurice Barrès forderte nun, die Juden in die verschiedenen geistigen Familien Frankreichs aufzunehmen, wie der Titel seines 1917 erschienenen Buches deutlich machte (*Les diverses familles spirituelles de la France*). Doch blieb der Antisemitismus präsent: Die *Action française* entdeckte in Paris »russische Juden im Hinterhalt«, einen »österreichisch-jüdischen Finanzier« und selbst eine »syrisch-jüdische Spionin«. Der des Handels mit Deutschland beschuldigte Reeder Louis Dreyfus war der »Jude«, der »jüdische Bankier« oder der »jüdische Untertan«. Unmittelbar nach Kriegsende sah Daudet im Regierungsbeamten Paul Grunebaum-Ballin, dieser »dreckigen kleinen Judenhaut«, einen Verwandten des deutschnationalen Reeders Albert Ballin, der nach der Kriegsniederlage Selbstmord begangen hatte.[137]

Zu dieser Zeit hatten jedoch die Oktoberrevolution und der Bürgerkrieg in Sowjetrussland die politische Weltlage radikal verändert. Die revolutionären Ereignisse trieben große Teile der jüdischen Massen zu revolutionär-sozialistischen Positionen. Das Problem, wie eine nationale Gemeinschaft – die Juden in Osteuropa – in die entstehende Sowjetgesellschaft integriert werden konnte, stellte die »jüdische Frage« auf gänzlich neue Weise.

[137] Sämtliche Zitate und Belege bei Laurent Joly: D'une guerre l'autre. *L'Action française* et les Juifs, de l'Union sacrée à la Révolution nationale (1914–1944), in: Revue d'histoire moderne et contemporaine, 59 (2012), Nr. 4, S. 97–124.

Kapitel 10
Zarismus, Revolution und Bürgerkrieg: Russland und die Linke

In seiner Autobiografie schilderte Leo Trotzki die in russischen weißen Emigrantenzirkeln kursierende Begebenheit, wonach einem Soldaten der Roten Armee vorgeworfen wurde, er stehe im Dienst des Juden Trotzki. Entrüstet antwortete er: »Keine Spur!... Trotzki ist kein Jude. Trotzki ist ein Kämpfer!... Er ist unser... Ein Russe... Lenin, ja, der Kommunist... ein Jude; aber Trotzki ist unser... Ein Kämpfer... Ein Russe... Der ist unser!«[1] Ähnliches schrieb Isaak Babel in seinem Roman *Reiterarmee*: »Von den Juden ist jetzt nicht die Rede, schädliche Bürgerin. Die Juden haben hier nichts verloren. Übrigens, über Lenin will ich nichts sagen, aber Trockij ist der tapfere Sohn des Gouverneurs von Tambov und kämpft, obwohl aus andrem Stand, für die werktätige Klasse.«[2]

Dass ein Jude sich für die Sache der unterdrückten Bauern in die Schanze schlagen konnte, ohne eigensüchtige Ziele zu verfolgen, schien vielen dieser Bauern noch im russischen Bürgerkrieg unwahrscheinlich. Wenn die Juden sich mit den Geschicken der Revolution verbanden, banden sie dann nicht die Revolution an ihre eigenen Geschicke und Ziele? Der Jude als Anstifter und Nutznießer des Umsturzes – dies war eines der wirkmächtigsten Bilder, mit denen der russische Antisemitismus das Denken von Millionen vergiftete. Die Gründe dafür sind in der Tiefenwirkung des russischen Antisemitismus zu suchen. Dessen Trugbilder trafen auf eine Bevölkerung, welche mehrheitlich von der Denkweise der fortschrittsfeindlichsten Kirche in Europa geprägt wurde. Das Bündnis zwischen dem autokratischen Zarenregime und der russisch-orthodoxen Kirche wurde ideologisch durch die Judenfeindschaft zusammengehalten und legitimiert.

Die Juden im Zarenreich und der Antisemitismus

Das zaristische Russland war zwischen 1772 und 1795 durch die Einverleibung großer Teile Polens zum Staat mit dem größten jüdischen Bevölkerungsanteil geworden. Zu Beginn des 19. Jahrhunderts hatte sich Zar Alexander I. noch von der Idee leiten lassen, die formale Integration der Juden werde zu ihrer kulturellen Assimilation führen. Das Recht der Juden auf freie Religionsausübung und auf den Zugang zu staatlichen Schulen wurde kodifiziert, doch seit 1804 durch eine

[1] Leo Trotzki: Mein Leben. Versuch einer Autobiographie, übers. von Alexandra Ramm, Frankfurt a. M. 1981, S. 312f.

[2] Isaak Babel: Die Reiterarmee, neu übers. von Peter Urbahn, Berlin 1994, S. 106.

Reihe von Siedlungsbeschränkungen relativiert. 1835 wurde der Ansiedlungsrayon eingeführt, seit 1844 die Selbstverwaltung der jüdischen Gemeinden abgeschafft.[3]

In der zweiten Hälfte des 19. Jahrhunderts entstand infolge des Industrialisierungsprozesses unter den Juden eine starke Schicht proletarisierter Handwerker. Die rapide anwachsenden Städte wurden zum Nährboden revolutionärer Bewegungen, aber auch rückwärtsgewandter rechtsradikaler Bestrebungen. Dies verschlechterte die Lage der Juden. Einerseits galten sie als »Kapitalisten« – waren jedoch meist Kleinhändler – und andererseits als subversive Elemente, die des revolutionären Aufruhrs verdächtigt wurden. Vor dem Hintergrund der Modernisierungskrise des zaristischen Russlands und in einem Klima wachsender Radikalisierung bestimmte dieses doppelte Feindbild die wachsende antijüdische Agitation.

Während in West- und Mitteleuropa trotz aller Hindernisse die juristische Gleichberechtigung der Juden im Gefolge der bürgerlichen Revolution zustande kam, hemmten im Zarenreich die feudalen Strukturen auf dem Lande die Entwicklung des Kapitalismus. Die Juden büßten im 19. Jahrhundert mit der allmählichen Ausbreitung des Geldhandels auch in ländlichen Gebieten ihre traditionelle Mittlerrolle ein; eine nichtjüdische Händlerschicht übernahm weitgehend diese Funktion. Aber die verzögerte Entfaltung des Kapitalismus verhinderte die Aufnahme der Juden in den industriellen oder den Dienstleistungssektor. Durch die billigen Massenwaren der Industrie wurden viele jüdische Handwerker an den Rand des Existenzminimums und oft in den Ruin getrieben.

Noch am Vorabend des Ersten Weltkrieges waren 42% der erwerbstätigen jüdischen Bevölkerung im Handel beschäftigt. Fast drei Viertel aller im Zarenreich tätigen Handelstreibenden waren Juden. Doch da die Mehrzahl von ihnen nur einen Klein- oder Kleinsthandel betrieb, machte ihr Umsatz weniger als 30% des Gesamtvolumens aus. Rund ein Drittel war vor der Revolution im industriellen Sektor angestellt, zumeist aber in Kleinstbetrieben. Nur rund zweieinhalb Prozent arbeiteten in der Landwirtschaft.[4]

Die zaristische Bürokratie verhinderte zudem die Herausbildung einer Anzahl freier Berufe, die von Juden im übrigen Europa zunehmend besetzt wurden. Die Juden wurden in Russland immer mehr desintegriert. Es entstand der beklagenswerte Nicht-Beruf des »Luftmenschen«, dem die berufliche Eingliederung in die Gesellschaft versagt blieb. Mit Klein- und Schleichhandel, in der Wahl der Mittel gezwungenermaßen oft nicht wählerisch, fristeten solche Menschen eine kümmerliche Existenz.

---

[3] Vgl. den noch immer besten Überblick von Salo W. Baron: The Russian Jew under Tsars and Soviets [1964], 3. Aufl., New York 1987.

[4] Die gerundeten Zahlen nach Ju. O. Larin: Evrei i antisemitizm v SSSR [Die Juden und der Antisemitismus in der UdSSR], Moskau/Leningrad 1929, S. 70, und John Bunzl: Klassenkampf in der Diaspora. Zur Geschichte der jüdischen Arbeiterbewegung, Wien 1975, S. 42f.

Im Gegensatz zu West- und Mitteleuropa setzte das Zarenregime im ausgehenden 19. Jahrhundert den Antisemitismus systematisch als Herrschaftsmittel ein. Es wurde versucht, das Reich zu einem homogenen Volkskörper umzugestalten, um dem sinkenden Anteil von Russen an der Gesamtbevölkerung entgegenzuwirken.[5]

Mehr als andere Nationen suchten die Juden sich dem zu widersetzen. Sie wurden per Gesetz zu Fremdstämmigen (*inorodcy*) erklärt, denen das Aufenthaltsrecht im Allgemeinen nur in den westlichen Landesteilen gestattet war. Dies betraf fast ausschließlich jene Gebiete, die durch die polnischen Teilungen an Russland gelangt waren. Sie bildeten den jüdischen Ansiedlungsrayon (*čerta osedlosti evreev*), dessen Grenzen 1835 erstmals festgelegt wurden. Der formal einzige Ausweg, all diesen Beschränkungen zu entgehen, war die Taufe; ein Weg, den nur eine sehr kleine Zahl von Juden ging. Unter dem Zaren Alexander II. war es ab 1855 einer begrenzten Anzahl von Juden möglich, in der Südukraine Land zu erwerben. Einer solchen Familie, die es im Laufe der Jahre zu bescheidenem Wohlstand bringen sollte, entstammte Leo Trotzki.

Die Reformwünsche, die durch die Politik Alexanders II. geweckt worden waren, erfüllten sich für die Juden insgesamt so wenig wie für andere Gruppen der russischen Gesellschaft. Das politische Klima führte zu einer zunehmenden Radikalisierung von enttäuschten Intellektuellen. Deren Höhepunkt war, nach mehreren erfolglosen Attentatsversuchen, die Ermordung Alexanders II. durch Angehörige der Organisation Narodnaja Wolja (Volkswille) am 1./13. März 1881. Da sich unter den Verschwörern auch Juden befanden, kamen antisemitische Vorurteile sofort zum Tragen. Sie entluden sich in blutigen Pogromen, die vor allem vom niederen Klerus angestiftet wurden.

Unter Zar Alexander III. (1881–1894) verschärfte sich die antijüdische Agitation, die nun zum »Staats-Antisemitismus« wurde.[6] Dabei wurde »der Jude« zum Inbegriff der verhassten und gefürchteten, der entwurzelten und entwurzelnden Moderne. Darin lag nicht nur Irrationalität begründet, in dieses Feindbild konnten alle Ressentiments propagandistisch hineingedeutet, viele gesellschaftliche Widersprüche überdeckt werden.

Der rabiate Antisemitismus wurde nun hauptsächlich vom Adel getragen und von der Kirche ideologisch flankiert. Er diente auch als Mittel, um Bauern und politisch ungeschulte Arbeiter (oft proletarisierte Bauern) als Klientel zu gewinnen. Die Haltungen des zaristischen Apparats und des Adels wiesen eine bedeutende Gemeinsamkeit auf: den Wunsch, das alte, vormoderne Russland gegenüber

---

[5] Betrug 1718/19 der Anteil ethnischer Russen an der Gesamtbevölkerung des Landes 70,7%, fiel er 1795 auf 48,9% und lag 1897 bei 44,3%. Vgl. Andreas Kappeler: Russland als Vielvölkerreich. Entstehung, Geschichte, Zerfall, 2. Aufl., München 1993, S. 100f. und die Tabellen auf S. 323f.

[6] Ulrich Herbeck: Das Feindbild vom »jüdischen Bolschewiken«. Zur Geschichte des russischen Antisemitismus vor und während der Revolution, Berlin 2009, S. 43.

der fortschreitenden Industrialisierung zu retten. Dieser in den 1880er Jahren einsetzende Prozess brachte eine Wandlung der antijüdischen Politik der russischen Eliten mit sich. Diese war nun nicht mehr bloßes Herrschaftsinstrument, um eine unterdrückte Nationalität innerhalb des Russischen Reiches niederzuhalten. Sie wurde vielmehr zum Synonym für die Modernisierungsängste, die die vorbürgerliche Herrscherschicht ergriff.[7]

Der seit 1894 regierende Zar Nikolaj II. erließ einige Maßnahmen, die zumindest die rabiate Einschränkung der Rechte der Juden, die unter seinem Vater gewissermaßen Staatsziel geworden war, stoppten. Auf Anraten von Innenminister Wjatscheslaw Plehwe wurden innerhalb des jüdischen Ansiedlungsgebietes 110 neue Siedlungen eingerichtet, die, so hieß es offiziell, ihren »ländlichen Charakter« verloren hätten.[8] Es schien, als würden die russischen Behörden endlich Maßnahmen ergreifen, um die Situation der Juden zu verbessern, die in großen, übervölkerten Städten lebten. Die Antisemiten sahen ihre Felle davonschwimmen. Die Osterfeiertage des Jahres 1903 wurden von jenem grausamen Pogrom im moldawischen Kischinjow überschattet, das eine internationale Ächtung des russischen Antisemitismus hervorrief.

Karl Kautsky beschrieb in der *Neuen Zeit* die Rückständigkeit der russischen Gesellschaft und ihre Isolation von der europäischen Moderne als Nährboden für die besondere Brutalität des Antisemitismus (*Dokument 6*): »Menschen, die in primitiven traditionellen Verhältnissen, von der übrigen Welt abgeschlossen leben, sehen in sich selbst das Maß alles Menschlichen. Ihr Milieu, ihr Denken, ja selbst ihr Verständigungsmittel, ihre Sprache erscheint ihnen als natürlich, alles davon Abweichende als widernatürlich, abscheulich. Derartige Menschen stehen daher leicht dem Fremden auch dort misstrauisch, ja feindselig gegenüber, wo kein Interessengegensatz vorhanden. Man hält die Fremden auch bar alles menschlichen Empfindens und schreckt nicht vor Grausamkeiten ihnen gegenüber zurück, die man entsetzlich fände, würden sie an Genossen der eigenen Rasse verübt.«[9]

In einer Protestresolution der Zweiten Internationale wurde das Pogrom von Kischinjow als ein »Einschüchterungsversuch und gleichzeitig als ein Racheakt gegen die Juden« bezeichnet, den das Zarenregime »aufgrund des revolutionären Handelns des jüdischen Proletariats in Russland« inszeniert habe. In der Er-

---

[7] Vgl. hierzu Mario Keßler: Wandlungen des Antisemitismus in Rußland. Ein Beitrag zur Vorgeschichte der Russischen Revolution von 1905, in: Wolfgang Küttler (Hrsg.): Das lange 19. Jahrhundert. Personen, Ereignisse, Ideen, Umwälzungen. Ernst Engelberg zum 90. Geburtstag, 2. Halbbd., Berlin 1999, S. 331–343. Wiederabdruck in: Ders.: Ein Funken Hoffnung. Verwicklungen: Antisemitismus, Nahost, Stalinismus, Hamburg 2004, S. 21–36.

[8] Edward H. Judge: Ostern in Kischinjow. Anatomie eines Pogroms, übers. von Cornelia Dieckmann, Mainz 1995, S. 88.

[9] Karl Kautsky: Das Massaker von Kischineff und die Judenfrage, in: NZ, 21 (1902/03), Bd. 2, S. 305f. und Dokument 6.

klärung wurde die Arbeiterklasse zu Solidaritätsaktionen aufgerufen: »Wenn die Regierungen weder sprechen noch handeln wollen, so sprecht, handelt ihr! [...] Euer Schweigen wird zum Verbrechen, denn der Zarismus richtet seine Schläge nicht gegen eine Rasse oder Religion, sondern vor allem gegen eine Klasse.«[10] Die Pogrome in Russland veranlassten die Internationale, die in der Brüsseler Kongressresolution 1891 niedergelegte ablehnende Haltung gegenüber »anti- wie philosemitischen Bekundungen« zu revidieren. Abraham Cahan schrieb, dass »zum Glück für die Antisemiten und die Mächte hinter ihnen« es die Schlächter von Kishinjew übertrieben hatten: »[E]in Schrei des Entsetzens ging durch die zivilisierte Welt, und der Kreuzzug musste gestoppt werden. So starben die Opfer des Gemetzels den Märtyrertod, denn es war ihr schreckliches Schicksal, das ihre Brüder vor der Heimsuchung durch den wütenden Mob in anderen Städten bewahrte.«[11]

Doch gab Cahan einen trotz aller Tragik optimistischen Ausblick: »[A]n den Orten, an denen die revolutionäre Bewegung Fuß gefasst hat, wäre ein solcher antijüdischer Aufruhr kaum möglich. Es ist mit Recht zu erwarten, dass im Falle eines Ausbruchs antisemitischer Stimmungen die Möchtegern-Randalierer durch eine Vielzahl von Angehörigen ihrer eigenen Konfession gestoppt würden. So geschah es kürzlich in Polen, wo ein antijüdischer Aufruhr durch das Eingreifen revolutionärer Arbeiter katholischen Glaubens niedergeschlagen wurde.«[12]

Während der ersten russischen Revolution 1905 entstand auf Initiative des rechtsradikalen und rabiat antisemitischen Dumaabgeordneten Wladimir Purischkewitsch aus dem lumpenproletarischen und lumpenbäuerlichen Anhang des grundbesitzenden Adels mit der »Union des russischen Volkes« und ihrer Kerntruppe, der Schwarzen Hundertschaft, die erste – *avant la lettre* – frühfaschistische Massenbewegung in Osteuropa. Bezeichnenderweise durfte sie den Zaren als ihr Ehrenmitglied führen.[13] Die »Protokolle der Weisen von Zion« – erstmals 1903 erschienen –, eine Fälschung des zaristischen Geheimdienstes, behaupteten

---

[10] Georges Haupt (Hrsg.): Bureau Socialiste International. Comptes rendus des réunions, manifestes et circulaires, Bd. 1: 1907–1910, Paris/Den Haag 1969, S. 75f., und Jack Jacobs: Die Sozialistische Internationale, der Antisemitismus und die jüdisch-sozialistischen Parteien des Russischen Reiches, in: Wladislaw Hedeler u.a. (Hrsg.): Ausblicke auf das vergangene Jahrhundert. Die Politik der internationalen Arbeiterbewegung von 1900 bis 2000. Festschrift für Theodor Bergmann, Hamburg 1996, S. 157.

[11] Abraham Cahan: Jewish Massacres and the Revolutionary Movement in Russia, in: The North American Review, 177 (Juli 1903), Nr. 560, S. S. 60.

[12] Ebd., S. 60f. Vgl. zu den jüdischen und nichtjüdischen Selbstwehr-Einheiten in der ersten russischen Revolution auch Nathan Weinstock: Le pain de misère. Histoire du mouvement ouvrier juif en Europe, Bd. 1, S. 202–205.

[13] Vgl. zur Geschichte der Schwarzhunderter Heinz-Dietrich Löwe: Antisemitismus und reaktionäre Utopie. Russischer Konservatismus im Kampf gegen den Wandel von Staat und Gesellschaft, 1890–1917, Hamburg 1978, und Walter Laqueur: Black Hundred. The Rise of the Extreme Right in Russia, New York 1993.

eine jüdische Verschwörung gegen das christliche Abendland. Als Hauptgegner wurden gleichermaßen Demokratie und Liberalismus, Darwinismus und Marxismus ausgemacht. Die »Protokolle« waren somit nicht nur gegen die Juden gerichtet, sondern auch gegen die Werte der Aufklärung, gegen die sich das Zarenregime als Bollwerk verstand.

Dabei vermischten die Schwarzhunderter, wie sie allgemein genannt wurden, die von der Kirche propagierten judenfeindlichen Vorurteile mit den neuen Rassen-»Theorien«. Für das Zarenregime, seine Bürokratie und den Klerus waren solche Verschwörungstheorien bequemer zu handhaben als das pseudosozialistische Konstrukt der Juden als Verursacher wie Nutznießer des Kapitalismus; ein Konstrukt, das trotz seiner Absurdität ein Element von Antikapitalismus in sich barg.

Somit war eine Emanzipation der Juden innerhalb des Zarenregimes für die Sozialisten undenkbar. Die Befreiung der Juden und aller anderen unterdrückten Völker war nur möglich durch die Beseitigung des halbfeudal-kapitalistischen Regimes. Von dieser Radikalität waren alle Organisationen der Arbeiterbewegung geprägt, ungeachtet der zwischen ihnen alsbald aufbrechenden Gegensätze.

Antisemitismus und Arbeiterbewegung vor 1917

Da das Zarenregime Antisemitismus als Herrschaftsmittel systematisch einsetzte, stand eine politische Emanzipation der Juden innerhalb der zeitgenössischen Gesellschaft für die Sozialisten als Kampfziel nicht zur Diskussion. Die Befreiung der Juden, wie aller unterdrückten Völkerschaften, erschien nur möglich durch den Sturz der Zarenherrschaft und die Beseitigung der dieses Regime hervorbringenden Gesellschaftsordnung. Aufgrund der widrigen Umstände sind die Vorläufer der russisch-jüdischen Arbeiterbewegung im Ausland zu finden. Im Mai 1876 gründete sich in London die Hebrew Socialist Society – Agudat ha-Sotsialistim ha-Ivrim, wie sie sich programmatisch in Hebräisch nannte. Bereits im Juni erschien in Pjotr Lawrows Londoner Zeitschrift *Wperiod* (Vorwärts) ein Aufruf des aus Wilna geflüchteten Aaron Liberman, des Sprechers der Organisation.[14] Darin findet sich zum ersten Mal der Gedanke des Klassenkampfes, angewandt auf die Bedingungen der Juden im Zarenreich. In leidenschaftlicher Sprache klagte Liberman die herrschenden Klassen der Ausbeutung wie der Judenfeindschaft an (*Dokument 2*): »Ihr tragt die Schuld an der entbrannten Religions- und Rassenfeindschaft, die sich mit allen ihren Schrecken vor allem auf uns ergoss. Ihr seid schuld

[14] Vgl. zu ihm Eli Paretzki: Die Entstehung der jüdischen Arbeiterbewegung in Russland, Riga 1932 (Neudruck: Zandvoort 1971), S. 29–37; Boris Sapir: Liberman et le socialisme russe, in: International Review of Social History, 3 (1938), Nr. 1, S. 25–88; Weinstock: Le pain de misère, Bd. 1, S. 36–48 und passim.

daran, dass Tausende von unsern Brüdern, Kinder des Volkes ausgerottet wurden. Euretwegen häufen sich die Verleumdungen auf das ganze leidende, in Armut lebende jüdische Volk, welches unter eurer Raubsucht mehr zu leiden hat als die andern Volksmassen ... Und wir, die Freunde aller leidenden Massen, sagen offen vor der ganzen Welt: ›Wir sagen uns los von diesen Verderbern des Arbeitervolkes‹.«[15]

Noch in den 1880er und und frühen 1890er Jahren sollten russische und jüdische Proletarier allein durch den Gedanken der Klassensolidarität zusammengeführt werden. Aber dies erwies sich vorerst als unmöglich. Denn die kurzfristig nicht behebbare kulturelle und sprachliche Isolation des jüdischen vom nichtjüdischen Proletariat drängte zumindest mittelfristig die jüdischen Arbeiter und die mit ihnen verbundenen Intellektuellen zu einer Selbstorganisation innerhalb des nationalen Rahmens.

Antijüdische Vorurteile waren in Russland und der russischen Intelligenz derart weitverbreitet, dass auch Kontakte innerhalb der revolutionären Bewegung sich zunächst schwierig gestalteten. Die Narodnaja Wolja, der auch Juden angehörten, begrüßte sogar die 1881/82 vom Zarismus inszenierten Pogrome. Diese sozialrevolutionäre und konspirativ agierende Vereinigung ging davon aus, dass mit den Pogromen eine Bewegung einsetzen werde, die sich letztlich gegen die bestehende Ordnung richte. Damit wurde die Funktion des Antisemitismus als Herrschaftsmittel des Regimes nicht durchschaut, sie sah ihn lediglich als Ausdruck allgemeiner Unzufriedenheit der Bauern mit den herrschenden Zuständen. In der Presse der Narodniki (der Angehörigen der Narodnaja Wolja) kam es zu offenen antijüdischen Ausbrüchen. So zeigte sich Gerassim Grigorevič Romanenko empört darüber, dass einige lokale Behörden die Pogrome einzudämmen suchten und verstieg sich zur absurden Behauptung, der Zar und seine Soldaten seien Judenretter: »Das Leben in der Ukraine ist schwierig, und je mehr Zeit vergeht, desto schwieriger wird es für die Menschen ... Die Menschen in der Ukraine leiden vor allem unter den Juden. Wer nimmt uns das Land, die Wälder, die Tavernen aus den Händen? Die Juden. Bei wem muss der Mushik,[16] oft mit Tränen in den Augen, um die Erlaubnis betteln, sein eigenes Feld, sein eigenes Stück Land zu bekommen? – Bei den Juden. Wohin man auch schaut, wohin man auch geht – die Juden sind allgegenwärtig. Der Jude verflucht dich, betrügt dich, trinkt dein Blut. [...] Aber sobald sich jetzt die Mushiks erheben, um sich von ihren Feinden zu befreien, wie sie es in Jelisawetgrad, Kiew, Smela getan haben, kommt der Zar

---

[15] Zit.n. Paretzki: Die Entstehung der jüdischen Arbeiterbewegung in Rußland, S. 32f. und Dokument 2

[16] Mushiks waren ursprünglich leibeigene Bauern; später Bezeichnung (mit leicht negativer Bewertung) für den nicht oder wenig gebildeten Landbewohner.

sofort zur Rettung der Juden; die Soldaten aus Russland werden gerufen und das Blut der Mushiks, das christliche Blut, fließt.«[17]

Einer der ersten jüdischen Revolutionäre, der die Problematik durchdachte, war Pawel Axelrod. Er war geschockt von der befürwortenden Haltung der Narodnaja Wolja zu den Pogromen. Dies veranlasste ihn 1882 zur Niederschrift des Aufsatzes »Über die Aufgaben der jüdisch-sozialistischen Intelligenz«. Axelrod kam zu dem Ergebnis, dass unter den jüdischen Proletariern eine spezielle Agitation notwendig sei. Das Ziel dieser Anstrengungen sei keineswegs die nationale Wiedergeburt des Judentums, sondern die Herstellung einer Klassensolidarität von jüdischen und nichtjüdischen Arbeitern. Diese solle zur rechtlichen Gleichstellung der Juden mit der übrigen Bevölkerung sowie zur Einrichtung demokratischer Institutionen beitragen.

Unter dem Zarismus sei – anders als in Westeuropa – eine Assimilierung der jüdischen an die nichtjüdische Bevölkerung nicht möglich. In Russland verfügten die Juden über die bessere Bildung und die größere politische Reife. Eine Assimilation setze aber eine Homogenisierung im Niveau der verschiedenen Gruppen voraus. »Wenn wir also von der Verschmelzung der jüdischen Masse mit der christlichen Bevölkerung sprechen, meinen wir nicht ihre einfache Verschmelzung mit den bestehenden Elementen, wie sie sind.«[18]

Die jüdischen Sozialisten stünden also vor einer doppelten Aufgabe: Sie müssten einerseits die jüdischen Werktätigen für den Klassenkampf gewinnen und andererseits die russischen Revolutionäre davon überzeugen, dass der Kampf gegen antijüdische Vorurteile Grundlage jedes gemeinsamen revolutionären Handelns sei. Axelrods Zirkular stieß unter seinen Genossen jedoch auf Ablehnung, sodass er es nicht veröffentlichte. Es erschien erst 1924 in Berlin.[19] Wie Axelrod sah auch sein sozialistischer Kampfgefährte Julius Martov in einer programmatischen Rede am 20. April/2. Mai 1895 in Wilna die jüdische Bourgeoisie als »die erbärmlichste und niedrigste Bourgeoisie der Welt«, die eine Verbesserung der Lage der Juden nur »von der Gnade der russischen Regierung« erwarte. Selbst als Träger natio-

[17] G[erassim] G[rigorevič] Romanenko in der Oktober-Ausgabe von »Narodnaja Wolja«, der gleichnamigen Zeitschrift der Organisation, zit. in: I[rwin] Michael Aronson: Troubled Waters. The Origins of the 1881 Anti-Jewish Pogroms in Russia, Pittsburgh 1990, S. 205f.

[18] P. B. Aksel'rod: O zadačach evrejsko-sočialističeskoj intelligencii [Über die Aufgaben der russisch-jüdischen Intelligenz], in: Iz archiva P. B. Aksel'roda, Russkij revoljucionnyi archiv [Aus P. B. Axelrods Archiv. Russisch-revolutionäres Archiv], Berlin 1924, S. 227.

[19] Gegen eine Veröffentlichung hatte sich auch Axelrods Genosse Lew Deutsch, der selbst Jude war, gewandt, so in einem Nachsatz zu einem Brief Pjotr Lawrows an Axelrod vom 26. März 1882. Vgl. ebd., S. 218. Vgl. auch Abraham Ascher: Pawel Axelrod: A Conflict Between Jewish Loyalty and Revolutionary Dedication, in: The Russian Review, 24 (1965), Nr. 3, S. 249–265.

nalistischen Ideenguts sei die jüdische Bourgeoisie in Russland politisch zu sehr unterdrückt und wirtschaftlich zu schwach.[20]

Der wichtigste Grund für die Entstehung einer eigenständigen jüdischen Arbeiterbewegung im Zarenreich war die erzwungene, kurzfristig nicht behebbare kulturelle und vor allem auch sprachliche Isolierung des jüdischen vom nichtjüdischen Proletariat. Davon ausgehend gelangten noch vor 1890 immer mehr jüdische revolutionäre Intellektuelle zu der Erkenntnis, dass eine spezielle Organisation unter den jüdischen Arbeitern wirksam werden müsse. In Wilna, dem damaligen Zentrum proletarisch-jüdischer Aktivitäten, entstand mit der »Jüdisch-sozialdemokratischen Gruppe« um 1890 die unmittelbare Vorläufer-Organisation des Jüdischen Arbeiterbundes.[21] Um die jüdischen Massen zu erreichen, mussten die aus der Tradition der spezifisch jüdischen Form der Aufklärung (Haskalah) kommenden und teilweise bereits assimilierten jüdischen Intellektuellen – treibende Kräfte in dieser Gruppe – ihre Jiddischkenntnisse verbessern.[22] Ihrerseits wollten sie die Proletarier Russisch lehren, damit diese in Kontakt zu ihren Klassengenossen treten und die sozialistische Literatur lesen konnten. Unter diesen Intellektuellen befanden sich bereits die späteren führenden Köpfe der jüdischen Arbeiterbewegung Osteuropas: Arkadij Kremer, Samuil Goshanski, Josif (John) Mill, Wladimir Kossowsky sowie (kurzzeitig) auch Julius Martow, der allerdings noch vor der Jahrhundertwende den Bund verließ.

Das Auftreten der jüdisch-sozialdemokratischen Gruppe bedeutete den Übergang von der Propaganda innerhalb der radikalen Zirkel zur Arbeit unter den noch nicht für den Sozialismus gewonnenen Massen mittels Agitation; ein Weg, den Arkadij Kremer in seiner Broschüre Ob agitacii (Über die Agitation) 1893 beschrieb. Über diese Schrift bemerkte Lenin 1902 würdigend, dass sie, über die bloße Agitation hinausgehend, »*von Anfang an* auch die weitestgehenden geschichtlichen Aufgaben der russischen Sozialdemokratie überhaupt und im Besonderen die Aufgabe, die Selbstherrschaft zu stürzen, in den Vordergrund« rückte.[23]

---

[20] Ju. O. Martov: Povorotnyi punkt v istorii evrejskogo rabočego dviženija [Ein Wendepunkt in der Geschichte der jüdischen Arbeiterbewegung], Genf 1900. Vgl. Israel Getzler: Martov. A Political Biography of a Russian Social Democrat, Cambridge u.a. 1967, S. 25f. Martovs Rede zit.n. der Internetfassung: docs.historyrussia.org/ru/nodes/97-rech-yu-o-martova-na-sobranii-agitatorov-v-vilne-2-maya-20-aprelya-1895-g-povorotnyy-punkt-v-istorii-evreyskogo-rabochego-dvizheniya (zuletzt 20.3.2022). Zum Zustandekommen der Maifeier, an der von rund 500 in Arbeiterzirkeln organisierten jüdischen Proletariern etwa 250 teilnahmen, vgl. Weinstock: Le pain de misère, Bd. 1, S. 84–86.

[21] Vgl. Henry J. Tobias: The Jewish Bund in Russia. From its Origins to 1905, Stanford, Cal. 1972, S. 11; Weinstock: Le pain de misère, Bd. 1, S. 57–62.

[22] Vgl. Tobias: The Jewish Bund in Russia, S. 11f.

[23] W. I. Lenin: Was tun? Brennende Fragen unserer Bewegung, in: Werke, Berlin [DDR] 1955ff., hier Bd. 5, S. 86; Hervorhebung im Original.

Im gleichen Jahr 1893 berichtete der Sozialdemokrat Alexander Helphand-Parvus unter dem Pseudonym »J. Ignatieff« von illegal abgehaltenen Maifeiern im russisch besetzten Teil Polens. Auf diesen Veranstaltungen hätten sich jüdische Arbeiter hervorgetan und zur Solidarität zwischen Juden und Nichtjuden aufgerufen. Diese sei notwendig, um die nationale und soziale Unterdrückung der jüdischen Werktätigen zu beenden. Das nationale Erwachen der jüdischen Proletarier sei frei von Chauvinismus, es sei »ein geläuterter Nationalismus, ein Nationalismus der Aufklärung und nicht der Verdunkelung, der Kultur und nicht der Barbarei, ein Nationalismus, der nicht in Völkerfeindschaften, sondern in der Verbrüderung aller Völker gipfelt«. Der Kampf gegen den Antisemitismus müsse vor Ort ausgetragen werden; er könne nicht erfolgreich sein, würden die Proletarier den Kampfplatz verlassen, um womöglich in Palästina, wie jüngst einige Stimmen forderten, ihre Erlösung zu finden.[24]

Zur wichtigsten Organisation autonomer jüdischer Selbstbehauptung wurde der am 7. Oktober 1897 in Wilna gegründete Allgemeine Jüdische Arbeiterbund von Russland, Polen und Litauen, kurz Bund genannt. Er bildete eine Keimzelle für die ein Jahr darauf entstandene Sozialdemokratische Arbeiterpartei Russlands (SDAPR).[25] Es war der ausgesprochene Wunsch seines Gründers Arkadij Kremer, der Sozialdemokratie des Russischen Reiches als autonome jüdische Organisation beizutreten.[26] Dies war eine wichtige Voraussetzung der Mitarbeit des Bundes an der Vorbereitung des Gründungskongresses der SDAPR in Minsk. »Man braucht nur darauf hinzuweisen«, schrieb Grigorij Sinowjew noch 1923, »dass der Hauptorganisator des ersten Kongresses unserer Partei im Jahre 1898 der ›Bund‹ war. Und es war keineswegs ein Zufall, dass dieser Kongress in Minsk stattfand, in einer Stadt der jüdischen Ansiedlungszone, auf dem Tätigkeitsgebiet des ›Bund‹.«[27] In die SDAPR trat der Bund wie gefordert »als autonome Organisation, die nur

[24] J. Ignatieff: Russisch-jüdische Arbeiter über die Judenfrage, in: NZ, 11 (1892/93), S. 179.

[25] Russisch: Vseobščij evrejskij sojuz v Rossii, Pol'še i Litve; jiddisch: Algemeyner Yiddisher Arbeter Bund in Rusland, Poyln un Lite. In späteren Dokumenten wurde Litauen zuerst genannt. Vgl. zu seiner Geschichte Ezra Mendelsohn: Class Struggle in the Pale. The Formative Years of the Jewish Worker's Movement, Cambridge, Mass. 1970; Bunzl: Klassenkampf in der Diaspora; Frankel: Prophecy and Politics, S. 171–256; Weinstock: Le pain de misère, Bd. 1, S. 114–154; Frank Wolff: Neue Welten in der Neuen Welt. Die transnationale Geschichte des Allgemeinen Jüdischen Arbeiterbundes 1897–1947, Köln/Weimar/Wien 2014. Henri Minczeles: Histoire générale du Bund. Un mouvement révolutionnaire juif, Paris 1995, war mir leider nicht mehr zugänglich.

[26] Vgl. Joshua D. Zimmerman: Poles, Jews, and the Politics of Nationality. The Bund and the Polish Socialist Party in Late Tsarist Russia, 1892–1914, Madison/London 2004, S. 85.

[27] G[rigorij] Sinowjew: Geschichte der Kommunistischen Partei Russlands (Bolschewiki), Hamburg 1923, S. 52.

in Fragen, die speziell das jüdische Proletariat betreffen, selbständig ist«, ein. Welche Fragen dies betraf, blieb aber ungeklärt.[28]

Der Bund lehnte jede jüdische Emigration aus Russland sowie den Zionismus grundsätzlich ab. Dies verband ihn mit dem 1903 entstandenen bolschewistischen Flügel der russischen Sozialdemokratie. Aber der Bund stand im Konflikt um die Organisation der Partei aufseiten der Menschewiki. Denn sein Konzept der nationalen Selbstbestimmung in Form der national-kulturellen Autonomie implizierte eine eigenständige Vertretung des jüdischen Proletariats innerhalb der Gesamtpartei. Über dieser Frage kam es auch zu Spannungen mit der Polnischen Sozialistischen Partei (PPS).[29] Deren De-facto-Vorsitzender Józef Piłsudski bezeichnete anlässlich der Gründung des Bundes die Idee einer jüdischen national-kulturellen Autonomie des jüdischen Proletariats als »schädlich« und den Zielen des »Proletariats der Nation, unter der es lebt«, entgegenstehend.[30]

Dieser schwelende Konflikt blieb auch innerhalb der SDAPR ungelöst und brach im Sommer 1903 auf dem 2. Parteitag in Brüssel und London offen aus. Nach dramatischen Kontroversen spaltete sich der Bund von der Gesamtpartei ab, nachdem seine Forderungen keine Mehrheit fanden. Diese Forderungen bezogen sich auf die national-kulturelle Autonomie und auf die Befugnisse der eigenständigen jüdischen Organisation innerhalb der Partei. In den oft hitzig geführten Debatten hatten sich, wie das Protokoll ausweist, Lenin und die anderen Nichtjuden zurückgehalten.[31] Julius Martov, der einst den Bund mitgründet hatte, opponierte nunmehr gegen dessen Forderungen.[32] Er warf dem Bund vor, die russischen und litauischen Arbeiter zu ignorieren und seine »Aktivitäten auf eine kleine Zahl jüdischer Handwerker zu begrenzen.«[33]

Noch schneidender war Trotzkis Kritik. Die Haltung des Bundes wäre ein Misstrauensvotum gegen die nichtjüdischen Parteimitglieder. »Der Bund ist nicht gezwungen, der Partei sein Vertrauen zu schenken, aber er kann nicht erwarten, dass

---

[28] Pervyi s"ezd RSDRP. Dokumenty i materialy [Der erste Parteitag der SDAPR. Dokumente und Materialien], Moskau 1958 [abgehalten 1898], S. 82. Von den neun Kongressteilnehmern stellte der Bund mit Kremer, Mutnik und Katz allein drei.

[29] Polnisch: Polska Partia Socjalistyczna.

[30] Zimmerman: Poles, Jews, and the Politics of Nationality, S. 87; vgl. auch Ulrich Haustein: Sozialismus und nationale Frage in Polen. Die Entwicklung der sozialistischen Bewegung in Kongreßpolen von 1875 bis 1900 unter besonderer Berücksichtigung der Polnischen Sozialistischen Partei (PPS), Köln/Wien 1969, S. 40.

[31] Rund ein Drittel der Kongressteilnehmer waren Juden. Vgl. Leopold Haimson: The Russian Marxists and the Origins of Bolshevism, Cambridge, Mass. 1955, S. 60.

[32] Zu Martovs Rolle bei der Gründung des Bundes 1897 und seinem Bruch mit der Organisation vgl. Getzler: Martov, besonders S. 54ff.

[33] Vtoroj s"ezd RSDRP. Protokoly [Der zweite Parteitag der SDAPR. Protokolle], Moskau 1959 [abgehalten 1903], S. 90.

die Partei sich selbst misstraut.«[34] Jene »jüdischen Genossen«, zu denen er gehöre und die den separatistischen Vorstellungen des Bundes entgegentreten, könnten sich mit Recht »ebenfalls als Vertreter des jüdischen Proletariats betrachten.«[35] Der Sozialismus sei als Internationalismus oder überhaupt nicht denkbar, hielt er dem Bund entgegen. Die meisten Kongressteilnehmer teilten diese Haltung, wobei die gesamte Kontroverse von antisemitischen Untertönen frei gewesen sein soll.[36] Der Bund verließ den Kongress, was Lenin ermöglichte, jene Mehrheit zu erreichen, die sein Parteikonzept unterstützte.

Nach dem Parteiaustritt des Bundes vermutete Lenin, die Bundisten würden bald »demagogische Begründungen« für ihre Politik suchen und könnten dabei auch »nach der zionistischen Idee der jüdischen ›Nation‹ greifen [...]«.[37] Er glaubte, dass die Bundisten die »in ihrem Kern vollkommen falsche und reaktionäre zionistische Idee« adaptieren würden.[38] »Den Bundisten bleibt also nur noch übrig, die Idee der besonderen Nationalität auszuarbeiten, deren Sprache das Jiddisch und deren Territorium das Ansiedlungsgebiet ist.«[39]

In seiner Argumentation unterliefen Lenin aber zwei gravierende Fehler. Zum einen bestritt er, dass die kompakt im Ansiedlungsgebiet lebende jüdische Bevölkerung – circa 5,2 Millionen Menschen – nationale Merkmale aufwies, zum anderen bezeichnete er unterschiedslos jede jüdisch-nationale Äußerung als »zionistisch«. Der Zionismus aber erkannte nicht nur Juden auf der ganzen Welt – und nicht etwa nur der kulturell homogenen Bevölkerung im Ansiedlungsgebiet – einheitliche nationale Merkmale zu, sondern er forderte vor allem zur jüdischen Migration nach Palästina auf. Das Ziel war die Gründung eines jüdischen Staates im bislang zumeist von Arabern besiedelten Palästina. Diese Grundsätze des Zionismus wurden vom Jüdischen Arbeiterbund vehement abgelehnt und bekämpft. Der Bund sah die Heimat und den Kampfboden der jüdischen Werktätigen in den Ländern der sogenannten Diaspora.

Dabei stand für Lenin die Bekämpfung des Antisemitismus außer Frage. Er bestand jedoch darauf, dass der Erfolg dieses Kampfes entscheidend von der Existenz einer organisatorisch einheitlichen, straff geführten Partei abhinge, da anders die Festung der zaristischen Selbstherrschaft nicht eingenommen werden könne. Noch während der ersten russischen Revolution von 1905, als die Festungsmauern wankten, betonte er (*Dokument 7*):

---

[34] Ebd., S. 55.

[35] Ebd., S. 57. Trotzki erscheint im Protokoll mit dem Initial »N«.

[36] Leonard Schapiro: The Role of the Jews in the Russian Revolutionary Movement, in: Slavonic and East European Review, 40 (1961), Nr. 94, S. 159.

[37] W. I. Lenin: Ein Maximum von Schamlosigkeit und ein Minimum an Logik, in: Werke, Bd. 7, S. 51.

[38] Ders.: Die Stellung des ›Bund‹ in der Partei, in: Werke, Bd. 7, S. 89.

[39] Ebd., S. 90.

»Die jüdischen Arbeiter leiden nicht nur unter dem allgemeinen wirtschaftlichen und politischen Joch, das sie als eine rechtlose Nationalität niederdrückt, sondern außerdem noch unter einem Joch, das sie der elementaren Bürgerrechte beraubt. Je drückender dieses Joch ist, um so gebieterischer ist die Notwendigkeit einer möglichst engen Vereinigung der Proletarier der verschiedenen Nationalitäten, da ohne solch eine Vereinigung ein siegreicher Kampf gegen dieses Joch nicht möglich ist. Je eifriger die räuberische zaristische Selbstherrschaft bestrebt ist, Zwietracht, Misstrauen und Feindschaft unter den von ihr unterdrückten Nationalitäten zu säen, je widerwärtiger ihre Politik der Aufhetzung der unaufgeklärten Massen zu bestialischen Pogromen ist, umso mehr haben wir Sozialdemokraten die Pflicht, daran zu arbeiten, dass sich alle zersplitterten sozialdemokratischen Parteien der verschiedenen Nationalitäten in einer einheitlichen Sozialdemokratischen Arbeiterpartei Russlands vereinigen.«[40]

Diese erste russische Revolution stellte die alte Ordnung in dramatischer Weise zur Disposition. So wie die Revolution auch die Gleichberechtigung aller Nationalitäten auf ihre Fahnen geschrieben hatte, wurden nationale Unterdrückung, Antisemitismus und Pogrome zu Kainsmalen der Konterrevolution. Anders als 1881 warb die Regierung die Truppen für die antijüdischen Grausamkeiten nunmehr direkt an, schrieb Leo Trotzki, Augenzeuge und Hauptakteur der Revolution:

»Hier sah man den Kleinkrämer und den Landstreicher, den Schenkwirt und seinen Stammgast, den Hausknecht und den Polizeispitzel, den Berufsdieb und den Gelegenheitsräuber, den kleinen Handwerker und den Bordellportier, den hungrigen, in geistiger Finsternis dahinvegetierenden Mushik, der vielleicht gestern erst sein Heimatdorf verlassen und dessen Kopf der Lärm der Maschinen ganz wirr gemacht hatte. Die erbitterte Armut, das lichtlose Dunkel, die schamloseste Korruption hatten sich unter das Banner des privilegierten Eigennutzes und der rang- und ordensgeschmückten Anarchie gestellt.«[41]

In der Revolution verband sich der Kampf gegen die Pogromisten unmittelbar mit dem Kampf gegen eine Gesellschaft, deren herrschende Ideologie den Nährboden für den Judenhass abgab. Trotzki schilderte, wie die Petersburger Arbeiter die Pogromhorden abwehrten. »Aber die Arbeiter begnügten sich damit nicht. Hinter der Newapforte, in den Fabrikvierteln, organisierten sie eine regelrechte Miliz mit ständigen Nachtwachen. Außerdem übernahmen sie die spezielle Bewachung der revolutionären Preßlokale, und das war von großer Bedeutung in jener Zeit der äußersten Spannung, wo der Journalist, wie der Setzer mit dem Browning in der Tasche arbeiten musste.« Trotzki konnte feststellen, indem sich »das Pro-

[40] W. I. Lenin, An die jüdischen Arbeiter, in: Ders.: Werke, Bd. 8, S. 496 und Dokument 7.
[41] Leo Trotzki: Die Russische Revolution 1905 [1923], Berlin 1973, S. 106.

letariat so zur Abwehr der Schwarzen Hunderte bewaffnete, bewaffnete es sich zur gleichen Zeit auch gegen die zarische Gewalt.«[42]

Das vom gemäßigt reformorientierten Ministerpräsidenten Sergej Witte am 17./30. Oktober 1905 erlassene »Manifest über die Verbesserung der staatlichen Ordnung«, allgemein bekannt als Oktober-Manifest, suchte einige bürgerliche Grundfreiheiten zu gewähren, die jedoch vom Zaren durch sein Veto zumeist verhindert wurden. Auch die Gleichberechtigung der Juden machte keine Fortschritte. Dafür waren aber auch indirekt die sozialistischen Parteien mitverantwortlich, da sie sich nicht an den Wahlen zur Duma im März und April 1906 beteiligten. Dennoch war die Revolution von 1905 auch nach der Rücknahme aller demokratischen und halbdemokratischen Maßnahmen durch den Zaren im Juni 1907 nicht vergebens. Sie vereinte den proletarischen mit dem jüdischen Emanzipationskampf.

»Der Antisemitismus gedeiht im ›modernen‹ Russland so üppig wie kaum je zuvor«, schrieb der Bundist Wladimir Medem noch 1911. »Bis vor kurzer Zeit trat er vorwiegend als Regierungsantisemitismus auf; jetzt ist er fast zur Massenbewegung geworden.«[43] Diese könne jedoch eine andere, zukunftsträchtigere Massenbewegung nicht mehr auslöschen: die moderne Kulturbewegung des russischen Judentums. »Wohl sind die Ansätze geistigen Erwachens, die sich schon früher bemerkbar machten, nicht zu unterschätzen; aber zur Massenbewegung wurden sie erst unter dem mächtigen Ansporn der modernen Arbeiterbewegung. Durch sie wurden neue Kulturbedürfnisse zutage gefördert. Eine Literatur entstand, eine periodische Presse – alles in der Muttersprache des russischen Judentums, die sich immer mehr aus dem verachteten ›Jargon‹ zu einer nationalen Sprache emporarbeitet. Die Ghettobewohner werden zu einer modernen Kulturnation. Es ist eine echt demokratische Kultur, unter dem Ansporn der Arbeiterbewegung entstanden, von der Bourgeoisie verhöhnt, von den Volksmassen getragen.«[44]

Der von Russland besetzte Teil Polens war ein Hauptschauplatz der Revolution von 1905. Zu dieser Zeit rivalisierten die beiden wichtigsten Parteien, die PPS und die Sozialdemokratie des Königreiches Polen und Litauens (SDKPiL)[45] um die Vorherrschaft innerhalb der polnischen sozialistischen Bewegung. Im Unterschied zur PPS, die für die Wiedergeburt eines polnischen Nationalstaates eintrat, sahen die Gründer der SDKPiL, Rosa Luxemburg und Leo Jogiches, das Streben nach nationaler Unabhängigkeit als aussichtslos an, solange nicht auch in den die Polen beherrschenden Nachbarländern die Revolution gesiegt habe. Somit war

[42] Ebd., S. 111.

[43] Wladimir Medem: Der moderne Antisemitismus in Russland, in: NZ, 29 (1911), Bd. 1, S. 259. Wiederabdruck in: Iring Fetscher (Hrsg.): Marxisten gegen Antisemitismus, Hamburg 1974, S. 120.

[44] Ebd., S. 124.

[45] Polnisch: Socjaldemokracja Królestwa Polskiego i Litwy.

der polnische Nationalstaat kein Hauptziel des Kampfes der radikal-marxistischen Partei. Besonders Rosa Luxemburg vertrat (gegen Lenin) die Ansicht, der Kampf um nationale Selbstbestimmung würde die Arbeiter nur von ihrer wichtigsten Aufgabe ablenken: dem Sturz des Zarismus und der Errichtung einer demokratischen Republik im gesamten Territorium des Reiches.[46]

Im Gefolge der ersten russischen Revolution schloss sich die SDKPiL der SDAPR an, um sich 1911 wieder abzuspalten. Das Verhältnis der SDKPiL zum Jüdischen Arbeiterbund war zunächst gut, litt aber immer stärker unter der Tatsache, dass beide Parteien sich als genuine Interessenvertretung der jüdischen Arbeiter verstanden.[47] Den sozialistischen Zionismus lehnten die SDKPiL ebenso wie der Bund und (weniger strikt) die PPS ab. Der linke Flügel der PPS, die 1906 entstandene PPS-Lewica um Maria Koszutska (Wera Kostrzewa) und Henryk Walecki rückte noch vor dem Ersten Weltkrieg inhaltlich an die SDKPiL näher heran, mit der sie sich 1918 zur Kommunistischen Partei Polens vereinigte.[48]

Für Rosa Luxemburg, die bedeutendste Persönlichkeit des polnischen Sozialismus, bestand die endgültige Emanzipation der Juden in der Emanzipation der Menschheit vom Kapital. »Für das bewusste Proletariat gibt es heute die ›jüdische Frage‹ als Rassen- und Religionsfrage nicht«, schrieb sie Ende 1910. »Es gibt allenfalls eine Frage, nämlich die gesellschaftlich-politische, und eine einzige dringliche Lösung für alle gesellschaftlichen Übel. Das bewusste Proletariat weiß, dass der Ausbruch des Antisemitismus in unserem Land lediglich ein neues Glied in der Kette der konterrevolutionären Schande der polnischen Bourgeoisie ist [...].«[49] Dennoch ist sie nicht auf Erklärungen wie diese oder auf ihre Briefpassage an Mathilde Wurm zu reduzieren, wonach sie in ihrem Herzen »keinen Sonderwinkel für das Ghetto« habe.[50]

Im Herbst des Jahres 1910 versuchten polnische Nationalisten zu »beweisen«, dass die SDKPiL keine genuin »nationale« Kraft sei, sondern eine Partei, in der

---

[46] Vgl. u.a. Jack Jacobs: Sozialisten und die »jüdische Frage« nach Marx, übers. von Cornelia Dieckmann, Mainz 1994, S. 72–83; Ulla Plener: Die Debatte zwischen Rosa Luxemburg und Lenin über die nationale Frage 1903–1918, in: Z. Zeitschrift marxistische Erneuerung, Nr. 109 (März 2017), S. 71–88.

[47] Vgl. Zimmerman: Poles, Jews and the Politics of Nationality, S. 214.

[48] Vgl. zur Biografie ihrer wichtigsten Protagonistin Stanislawa Nieuwazny: Maria Koszutska. Politisches Denken und moralische Autorität, in: Theodor Bergmann/Mario Keßler (Hrsg.): Ketzer im Kommunismus. 23 biographische Essays, Nachdruck der 2. erw. Aufl., Hamburg 2003, S. 36–55.

[49] Rosa Luxemburg: »Diskussion«, in: Dies.: Nach dem Pogrom. Texte über Antisemitismus 1910/11, hrsg. und übers. von Holger Politt, Potsdam 2014, S. 73 (geringfügig verändert gegenüber der älteren Übersetzung in: Fetscher (Hrsg.): Marxisten gegen Antisemitismus, S. 149).

[50] Rosa Luxemburg: Gesammelte Briefe, Bd. 5, Berlin [DDR] 1988, S. 177 (Brief vom 16. März 1917).

die Juden das Sagen hätten. Wortführer der Kampagne war Julian Unszlicht, ein ehemaliger Weggefährte der Linken, der vom Judentum zum Katholizismus konvertiert war. Um seine ihm nun in zweifacher Weise lästige Vergangenheit hinter sich zu lassen, agitierte er in antisozialistischer wie antisemitischer Manier. Sein konstruierter Vorwurf war, nicht ethnisch »reine« Polen und nicht einmal im Kongresspolen gebürtige Juden würden die Partei und deren Presse lenken, sondern russifizierte Juden, die mit dem abschätzig gemeinten Terminus »Litwak« bezeichnet wurden.

Rosa Luxemburg brandmarkte im *Młot* (Hammer) und im *Czerwony Sztandar* (Rotes Banner), den zeitweise legalen Presseorganen der SDKPiL,[51] den Antisemitismus als »Banditentum«. Wie jede »Aufwiegelung zum Rassen- und nationalen Hass« spiele er, »um den polnischen Arbeiter vom jüdischen Arbeiter oder russischen Arbeiter zu entzweien, allein den Ausbeutern in die Hände.«[52] (*Dokument 8*) Sie verteidigte das Prinzip der Gleichheit aller Menschen als Grundlage jeder sozialistischen Politik. Die Judenfeindschaft sei damit unvereinbar, betonte sie. In der Revolution von 1905 seien polnische Arbeiter gegen die antisemitische Hetze vorgegangen. Sie erkannten »instinktiv, dass Antisemitismus in jeglicher Form, unter jeglichem Anschein und bei allen Ausflüchten nichts anderes ist als stinkende Ausdünstung der gesellschaftlichen Reaktion, und sie werden beim geringsten Anflug diesem verpesteten Mief mit Ekel entfliehen.«[53]

»Der Antisemitismus ist überhaupt eine Erscheinung, die in verschiedenen kapitalistischen Ländern grassiert«, wiederholte sie. »Er ist, so wie jede Hetze, die zum Hass gegen Menschen anderer Rasse, anderer Nationalität oder Religion aufwiegelt, eine Erscheinung reaktionärer Verrohung. Im Interesse der Arbeiterklasse und ihrer Befreiung liegen der Zusammenschluss und die Verbrüderung aller Ausgebeuteten zum gemeinsamen Kampf gegen die Ausbeuter, welcher Nationalität und Glaubensrichtung sie auch immer zugehören mögen. Deshalb spielt die Aufwiegelung zum Rassen- und nationalen Hass, um den polnischen Arbeiter vom jüdischen Arbeiter zu entzweien, allein den Ausbeutern in die Hände.« Gegen die Arbeiter, die die Juden verteidigten, habe das Zarenregime den »Abschaum der Gesellschaft, den düstersten Pöbel« gedungen und, darin unterstützt vom antisemitischen Bürgertum, zeitweilig Erfolg gehabt.[54]

Wie stark der Antisemitismus im Zarenreich weiterhin war, zeigte der Beilis-Prozess im Jahre 1913. Zwei Jahre zuvor, im März 1911, wurde in der Nähe von

---

[51] Kongress-Polen oder Russisch-Polen war in Personalunion mit dem russischen Herrscherhaus Teil des Zarenreiches, doch war der Spielraum der Presse etwas größer als im Kernreich.

[52] Rosa Luxemburg: Antisemitismus Arm in Arm mit dem Banditentum, in: Dies.: Nach dem Pogrom, S. 87 und Dokument 8 (zuerst in: Czerwony Sztandar, Februar 1911).

[53] Luxemburg: Nach dem Pogrom, S. 60 (zuerst in: Młot, 29. Oktober 1910).

[54] Ebd., S. 87 (Czerwony Sztandar, Februar 1911, S. 2f.).

Kiew der Leichnam des 13-jährigen Andrei Juschtschinski gefunden. Seine Beerdigung wurde zu einer Manifestation des Antisemitismus: Sprechchöre und Flugblätter stellten die Ermordung des Jungen als einen jüdischen Ritualmord dar. Der Ziegelei-Angestellte Menachem Mendel Beilis wurde des Mordes beschuldigt. Der öffentliche Prozess gegen ihn fand vom 8. Oktober bis 10. November 1913 in Kiew statt. Die Ritualmordanklage wurde vom zaristischen Innenministerium konstruiert, um parlamentarische Forderungen nach Aufhebung der seit Jahrzehnten gültigen antijüdischen Knebelgesetze zurückweisen zu können. Die Polizei hatte zunächst ihre Ermittlungen auf die Hauptverdächtige Vera Tscheberjak konzentriert. Obwohl sich die Indizien gegen sie verdichteten, drängten Kiewer Konservative und Ultrarechte der Schwarzen Hundertschaft auf eine Anklage wegen Ritualmordes.

Um der Ritualmordbeschuldigung Nachdruck zu verleihen, ließ die Anklage den katholischen Priester Justinas Pranaitis anreisen, der versuchte, die Existenz des Ritualmordes durch entsprechende Passagen im Talmud zu belegen. Doch Beilis' Verteidigung konnte aufzeigen, dass Pranaitis kaum Hebräisch verstand. Somit fiel die Anklage in sich zusammen. Obwohl sieben der zwölf Jury-Mitglieder der Schwarzen Hundertschaft angehörten, sprach die Jury Beilis einstimmig frei. Er verließ Russland und wanderte über Palästina in die USA aus.[55]

In der *Neuen Zeit* leuchtete Trotzki die Hintergründe des Prozesses aus: »Das ganze Russland, wie es ist, mit allen seinen sozialen und nationalen Widersprüchen und ungeheuerlichen Kulturkontrasten spiegelt sich direkt oder indirekt in dem leidenschaftlichen Kampfe, der, durch die Ermordung eines aussichtslosen Knaben heraufbeschworen, um das Schicksal eines unbekannten jüdischen Fabrikangestellten tobte.

Die schwarzen Regisseure des gegen das jüdische Volk gerichteten Feldzugs wagten es, eine aus der Zeit der Hexenverbrennung stammende unsinnige Beschuldigung im zwanzigsten Jahrhundert nur deshalb zu erheben, weil sie eine mächtige Stütze hinter sich fühlten. Zar Nikolaus II. [,] der unter dem Einfluss dunkler Abenteurer steht, die den Beruf eines Pferdediebes mit dem eines ›Wundertäters‹ bei Hofe vertauscht haben, wollte um jeden Preis den Nachweis für das Bestehen jüdischer Ritualmorde erbracht wissen.«[56]

In der sozialdemokratischen *Leipziger Volkszeitung* hielt der polnische Publizist Julian Marchlewski fest (*Dokument 9*): »Die Pogrome sind das wirksamste Mittel, um die unaufgeklärten Volksmassen im Banne der Konterrevolution zu

[55] Eine gute Einführung in den Fall bietet Albert S. Lindemann: The Jew Accused. Three Anti-Semitic Affairs (Dreyfus, Beilis, Frank), 1894–1915, Cambridge u.a. 1993, S. 174–193; vgl. auch Herbeck: Das Feindbild, S. 83–89.

[56] N. Trotzky: Die Beilis-Affäre, in: NZ, 23 (1913), Bd. 1, S. 310. Wiederabdruck in: Mario Keßler (Hrsg.): Leo Trotzki oder: Sozialismus gegen Antisemitismus, Berlin 2022, S. 99.

halten: All der aufgespeicherte Hass und Zorn gegen die bestehenden Zustände sollen sich entladen in Judenmassakres, dann hat die Regierung leichtes Spiel. Deshalb ist der Zar nicht nur der Schützer und Schirmer der Verbrecherbanden der ›Schwarzen Hundert‹, sondern ihr Anführer, ihr politisches Oberhaupt. Und deshalb eben verfolgte ganz Russland, ja die ganze Welt den Beilis-Prozess mit gespannter Aufmerksamkeit. Es war ein politischer Prozess. Nicht das stand zur Entscheidung, ob der arme Schreiber der Ziegelei einen Mord begangen, nicht die Aufklärung einer Mordtat war zu erwarten, sondern darauf kam es an, ob es den Knechten des Zaren gelingen wird, einen neuen Anlass zu wütenden Judenverfolgungen zu schaffen.«[57]

Ein Dreivierteljahr nach dem Ende des Beilis-Prozesses begann der Erste Weltkrieg, der an »wütenden Judenverfolgungen« auf dem Kriegsschauplatz Osteuropa alles Bisherige übertraf. Mit der Herbstoffensive der russischen Truppen ab September 1914 kam es zu grausamen Pogromen. Russisches Militär drangsalierte die jüdische Bevölkerung sowohl im eroberten österreichischen Galizien als auch in den Westgebieten des Russischen Reiches. Denn die Zarenregierung nahm nicht zu Unrecht an, die russischen und ein Teil der polnischen Juden würden mit den Mittelmächten sympathisieren, von deren militärischem Sieg sie sich eine Befreiung von der andauernden Gewaltpolitik des Zarismus erhofften.

Nach raschen militärischen Anfangserfolgen gegen die deutsche Armee zeigte sich, dass Russland den Belastungen eines solchen Krieges nicht gewachsen war. Das weitmaschige Verkehrsnetz war auf einen Abnutzungskrieg nicht vorbereitet, Ausbildung, Ausrüstung und Moral der Truppen waren der deutschen und selbst der österreichischen Armee weit unterlegen. Die Suche nach Sündenböcken mündete in Repressivmaßnahmen gegen »fremdvölkische« Minderheiten, worunter neben Deutschen und Polen auch Juden fielen, von denen mehrere zehntausend aus den frontnahen Gebieten ins Reichsinnere umgesiedelt wurden. Dadurch wurde der Ansiedlungsrayon nach Osten hin vergrößert und im August 1915 provisorisch aufgehoben.[58]

Zwar gab es auch im jüdischen Bürgertum Zustimmung zum Krieg, doch war sie gedämpfter als bei den Mittelmächten oder Russlands westlichen Verbündeten. Die Armeeführung glaubte den patriotischen Bekundungen vonseiten der Juden nicht und sah diese vielmehr als Tarnung für Spionage zugunsten von Russlands Feinden. Die zunächst spontanen, dann aber teilweise systematisch organisierten Pogrome von Armee-Einheiten gingen mit einer starken Zunahme des Antisemi-

[57] J. K. (Pseudonym von Julian Marchlewski): Die politische Bedeutung des Kiewer Prozesses, in: Leipziger Volkszeitung, 12. November 1913, und Dokument 9; Orthografie modernisiert.

[58] Vgl. Eric Lohr: The Russian Army and the Jews: Mass Deportation, Hostages, and Violence During World War I, in: The Russian Review, 60 (2001), Nr. 2, S. 404–419.

tismus unter der Bevölkerung einher. Ein nunmehr neu aufkommendes antisemitisches Schlagwort, die »jüdische Vorherrschaft« (*evrejskoe zasil'e*) bezog sich auf angeblich deutschfreundliche Juden, die das Lieferantenwesen kontrollierten und für das teilweise vorhandene Chaos beim Nachschub an die Fronten verantwortlich gemacht wurden.[59] Doch konnte die Jagd auf jüdische Sündenböcke die Existenzkrise der Gesellschaft nicht lösen: Anfang 1917 standen das Herrscherhaus, die Kirche sowie die Armee vor den Zusammenbruch.

Die Revolution und die Folgen

Die russischen Juden begrüßten den Sturz des Zarismus im März 1917 als einen Sieg über das drückende antisemitische Regime. Eine der ersten Maßnahmen der Provisorischen Regierung war die Beseitigung der antijüdischen Gesetzgebung; über einhundert Gesetze mit 650 Durchführungsbestimmungen, die die Rechte der Juden beschnitten hatten, wurden für ungültig erklärt. Andererseits wurde der Verwaltungsapparat von Antisemiten nicht konsequent gesäubert und die orthodoxe Kirche als eine der Säulen des Antisemitismus nicht entmachtet.[60] Die Oktoberrevolution, die ein Ende dieser Missstände versprach, fand dennoch nur bei einer Minderheit der Juden Unterstützung. Die Mehrheit der Juden unterstützte den Bund oder die Poale Zion, die beide auf Seiten der Menschewiki standen. Dabei waren sich die führenden Bundisten der fundamentalen Defizite der bürgerlich-sozialistischen Februarregierung bewusst. Diese hatte nicht nur die Friedens- oder die Landfrage ungelöst gelassen, sondern tat auch zu wenig, um die steigende antisemitische Hetze einzudämmen.

Die politisch entmachtete, aber noch keineswegs endgültig geschlagene Reaktion sah in den Juden die Wurzel allen Übels. So erschien, um nur ein Beispiel zu nennen, im September 1917 ein Manifest, in dem es hieß: »Russisches Volk, erwache von Deinem Schlaf! Vor kurzem schien die Sonne noch, und der Zar besuchte Kiew. Jetzt findet man überall Juden! Lasst uns das Joch abschütteln, wir können es nicht länger ertragen! Sie werden das Vaterland zerstören. Nieder mit den Juden! Russisches Volk, vereinige Dich! Bringe uns den Zaren zurück.«[61] Anfang Oktober schrieb der Bundist Rafail Abramowitsch, er sei sich der Gefahr einer bolschewistischen Machtergreifung wohl bewusst, sie sei jedoch geringer als eine fortdauernde Impotenz der Koalitionsregierung und ihre Machtlosigkeit gegenüber dem Antisemitismus. Die Monate seit der Revolution hätten gezeigt, dass mit der Bourgeoisie nichts anzufangen sei. Sie habe in allen Fragen versagt und

---

[59] Vgl. Herbeck: Das Feindbild, S. 97f.

[60] Vgl. Baron: The Russian Jew, S. 168–186.

[61] Rassevet, 6. Oktober 1917 (alten Stils), zit.n. Bunzl: Klassenkampf in der Diaspora, S. 136; Orthografie modernisiert.

sei überdies keineswegs demokratisch gesinnt. Abramowitsch folgerte: »Wenn wir nicht auf das Programm der revolutionären Demokratie, d.h. auf die Revolution verzichten wollen, müssen wir selbst die Regierung in die Hand nehmen.«[62] Ein anderer führender Bundist, Mark Liber, schrieb hingegen, sein Verantwortungsgefühl dem Staat gegenüber erlaubte es ihm nicht, die Regierung stürzen zu helfen. »Da wir überzeugt sind, dass man in einem bürgerlichen Staat kein sozialistisches Regime errichten kann, haben wir beschlossen, dem Volk wenigstens teilweise zu geben, was es wünscht.«[63]

Bereits auf dem ersten Sowjetkongress brachten die Bolschewiki im Juli 1917 eine Resolution ein, die zur Bekämpfung des endemischen Antisemitismus in Russland aufforderte.[64] Unmittelbar vor der Oktoberrevolution schrieb Leo Trotzki: »Von allen Seiten gibt es Beschwerden über die Pogromhetze im Land und hier bei uns in Petrograd. In den Schlangen, in den Teehäusern, in den Straßenbahnen, auf den Plätzen hört man oft Reden darüber, dass es notwendig sei, die ›Juden‹, Sozialisten, Sowjets zu zerschlagen. [...] Die bürgerliche Presse fletscht dazu wütend die Zähne: Sie hat den Schwarzhunderter-Mob von der Leine und ihm freien Lauf gelassen, das Tier in ihm geweckt – jetzt kann nur noch ein Blutvergießen für Ordnung sorgen. Natürlich sind die Sozialisten und vor allem die Bolschewiki die Schuldigen.«

Trotzki fuhr fort: »Natürlich muss man mit Wort und Überzeugung die Pogromhetze bekämpfen. Aber das ist ein sehr kleiner Teil der Sache. Die Revolution muss das Gesicht den Armen zuwenden, nicht den Rücken. Es ist notwendig, dass der ungebildetste, in die Enge getriebene und betäubte Arbeiter das Gefühl hat, dass die revolutionäre Macht ihn beschützt und nicht den Reichen.

Das ist der springende Punkt. Wir brauchen eine revolutionäre Macht – gegen Bankiers, Wucherer, Plünderer und Spekulanten. Wir brauchen die Macht der Sowjets. Eine solche Macht, die dem Volk nahesteht, wird immer in der Lage sein, alle Lebensmittelvorräte zu kontrollieren und harte Strafen gegen jene zu verhängen, die sie horten. Der Hungrige, dem die revolutionäre Macht einen Brotkanten gibt, statt einem faulen reichen Mann zwei davon, wird verstehen, dass die Revolution für ihn da ist. Wenn die Sowjetmacht allen Seiten den sofortigen Frieden anbietet, militärische Gewinne und versteckte Lebensmittelvorräte konfisziert, das Land den Bauern überträgt, den Bankier zur Arbeit zwingt, den Hungrigen Brot gibt, dann wird die Predigt der Schwarzhunderter haltlos und erreicht die Herzen nicht mehr. Der Pogromist von gestern wird schließlich verstehen, wo die Wahrheit liegt, wo die Lügen zu finden sind – und wird sich der Revolution anschlie-

[62] Arbeiterstimme, 5. Oktober 1917, zit.n. Arye Gelbard: Der jüdische Arbeiter-Bund Rußlands im Revolutionsjahr 1917, Wien 1982, S. 165f.; Orthografie modernisiert.

[63] Iswestija, 10. Oktober 1917, zit.n. Gelbard: Der jüdische Arbeiter-Bund, S. 166; Orthografie modernisiert.

[64] Vgl. ebd., S. 164.

ßen.« Trotzkis Schlussfolgerung war eindeutig: »Der einzige ernsthafte Weg, mit dem Schwarzhundertertum in den untersten Schichten fertig zu werden, ist der Übergang der gesamten Macht in die Hände der Sowjets.«[65]

Doch stieß die Machtergreifung der Bolschewiki, an der Trotzki einen entscheidenden Anteil hatte, auf eine starke Gegnerschaft im Lager der Sozialisten. So beschloss die Mehrheit des Bundes, gemeinsam mit dem Großteil der nichtbolschewistischen sozialistischen Parteien den Zweiten Sowjetkongress zu boykottieren. Henryk Erlich sprach sich im Namen des Bundes für die Einberufung eines Ausschusses zur Rettung des Vaterlandes und der Revolution aus. An diesen Bestrebungen beteiligte sich auch die Poale Zion.[66] Jedoch waren alle Versuche, die bolschewistisch geführte neue Regierung durch Repräsentanten aller sozialistischen Parteien zu ersetzen, von vornherein zum Scheitern verurteilt. In der ersten Nummer der *Arbeiterstimme*, des Zentralorgans des Bundes, nach der Oktoberrevolution hieß es: »Uns erscheint der bolschewistische Umsturz als Wahnsinn. [...] Es ist eitel Wahnsinn, wenn man glaubt, dass das wirtschaftlich rückständige Russland der sozialistischen Weltrevolution voranschreiten kann. In unseren Tagen ist aber das bolschewistische Abenteuer ein Verbrechen gegen die Freiheit und gegen die Revolution. Sie haben ihre Tat vor dem Zusammentritt der Nationalversammlung begangen. Nur wer das Volk im Tiefsten verachtet, ist im Stande, einen Umsturz gerade in diesem Augenblick zu vollziehen.«[67]

Rafail Abramowitsch bezeichnete die Oktoberrevolution als »ein furchtbares Unglück für die wahre Revolution und für die Arbeiterklasse. Manche Genossen glauben, der bolschewistische Aufstand sei nichts als ein Militärputsch, eine Revolte der Soldateska, der Petrograder Garnison, die sich weigert, an die Front zu gehen. Nichts verkehrter als das. Man darf die Tatsache nicht aus den Augen verlieren, dass die bolschewistische Revolution nur möglich war, weil sie sich auf *den Willen oder zum Mindesten die Sympathie breiter Arbeiter und Soldatenmassen stützte*. Der Bolschewismus ist zu einem ›Massenglauben‹ großer Teile des Proletariats und des Halbproletariats geworden. [...] Im Bolschewismus drückt sich die Unüberlegtheit der revolutionären Massen aus, die weder reif noch genügend klassenbewusst sind. Objektiv gesehen ist der Bolschewismus eine Klassenbewegung unreifer und nicht genügend entwickelter Arbeiter.«[68]

---

[65] L. D. Trockij: Pogromnaja agitacija [Pogromhetze], in: Rabočij i Soldat [Arbeiter und Soldat], Petrograd, 18./31. Oktober 1917. Nachdruck in: Ders.: Sočinenija [Werke], Bd. 3, Teil 2, Moskau/Leningrad 1925, S. 23–24. Deutsch in: Keßler (Hrsg.): Leo Trotzki oder: Sozialismus gegen Antisemitismus, S. 117f.

[66] Vgl. Gelbard: Der jüdische Arbeiter-Bund Rußlands, S. 169.

[67] Arbeiterstimme, 13. November 1917, zit.n. Gelbard: Der jüdische Arbeiter-Bund Rußlands , S. 173; Orthografie modernisiert.

[68] Arbeiterstimme, 13. November 1917, zit.n. Gelbard: Der jüdische Arbeiter-Bund Rußlands, S. 173f.; Hervorhebung im Original.

Die Wahlen zu den jüdischen Gemeindeorganisationen im Juni 1918 zeigten die relative Dominanz des Bundes und der zionistisch-sozialistischen Parteien. Dies verstärkte die Opposition des Bundes gegenüber den Bolschewiki, wie sie schon der 8. Nationalkongress im Dezember 1917 formulierte. Die Auflösung der verfassungsgebenden Versammlung durch das Exekutivkomitee der Sowjets (also generell die Bolschewiki) ließ Anfang 1918 den Graben unüberbrückbar werden. All das zeigte den Bolschewiki, wie isoliert sie von den jüdischen arbeitenden Massen wirklich waren.

Die Präsenz von bolschewistischen Führungspersönlichkeiten jüdischer Herkunft – Trotzki, Joffe, Kamenew, Swerdlow, Sinowjew, Uritzkij und anderen – darf nicht mit der marginalen Rolle der Bolschewiki innerhalb der jüdischen Arbeiterbewegung verwechselt werden. Unmittelbar nach der Oktoberrevolution dominierten in der jüdischen politischen Landschaft drei Tendenzen: zum einen die verschiedenen zionistischen Parteien, deren nichtsozialistische Teile mehr oder weniger mit den Konstitutionellen Demokraten verbunden waren; zum anderen die von den Menschewiki geprägte sozialdemokratische Richtung, wozu linkszionistische Parteien wie die Poale Zion ebenso gehörten wie der antizionistische Bund; zum dritten Gruppen »territorialistischer« Orientierung wie die SERP, die die Zukunft der Juden innerhalb Russlands sahen, aber nicht dem Sozialismus zuneigten und ein Programm der national-kulturellen Autonomie forderten, sowie kleine religiöse Gruppierungen.

Die Bolschewiki versuchten, innerhalb der jüdischen Gemeinschaft an Resonanz zu gewinnen. Im Jahre 1919 mündeten diese Anstrengungen dann in die Bildung einer Jüdischen Abteilung im Volkskommissariat für nationale Angelegenheiten, das von Stalin geleitet wurde. Abteilungsleiter und damit für jüdische Angelegenheiten zuständig wurde Semjon (Semen) Dimanstein.[69] Zeitgleich wurden in 13 größeren Städten mit einem relevanten jüdischen Bevölkerungsanteil Jüdische Sektionen als Bestandteile der bolschewistischen Partei gegründet, die sich im Oktober 1918 zur Jüdischen Sektion (Jewsekzija) zusammenschlossen. Ihren Vorsitz übernahm ebenfalls Dimanstein.[70]

Noch im Oktober desselben Jahres fand eine gemeinsame Konferenz der Jewsekzija und der Jüdischen Kommissariate statt. Sie verabschiedete eine Resolution, in der es hieß, dass alle jüdischen bürgerlichen Institutionen keine Existenzberechtigung mehr besäßen. Dies betraf die Jüdischen Gemeinden mitsamt ihren Körperschaften.[71] Es war daher nicht verwunderlich, dass die jüdischen Opponenten der Bolschewiki, wie stark auch immer ihre Differenzen untereinander waren,

[69] Vgl. Edmund Silberner: Kommunisten zur Judenfrage. Zur Geschichte von Theorie und Praxis des Kommunismus, Opladen 1983, S. 141f.

[70] Zur Geschichte dieser Organisation vgl. Zvi Y. Gitelman: Jewish Nationality and Soviet Politics. The Jewish Sections of the CPSU, 1917–1930, Princeton 1972.

[71] Vgl. Silberner: Kommunisten zur Judenfrage, S. 145.

die Partei Lenins als Gegner und die Jewsekzija-Mitglieder als Verräter betrachteten. Die Jewsekzija war keine mitgliederstarke Organisation. Im Juni 1919 zählte sie nur etwa achthundert Mitglieder.[72]

Eine der ersten Maßnahmen der Jewsekzija war die Auflösung der nach der Februarrevolution demokratisch gewählten jüdischen Gemeinderäte. Ein Dekret, welches auch von Stalin im Juni 1919 unterzeichnet wurde, sanktionierte dieses Vorhaben. Gleichzeitig gewann die Agitation gegen den Zionismus an Schärfe. Die zweite Konferenz der Jewsekzija und der Jüdischen Kommissariate rief zur Liquidierung des Zionismus in Sowjetrussland auf; eine Haltung, die im folgenden Jahr auf der dritten Konferenz bekräftigt wurde.[73] Die Poale Zion betrachte sich zwar als sozialistische Partei, doch seien ihre Mitglieder maskierte Agenten des Zionismus und der Konterrevolution. Die Verbreitung kommunistischer Ideen im jüdischen Arbeitermilieu werde zum Zusammenbruch der Ideologie des Bundes wie des Zionismus führen.[74]

Erwähnenswert ist die Tatsache, dass besonders Bolschewiki jüdischer Herkunft, darunter nicht wenige ehemalige Bundisten und Zionisten, vehement gegen jedes eigenständige Leben außerhalb der Kommunistischen Partei zu Felde zogen, während russische – nichtjüdische – Politiker, namentlich Michail Kalinin, hier zu größter Vorsicht mahnten und den Eifer der bolschewistischen Neubekehrten unter den Juden streng kritisierten.[75]

Die besonnenen Funktionäre der bolschewistischen Partei wollten die bestehenden national-kulturellen Organisationen der einzelnen Völkerschaften zur Mitarbeit an der revolutionären Umgestaltung gewinnen. Auch die Unterdrückung zionistischer Ansichten stand zunächst nicht auf ihrem Programm, obwohl die Bolschewiki an ihrer politischen Gegnerschaft zum Zionismus keine Abstriche machten. Sie glaubten vielmehr, die Dynamik der revolutionären Entwicklung werde die russischen Juden in solch großer Zahl auf die Seite der Sowjetmacht bringen, dass dadurch dem Zionismus die soziale Basis entzogen werde.

Doch dazu kam es zunächst nicht. Die russischen zionistischen Organisationen, darunter auch die zionistisch-sozialistischen Kräfte, begrüßten die am 2. November 1917 in der Londoner *Times* publizierte Balfour-Deklaration enthusias-

---

[72] Noch im Oktober 1925, als sich die Sowjetmacht längst konsolidiert hatte, waren es nicht mehr als 3.000 haupt- oder nebenamtliche Mitarbeiter, wozu noch einmal etwa 1.000 Komsomolzen zu rechnen waren, die im Rahmen der Jewsekzija arbeiteten. Vgl. ebd.

[73] Vgl. S. Agurskij: Evrejskij rabočij v kommunističeskom dviženii 1917–1921 gg. [Der jüdische Arbeiter in der kommunistischen Bewegung in den Jahren 1917–1921], Minsk 1926, S. 132, 213.

[74] Vgl. den Aufruf: An die jüdischen arbeitenden Massen, in: Die Wahrheit (jidd.), Juni 1918, auf Russ. abgedruckt in: Agurskij: Evrejskij rabočij, S. 55.

[75] Vgl. zu Kalinins Verständnis für jüdische Angelegenheiten, das ihn positiv von manch anderen Politikern und Funktionären unterschied, Jack Miller: Kalinin and the Jews: A Possible Explanation, in: Soviet Jewish Affairs, 4 (1974), Nr. 1, S. 61–65.

tisch. In dieser stimmte Großbritannien dem zionistischen Ziel zu, in Palästina eine »nationale Heimstätte« des jüdischen Volkes zu errichten. Es kam unter anderem zu Demonstrationen der Zionisten in Petrograd und in Odessa; an einer dieser Kundgebungen sollen sich in Odessa etwa 100.000 Menschen beteiligt haben. Auf einer der Veranstaltungen kritisierte der britische Konsul in Odessa am 3. Dezember 1917 das Ausscheiden Russlands aus dem I. Weltkrieg.[76] Großbritanniens Premier David Lloyd George hoffte, dass, »wenn Großbritannien sich für die Erfüllung der zionistischen Bestrebungen in Palästina verbürgte, [...] eine Auswirkung darin bestehen [würde], die russische Judenheit auf die Seite der Entente zu bringen«.[77] Es war offenkundig, dass die große Mehrheit der russischen Juden keineswegs den Bolschewiki auf ihrem Weg folgen wollte, vielmehr dem nach der Oktoberrevolution errichteten Regime skeptisch bis ablehnend gegenüberstand.

Der Bürgerkrieg mitsamt seinen schrecklichen Auswirkungen auf die Juden sollte jedoch die Wende bringen, denn rasch wurde klar, dass – ungeachtet aller sonstigen Widersprüche – Antibolschewismus und Antisemitismus Hand in Hand gingen.

Der Bürgerkrieg als antisemitischer Kreuzzug

Je mehr sich das Land nach links entwickelte, desto rauer wurde die antisemitische Agitation der entmachteten russisch-orthodoxen Kirche. Diese sah die Kirchenplünderungen und die Konfiskation ihres Eigentums als Kampfansage des »jüdischen Bolschewismus« an das Heilige Russland. Durchaus typisch für die entmachtete Geistlichkeit war, was einer der antisemitischen Wortführer, Vater (Protoierej) Wladimir Wostikow, in apokalyptischer Sprache verkündete: Alle orthodoxen Christen sollten sich vereinigen »und unter der Führung des heiligen Patriarchen sagen, dass der Sozialismus [...] eine klar antichristliche boshafte Erscheinung ist, dass das russische Volk jetzt das Spielzeug jüdisch-freimaurerischer Organisationen geworden ist, hinter denen der Antichrist in Gestalt eines internationalen Zaren zu sehen ist.«[78] Im offiziellen Kirchenblatt *Zerkovwnye Wedemosti* (Kirchlicher Anzeiger) schrieb ein anderer Würdenträger vom »Hass der Juden und Judenfreunde, der insbesondere deutlich wird in den Lassalles, Marx', Kautskys', Engels' im Ausland und denjenigen unter uns, die jetzt das Schicksal der Kirche und Russlands in der Hand haben. [...] Daraus erklärt sich die Grau-

[76] Vgl. Ran Marom: The Bolsheviks and the Balfour Declaration, in: Robert S. Wistrich (Hrsg.): The Left against Zion. Communism, Israel and the Middle East, London/ Totowa, N. J. 1979, S. 21.

[77] David Lloyd George: Memoirs of the Peace Conference, Bd. 2, New Haven, Conn. 1939, S. 726.

[78] Zit.n. Herbeck: Das Feindbild, S. 229f.

samkeit und der Radikalismus – Eigenschaften, die immer von einer jüdischen Psychologie zeugen.«[79]

Die orthodoxe Kirche sah in den Armeen der Weißen die rechtmäßige Fortsetzung russischer Staatsgewalt, obgleich eine Reihe von Geistlichen Zurückhaltung zu üben suchte. Doch die antisemitische Ausrichtung wurde immer stärker. So sah Erzbischof Antonij, der Metropolit von Kiew, »Jesu Christus als Opfer der jüdischen Revolution« und sprach am 2. November 1919 von den Bolschewiki sowie ihren »fremdstämmigen Söldnern und fremdstämmigen Auftraggebern«; mit diesem Begriff (*inorodcy*) waren in aller Regel die Juden gemeint, und so wurde dies auch von den Antisemiten verstanden.[80]

Der Judenhass erwies sich als mobilisierende Ideologie; die Kämpfe im Bürgerkrieg waren von unvorstellbaren Grausamkeiten gegen die Juden geprägt. Laut Gennadi Kostyrtschenko wurden während des Bürgerkrieges »1236 Gewalttaten gegen die jüdische Bevölkerung verübt, von denen 887 massenhafter Natur waren. Die größte Anzahl von Pogromen – 493 (40%) – war das Werk derjenigen, die auf der Seite der sogenannten Ukrainischen Volksrepublik unter der Führung von S. W. Petljura kämpften, obwohl er formal nicht daran beteiligt war. Darüber hinaus verkündete er die Politik der nationalen Autonomie, setzte sich dafür ein, den Juden alle nationalen und politischen Rechte zu gewähren, schuf das Ministerium für jüdische Angelegenheiten und erließ im Juli 1919 sogar ein allgemeines Gesetz, das antisemitische Propaganda verbot.«[81] Rund 17% der Pogrome, 213 an der Zahl, wurden von den Truppen General Anton Denikins begangen, obgleich dieser zunächst noch versuchte, die Gräueltaten seiner Armee zu stoppen. »Diese Versuche waren jedoch wirkungslos, nicht nur, weil sie episodischen Charakters waren und sich hauptsächlich auf Appelle und Ermahnungen beschränkten, sondern auch, weil sie von konservativen Offizieren mit Bajonetten beantwortet wurden.«[82]

Insgesamt fielen den Pogromen zwischen 150.000 und 200.000 Menschen zum Opfer – vor allem in der Ukraine, aber auch in Belorussland und anderen Gebieten.[83] Diese Massaker wurden zum größten antijüdischen Verbrechen vor Ausch-

---

[79] Cerkovnye Vedemosti, Nr. 17/18, Mai 1918, zit.n. Herbeck: Das Feindbild, S. 232.

[80] Ebd., S. 228.

[81] G. V. Kostyrčenko: Tajnaja politika Stalina. Vlast' i antisemitizm [Stalins Geheimpolitik. Die Macht und der Antisemitismus], Moskau 2001, S. 56.

[82] Ebd.

[83] Larin: Evrei i antisemitizm v SSSR, S. 55, nannte über 200.000 Opfer, neuere Forschungen nennen zumeist 150.000–200.000 Tote. Nicht richtig ist Larins Behauptung (S. 43), dass reiche Juden unter dem Schutz der Weißen gestanden hätten. Vgl. zu den Opferzahlen Kostyrčenko: Tajnaja politika Stalina, S. 57f. sowie die Zeitschrift: Quest. Issues in Contemporary Jewish History, die unter dem Titel »The Pogroms in the Russian Civil War at 100: New Trends, New Sources« eine Ausgabe (Nr. 15, August 2019) dem Thema gewidmet hat.

witz.[84] Etwa 8,5% aller Pogrome wurden von Angehörigen der Roten Armee verübt. Die Massenmorde waren vor allem ein Werk der Gegenrevolution. Leo Trotzki ging in seiner Eigenschaft als Volkskommissar für Verteidigung und Oberkommandierender der Roten Armee vor allem rücksichtslos gegen Rotarmisten vor, die sich an Pogromen beteiligten. Sie wurden dafür von Schnellgerichten mit dem Tode bestraft und umgehend hingerichtet.[85] Die »weißen« Armeen und marodierende Banden zeigten, im Gegensatz zu den meisten Rotarmisten, eine besondere Gewaltlust: massenhafte Vergewaltigungen von jüdischen Frauen, deren Folterung und anschließende Ermordung.[86] Die Massaker wurden von einer zügellosen antisemitischen Mordhetze begleitet, in der Trotzki das Sinnbild des »jüdischen Bolschewiken« darstellte.[87]

Im Hass auf Trotzki bündelten sich alle antisemitischen Ressentiments, die sich zudem gegenseitig aufluden. Räumlich voneinander weit entfernte Exponenten des Antisemitismus wie der Amerikaner Henry Ford und der Baltendeutsche Alfred Rosenberg machten die im März 1919 gegründete Kommunistische Internationale, ihren von Juden »durchsetzten« Apparat und insbesondere Trotzki und Sinowjew für alle Aufstände, sozialen Unruhen und Revolutionen der Zeit verantwortlich.[88] Dies erklärt auch den besonderen Terror der siegreichen Konterrevolution nach der Niederschlagung der Räterepubliken in Bayern und Ungarn. In der Lobpreisung des Terrors trafen die Antisemiten sich mit hohen katholischen Würdenträgern, mit denen sie sonst wenig gemein hatten. Dabei sollte die Mobilisierung von Katholiken gegen den »jüdischen Bolschewismus« auch die Kirchenmitglieder, die im Ersten Weltkrieg aufeinander geschossen hatten, unter einer gemeinsamen Losung wieder einen.[89]

---

[84] Für den »Zeitgeist« bereits in der frühen Sowjetunion ist bezeichnend, dass die Pogrome in Darstellungen nur selten erwähnt wurden. Vgl. Matthias Vetter: Antisemiten und Bolschewiki. Zum Verhältnis von Sowjetsystem und Judenfeindschaft 1917–1939, Berlin 1995, S. 90f.

[85] Vgl. Baron: The Russian Jews Under Tsars and Soviets, S. 181–188; Kostyrčenko: Tajnaja politika Stalina, S. 57; Brendan McGeever: Antisemitism and the Russian Revolution, London/New York 2019, S. 109.

[86] Vgl. als wichtige Fallstudie Felix Schnell: Der Sinn der Gewalt. Der Ataman Volynec und der Dauerpogrom von Gajsin im Russischen Bürgerkrieg (1919), in: Zeithistorische Forschungen/Studies in Contemporary History, 5 (2008), Nr. 1, S. 18–39.

[87] Herbeck: Das Feindbild, S. 252, zitiert einen von zahllosen Aufrufen, in dem neben Trotzki (»Bronštejn«) sogar der Nichtjude Kerenski unter dem angeblich jüdischen Namen »Kirbis« für die erstrebte »Vernichtung Russlands« verantwortlich gemacht wurde. Vgl. auch ebd., S. 178–182.

[88] Der Komintern-Vorsitzende Grigorij Sinowjew wurde in der antisemitischen Presse regelmäßig mit seinem angeblichen Namen »Apfelbaum« (er hieß Radomyslskij) bedacht.

[89] Dies ist ein Hauptgegenstand des Buches von Paul Hanebrink: A Specter Haunting Europe. The Myth of Judeo-Bolshevism, Cambridge, Mass. 2018.

Nach dem Ersten Weltkrieg hatte der Mythos des »jüdischen Bolschewismus«, wie der Historiker Enzo Traverso betont, »eine große Verbreitung gefunden, als er zum Motto der Bekämpfung der Spartakisten in Deutschland, zum Schlagwort des weißen Terrors in Ungarn und der russischen Konterrevolution wurde. Die Sicht des Bolschewismus als eine Art ›Virus‹, als ansteckende Krankheit, deren Bazillen die entwurzelten, kosmopolitischen, in den anonymen Metropolen der modernen Industriewelt versteckten jüdischen Revolutionäre in Mittel- und Osteuropa seien, die Feinde der Nation und der traditionellen Ordnung, war ein Gemeinplatz der konservativen Kultur.«[90]

Die Idee vom »jüdischen Bolschewismus« beruht laut dem Historiker Paul Hanebrink »auf drei ehrwürdigen Säulen antijüdischen Denkens. Erstens wurde auf eine Erzählung zurückgegriffen, in der Juden und das Judentum mit Ketzerei, Misswirtschaft und sozialen Unruhen in Verbindung gebracht wurden«. Gegen die unsichtbare Macht der Juden »schien es dringend nötig, die christliche Zivilisation verteidigen zu müssen«. Zweitens stützte sich eine solche Idee »auf den fest verankerten Glauben an eine internationale Verschwörung«.[91] Sie wurde befeuert von den »Protokollen der Weisen von Zion« und ähnlichen weitverbreiteten Machwerken. »Drittens schließlich knüpfte die Figur des jüdischen Bolschewiken in säkularisierter Form an weit ältere Ängste vor jüdischem Fanatismus an«, so Hanebrink weiter. »Im spät-imperialen Russland mündete der Glaube, Juden seien religiöse Fanatiker, die christliche Kinder zu rituellen Zwecken ermordeten, in gewalttätige Pogrome.«[92]

Die Sowjetmacht setzte sich die rigorose Bekämpfung des Antisemitismus zum Ziel. Im April 1918 erklärte das Volkskommissariat für Nationalitätenfragen, die revolutionären Soldaten und Arbeiter würden »Leben und Ehre« der jüdischen Massen verteidigen.[93] Am 6. April verkündete ein Armeebefehl, dass »jegliche Agitation gegen die Sowjetmacht, gegen einzelne Nationalitäten und ebenso der Aufruf zum Pogrom […] mit der Todesstrafe geahndet« würden.[94]

Am 27. Juli 1918 schrieb die Regierungszeitung *Iswestija*: »In der RSFSR, wo das Prinzip der Selbstbestimmung der arbeitenden Massen aller Völker verwirklicht wurde, gibt es keinen Platz für nationale Unterdrückung. Der jüdische Bourgeois ist unser Feind, nicht als Jude, sondern als Bourgeois. Hetze zum Hass gegen irgendeine Nation ist nicht tolerierbar, sondern beschämend und verbrecherisch. Der Rat der Volkskommissare erklärt, dass die antisemitische Bewegung und antijüdischen Pogrome die Sache der Arbeiter- und Bauernrevolution diskreditieren

[90] Enzo Traverso: Moderne und Gewalt. Eine europäische Genealogie des Nazi-Terrors, übers. von Paul B. Kleister, Köln 2003, S. 104.
[91] Ebd., S. 28f.
[92] Ebd., S. 30.
[93] Agurskij: Evrejskij rabočij, S. 154.
[94] Vgl. Herbeck: Das Feindbild, S. 429.

und appelliert an das arbeitende Volk des sozialistischen Russland, dieses Übel mit allen Mitteln zu bekämpfen. Der Rat der Volkskommissare weist alle Sowjets der Arbeiter-, Bauern- und Soldatendeputierten an, Schritte zu unternehmen, die die antisemitische Bewegung an den Wurzeln effektiv zerstören. Es wird hiermit befohlen, dass Pogromisten und Personen, die zu Pogromen aufhetzen, außerhalb des Gesetzes zu stellen sind.«[95]

Im März 1919 hielt Lenin eine auf Schallplatte aufgenommene Rede gegen den Antisemitismus, in der er den Inhalt der Resolution vom 27. Juli 1918 sinngemäß wiedergab (*Dokument 10*). Nicht die Juden seien die Feinde der Werktätigen, sondern die Kapitalisten aller Länder, sagte er. Die Mehrheit der Juden seien Arbeiter, Werktätige, sie seien Verbündete im Kampf für den Sozialismus. Der Kapitalismus sei bemüht, Zwietracht zwischen den Arbeitern verschiedener Völker zu säen. Die Schlusssätze der Rede lauteten: »Schmach und Schande über den, der Feindschaft gegen die Juden, Hass gegen andere Nationen sät. Es lebe das brüderliche Vertrauen und das Kampfesbündnis der Arbeiter aller Nationen im Kampf für den Sturz des Kapitals.«[96]

Die Bolschewiki griffen so konsequent gegen die Antisemiten durch, dass auch ein harter Kritiker des Sowjetregimes wie François Fejtö feststellte, diese Politik habe »die sowjetischen Juden genauso befreit wie die anderen unterdrückten Minderheiten [und] aus ihnen gleichberechtigte Bürger gemacht; sie hat den Antisemitismus an den Pranger gestellt und ebenso die reaktionäre und jedem Fortschritt abholde Geisteshaltung.«[97]

Einer wachsenden Zahl von Juden wurde bewusst, dass die Sowjetmacht zumindest das Leben der Pogromopfer zu schützen suchte. Dies führte während des Bürgerkrieges zu einer differenzierteren Haltung gegenüber dem neuen Regime.[98] »Die jüdische Bevölkerung sah in der Roten Armee die einzige effektive Schutzmacht gegen Pogrome«, betonte der gegenüber den Bolschewiki sehr kritisch eingestellte Shlomo Na'aman.[99]

Der Entschluss von Juden, sich auf Seiten der Bolschewiki zu schlagen und in Konsequenz oft der Kommunistischen Partei beizutreten, war eine Entscheidung zugunsten der nichtjüdischen, säkularen Welt. Doch war sie, wie der Historiker André Gerrits konstatiert, »nicht so sehr ein Akt der Assimilation als vielmehr

---

[95] Wiederabdruck in: Dekrety sovetskoj vlasti [Dekrete der Sowjetmacht], Bd. 3, Moskau 1964, S. 93.

[96] W. I. Lenin: Über die Pogromhetze gegen die Juden, in: Werke, Bd. 29, S. 240, und Dokument 10; Orthografie modernisiert.

[97] François Fejtö: Judentum und Kommunismus. Antisemitismus in Osteuropa, Wien/Frankfurt a. M./Zürich 1967, S. 22.

[98] Vgl. zum Folgenden auch Oleg Budnitskii: Russian Jews Between the Reds and the Whites 1917–1920, Philadelphia 2012, S. 356ff.

[99] Shlomo Na'aman: Marxismus und Zionismus, Gerlingen 1997, S. 197.

ein Tauschakt: Eine Form der Isolierung, nämlich die, ein Jude zu sein, wurde gegen eine andere Form eingetauscht, nämlich die der Existenz als Kommunist.«[100] Das Engagement in der kommunistischen Bewegung kann auch als ein Bestreben gesehen werden, die humanistischen Werte der jüdischen Ethik auf die praktische Politik anzuwenden.

All diese Beweggründe trugen zur etappenweisen Spaltung der jüdischen sozialistischen Parteien bei. Die Spaltung des Jüdischen Arbeiterbundes wurde zunächst unmittelbar durch die Intervention und den Bürgerkrieg hervorgerufen. Infolge der Kämpfe wurde der ukrainische Teil des Bundes von der Gesamtorganisation isoliert. Eine Mehrheit des ukrainischen Bundes reorganisierte sich Anfang 1919 unter Moissej Rafes und Alexander Tschemerinskij im Kommunistischen Bund (Kombund). Zur gleichen Zeit bildete der Mehrheitsflügel der Vereinigten Jüdischen Sozialistischen Arbeiterpartei sich zur Vereinten Jüdischen Kommunistischen Partei um. Im Mai 1919 verschmolzen diese beiden Organisationen zum Kommunistischen Verband (jiddisch: Komfarband), der im August des gleichen Jahres in die Kommunistische Partei aufgenommen wurde.[101] Diese Vorgänge verliefen auf der Grundlage der Freiwilligkeit und unter dem Eindruck des konsequenten Kampfes der Bolschewiki gegen den Antisemitismus.

Die Auseinandersetzungen in Russland waren hingegen nicht konfliktfrei. Ursprünglich wollte sich der Bund in Russland nach einer Linksentwicklung an die bolschewistische Partei als relativ autonome Organisation anschließen. Dies sollte entsprechend einem Modell erfolgen, das die kommunistischen Organisationen von Georgien, der Ukraine und Belorussland mit der russischen Partei verband. Der Minsker Kongress des Bundes verabschiedete im Jahre 1920 eine entsprechende Resolution. Eine Minderheit der Bundisten wandte sich entschieden gegen eine Assoziierung an die Bolschewiki und die Komintern. Es würde einem Todesurteil für den Bund gleichkommen, warnte deren Sprecher Rafail Abramowitsch. Jedwede Möglichkeit einer selbständigen politischen Organisation des jüdischen Proletariats wäre für die kommunistische Partei inakzeptabel. Die Haltung des Bundes zur nationalen Frage, die er über 20 Jahre lang verfochten habe, stehe dem kommunistischen Standpunkt gegenüber. »Als Bannerträger des Bundes sind Eure Tage gezählt. In Zukunft werdet Ihr unter dem Banner der Russischen Partei auftreten. [Ihr] werdet bald in die Kommunistische Partei eingeschmolzen werden und dabei all das verlieren, was jedem Bundisten teuer ist.«[102]

Die Mehrheit nahm diese Warnungen nicht ernst genug, aber ganz ohne Eindruck dürften sie kaum geblieben sein: Vor den Beitrittsverhandlungen zur Kom-

[100] André Gerrits: The Myth of Jewish Communism. A Historical Interpretation, Brüssel 2009, S. 39f.

[101] Vgl. Bunzl: Klassenkampf in der Diaspora, S. 136.

[102] Zit.n. Bernard K. Johnpoll: The Politics of Futility. The General Jewish Worker's Bund of Poland, 1917–1943, Ithaca, N. Y. 1967, S. 102.

munistischen Partei bestand der Bund auf die Bildung einer Kommission, die die Interessen der Bundisten berücksichtigen sollte. Neben drei Bundisten und einem Vertreter der Komintern gehörten dem Gremium auch drei Offizielle der Jewsekzija an, die dem Bund ausgesprochen ablehnend gegenüberstand und auf seine sofortige Auflösung drängte. Der Komintern-Vertreter unterstützte die Position der Jewsekzija in wesentlichen Punkten, und die Kommission sprach sich mehrheitlich für die Auflösung des Bundes innerhalb von drei Monaten aus. Dazu war jedoch die Zustimmung des Bundes erforderlich. Diese sollte auf einer Konferenz im Februar 1921 eingeholt werden. Dort umwarb der Sprecher der probolschewistischen Fraktion, Aron (»Rachmiel«) Weinstein, die Unentschlossenen. Er warnte davor, dass die Konsequenzen einer Ablehnung des Kommissionsbeschlusses weit negativer sein würden als eine Zustimmung. Dennoch wurde eine Resolution an die Komintern mit der Bitte um kleinere Konzessionen verabschiedet. Im Endeffekt entschied sich der russische Teil des Bundes für die Selbstauflösung.[103]

In Belorussland verlief die Entwicklung weitgehend ähnlich. Bereits im Januar 1919 hatte sich dort eine Jüdische Kommunistische Partei gegründet. Diese wies in einer Erklärung auf »spezifische Aufgaben im jüdischen Milieu« hin, die sie »am besten erfüllen kann, wenn es [das jüdische Proletariat; M. K.] in einer eigenen kommunistischen Partei [...] organisiert ist.«[104] Die Partei sollte »eng verbunden mit der russischen kommunistischen Partei«, aber nicht mit ihr identisch sein.[105] Doch bestand diese Partei, die wahrscheinlich stark von ehemaligen Bundisten beeinflusst war, nur zwei Monate. Sie wurde aufgelöst, um als Komfarband von Belorussland und Litauen ebenfalls als Übergangsform für die Integration in die KP zu dienen. Im April 1920 spaltete sich über dieser Frage auch der Bund in Belorussland. Der probolschewistische Flügel um Jakow (Jankel) Lewin zog die Zwischengruppe um Maria Frumkina zu sich herüber in den Komfarband, der sich nunmehr Kombund nannte. Ein Teil des Bundes, der sich der Einschmelzung in die KP verweigerte, konstituierte sich zum Sozialdemokratischen Bund, ein anderer Teil gab seine Opposition gegen die Sowjetmacht allmählich auf und bezeichnete unter den neuen Bedingungen die Forderung nach national-kultureller Autonomie als gegenstandslos.[106]

Der russische Bürgerkrieg verstärkte naturgemäß die Emigrationswünsche unter den Juden. Deshalb versuchten die zionistischen Organisationen, ihre entsprechende Tätigkeit zu aktivieren. In diesem Sinne nutzten zionistische oder dem Zionismus nahestehende Vereinigungen die ihnen von der Sowjetregierung zu-

[103] Vgl. ebd., S. 103.
[104] Zit. n. Bunzl: Klassenkampf in der Diaspora, S. 137
[105] Ebd.
[106] Vgl. Agurskij: Evrejskij rabočij, S. 98ff.; M. Rafes: Očerki po istorii Bunda [Essays aus der Geschichte des Bundes], Moskau 1923, S. 284ff.

gesagten Rechte in der Ausübung ihrer Tätigkeit. Dies betraf solche Körperschaften wie das Jüdische Hilfskomitee, die Gesellschaft der handwerklichen Arbeit, die Gesellschaft für den Gesundheitsschutz der Juden und den Verband jüdischer Kriegsteilnehmer.[107] Die Auswanderung aus der Sowjetunion war in der Vor-Stalinzeit gesetzlich noch nicht verboten.

Aus der Sicht der Jewsekzija war die Praxis der Regierung gegenüber dem Zionismus nachlässig. Dementsprechend verurteilte die zweite Jewsekzija-Konferenz im Juni 1919 in einer Resolution die Politik der Zionisten und hielt fest: »Die zionistische Partei spielt eine konterrevolutionäre Rolle. Sie ist für die Stärkung des Einflusses von Klerikalismus und nationalistischen Anschauungen unter den zurückgebliebenen Massen verantwortlich. Auf diese Weise wird die klassenmäßige Selbstbestimmung der werktätigen jüdischen Massen geschwächt und die Verbreitung kommunistischer Ideen unter ihnen ernsthaft behindert.«[108]

Am 20. Dezember 1919 richtete das Jüdische Kommissariat einen Appell an die Juden Sowjetrusslands. Darin hieß es, dass »die jüdischen arbeitenden Klassen in der Russischen Sozialistischen Föderativen Republik ihr Vaterland haben, das sie verteidigen«. Dort »besitzen sie alle nationalen und Bürgerrechte [und] brauchen keine anderen Länder«.[109] Doch je näher die Bolschewiki dem Sieg im Bürgerkrieg kamen, desto mehr zeigten sich auch ihre repressiven Züge gegen nichtbolschewistische Sozialisten. So wurde auch der übrig gebliebene Teil des Jüdischen Arbeiterbundes, der sich nun Sozialdemokratischer Bund nannte, auf die Tätigkeit kleinerer Gruppen reduziert, die allmählich in die Illegalität gehen mussten. Im Februar 1921 wurde der Klub des Bundes in Moskau zweimal durchsucht, seine bekannteren Mitglieder verhaftet und das gesamte Material beschlagnahmt. Im gleichen Monat fanden Massenverhaftungen von Bundisten in Kiew, Charkiw, Rostow am Don, Odessa und Witebsk statt. Bis Ende März wurden alle noch bestehenden Organisationen und Gruppen in Russland verboten oder aufgelöst.[110]

Doch noch immer gingen Überzeugungsarbeit und eine Politik der Verbote Hand in Hand, und die nächste Entwicklung musste zeigen, wohin sich die Waagschale neigte.

---

[107] Vgl. L. Ja. Dadiani: Kritika ideologii i politiki social-sionizma [Kritik der Ideologie und Politik des Sozial-Zionismus], Moskau 1986, S. 103.

[108] Zit.n. Baron: The Russian Jews, S. 173f.

[109] Zit.n. Agurskij: Evreijskij rabočij, S. 213.

[110] Vgl. Johnpoll: The Politics of Futility, S. 103.

Kapitel 11
Der Antisemitismus als Problem der Sowjetgesellschaft

Die Oktoberrevolution wurde von Männern geplant und geleitet, die sich dem proletarischen Internationalismus verschrieben hatten; sie sahen in der russischen Erhebung den Beginn einer Weltrevolution. Ihre Hymne war die »Internationale«, und dies war auch der Titel der Komintern-Zeitschrift. Die sozialistische Zukunft würde die Zukunft der ganzen Menschheit sein, nicht die eines einzelnen Volkes.

An der Spitze der Revolution hatten überproportional viele Juden gestanden. Und wenngleich diese beteuerten, sie seien Internationalisten und hätten mit dem Judentum nichts zu tun, blieben sie in den Augen ihrer Gegner wie auch neutraler Beobachter bolschewistische Juden oder jüdische Bolschewiki. Das neue Regime aber hatte dem Antisemitismus den Kampf angesagt – auch nach dem Ende des Bürgerkriegs, dem 1921 der Übergang zur Neuen Ökonomischen Politik (NEP) folgen sollte.[1] Doch was als Aufbruch aus dem Kriegskommunismus erschien, mündete zunächst in eine Machtkrise der Bolschewiki.

Leninismus, NEP und Antisemitismus

Die wichtigsten Marksteine des Dramas um das junge Sowjetregime können hier nur genannt werden: Noch bis Anfang 1921 setzten die Reste der Weißen Armeen den Kampf fort, doch die siegreiche Sowjetmacht wurde Ende Februar jenes Jahres mehr noch von »innen« durch den Matrosenaufstand in Kronstadt herausgefordert. Seine blutige Niederschlagung ließ die Kontinuitätslinie der Bolschewiki zum revolutionären Sozialismus weitgehend abreißen. Zudem brachte eine Serie von Bauernaufständen mit der unvermeidlich folgenden Hungersnot Sowjetrussland an den Rand des Zusammenbruchs. Der Sieg im Bürgerkrieg schien verspielt. Um ihre Herrschaft zu sichern, mussten die Bolschewiki in der Wirtschaftspolitik das Steuer herumreißen. Mit der Einführung der NEP auf X. Parteitag im März 1921 wurde die in der Landwirtschaft oftmals terroristisch erzwungene Ablieferungspflicht von Lebensmitteln beendet und eine Landwirtschaftssteuer wieder eingeführt. In der Industrie machten die Arbeitsarmeen einem System Platz, das den Gewerkschaften bei innerbetrieblichen Konflikten ein Mitspracherecht sicherte. Das Wirtschaftsleben geriet allmählich in Gang, es entstanden vom Staat kontrollierte Marktbeziehungen und in deren Folge ein privater Kleinhandel.

[1] Neue Ökonomische Politik (russ.: Novaja ekonomičeskaja politika), abgekürzt NEP (im Deutschen auch NÖP).

Dessen Nutznießer wurden als NEP-Leute, doch auch bald als »NEP-Bourgeoisie« bezeichnet.[2] Doch auf dem X. Parteitag wurde auch ein Fraktionsverbot beschlossen, durch welches die in der Partei noch relativ frei geführten Diskussion in Ketten gelegt und kontroverse Debatten zunehmend ins Halbdunkel der Dissidenz abgedrängt wurden.

Innerhalb der NEP stachen Juden, obwohl sie nicht die Mehrheit bildeten, hervor. Da viele von ihnen aus dem Kleingewerbe kamen, vermochten sie die Bedingungen, die das Sowjetregime dem Kleinhandel bot, besser zu nutzen als Angehörige anderer Volksgruppen.[3]

Der Bürgerkrieg und die Pogrome zerstörten die jüdische Berufsstruktur und vergrößerten die Zahl der entwurzelten Existenzen, der »Luftmenschen«. Die Bolschewiki bemühten sich mit Beginn der NEP um den Übergang des jüdischen Kleinbürgertums, wie der »Luftmenschen«, zu produktiven Tätigkeiten in Industrie und Landwirtschaft.

Bis 1924 zeichnete dafür das Volkskommissariat für nationale Angelegenheiten unter Josef W. Stalin verantwortlich. Dieses wurde im April des gleichen Jahres aufgelöst, nachdem die meisten Nationalitäten in der Sowjetunion ihre eigenen Unionsrepubliken, Autonomen Republiken oder Gebiete erhalten hatten. Nationale Fragen, darunter auch die der Juden, wurden zu Fragen der jeweiligen territorialen Sowjetbehörden. Diese Behörden errichteten jedoch keine besonderen Jüdischen Büros, auch dann nicht, als die fünfte Gesamtrussische Konferenz der Jewsekzija dies noch im gleichen Monat forderte.[4]

Durch Pogrome, Exil und Abtrennung von Gebieten des ehemaligen Zarenreichs war die Zahl der Juden auf dem Staatsgebiet von 5,2 Millionen vor dem Krieg auf 2,7 Millionen nach dem Krieg zurückgegangen – rund 60% lebten in der Ukrainischen Sowjetrepublik.[5] Innerhalb des sowjetischen Staatsgebietes galten die Juden als eigenständige Nation, obwohl sie über kein geschlossenes Siedlungsge-

---

[2] Die Literatur zur sowjetischen Geschichte dieser Jahre ist inzwischen uferlos. Pars pro toto sei auf einige leicht zugängliche Überblickswerke verwiesen, die eine Vielzahl an Literaturhinweisen enthalten: Orlando Figes: Die Tragödie eines Volkes. Die Epoche der russischen Revolution 1891 bis 1924, übers. von Barbara Conrad u.a., Berlin 1998; Dietrich Beyrau: Petrograd, 25. Oktober 1917. Die russische Revolution und der Aufstieg des Kommunismus, München 2001; Alexander Rabinowitch: Die Sowjetmacht. Das erste Jahr, übers. von Andrea Rietmann und Peter Sondershausen, Essen 2010; Laura Engelstein: Russia in Flames. War, Revolution, Civil War, 1914–1921, Oxford 2017.

[3] Nach Ju. O. Larin: Evrei i antisemitizm v SSSR [Die Juden und der Antisemitismus in der UdSSR], Moskau/Leningrad 1929, S. 121f., profitierten jedoch nur relativ wenige Juden von der NEP. Auch jüdische Kleinhändler fristeten oft eine prekäre Existenz.

[4] Vgl. Salomon M. Schwarz: The Jews in the Soviet Union, 2. Aufl., New York 1972, S. 102; John Bunzl: Klassenkampf in der Diaspora. Zur Geschichte der jüdischen Arbeiterbewegung, Wien 1979, S. 143.

[5] Vgl. Allan L. Kagedan: Soviet-Jewish Territorial Units and Ukrainian-Jewish Relations, in: Harvard Ukrainian Studies, 9 (1985), Nr. 1/2, S. 118–132, besonders S. 118f.

biet verfügten. Dies war eine radikale Absage an das Assimilationskonzept, das Lenin im Einklang mit Kautsky noch vor dem Ersten Weltkrieg vertreten hatte.[6]

Die jüdische Forderung nach einem nationalen Repräsentativorgan anstelle des aufgelösten Jüdischen Kommissariats (Jewkom) ist nachvollziehbar. Doch gerade das Fehlen eines geschlossenen Siedlungsgebietes wurde als Hauptursache für den nichtabgeschlossenen Konstituierungsprozess als Nation sowie für die noch immer hohe Zahl von »Luftexistenzen« verantwortlich gemacht. Dimanstein, der diese Auffassung besonders nachdrücklich vertrat, war die treibende Kraft bei Projekten, die eine massenhafte Ansiedlung der Juden auf dem Lande zum Ziel hatten. Dort sollten sie in den landwirtschaftlichen Produktionsprozess eingegliedert werden. Er war auch einer der Initiatoren für die Gründung des Komitees zur landwirtschaftlichen Ansiedlung jüdischer Werktätiger (Komzet), die am 29. August 1924 erfolgte.[7]

Diese Maßnahme fand die Unterstützung des sowjetischen Staatsoberhauptes Michail Kalinin. »Unzweifelhaft stellt die Organisierung bäuerlicher Wirtschaften eines der wirksamsten Mittel zur Selbsterhaltung der jüdischen Nationalität als Nation dar«, erklärte er am 17. November 1926 auf der ersten Konferenz der Gesellschaft zur Landansiedlung werktätiger Juden (Ozet).[8]

Diese nichtstaatliche, aber von der Kommunistischen Partei kontrollierte Gesellschaft sollte die Tätigkeit der Komzet unterstützen. Im Ergebnis der durch beide Körperschaften eingeleiteten Maßnahmen zur freiwilligen Landansiedlung von Juden stieg die jüdische landwirtschaftliche Bevölkerung von 76.000 (1923) auf 94.000 (1924) und schließlich auf 220.000 (1928).[9] Die Mehrzahl der neuen Siedlungen entstand in der Ukraine, einige wurden auch in Belorussland und auf der Krim gegründet. Propagandistisch wurde dies als »Verwurzelung« (*Korenisacija*) von Juden auf dem Land bezeichnet. Diese Losung betraf auch andere klei-

---

[6] »The Bolsheviks«, so Oscar Janowski, »have no favorites among the nationalities, nor are they constrained by preconceived nations. The Jews are a case in this point. [...] In the Soviet Union, the attributes of nationality are simple and clear. Any and every people with a distinct language or dialect, a territory on which it is concentrated in appreciable numbers, and the desire to maintain its identity, is accorded recognition as a nationality.« Oscar J. Janowski: Nationalities and National Minorities (With Special Reference to East Central Europe), New York 1945, S. 98.

[7] Die russische Originalbezeichnung lautete: Komitet po zemel'nomu ustrojstvu evrejskich trudjaščichsja.

[8] Zit.n. Salomon Goldelmann: Löst der Kommunismus die Judenfrage?, Prag 1937, S. 147. – Das russische Akronym lautete aufgelöst: Obščestvo po zemel'nomu ustrojstvu evreev trudjaščichsja.

[9] Gerundete Zahlen n. Jacob Lvavi: Jewish Agricultural Settlements in the USSR, in: Soviet Jewish Affairs, 1 (1971), Nr. 1, S. 96 sowie Edmund Silberner: Kommunisten zur Judenfrage. Zur Geschichte von Theorie und Praxis des Kommunismus, Opladen 1983, S. 150, 158.

nere, oft weniger entwickelte Völkerschaften in der Sowjetunion, wenn es zum Beispiel darum ging, ihnen ein Alphabet zu geben.[10]

Doch gerade diese Ansiedlungsprojekte, durch deren Realisierung ein beachtlicher Teil der jüdischen Bevölkerung in die Gesellschaft integriert werden sollte, stieß bei einer Mehrheit der ansässigen Bauernschaft auf Ablehnung. Sie sah in den Neusiedlern Konkurrenten bei der Verteilung der knappen, aus der Stadt kommenden Güter. Antisemitische Vorurteile lebten wieder auf. Oft mit materieller Not ringend, betrachteten die russischen, ukrainischen und belorussischen Bauern auch die jüdischen Kleinhändler mit unverhohlenem Misstrauen, da diese die Chancen der Neuen Ökonomischen Politik besser als sie zu nutzen verstanden.[11] Hinzu kam ein stärker werdender Antisemitismus auch bei den Arbeitern, unter denen sich nicht wenige deklassierte Personen befanden, die erst im Zuge der staatlich gelenkten Maßnahmen zur Arbeitsplatzbeschaffung in den Produktionsprozess eingegliedert worden waren.[12]

Die antisemitischen Stimmungen richteten sich speziell gegen Juden in leitenden Positionen von Staat und Partei. Dabei betrug die Prozentzahl der Juden unter den Parteimitgliedern und Mitgliedern im Kandidatenstand 5,2 im Jahre 1922 und 4,3 im Jahre 1927 bei rund 1,8 Prozent der Juden an der Bevölkerungszahl.[13] Im Jahre 1929 waren im Staatsapparat der gesamten Sowjetunion von 825.000 Angestellten rund 71.000, also 8,7% Juden tätig, darunter in der Ukraine 18,7% (bei 5,4% jüdischem Bevölkerungsanteil), in Belorussland 61,8% (bei 8,2% jüdischem Bevölkerungsanteil), in den übrigen Sowjetrepubliken hingegen nur 5,4%. Die relativ hohen Zahlen der Juden im Staatsapparat erklären sich mit ihrem höheren Bildungsstand. Zudem existierte in Belorussland damals kaum eine nichtjüdische Intelligenz.[14]

Auch nichtjüdische Bolschewiki sahen teilweise mit Skepsis auf die Juden, von denen viele bei den Menschewiki, Sozialrevolutionären, im Bund oder in zionistischen Parteien organisiert gewesen und erst nach 1917 der Kommunistischen Partei beigetreten waren. Die in der Jewsekzija organisierten jüdischen Bolschewiki betrieben eine besonders intensive antizionistische sowie antireligiöse Propagandakampagne. Deshalb gerieten deren Wortführer schnell in den Ruf intoleranter Karrieristen.[15]

---

[10] Vgl. Timo Vihavainen: Nationalism and Internationalism. How did the Bolsheviks Cope with National Sentiments?, in: Chris J. Chulos/Tiimo Pirainen (Hrsg.): The Fall of an Empire, the Birth of a Nation, Helsinki 2000, S. 75–97.

[11] Vgl. Matthias Vetter: Antisemiten und Bolschewiki. Zum Verhältnis von Sowjetsystem und Judenfeindschaft 1917–1939, Berlin 1995, S. 140–144.

[12] Vgl. ebd., S. 144–146.

[13] Vgl. Schwarz: The Jews in the Soviet Union, S. 261.

[14] Die Zahlen n. Zvi Rudy: Die Juden in der Sowjetunion. Schicksal und Nationalitätenpolitik, Wien/Frankfurt a. M./Zürich 1966, S. 78.

[15] Vgl. ausführlich Zvi Y. Gitelman: Jewish Nationality and Soviet Politics. The Jewish Sections of the CPSU, 1919–1930, Princeton, New Jersey 1972.

»Diese neu in das jüdische Leben eingetretenen Funktionäre«, schrieb Nathan Weinstock, »zeichnen sich durch eine Reihe von unzeitgemäßen und ungeschickten Initiativen aus, die dazu bestimmt sein sollten, den erstickenden Einfluss der Rabbiner und der reaktionären Würdenträger auf die jüdischen Massen zu brechen: Schließung der Synagogen, antireligiöse Maßnahmen, Verfolgung der hebräischen Literatur und Kultur – die jiddische Sprache war traditionell das Kampfmedium der nicht-zionistischen jüdischen Parteien – und Verfolgung von allen Veröffentlichungen des Zionismus.«[16] Wohl ungewollt schwächten sie damit auch die Existenzgrundlagen ihres Volkes, denn mangels eines geschlossenen Territoriums standen bei den Juden ethnisch-nationale, religiöse und kulturelle Traditionen in einem engeren Zusammenhang als bei andere Nationalitäten.[17] Doch förderten Partei- und Regierungsorgane den Aufbau eines jiddischsprachigen Bildungswesens.[18]

Nicht nur die Jewsekzija-Funktionäre, sondern alte Kader der jüdischen Arbeiterbewegung, besonders frühere Bundisten, versuchten sich nun als die »besseren« Bolschewiki darzustellen. Religionsfeindliche Einstellungen gingen dabei Hand in Hand mit einer sektiererischen Haltung gegenüber den Handwerkern als angeblich feindlichen Elementen. Diese konnten am ehesten toleriert werden, wenn sie keine Angestellten beschäftigten oder sich in Kooperativen zusammenschlossen, um einer sozialistischen Produktionsform zumindest nahezukommen. Überdies waren es vor allem jüdische Intellektuelle, die mit der radikalen Übernahme avantgardistischer Kunstformen diejenigen unter ihren russischen Kollegen verstimmten und sogar schockierten, die an den traditionell »auf russischem Boden gewachsenen« Ausdrucksformen von Kunst und Literatur festhielten.[19]

Die Bolschewiki übten ökonomischen und administrativen Druck auf die jüdischen Massen aus, um unter ihnen das proletarische Element zu stärken. Sie mussten sich zugleich mit dem Erstarken des Antisemitismus auseinandersetzen. Ein Teil der gesellschaftlichen Widersprüche existierte nicht nur zwischen Juden und Nichtjuden. Doch die tradierten und neuen antisemitischen Ressentiments trugen zur Verschärfung dieser Probleme bei und belasteten die Beziehungen zwischen den Juden und ihrer nichtjüdischen Umwelt.

---

[16] Nathan Weinstock: Das Ende Israels? Nahostkonflikt und Geschichte des Zionismus, hrsg. und übers. von Eike Geisel und Mario Offenberg, Berlin [West] 1975, S. 39.

[17] Vgl. die zeitgenössische Kritik von S. Agurskij: Evrejskij rabočij v kommunističeskom dviženii 1917–1921 [Der jüdische Arbeiter in der kommunistischen Bewegung], Minsk 1926, besonders S. 123 und 213. Vgl. auch Schwarz: The Jews in the Soviet Union, S. 106–113.

[18] Vgl. ebd., S. 130–148. Laut offiziellen Angaben (die Schwarz in Zweifel zog) existierten auf dem Gebiet der Sowjetunion 1930 786 jüdische Schulen, in denen 82.414 Schüler lernten. Die entsprechenden Zahlen für 1931 lauteten 831 bzw. 94.872. Die Zahl der Schüler sank bis 1935 auf 85.489. Für spätere Jahre fehlen die Angaben. Vgl. ebd., S. 134.

[19] Vgl. ebd., S. 160–162, und Isaac Deutscher: Die russische Revolution und das jüdische Problem, in: Ders.: Die ungelöste Judenfrage. Zur Dialektik von Antisemitismus und Zionismus, hrsg. und übers. von Eike Geisel und Mario Offenberg, Berlin [West] 1977, S. 42f.

»Bis 1924 kannte Moskau keinen Antisemitismus«, hieß es fünf Jahre später in einer von den Menschewiki im Berliner Exil publizierten Zeitschrift (*Dokument 12*). »Er existierte auch nicht im Kleinbürgertum, weder unter den Handwerkern, Kaufleuten noch der angestellten sowjetischen Intelligenz. Doch 1926 wurde das Phänomen [des Antisemitismus] so offensichtlich, dass man anfing, darüber zu sprechen. Aber niemand hat versucht, dieses Phänomen zu analysieren. Und das Schlimmste war, dass die sowjetische Presse keine Erlaubnis von oben bekam, darüber zu schreiben. In vielen Betrieben, Fabriken und Gewerkschaften verkündeten die Arbeiter, dass die Juden keine Russen hineinlassen, dass sie ihre Verwandten auf alle verantwortlichen Posten setzen und es deshalb keine Arbeitslosigkeit unter Juden gibt usw.«[20] Doch anders als der anonym gebliebene Autor des Berichts behauptete, publizierten Partei und Staat eine Vielzahl von Schriften, die sich mit jüdischer Geschichte sowie den sozialen Ursachen des Antisemitismus befassten. Auch die aktuellen Konflikte innerhalb der Sowjetgesellschaft wurden darin offen angesprochen.[21]

Bereits 1923 listete Leo Trotzki in seiner Artikelserie *Fragen des Alltagslebens* eine Reihe antisemitischer Äußerungen und Verhaltensweisen unter Arbeitern auf. »Unter den rückständigen Arbeitern und sogar unter den mittleren Bauern herrscht eine heimliche Erbitterung gegen die Juden, weil die Juden angeblich die verantwortlichen Posten bekleiden«, hieß es in den Antworten auf eine von Trotzki initiierte Befragung.[22] Zugleich äußerte er auch Skepsis gegenüber jenen Juden, die nur wegen der Bekämpfung der Pogrome durch die Bolschewiki, nicht aber aus kommunistischem Bewusstsein der Partei beigetreten seien.[23]

Lasar Kaganowitsch, selbst Jude und damals Parteichef der Ukraine, erfuhr aus Berichten der Geheimpolizei Details über judenfeindliche Stimmungen. Ein Lagebericht vom 3. September 1925 machte tiefsitzende Ressentiments unter Arbeitern, Arbeitslosen und Bauern aus, die »die Vorherrschaft des roten Adels unter den Jidden« für ihre wirtschaftlichen Probleme und den niedrigen Lebensstandard

[20] Socialističeskij Vestnik (Berlin), 24. Februar 1929, Nachdruck in: Kommersant (Moskau), 23. Februar 2009 (Dokument 12).

[21] In den Jahren 1926 bis 1930 erschienen, Salomon Schwarz (The Jews in the Soviet Union, S. 290f.) zufolge, 23 Bücher und Broschüren in der Sowjetunion, die sich mit dem Antisemitismus auseinandersetzten, davon allein zwölf im Jahre 1929. Edmund Silberner (Kommunisten zur Judenfrage, S. 108) nennt sogar 40 Arbeiten.

[22] Vgl. Leo Trotzki: Fragen des Alltagslebens, Berlin 1997, S. 112f. Das Buch erschien zuerst 1923. Auch andere zeitgenössische Autoren wie G. Ledat: Antisemitizm i antisemity. Voprosy i otvety [Der Antisemitismus und die Antisemiten. Fragen und Antworten] [1929], Tel Aviv 1970, S. 13 wiesen auf dieses Problem hin.

[23] Leo Trotzki in: Der Emes, 17. Juni 1923, n. Zosa Szajkowski: Jews, Wars and Communism, New York 1974, Bd. 2, S. 202. Vgl. auch Vetter: Antisemiten und Bolschewiki, S. 90.

verantwortlich machten.[24] Nikolai Bucharin erklärte im Februar 1927 auf der Leningrader Gebietsparteikonferenz (*Dokument 11*): »Wenn das, was man zu Beginn der Revolution ›schwarze Hundertschaft‹ genannt hat, bei uns eine Erscheinung des täglichen Lebens wird, so müssen wir uns zum äußersten Kampfe wappnen.« Man müsse gegen alle Formen des Antisemitismus, auch gegen scheinbar unverfängliche Witze oder Anekdoten, entschieden ankämpfen. Denn keine Ideologie entstehe als fertiges Ganzes, sondern sie wachse allmählich. Es sei daher besser, schon jetzt ihre Wurzeln zu vernichten.[25]

Eine Befragung zum Antisemitismus unter jungen Arbeitern, die die *Komsomolskaja Prawda*, das Blatt des Jugendverbandes, 1928 initiiert hatte, erbrachte niederschmetternde Ergebnisse. So berichtete eine Genossin aus Nishni Nowgorod: »Der Antisemitismus wächst täglich und nicht nur unter Nicht-Genossen, sondern leider auch unter Kommunisten.«[26] Ein Parteimitglied aus dem Gebiet Tscherkassy in der Zentralukraine führte eine Reihe ähnlicher Begebenheiten an; so würden bei der Ausgabe von Arbeitskleidung den Juden bescheinigt, hier gebe es nichts »für die langnasigen Chaims und Herschs; sie sollen sich davonmachen.«[27]

Bemerkenswerterweise waren es oft nichtjüdische Kommunisten, die sich gegen den Antisemitismus äußerten: Kalinin, Lunatscharski, Bucharin, Preobrashenski, und Rjutin.[28] Natürlich waren auch jüdische Bolschewiki an der Bekämpfung des Antisemitismus beteiligt. Jüdische und nichtjüdische Bolschewiki publizierten eine Reihe von aufklärenden wie analytischen Schriften, unter denen das zitierte Buch des jüdischen Volkswirtschaftlers Juri Larin, *Die Juden und der Antisemitismus in der UdSSR* (1929), herausragt. Darin wird ausführlich ein Bericht des Moskauer Stadtkomitees der Gewerkschaften über den Antisemitismus unter Gewerkschaftsmitgliedern zitiert:

»Antisemitische Stimmungen verbreiten sich hauptsächlich unter dem rückständigen, mit der Bauernschaft verbundenen Teil der Arbeiter und unter den Frauen. Es gibt eine auffällige Entwicklung von antisemitischen Einstellungen unter Saisonarbeitern. Der Antisemitismus wird in Gottesdiensten, in gedruckten oder im Untergrund kursierenden religiösen Publikationen geschürt. Aus den Reihen der

[24] Zit.n. E. A. Rees: Iron Lazar. A Political Biography of Lazar Kaganovich, New York/London 2013, S. 64.

[25] N[ikolai] I. Bucharin: Der Antisemitismus in der Sowjetunion, in: Jüdische Rundschau, 22. Februar 1927, S. 108 (Dokument 11). Vgl. Stephen F. Cohen: Bukharin and the Bolshevik Revolution. A Political Biography, 1888–1938, New York 1973, S. 437.

[26] M. Gorev: Protiv antisemitov. Očerki i zarisovky [Gegen die Antisemiten. Essays und Skizzen], Moskau/Leningrad 1928, S. 9.

[27] Ebd., S. 10. Zahlreiche weitere Beispiele finden sich bei Larin: Evrei i antisemitizm v SSSR, S. 276–279.

[28] Vgl. Jack Miller: Kalinin and the Jews: A Possible Explanation, in: Soviet Jewisch Archives, 4 (1974), Nr. 1, S. 61 ff.; Silberner: Kommunisten zur Judenfrage, S. 152–154, 187–189 und passim.

Anstifter kommen auch die Scharfschützen. Die bösartigsten Fälle von Schikanen gegen Juden in den Betrieben sind das Werk von kleinen Gruppen. Unter den rückständigen Elementen, vor allem unter den Saisonarbeitern, findet die antisemitische Hetze manchmal Sympathie und stößt nicht auf Widerstand. Man hört oft Arbeiter antisemitische Bemerkungen machen, die die konterrevolutionäre Bedeutung des Antisemitismus nicht erkennen. Viele Tatsachen verweisen auf die Anwesenheit von Komsomolzen[29] und Parteimitgliedern unter den Antisemiten.«[30]

Im August 1928 organisierte Larin in Moskau eine Bildungsveranstaltung zum Antisemitismus für Arbeiter, darunter Partei- und Gewerkschaftsmitglieder sowie Komsomolzen. Die von den Teilnehmenden gestellten Fragen offenbarten ihre antisemitischen Einstellungen. So wurde unter anderem gefragt: »Warum wollen Juden keine schwere Arbeit verrichten? [...] Wie kommt es, dass Juden immer gute Positionen bekommen? [...] Werden die Juden in einem Krieg nicht zu Verrätern? Entziehen sie sich nicht dem Militärdienst? Sollte man jemanden, der scherzhaft den Begriff *Shid* [Judenlümmel] verwendet, als Antisemiten bezeichnen? Wie sind solche Witze generell zu beurteilen? Sollte die Ursache des Antisemitismus nicht unter den Juden selbst gesucht werden, in seiner ethischen und psychologischen Erziehung?«[31]

Larin sah die Ursache für all diese Erscheinungen in der noch zu geringen systematischen erzieherischen Arbeit gegen den Antisemitismus sowohl inner- wie außerhalb der Partei.[32] Ein erheblicher Teil der sowjetischen Presse habe nicht konsequent genug auf den wachsenden Antisemitismus reagiert, und zwar aus Furcht, diesen damit nur zu stärken.[33] Doch bemerke man in der letzten Zeit einen kleinen Umschwung. »Der fortgeschrittene Teil der Arbeiter«, heißt es im zitierten Gewerkschaftsbericht, »gibt Beispiele eines bewussten Kampfes gegen Erscheinungen des Antisemitismus einzelner Genossen und reaktionärer Elemente.«[34]

Larin fasste die Ergebnisse seiner Untersuchungen zusammen, indem er feststellte: »Es wäre natürlich töricht, die Präsenz von Antisemiten unter Teilen der Arbeiterklasse, das heißt, unter dem aktivsten Teil, abzuleugnen. Im Gegenteil, unter den Arbeiteraktivisten an der Spitze der Kommunistischen Partei, Parteivorstandsmitgliedern, usw. sind antisemitische Ideen verbreitet. [...] Zwei besondere Umstände der letzten Jahre mögen der Anstoß für die Manifestation antisemitischer Tendenzen an der Parteibasis gewesen sei. Diese besonderen Umstände waren: Erstens, der Eintritt Hunderttausender Menschen in die Partei und insbe-

[29] Komsomolzen hießen die Mitglieder des Komsomols, die Jugendorganisation der KPdSU (1918–1991).
[30] Larin: Evrei i antisemitizm v SSSR, S. 239 (vgl. Dokument 13).
[31] Ebd., S. 242f.
[32] Vgl. ebd., S. 258.
[33] Vgl. ebd., S. 280.
[34] Ebd., S. 239.

sondere in den Kandidatenstand, die nach der Revolution zum ersten Mal am öffentlichen Leben teilnahmen, besonders Neuankömmlinge vom Dorf, die in Bezug auf die Judenfrage vollkommen unwissend waren. Zweitens: Das fast völlige Fehlen einer systematischen Bildungsarbeit gegen Antisemitismus in den letzten Jahren inner- und außerhalb der Partei. Letzteres war ein besonders schwerwiegendes Problem. [...] Das Versagen bei der Bekämpfung des Antisemitismus rührt seit Jahrzehnten vor allem von der Überzeugung her, dass die Arbeiterklasse gegen antisemitische Gefühle immun sei.«[35] Ein Mittel gegen den Antisemitismus sei die rasche Assimilation der Sowjetjuden. Dieser unumgängliche historische Prozess werde sich in Zukunft noch beschleunigen. Dem Antisemitismus würde somit seine wichtigste Grundlage, die jüdische Sonderexistenz, entzogen.[36]

Im Mai 1928 beschloss die Agitprop-Abteilung des Zentralkomitees, alle Sympathisanten des Antisemitismus aus der Partei auszuschließen.[37] Die staatlichen Stellen verfolgten die Anstifter und Mittäter eines Pogroms, das 1926 in der daghestanischen Hauptstadt Machatschkala ausbrach, jedoch nur inkonsequent.[38] Juri Larin beklagte, dass antisemitische Ausschreitungen nicht nach dem Dekret vom 27. Juli 1918, sondern nach den allgemeinen – milderen – Bedingungen des Strafgesetzbuches geahndet würden.[39]

Dennoch konnte durch die drohenden Strafen offener Judenhass zurückgedrängt werden, nicht aber subtilere antisemitische Praktiken. So vermeldeten zeitgenössische Berichte wiederholt, dass bei personalen Umstrukturierungen, die mit Entlassungen verbunden waren, jüdische Mitarbeiter oft zuerst davon betroffen waren. Sie hatten »viel mehr Schwierigkeiten, eine neue Stelle zu finden, als dies bei ukrainischen, russischen usw. Mitarbeitern der Fall war.«[40]

Stalin und die Stalinisten: Antijüdische Ressentiments in Fraktionskämpfen

Die Oktoberrevolution brachte mit Leo Trotzki ihren neben Lenin wichtigsten Akteur an die Schalthebel der politischen Macht – einen Atheisten und Internationalisten, den aber Freund und Feind stets als Juden wahrnahmen. »Man muss einen Moment innehalten, um all dies zu begreifen«, schrieb der Historiker Albert Lindemann, »dass ein Sohn jüdischer Eltern aus dem Russischen Reich nicht nur ein herausragender revolutionärer Propagandist, sondern auch ein Mann der

---

35 Ebd., S. 257f.
36 Vgl. ebd., S. 303, 308.
37 Vgl. Silberner: Kommunisten zur Judenfrage, S. 186.
38 Vgl. ebd., S. 185f.; Schwarz: The Jews in the Soviet Union, S. 254–256.
39 Vgl. Larin: Evrei i antisemitizm v SSSR, S. 277f.
40 Ledat: Antisemitizm i antisemity, S. 52.

Tat, atemberaubender persönlicher Tapferkeit, ein in der Industriearbeiterschaft überaus populärer Redner und ein brillanter militärischer Führer werden würde. Es gab keinen Juden in den Zeiten seitdem, wenigstens nicht bis zur Bildung des Staates Israel, der sich mit ihm messen konnte.«[41]

Doch lehnte Trotzki Lenins Vorschlag ab, als Volkskommissar an die Spitze der inneren Angelegenheiten zu treten. Trotzki brachte, wie er später berichtete, »neben anderen Argumenten auch das nationale Moment hervor: Lohnt es sich, den Feinden noch eine solche Waffe wie mein Judentum in die Hand zu geben?« Obgleich Lenin anderer Ansicht war, meinte Trotzki, man müsse »eine kleine Konzession an die Dummheit« machen. Er übernahm das Volkskommissariat für Äußeres, später das für Verteidigung.[42]

In Trotzkis Person wurden alle antisemitischen Klischees hineinprojiziert, vom wurzellosen Kosmopoliten bis zum Gesinnungslumpen, der zudem über undurchsichtige Beziehungen zur amerikanischen Finanzwelt verfüge. Bereits 1918 setzten entmachtete russische Monarchisten die Legende von Trotzkis Verbindung mit den amerikanischen Bankhäusern Kuhn & Loeb, Warburg und Rothschild in Umlauf, die Hitlers Propagandisten wiederholten.[43]

In jüngerer Zeit schloss sich der Schriftsteller und Nobelpreisträger Alexander Solschenizyn dem Chor der antisemitischen Stimmen an. Trotzki habe nach seiner Rückkehr aus dem New Yorker Exil 1917 versucht, möglichst freundschaftliche Beziehungen dorthin zu erhalten. Mit »seinen frischen Erfahrungen aus Amerika« habe Trotzki seine »Clique« in der Hoffnung bestärkt, dass ihnen im Falle eines Scheiterns des bolschewistischen Putsches die Zuflucht in die USA möglich sei. »Viel umfangreicher und noch dazu sehr wohl begründet«, fuhr Solschenizyn fort, »waren die Hoffnungen, die die bolschewistische Führungsspitze in die Spitze der Finanzwelt der Vereinigten Staaten setzte«. Als Volkskommissar für Verteidigung stünden Trotzki zudem »die jüdischen Abtrünnigen näher als die russischen. Trotzki umgab sich fast immer mit Juden als engsten Mitarbeitern«,

---

[41] Albert S. Lindemann: Esau's Tears. Modern Antisemitism and the Rise of the Jews, Cambridge u.a. 1997, S. 448.

[42] Leo Trotzki: Mein Leben. Versuch einer Autobiographie, übers. von Alexandra Ramm, Frankfurt a.M. 1981, S. 295.

[43] Vgl. Ulrich Herbeck: Das Feindbild vom »jüdischen Bolschewiken«. Zur Geschichte des russischen Antisemitismus vor und während der Russischen Revolution, Berlin 2009, S. 120. – »Einer der Hauptträger des Umsturzes, der Jude Bronstein-Trotzki, hat von Jacob Schiff, Max Warburg und anderen Juden den Auftrag erhalten, in Russland die Revolution zu schüren. Die Unterstützung, die jüdische Finanzkreise der Vereinigten Staaten auch heute den jüdischen Bolschewisten in der Sowjetunion leihen, ist in höchstem Grade geeignet, diese Angaben zu bestätigen.« Rudolf Kommoss: Juden hinter Stalin – Lage und Aussichten. Die jüdische Vormachtstellung in der Sowjetunion aufgrund amtlicher sowjetischer Quellen dargestellt, Berlin/Leipzig 1938, S. 25.

obgleich ihm sehr bewusst gewesen sei, dass Russland noch nicht »reif« genug wäre, einen Juden an seiner Spitze zu ertragen.[44]

Nur wenige Jahre nach der Konsolidierung der Sowjetunion war es unmöglich, in der Sowjetunion das Zerrbild von Trotzki als einer prinzipienlosen Gestalt ohne Treu und Glauben im Solde der jüdischen Hochfinanz zu verbreiten; allzu frisch war die Erinnerung an den Gründer der Roten Armee. So wartete die Stalin-Fraktion bis etwa 1926/27, bevor sie sich sukzessive judenfeindlicher Vorurteile zu bedienen begann, während sie zugleich den Antisemitismus öffentlich brandmarkte. Die Tatsache, dass sich mit Lew Kamenew und Grigorij Sinowjew zwei führende Bolschewiki jüdischer Herkunft dem von Trotzki geführten Flügel der Kommunistischen Partei anschlossen, die zunächst Stalin unterstützt hatten, gab antisemitischen Gerüchten und Stimmungen neue Nahrung.

In Stalins umgehender Versicherung, man bekämpfe die oppositionelle Troika nicht deshalb, weil ihre Mitglieder Juden, sondern weil sie Parteifeinde seien, lag indirekt der konstruierte Antagonismus Russen-Juden beschlossen. Die Identifizierung von Juden mit der Opposition dürfte aber auch ohne direkte Anleitung funktioniert haben. Stalin und seine Fraktion nutzten antisemitische Ressentiments aus, schufen sie aber nicht. Doch Trotzki hatte eine solche Vorgehensweise noch für undenkbar gehalten, als er nach einer Politbürositzung am 4. März 1926 Bucharin fragte, wie es möglich sei, »dass *in unserer Partei, in Moskau, in Arbeiterzellen* ungestraft eine Propaganda betrieben wird, die einerseits abscheulich und verleumderisch und andererseits antisemitisch ist?«[45]

Trotzki und Bucharin versuchten im Allgemeinen, Probleme im Gespräch zu klären, bevor sie das Zentralkomitee (ZK) oder die Zentrale Parteikontroll-Kommission (ZKK) anriefen.[46] Diesmal aber spielte Bucharin das Problem herunter und reagierte ausweichend.[47] Auch einen von Trotzki vorgeschlagenen neuen Termin

[44] Alexander Solschenizyn: Zweihundert Jahre zusammen, Bd. 2: Die Juden in der Sowjetunion, übers. von Andrea Wöhr und Peter Nordquist, München 2003, S. 87f. Doch dies ist nur eines von zahlreichen Beispielen offener oder versteckter antisemitischer Äußerungen Solschenizyns in Bezug auf Trotzki.

[45] The Trotskii Collection, Houghton Library, Harvard University, bmS Rus 13.1, Nr. T 868*: Trotzki an Bucharin, Brief vom 4. März 1926. Die kursiv gesetzten Stellen sind im Original unterstrichen, die Worte »Moskau« und »Arbeiter« doppelt. Deutsch in: Mario Keßler (Hrsg.): Leo Trotzki oder: Sozialismus gegen Antisemitismus, Berlin 2022, S. 121f.

[46] Vgl. Wladislaw Hedeler: Nikolai Bucharin. Stalins tragischer Opponent. Eine politische Biographie, Berlin 2015, S. 255f.

[47] Vgl. Isaac Deutscher: Trotzki, Bd. II: Der unbewaffnete Prophet (1921–1929), übers. von Harry Maor, 2. Aufl., Stuttgart 1972, S. 253. Sergej Kirow, Parteisekretär von Leningrad, fiel 1934 einem Mordanschlag zum Opfer, dessen Hintergründe ungeklärt blieben, Nikolai Uglanow schloss sich später der bucharinistischen Opposition an, wurde 1937 zum Tode verurteilt und erschossen.

konnte oder wollte Bucharin nicht wahrnehmen.[48] Für manche Historiker liegt in Bucharins Zögern einer der Gründe, warum Trotzki, dem dies zuerst widerstrebte, ein Bündnis mit Sinowjew und Kamenjew gegen Stalin eingehen musste.[49]

Im Sommer 1927 warf Trotzki vor der ZPKK erstmals parteiintern die Frage antisemitischer Ressentiments gegenüber seinen jüdischen Anhängern auf.[50] »Die Frage meines Judentums«, schrieb er in seiner Autobiografie, »bekam erst mit Beginn der politischen Hetze gegen mich Bedeutung. Der Antisemitismus erhob das Haupt gleichzeitig mit dem Antitrotzkismus. Beide nähren sich aus der gleichen Quelle: der kleinbürgerlichen Reaktion gegen den Oktober.«[51] Juri Larin berichtete, in der Partei sei die Frage aufgetaucht, warum so viele Juden sich den Oppositionellen anschlossen.[52] Doch blieb eine unverhüllte antisemitische Agitation gegen Oppositionelle die Ausnahme.[53]

Als Trotzki im Bündnis mit Kamenew und Sinowjew zum 10. Jahrestag der Oktoberrevolution am 7. November 1927 nicht genehmigte Demonstrationen organisierte, tauchten jedoch »offen faschistische Elemente« auf, die diese Demonstrationen brutal zerschlugen.[54] Ein antisemitischer Mob schlug sich den Weg frei und brüllte: »›Weg mit den Juden Trotzki und Sinowjew‹. Als eine weibliche Anhängerin Trotzkis ihnen entgegenhielt: ›Weg mit den Provokateuren und Antisemiten‹, wurde sie von Hooligans mit dem Ruf ›Schlagt die Trotzkisten‹ gewaltsam angegriffen.« Anderswo gab es zynische Kommentare: »Trotzki konnte kein Kommunist sein. Schon seine Nationalität zeigt, dass er nur als Spekulant leben kann.«[55] Die Atmosphäre erinnere sie an ein Pogrom, sagte Trotzkis Witwe Natalja Sedowa noch Jahrzehnte später.[56] Auf einer offiziellen Parteikundgebung in

---

[48] Vgl. Lev Trockij: Portrety revoljucionerov [Porträts der Revolutionäre], eing. von Mikloš Kun, hrsg. von Jurij Fel'štinskij, Moskau 1991, S. 190. Der Band enthält auf S. 189–190 den soeben zitierten Brief vom 4. März 1926. In einer Anmerkung heißt es: »Auch Bucharin räumte die Existenz dieser Situation ein, führte aber den Ausbruch des Antisemitismus in der Sowjetunion Mitte der 20er Jahre ausschließlich auf die ›Geschwüre‹ des alten Regimes zurück.« Ebd.

[49] Vgl. Jurij Fel'štinskij/Georgij Černjavskij: Lev Trockij: Oppoziconer 1923–1929 [Leo Trotzki: Der Oppositionelle 1923–1929], Moskau 2013, S. 177.

[50] Vgl. Leon Trotsky: The Stalin School of Falsification [1937], übers. von John G. Wright, New York 1979, S. 132.

[51] Trotzki: Mein Leben, S. 313.

[52] Vgl. Larin: Evrei i antisemitizm v SSSR, S. 241.

[53] Vgl. Vetter: Antisemiten und Bolschewiki, S. 257f.

[54] Trotzki: Mein Leben, S. 459.

[55] Beide Zitate mit Belegen finden sich bei Igal Halfin: Intimate Enemies. Demonizing the Bolshevik Opposition, 1918–1928, Pittsburgh 2007, S. 401, Fußnote 236.

[56] So berichtete es Victor Serge: Leo Trotzki, übers. von Peter Linnert, München 1981, S. 192.

Witebsk waren Rufe wie »Trotzki, der Judenkönig« zu hören.[57] »Ehemalige Mitglieder jüdischer Parteien zeigen eine heimliche Sympathie für Trotzki«, berichteten die Parteikontrolleure.[58] Sogar Stalins Anhänger Jemeljan Jaroslawski (den dieser später ermorden ließ) hob in einem *Prawda*-Artikel unter der Überschrift »Gegen Antisemitismus« hervor, dass die Wurzeln der Opposition nicht in der Nationalität ihrer Führer lägen. Der Antisemitismus müsse bekämpft werden, auch wenn dieser Kampf »nicht selten durch taktlose Ausfälle der Oppositionellen erschwert« werde.[59]

Trotzki verfasste für den anberaumten XV. Parteitag der KPR(B) die Plattform der Opposition, in der es unter anderem hieß: »In der Partei sind aber nicht nur Streberei, Bürokratismus und Bevorzugung im Wachsen begriffen, es fließen auch schmutzige Ströme aus fremden und klassenfeindlichen Quellen herein – zum Beispiel Antisemitismus. Der einfache Selbsterhaltungstrieb der Partei verlangt einen rücksichtslosen Kampf gegen solche Besudelung.«[60]

Die Stimmung im Vorfeld des Parteitages wurde durch Gerüchte vergiftet. So hieß es: »Dies ist ein Streit zwischen den Juden und den Russen. Diejenigen, die Stalin und Bucharin verfolgen... haben Angst vor dem Kulaken. Der Kulak ist ein Mushik, deshalb fürchten sich die Juden vor ihm.«[61] Da die Opposition des Jahres 1927 – weit mehr als oppositionelle Strömungen der Jahre 1923–24[62] – die sozialen Probleme von Arbeitern in das Zentrum ihrer Agitation stellte, war die Unterstützung für sie unter Arbeitern, besonders unter jüdischen Arbeitern, recht hoch.[63]

Stalin musste reagieren. Am 3. Dezember 1927 erklärte er auf dem Parteitag: »Wir haben gewisse Ansätze des Antisemitismus nicht nur in bestimmten Kreisen der Mittelschichten, sondern auch unter einem gewissen Teil der Arbeiterschaft und sogar an manchen Stellen in unserer Partei. Gegen dieses Übel müssen wir, Genossen, mit aller Unerbittlichkeit ankämpfen.«[64] Jahre später, am 12. Januar

---

[57] Andrew Sloin: The Jewish Revolution in Belorussia: Economy, Race, and Bolshevik Power, Bloomington, Ind. 2017, S. 202.

[58] Ebd., S. 203. Die Jewsekzija machte für solche Stimmungen menschewistische Untergrundaktivitäten verantwortlich. Vgl. ebd., S. 184.

[59] E. Jaroslavskij: Protiv antisemitizma [Gegen den Antisemitismus], in: Prawda, 27. November 1927, S. 2, zit. bei Vetter, Antisemiten und Bolschewiki, S. 261.

[60] Leo Trotzki: Die wirkliche Lage in Rußland, Hellerau b. Dresden o. J. [1928], S. 102.

[61] Zit.n. Halfin: Intimate Enemies, S. 401.

[62] Vgl. Aleksandr Reznik: Trockij i tovarišči. Levaja oppozicija i političeskaja kul'tura RKP(b), 1923–1924 [Trotzki und Genossen. Die Linke Opposition und die politische Kultur der KPR(B)], 2. Aufl., St. Petersburg 2018, S. 161–164.

[63] Vgl. Sloin: The Jewish Revolution in Belorussia, S. 182.

[64] J. W. Stalin: Der XV Parteitag der KPdSU (B), 2.–19. Dezember 1927. Politischer Rechenschaftsbericht des Zentralkomitees, 3. Dezember, in: Werke, Bd. 10, S. 281. Unmittelbar daran anschließend wandte er sich jedoch gegen »die Abschwächung des antireligiösen Kampfes«; eine Linie, die die kleineren Religionsgemeinschaften (darunter die Juden) besonders hart traf.

1931, erwiderte Stalin auf eine Anfrage der US-amerikanischen Jüdischen Telegraphen-Agentur, dass »der Antisemitismus als extreme Form des Rassenchauvinismus [...] der gefährlichste Überrest des Kannibalismus« und für die Werktätigen »ein Irrweg [ist], der sie vom rechten Wege abbringt und sie in den Dschungel führt«. Stalin betonte, dass nach sowjetischem Gesetz aktive Antisemiten mit dem Tode bestraft würden.[65] Berücksichtigt man, dass auch unter Stalins Anhängern Prominente jüdischer Herkunft waren wie Kaganowitsch und Jaroslawski, liegt der Schluss nahe, dass Stalin eine forcierte antisemitische Kampagne verhindern wollte, nachdem ihm eine »Dosis« Antisemitismus im Kampf gegen die Opposition nützliche Dienste geleistet hatte.

Dass der Antisemitismus als Mittel in Fraktionskämpfen eingesetzt werden konnte, zeigt einerseits, wie stark er in der Bevölkerung verankert war und andererseits den Grad der Entartung und moralischen Verkommenheit des sich konsolidierenden Stalin-Regimes: Wie zuvor der Zarismus, war die sich herausbildende Schicht der parasitären Bürokratie, in der Stalins Herrschaft ihre sozialen Wurzeln hatte, daran interessiert, die weitverbreitete Unzufriedenheit der Bevölkerung mit ihrer Willkür auf schutzlose Minoritäten abzulenken.

Im Unterschied zum Hitler-Regime richtete sich der Terror nicht primär gegen ethnische, sondern gegen politische Gruppen (»Wirtschaftsschädlinge«, »Trotzkisten«) oder gegen an sich nicht feindliche Klassen (»Kulaken«). Entsprechend dem politischen Kalkül der Stalinisten konnte je nach Zweckmäßigkeit eine bestimmte Gruppierung zum Opfer werden. Dabei spielte es keine Rolle, ob die jeweilige politische oder soziale Gruppe tatsächlich im Gegensatz zur stalinistischen Machtelite stand oder nicht. In jedem Fall wurden aber Anschauungen, die in der Arbeiterbewegung historisch entstanden waren, als Instrument und als Legitimation der Interessen der stalinistischen Bürokratie benutzt und damit pervertiert.

Dieses Vorgehen galt natürlich auch für den Gegensatz zum Zionismus wie zum »Bundismus«: Alle in der russischen und internationalen Arbeiterbewegung bis dahin entwickelten Argumente zur Lösung der jüdischen Frage hatten das Ziel verfolgt, die Juden innerhalb einer sozialistischen Gesellschaft zu emanzipieren. Der Stalinismus – obwohl formal auf diese Argumente zurückgreifend – sah die Emanzipation der Juden (oder irgendeiner anderen gesellschaftlichen Gruppe) nicht als ein unbedingtes Ziel seines politischen Handelns, sondern ordnete die Behandlung jeder Gruppe oder Minorität den aktuellen Erfordernissen unter, die

[65] Ders.: Über den Antisemitismus. Antwort auf eine Anfrage der Jüdischen Telegraphen-Agentur aus Amerika, in: Werke, Bd. 12, S. 26. Sonderbarerweise erschien diese scharfe Verurteilung des Antisemitismus zuerst im Ausland und erst sechs Jahre später in der Sowjetunion, nämlich in der »Prawda« vom 30. Dezember 1936, als integrales Zitat in Molotows Rede über die neue Sowjetverfassung. Vgl. Silberner: Kommunisten zur Judenfrage, S. 127.

das Ziel des Stalinismus – die Herrschaft der zunehmend parasitären Bürokratie über die Werktätigen – realisieren sollten.

Unter Stalinismus wird in dieser Arbeit einerseits eine Gesellschafts- und Staatsordnung verstanden, für die die absolute Herrschaft der sich allmählich zur Klasse entwickelnden Bürokratie sowie deren Kontrolle von Produktion und gesellschaftlichem Mehrprodukt charakteristisch ist, andererseits eine politische Theorie, die als identisch mit dem Marxismus und dem Leninismus ausgegeben wurde und die die verschwörungs-»theoretische« Legitimation für die Herrschaft der Partei- und Staatsbürokratie zu liefern hatte.[66]

Das Jahr 1928 brachte den Abbruch der NEP und die Wendung zur rigorosen Planwirtschaft in der Industrie, die mit Zwangsmaßnahmen durchgesetzt wurde. Auch fachte die Präsenz von Juden wie Kaganowitsch in der wenig später anlaufenden Kampagne zur Zwangskollektivierung der Landwirtschaft den zeitweise zurückgedrängten bäuerlichen Antisemitismus wieder an. Doch waren Juden, von denen 1930 inzwischen 11% in der Landwirtschaft tätig waren, von diesen Zwangsmaßnahmen nicht weniger betroffen als andere Bevölkerungsgruppen.[67]

Dabei dürfte feststehen, dass die Stalinisierung der Sowjetunion zwar zum Anwachsen des Antisemitismus führte, dass auch die Stalin-Fraktion geschickt antijüdische Ressentiments ausnutzte, dass aber all dies ohne vorrevolutionäre Traditionen nicht denkbar gewesen wäre. Die Stalinisten nutzten einerseits antisemitische Stimmungen geschickt in ihrem Sinne, erzeugten andererseits oft einen Antisemitismus unter der Oberfläche, indem sie politische Kontroversen auf die Ebene Juden-Nichtjuden hoben. »Dies ist ein Streit zwischen den Juden und den Russen.

---

[66] Hier erscheint noch immer Ernest Mandels Feststellung hilfreich, der im Anschluss an Trotzki als den grundlegenden Widerspruch jeder Gesellschaft im Übergang vom Kapitalismus zum Sozialismus denjenigen »zwischen der nichtkapitalistischen Produktionsweise und den bürgerlichen Verteilungsnormen« begriff. Ernest Mandel: Marxistische Wirtschaftstheorie [1962], übers. von Lothar Boepple, Bd. 2, 4. Aufl., Frankfurt a. M. 1979, S. 722, 724. Mandel betonte völlig zu Recht, dass in der Sowjetgesellschaft »dieser unvermeidliche Widerspruch durch die Privilegien der Bürokratie verschärft« wurde. Ebd., S. 722. Der Profit, »in der kapitalistischen Gesellschaft die Haupttriebfeder des Wirtschaftslebens [...], verliert völlig seine frühere Bedeutung«. Ebd., S. 721. Hinzuzufügen wäre, dass die Bürokratie zunehmend auf Maßnahmen außerökonomischen Zwangs zur Durchsetzung ihrer Interessen zurückgriff, in deren Ergebnis die Abhängigkeit der Werktätigen der Form feudaler Abhängigkeitsverhältnisse nahekam. Mandel sah den Stalinismus somit nicht nur als nachkapitalistische Gesellschaftsordnung, sondern eher als zwitterhafte Ordnung mit vor- und nachkapitalistischen Strukturelementen an. Mit dem Auf- und Ausbau des Stalinismus konnte die Vergesellschaftung der Produktionsmittel tendenziell rückgängig gemacht werden. Nutznießer dieser Prozesse war die Staats- und Parteibürokratie, deren Doppelnatur (Ausbau und Sicherung der eigenen Privilegien bei Verteidigung des Sowjetregimes) Trotzki in seiner Schrift: Verratene Revolution. Was ist die Sowjetunion und wohin treibt sie? [1937], Essen 1990, analysierte.

[67] Vgl. Benjamin Pinkus: The Jews of the Soviet Union. The History of a National Minority, Cambridge 1988, S. 96.

Diejenigen, die Stalin und Bucharin verfolgen [...] haben Angst vor dem Kulaken. Der Kulak ist ein Mushik, deshalb fürchten sich die Juden vor ihm.«[68]

Allerdings spielte in den frühen Schauprozessen der 1930er-Jahre gegen nichtkommunistische Oppositionelle deren mögliche jüdische Herkunft keine Rolle.[69] Anders verhielt es sich in den Moskauer Prozessen zwischen 1936 und 1938 gegen die alten Bolschewiki. Eine nur notdürftig als »Sowjetpatriotismus« getarnte antisemitische Propaganda gegen die angeblichen »volksfremden« Angeklagten begleitete die drei Terrorprozesse. Dabei nutzte Stalin ein Dilemma, mit dem sich seit Ende der 1920er-Jahre alle internationalistisch orientierten Bolschewiki konfrontiert sahen: »Aber die Bolschewiki jüdischer Herkunft waren am wenigsten von allen geneigt, das bäuerliche Russland in seiner Primitivität und Barbarei zu idealisieren und den einheimischen Bauernkarren im ›Schneckentempo‹ hinter sich herzuziehen«, schrieb Isaac Deutscher. »Das Ideal des ›Sozialismus in einem einzelnen Land‹ war nicht für sie bestimmt.«[70] Zwar musste der neue Sowjetpatriotismus nicht zwangsläufig eine antijüdische Komponente haben. Im Gegenteil: Der Antisemitismus wurde offiziell als überwunden deklariert, der prinzipielle Antagonismus zum aufsteigenden Nationalsozialismus betont. Doch die antisemitischen Untertöne der Schauprozesse heizten das Klima ebenso an wie in scheinbar entgegengesetzter Weise die relativ hohe Präsenz von Juden in den Macht- und Repressionsorganen, für die Genrich Jagoda stand, Direktor des NKWD und zuletzt selbst Opfer Stalins.[71]

Unter den »Liquidierten« der drei Prozesse befand sich eine unverhältnismäßig große Anzahl an Juden, vor allem im ersten Prozess im August 1936, bei dem Sinowjew und Kamenew als Hauptangeklagte galten: zwölf von 16 der zum Tode Verurteilten und Hingerichteten. Hinzu kamen die ausländischen angeblichen Drahtzieher Lew Sedow (Trotzkis Sohn) sowie Ruth Fischer und Arkadij Maslow, die in Frankreich lebten. Nur weil Stalin ihrer nicht habhaft werden konnte, saßen sie nicht auf der Anklagebank. Sedow und Maslow wurden später in Frankreich und Kuba – aller Wahrscheinlichkeit nach von Stalins Agenten – umgebracht.[72]

In einem Brief an seinen norwegischen Anwalt Michael Puntervold schrieb der damals in der Nähe von Oslo im Exil lebende Leo Trotzki am 26. Oktober 1936: »Er [Stalin] hatte nie die geringsten Skrupel, im Kampf gegen die Opposition die niederträchtigsten Vorurteile – einschließlich Antisemitismus – einzusetzen. Dafür könnte man eine Fülle von Beweisen anführen. Ich nenne nur ein Beispiel.

[68] Zit.n. Halfin: Intimate Enemies, S. 401.

[69] Vgl. Vetter: Antisemiten und Bolschewiki, S. 291f.

[70] Deutscher: Trotzki, Bd. II, S. 253.

[71] Vgl. zu ihm Donald Rayfield: Stalin und seine Henker, übers. von Hans Freundl und Norbert Juraschitz, München 2004.

[72] Vgl. zu Maslow Mario Kessler: A Political Biography of Arkadij Maslow: Dissident Against His Will, 1891–1941, London 2020.

Das Dekret, mit dem mir die Staatsbürgerschaft entzogen wurde, nannte mich nicht einfach Trotzki und auch nicht Sedow (in Übereinstimmung mit meinen offiziellen Dokumenten), sondern Bronstein, ein Name, der seit 1902, als ich mich zum ersten Mal Trotzki nannte, völlig ungebräuchlich geworden war. Zur gleichen Zeit wurden einige Menschewiki mit demselben Namen, Bronstein, gefunden und in demselben Dokument mit mir zusammengeführt. Meine Tochter, deren Ehename Wolkowa ist und die in ihren sowjetischen Dokumenten auch so genannt wird, wird in dem Dekret ebenfalls als Bronstein bezeichnet. Unter demselben Gesichtspunkt muss es Stalin recht vorteilhaft erschienen sein, dass die Terroristen, die ich angeblich schickte, alle jüdische Namen hatten.

Aber nicht einmal die Gestapo sollte so dumm sein. Für sekundäre Ziele kann sie natürlich Agenten einsetzen, denen sie zufällig begegnet. Aber stellen wir uns vor, die Gestapo bereitet Terroranschläge gegen Stalin und die anderen vor (was durchaus möglich ist). Würde sie sich unter solchen Umständen auf junge Juden verlassen, die sie nicht kennt und die sich mit der Erklärung an sie wenden: ›Wir sind Trotzkisten, wir hassen Stalin und wir möchten ihn mit Ihrer Hilfe ermorden.‹ Die Gestapo würde sie mit Sicherheit verhaften, denn eine gröbere Provokation kann man sich gar nicht ausdenken.«[73]

Auch in Mexiko, seinem letzten Zufluchtsort, prangerte Trotzki die Machenschaften der Stalinisten an. »Um ihre Herrschaft« zu stärken, erklärte er in einem Interview im Januar 1937, »scheut die Bürokratie nicht einmal davor zurück, auf kaum verschleierte Weise sogar zu chauvinistischen, vor allem antisemitischen Tendenzen Zuflucht zu nehmen. Der letzte Moskauer Prozess [gegen Sinowjew, Kamenew und vierzehn weitere Bolschewiki; M. K.] zum Beispiel wurde mit der kaum verhüllten Absicht aufgezogen, die Internationalisten als Juden ohne Treu und Glauben, die imstande sind, sich an die Gestapo zu verkaufen, darzustellen. Seit 1925 und besonders seit 1936 geht eine verschleierte, unangreifbare antisemitische Demagogie Hand in Hand mit symbolischen Prozessen gegen wirkliche Pogromisten. [...] Die Führer bedienen sich geschickter Methoden, um die Missstimmung, die gegen die Bürokratie gerichtet ist, zu kanalisieren und besonders gegen die Juden zu lenken.«[74] Generalstaatsanwalt Wyschinski und die sowjetische Presse »enthüllten« ein um das andere Mal die jüdischen Ursprungsnamen

[73] Leon Trotsky: Stalin never had qualms about using antisemitism. Extract from letter to Michael Puntervold, www.workersliberty.org/story/2020-08-04/stalin-never-had-qualms-about-using-antisemitism-1936 (zuletzt 20.3.2022). Das Original des Schreibens befindet sich im Internationalen Institut für Sozialgeschichte, Amsterdam (übers. von Stan Cooke).

[74] Leo Trotzki: Interview mit der jüdischen Zeitung »Der Weg«, 18. Januar 1937, in: Mario Keßler (Hrsg.): Leo Trotzki oder: Sozialismus gegen Antisemitismus, S. 143f.

von Angeklagten, die diese in der illegalen revolutionären Arbeit Jahrzehnte vorher zugunsten von Pseudonymen aufgegeben hatten.[75]

Im Februar 1937 schrieb Trotzki einen Aufsatz, »Thermidor und Antisemitismus«, der erst nach seinem Tod erschien.[76] Er betonte, dass das stalinistische Regime in der Sowjetunion eine Reihe von Erscheinungen hervorgerufen habe, die aufgrund der Armut und der kulturellen Rückständigkeit der Bevölkerung erneut eine antisemitische Stimmung erzeugt hätten. Die Bürokratie nutze als am meisten antisozialistische und antidemokratische Schicht der Gesellschaft im Kampf um die Behauptung ihrer Macht »die eingefleischtesten Vorurteile und die dunkelsten Instinkte aus.«[77] Sie scheue sich dabei nicht, »den Unmut der arbeitenden Massen von sich selbst weg auf die Juden zu lenken.«[78] Mit Blick auf die Repressalien, in denen die jüdischen Namen zahlreicher Opfer Stalins hervorgehoben wurden, schrieb Trotzki: »Die Geschichte hat bisher kein Beispiel gesehen, wo die Reaktion, die einem revolutionären Aufschwung folgte, nicht von den unverhohlensten chauvinistischen Leidenschaften begleitet gewesen wäre, den Antisemitismus eingeschlossen.«[79]

Bereits während der Zerschlagung der trotzkistischen Opposition habe die stalinistische Bürokratie 1926–27 »absichtlich die Namen jüdischer Mitglieder [betont], die von beiläufiger und zweitrangiger Bedeutung waren. Das wurde ziemlich offen in der Partei diskutiert, und damals, 1925, sah die Opposition in dieser Situation das unmissverständliche Symptom des Niedergangs der herrschenden Clique.«[80]

Der Slogan »Schlagt die Opposition« habe oft die Bedeutung des alten Slogans »Schlagt die Juden und rettet Russland« bekommen. »Die Sache ging so weit, dass Stalin genötigt war, eine gedruckte Erklärung abzugeben, die besagte: ›Wir kämpfen gegen Trotzki, Sinowjew und Kamenjew, nicht weil sie Juden sind, sondern weil sie die Opposition sind‹ usw. Jedem politisch denkenden Menschen war

---

[75] Vgl. Wadim S. Rogowin: 1937 – Jahr des Terrors, übers. von Hannelore Georgi und Harald Schubärth, Essen 1998, Kap. 19: Der antisemitische Unterton der Moskauer Prozesse, S. 187–196. Hingegen schreibt Kostyrtschenko, die Erwähnung der ursprünglichen Namen der Angeklagten sei allein noch kein Zeichen des Antisemitismus. Vgl. G. V. Kostyrčenko: Tajnaja politika Stalina. Vlast' i antisemitizm [Stalins Geheimpolitik. Die Macht und der Antisemitismus], Moskau 2001, S. 102.

[76] Der Thermidor war der elfte Monat des französischen Revolutionskalenders und reichte von Mitte Juli bis Mitte August. Trotzki bezog sich auf den 8. Thermidor (den 26. August) 1794, den Tag der Absetzung Robespierres und seiner Anhänger (der Bergpartei). Trotzki bezeichnete den Beginn des ersten Moskauer Schauprozesses gegen die alten Bolschewiki am 19. August als sowjetischen Thermidor.

[77] Leo Trotzki: Thermidor und Antisemitismus [22. Februar 1937], in: Ders.: Schriften 1: Sowjetgesellschaft und stalinistische Diktatur, Band 1.2, Hamburg 1988, S. 1044. Auch enthalten in: Keßler (Hrsg.): Leo Trotzki oder: Sozialismus gegen Antisemitismus, S. 148.

[78] Ebd., S. 1045 (Keßler, Trotzki, S. 149).

[79] Ebd., S. 1050 (Keßler, Trotzki, S. 153).

[80] Ebd., S. 1047 (Keßler, Trotzki, S. 150).

es vollständig klar, dass diese bewusst doppeldeutigen Worte, die sich gegen die Auswüchse des Antisemitismus richteten, diesen zur selben Zeit mit vollem Bedacht nährten. ›Vergesst nicht, die Führer der Opposition sind Juden!‹ Das war die *Bedeutung* der Feststellung Stalins, die in allen sowjetischen Zeitungen veröffentlicht wurde.«[81]

Weiter berichtete Trotzki, dass sein Sohn Sergei Sedow in Moskau verurteilt worden sei, weil er angeblich »eine Massenvergiftung der Arbeiter« plane. Zu dieser Zeit hätten die sowjetischen Behörden verbreitet, dass der »›echte‹ Name« von Trotzki Bronstein sei. Damit, so Trotzki, wollten sie »meine jüdische Herkunft und die halbjüdische Herkunft meines Sohnes herausstellen.«[82]

Die Frage, warum Trotzki damals seinen Aufsatz »Thermidor und Antisemitismus« nicht veröffentlichte, kann nicht beantwortet werden. Wollte Trotzki es vermeiden, den nazistischen Feinden Propagandamunition zu liefern?[83]

In Mexiko initiierte Trotzki einen Gegenprozess, der unter Vorsitz des amerikanischen Philosophen John Dewey die Anklagepunkte nach Art eines rechtsstaatlichen Verfahrens überprüfte. Begleitet von der wütenden Hetze der internationalen stalinistischen Presse, die von vielen angeblichen »Freunden« der Sowjetunion unterstützt wurde, bewies die Kommission die völlige Haltlosigkeit aller Anklagepunkte. Stalins Parteigänger im Westen, darunter viele Juden, griffen Trotzki an, weil er Stalin mit falschen Anschuldigungen und besonders als Antisemiten verleumdet habe. Einer von ihnen, Ben Zion Goldberg, erklärte in der jiddischen New Yorker Tageszeitung *Der Tog*: »Wir sind daran gewöhnt, die Sowjetunion als unseren einzigen Trost zu betrachten, was den Antisemitismus betrifft... Alle, die in Sowjetrussland waren, Juden und Nichtjuden gleichermaßen, haben der Welt berichtet, dass es in diesem Land keinen Antisemitismus gibt... Es ist daher unverzeihlich, dass Trotzki solche unbegründeten Anschuldigungen gegen Stalin erhebt.«[84]

Goldberg war nur eine der zahlreichen Stimmen, die die Justizmorde rechtfertigten. Berühmte Schriftsteller wie Heinrich Mann, Halldór Laxness, Romain Rolland, Louis Aragon, der Philosoph Ernst Bloch, Englands Kronanwalt Denis Nowell Pritt und viele andere verbürgten sich für die korrekte Durchführung der Ermittlungen und die Wahrhaftigkeit der Aussagen. Sie lobten die Sowjetjustiz, ihren Generalstaatsanwalt Wyschinski und begrüßten die Todesstrafen. Die staatliche Gesellschaft für kulturelle Verbindungen mit dem Ausland scheute keine

---

[81] Ebd., S. 1048 (Keßler, Trotzki, S. 152); Hervorhebung im Original.

[82] Ebd., S. 1046 (Keßler, Trotzki, S. 150).

[83] Da der Aufsatz erstmals im Mai 1941 in der Zeitschrift »The New International« und somit jenseits des Untersuchungszeitraums für dieses Buch erschien, wurde er nicht in den Dokumentenanhang aufgenommen.

[84] Der Tog, 26./27. Januar 1937, zit.n. Joseph Nedava: Trotsky and the Jews, Philadelphia 1972, S. 186.

Mittel, um sogenannte »Freunde der Sowjetunion« ins Land zu bringen, wo ihnen ein Zustand des sozialen Friedens und der Rechtsstaatlichkeit vorgeführt wurde.[85]

Manche dieser Kurzzeit-Touristen waren bereit, alles für bare Münze zu nehmen, was man ihnen anbot: So schrieb Lion Feuchtwanger in seinem als »Reisebericht für meine Freunde« bezeichneten Buch *Moskau 1937*, es sei »läppisch«, die Prozesse »simpel auf Stalins Herrschsucht und Rachgier zurückzuführen. Josef Stalin, der gegen den Widerstand der ganzen Welt ein so großes Werk vollbracht hat wie den wirtschaftlichen Aufbau der Sowjet-Union, der Marxist Stalin, gefährdet nicht die Außenpolitik seines Landes und damit einen wichtigen Teil seines Werkes aus einem persönlichen Motiv, wie es Gymnasiasten, die historische Stücke schreiben, ihren Helden unterschieben.«[86]

Birobidshan: Eine Alternative zum Zionismus?

In den Jahren 1922 bis 1924, in denen Stalin den kranken Lenin als führender Politiker der KPR(B) und der Sowjetunion ablöste, wurde der Kampf gegen den Zionismus gänzlich von der politischen auf die administrativ-repressive Ebene gehoben. Es kam zu massenweisen Verhaftungen und Zwangsdeportationen von Zionisten nach Sibirien oder Mittelasien. Bis 1923 wurden alle zionistischen Organisationen verboten. Eine Ausnahme bildete der sowjetische Zweig der linken Poale Zion, der über einige hundert hauptsächlich in der Ukraine organisierte Mitglieder verfügte und dem linken PZ-Weltverband angehörte. Er fristete bis 1928 eine geduldete Existenz in der Sowjetunion.[87] Der Verband hatte nach dem Abbruch der Verhandlungen mit der Komintern 1922 nur noch einmal für ein be-

---

[85] Vgl. zu diesen Rechtfertigungen u.a. David Caute: The Fellow Travellers. Intellectual Friends of Communism, 2. Aufl., New Haven/London 1988, S. 140–195; Ludmila Stern: Western Intellectuals and the Soviet Union. From Red Square to the Left Bank, Abingdon-on-Thames 2007, besonders S. 149–162.

[86] Lion Feuchtwanger: Moskau 1937. Ein Reisebericht für meine Freunde [1937], Berlin 1993, S. 86. Feuchtwanger korrigierte sich auch nicht, nachdem sein Moskauer Verleger Artemi Chalatow als angeblicher »Volksfeind« 1938 hingerichtet wurde. Dass er z. T. wider besseres Wissen schrieb, zeigt Anne Hartmann: Lion Feuchtwanger, zurück aus Sowjetrussland. Selbstzensur eines Reiseberichts, in: Exil. Forschung, Erkenntnisse, Ergebnisse, 29 (2009), Nr. 1, S. 16–40.

[87] Vgl. Guido G. Goldman: Zionism Under Soviet Rule, 1917–1928, New York 1960, Kap. VIII u. IX, besonders S. 92–97; Baruch Gurewitz: Un cas de communisme national en Union soviétique: le Poale Sion 1918–28, in: Cahiers du monde russe et soviétique, Bd. 15, Paris 1974, S. 333–371. – Hier und im Folgenden stütze ich mich, auch in den Formulierungen, teilweise auf meine Habilitationsschrift von 1990. Buchausgabe: Mario Keßler: Zionismus und internationale Arbeiterbewegung 1897–1933, Berlin 1994, S. 165–170. Das Standardwerk zu Birobidshan ist Antje Kuchenbecker: Zionismus ohne Zion. Birobidžan: Idee und Geschichte eines jüdischen Staates in Sowjet-Fernost, Berlin 2000.

grenztes Maß an Aufmerksamkeit unter Kommunisten gesorgt, als sein Vertreter Jitzhak Jitzhaki auf dem Gründungskongress der Antiimperialistischen Liga 1927 in Brüssel einen Diskussionsbeitrag hielt, in dem er die Kolonisation Palästinas unter zionistischen Vorzeichen rechtfertigte.[88]

In der UdSSR näherte sich die noch immer ein Schattendasein fristende, doch legale linke PZ dem Hachalutz an, einer illegal arbeitenden Organisation, die die künftigen Palästina-Siedler auf das dortige Leben vorbereitete. Doch im August 1928 wurde auch die linke PZ verboten. Ihre geduldete Existenz bis zu diesem Zeitpunkt mag mit Überlegungen der Behörden im Zusammenhang gestanden haben, dem Ausland zu beweisen, nicht der Zionismus als solcher werde verfolgt, sondern nur sein rechter Flügel.[89]

In der Tat verschärfte sich Mitte des Jahrzehnts hauptsächlich über die Jewsekzija der Kurs gegen jederart als zionistisch angesehene Manifestation.[90] Als solche galt jetzt zunehmend auch die Vermittlung hebräischer Sprache und jüdischer Religion in den Schulen. Der hebräische Sprachunterricht in den jüdischen Schulen wurde mehr und mehr eingeschränkt, die Weltgeschichte der Juden zugunsten einer auf das russisch-ukrainische Gebiet beschränkten Geschichte der Juden abgeschafft, die Bibel und die moderne hebräische Literatur wurden nicht länger im Unterricht behandelt.

Der »Kampf« gegen die jüdische – und jede andere – Religion war nun mehr und mehr von Unduldsamkeit geprägt; 1928 wurde der Druck jüdischer Gebetsbücher eingestellt. Die Organisation Tarbut (hebr.: Kultur), die ein ansehnliches Netz hebräischer Lehranstalten betrieb, wurde liquidiert. Repressalien gegen diese Körperschaft gingen bis auf den Juni 1919 zurück, als die Zweite Konferenz der Jewsekzija das Verbot von Tarbut gefordert hatte. Bereits am 30. August 1919 war die Schließung der hebräischen Schulen und ihre Eingliederung in das jiddische Schulnetz durch das Volkskommissariat für Bildungswesen angeordnet worden. Als Fremdsprache wurde Hebräisch an vielen Schulen jedoch noch bis Ende der 1920er Jahre gelehrt. Das jiddische Schulwesen erlebte dagegen einen zeitweiligen Aufschwung. Dies war ein Erfolg für die Jewsekzija, in deren Reihen zahlreiche Ex-Bundisten, zumeist fanatische Verfechter des Jiddischen gegenüber dem Hebräischen, arbeiteten.

Ein Hebräischlehrer aus der Sowjetunion, der am Zionisten-Kongress 1929 in Zürich unter dem Namen L. Jehuda teilnehmen konnte, beschrieb den Druck und den Terror, denen die Zionisten, wozu alle Hebräischlernenden gerechnet wur-

[88] Vgl. Das Flammenzeichen vom Palais Egmont. Offizielles Protokoll des Kongresses gegen koloniale Unterdrückung und Imperialismus. Brüssel, 10.–15. Februar 1927, Berlin 1927, S. 86f. Eine Resolution der Linken PZ (vgl. S. 257–260) konnte, offiziell wegen Zeitmangels, auf dem Kongress nicht diskutiert werden.

[89] Dies vermutet jedenfalls Goldman: Zionism Under Soviet Rule, S.93.

[90] Das Folgende n. Silberner: Kommunisten zur Judenfrage, S. 171–173.

den, unterlagen. »Es gibt Hunderte und Tausende von Fällen, daß Eltern [...] die hebräische Kultur preisgegeben haben, weil sie von der Behörde abhängig sind und befürchten, ihre Posten einzubüßen, wenn die Sache bekannt würde«, berichtete er. »Es werden Menschen, weil sie Hebräisch lehren, des Klerikalismus, des Chauvinismus, der Konterrevolution, des Zionismus beschuldigt und in die Verbannung geschickt.« Hebräische Bücher würden mit dem Bann belegt. »Man kann solche Bücher einzig für wissenschaftliche Zwecke bekommen und muss dazu eine spezielle Bewilligung einholen. Wir gehen kulturell zugrunde, wir siechen dahin, es gibt keine Entwicklung, und trotzdem hören wir nicht auf, hebräische Kulturarbeit zu leisten.«[91]

Umso überraschender erschien eine Entscheidung der Sowjetregierung vom 28. März 1928. An diesem Tag beschloss das Präsidium des Zentralexekutivausschusses der Sowjetunion, einer Empfehlung der Komzet folgend, den Rayon Birobidshan zum geschlossenen Siedlungsgebiet für jüdische Werktätige auszugestalten. Das Gebiet umfasste eine Fläche von etwa 36.500 km^2 und zählte damals rund 27.000 Einwohner, hauptsächlich Russen, Koreaner, Chinesen und Angehörige kleinerer Volksstämme. Juden waren so gut wie keine ansässig.[92]

Bei der Untersuchung der Motive für die Wahl dieses abgelegenen Ortes für ein jüdisches »Nationalheim« empfiehlt es sich, zwischen offiziellen Proklamationen und strategischem Kalkül der Sowjetführung zu unterscheiden. Im Juli 1928 erklärte Awrom Mereshin, damals stellvertretender Vorsitzender der Komzet: »In zehn bis fünfzehn Jahren werden die Chinesen in kompakten Mengen an die Ufer von Amur und Shangri ziehen. Die mandschurische Bevölkerung wird zu dieser Zeit etwa dreißig Millionen Menschen zählen. Damit erhebt sich die Frage: Wird es möglich sein, die Gegend von Birobidshan am Amur in den nächsten zehn bis fünfzehn Jahren zu besiedeln? Sollte sie rechtzeitig besiedelt sein, dann wird jede chinesische Landnahme unmöglich werden.«[93] Noch 1934 sagte Semen Dimanstein: »Für jeden denkenden Teilnehmer am sozialistischen Aufbau ist die große

[91] Protokoll der Verhandlungen des XVI. Zionisten-Kongresses und der konstituierenden Tagung des Councils der Jewish Agency für Palästina, Zürich, 28. Juli bis 14. August 1929, London 1929, S. 339; Orthografie modernisiert. – Auch die russische Emigrantenpresse berichtete über Repressalien gegen Zionisten, wie beispielsweise der Berliner »Socialističeskij Vestnik« am 3. Mai und am 10. Juli 1928. Vgl. Joseph Schechtman: Soviet Russia, Zionism und Israel, in: Gregor Aronson u.a. (Hrsg.): Russian Jewry 1917–1967, New York 1969, S. 423.

[92] Hierzu und zum Folgenden Schwarz: The Jews in the Soviet Union, S. 179–183; ders.: Birobidshan. An Experiment in Jewish Colonisation, in: Aronson u.a. (Hrsg.): Russian Jewry 1917–1967, S. 342–395; Bunzl: Klassenkampf in der Diaspora, S. 146–148; Chimen Abramsky: The Biro-Bidzhan Project, 1927–1959, in: Lionel Kochan (Hrsg.): The Jews in Soviet Russia since 1917, 3. Aufl., Oxford/London/New York 1978, S. 64–77; Kuchenbecker: Zionismus ohne Zion, besonders S. 113–165.

[93] Zit.n. Schwarz: Birobidzhan, S. 349.

Bedeutung der Verteidigung des Fernen Ostens gegen eine ausländische Intervention absolut klar. Die Besiedlung dieser Region mit vertrauenswürdigen und verantwortungsbewussten Menschen ist ein Grunderfordernis für die Stärkung der Verteidigung unserer Fernost-Grenzen.«[94]

Offiziell wurde jedoch an die nationalen Gefühle der Sowjetjuden appelliert. »Die Juden von Birobidshan«, erklärte Staatspräsident Michail Kalinin, »werden keine Nation mit den charakteristischen Merkmalen der städtischen Juden von Polen, Litauen usw. konstituieren. Die Juden werden sozialistische Kolonisatoren auf einem freien, reichen Boden sein; Kolonisatoren mit starken Fäusten und scharfen Zähnen; Kolonisatoren, die eine starke Nationalität innerhalb der sowjetischen Familie der Nationen bilden werden.«[95] Mit diesem an den Zionismus erinnernden Vokabular sollte wohl auch an Sympathien und finanzielle Unterstützung ausländischer Juden appelliert werden. Eine Gesellschaft zur Unterstützung des jüdischen Siedlungswesens (eine Filiale der Ozet) wurde 1926 in Deutschland gegründet, die ein eigenes Mitteilungsblatt, *Die Wende*, veröffentlichte. Kommunisten, die Birobidshan bereisten, priesen es als sozialistische Alternative zum zionistischen Kolonisationsprojekt in Palästina, da in der Sowjetunion keine arabischen Interessen verletzt und imperialistische Stützpunkte verteidigt würden.[96]

Relativ nüchtern konstatierte Larin, eine jüdische Sowjetrepublik könne den »schädlichen Einfluss« der Zionisten auf die jüdische Bevölkerung eindämmen.[97] Andere Stimmen drückten dies weit enthusiastischer aus. So hieß es am 28. März 1933 in einem *Iswestja*-Artikel: »Die Besiedlung Birobidshans durch werktätige Juden und die Errichtung einer sozialistischen autonomen nationalen Einheit bedeuten den Tod für das nationale Abenteuer in Palästina... Das sozialistische Birobidshan hat den zionistischen Zaubereien der jüdischen Bourgeoisie ein Ende bereitet.«[98]

Die Wirklichkeit bestätigte die optimistischen Visionen aber nicht. Zwar folgte unmittelbar auf die Regierungserklärung vom März 1928 der erste Transfer von Siedlern. Diese trafen jedoch in einem Gebiet ein, in dem keinerlei Vorbereitungen für ihre Zukunft getätigt worden waren. Weder Straßen noch Wohnungen waren in dem wald- und sumpfreichen Gebiet vorhanden; es gab nur eine Eisenbahnlinie. Dennoch sahen regierungsamtliche Pläne vor, dass sich bis 1933 bereits

[94] Zit.n. Schwarz: The Jews in the Soviet Union, S. 179.

[95] Zit. n. ebd.; vgl. Bunzl: Klassenkampf in der Diaspora, S. 147.

[96] Vgl. Otto Heller: Der Untergang des Judentums. Die Judenfrage/ihre Kritik/ihre Lösung durch den Sozialismus, 2. Aufl., Berlin 1933, 3. Teil, Protokoll einer Reise (zu Heller mehr im nächsten Kapitel); Max Alperton: Birobidshan, die Judenrepublik, Leipzig 1932; I. Rennap: Anti-Semitism and the Jewish Question, London 1942, S. 45–54.

[97] Vgl. Larin: Evrei i antisemitizm v SSSR, S. 308f. Larin war sich über die organisatorischen und logistischen Schwierigkeiten des Birobidshan-Projektes im Klaren.

[98] Kuchenbecker: Zionismus ohne Zion, S. 159.

60.000 Juden in Birobidshan ansiedeln sollten.[99] Die jüdische Siedlungsbewegung nach und aus Birobidshan hatte indes ein weit geringeres Ausmaß:

Jüdische Zu- und Abwanderung nach bzw. von Birobidshan 1928–1933[100]

Jahr	Zuwanderung	Abwanderung	Nettozuwachs
1928	950	600	350
1929	1.875	1.125	750
1930	2.560	1.000	1.560
1931	3.250	725	2.525
1932/33	11.000	8.000	3.000
Gesamt	19.635	11.450	8.185

Als am 7. Mai 1934 die Region dennoch zum Jüdischen Autonomen Gebiet erklärt wurde, lebten dort etwas mehr als 8.000 Juden, darunter 700 Ausländer; dies entsprach lediglich einem Fünftel der Gesamtbevölkerung des Gebietes.[101] Semen Dimanstein versuchte, den Misserfolg herunterzuspielen und erklärte, das Ziel sei »nicht die Errichtung einer jüdischen Mehrheit in der Jüdischen Autonomen Provinz. Wir sind überzeugt, daß diese sich im natürlichen Verlauf der Wiederansiedlung einstellen wird. Das ist jedoch nicht unser wichtigstes Ziel, denn ein solches würde mit unserem Internationalismus in Konflikt geraten. Unser erstes Bemühen gilt der Erweiterung und Stärkung des sozialistischen Aufbaus.«[102]

Der Politologe und Soziologe John Bunzl nannte zu Recht als wesentlichen Grund für das Scheitern des Birobidshan-Projekts die bürokratische Konzeption dieses Planes, der von einer kleinen Expertengruppe ohne Konsultierung der jüdischen Massen ausgearbeitet wurde.[103] Dies erscheint plausibel, da die Jewsekzija, die auf eine Integration der Juden im Westen der Sowjetunion hinarbeitete und in deren Interesse ein jüdisches Birobidshan nicht unbedingt liegen musste, Anfang 1930 ohne einen formalen Akt aufgelöst wurde.[104]

Diese administrativ-bürokratischen Regelungen waren für Bunzl »ein Symptom für den Grad der Degeneration des stalinistischen Regimes, für die Unterdrückung auch der letzten Reste selbständiger (auch jüdischer) Aktivität ›von unten‹«.[105] Dies ist zweifellos eine schlüssigere Erklärung als Edmund Silberners

[99] Vgl. Bunzl: Klassenkampf in der Diaspora, S. 147.

[100] Tabelle n. Schwarz: The Jews in the Soviet Union, S. 178.

[101] Vgl. Silberner: Kommunisten zur Judenfrage, S. 168.

[102] Zit.n. Schwarz: The Jews in the Soviet Union, S. 179; auch in: Bunzl: Klassenkampf in der Diaspora, S. 147.

[103] Vgl. ebd., S. 149.

[104] Vgl. Gitelman: Jewish Nationality and Soviet Politics, S. 472f.

[105] Bunzl: Klassenkampf in der Diaspora, S. 149.

These, wonach »ganz ohne biblische Erinnerungen die Gründung eines Judenstaates [...] eine Utopie ist«; waren doch die ersten sozialistischen Zionisten dezidiert säkular.[106] Keineswegs außer Acht gelassen werden sollten die schlechten Voraussetzungen, die unter jedem Regime eine jüdische Kolonisation als wenig aussichtsreich erscheinen lassen hätten, worauf Juri Larin hingewiesen hatte.[107]

Dass ein solcher Plan bei demokratischer Konsultierung aller Beteiligten wahrscheinlich gar nicht erst über das Stadium der Vorbereitung hinausgelangt wäre, darf als sicher gelten. Aber dem Stalin-Regime ging es offenkundig darum, mit einer aufwendigen Kampagne der Welt zu zeigen, dass im Sozialismus möglich sei, was der Zionismus nicht zustande bringen könne. Noch 1934, als das Scheitern des Birobidshan-Experiments bereits eine Tatsache war, schrieb ein sowjetischer Propagandist: »Während das Palästina-Experiment langsam aber sicher seinem Ende entgegengeht, beginnt die Sowjetunion Schritt für Schritt nicht nur die letzten Reste des Judenproblems in der Sowjetunion zu liquidieren, sondern geht auch daran, zu einem Einwanderungsland für ausländische jüdische Werktätige zu werden [...].«[108]

Dass die Sowjetunion zahlreichen Antifaschisten, darunter solchen jüdischer Herkunft, nach der Machtergreifung Hitlers politisches Asyl gewährte, ist unbestritten. Kaum einen der Exilierten zog es jedoch nach Birobidshan – und wer kam, verließ den Ort bald wieder.[109]

Im Jahr 1937 fanden die selbständigen jüdischen Aktivitäten 1937 in Birobidshan ihr blutiges Ende. Damals wurde – zeitgleich mit dem Höhepunkt des Stalin-Terrors im ganzen Land – die gesamte Führung des Gebietes ermordet. Zu ihnen gehörten Prof. Dr. Josif Liberberg, Vorsitzender des Gebietsexekutivkomitees, Matwej Chawkin, Erster Sekretär der Gebietsparteiorganisation, und Moissej Litwakow, Chefredakteur der jiddischen Zeitung *Der Emes*.[110] In derselben Zeit fielen die ehemaligen Führungspersönlichkeiten der Jewsekzija dem Terror zum Opfer: Semen Dimanstein, Samuil Agurskij, Maria Frumkina, Awrom Mereshin, Alexander Tschemerinskij.[111]

[106] Silberner: Kommunisten zur Judenfrage, S. 168.

[107] Vgl. Larin: Evrei i antisemitizm v SSSR, S. 183f., 306–308.

[108] M. Z.: Birobidshan – autonomes jüdisches Gebiet, Jüdische Einwanderung in der Sowjetunion, in: Rundschau über Politik, Wirtschaft und Arbeiterbewegung, Nr. 31, 24. Mai 1934, S. 1226; ähnlich 1942 noch I. Rennap: Anti-Semitism and the Jewish Question. London 1942, S. 51 (Rennap wechselte im Kalten Krieg die Seiten).

[109] Verlässliche Zahlenangaben, die sich im unteren dreistelligen Bereich bewegt haben dürften, fehlen.

[110] Vgl. Schwarz: The Jews in the Soviet Union, S. 182; Kuchenbecker: Zionismus ohne Zion, S. 180.

[111] Vgl. Gitelman: Jewish Nationality and Soviet Politics, S. 513f.; Silberner: Kommunisten zur Judenfrage, S. 148f.

In Birobidshan wurde die bisherige Führungselite unter besonders makabren Umständen ermordet. Ihren Vertretern wurde von Justiz und Geheimpolizei vorgeworfen, unter sozialistischer Maske einen jüdischen Nationalismus gefördert zu haben – dabei war dies genau die Konzeption, unter deren Vorzeichen das Jüdische Autonome Gebiet Birobidshan gegründet worden war: national in der Form, sozialistisch im Inhalt.

Doch im April 1937 hieß es in einer Broschüre des Komzet: »Die trotzkistisch-bucharinistischen Banditen, die grausamen Feinde des Volkes, die sich ihr Nest bauen im gesamten Fernen Osten, insbesondere in der EAO,[112] an den Grenzen der Sowjetunion, kalkulieren hinterlistig, dieses blühende Gebiet von der Sowjetunion abzutrennen und es faschistischen Eindringlingen in die Hände zu spielen. Doch dank dem sowjetischen Geheimdienst wurde der Feind rechtzeitig entlarvt und vernichtet.«[113] Im November des Jahres wurde Liberberg vorgeworfen, er habe in Birobidshan einen jüdischen Staat errichten wollen, Chawkin habe nationalistische Kader herangebildet, wobei seine öffentliche Verwendung der jiddischen Sprache als »Beweis« dienen musste. Seine Frau wurde beschuldigt, sie habe Kaganowitsch während eines Besuches in Birobidshan mit einer vergifteten Mahlzeit (»gefilte fish«) vergiften wollen. Keiner der Beschuldigten überlebte das Jahr 1937.[114]

Während die Sowjetpresse gegen das euphemistisch von den Nazis als »Reichskristallnacht« bezeichnete Pogrom vom 9. November 1938 protestierte,[115] wurde inner- wie auch außerhalb Birobidshans die Zerstörung eines eigenständigen jüdischen Kulturlebens vollendet: Die Komzet, die Ozet und sogar die Immigrationsabteilung des sowjetischen Innenministeriums wurden bis Ende 1938 aufgelöst, das Erscheinen der Zeitung *Der Emes* wurde eingestellt.[116] Alle Maßnahmen wurden vollzogen, ohne eine größere Aufmerksamkeit der internationalen Öffentlichkeit hervorzurufen; Trotzkis Mahnungen wurden nur von wenigen in ihrer Bedeutung begriffen.

Bereits 1934 hatte sich Trotzki dagegen gewandt, Birobidshan als ein Zeichen von »Links-Zionismus« in der Sowjetunion anzusehen.[117] Drei Jahre später sprach er sich klar dafür aus, »dass die UdSSR ein besonderes Territorium für diejenigen Bürger bereitstellt, die sich als Juden betrachten, die die jiddische Sprache al-

[112] Evrejskaja avtonomnaja oblast' (Jüdisches Autonomes Gebiet).

[113] S. Ju. Čuckaev: Desjat' let Birobidžana [Zehn Jahre Birobidshan], in: Vlast' sovetov, 1938, Nr. 7, S. 18, zit.n.: Kuchenbecker: Zionismus ohne Zion, S. 180.

[114] Vgl. ebd., S. 184.

[115] Vgl. Prawda, 16. November 1938, S. 5; deutsch wiedergegeben in: Kurt Pätzold/Irene Runge: Pogromnacht 1938, Berlin [DDR] 1988, S. 162–164.

[116] Vgl. Silberner: Kommunisten zur Judenfrage, S. 166.

[117] Vgl. Leo Trotzki: Brief an jüdische Linksintellektuelle in der Sowjetunion (Oktober 1934), in: Fetscher: Marxisten gegen Antisemitismus, S. 178.

len anderen bevorzugen und die wünschen, in konzentrierter Zahl unter sich zu wohnen.«[118]

Eine Migration solchen Ausmaßes könne jedoch nur auf der Basis der Freiwilligkeit unter demokratischen Bedingungen stattfinden. Eine sozialistische Republik strebe den Wegfall aller Grenzen und nationalen Barrieren an, eine Assimilation der Juden könne dabei niemals mittels Zwangs erfolgen. Erst unter einer »Welt-Föderation von Arbeiterstaaten« könne die jüdische Frage, deren Lösung einen internationalen Aspekt voraussetze, in einer »historische[n] Übergangszeit« ihre Lösung finden. Die gleiche Methode der Lösung der jüdischen Frage, die unter kapitalistischen Bedingungen nur »einen utopischen und reaktionären Charakter« habe, werde »unter dem Regime einer sozialistischen Föderation eine reale und heilsame Bedeutung erhalten«.

Trotzki schloss somit, anders als die meisten anderen marxistischen Denker, eine nationale Entwicklung der Juden in einem zukünftigen sozialistischen Staat als Möglichkeit nicht aus. »Er war bereit, sich mit einer vorläufigen Lösung der Judenfrage abzufinden, bis die endgültige marxistische Ordnung zustande kam«, bemerkte der ihn durchaus kritisch beurteilende Historiker Joseph Nedava.[119] Die stalinistische Sowjetunion habe mit marxistischem Sozialismus aber nichts zu tun, wie Trotzki stets betonte. Der Stalinismus sei somit auch zur Lösung der jüdischen Frage unfähig. »Birobidshan kann nicht anders, als alle Gemeinheiten der bürokratischen Willkür widerspiegeln«, schrieb Trotzki. Mit diesen Worten brachte er das Dilemma der damaligen sowjetischen Politik gegenüber den Juden auf den Punkt.

---

[118] Trotzki: Thermidor und Antisemitismus, S. 188. Hiernach auch die folgenden Zitate (Keßler, Trotzki, S. 154f.).

[119] Nedava: Trotsky and the Jews, S. 231.

Kapitel 12
Die Komintern, die KPD und ihre Dissidenten

»Die Kommunistische Internationale wird heute allgemein als eine verschleierte, säkulare, russische messianische Bewegung dargestellt«, hielt der aus der Sowjetunion nach Schweden emigrierte Historiker Alexander Kan fest. Sie war jedoch, »der äußerste Exponent einer allgemeinen revolutionären Strömung in der Bewegung der europäischen Arbeiterklasse, verstärkt durch den Ersten Weltkrieg«.[1] Ihr Charakter wandelte sich im Verlauf der 24 Jahre ihrer Existenz.

Nachdem der Historiker Franz Borkenau mit der stalinistischen Orthodoxie gebrochen, sich aber noch nicht dem Antikommunismus verschrieben hatte, machte er 1938 drei Perioden in der bisherigen Geschichte der Komintern aus: »Während der ersten Periode ist die Komintern hauptsächlich ein Instrument, um die Weltrevolution herbeizuführen. Während der zweiten Periode ist sie hauptsächlich ein Instrument in den russischen Fraktionskämpfen. Während der dritten Periode ist sie hauptsächlich ein Instrument der russischen Außenpolitik.«[2] Doch der unvermeidliche »Geburtsfehler« der Komintern, der in der Dominanz der russischen Partei beschlossen lag, sollte ihre ganze Tätigkeit in Mitleidenschaft ziehen. Diese Dominanz entstand, weil die Revolutionen in Mitteleuropa teils mit Hilfe, teils aber gegen den Widerstand führender Sozialdemokraten blutig niedergeschlagen wurden.

Somit entstand eine merkwürdige Kampfgemeinschaft zwischen der einzigen, in einem unterentwickelten Land siegreichen Partei und zunächst kleinen radikalen Gruppen im Westen und in Kolonialländern. Dies widersprach allen Grundsätzen des klassischen Marxismus wie auch Lenins. Er warnte kurz nach der Komintern-Gründung davor, das bolschewistische Parteimodell auf die neue Internationale zu übertragen, da er die russische Hegemonie als temporär ansah, die eine siegreiche Revolution im Westen wieder beseitigen würde: »Zeitweilig ist die Hegemonie in der revolutionären proletarischen Internationale an die Russen übergegangen, wie sie in verschiedenen Perioden [...] die Engländer, dann die Franzosen und dann die Deutschen innegehabt haben.«[3]

Die suggestive Metapher, dass die Oktoberrevolution das schwächste Glied in der Kette des internationalen Imperialismus getroffen hatte, zeigt auf, was die Bolschewiki über ihre eigenen Aufgaben damals dachten. Die Oktoberrevolution er-

[1] Alexander Kan: Nikolaj Bucharin och den skandinaviska arbetarrörelsen, Uppsala 1991, S. 162. In der von Theodor Bergmann übersetzten deutschen Ausgabe: Nikolai Bucharin und die skandinavische Arbeiterbewegung, Mainz 1993, fehlt diese Passage.

[2] Franz Borkenau: World Communism. A History of the Communist International [1938], Ann Arbor, Mich. 1962, S. 419.

[3] W. I. Lenin: Die Dritte Internationale und ihr Platz in der Geschichte, in: Werke, Bd. 29, S. 299.

schien keineswegs als ein rein russisches Phänomen, gar als ein sich selbst genügender Akt. Die Konzeption von der sozialistischen Weltrevolution war, wie Isaac Deutscher hervorhob, »tief im klassischen Marxismus verankert; und sie war nicht so sehr ein ideologisches Postulat als vielmehr eine Folgerung aus einer umfassenden Analyse der bürgerlichen Gesellschaft.«[4] Im Ergebnis dieser internationalen Revolution würde der siegreiche Sozialismus, so Deutscher weiter, »die Produktivkräfte auf internationaler Stufenleiter organisieren und es der Gesellschaft ermöglichen, ihre Lebensweise entsprechend umzuformen.«[5]

In jeder dieser drei Perioden, so der Historiker Albert Lindemann, »beeinflussten die politischen und wirtschaftlichen Auseinandersetzungen innerhalb der Sowjetunion die Politik der Komintern weit mehr als die jeweiligen Bedürfnisse der einzelnen nichtrussischen Parteien. Infolgedessen entstand innerhalb der westlichen kommunistischen Parteien zeitweise eine oft äußerst widersprüchliche Lage: Parteiinterne und scheinbar ideologische Fragen wurden in Begriffe gefasst, die nur wenig mit der tatsächlichen Situation in dem jeweiligen Land zu tun hatten.«[6]

Die Selbstbehauptung der Bolschewiki in Russland gab Impulse für eine Reihe revolutionärer Erhebungen in Europa. Insbesondere an den blutig niedergeschlagenen Revolutionen in Ungarn und Bayern waren jüdische Persönlichkeiten führend beteiligt. Mehr noch als vor dem Ersten Weltkrieg war der Entschluss von Juden, den neu entstehenden kommunistischen Parteien beizutreten, eine Entscheidung zugunsten der nichtjüdischen, säkularen Welt, vor allem in Ost- und Ostmitteleuropa. Doch war sie »nicht so sehr ein Akt der Assimilation als vielmehr ein Tauschakt: Eine Form der Isolierung, nämlich die, ein Jude zu sein, wurde gegen eine andere Form eingetauscht, nämlich die der Existenz als Kommunist.«[7]

Für den Historiker André Gerrits war dies aber keineswegs mit einer Leugnung der jüdischen Identität verbunden. Im Gegenteil, die Existenz als Kommunist konnte für Juden auch als ein »Schlüssel für das Überleben« bedeuten.[8] Dies galt in doppelter Hinsicht: Zum einen war die kommunistische Bewegung für Juden attraktiv, versprach sie doch, jene Zustände zu beseitigen, die nach klassischer marxistischer Lesart den Antisemitismus hervorgebracht hatten. Zum anderen wurde im Engagement für die kommunistische »Sache« auch ein ins Säkulare gewendeter jüdischer Messianismus sichtbar. Das jüdische Engagement in der sozialistischen und nun der kommunistischen Bewegung kann somit als ein Bestreben gesehen werden, die humanistischen Werte der jüdischen Ethik auf die

---

[4] Isaac Deutscher: Die unvollendete Revolution, Frankfurt a. M. 1970, S. 56.

[5] Ebd., S. 57.

[6] Albert S. Lindemann: A History of European Socialism, New Haven/London 1983, S. 257f.

[7] André Gerrits: The Myth of Jewish Communism. A Historical Interpretation, Brüssel 2009, S. 39f.

[8] Ebd., S. 32.

praktische Politik anzuwenden.[9] Dieser Universalismus bedingte in den Jahren nach dem Ersten Weltkrieg eine besonders unversöhnliche Haltung zum Zionismus als alternativer säkularer Hoffnung auf Erlösung. In seltener Klarheit zeigte sich dies bei den Anschlussbemühungen der Linken Poale Zion an die Komintern.

Komintern und Linkszionismus 1920–1922: Die Chance einer Synthese?

Die russische Revolution hatte die Frage aufgeworfen, ob eine sozialistische Revolution die »jüdische Frage« – die Überwindung des Antisemitismus und die gleichberechtigte Teilhabe von Juden an der Entwicklung der Gesellschaft – in Osteuropa lösen könne. Zum ersten Mal war die Frage, ob eine ethnisch-religiöse Minderheit sich in die Mehrheitsgesellschaft integrieren könne oder ob es zu ihrer Entwicklung einer national-kulturellen Autonomie bedürfe, zum Problem der praktischen Politik geworden. Zu letzterem Konzept, dessen Realisierung der Jüdische Arbeiterbund forderte, trat als Option die Idee eines sozialistischen Judenstaates in Palästina hinzu, der für die Poale Zion als Teil der Weltrevolution Gestalt annehmen sollte. Konnte die Synthese von Kommunismus und Zionismus ein Erfolgsmittel zur Bekämpfung des Antisemitismus werden? Konnte ein sozialistischer Judenstaat die »jüdische Frage« wenigstens für einen Teil der Juden lösen?

Im russischen Bürgerkrieg sahen viele Juden in der Roten Armee die einzige Hoffnung gegen die weißen Pogromisten. Deshalb schlossen sich während des Bürgerkrieges immer mehr Juden den Bolschewiki an. Diese Linkswendung betraf auch die Poale Zion, die während und kurz nach der Oktoberrevolution zunächst die Menschewki unterstützt hatte. Doch bald führten die Pogrome in der Ukraine und Belorussland zum Umdenken. So betonte Nachman Syrkin, ein führender PZ-Politiker: »Wer wird uns helfen? Die Juden in der ganzen Welt beginnen immer mehr zu begreifen, dass ihre gesellschaftliche und nationale Selbstbehauptung untrennbar mit der Zerstörung des kapitalistischen Systems verbunden ist. [...] Sogar jüdische Kapitalisten gehen lieber mit Lenin als mit Koltschak.[10] Lenin mag sie enteignen, aber Koltschak wird ihnen die Schädel spalten.«[11]

Im Zuge der Oktoberrevolution und des Bürgerkriegs kam es zur ideologischen Trennung der sozialistisch-zionistischen Parteien – unter denen die Poale Zion die weitaus wichtigste war – vom »bürgerlichen« Zionismus. Deshalb be-

---

[9] Vgl. Michael Löwy: Erlösung und Utopie. Jüdischer Messianismus und libertäres Denken, übers. von Dieter Kurz und Heidrun Töpfer, Berlin 1997.

[10] Alexander Wassiljewitsch Koltschak war Monarchist, Admiral der russischen Marine sowie einer der Anführer der Weißen Armee im Russischen Bürgerkrieg.

[11] Zit.n. Anita Shapira: Black Night, White Snow. Attitudes of the Palestinian Labor Movement to the Russian Revolution, 1917–19, in: Jonathan Frankel (Hrsg.): Studies in Contemporary Jewry. An Annual, Bd. IV, New York/Oxford 1988, S. 146.

absichtigte die am 2. November 1917 veröffentlichte Balfour-Deklaration unter anderem eine Schwächung der marxistischen Kräfte unter den russischen Juden durch Förderung der zionistischen Tendenzen. Der Schriftsteller Christopher Sykes führte hierzu aus, dass die britische Regierung glaubte, »die offene britische Parteinahme für den Zionismus würde die russischen Juden von der bolschewistischen Partei trennen und somit sichern, dass die Revolution nicht nur in gemäßigten Bahnen verbleiben, sondern Russland auch der militärische Verbündete Frankreichs und Großbritanniens bleiben werde.«[12]

Im Ergebnis all dieser Konflikte, die sich über das ganze Jahr 1918 erstreckten, kam es zur Spaltung der poalezionistischen Bewegung inner- wie außerhalb Russlands. In der russischen PZ bildeten sich zur Jahreswende 1918/19 ein »rechter« und ein linker Flügel. Die »Rechte« unter Ze'ev Abramovich, Nahum Nir und Yaakov Zerubaval behielt den Namen Jüdische Sozialdemokratische Arbeiterpartei Poale Zion (JSDR-PZ) bei.[13] Zu ihrer Führung gehörten mit Abraham Revutzkij und Salomon Goldelmann auch zwei ehemalige Mitglieder der antibolschewistischen ukrainischen Regierung von 1918. Die Partei hielt an den traditionellen Auffassungen der Poale Zion fest: Zunächst müssten die werktätigen Juden Palästina kolonisieren, dann könnte im Prozess der Kolonisation in Palästina ein sozialistischer Judenstaat aufgebaut werden. Die sozialistische Revolution in Russland könne das jüdische Problem nicht lösen.[14]

Der linke Flügel nannte sich nun Jüdische Kommunistische Partei-Poale Zion (JKP-PZ). Viele seiner Parteigänger schlossen sich im Bürgerkrieg zu den sogenannten Borochow-Brigaden zusammen, die in den Reihen der Roten Armee kämpften. Unter Alexander Chashin[15] unterstrich diese Organisation weit entschiedener die Notwendigkeit einer Beteiligung am sozialistischen Aufbau in Sowjetrussland, ohne auf die Forderung nach jüdischer Auswanderung und Kolonisierungsprojekten in Palästina ganz zu verzichten. Bis 1922 traten die meisten Mitglieder der Gruppierung der Russischen Kommunistischen Partei bei, eine kleine Gruppe behielt noch bis 1928 ihre Selbständigkeit, während fast alle anderen zionistischen Organisationen bis 1920 aufgelöst wurden.[16] Auch wenn die Aus-

---

[12] Christopher Sykes: Kreuzwege nach Israel. Die Vorgeschichte des jüdischen Staates [1965], übers. von Harald Landry, München 1967, S. 22.

[13] Russisch: Evrejskaja social-demokratičeskaja rabočaja partija – Poalej Zion.

[14] Vgl. Ilse Elisabeth Veronika Yago-Jung: Die nationale Frage in der jüdischen Arbeiterbewegung in Rußland, Polen und Palästina bis 1929, Diss., Frankfurt a. M. 1976, S. 365.

[15] Chashins Bruder, Wolf Awerbach, war einer der Begründer der Kommunistischen Partei Palästinas.

[16] Vgl. Guido G. Goldman: Zionism Under Soviet Rule, New York 1960, S. 92–97; Baruch Gurewitz: Un cas de communisme national en Union soviétique: le Poale Sion 1918–28, in: Cahiers du monde russe et soviétique, Bd. 15, Paris 1974, S. 333–371. Doch nutzten zionistische oder mit dem Zionismus sympathisierende Körperschaften wie das Jüdische Hilfskomitee, die Gesellschaft der handwerklichen Arbeit, die Gesellschaft für die prak-

wanderung aus Sowjetrussland nach Palästina nicht gern gesehen wurde, wurde sie dennoch von den Bolschewiki noch toleriert.

Ideologisch betrachtete die Komintern im Einklang mit den Bolschewiki die zionistische Bewegung als eine Schöpfung des jüdischen Kleinbürgertums und desorientierter Intellektueller. Sie kritisierte die zionistische Sicht, wonach Palästina ein wenig bevölkerter Landstrich sei, der geradezu auf die jüdische Einwanderung warte; und sie sah die blutigen Auseinandersetzungen mit den Arabern voraus. Der linke Flügel der Poale Zion erblickte in dieser negativen Haltung indes einen zeitbedingten Fehler, den die Komintern korrigieren werde, sobald die linken Poalezionisten Teil des internationalen Kommunismus werden würden.[17]

Auf dem ersten Nachkriegskongress des Weltverbandes Poale Zion, der im Juli 1919 in Stockholm zusammentrat, blieben die Stimmen, die der Komintern beitreten wollten, Stimmen einer kleinen Minderheit. da die durchgängig Komintern-freundlichen russischen Delegierten ihr vom Bürgerkrieg zerrissenes Land nicht verlassen konnten.[18] Im November desselben Jahres spaltete sich in Wien eine Gruppierung unter Michael Kohn-Eber von der Poale Zion ab und gründete den »Block kommunistischer Poalezionisten«, dem sich Gruppen aus Russland, der Ukraine, Litauen, Lettland, ein Teil der polnischen Poale Zion sowie die Jüdische Sozialistische Arbeiterpartei Poale Zion (*Mifleget ha-Poalim ha-Sotsialistim ha-Ivriyim–Poalei Tziyon*; MPSI-PZ) in Palästina anschlossen.[19] Die im März 1919 gebildete palästinensische Gruppe wurde zur Keimzelle der kommunistischen Partei des Landes.

Der 5. Kongress des PZ-Weltverbandes tagte vom 27. Juli bis zum 8. August 1920 in Wien – fast gleichzeitig mit den Kongressen der Zweiten Internationale und der Komintern.[20] Bereits am ersten Kongresstag spaltete sich der Weltverband, der bislang der Zweiten Internationale angehört hatte, aufgrund der Frage eines Beitritts zur Komintern. Für diesen stimmten 178 Delegierte, während sich 179 der Stimme enthielten; es gab keine Gegenstimme.[21] Von den 179 Delegierten,

---

tisch garantierten Rechte in der Ausübung ihrer Tätigkeit. Vgl. L. Ja. Dadiani: Kritika ideologii i politiki social-sionizma [Kritik der Ideologie und Politik des Sozial-Zionismus], Moskau 1986, S. 99.

[17] Vgl. zum Folgenden ausführlich Mario Keßler: Die Komintern und die Poale Zion 1919–1922: Eine gescheiterte Synthese von Kommunismus und Zionismus, in: Arbeit-Bewegung-Geschichte, 16 (2017), Nr. 2, S. 15–30.

[18] Vgl. Beratung des Allweltlichen Jüdischen Sozialistischen Arbeiterverbandes Poale Zion, in: Freie Tribüne (Wien), 23. August 1919, S. 2.

[19] Der abgekürzte Name PZ wird hier stets auch in der Umschrift der hebräischen Bezeichnungen beibehalten.

[20] Der Kongress der Zweiten Internationale fand vom 31. Juli bis zum 7. August 1920 in Genf statt, der 2. Komintern-Kongress am 19. Juli sowie vom 23. Juli bis zum 7. August 1920 in Moskau.

[21] Vgl. L.[ebesh] Tarnopoler: Poalei Tziyon be-ma'avak 'im ha-Komintern [Die Poale Zion im Kampf mit der Komintern], in: ba-Derekh (Tel Aviv), Nr. 4 (1969), S. 70–86, hier S. 74. Ich danke Eleanor Yadin für die Übersetzung hebräischer Literatur.

darunter David Ben Gurion, setzten 100 die Beratungen in Wien fort, erklärten jedoch ihre Trennung von der Zweiten Internationale. Sie schlossen sich auch der Komintern nicht an und führten dafür zwei Gründe an: Zum einen wiesen sie die Idee einer zentralistischen Parteistruktur zurück, die die Komintern kennzeichnete, zum anderen hielten sie am Gedanken des sozialistischen Zionismus fest, der für sie die Grundlage einer wirklichen Interessenvertretung der jüdischen Arbeiterklasse bildete. Dieser »rechte« Flügel der Poale Zion wollte auch die enge Bindung an die britische Labour Party und die Independent Labour Party bewahren, die beide ihre Unterstützung für den sozialistischen Zionismus erklärt hatten.[22]

Die »Rechten« sprachen sich für einen Anschluss an die Internationale Arbeitsgemeinschaft sozialistischer Parteien aus. Diese war im Februar 1921 in Wien entstanden und versammelte eine Reihe linkssozialistischer Parteien, die weder der Zweiten noch der Dritten Internationale angehörten. Im Mai 1923 sollte sie sich mit der Zweiten Internationale zur Sozialistischen Arbeiter-Internationale (SAI) vereinigen.

Ihre Opponenten konstituierten auf der Wiener Verbandsberatung im August 1920 den Jüdischen Kommunistischen Weltverband Poale Zion (*Poalei Tziyon Semol*). Diese Gründung war vor allem das Werk Yaakov Meyersons, der Schlüsselfigur in der Anfangsphase der kommunistischen Bewegung in Palästina.[23] Der Linke Weltverband unterstrich in einer Resolution, »dass Palästina seinen objektiven Bedingungen nach das Land sei, wo die Territorialisierung des jüdischen Volkes verwirklicht wird.«[24]

Bereits vor ihrer Konstituierung als eigenständiger Verband strebte die Linke Poale Zion Beitrittsverhandlungen mit der Komintern an und beauftragte ihr Mitglied Michael Kohn-Eber damit, jene Verhandlungen einzuleiten.[25] In einem Schreiben an den Zweiten Kongress der Komintern schlugen die poalezionistischen Linken die Einrichtung einer Jüdischen Sektion bei der Komintern vor. Dieser Sektion sollten die linken Poalezionisten, die Jüdischen Sektionen der Russischen KP und jene Mitglieder des Bundes angehören, die sich zu kommunistischen Fraktionen, den Kombund-Fraktionen, zusammengeschlossen hatten.[26] Im Juli 1920 fuhr Kohn-Eber für Verhandlungen nach Moskau. Er wurde mit beratender Stimme zum Kongress zugelassen, obwohl er bis dahin nie in Palästina gewesen war.

---

[22] Vgl. ebd., S. 74f.

[23] Vgl. Mario Offenberg: Kommunismus in Palästina. Nation und Klasse in der antikolonialen Revolution, Meisenheim 1975, S. 78–80, 86.

[24] Diese Entschließung ist abgedruckt in: Freie Tribüne, 9. Oktober 1920, S. 4.

[25] Im Januar 1918 war Kohn-Eber einer der Organisatoren der Streiks in Österreich gegen die Verlängerung des Krieges. Vgl. John Bunzl: Klassenkampf in der Diaspora. Zur Geschichte der jüdischen Arbeiterbewegung, Wien 1975, S. 126.

[26] Vgl. Tarnopoler: Poalei Tziyon, S. 76.

Auf dem Kongress der Komintern hob Kohn-Eber hervor, dass die kommunistische Bewegung in Palästina, die Linke Poale Zion gegen alle Formen des »bürgerlichen Zionismus« gekämpft habe und dies weiter tun werde. Der proletarische sozialistische Zionismus sei das genaue Gegenteil des bürgerlichen Zionismus.[27] Die Zionisten würden niemals die Errichtung eines bürgerlich-jüdischen Staates unterstützen und ebenso wenig mit dem britischen Imperialismus zusammenarbeiten. Kohn-Eber charakterisierte die sozialistischen Zionisten, nicht aber die Araber, als Repräsentanten der nationalen Befreiungsbewegung im Nahen Osten. Die Araber würden noch immer von ihren religiösen Führern beherrscht, und es sei die Aufgabe der sozialistischen Zionisten, sie diesem Einfluss und der ältesten Form der Sklaverei zu entziehen.[28]

Zwei Kongressdelegierte jüdischer Herkunft, Maria Frumkina, die in der Vergangenheit dem Bund angehörte, und Awrom Mereshin von der Jewsekzija, kritisierten Kohn-Ebers skeptische Haltung bezüglich des revolutionären Potenzials der (von ihnen so gesehenen) arabischen nationalen Befreiungsbewegung ebenso wie seine Ablehnung der Position, nach der eine Lösung der jüdischen Frage nur in einem sozialistischen Russland möglich sei.[29] Beide verliehen damit der allgemeinen Stimmung im Kongress Ausdruck. Die Komintern erklärte in einem Passus der Leitsätze über die Nationalitäten- und Kolonialfrage in harschen Worten: »Als ein krasses Beispiel des Betruges der arbeitenden Klassen jener unterdrückten Nation, zu dem der Ententeimperialismus und die Bourgeoisie der betreffenden Nation [gemeint sind die Juden] ihre Bemühungen vereinigen, kann die Palästinaaffäre der Zionisten bezeichnet werden (wie der Zionismus überhaupt unter dem Deckmantel der Schaffung eines Judenstaates in Palästina tatsächlich die arabische Arbeiterbevölkerung Palästinas, wo die werktätigen Juden nur eine kleine Minderheit bilden, der Ausbeutung Englands preisgibt).«[30] Ebenso scharf bekämpfe die Komintern jedoch auch alle anderen Formen nationalistischer Vorurteile »wie Rassenhass, nationale Verhetzung, Antisemitismus«.[31] Die Beitrittsverhandlungen der Linken Poale Zion zur Komintern waren gescheitert.[32]

Auf dem Kongress der Ostvölker im September 1920 in Baku brachte die Jewsekzija eine Resolution ein, die die Position der Komintern unterstützte. Sie rief

---

[27] Kohn-Ebers Rede ist abgedruckt in: Der Zweite Kongress der Kommunistischen Internationale: Protokoll der Verhandlungen vom 19. Juli in Petrograd und vom 23. Juli bis 7. August 1920 in Moskau, S. 209–214, hier S. 211f.

[28] Vgl. ebd., S. 213.

[29] Vgl. ebd., S. 198, 204–208.

[30] Ebd., S. 231. Diesen Passus hatte Maria Frumkina vorgeschlagen.

[31] Ebd., S. 229. Darauf hatte Awrom Mereshin hingewiesen.

[32] Kohn-Eber ging zurück nach Wien, überlebte dort den Holocaust und schloss sich nach dem Zweiten Weltkrieg der strikt antizionistischen Kommunistischen Partei Österreichs an.

zum entschiedenen Protest dagegen auf, dass »unter dem Vorwand der nationalen Befreiung eine privilegierte jüdische Minderheit der Bevölkerung Palästinas aufgenötigt wurde«. Dies sei eine »blanke Vergewaltigung des Rechts der arabischen arbeitenden Massen in ihrem Kampf für Unabhängigkeit und für die vollständige Besitznahme des Landes und aller Erträge ihrer Arbeit.«[33] Der Kongress ließ die Tatsache außer Acht, dass ein Großteil des arabischen Widerstandes gegen den Zionismus nicht im Zeichen des Antiimperialismus stand, sondern von nationalistischen Losungen getragen wurde, worauf eine Erklärung der Linken Poale Zion hinwies. Diese sprach von einem Bündnis des britischen Imperialismus mit »arabischen Effendis«, die den »städtischen Mob« auf jüdische Siedler hetzten.[34] So hatten Anfang April 1920 arabische Massen Juden in der Altstadt von Jerusalem angegriffen.

Auf einer Tagung des Exekutivkomitees (EKKI) der Komintern unterstrich der als Gast geladene Ya'akov Meyersohn am 21. September 1920, die Jüdisch-Sozialistische Arbeiterpartei Poale Zion habe ihren Namen bereits in MPS, Sozialistische Arbeiterpartei (*Mifleget ha-Poalim ha-Sotsialistim*), geändert und das Wort »Jüdisch« aus ihrem Namen gestrichen, um den binationalen Charakter des proletarischen Kampfes zu bezeugen. Die Gruppe habe unter den Arabern eine Kampagne gestartet, die zur Solidarität, zur Einheit aller Arbeiter und zur Gründung von Gewerkschaften aufrief. »Man musste den arabischen Arbeitern das Wesen von Gewerkschaften erläutern. Zuerst sprachen wir mit den Eisenbahnarbeitern in Palästina. Eine besondere Schwierigkeit lag dabei jedoch für uns im Mangel an gebildeten arabischen Arbeitern, die eine solche Aufklärungsarbeit in unserem Geist führen konnten. Um diesen Mangel zu beheben, orientierten wir uns nach Ägypten, wo bereits eine Gewerkschaftsbewegung und ein Gewerkschaftsbund bestanden, aber sogar diese standen unter dem Einfluss nationalistischer Organisationen. Doch führte der Kontakt mit ägyptischen Arbeitern dort zur Gründung einer ersten kommunistischen Gruppe.«[35]

Nikolai Bucharin merkte an, das EKKI habe die Tatsache anzuerkennen, dass die Genossen in Palästina einige Schritte vorangekommen seien. Der Komintern-

---

[33] John Riddell (Hrsg.): To See the Dawn. Baku, 1920: First Congress of the Peoples of the East, New York 1993, S. 289f. Diese erste vollständige Ausgabe des Protokolls des Kongresses der Ostvölker enthält auch die im ursprünglichen russischen Protokoll nicht abgedruckten Resolutionen. Am Kongress der Ostvölker nahmen für die Linke Poale Zion Kohn-Eber und Z. Ostrowski (Meyersohn?) teil. Letzterer wurde in das Kongressbüro gewählt. Vgl. Poale Zion-Kommunisten auf dem Kongress der Ostvölker in Baku, in: Freie Tribüne, 1. Oktober 1920, S. 2. Vgl. auch Riddell (Hrsg.): To See the Dawn, S. 241.

[34] Ebd., S. 285.

[35] Ein Protokoll der Besprechung findet sich in hebräischer Übersetzung in: Le'on Zehavi (Hrsg.): Lehud o be-yahad: Yehudim ve-'Arvim be-Falestinah, al-pi mismakhe ha-Komintern, 1919–1943 [Getrennt oder gemeinsam. Juden und Araber in Palästina nach Komintern-Dokumenten, 1919–1943], Jerusalem 2005, S. 27.

Vorsitzende Grigorij Sinowjew stellte indes klar, dass nur eine Organisation, die sich als Kommunistische Partei Palästinas verstand, in die Reihen der Komintern aufgenommen werden könne.[36]

Nachdem das EKKI die Erklärungen von Meyersohn und Kohn-Eber zur Kenntnis genommen hatte, begrüßte es »den Beginn der revolutionären Arbeiterbewegung in Palästina und empfiehlt der Partei, zunächst die Beschlüsse des Zweiten Komintern-Kongresses zu studieren und sich zu eigen zu machen« und »demgemäß den Namen der Partei zu ändern. Nur dann wird die Frage eines Beitritts zur Komintern geklärt werden können.«[37]

Doch hofften beträchtliche Teile der Linken Poale Zion auf eine Änderung der Haltung der Komintern. Am Vorabend des Dritten Komintern-Kongresses leitete die Linke Poale Zion dem EKKI ein Memorandum zu, das eine solche Hoffnung zum Ausdruck brachte.[38] Zum Kongress, der vom 22. Juni bis zum 12. Juli 1921 in Moskau stattfand, entsandte die Linke PZ neun Delegierte. Vier von ihnen, Hersch Nagler, Nahum Nir, Yaakov Riszik und Alexander Serpow, vertraten die Linke PZ selbst, zwei die Jüdische Kommunistische Partei Sowjetrusslands und je einer die MPS, die tschechische PZ und die poalezionistische Jugend.[39]

Nach weiteren Verhandlungen sprach sich der Vorsitzende der Mandatsprüfungskommission, Karl Radek, für die Teilnahme der Poalezionisten am 3. Weltkongress der Komintern aus.[40] Unmittelbar vor Kongressbeginn riet Bucharin in einer Unterredung mit Kohn-Eber diesem, die Linke PZ solle Lenins Aufnahmebedingungen in die Komintern sofort akzeptieren.[41] Diese Bedingungen suchten jene politischen Kräfte aus der Komintern herauszuhalten, die noch nicht »die Notwendigkeit des vollständigen und absoluten Bruchs mit dem Reformismus und mit der Politik der ›Zentristen‹« anerkannt hätten.[42]

Auf dem Kongress ergriff Kohn-Eber nicht das Wort, doch am 13. Juli 1921, einen Tag nach Beendigung des 3. Kongresses, wiederholte das EKKI seine Position, nach der die Linke PZ der Komintern nicht als übernationale Körperschaft beitreten könne. Einzelmitgliedern poalezionistischer Organisationen wurde jedoch eine Frist von sechs Monaten gewährt, innerhalb derer sie sich den kommu-

[36] Ebd., S. 30f.

[37] Ebd., S. 31.

[38] Vgl. Allweltlicher Jüdischer Kommunistischer Verband Poale Zion (Hrsg.): Dokumente zur Anschlussaktion an die Kommunistische Internationale, Wien 1921, S. 32; Orthografie modernisiert.

[39] Vgl. Tarnopoler: Poalei Tziyon, S. 79.

[40] Vgl. Allweltlicher Jüdischer Kommunistischer Verband Poale Zion: Dokumente zur Anschlussaktion, S. 54f.; Protokoll des III. Kongresses der Kommunistischen Internationale (Moskau, 22. Juni bis 12. Juli 1921), Hamburg 1922, S. 146.

[41] Vgl. Tarnopoler: Poalei Tziyon, S. 80.

[42] W. I. Lenin: Bedingungen für die Aufnahme in die Kommunistische Internationale [1920], in: Werke, Bd. 31, S. 193–199, hier S. 196.

nistischen Parteien ihrer jeweiligen Länder anschließen könnten. Sie sollten ein für alle Mal mit dem Zionismus und der Idee einer sozialistischen Kolonisation Palästinas brechen und die Aufnahmebedingungen der Komintern akzeptieren.[43]

Am 26. Juli setzte das EKKI eine Kommission ein, der Mátyás Rákosi als Vorsitzender, Bucharin und der Italiener Egidio Gennari angehörten. Sie richtete am folgenden Tag einen Brief an den Linken PZ-Weltverband, in dem sie dessen Annäherung an Positionen der Komintern anerkannte. Doch hielt sie an den von der Komintern gestellten Bedingungen fest, nicht ohne anzumerken, dass die betreffenden kommunistischen Parteien Organe schaffen müssten, die den spezifischen Lebensbedingungen der jüdischen Arbeiter Rechnung tragen sollten. Die Komintern sollte ein Büro für spezielle Propagandatätigkeit unter jüdischen Proletariern einrichten.[44] Am 26. August rief das EKKI jene Kommunisten in Palästina, die die Position der Komintern zur Grundlage ihrer politischen Arbeit machten, dazu auf, eine nationale Sektion der Kommunistischen Internationale zu bilden.[45]

Die Führung der Linken PZ sah darin fälschlicherweise eine Bestätigung ihrer eigenen Position der Synthese von Kommunismus und Poalezionismus. In ihrer offiziellen Antwort vom Oktober 1921 schlug sie ein erneutes Treffen beider Seiten vor, beharrte aber darauf, die Linke PZ als eigenständige Sektion der Komintern anzuschließen.[46] Das EKKI verabschiedete eine erneute Resolution, die dies zurückwies. Doch wollte das EKKI den Gesprächsfaden nicht abreißen lassen und schlug ein weiteres Treffen beider Seiten vor.[47] Kurz darauf traf in Moskau eine vierköpfige EKKI-Delegation unter Sinowjew mit drei PZ-Delegierten zusammen. Von ihnen vertraten zwei Abgesandte die Positionen der PZ, hingegen sprach sich Nagler im Namen der Minderheit für die vorbehaltlose Anerkennung der Auflagen des EKKI aus. Kleine Änderungen, die er vorschlug, sollten allein dem Ziel dienen, den Weg der in der Linken PZ vorhandenen kommunistischen Kräfte in die Komintern zu ebnen und der PZ-Majorität die Möglichkeit nehmen, eine Annahme der Resolution zu verhindern. Sinowjew stimmte dem zu und erklärte, dass dort, wo viele jüdische Arbeiter lebten und wirkten, auch selbständige Organisationen provisorisch bestehen bleiben könnten, damit die volle und dauernde Vereinigung gut vorbereitet und umso glatter ablaufen könne. Die

---

[43] Vgl. Die Kommunistische Internationale, 3 (1921), Nr. 18, S. 186.

[44] Vgl. Die Tätigkeit der Exekutive und des Präsidiums des EK der Kommunistischen Internationale vom 13. Juli bis 1. Febr. 1922, Petrograd 1922, S. 53.

[45] Vgl. Yonathan Frankel (Hrsg.): ha-Tenu'ah ha-komunistit veha-yishuv be-Erets Yisra'el, 1920–48: leket te'udot u-mekorot [Die kommunistische Bewegung und die jüdische Gemeinschaft in Eretz Israel, 1920–48: Quellen- und Dokumentensammlung], Jerusalem 1968, S. 14.

[46] Vgl. Allweltlicher Jüdischer Kommunistischer Verband Poale Zion: Dokumente zur Anschlussaktion, S. 87–89.

[47] Vgl. Frankel: ha-Tenu'ah ha-komunistit, S. 15f.

Vielschichtigkeit des jüdischen Problems erfordere, so Sinowjew, auch Konzessionen in der Frage der Organisierung des Beitritts, keinesfalls jedoch in politischen Grundsatzfragen.[48] Der Amerikaner Isidore Saar, der kurz zuvor Mitglied des EEKI mit beratender Stimme geworden war, vertrat im Gremium die Positionen der PZ-Mehrheit, weshalb er von der Ausübung seines Mandats zunächst zeitlich suspendiert wurde, bevor es ihm ganz entzogen wurde.[49]

Diese Begebenheit macht die Unvereinbarkeit der Standpunkte von Komintern und Linkem PZ-Weltverband deutlich. Es kam zum Abbruch der Verhandlungen, als Anfang Juni 1922 in Danzig die 6. Konferenz des Linken Weltverbandes definitiv die Anschlussbedingungen der Komintern zurückwies. Eine Erklärung hielt fest, dass »ungeachtet des starken Willens unserer Bewegung, der Kommunistischen Internationale beizutreten, wir einstimmig die unberechtigten Forderungen der Komintern zurückweisen und erklären, dass der Weltverband der Kommunistischen Poale Zion seinen organisatorischen Beitritt zur Komintern nur auf der Grundlage eines Programms bewerkstelligen wird, das den Lebensbedingungen der Mehrheit der jüdischen Arbeiter Rechnung trägt«.[50] Eine Komintern-Delegation, die nach Beginn des Kongresses in Danzig eintraf, konnte dies nur noch zur Kenntnis nehmen.

Daraufhin verpflichtete das EKKI alle kommunistischen Parteien, jene Minderheiten innerhalb des Linken PZ-Weltverbandes zu unterstützen, die sich für die Anerkennung der Komintern-Forderungen einsetzten. Sie sollten den Weltverband verlassen, der nun den gegnerischen Kräften zugerechnet wurde.[51]

Der Hauptgrund der Unvereinbarkeit von Kommunismus und Linkszionismus war die gegensätzliche Sicht auf die Perspektiven revolutionärer Politik im Allgemeinen und der Lösung der jüdischen Frage im Besonderen. Während die Kommunisten diese Lösung und damit die Überwindung des Antisemitismus nur im internationalen Maßstab für denkbar hielten, sahen die Poalezionisten in einem nationalen Territorium für die Juden die notwendige Voraussetzung einer sozialistischen Revolution. Dieser Gegensatz zwischen Kommunismus und Linkszionismus blieb in der gesamten Zeit zwischen den beiden Weltkriegen bestehen.

---

[48] Vgl. Bericht über die Tätigkeit des Präsidiums der Kommunistischen Internationale für die Zeit vom 6. März bis 11. Juli 1922, Hamburg 1922, S. 12. Auf dieser EKKI-Tagung vom 26. März referierte Heinrich Brandler über die PZ-Angelegenheit. Seinem Bericht sind die hier genannten Angaben entnommen. Vgl. weiterhin H[ersch] Nagler: Die Kommunistische Internationale und die jüdische Arbeiterbewegung, in: Internationale Pressekorrespondenz (im Folgenden Inprekorr), 20. Juni 1922, S. 735.

[49] Vgl. Bericht über die Tätigkeit [...] für die Zeit vom 6. März bis 11. Juli 1922, S. 11f.

[50] Ebd.

[51] Vgl. An die Kommunisten aller Länder! An das jüdische Proletariat!, in: Inprekorr, 29. Juli 1922, S. 954.

Palästina: Internationalismus zwischen nationalistischen Fronten

Unterdessen hatte die im März 1919 gegründete kommunistische Gruppe in Palästina einen Prozess der Radikalisierung durchlaufen.[52] Nach einem längeren Prozess der Diskussion konstituierte sie sich auf einer Konferenz vom 15. bis 17. Oktober 1919 in Jaffa als Sozialistische Arbeiterpartei (*Mifleget ha-Poalim ha-Sotsialistim*) oder MPS. Sie beteiligte sich mit einer eigenen Liste im Dezember 1920 an den Wahlen zur Histadrut, dem jüdischen Gewerkschaftsbund.

In der Wahlkampagne zur Gründungskonferenz der Histadrut bekannte sich die MPSI, wie sie jetzt hieß,[53] zur sozialistischen Revolution in Palästina und zur Solidarität mit Sowjetrussland. Sie errang sechs von 120 Sitzen bei den Wahlen. Die »bürgerlich-zionistische Politik« der Histadrut wurde von der MPSI jedoch alsbald angeprangert und bekämpft; die Partei verstand ihren Austritt aus der Histadrut im Februar 1921 als ein geeignetes Mittel in diesem Kampf. Damit isolierte sich die MPSI von den gewerkschaftlich organisierten jüdischen Arbeitern. Es dauerte fast zwei Jahre, bis diese Haltung überwunden wurde und die Gruppe sich an den Wahlen zur zweiten Konferenz der Histadrut beteiligte.

Die Diskussionen innerhalb der MPSI über die Frage eines fälligen Bruches mit dem linken PZ-Weltverband nach dem Scheitern der Verhandlungen mit der Komintern trugen zur allmählichen Klärung des Grundproblems der Partei bei. In einem widerspruchsvollen, von einer zeitweiligen Spaltung begleiteten Prozess erkannte die MPSI die Unmöglichkeit einer Synthese von Zionismus und revolutionärem Marxismus und machte sich die Positionen der Komintern zu eigen. Sie benannte sich um in Palästinensische Kommunistische Partei (*ha-Miflagah ha-Komunistit ha-Palestinit*, MKP). Mittlerweile zählte die Partei rund 450 Mitglieder. Nach dem Verbot ihrer Tätigkeit durch die britischen Behörden musste sie seit

---

[52] Vgl. zur Geschichte der KP Palästinas Jacob Hen-Tov: Communism and Zionism in Palestine. The Comintern and the Political Unrest in the 1920's, Cambridge, Mass. 1974; Offenberg: Kommunismus in Palästina; Alain Greilsammer: Les communistes israeliens, Paris 1978; Musa Budeiri: The Palestine Communist Party, 1919–1948. Arab and Jew in the Struggle for Internationalism, London 1979; Suliman Bashear: Communism in the Arab East, 1918–1928, London 1980; Alexander Flores: Nationalismus und Sozialismus im arabischen Osten. Kommunistische Partei und arabische Nationalbewegung in Palästina 1919–1948, Münster 1980; Mario Keßler: Die Kommunistische Internationale und der arabische Osten (1919–1929), Phil. Diss., Leipzig 1982; Sondra Miller Rubenstein: The Communist Movement in Palestine and Israel, 1919–1984, London/Boulder 1986; Tamar Gozanski/Angelika Timm (Hrsg.): Bead ha-neged!: ha-miflagah ha-komunistit ha-Yisreelit 1919–2009 [Wider den Strom! Die Kommunistische Partei Israels, 1919–2009], Tel Aviv 2009.

[53] Mifleget ha-Poalim ha-Sotsialistim ha- Ivriyim (Jüdische Sozialistische Arbeiterpartei).

1921 unter den Bedingungen der Illegalität arbeiten. Die britische Mandatsmacht verwies 15 Parteimitglieder – die ersten einer größeren Anzahl – des Landes.[54]

Im September 1922 spaltete sich unter Führung von Joseph Berger eine radikale Minderheit ab und gründete die Kommunistische Partei Palästinas (KPP). Sie griff die MKP heftig wegen deren angeblich versöhnlerischer Haltung gegenüber dem sozialistischen Zionismus an. Im Februar 1923 wurden die Mitglieder beider Parteien aus der Histadrut ausgeschlossen, da sie entschieden das Prinzip der »jüdischen Arbeit« ablehnten, des weitgehenden Ausschlusses arabischer Arbeitskräfte aus der jüdischen Wirtschaft. Dies brachte beide Seiten einander erneut näher. Im Juni 1923 akzeptierte die MKP-Mehrheit die radikale Haltung des Kreises um Berger, und die beiden Parteien vereinigten sich. Die Partei nannte sich nun in Jiddisch (als der Sprache der Diaspora) Palestinishe Komunistishe Partey (PKP). Sie wurde am 8. März 1924 in die Komintern aufgenommen.

Die Partei verabschiedete ein Programm, einer der Verfasser war Joseph Berger, das mit dem Zionismus in jeder Form brach und die arabische Nationalbewegung als einen »Eckpfeiler im Kampfe gegen den britischen Imperialismus« bezeichnete.[55] Wolf Awerbach (als Sekretär), Berger (als sein Stellvertreter), Moische Kuperman und Nahum Lestschinski bildeten das Zentralkomitee.

Im März 1924 wurde Joseph Berger nach Moskau entsandt, um die letztlich erfolgreichen Aufnahmeverhandlungen der Partei mit der Komintern zu führen. Im gleichen Jahr half er zusammen mit seinem palästinensischen Genossen Ya'akov Tepper eine libanesische Sektion zu gründen, aus der die Libanesische Kommunistische Partei entstand.[56] Im Auftrag der PKP reiste er auch nach Ägypten, Syrien und Transjordanien, während der Parteisekretär Wolf Awerbach die Führer des syrischen Aufstandes gegen die französische Kolonialherrschaft 1925/27 traf.[57] Im Dezember 1924 fuhr Berger wiederum nach Moskau, um vor dem EKKI zu berichten.

Die Partei verurteilte die Inbesitznahme arabischen Bodens, akzeptierte jedoch den Jischuw, die jüdische Gemeinschaft in Palästina, sah deren Wachstum als gegeben an und bemühte sich deshalb um politischen Einfluss auf die jüdische Bevölkerung. Sie sprach sich klar für die Unabhängigkeit Palästinas aus und rief zum

---

[54] Zum Vorwand wurde eine angebliche kommunistische Agitation bei den Feiern zum 1. Mai 1921 genommen, in deren Folge es zu begrenzten arabischen Angriffen auf jüdische Demonstranten kam. Erst nach dem deutschen Überfall auf die Sowjetunion im Juni 1941 konnten Kommunisten in Palästina wieder legal arbeiten.

[55] Die deutsche Übersetzung des Programms findet sich in: Inprekorr, Nr. 136, 22. August 1923, S.1187f.

[56] Die libanesischen Kommunisten bestanden auf einer selbständigen, von der Palästinensischen KP unabhängigen Organisation. Vgl. Jacques Couland: Le mouvement syndical au Liban 1919–1946, Paris 1970, S. 101–103.

[57] So Joseph Berger gegenüber der israelischen Tageszeitung »Yedioth Aharonot« am 15. März 1965, nach Budeiri: The Palestine Communist Party, S. 9.

einheitlichen Handeln jüdischer und arabischer Werktätiger in den Tageskämpfen auf. Sie versuchte, »Juden zu einer radikalen Wendung gegen den Zionismus zu bewegen und gleichzeitig den Arabern klarzumachen, dass fortschrittliche Juden zu ihren Verbündeten statt Feinden werden könnten.«[58]

Die Komintern sah die Hauptaufgabe der ausschließlich aus Juden bestehenden Partei in der Gewinnung arabischer Mitglieder. Diese Orientierung wurde bald als »Arabisierung« bezeichnet. Joseph Berger erhielt als Verbindungsmann zwischen dem EKKI und der palästinensischen Partei ein um das andere Mal die Anweisung, dass nunmehr »im Mittelpunkt der Arbeit der PKP die arabischen werktätigen Massen stehen müssen«.[59]

Im Frühjahr 1929 wurde Berger erneut nach Moskau bestellt. Dort hatte er am 5. März auch ein fünfstündiges Gespräch mit Stalin. Berger wurde beauftragt, die Verbindungen zum Arabischen Exekutivkomitee und zu anderen nationalistischen Organisationen zu verstärken. Im August 1929 kehrte er nach Palästina zurück, um die Leitung der Partei zu übernehmen, da sich Awerbach in Moskau aufhielt.

Genau zu dieser Zeit versuchten die muslimischen Behörden in Palästina die britische Mandatsverwaltung zu bewegen, ihnen die Rechte über die jüdische Klagemauer zu garantieren.[60] Die Zionisten, besonders die rechtsgerichteten Revisionisten forderten ihrerseits eine vollständige Kontrolle über die Mauer, um ein ungehindertes Gebet für Juden zu garantieren. Am 23. August 1929 starteten nationalistische Araber unter dem Einfluss des Muftis von Jerusalem, Hadj Amin al-Husseini, in Reaktion auf Provokationen rechter Zionisten Angriffe gegen Juden, die sich zum ersten Bürgerkrieg in Palästina ausweiteten. Doch die Ziele arabischer Angriffe waren hauptsächlich Nichtzionisten, Angehörige der seit hunderten von Jahren im Lande siedelnden orientalisch-jüdischen Gemeinschaften. Nach einer Woche brachten britische Truppen die Lage unter Kontrolle. 133 Juden und 116 Araber waren ermordet worden. Die meisten Araber wurden von der britischen Militärpolizei getötet, einige von der Haganah, der jüdischen Schutztruppe.[61] Der Selbstverteidigungstruppe der kommunistischen Partei, der Boyivka, gelang es

[58] Ran Greenstein: Class, Nation, and Political Organization: The Anti-Zionist Left in Israel/Palestine, in: International Labor and Working-Class History, 2009, Nr. 75, S. 88.

[59] Resolution des EKKI zum Bericht der Palästinensischen Kommunistischen Partei vom 26. Juni 1926, in: Zehavi (Hrsg.): Lehud o be-yahad, S. 83f.

[60] Die Klagemauer, ein Teil des früheren Zweiten Jerusalemer Tempels, bildet als jüdische Kultstätte zugleich einen Teil der Umfassungsmauer der muslimischen Al-Aqsa-Moschee. Die offizielle hebräische Bezeichnung lautet: Westliche Mauer (ha-kotel ha-ma'aravi). Der arabische Name ist wie im Deutschen: Klagemauer (nasakh hayit al-baraq).

[61] Vgl. zu den August-Unruhen von 1929 u.a. Yehoshua Porath: The Palestinian-Arab National Movement, 1918–1929, London 1974; Hen-Tov: Communism and Zionism in Palestine, S. 119–129; Mario Keßler: Die Augustereignisse 1929, die Komintern und die KP Palästinas, in: asien-afrika-lateinamerika, 19 (1991), Nr. 3, S.517–529.

unter Moische Kupermans Leitung, Berger und den tschechischen Komintern-Funktionär Bohumír Šmeral vor arabischen Angriffen in Sicherheit zu bringen.[62]

Am Vorabend der Unruhen hatte die PKP ein in pazifistischem Ton gehaltenes Flugblatt verbreitet.[63] Für die Partei bezeichnete Joseph Berger in einer ersten Stellungnahme die bewaffneten Auseinandersetzungen als »Bürgerkrieg« und diesen als Ergebnis des Kolonialismus. Großbritannien habe aus Furcht vor der Einheit arabischer und jüdischer Arbeiter rassistischen Hass geschürt, um die Gemeinschaften zu entzweien und sich dabei der Hilfe arabischer Effendis und zionistischer Führer bedient.[64] Ein offizielles Kommuniqué der Partei, das hauptsächlich Berger verfasst hatte, unterstrich diese Position. Es sah die Ursache der Unruhen im Protest der ausgebeuteten und enteigneten arabischen werktätigen Massen gegen die sich verschlimmernden Lebensbedingungen, wobei es der britischen Kolonialverwaltung gelungen sei, die ursprünglich radikal antikoloniale Bewegung in ein antijüdisches Pogrom zu verwandeln. Reaktionäre jüdische wie arabische Führer hätten jeweils ihren Teil dazu beigetragen, den religiösen Konflikt zu schüren, indem sie die Klagemauer in ein Symbol des Machtkampfes verwandelten.[65]

Aufgrund des Drucks aus Moskau musste Berger diese Einschätzung revidieren: Eine Resolution des EKKI vom Oktober 1929 charakterisierte die Kämpfe als eine arabische antiimperialistische Erhebung gegen Großbritannien und die Zionisten. Von der PKP wurde eine unbedingte Unterstützung für die »revolutionären arabischen Werktätigen« gefordert, ungeachtet ihrer teils nationalistischen und religiösen Slogans wie ihrer Unterordnung unter die gewalttätige antijüdische Politik des Muftis von Jerusalem. Das EKKI interpretierte die Zusammenstöße als »Verschärfung des Kampfes zwischen dem Imperialismus und den werktätigen Massen der Kolonialländer«, wie es 1928 der sechste Komintern-Kongress vorausgesagt habe. Die EKKI-Resolution unterstrich: »Ungeachtet dessen also, dass die Aufstandsbewegung somit durch eine anglo-zionistische Provokation hervorgerufen war, auf die die arabischen Reaktionäre (die Feudalen und die Geistlichkeit) mit einem Pogrom zu antworten versuchten, ungeachtet dessen, dass sie sich in ihrem Anfangsstadium unter einer reaktionären Führung befand, war sie eine nationale Befreiungsbewegung, eine antiimperialistische, allarabische Bewegung und in ihrer sozialen Zusammensetzung – eine Bauernbewegung.« Die Re-

---

[62] Vgl. Joseph Berger: La rupture avec les communistes, in: Les nouveaux cahiers, 1968, Nr. 13–14, S. 37. Vgl. auch B[ohumír] Šmeral: Mehr Aufmerksamkeit den Ereignissen in Palästina und in den arabischen Ländern!, in: Inprekorr, Nr. 103, 5. November 1929, S. 2439f.

[63] Vgl. Budeiri: The Palestine Communist Party, S. 18, der auf das hebräische Flugblatt mit dem Titel »Verwandelt nicht die Klagemauer in eine Mauer das Hasses« Bezug nimmt.

[64] Vgl. J[oseph] B[erger]: Das Blutbad im »Heiligen Land«, in: Inprekorr, Nr. 86, 6. September 1929, S. 2092f.

[65] Vgl. Der Aufstand in Palästina, in: Inprekorr, Nr. 90, 20. September 1929, S. 2167–2169, und Nr. 91, 24. September 1929, S. 2185–2187.

solution kritisierte, die Parteiführung habe sich vom Aufstand überraschen lassen und das revolutionäre Potenzial der arabischen Massen unterschätzt. Als Ursache dieser Fehler sah sie das Unvermögen der Parteiführung, arabische Kader zu gewinnen, die imstande seien, die Führung der PKP zu übernehmen.[66]

Berger schrieb die Unruhen der Weigerung der Histadrut zu, arabische Mitglieder aufzunehmen. Dies habe dazu geführt, dass die Unzufriedenen sich unter die Führung der »verräterischen feudal-bourgeoisen Führer begaben und deren Bündnis mit dem Imperialismus verstärken halfen.«[67]

Die Kommunisten in Palästina waren in bisher unbekanntem Ausmaß mit einer neuen Form des militanten Antisemitismus konfrontiert: mit dem vom Mufti und seinem Anhang propagierten Judenhass, einer Mischung aus religiös-klerikalen und nationalistischen Propaganda-Elementen – eine Ideologie, die von Antikommunismus und Antisozialismus verstärkt wurde. Die Komintern missverstand diese als unentwickelte Äußerung eines Antiimperialismus – gegen andauernde warnende Stimmen wie die von Manabendra N. Roy aus den eigenen Reihen.[68]

Die britische Mandatsverwaltung unterdrückte nach anfänglicher Passivität schließlich den Aufstand und inszenierte bei dieser Gelegenheit eine Verfolgungswelle: Mehrere hundert KP-Mitglieder wurden aus Palästina ausgewiesen. Sie gingen zumeist in die Sowjetunion, wo viele von ihnen Opfer der stalinistischen Repressalien wurden.[69]

Die dezimierte Partei versuchte sich zu reorganisieren: Das im Dezember 1930 gewählte ZK bestand aus drei Arabern, darunter dem kurzzeitigen Parteisekretär Nadjati Sidqi, und zwei Juden. Im Oktober 1933 brach ein neuer arabischer Aufstand aus, der teilweise unter antiimperialistischen und nicht mehr nur rein an-

---

[66] Resolution des Politsekretariats des EKKI zur Aufstandsbewegung in Arabistan. Angenommen in der Sitzung vom 16. Oktober 1929, in: Inprekorr, Nr. 11, 31. Januar 1930, S. 258.

[67] J[oseph] B[erger]: The Class Character of the Palestine Rising, Part One, in: Labour Monthly, 12 (1930), Nr. 3, S. 159, zit.n.: Paul Kelemen: British Communists and the Palestine Conflict, 1929–1948, in: Holy Land Studies: a Multi-Disciplinary Journal, 5 (2006), Nr. 2, S. 135.

[68] In der Literatur bietet in deutscher Sprache den konzisesten Überblick Kai Schmidt-Soltau: Eine Welt zu gewinnen! Die antikoloniale Strategie-Debatte in der Kommunistischen Internationale zwischen 1917 und 1929 unter besonderer Berücksichtigung der Theorien von Manabendra Nath Roy, Bonn 1994. Zu Roy vgl. u.a. Hans Piazza: Manabendra Nath Roy. »Ein alter und bewährter Soldat in Indiens Freiheitskampf«, in: Theodor Bergmann/Mario Keßler (Hrsg.): Ketzer im Kommunismus. 23 biographische Essays, Nachdruck der 2. erw. Aufl., Hamburg 2003, S. 197–217.

[69] Aus dem ersten ZK der KP Palästinas überlebte nur Joseph Berger den stalinistischen Terror. Vgl. Joseph Berger: Shipwreck of a Generation. The Memoirs of Joseph Berger, London 1971. Awerbach, Lestschinski und Kupermann wurden ermordet oder starben im Lager.

tijüdischen Losungen geführt, von der Mandatsmacht aber wiederum rasch niedergeschlagen wurde.[70]

Unterdessen aber hatte der Machtantritt der Nationalsozialisten in Deutschland mitsamt der immer brutaleren Verfolgung der Juden und politischen Gegner eine auch für die gesamte Arbeiterbewegung neue Lage geschaffen.

Vom Freikorps zu Hitler: Deutsche Kommunisten angesichts des Antisemitismus[71]

Der Kaiser ging, die Generäle blieben, heißt ein bekannter Roman von Theodor Plivier, der damit ein Grundproblem der Weimarer Republik beschrieb. Nicht nur viele Generäle, die das vierjährige Massenmorden des Weltkrieges mitzuverantworten hatten, behielten nach der stecken gebliebenen bürgerlichen Revolution von 1918 ihre Posten und Privilegien. Auch Industrie- und Agrarkapitalisten, Kirchen- wie Kathederfürsten konnten die Verantwortung für den Krieg mitsamt der Niederlage von sich abwälzen. Damit blieben auch chauvinistischer Dünkel und der irrationale Glaube an die Höherwertigkeit des Deutschtums als politische Faktoren auf dem Marktplatz der Ideen hoch im Kurs.

Der politische Antisemitismus, eine Begleit- aber keineswegs nur Randerscheinung der nationalistischen Propaganda, erreichte am Beginn der Republik von Weimar eine neue, fragwürdige Blüte. Die vorherrschende Propaganda, so der Historiker Walter Grab, »behauptete, dass Marxisten und Juden den Sieg des tapferen deutschen Soldaten durch einen feigen Dolchstoß in den Rücken vereitelt hätten. Diese Legende, die die Verantwortung von den wahren Urhebern der nationalen Katastrophe auf Demokraten und Sozialisten abwälzte, verschmolz mit der Propagandakampagne gegen die sogenannte Kriegsschuldlüge. Das Märchen von der Einkreisung Deutschlands durch böse Feinde, die dem eigenen Heldenvolk seinen rechtmäßigen Platz an der Sonne missgönnt und geraubt hätten, wurde in den Massenmedien, in zahllosen Versammlungen und offiziellen Veranstaltungen immer wieder eingehämmert und von breiten Kreisen geglaubt.«[72]

In der Novemberrevolution vermochte es die deutsche Arbeiterbewegung nicht, die herrschenden Klassen, die für diese Art der Propaganda verantwortlich zeichneten, aus ihren Machtstellungen zu verdrängen und eine umfassende Demo-

[70] Zu den arabischen Aufständen von 1933 (und 1936–1939) vgl. Yehoshua Porath: The Palestinian-Arab National Movement. From Riots to Rebellion, 1929–1939, London 1977.

[71] Dieser Abschnitt erschien gekürzt von Mario Keßler unter dem Titel: Die KPD und der Antisemitismus in der Weimarer Republik, zuerst in: Utopie kreativ, Nr. 173 (2005), S. 223–232.

[72] Walter Grab: Gefahren des deutschen Nationalismus, in: Europäische Ideen, 1992, Nr. 82, S. 23.

kratisierung einzuleiten. Vielmehr nahm die vor 1914 sich abzeichnende und im Weltkrieg manifest gewordene Spaltung zwischen revolutionärer und gemäßigt-reformerischer Arbeiterbewegung die Form eines tiefen und letztlich unüberbrückbaren Gegensatzes an. Als mächtige linke Flügelpartei des politischen Spektrums der Weimarer Republik etablierte sich die KPD. Von einer kleinen, brutal verfolgten Gruppe, dem Spartakusbund, wurde sie zur drittstärksten politischen Kraft. Am Ende der Republik gab ihr fast jeder sechste Wähler bei den Reichstagswahlen die Stimme.

Da die KPD aus der Vorkriegssozialdemokratie hervorging, die sich als entschiedene Gegnerin des Antisemitismus ausgezeichnet hatte, und da die Rechtspropaganda das Trugbild vom »jüdischen Bolschewismus« als bösartige Kampfparole gebrauchte, ist die Einstellung der KPD zum Antisemitismus allein aus diesen Gründen von Interesse. Hinzu kam, dass einige ihrer maßgeblichen Politiker, darunter die Parteigründer Rosa Luxemburg und Paul Levi, Juden waren und als solche wie auch aufgrund ihrer politischen Einstellung zu Hassobjekten für die reaktionäre Rechte wurden. Antisemitismus und Antikommunismus waren die Verbindungsglieder zwischen der geschlagenen monarchistischen Reaktion und der neuen völkischen, bald nazistischen Rechten, die sich in den Freikorps ihre frühfaschistischen Todesschwadronen schufen.[73] »Im Mord an Rosa Luxemburg«, schrieb Isaac Deutscher, »feierte Hohenzollern-Deutschland seinen letzten, Nazi-Deutschland hingegen seinen ersten Triumph.«[74] Wie reagierte die KPD auf den Antisemitismus, worin sah sie dessen Ursachen, welche Angebote zur Integration unterbreitete sie ihren jüdischen Mitgliedern?

Die im Dezember 1918 gegründete KPD boykottierte die Wahlen zur Nationalversammlung im Januar 1919 – gegen den Rat Paul Levis und Rosa Luxemburgs. Sie attackierte die im August jenes Jahres verabschiedete Verfassung als Instrument bürgerlicher Klassenherrschaft und setzte dieser die Losung eines Rätedeutschlands entgegen. Doch verteidigten die deutschen Kommunisten das in der Verfassung fixierte Prinzip der Rechtsgleichheit, das die (ursprünglich konfessionelle) Benachteiligung der Juden aus der Zeit des Kaiserreiches aufhob. Diese Haltung, mehr noch der Radikalismus der Partei in einer Zeit, die dem Kapitalismus das Totenglöckchen zu läuten schien, führte in den Jahren 1918 bis 1920 zu einem Zustrom vor allem junger, akademisch gebildeter Juden in die Partei oder zumindest zur Annäherung an diese. Die jüdischen Linken zog es vor allem nach Berlin. Die Stadt stand, schrieb der Historiker Eric Hobsbawm, der einige seiner Jugendjahre dort lebte, politisch »links von der Mitte. Berlin fehlte ein historisch

---

[73] Vgl. Bernhard Sauer: Freikorps und Antisemitismus in der Frühzeit der Weimarer Republik, in: Zeitschrift für Geschichtswissenschaft, 56 (2008), Nr. 1, S. 5–29.

[74] Isaac Deutscher: Die ungelöste Judenfrage. Zur Dialektik von Antisemitismus und Zionismus, hrsg. und übers. von Eike Geisel und Mario Offenberg, Berlin [West] 1977, S. 13.

verwurzeltes bürgerliches Patriziertum, und deshalb hatte es auch für Juden einen einladenderen Charakter.«[75]

So wurden damals Ernst Bloch und Georg Lukács, Egon Erwin Kisch und Arthur Hollitscher, Felix Boenheim und Fritz Wolffheim, Felix Halle und Iwan Katz, Werner Scholem und Josef Winternitz, Werner Hirsch, Edda Tennenbaum, Rosi Wolfstein und Ruth Fischer oder ihre beiden Brüder Hanns und Gerhart Eisler für die Sache der Partei gewonnen. Manche kamen aus deutschnationalem Elternhaus wie Werner Scholem oder vom Deutschnationalismus her wie Arthur Rosenberg.[76] Fast alle machten sich bald als Politiker oder Theoretiker der KPD bemerkbar. Ihre Altersgenossen Paul Levi und August Thalheimer waren schon vor dem Ersten Weltkrieg in der SPD aktiv gewesen, doch sind sie »habituell« dieser Gruppe zuzuordnen.

Natürlich war dies keine *differentia specifica* von Juden: Nichtjüdische Linke wie Karl August Wittfogel, Paul Massing oder Karl Korsch waren ebenfalls Teil dieses intellektuellen Milieus. Die Hoffnung, die bolschewistische Revolution werde den Antisemitismus ein für allemal beseitigen, die starke Präsenz jüdischer Intellektueller in Politik und Kultur des frühen Sowjetrusslands, vor allem aber die neuartige Qualität des deutschen wie des russischen Judenhasses sorgten unter jüdischen Deutschen für einen deutlichen Ruck nach links. Das sichtbare Bindeglied zwischen deutschen und russischen Antisemiten waren die *Protokolle der Weisen von Zion*, die ab 1919 in deutscher Übersetzung verbreitet wurden.[77]

Dieser Linksruck kam zunächst vor allem der SPD und der USPD zugute. Doch auch bislang konservativ oder scheinbar unpolitisch eingestellte Juden bekannten sich nun zur Weimarer Republik, zumeist zur Deutschen Demokratischen Partei, die einen nennenswerten Anteil jüdischer Wählerstimmen aufwies. Die KPD führte, ebenso wenig wie andere Parteien, eine Statistik ihrer jüdischen Mitglieder. Eine gut 40 Jahre später entstandene Arbeit wollte für das Jahr 1927 unter 143.000 Parteimitgliedern etwa 1.000 solcher jüdischer Herkunft ausmachen.[78] Im Reichstag waren im Mai 1914 von den 62 kommunistischen Abgeordneten sechs Juden,

---

[75] Eric Hobsbawm: Gefährliche Zeiten. Ein Leben im 20. Jahrhundert, übers. von Udo Rennert, München/Wien 2003, S. 66.

[76] Vgl. Ralf Hoffrogge: Werner Scholem – eine politische Biographie (1895–1940), Konstanz 2014; Mirjam Zadoff: Der rote Hiob. Das Leben des Werner Scholem, München 2014; Mario Keßler: Arthur Rosenberg. Ein Historiker im Zeitalter der Katastrophen (1889–1943), Köln/Weimar/Wien 2003.

[77] Vgl. zu ihrer Entstehungs- und Verbreitungsgeschichte auch in Deutschland Stephen Eric Bronner: Ein Gerücht über die Juden. Die »Protokolle der Weisen von Zion« und der alltägliche Antisemitismus, Berlin 1999.

[78] Hans-Helmuth Knütter: Die Juden und die deutsche Linke in der Weimarer Republik 1918–1931, Düsseldorf 1971, S. 203f. Knütter vertrat damals, im Unterschied zu späteren Jahren, keine rechtslastigen Auffassungen, neigte jedoch dazu, den Juden bestimmte Charakterzüge pauschal zuzuschreiben.

in späteren Jahren waren es jedoch nur einer bis drei, in der letzten Legislaturperiode gab es keinen jüdischen KPD-Abgeordneten. Im preußischen Landtag waren mehrere Juden in der KPD-Fraktion vertreten, zuletzt jedoch ebenfalls keiner.[79]

Es gab keine »jüdische Frage« innerhalb der KPD, wohl aber gab es eine »jüdische Frage« in Deutschland: nämlich das, trotz verfassungsmäßiger Gleichheit, ungelöste Problem der gleichberechtigten Teilhabe jüdischer Bürger am gesellschaftlichen Leben ohne Furcht vor Diskriminierung. Die deutschen Kommunisten mussten sich mit dem Antisemitismus als einer immer wichtigeren Frage auseinandersetzen.

Bereits der USPD-Parteitag 1919 hatte dazu aufgefordert, den Antisemitismus auf das Schärfste zu bekämpfen.[80] Als ab Oktober 1920 beträchtliche Teile der USPD-Mitgliedschaft zur KPD stießen, behielten sie diese Haltung prinzipiell bei, doch traten bald Probleme auf:

In der deutschen Staatskrise von 1923 nahm die KPD den virulenten Antisemitismus als eigenständige Größe innerhalb der deutschen Gesellschaft nur unzureichend wahr. Hingegen versuchte sie sich als nationale Kraft im Widerstand gegen Frankreich zu präsentieren. So mahnte Paul Böttcher, keineswegs ein Ultraradikaler, auf dem EKKI-Plenum im Juni, angesichts der französischen Besetzung des Ruhrgebietes »keinen Nihilismus in der nationalen Frage« zuzulassen.[81] Karl Radek pries den von französischen Truppen hingerichteten rechtsradikalen Untergrundkämpfer Leo Schlageter als »mutige[n] Soldat[en] der Konterrevolution«, der von den Soldaten der Revolution zu würdigen sei. Zwar habe er gegen die revolutionäre Arbeiterklasse gekämpft, doch sei er überzeugt gewesen, dem deutschen Volke zu dienen. Genau dies wolle auch die KPD.[82]

Daran anschließend öffnete *Die Rote Fahne*, das KPD-Organ, ihre Spalten für zwei Beiträge des völkischen Nationalisten Ernst Graf Reventlow, die auch in einer Broschüre veröffentlicht wurden – gemeinsam mit Radeks Rede sowie Aufsätzen des Kommunisten Paul Frölich und des neokonservativen Nationalisten Arthur Möller van den Bruck. Das Heft trug den Titel *Hakenkreuz oder Sowjetstern? Deutschlands Weg – Deutschlands Rettung*.[83] Dies leitete eine Reihe von Versammlungen ein, auf denen kommunistische und völkische Redner auftraten. Besonders tat sich der KPD-Reichstagsabgeordnete Hermann Remmele hervor,

---

[79] Vgl. Edmund Silberner : Kommunisten zur Judenfrage. Zur Geschichte von Theorie und Praxis des Kommunismus, Opladen 1983, S. 265.

[80] USPD. Protokoll über die Verhandlungen des außerordentlichen Parteitags in Leipzig vom 30. November bis 6. Dezember 1919, Berlin o. J., S. 539.

[81] Protokoll der Konferenz der Erweiterten Exekutive der Kommunistischen Internationale, Moskau, 12.–23. Juni 1923, Hamburg 1923, S. 134.

[82] Ebd., S. 240f.

[83] Hakenkreuz oder Sowjetstern? Deutschlands Weg – Deutschlands Rettung, Berlin 1923.

der sich nicht scheute, am 2. August 1923 auf einer Versammlung der NSDAP zu sprechen.[84] Die KPD-Presse verwendete den Begriff des »Volkes« als Schlüsselkategorie, um die Zustände in Deutschland zu kennzeichnen beziehungsweise anzuprangern.[85]

Der *Völkischer Beobachter*, das Blatt der Nazis, warnte indes vor »diesen neuen Verführern«, die »unter der Maske des Vaterlandsfreundes die völkische Bewegung unter die nationalbolschewistische, jüdische Führung zu bringen« versuchten.[86] Der einzige Effekt der KPD-Propaganda war somit die Desorientierung der eigenen Genossen, während die nationalistische Rechte nur höhnisch oder ablehnend reagierte.[87]

Parallel zu diesen Entwicklungen verurteilte die Partei weiterhin den Antisemitismus. Dessen Stoßtrupps bestünden aus deklassierten Offizieren, Studenten, Sekundanern, Lockspitzeln und sonstigem Gesindel, schrieb die *Neue Zeitung*, das Münchner KPD-Blatt. Die Finanzierung der antisemitischen Hetze wurde größtenteils durch das industrielle und agrarische Großkapital gewährleistet, das in dieser einen Schutz gegen die soziale Revolution gesehen hätte.[88] In anderen KPD-Regionalzeitungen finden sich jedoch auch antijüdische Stereotype.[89] In München selbst »schlugen die Wogen der kommenden Hitlerbewegung auch bis in die Reihen der Kommunistischen Jugend«, vermeldete die *Neue Zeitung* in einem kritischen Rückblick. Doch diese Tendenz sei überwunden worden.[90]

Im Sommer 1923 konnte von einer Bewältigung der Probleme nicht die Rede sein. Ruth Fischer, die Wortführerin der selbst ernannten Parteilinken, machte auf ihrem Weg an die Spitze der KPD vor populistischer Stimmungsmache nicht Halt. Ungeniert verwendete sie antisemitische Klischees. Am 23. Juli 1923 stellte sie in einer Rede, der kommunistische wie völkische Studenten zuhörten, die demagogische Frage: »Sie rufen auf gegen das Judenkapital, meine Herren?« Ihre Antwort lautete: »Wer gegen das Judenkapital aufruft, meine Herren, ist schon Klassenkämpfer, auch wenn er es nicht weiß. Sie sind gegen das Judenkapital und wollen die Börsenjobber niederkämpfen. Recht so. *Tretet die Judenkapitalisten nieder, hängt sie an die Laterne, zertrampelt sie.* Aber, meine Herren, wie stehen sie zu den Großkapitalisten, den Stinnes, Klöckner...?« Nachdem der Rätekommu-

---

[84] Vgl. ebd. sowie Die Rote Fahne (im Folgenden: RF), 10. August 1923.

[85] Zahlreiche Beispiele bei Thomas Haury: Antisemitismus von links. Kommunistische Ideologie, Nationalismus und Antizionismus in der frühen DDR, Hamburg 2002, S. 266f. sowie bei Olaf Kistenmacher: Arbeit und »jüdisches Kapital«. Antisemitische Aussagen in der KPD-Tageszeitung Die Rote Fahne während der Weimarer Republik, Bremen 2016.

[86] Zit.n. Hakenkreuz oder Sowjetstern?, S. 3.

[87] Vgl. Louis Dupeux: Nationalbolschewismus in Deutschland 1919–1933. Kommunistische Strategie und konservative Dynamik, Frankfurt a. M. 1985, S. 201f.

[88] Neue Zeitung vom 23. Dezember 1922.

[89] Beispiele bei Silberner: Kommunisten zur Judenfrage, S. 270f.

[90] Neue Zeitung vom 24. November 1928.

nist Franz Pfemfert auf diese Rede aufmerksam gemacht hatte, zitierte die SPD-Zeitung *Vorwärts* sie unter dem Titel »Ruth Fischer als Antisemitin«.[91] Die *Rote Fahne* brachte keinen Bericht, aber auch kein Dementi.

Der KPD-Vorsitzende Heinrich Brandler, von seinen innerparteilichen Gegnern als Rechter bezeichnet, suchte dieser bedrohlichen Entwicklung entgegenzuwirken. Jahrzehnte später fand die zum radikalen Antikommunismus konvertierte Ruth Fischer dafür die Formulierung, Brandler habe sich »auf das Schreiben aggressiver Artikel gegen die Faschisten« verlegt und entsprechende Anweisungen an die Redakteure der KPD-Zeitungen erlassen.[92]

Wie unkontrolliert die Emotionen im turbulenten Sommer 1923 waren, zeigte auch ein Bericht der *Roten Fahne* aus Budapest, der die restaurativen Bestrebungen der Habsburger in Ungarn und ihr behauptetes Zusammenspiel mit dem »Reichsverweser« unter folgenden Titel stellte: »Auch Horthy gegen rechts und links. Für das jüdische Kapital und Kaiserhaus.«[93]

Kam der Antisemitismus in den zahlreichen Fraktionskämpfen der in sich so gespaltenen KPD zum Tragen? Ende März 1924 warnte Clara Zetkin genau davor. Aus Moskau schrieb sie an den IX. Parteitag der KPD: »Die ›linke‹ Parteimehrheit vereinigt brüderlich reichlichst KAPisten,[94] Syndikalisten, Antiparlamentarier, bei Lichte besehen – horrible dictu – sogar Reformisten und neuerdings – faschistische Antisemiten.«[95] Ein nicht namentlich genannter Anhänger Brandlers erklärte auf dem Parteitag: »Wir haben vereinzelte antisemitische Unterströmungen in der Partei.«[96] Wie recht er hatte, zeigt ein weiterer Vorfall: In der *Roten Fahne* wurde der (jüdische) Berliner Polizeivizepräsident Bernhard Weiß, ein Sozialdemokrat, mit dem angeblich jüdisch klingenden Vornamen Isidor belegt.[97] Die Nazis und insbesondere Josef Goebbels bedienten sich genau dieser Idee und suchten Weiß mit diesem Namen lächerlich zu machen, wogegen er sich mit Beleidigungsklagen zur Wehr setzte.[98]

---

[91] Vorwärts, 22. August 1923; Hervorhebung im Text. Über die näheren Umstände vgl. Mario Keßler: Ruth Fischer. Ein Leben mit und gegen Kommunisten (1895–1961), Köln/Weimar/Wien 2013, S. 129f.

[92] Ruth Fischer: Stalin und der deutsche Kommunismus. Der Übergang zur Konterrevolution, übers. von Heinz Langerhans, Frankfurt a. M. [1950], S. 349.

[93] Die Rote Fahne (im Folgenden: RF), 29. Juli 1923.

[94] KAPisten waren Anhänger der mit der KPD zeitweilig rivalisierenden Kommunistischen Arbeiterpartei (KAP).

[95] Bericht über die Verhandlungen des IX. Parteitages der KPD (7.–10. April 1924), Berlin 1924, S. 93.

[96] Ebd., S. 289.

[97] RF, 5. Juli 1923.

[98] Vgl. Dietz Bering. Von der Notwendigkeit politischer Beleidigungsprozesse. Der Beginn der Auseinandersetzungen zwischen Polizeivizepräsident Bernhard Weiß und der NSDAP, in: Walter Grab/Julius H. Schoeps (Hrsg.): Juden in der Weimarer Republik, Stuttgart/Bonn 1986, S. 305–329.

Während der bayerischen Landtagswahlen im April 1924 beschlagnahmte die Nürnberger Polizei, einem Bericht der örtlichen Polizeidirektion zufolge, in einem kommunistischen Büro 70 Flugblätter mit der Aufschrift »Nieder mit der Judenrepublik«. Außerdem versuchten einige KPD-Gruppen, die völkische Bewegung durch Eintritte zu unterwandern.[99] Andererseits gab es in der KPD den Willen zum Widerstand gegen Antisemitismus. Die Partei organisierte im Mai 1924 in Halle eine Gegenveranstaltung zum »Deutschen Tag«, einer von völkischen Nationalisten veranstalteten Großkundgebung. Bei den fast unvermeidlichen Zusammenstößen griff die Polizei zugunsten der Völkischen ein.[100]

Mit dem Niedergang der von Ruth Fischer angeführten Parteirichtung traten ab 1925 die antisemitischen Stimmen innerhalb der Parteipresse zurück, ohne ganz zu verstummen. Clara Zetkins Befürchtungen bewahrheiteten sich nicht. Denn anders als in der Sowjetunion, wurde der Antisemitismus innerhalb der KPD kein Instrument in Fraktionskämpfen. Die Probleme waren damit keineswegs gelöst und verschärften sich während der Weltwirtschaftskrise und dem Aufstieg des Nazismus ab 1929/30.

Diese Ereignisse ließen nicht nur die Weimarer Republik ökonomisch und politisch auseinanderfallen. Sie sorgten auch für eine Diskreditierung der wenigen Ideen, für die diese Republik stand. Dies waren der Demokratie-Gedanke und das Prinzip der Rechtsgleichheit aller Menschen. Hierzu gehörte auch die bürgerliche Emanzipation der Juden. Die jüdische Präsenz in bestimmten Bereichen des öffentlichen Lebens, so relativ unbedeutend diese für das Leben der Republik war, wurde ins Maßlose überhöht und als Gefahr für den Bestand des »Deutschtums« gebrandmarkt.

Mehr als in der kurzen Stabilisierungsphase der vergangenen Jahre galt kritischer Journalismus als »jüdischer Journalismus«, Kritik der rechtslastigen Justiz als »jüdisch zersetzend«, die Selbstbehauptung jüdischer Akademiker und sogar Gymnasiasten als »Überfremdung« des Bildungs- und Hochschulwesens durch Juden. Jüdische Viehhändler wurden zum Sinnbild einer Beherrschung der deutschen Bauern durch »jüdisches Wuchertum«. Vor allem aber wurde sowohl von den Nazis als auch von den mit ihnen konkurrierenden völkischen wie monarchistischen Nationalisten der angeblich jüdische Marxismus als Todfeind deutscher Existenz ausgemacht. Dies richtete sich gegen die SPD, in noch viel stärkerem Maße aber gegen die KPD, die zudem als ausländische Partei, als von Moskau gesteuerter Fremdkörper im deutschen »Volksganzen«, galt.

---

[99] Nachweise bei Knütter: Die Juden und die deutsche Linke, S. 186.

[100] Susanne Beer: »Noch ist es Zeit der Verwirrung entgegenzutreten…«. Die Abwehr des Antisemitismus im Kaiserreich und der Weimarer Republik, in: Sozial.Geschichte Online, Nr. 22/2018, S. 28.

Die nun von Ernst Thälmann geführte KPD wandte den Vorwurf der Fremdpartei ins Positive. Sie stehe für ein Deutschland nach sowjetischem Muster, betonte Thälmann ein um das andere Mal. Hingegen verhielt sich die Partei auffallend defensiv gegenüber der Behauptung, sie sei jüdisch durchsetzt und ihr Marxismus ein von Hebräern ausgeklügeltes Instrument zur Zersetzung der germanischen Rasse.

Dies war zunächst ein Zeichen der Ignoranz gegenüber den vielschichtigen Dimensionen des Judenhasses. Am weitesten entfernt schien die Auseinandersetzung zwischen Juden und Arabern in Palästina. Der erste arabisch-jüdische Bürgerkrieg in Palästina, der im August 1929 hunderte von Menschenleben auf beiden Seiten kostete, war für die KPD-Führung der einzige Anlass, zum politischen Zionismus und den damit verbundenen Fragen im Nahen Osten Stellung zu nehmen.[101]

Am 24. und 25. Oktober 1929 behandelte das Zentralkomitee der KPD die Ereignisse. Im Referat zu diesem Tagesordnungspunkt gab Hermann Remmele zu, »innerhalb der Partei« sei »wenig Kenntnis, welche Rolle dort die Komintern, die revolutionäre Bewegung des Kommunismus spielt.«[102] »Unsere Partei«, erklärte Remmele, »hat in Palästina 160 Mitglieder, davon 30 Araber, die anderen 130 Zionisten. Es ist ganz klar, dass diese Partei nicht eine solche Einstellung haben kann, wie sie dem Gesetz der Revolution entspricht. Gerade das unterdrückte Volk, jene Schicht des Volkes, die das revolutionäre Element, den Verhältnissen entsprechend, überhaupt ausmachen kann, sind nur die Araber.« Ganz abgesehen von der pauschalen Kategorisierung von »Juden« und »Arabern« ohne Verweis auf die Klassenlage, ist an Remmeles Referat vor allem auffällig die Unterstellung, die jüdischen Parteimitglieder seien Zionisten. Auch ohne Kenntnis der inneren Lage der illegal arbeitenden KP Palästinas hätte für Remmele ein Blick in die weltweit vertriebene *Inprekorr* genügt, um zu sehen, dass gerade die jüdischen Kommunisten inner- wie außerhalb Palästinas die schärfsten Gegner des Zionismus waren. Die Uninformiertheit, aber wohl auch Desinteresse und mangelnde Sensibilität der ZK-Mitglieder an dieser für die internationale Politik wahrlich nicht peripheren Problematik zeigte sich darin, dass niemand diesen falschen Aussagen widersprach. »Aus Zeitgründen« fand keine Diskussion darüber statt.[103]

Die Palästina-Berichte der *Roten Fahne* waren entsprechend einseitig.[104] Die *Arbeiter-Illustrierte Zeitung* vermerkte jedoch an einer Stelle kritisch, dass die »arabische Bourgeoisie« (gemeint waren die feudalen Führungskräfte) objektiv

---

[101] Vgl. Mario Keßler: Der erste Bürgerkrieg in Palästina: Der arabisch-jüdische Konflikt 1929, in: Sozialismus, 31 (2004), Nr. 7–8, S. 58–62.

[102] Stiftung Archiv der Parteien und Massenorganisationen der DDR im Bundesarchiv (SAPMO-BArch), Archiv der KPD, RY I/2 1/74: Sitzung des ZK der KPD, 24./25. Oktober 1929, nicht foliiert.

[103] Ebd.; vgl. auch Keßler: Zionismus und internationale Arbeiterbewegung, S. 150f.

[104] Vgl. RF, 27. und 30. August, 1., 3. bis 7. September 1929.

den Interessen der britischen Mandatsmacht und nicht denen der sozialen Revolution folgten.[105] Eine solche Äußerung blieb in der Partei jedoch die Ausnahme.

Stattdessen gab die von der KPD dominierte Antiimperialistische Liga die Broschüre *Tag des Fellachen* von »L. Haddad« heraus, in der die tragischen Zusammenstöße in Palästina zu einem nationalen Befreiungskampf der palästinensischen Araber und zum Vorboten der sozialen Revolution im Nahen Osten umgedeutet wurden.[106] Hinter diesem Pseudonym verbarg sich kein anderer als der frühere Zweite Sekretär der KP Palästinas, Joseph Berger, inzwischen Zweiter Sekretär der Antiimperialistischen Liga in Berlin.

Doch auch die näherliegende deutsche Problematik wurde von den Politikern der KPD nur unzureichend erfasst. Wie die anderen deutschen Parteien unterschätzte die KPD die tödliche Destruktivität des nationalsozialistischen Judenhasses. Dies wird in einer gegen den Antisemitismus gerichteten Broschüre Hermann Remmeles aus dem Jahre 1930 sehr deutlich.

Der Titel *Sowjetstern oder Hakenkreuz. Die Rettung Deutschlands aus der Youngsklaverei und Kapitalistenherrschaft* erinnert an die problematische Vorläufer-Broschüre des Jahres 1923. Remmele ging davon aus, dass der zweite Teil des Nazi-Schlachtrufes »Deutschland erwache! Juda verrecke!« mit der Zeit keinen Geltungsanspruch mehr haben werde. Diese Hoffnung komme nicht von ungefähr. So habe der Berliner NSDAP-Gauleiter Josef Goebbels einen entsprechenden Parteibefehl erlassen. Dies sei im Zusammenhang mit Spenden jüdischer Großkapitalisten an die Nazipartei zu sehen. Im Gegenzug seien Nazis als Streikbrecher in bestreikten Betrieben erschienen, die den jüdischen Spendern gehörten. So werde eine Gesinnung, für die man verspreche, sein Leben zu lassen, gegen klingende Münze verkauft. Das sei Nationalsozialismus.[107]

Ein Argument der KPD-Presse lautete, dass der Judenhass nur ein nazistisches Ablenkungsmanöver sei. Hitlers Antisemitismus sei nicht genuin, sondern lediglich ein Schwindel. Goebbels habe den Nazi-Schlachtruf »Juda verrecke!« parteiintern verboten, um jüdische Gönner der NSDAP nicht abzuschrecken, behauptete auch *Die Rote Fahne* im November 1929.[108] Jüdische Bankiers seien ebenso wie »arische« Unternehmer Nutznießer des Hitlerfaschismus, denn Kapital bleibe Kapital, hieß es im *Roten Aufbau*, einer KPD-Zeitschrift.[109] Dort stellte

---

[105] Arbeiter-Illustrierte Zeitung, Nr. 39/1929, S. 4f.

[106] L. Haddad (Pseudonym von Joseph Berger): Tag des Fellachen, Berlin 1930. Zu Bergers Tätigkeit in der Antiimperialistischen Liga vgl. Fredrik Pettersson: »We Are Neither Vionaries, Nor Utopian Dreamers«. Willi Münzenberg: the League Against Imperialism, and the Comintern, 1925–1933, Ph. D. Thesis, Abo/Turku 2013, passim.

[107] Vgl. Hermann Remmele: Sowjetstern oder Hakenkreuz. Die Rettung Deutschlands aus der Youngsklaverei und Kapitalistenherrschaft, Berlin [1930], S. 14.

[108] RF, 17. November 1929.

[109] Der Rote Aufbau, 4, 1931, Nr. 3, S. 158.

der Schriftsteller Kurt Kersten, ein ansonsten eher kritischer und reflektierender Geist, die ironisch gemeinte Frage, ob Hitler an der Macht etwa Gottfried Feder und Alfred Rosenberg, zwei Exponenten der Judenhetze, aus Deutschland ausweisen werde. Zu den Geldgebern der Nazis würde »eine große Zahl jüdischer Kapitalisten« gehören, hielt Kersten fest.[110]

Dafür gab es tatsächlich einzelne Beispiele – es waren Beispiele von selbstmörderischer Blindheit, die in der KPD-Presse aufgelistet, aber auch verallgemeinert wurden.[111] In einem Fall wurde der nichtjüdisch klingende Name eines Bankiers »demaskiert« und auf seinen jüdischen Ursprung zurückgeführt: »Großbankier Solmsson (Salomonssohn)«, hieß es im entsprechenden Artikel der *Roten Fahne*.[112] Ein so klarsichtiger Mann wie Hermann Duncker meinte zu wissen: »Die Kapitalistenklasse opfert zu ihrer Selbsterhaltung schließlich auch einige jüdische Mitläufer und Kleinverdiener – die jüdischen Großverdiener finanzieren, wenn nötig, selbst den Hitlerfaschismus –, um als faschistische ›Schutzjuden‹ ihr Kompaniegeschäft mit dem christlichen Kapital ungestört weitertreiben zu können.«[113]

Solche Äußerungen entsprangen nicht zuletzt der Tatsache, dass die Mehrzahl der deutschen Juden entweder dem Großbürgertum oder dem Mittelstand, oft der Intelligenz angehörte. Jüdische Proletarier, die es gleichfalls gab – hier sind besonders die ostjüdischen Bergarbeiter zu nennen, die ab 1918 ins Ruhrgebiet zogen –, kamen in der Sichtweise der KPD kaum vor, obgleich sich diese doch als Arbeiterpartei verstand und es auch war.[114] Natürlich erklärte die KPD, jüdische Werktätige seien als Bundesgenossen willkommen. Nur reiche Juden würden wie nichtjüdische Kapitalisten als Feinde der arbeitenden Menschen angesehen.[115]

Dieser Gedanke durchzog wie ein roter Faden auch Otto Hellers Buch *Der Untergang des Judentums. Die Judenfrage/Ihre Kritik/Ihre Lösung durch den Sozialismus*. Die Untersuchung des in Brünn geborenen Journalisten erschien 1931 in erster, zu Jahresbeginn 1933 in zweiter Auflage und wurde ins Französische sowie ins Polnische übersetzt. Ohne das Werk *Rasse und Judentum* des nunmehr als »Renegaten« verfemten Karl Kautsky zu zitieren, übernahm Heller wesent-

---

[110] Kurt Kersten: Wird Hitler Feder und Rosenberg ausweisen lassen?, in: Der Rote Aufbau, 5, 1932, Nr. 1, S. 13f.

[111] Vgl. RF, 3. September 1929, 17. Oktober und 15. November 1931 (Beilage), 9. und 29. April, 7. September 1932.

[112] RF 18. Dezember 1930.

[113] Hermann Duncker: Rezension zu: W. I. Lenin: Über die Judenfrage, in: Inprekorr, 10. Mai 1932, S. 1184.

[114] Zur sozialen Gliederung der Juden in Deutschland vgl. Avraham Barkai: Die Juden als sozio-ökonomische Minderheitsgruppe in der Weimarer Republik, in: Walter Grab/Julius H. Schoeps (Hrsg.): Die Juden in der Weimarer Republik, Internationales Symposium, Stuttgart/Bonn 1984, S. 330–346.

[115] Vgl. RF, 3. Januar 1931.

liche Punkte der 1914 erschienenen Abhandlung Kautskys. Hellers Buch galt als die wichtigste und offiziöse Stellungnahme der KPD zum Thema.

Die Juden, so Heller, seien seit Beginn ihrer Geschichte vorwiegend ein Handelsvolk gewesen (was einige Rezensenten, darunter Erich Fromm und sogar der KPD-Autor Paul Held, zu Recht bezweifelten).[116] Die einheitliche ökonomische Grundlage jüdischer Existenz bilde die Erklärung für die Erhaltung des Judentums durch die Jahrtausende. Aus einer Nation seien sie zu einer nicht vollständig assimilierbaren »internationalen Kaste« geworden.[117] Daraus, so Heller weiter, resultieren die gesellschaftlichen Konflikte zwischen Juden und Nichtjuden. Die bürgerliche Emanzipation nach 1789 habe indes die Sonderstellung der Juden aufgehoben. Damit wäre auch der letzte Rest des »Privilegs« zerstört worden, das in seinem geistigen Ausdruck, seiner religiösen Form, seiner Betonung der »Auserwähltheit« für Schmerz und Märtyrertum, für blutige Opfer und Furcht wenigstens seelisches Gleichgewicht zu den ständigen Verfolgungen geboten hätte.[118] Der moderne Kapitalismus habe das Schicksal des Judentums besiegelt. Die Auflösung der Juden als Kaste bedeute den Untergang des Judentums, wie Heller ohne eine Spur von Bedauern festhielt.[119]

Die bürgerliche Emanzipation der Juden in West- und Mitteleuropa habe die Reste ihrer Nationalität vollkommen vernichtet, schlussfolgerte Heller. Im Osten seien die Juden aber noch Träger einer Nationalität. In der Sowjetunion seien sie eine anerkannte nationale Gruppe. Ihre kastenmäßige Absonderung und ihr Elend würden in der Sowjetunion durch Kolonisierung und Landansiedlung sowie durch den Zuzug von Juden aus dem früheren *Schtedl* in die neuen industriellen Ballungszentren aufgehoben. Damit hätten die Juden die Möglichkeit, ihre Kultur, sozialistisch in ihrem Inhalt, national in ihrer Form, zu neuer Blüte zu bringen.[120]

Der Zionismus könne hingegen nur unter dem Schirm britischer Bajonette und als Unterdrückungsinstrument der Araber in Palästina gedeihen. Sein Scheitern sei damit letztlich vorgezeichnet.[121] Am Vorabend von Hitlers Machtübernahme schrieb Heller: »Eine wirkliche Judenfrage besteht heute nur in Ost- und Süd-

---

[116] Vgl. die Rezensionen in Inprekorr vom 27. November 1931, S. 2252 (Paul Held, möglicherweise Pseudonym von Albert Norden); Zeitschrift für Sozialforschung, 1 (1931), Nr. 6, S. 438 (Erich Fromm); Die Gesellschaft, 9 (1932), Nr. 11, S. 461f. (Otto Maenchen-Helfen); Der Morgen, 8 (1932), Nr. 2, S. 64–72 (Eva Reichmann-Jungmann). Vgl. insbes. Eli Strauss: Geht das Judentum unter? Eine Erwiderung auf Otto Hellers »Untergang des Judentums«, Wien 1933, S. 11f.

[117] Otto Heller: Der Untergang des Judentums. Die Judenfrage/Ihre Kritik/Ihre Lösung durch den Sozialismus, 2. Aufl., Wien/Berlin 1933, S. 24.

[118] Ebd., S. 152.

[119] Vgl. ebd., S. 77.

[120] Vgl. ebd., S. 85, 204, 208, 219.

[121] Vgl. ebd., S. 155ff., 173.

europa, in den Gebieten rückständiger gesellschaftlicher Entwicklung.«[122] Wenig später musste Heller aus Deutschland flüchten. Noch im März 1945 wurde der jüdische Kommunist ein Opfer der Nazibarbarei. Sein Freund Bruno Frei schrieb über Hellers Zeilen: »Selten ist eine historische Fehleinschätzung so tragisch widerlegt worden.«[123]

Die Wandlung der KPD von einer utopisch-revolutionären Partei hin zur stalinistisch geprägten Kaderorganisation kann aber keineswegs mit einem Anwachsen antijüdischer Ressentiments erklärt werden. Im Gegenteil: Manche abenteuerlichen Entgleisungen, wie sie Ruth Fischer nicht fremd waren, kamen bei Thälmann und seinem Umfeld nicht vor. Somit ist der Rückgang des Einflusses radikaler Intellektueller und der Anstieg des Einflusses proletarisch geprägter Führungskader (im Sinne der »Partei neuen Typus«) nicht unmittelbar mit dem Anwachsen oder Abflauen antijüdischer Vorurteile verbunden.

Die KPD überschätzte ihre respektablen Wahlerfolge, die gegenüber dem Stimmenzuwachs für die Nazis aber bescheiden blieben, pries die Unterwerfung unter die Politik Moskaus und unterschätzte die Transformation ihrer Mitgliedschaft: Sie wurde zunehmend zur Partei der Arbeitslosen, da in der Weltwirtschaftskrise die Kommunisten oft als Erste ihren Arbeitsplatz verloren. Durch Ausschlüsse und Austritte hatte sie einen Großteil der erfahrenen Mitglieder verloren. Nun strömten ihr in zunehmendem Maße politische Desperados vom Schlage eines Erich Mielke, des künftigen DDR-Staatssicherheitsministers, zu, die sich von der ultralinken Revolutionsrhetorik und dem gewalttätigen Vokabular der Thälmann-Partei angezogen fühlten.

Im November 1932 beendete die KPD definitiv alle Möglichkeiten, noch zum gemeinsamen Handeln mit der SPD gegen den Nazismus zu gelangen: Im Berliner Verkehrsarbeiterstreik übte sie die Zusammenarbeit mit der NSDAP; Kommunisten und Nazis standen gemeinsam Streikposten. Als sich Thälmann am 30. Januar 1933 schließlich an die Führungen von SPD und Gewerkschaften wandte, war es zu spät: Hitler war zum Reichskanzler ernannt worden, und fortan erlitten Kommunisten und Sozialdemokraten das gemeinsame Schicksal von Exil, Verfolgung und Ermordung.

Am Vorabend der Naziherrschaft erschien ein weiteres Dokument der KPD zum Antisemitismus. Ein anonymer, aber durch das Zentralkomitee der KPD gebilligter Aufsatz wies in einem *Diskussionsbuch über die Judenfrage* prononcierter, als Heller es getan hatte, auf die sozialen Ursachen für die Erfolge der fa-

---

[122] Ders.: Kommunismus und Judenfrage, in: Klärung. 12 Autoren und Politiker über die Judenfrage, Berlin 1932, S. 91. Der Band enthielt einen ähnlich gelagerten Beitrag des 1931 der KPD beigetretenen Schriftstellers Alfred Kantorowicz, der die Erfolge der Emanzipation der Juden in der Sowjetunion herausstrich.

[123] Bruno Frei: Marxist Interpretations of the Jewish Question, in: Wiener Library Bulletin, 28 (1975), Nr. 35/36, S. 4.

schistischen Demagogie hin. Die enorme Gefahr der massenhaften Anfälligkeit des deklassierten Kleinbürgertums und Lumpenproletariats für die antisemitische Agitation der Hitlerfaschisten wurde klar benannt; sie war auch nicht mehr zu übersehen. Dieses Dokument leugnete nicht die Tatsache einer jüdischen Frage – genauer: der existenziellen Gefahr für die Juden – in Deutschland. Diese jüdische Frage trage eindeutig sozialen, nicht nationalen Charakter. Am Vorabend des Faschismus gab die KPD somit auch jede Anfälligkeit gegenüber Anschauungen auf, die »das Volk« als eine Kategorie der Gesellschaftsanalyse sahen und noch 1930 Eingang in eine entsprechende Programmerklärung gefunden hatten.[124] Die Auswanderung von Juden aus Europa und damit die Akzeptanz des Zionismus sei indes eine falsche Antwort. Der Zionismus sei eine den Interessen der Juden zuwiderlaufende, reaktionäre, ausschließlich imperialistische Bewegung. Er diene den Interessen der jüdischen, in Palästina auch der englischen Bourgeoisie.[125]

Der Antisemitismus sei, und damit fasste das KPD-Dokument die Auffassung der Partei zusammen, ein Manöver der herrschenden Klasse, die durch Phrasen wie die »Sünde wider das Blut« die Aufmerksamkeit des untergehenden Kleinbürgertums von den wahren Ursachen seiner Misere ablenke und seinen Anschluss an die Arbeiterklasse zu verhindern suche. Zugleich aber diene der Rassenhass imperialistischen Zwecken. Die Überzeugung, der Jude sei an allem Übel in Deutschland schuld, solle einer anderen Überzeugung den Weg bereiten: der Idee, dass ohne den Juden niemand Deutschland hindern könne, die Ergebnisse des Weltkrieges ungeschehen zu machen und sich zur Herrschaft über die Welt aufzuschwingen.

Dieses Dokument brachte Stärken wie Schwächen der KPD-Position gegenüber dem Antisemitismus zum Ausdruck. Die neue Qualität des nazistischen Judenhasses wurde unterschätzt – aber keineswegs nur von den Kommunisten. Dieser Judenhass wurde lediglich als taktisches Manöver, bestenfalls als Ausdruck von Klasseninteressen begriffen, die indes jüdische Kapitalisten durchaus integrieren könnten.

---

[124] Vgl. die »Programmerklärung zur nationalen und sozialen Befreiung des deutschen Volkes« vom 24. August 1930, abgedruckt u.a. in: Lothar Berthold/Ernst Diehl (Hrsg.): Revolutionäre deutsche Parteiprogramme, Berlin [DDR] 1964, S. 119–128. Das problematische Dokument, das z. T. Anlehnungen an nationalistisches Vokabular aufwies, wurde in der offiziellen Geschichtsschreibung der DDR uneingeschränkt positiv beurteilt.

[125] Kommunismus und Judenfrage, in: Der Jud' ist schuld? Diskussionsbuch über die Judenfrage, Basel u.a. 1932, S. 272–286. Hiernach auch das Folgende.

Von Thalheimer bis Trotzki: Die kommunistischen Dissidenten

Dies stand im Gegensatz zu den Urteilen der Kommunistischen Partei-Opposition, der KPO, deren Mitgliederstamm aus der KPD entfernte Kommunisten waren.[126] Die KPO entstand Ende 1928 als im Selbstverständnis oppositionelle Richtung innerhalb des organisierten Kommunismus. Sie wurde aufgrund ihrer geringen numerischen Größe (sie zählte nie mehr als 6.500 Mitglieder) von ihren Gegnern als »KP-Null« diffamiert. Doch bestand die KPO zumeist aus politisch erfahrenen Funktionären, die durch die revolutionäre und demokratische Tradition der Arbeiterbewegung vor 1914, die Antikriegsbewegung und den Spartakusbund Liebknechts und Rosa Luxemburgs geprägt worden waren – darunter Heinrich Brandler als Vorsitzender, August Thalheimer, Paul Frölich und Jacob Walcher. Die Position der KPO lautete: Verteidigung der bürgerlichen Demokratie als dem besten Kampfboden für die angestrebte Gesellschaft der Freiheit und Gleichheit, den Sozialismus. Damit stand sie nicht nur im Gegensatz zur KPD-Politik, sondern stellte auch eine Herausforderung an die zweite große Arbeiterpartei, die SPD, dar. Die Gründe für den Misserfolg der KPO sind eng verbunden mit den Ursachen des Untergangs der Republik von Weimar und der Kapitulation der deutschen Arbeiterbewegung vor dem deutschen Faschismus 1933.[127] Das Scheitern der KPO war laut Hermann Weber das definitive Scheitern des »demokratischen Kommunismus« in Deutschland.[128]

Bereits 1928/29, als die NSDAP noch ein Randproblem der deutschen Politik zu sein schien, erarbeiteten KPO-Mitglieder, insbesondere Thalheimer, eine Analyse des Faschismus, die sich von den Einschätzungen der Komintern und der KPD sehr deutlich unterschied. In Thalheimers Kritik am Programmentwurf der Kommunistischen Internationale 1928 und in einer Aufsatzserie für die KPO-Zeitschrift *Gegen den Strom* fanden sich bereits Grundzüge dieser Faschismus-Theorie. August Thalheimer unterschied zwischen verschiedenen, historisch denkbaren Varianten des Faschismus, die aber sämtlich Resultat des zugespitzten Klassen-

---

[126] Nur auf die KPO als wichtigste kommunistische Oppositionsgruppe sei hier eingegangen. Vgl. für die vollständige Untersuchung aller Klein- und Kleinstgruppen Marcel Bois: Kommunisten gegen Hitler und Stalin. Die linke Opposition der KPD in der Weimarer Republik. Eine Gesamtdarstellung, Essen 2014.

[127] Vgl. zur Geschichte der KPO Karl-Hermann Tjaden: Struktur und Funktion der »KPD-Opposition«, Meisenheim 1964, und Theodor Bergmann: Gegen den Strom. Die Geschichte der KPD-Opposition, 2. Aufl., Hamburg 2001. Vgl. für das Folgende auch Mario Keßler: Die Kommunistische Linke und die Weimarer Republik, in: Aus Politik und Zeitgeschichte. Beilage zur Wochenzeitung »Das Parlament«, B 32–33/94 vom 12. August 1994, S. 20–30.

[128] Hermann Weber: Demokratischer Kommunismus? Zur Theorie, Geschichte und Politik der kommunistischen Bewegung, Hannover 1969.

antagonismus im Kapitalismus seien. Er wandte sich scharf gegen den Kurs der KPD, wonach die Politik *aller* bürgerlichen Parteien zum Faschismus tendiere.

»Zeitweilig«, so Thalheimer, »wurde bei uns alles und jedes Faschismus. Der Faschismus wurde die Nacht, in der alle Klassen- und Parteiunterschiede verschwanden [...]. Faschismus war nicht Hitler, sondern auch die deutsche republikanisch drapierte Großbourgeoisie mit Seeckt an der Spitze. Die Sozialdemokratie wurde ›der linke Flügel des Faschismus‹.«[129] Angesichts einer Krisensituation könnte die Bourgeoisie – wie auch 1848/49 in Frankreich – das Erstarken der Arbeiterklasse mit der zeitweiligen Preisgabe der Exekutivgewalt beantworten, um die bürgerliche Eigentumsordnung zu retten. Dies würde zu einer Verselbständigung der Staatsmacht führen. Ihre neuen Träger seien deklassierte Elemente der Bourgeoisie oder des Lumpenproletariats. Für sie werde die Staatsmaschine zur Existenzquelle:

»Und so sind die Deklassierten aller Klassen *zugleich* Fleisch vom Fleische, Bein vom Beine des Privateigentums, der bürgerlichen Gesellschaft, und also fähig, indem sie ihre politische Herrschaft zu verteidigen und zu schützen [wissen] gegenüber der Klasse und den Klassen, die die *revolutionäre* Aufhebung der bürgerlichen Gesellschaft, die gesellschaftliche Aufhebung des individuellen bürgerlichen Eigentums, vertreten, des industriellen Proletariats und der proletarischen Teile des Bauerntums.«[130]

Der Faschismus bedürfe wie der Bonapartismus Napoleons III. eines charismatischen Führers, der als Wohltäter aller Klassen jedem alles verspreche, um eine möglichst breite Massenbasis zu erlangen und diese zu sichern. Diese Trennung von politischer und sozialer Herrschaft verführten Thalheimer und die KPO aber nicht zu Generalisierungen, die die Unterschiede zwischen den verschiedenen faschistischen Bewegungen einebnen würden. Immer wieder wurde auf die qualitativen Unterschiede zwischen Deutschland und Italien bezüglich des Terrors, des Antisemitismus und der außenpolitischen Zielsetzungen verwiesen.

Die KPO warnte, Hitler würde, einmal an der Macht, diese nie mehr freiwillig abgeben. Er stehe für die Beseitigung der bürgerlichen Demokratie, die Zerstörung der Arbeiterbewegung, die Vorbereitung auf einen neuen Weltkrieg, für brutale Knechtung der unterworfenen Völker, für eine rassistische Ideologie und Juden-

---

[129] August Thalheimer: Programmatische Fragen. Kritik des Programmentwurfs der Kommunistischen Internationale (VI. Weltkongress), hrsg. von Theodor Bergmann, Mainz 1993, S. 52.

[130] August Thalheimer: Über den Faschismus [1930], in: Der Faschismus in Deutschland. Analysen und Berichte der KPD-Opposition 1918–1933, o. O. 1981, S. 32; Hervorhebungen im Original. Vgl. auch Jens Becker: Ein unabhängiger Kommunist: August Thalheimers Wirken in der Arbeiterbewegung, in: Markus Börner/Anja Jungfer/Jakob Stürmann (Hrsg.): Judentum und Arbeiterbewegung. Das Ringen um Emanzipation in der ersten Hälfte des 20. Jahrhunderts, Berlin/Boston 2018, S. 97–114.

hass. Gegen den Faschismus gelte es, die bürgerliche Demokratie und die Republik von Weimar zu verteidigen. »Die bürgerliche Republik ist nicht die Staatsform zur Verwirklichung des Sozialismus [...]. Die bürgerliche Republik ist aber der günstigste Ausgangspunkt von allen möglichen bürgerlichen Staatsformen zur Organisation der Arbeiterklasse zum Kampf um die Macht, zum Kampf um den Sozialismus. Wir sind gegen die Revisionsversuche der bürgerlichen Republik ins Reaktionäre, ins Faschistische. Gegen all diese Versuche, gegenüber allen faschistischen Vorstößen müssen und werden wir die demokratische Republik verteidigen.«[131]

Ähnlich differenziert urteilte Albert Schreiner, ein weiterer KPO-Publizist. Unter seinen Beiträgen in *Gegen den Strom* ist vor allem seine Artikelserie zum Thema »Faschistische Parolen und Schlagworte« hervorzuheben. Sie erschien Anfang 1930, als die NSDAP noch eine kleine Gruppe im Reichstag war.[132]

Laut Schreiner rücke die faschistische Demagogie am härtesten dem marxistischen Klassenkampf-Gedanken mit antisemitischer Hetze zu Leibe (*Dokument 14*). Sie stelle diesem ihre Antithese vom Rassenkampf gegenüber, der mit Schlagworten wie der »völkischen Erneuerung« der »geschichtlichen, menschheitserlösenden Mission der germanischen Rasse« oder dem Kampf gegen die »Überfremdung« des deutschen Volkes durch die »semitische Rasse« begründet werde. »Die ökonomischen Grundlagen, die Stellung zum Staat, die Stellung zu allen politischen, kulturellen und weltanschaulichen Fragen sind in der faschistischen Ideologie verknüpft mit der Rassenfrage.« In der faschistischen Ideologie seien alle Spielarten vertreten, vom stupidesten Antisemitismus bis zum »neuen Nationalismus«, der den Antisemitismus dann einsetze, wenn es ihm nützlich erscheine (Schreiner bezog sich hier auf Ernst Jünger).[133]

Zwar sei nur wenig Neues in der antisemitischen Hetze des Nazismus zu entdecken. Aber angesichts der Krise des Kapitalismus, des fortgesetzten Expansionsfeldzuges des Trust- und Monopolkapitals sowie der Massenverarmung breitester Schichten werde der Antisemitismus immer gefährlicher. »Die ihrer Ideologie nach reaktionärsten Schichten des Kleinbürgertums und die korrumpiertesten Schichten des Proletariats sind der antisemitischen Demagogie am leichtesten zugänglich.« Ihr Grundgedanke liege auf derselben Ebene wie der von Zauberern und Medizinmännern mancher Völker geübte Brauch, den enttäuschten Gläubigen einen »abgelegten Fetisch« zu opfern, an dem sie ihre hilflose Wut auslassen kön-

---

[131] Gegen den Strom, 29. Juni 1932, S. 3. Hiernach auch die folgenden Zitate.

[132] Vgl. Albert Schreiner: Faschistische Parolen und Schlagworte, in: Gegen den Strom, Nr. 3–8, 18. Januar–22. Februar 1930.

[133] Ders.: Faschistische Parolen und Schlagworte: »Haut den Juden«, in: Gegen den Strom, Nr. 5 vom 1. Februar 1930, und Dokument 14.

nen. Die antijüdische Hetze liege auf derselben Ebene wie der Rassismus gegen die Schwarzen in den USA oder der Slogan von der »Gelben Gefahr«.[134]

Auch das Urteil der KPO über die Zusammenstöße in Palästina unterschied sich deutlich vom Wunschdenken der KPD. »Die jüdischen Siedler [...] und die verelendeten arabischen Fellachen schlachten sich jetzt gegenseitig ab«, hieß es in *Gegen den Strom*. Arabische Effendis und rechte Zionisten seien zwar miteinander verfeindet, würden aber in je eigener Weise die Klassengegensätze unter Juden und Arabern in nationalistische Feindschaft umleiten. Die britischen Mandatsbehörden trieben ein doppeltes Spiel, nütze doch die Frontstellung zwischen jüdischen und arabischen Werktätigen nur der Stabilisierung ihrer Herrschaft. Die KPD sei unfähig, dies zu erkennen. »Ohne den Versuch einer marxistischen Untersuchung des Klassencharakters auch dieses Kleinkrieges spricht die ›Rote Fahne‹ unterschiedslos von den Juden, die sie natürlich alle als zionistische Faschisten bezeichnet, und die sie den Arabern, die natürlich alle ›Revolutionäre‹ sind, entgegenstellt.«[135]

Der schon 1928 aus »linken« KPD-Dissidenten entstandene Leninbund (um Hugo Urbahns und anfangs auch Ruth Fischer und Arkadij Maslow) forderte gleichfalls ein Ende des »Bruderkampfes« zwischen KPD und SPD und die Einheitsfront gegen Hitler. Dies könne dann auch nichtsozialistische Kräfte mitreißen. Als ein Beispiel von vielen sei ein Appell des Leninbundes vom August 1932 zitiert. Der erschreckende Wahlerfolg der NSDAP dürfe die Antifaschisten nicht lähmen, hieß es. »325 antifaschistische Stimmen im Reichstag gegen 280 Faschisten, das genügt für ein antifaschistisches Präsidium und eine antifaschistische Regierung. Die Kraft der Arbeiterschaft und des antifaschistischen Mittelstandes gegen die Staatsstreichler und ihre faschistischen Mordbanden, das ist die wichtigste außerparlamentarische Front. Die kann und wird siegen. Arbeiter, wenn ihr wollt!«[136]

Die Bereitschaft zur Verteidigung der bürgerlichen Republik als einzigem Kampfboden für eine sozialistische Demokratie einte auch eine Forschergruppe von Soziologen und Psychologen, die im österreichischen Marienthal (in der Nähe Wiens) empirische Studien zur politischen und mentalen Verfassung von Langzeit-Arbeitslosen durchführte. Stärker als die oppositionellen Kommunisten sahen sie in der Arbeitslosen-Armee keinen schlafenden Riesen, der darauf wartete, sich einer erneuerten Arbeiterbewegung anzuschließen, sondern resignierte Menschen, die unter bestimmten Umständen eine potenzielle Reservearmee der Faschisten

[134] Ebd.

[135] L. K.: Zu den Ereignissen in Palästina, in: Gegen den Strom, Nr. 36 vom 7. September 1929, S. 9.

[136] Die Fahne des Kommunismus vom 12. August 1932, zit. in: Rüdiger Zimmermann: Der Leninbund. Linke Kommunisten in der Weimarer Republik, Düsseldorf 1978, S. 223. Zum Leninbund vgl. auch Bois: Kommunisten gegen Hitler und Stalin, S. 253–292.

bilden könnten.[137] Auch Trotzki sah diese Gefahr, sollten die Arbeiterparteien unfähig sein, eine Einheitsfront gegen den Faschismus zu bilden.

Leo Trotzki, der Anfang 1929 aus der Sowjetunion ausgewiesen worden war, fand zunächst in der Türkei die einzige Bleibe. Von dort aus erlebte er die Weltwirtschaftskrise mitsamt ihren Millionen von Arbeitslosen und der sozialen Entwurzelung einer ganzen Generation.

Angesichts der Krise sahen viele Kommunisten die Stunde des Zusammenbruchs des Kapitalismus gekommen. Die Konflikte zwischen der staatstreuen Sozialdemokratie und der KPD, die in unversöhnlicher Opposition zur Weimarer Republik stand, verschärften sich dramatisch. Die Spaltung der Arbeiterbewegung desorientierte viele Lohnabhängige und Arbeitslose, von denen ein wachsender Teil sich der NSDAP zuwandte. Trotzki begriff weit früher und klarer als beinahe jeder andere Zeitgenosse die möglichen Konsequenzen dieser Entwicklung. In einer Vielzahl von Artikeln und Aufrufen nahm er zur deutschen Situation Stellung. Im Mittelpunkt seiner Aktivitäten standen seine beschwörenden Appelle an die KPD und die SPD, sich zu gemeinsamen Aktionen zusammenzufinden und die Weimarer Demokratie gegen Hitlers Vormarsch zu verteidigen. Seiner 1932 erschienenen Schrift *Was nun?* gab er den bezeichnenden Untertitel: *Schicksalsfragen des deutschen Proletariats.*

Gegen die »Sozialfaschismus«-These von KPD und Komintern, die ein Gleichheitszeichen zwischen der Sozialdemokratie und der faschistischen Bewegung setzte, schrieb Trotzki: »Zwischen Demokratie und Faschismus besteht ein Gegensatz. Er ist durchaus nicht ›absolut‹ oder, um in der Sprache des Marxismus zu reden, bezeichnet durchaus nicht die Herrschaft zweier unversöhnlicher Klassen. Aber er kennzeichnet verschiedene Herrschaftssysteme ein und derselben Klasse. Diese beiden Systeme: das parlamentarisch-demokratische und das faschistische stützen sich auf verschiedene Kombinationen der unterdrückten und ausgebeuteten Klassen und geraten miteinander unvermeidlich in schroffe Zusammenstöße. Die Sozialdemokratie, jetzt Hauptvertreterin des parlamentarisch-bürgerlichen Regimes, stützt sich auf die Arbeiter. Die Sozialdemokratie kann ohne Arbeiter-Massenorganisationen keinen Einfluss ausüben. Der Faschismus kann seine Macht nicht anders festigen als durch Zerschlagung der Arbeiterorganisationen. Hauptarena der Sozialdemokratie ist das Parlament. Das System des Faschismus fußt auf der Vernichtung des Parlamentarismus. Für die monopolistische Bourgeoisie stellen parlamentarisches und faschistisches System bloß verschiedene Werkzeuge ihrer Herrschaft dar: sie nimmt zu diesem oder jenem Zuflucht in Abhängigkeit von den historischen Bedingungen. Jedoch für die Sozialdemokratie wie

[137] Marie Jahoda/Paul F. Lazarsfeld/Hans Zeisel: Die Arbeitslosen von Marienthal. Ein soziographischer Versuch über die Wirkungen langandauernder Arbeitslosigkeit [1933], Frankfurt a. M. 1975.

für den Faschismus ist die Wahl des einen oder des anderen Werkzeugs von selbständiger Bedeutung, noch mehr, die Frage ihres politischen Lebens oder Todes.«[138]

Trotzki fuhr fort: »Die Reihe ist ans faschistische Regime gekommen, sobald die ›normalen‹ militärisch-polizeilichen Mittel der bürgerlichen Diktatur mitsamt ihrer parlamentarischen Hülle für die Gleichgewichtserhaltung der Gesellschaft nicht mehr ausreichen. Durch die faschistische Agentur setzt das Kapital die Massen des verdummten Kleinbürgertums in Bewegung, die Banden deklassierter, demoralisierter Lumpenproletarier und all die zahllosen Menschenexistenzen, die das gleiche Finanzkapital in Verzweiflung und Elend gestürzt.« Die Bourgeoisie würde, so Trotzki, vom Faschismus ganze Arbeit fordern; »hat sie einmal die Methoden des Bürgerkriegs zugelassen, will sie für lange Jahre Ruhe haben.«[139] Trotzki nannte präzise die Folgen, die ein Sieg des Faschismus für die Arbeiterbewegung mit sich bringen würde: »Zertrümmerung der Arbeiterorganisationen, Zurückwerfung des Proletariats in amorphen Zustand, Schaffung eines Systems tief in die Massen dringender Organe, die die selbständige Kristallisierung des Proletariats unterbinden sollen.«[140]

Trotzki wollte jedoch bis ans Ende der Weimarer Republik nicht glauben, dass die deutschen Arbeiter Hitler kampflos die Gewalt überlassen könnten. Als dies geschehen war, rief er zum Bruch mit der Komintern auf, die, wie die Zweite Internationale im August 1914, an ihrer historischen Aufgabe gescheitert wäre. Ohne zu zögern, versuchte er Hitlers Triumph in seinen möglichen Konsequenzen zu erfassen. Frucht seiner Überlegungen war im Juni 1933 sein Aufsatz »Porträt des Nationalsozialismus«. *(Dokument 15)*[141]

Trotzki sah, dass die Hauptinstrumente der Macht im Frühjahr 1933 noch nicht in Hitlers Hand waren. Daher rührte dessen ungeheurer Drang nach sozialer Disziplinierung und Unterwerfung aller Klassen und Schichten – in je unterschiedlichem Maße. Als ideales Mittel der ideologischen Gleichschaltung erweise sich für Hitler der Antisemitismus, der ihm schon im Kampf um die Kanzlerschaft gute Dienste geleistet hatte, konnten doch in das »Feindbild Jud'« alle sozialen Ängste, Frustrationen und Neidkomplexe hineinprojiziert werden. Noch mehr als vor 1933 sollte sich der Antisemitismus als übergreifende Ideologie des Nationalsozialismus erweisen. Trotzki erkannte die entscheidende Rolle Hitlers bei der politischen und

---

[138] Leo Trotzki: Was nun? Schicksalsfragen des deutschen Proletariats, Berlin 1932. Wiederabdruck in: Ders.: Wie wird der Nationalsozialismus geschlagen?, hrsg. von Helmut Dahmer, eing. von Ernest Mandel, Frankfurt a. M. 1971, S. 80f.; Orthografie modernisiert.

[139] Ebd., S. 81.

[140] Ebd., S. 17.

[141] Leo Trotzki: Porträt des Nationalsozialismus, in: Keßler (Hrsg.): Leo Trotzki oder: Sozialismus gegen Antisemitismus, S. 126–136. Hiernach alle folgenden Zitate. Der Aufsatz erschien am 10. Juni 1933 in der Prager Exil-Weltbühne und ist als Dokument 15 in diesem Buch erneut abgedruckt.

ideologischen Ausrichtung der NSDAP wie der deutschen Gesellschaft. Er sah in ihm keineswegs, wie die KPD es tat, eine bloße Marionette des Großkapitals.

Hitler, so Trotzki, »brachte in die Bewegung keinerlei fertiges Programm mit – wenn man den Rachedurst des gekränkten Soldaten nicht zählt. Hitler begann mit Verwünschungen und Klagen über die Versailler Bedingungen, über das teure Leben, über das Fehlen des Respekts vor dem verdienten Unteroffizier, über das Treiben der Bankiers und Journalisten mosaischen Bekenntnisses. Heruntergekommene, Verarmte, Leute mit Schrammen und frischen blauen Flecken fanden sich genug. Jeder von ihnen wollte mit der Faust auf den Tisch hauen. Hitler verstand das besser als die anderen.« Hitler sei der wild gewordene Kleinbürger im Riesenformat. Nicht jeder wild gewordene Kleinbürger könne ein Hitler werden, aber in jedem wild gewordenen Kleinbürger stecke etwas von Hitler.

Aber warum fiel Hitlers immer radikalerer Judenhass auf so fruchtbaren Boden? »Der Kleinbürger [hielt Trotzki fest] ist dem Entwicklungsgedanken feind, denn die Entwicklung geht beständig gegen ihn – der Fortschritt brachte ihm nichts als unbezahlbare Schulden.« Er brauche »eine höchste Instanz, die über Natur und Geschichte steht, gefeit gegen Konkurrenz, Inflation, Krise und Versteigerung. Der Evolution, dem ›ökonomischen Denken‹, dem Rationalismus – dem zwanzigsten, neunzehnten und achtzehnten Jahrhundert – wird der nationale Idealismus als die Quelle des Heldischen entgegengestellt. Die Nation Hitlers ist ein mythologischer Schatten des Kleinbürgertums selbst, sein pathetischer Wahn vom tausendjährigen Reich auf Erden. Um die Nation über die Geschichte zu erheben, gab man ihr als Stütze die Rasse. Den geschichtlichen Ablauf betrachtet man als Emanation der Rasse. Die Eigenschaften der Rasse werden ohne Bezug auf die veränderlichen gesellschaftlichen Bedingungen konstruiert. Das niedrige ›ökonomische Denken‹ ablehnend, steigt der Nationalsozialismus ein Stockwerk tiefer, gegen den wirtschaftlichen Materialismus beruft er sich auf den zoologischen.«

Die Wirkung des nazistischen Antisemitismus beruhte auf dessen Ventilfunktion: »Der Jude« war Kapitalist wie Bolschewik, Liberaler oder Marxist, vor allem aber der Fremde. Die rabiate Aufhebung der bürgerlichen Gleichberechtigung der Juden durch die Nazis zeigte, wie wenig die »Assimilation« wirklich gelungen war. Nicht zuletzt richtete sich all dies gegen die urbane Kultur der Weimarer Republik. Auch die reaktionären Hochschullehrer fanden sich bei den Nazis ein, als diese auf der Siegerstraße waren. Trotzki begründete die Dynamik des nazistischen Antisemitismus mit der Entwicklung des Kapitalismus. Doch er fühlte auch »instinktiv«, wie Walter Laqueur schrieb, »dass der Nazismus viel mehr Sprengstoff enthielt als die Schlussfolgerungen, die man aus einer traditionellen sozialökonomischen Analyse ziehen konnte – er war ein Rückfall in die Barbarei.«[142]

[142] Walter Laqueur: Russia and Germany. A Century of Conflict [1965], New Brunswick/London 1990, S. 231 (In der deutschen Ausgabe: Deutschland und Russland, Ber-

Der Faschismus sei, so Trotzki, Produkt des gesellschaftlichen und moralischen Niedergangs des Kapitalismus bei gleichzeitigem Expansions- und Innovationsstreben. Aber der Faschismus hätte auch »den Bodensatz der Gesellschaft für die Politik [entdeckt]. Nicht nur in den Bauernhäusern, sondern auch in den Wolkenkratzern der Städte lebt neben dem zwanzigsten Jahrhundert heute noch das zehnte oder dreizehnte. Hunderte Millionen Menschen benutzen den elektrischen Strom, ohne aufzuhören, an die magische Kraft von Gesten und Beschwörungen zu glauben. Der römische Papst predigt durchs Radio vom Wunder der Verwandlung des Wassers in Wein. Kinostars laufen zur Wahrsagerin. Flugzeugführer, die wunderbare, vom Genie des Menschen erschaffene Mechanismen lenken, tragen unter dem Sweater Amulette. Was für unerschöpfliche Vorräte an Finsternis, Unwissenheit, Wildheit! Die Verzweiflung hat sie auf die Beine gebracht, der Faschismus weist ihnen die Richtung. All das, was bei ungehinderter Entwicklung der Gesellschaft vom nationalen Organismus als Kulturexkrement ausgeschieden würde, kommt jetzt durch den Schlund hoch: die kapitalistische Zivilisation erbricht die unverdaute Barbarei. Das ist die Physiologie des Nationalsozialismus.«

Trotzki erkannte, dass der Antisemitismus der Nazi-Bewegung Teil eines Programms war, das die der Aufklärung entstammende Zivilisation preisgeben würde.

---

lin [West] 1965, S. 270, ist diese Stelle vom Übersetzer Karl Heinz Abshagen nicht korrekt wiedergegeben.)

Kapitel 13
Die europäische Sozialdemokratie zwischen den Weltkriegen

Am Ende des Ersten Weltkrieges bestand unter Sozialisten der Konsens, Antisemitismus zu bekämpfen und den Vorurteilen über Juden entschlossen zu entgegenzutreten. Allerdings führte die Spaltung der Arbeiterbewegung auch in dieser Beziehung zu einer neuen Konstellation: Kommunisten und Sozialdemokraten einte zwar die entschiedene Gegnerschaft zum Antisemitismus, doch über die Aussichten dessen, was als »sozialistische Lösung der Judenfrage« galt, wuchsen die Differenzen. Die Kommunisten hofften weiterhin, dass durch eine sozialistische Weltrevolution der Antisemitismus verschwinden werde und die Juden sich unter freiwilligem Verzicht auf ihre soziokulturellen Merkmale in die künftige sozialistische Völkergemeinschaft eingliedern könnten. Unter den Sozialdemokraten gab es sehr voneinander abweichende Meinungen, die von dieser traditionellen Lesart über die national-kulturelle Selbstbestimmung bis hin zur Befürwortung des Zionismus reichten. Deutschland, Polen und die jüdische Gemeinschaft in Palästina sowie ihre Unterstützer in der internationalen Sozialdemokratie waren die wichtigsten Beispiele für jeden dieser drei Wege auf der Suche nach Emanzipation.

Die SPD und der Antisemitismus

Bis zum Ersten Weltkrieg hatte die deutsche Sozialdemokratie das liberale Emanzipations- und Assimilationskonzept übernommen. Dieses sah das Judentum in Deutschland als Religion an und hieß, gemäß dem Konzept der deutschen Kulturnation, Juden als gleichberechtigte Teile der Nation willkommen. Dieses Konzept gestand den Juden aber außerhalb des religiös definierten Rahmens keine eigenständig begriffene Existenz zu. So sahen Liberale und Sozialdemokraten die jüdisch-religiösen und selbst die jüdisch-säkularen Traditionen nur als Überbleibsel des Ghetto-Zeitalters, die man hinter sich lassen solle.

Daran hielt die SPD mehrheitlich nach 1918 fest, doch hatten sich die äußeren Bedingungen dramatisch geändert: Die deutsche Kriegsniederlage, die erneut stecken gebliebene bürgerliche Revolution, der diktierte Frieden von Versailles und nicht zuletzt das Engagement jüdischer Revolutionäre auf Seiten der radikalen Linken sowie die Furcht der besitzenden Klassen vor dem Bolschewismus (oder was sie dafür hielten) wurden von vielen Menschen zum Anlass genommen, um antisemitische Auffassungen zu vertreten. Neben den ärmeren und den besitzenden Klassen wurden nun vor allem die aus der Bahn geworfenen früheren Offiziere und Soldaten für den Antisemitismus empfänglich. Sie glaubten, das »Weltjudentum« sei für die soziale Notlage großer Teile des deutschen Volkes verantwortlich.

Die Weimarer Republik wurde von der Mehrheit des Bürgertums als Produkt der Kriegsniederlage abgelehnt. Die SPD galt als »die« Partei dieser Republik; der Terminus war ursprünglich abschätzig gemeint. Sie war in der Tat zu der Partei geworden, die sich am meisten und geradezu existenziell mit dem republikanischen Projekt verband. Die meisten Juden standen der Republik tendenziell positiv gegenüber, da sie ihnen Zugang zu bisher kaum erreichbaren Berufen, so zu dem des Hochschulprofessors, gewährte. Die SPD hielt als Ganzes an der Gegnerschaft zum Antisemitismus fest. Nicht zuletzt deshalb entstand das böse Wort von der »roten Judenrepublik«. Diese Diffamierung war Kernbestandteil der Kampagne gegen die Weimarer Republik, die eine »ständige Verunglimpfung ihrer Institutionen« zum Ziel hatte.[1]

Dabei definierten sich zwischen 1919 und 1933 von den etwas mehr als 40 Reichstags-Abgeordneten jüdischer Herkunft (der insgesamt 1.795 Abgeordneten) nur 15 DDP-, USPD- und SPD-Parlamentarier in den Selbstdarstellungen der Reichstagshandbücher als »Jude«, »jüdisch«, »Jüdin«, »jüdischer Abstammung« oder »mosaisch«.[2]

Die Sozialdemokraten bekämpften den Antisemitismus vorrangig auf drei Ebenen: als Ausdruck von Republikfeindschaft (der Slogan der »Judenrepublik« wurde geradezu ein Kennzeichen der Antisemiten), als Feindschaft gegen die »Ostjuden« (die auch unter deutschnationalen Juden anzutreffen war) sowie als vorgeblichen Kampf gegen »kapitalistisches Ausbeuter- und Wuchertum«. Nicht zuletzt bekämpften SPD und USPD den sich weiter ausbreitenden Antisemitismus auch in den Schulen. Auf judenfeindliche Einstellungen bei der Reichswehr konnten die Parteien keinen, bei der Polizei nur geringen Einfluss nehmen.

Doch die inneren Spannungen, denen sich die seit 1917 (durch den Abgang der USPD) gespaltene Partei ausgesetzt sah, spiegelten sich auch in Invektiven wider, die bis dahin in der Partei nicht zu hören gewesen waren. So wurde Eduard Bernstein, der sich für eine notgedrungene Annahme der Versailler Bedingungen aussprach, auf dem Weimarer SPD-Parteitag im Juni 1919 attackiert. Man vergaß nicht, dass er im Krieg für zwei Jahre der USPD angehört hatte, und noch weniger vergaß man seine Herkunft. Adolf Braun rief Bernstein zu: »Sie müssen einmal

[1] Christian Dietrich: Im Schatten August Bebels. Sozialdemokratische Antisemitismusabwehr als Republikschutz 1918–1932, Göttingen 2021, S. 99. Diese Arbeit ist das Standardwerk zum Thema, das viele Einzelheiten enthält, auf die hier nur in Form einer Zusammenfassung hingewiesen werden kann.

[2] Susanne Wein: Abgeordnete jüdischer Herkunft und Antisemitismus im Weimarer Reichstag, in: E-Newsletter für die deutschsprachigen Länder der International School of Holocaust Studies (Yad Vashem), September 2012, online unter www.yadvashem.org/de/education/newsletter/7/jews-in-weimar-reichstag.html (zuletzt 29.3.2022).

hören, dass wir Ihnen in der talmudistischen Methode Ihrer Politik nicht folgen können.« Hermann Müller, Mitglied des Parteivorstandes und künftiger Reichskanzler, attackierte Bernstein mit den Worten: »Man darf eben nicht alle Dinge unter dem Gesichtspunkt des Rabbiners von Minsk behandeln, wenn man aktuelle Politik zu machen hat.«[3] Auch Gustav Noske glaubte zu wissen, wie er noch 1947(!) in seinen Erinnerungen schrieb, dass ostjüdische Marxisten eine Veranlagung besäßen, den Sozialismus zu einem Dogma und einer Art Geheimwissenschaft zu machen, die den deutschen Arbeitern unverständlich bleiben müsse.[4]

Bereits die drohende Kriegsniederlage verschärfte im Spätsommer und Herbst 1918 die antijüdische Stimmung. »Je mehr sich das Kriegsglück gegen Deutschland wendete, desto mehr Raum gewann die Rechte für ihre antijüdische Agitation«, schreibt der Historiker Werner Bergmann.[5] Schließlich war die Niederschlagung der revolutionären Kämpfe im Winter und Frühjahr 1919 besonders in Berlin und Bayern von einem äußerst gewalttätigen Antisemitismus geprägt. Die physische Gewalt wurde »zu einer eigenständigen Dimension des Antisemitismus«.[6] Prominente Sozialisten und Anarchisten wie Rosa Luxemburg, Kurt Eisner, Hugo Haase und Gustav Landauer wurden nicht nur aufgrund ihrer politischen Haltung, sondern auch als Juden zu Opfern der Konterrevolution. Eine Reihe radikaler junger jüdischer Intellektueller, die der SPD angehörten oder ihr nahegestanden hatten, verließ die Partei, der sie ein Nachgeben vor der Konterrevolution vorwarf. Für Herbert Marcuse, einen der Akademiker, war die Weimarer Republik »aus dem Blut der sozialistischen Märtyrer geboren.«[7] Obwohl einige Jahre später manche von ihnen (so auch Marcuse) in der SPD-Presse publizierten, war der intellektuelle Aderlass für die Sozialdemokraten beträchtlich: Neben den Kräften, die sie an die KPD (und zeitweise die USPD) abgaben, standen auch diese »freischwebenden« Intellektuellen als politische Akteure der SPD kaum noch zur Verfügung – dies alles im Nachkrieg, als Gewalt gegen Juden und

---

[3] Beide Zitate in Francis L. Carsten: Eduard Bernstein 1850–1932. Eine politische Biographie, München 1993, S. 178f.

[4] Vgl. Gustav Noske: Erlebtes aus Aufstieg und Niedergang einer Demokratie, Zürich 1947, S. 47; vgl. auch Ludger Heid: »Proletarier zu sein und Jude dazu, das bedeutet unsägliches Leid...« Sozialisten zur »Ostjudenfrage«, in: Ders./Arnold Paucker (Hrsg.): Juden und deutsche Arbeiterbewegung bis 1933. Soziale Utopien und religiös-kulturelle Traditionen, Tübingen 1992, S. 180–191. Noske verteidigte auch den später zu den Nazis übergelaufenen August Winnig, einen der wenigen Sozialdemokraten, der offen antisemitisch auftrat, und auch nach dessen Abwendung von der SPD hielt er zu ihm Kontakt. Vgl. Donald L. Niewyk: Socialist, Anti-Semite, and Jew. German Social Democracy Confronts the Problem of Anti-Semitism, 1918–1933, Baton Rouge, Louis. 1971, S. 111.

[5] Werner Bergmann: Geschichte des Antisemitismus, München 2002, S. 67.

[6] Ebd.

[7] Stuart Jeffries: Grand Hotel Abgrund. Die Frankfurter Schule und ihre Zeit, übers. von Susanne Held, Stuttgart 2021, S. 78.

Linke auf offener Straße, Überfälle und Plünderungen von Wohnungen und Geschäften eine Zeitlang zur Massenerscheinung wurde.[8]

In dieser Atmosphäre der Gewalt äußerten SPD-Funktionäre in Regierungsämtern judenfeindliche Einstellungen gegenüber Einwanderern aus Osteuropa. Zu Beginn der Weimarer Republik befanden sich über 150.000 Ostjuden (ohne deutsche Staatsbürgerschaft) in Deutschland. Hierzu gehörten auch rund 30.000 Zwangsarbeiter, die während des Krieges nach Deutschland verbracht worden waren. Ein anderer Teil der Einwanderer war vor Pogromen geflohen, mit denen polnische Bürger die wiedergewonnene Unabhängigkeit ihres Staates »feierten«, wiederum andere waren Flüchtlinge des russischen Bürgerkrieges. Für viele galt Deutschland nur als Transitland auf dem gewünschten Weg in die USA.[9]

Wie andere Länder, ging auch Deutschland in der unmittelbaren Nachkriegszeit zu einer äußerst restriktiven Einwanderungspolitik über. Die Beschäftigung von Ausländern wurde staatlicher Regelung unterworfen, wozu auch ein umständliches Genehmigungsverfahren für die Unternehmen, die Kontingentierung für ausländische Landarbeiter und die Einführung von Karenzzeiten gehörten. Anfang August 1920 verabschiedete der Reichstag mehrheitlich eine Resolution, die zur Internierung und Deportation lästiger »fremdstämmiger« Elemente aufrief. Die Deutschnationalen sowie die NSDAP verkündeten Ende 1920 programmatisch, Deutschland müsse von »rassefremden« Elementen freigehalten werden.[10] Die SPD bezog dagegen entschieden Stellung. Doch entzogen sich einige ihrer Politiker nicht dem nationalistischen Zeitklima:

Auf der Grundlage einer im April 1919 im Auswärtigen Amt durchgeführten Beratung gab der preußische Innenminister Wolfgang Heine (SPD) am 6. Mai einen Erlass heraus, demzufolge jüdische Einwanderer, die sich »auf nicht einwandfreie Art« ihren Lebensunterhalt verschafften oder auf andere Weise gegen Gesetze verstießen, auszuweisen seien.[11] Am 1. November 1919 erließ Heine eine entsprechende Weisung an die preußischen Regierungspräsidenten, die auch Maßnahmen zur Sperrung der Grenzen beinhaltete. Sieben Monate später, am 1. Juni 1920, wies ein weiterer Erlass auf die Gefahr der Verbreitung »bolschewistischer Ideen« unter den Ostjuden hin.[12] Obgleich die Gefahr von Pogromen in den Herkunftsländern der ostjüdischen Immigranten nicht verschwiegen wurde,

[8] Vgl. Dirk Walter: Antisemitische Kriminalität und Gewalt. Judenfeindschaft in der Weimarer Republik, Bonn 1999, S. 22.

[9] Vgl. ausführlich Dietrich: Im Schatten August Bebels, S. 120–133.

[10] Vgl. ebd., S. 120, und Lothar Elsner: Zur Haltung der SPD gegenüber den sogenannten Ostjuden. Die Erlasse sozialdemokratischer preußischer Minister gegen asylsuchende »Ostjuden« 1919/20, in: Mario Keßler (Hrsg.): Arbeiterbewegung und Antisemitismus. Entwicklungslinien im 20. Jahrhundert, Bonn 1993, S. 22f.

[11] Ebd., S. 23.

[12] Ebd.

hielt die neue Verordnung eine weitere Verschärfung des Grenzregimes fest. Bereits am 27. März 1920 hatte der Berliner Polizeipräsident Eugen Ernst (SPD) auf der Suche nach vermeintlichen Kriminellen eine Razzia im Scheunenviertel angeordnet, wo eine große Anzahl von Ostjuden wohnte. Etwa 300 Personen wurden willkürlich interniert. Die SPD-Presse verurteilte den Vorfall wenig später, nahm jedoch Eugen Ernst als Verantwortlichen von der Kritik aus.[13]

Carl Severing, Wolfgang Heines Nachfolger als preußischer Innenminister und ebenfalls SPD-Mitglied, kam am 17. November 1920 den rechten Kräften noch weiter entgegen. Unter dem Vorwand der Gleichstellung von Ostjuden mit den übrigen Ausländern, was jede Bevorzugung ausschließe, wurde die Ausweisung von jenen erleichtert, die keine Arbeit nachweisen konnten. Falls eine Ausweisung von Ostjuden kurzfristig nicht möglich sei, solle erwogen werden, diese in Sammellagern zu konzentrieren. Während des schwebenden Ausweisungsverfahrens sei in keinem Fall die Einschaltung einer privaten oder sonstigen nichtstaatlichen Fürsorgeorganisation zulässig. So wurden in den Jahren 1921 bis 1923 in Preußen wie auch in Bayern mehrere Internierungslager betrieben. Die Einbürgerung von Ostjuden wurde im SPD-regierten Preußen unter Hinweis auf den angeblich halbbarbarischen Charakter der Zuwanderer besonders restriktiv gehandhabt.[14]

Auf der anderen Seite erkannten SPD-Politiker durchaus, dass der Antisemitismus gegen die Republik insgesamt und besonders gegen die Sozialdemokratie gerichtet war.[15] Schließlich wurden prominente SPD-Funktionsträger jüdischer Herkunft bevorzugte Angriffsobjekte der extremen Rechten. Das bekannteste Beispiel war der Fall des Berliner Polizeivizepräsidenten Bernhard Weiß, gegen den die Nazis und insbesondere Goebbels hetzten, indem sie ihn mit dem angeblich jüdischen Namen Isidor bedachten. Die Hetzfigur des Isidor wurde in der Nazipresse mit der realen Person von Bernhard Weiß verschmolzen. In den Berliner SPD-Politiker wurden – dies war eine Idee von Goebbels – alle antisemitischen Klischees hineinprojiziert und, wie sich zeigen sollte, von Millionen geglaubt.[16] Die SPD-Presseorgane entfalteten eine umfangreiche Aufklärungsarbeit gegen die anwachsende antisemitische Hetze. Vor 1914 waren in der SPD-Unterhaltungspresse, so im SPD-Satireblatt *Der Wahre Jacob*, durchaus noch antijüdische Klischees zu finden. Dies war zwar kein durchgängiger Ausdruck einer direkt judenfeindlichen Einstellung, doch zeigte es die Anpassung von Sozialdemokraten

[13] Vgl. Niewyk: Socialist, Anti-Semite and Jews, S. 100.

[14] Vgl. Elsner: Zur Haltung der SPD, S. 25.

[15] Vgl. Niewyk: Socialist, Anti-Semite and Jews, passim.

[16] Vgl. Dietz Bering: Von der Notwendigkeit politischer Beleidigungsprozesse. Der Beginn der Auseinandersetzungen zwischen Polizeivizepräsident Bernhard Weiß und der NSDAP, in: Walter Grab/Julius H. Schoeps (Hrsg.): Juden in der Weimarer Republik, Stuttgart/Bonn 1986, S. 305–330.

an den latent judenfeindlichen hegemonialen Diskurs im Kaiserreich. Nach 1918 verschwanden solche Negativklischees aus der SPD-Presse.[17]

Der anschwellende Antisemitismus erforderte einen verstärkten Einsatz der Linken, wobei die USPD aktiver als die SPD war und ihren Kampf für die Rechte der Juden mit dem Einsatz für die Frauenrechte verband. Auf ihrem Leipziger Parteitag, der vom 30. November bis zum 6. Dezember 1919 stattfand, verabschiedete die USPD eine Resolution »Gegen die Judenhetze«. In dieser wurde der Antisemitismus als Instrument der Gegenrevolution bezeichnet, mit dem versucht werde, die revolutionären Kräfte zu spalten. In der Erklärung forderte der Parteitag dazu auf, »alle Formen dieser Hetze [...] auf das entschiedenste zu bekämpfen«.[18] Als der USPD-Abgeordnete Kurt Rosenfeld am 13. August 1920 im Reichstag an die Gefahr von Pogromen in Polen und Russland erinnerte, warf ihm der evangelische Theologe Reinhold Mumm von der Deutschnationalen Volkspartei (DNVP) »eine Stammesängstlichkeit, die überall drüben Pogrome sieht«, vor.[19] Dies war nur eine von zunehmenden antisemitischen Bemerkungen und Zwischenrufen.

Nach der Ermordung von Außenminister Walter Rathenau am 24. Juni 1922 forderten SPD, USPD und KPD zusammen die Rettung der »bürgerlich-demokratischen Republik«, um die »Lebensinteressen des Proletariats« zu verteidigen.[20] Das erste Gesetz zum Schutz der Republik trug eine sozialdemokratische Handschrift. Die SPD kritisierte die Justiz, da diese in Bezug auf den Antisemitismus auf dem rechten Auge oft blind war. Trotz zahlreicher Wortmeldungen im *Vorwärts*, die auch außerhalb der Partei wahrgenommen wurden, wuchs in bürgerlichen Organisationen wie dem Reichsbund jüdischer Frontsoldaten und dem Central-Verein deutscher Staatsbürger jüdischen Glaubens erst allmählich die Erkenntnis, in der SPD einen Bündnispartner im Kampf gegen die Judenfeindschaft zu haben.

Am 29. November 1922, nur wenige Monate nach dem Rathenau-Mord, stand die Frage nach dem Umgang mit den eingewanderten Ostjuden auf der Tagesordnung des Preußischen Landtages. Die politische Rechte konnte noch keine offenen Ausfälle gegen jüdische Deutsche wagen, die vor der Mordtat durchaus an der Tagesordnung gewesen waren. Sie suchte deshalb die Ressentiments gegen sogenannte einwandernde Wirtschaftsflüchtlinge aus Osteuropa zu lenken. Unter den

---

[17] Vgl. Hans-Gerd Henke: Der »Jude« als Kollektivsymbol in der deutschen Sozialdemokratie 1890–1914, Mainz 1994, S. 92–99; Dietrich: Im Schatten August Bebels, S. 198–204.

[18] Resolution »Gegen die Judenhetze«, in: Unabhängige Sozialdemokratische Partei Deutschlands, Protokolle der Parteitage, Bd. 2: 1919–1920, Glashütten im Taunus 1976, S. 539.

[19] Stenographische Protokolle des Reichstags, Bd. 344, 17. Sitzung am 13. August 1920, S. 632B.

[20] P[aul] F[rölich]: Der Sinn der Sache, in: Die Internationale, 5 (1922), S. 1f. Vgl. Martin Sabrow: Die verdrängte Verschwörung. Der Rathenau-Mord und die deutsche Gegenrevolution, Frankfurt a. M. 1999, S. 94.

Zuwanderern aus dem Osten war der jüdische Anteil in der Tat hoch. Typisch war der Vorwurf, die Ostjuden würden Deutschland mit dem Bolschewismus infizieren, und die SPD würde dieser Unterwanderung nichts entgegensetzen. Innenminister Severing konzedierte in auffallend defensiver Manier, die Sorge der Deutschnationalen sei insofern berechtigt, als »die augenblickliche Aussicht auf dem Arbeitsmarkt nicht dazu angetan [ist], dass wir noch Ausländer zu uns hereinnehmen können«, wofür er höhnischen Beifall vonseiten der DNVP erhielt.[21] Auch vonseiten der Deutschen Volkspartei (DVP), Koalitionspartner der SPD in der Preußischen Regierung, wurde beklagt, dass »aufgrund dieses starken Einströmens unerwünschter Elemente« nach Deutschland und speziell Preußen »der Antisemitismus zu seiner Blüte gelangt« sei, die Juden somit einen Teil der Schuld daran trügen.[22]

Von den übrigen Beiträgen verteidigten nur der KPD-Abgeordnete Werner Scholem und der SPD-Abgeordnete Oskar Cohn das Wohn- und Arbeitsrecht der ostjüdischen Einwanderer. Scholem wandte sich scharf gegen jede Politik der Abschiebung und Grenzschließung und forderte eine »arbeiterfreundliche und kapitalistenfeindliche Ausländerpolitik.«[23] Er erinnerte an die Versprechungen, die die Oberste Heeresleitung den unter zaristischer Herrschaft lebenden Juden im Ersten Weltkrieg gemacht hatte, um sie auf die deutsche Seite zu ziehen. Cohn, der kurz vorher mit der USPD zur SPD gekommen war, erinnerte daran, dass den Juden, die im Krieg den Deutschen Dienste geleistet hatten, danach vergessen worden wären. Schutzlos seien sie polnischen und ukrainischen Pogromisten ausgeliefert worden.[24]

Ein knappes Jahr später, am 5. und 6. November 1923, kam es in Berlin zum sogenannten Scheunenviertel-Pogrom. In diesem Teil von Berlin-Mitte waren zahlreiche Ladenbesitzer osteuropäisch-jüdischer Herkunft ansässig. Über 200 Läden wurden geplündert und zum Teil völlig zerstört. Die Polizei unterband die Gewalttaten erst sehr spät.[25] Die endlich einsetzende Mobilisierung der linken und

[21] Protokolle des Preußischen Landtags, 1. Wahlperiode, 29. November 1922, zit.n. Ralf Hoffrogge: Ein Tag im Leben der Weimarer Republik – die »Ostjudendebatte« des Preußischen Landtages von 1922, in: Markus Börner/Anja Jungfer/Jakob Stürmann (Hrsg.): Judentum und Arbeiterbewegung. Das Ringen um Emanzipation in der ersten Hälfte des 20. Jahrhunderts, Berlin/Boston 2018, S. 302; Orthografie modernisiert.

[22] Ebd., S. 304.

[23] Ebd., S. 307.

[24] Vgl. ebd., S. 309.

[25] Vgl. hierzu Reiner Zilkenat: »Ostjuden« als Objekte gewalttätiger Aktionen im Berlin der Weimarer Republik. Der Pogrom im Scheunenviertel am 5. und 6. November 1923, in: Keßler (Hrsg.): Antisemitismus und Arbeiterbewegung, S. 29–34; Walter: Antisemitische Kriminalität und Gewalt, S. 151–154; David Clay Large: »Out with the Ostjuden«. The Scheunenviertel Riots in Berlin, November 1923, in: Christhard Hoffmann/Werner Bergmann/Helmut Walser Smith (Hrsg.): Exclusionary Violence. Antisemitic Riots in Modern History, Ann Arbor, Mich. 2002, S. 123–140.

liberalen Öffentlichkeit war auch von der Sorge gegenüber Umsturzversuchen getragen, die im versuchten Staatsstreich der NSDAP in München am 9. November 1923 kulminierten. Diese Gefahr verlieh »der anti-antisemitischen Propaganda«, so der Historiker Dirk Walter, »eine Breitenwirkung und Dynamik, die ein ausschließlich gegen die Judenfeindschaft per se gerichteter Protest wohl nicht gehabt hätte.«[26] Die Gründung des Reichsbanners Schwarz-Rot-Gold war eine Reaktion auf diese Gefahren. Das Reichsbanner, dem Sozialdemokraten, Liberale und parteilose Demokraten angehörten, verstand sich als Gegenkraft zu den zahlreichen rechtsradikalen Milizen und bekundete die Absicht, die Republik notfalls mit Waffengewalt zu verteidigen.

In der relativ stabilen Mittelphase der Weimarer Republik, zwischen 1924 und 1929, ging der Antisemitismus zwar zurück, doch stieg die Zahl an Schändungen von Friedhöfen und Synagogen: Zwischen 1923 und 1932 waren fast 200 solcher Schändungen zu verzeichnen. Allerdings stießen sie in der Öffentlichkeit auf deutliche Ablehnung, die bis in rechte Publikationen reichte.[27] An den Universitäten, bei Studenten wie bei Professoren, blieb der Antisemitismus trotzdem virulent. Zielscheibe des akademischen Antisemitismus wurden besonders solche der SPD (oder später der Sozialistischen Arbeiterpartei, der SAP) nahestehende Gelehrte wie Albert Einstein, Emil Julius Gumbel oder Theodor Lessing.[28]

Seit 1924 gab Rudolf Hilferding, im Jahr vorher kurzzeitig Reichsfinanzminister, die theoretische Zeitschrift der SPD *Die Gesellschaft* heraus, an der zahlreiche jüdische Sozialdemokraten mitarbeiteten und ihr ein innovatives Profil verliehen: Fritz Naphtali mit seinem Konzept der Wirtschaftsdemokratie, Alfred Braunthal, Eduard Heimann, Adolf Löwe und der Arbeitsrechtler Hugo Sinzheimer sowie seine direkten oder indirekten akademischen Schüler Ernst Fraenkel, Otto Kahn-Freund, Otto Kirchheimer und Franz L. Neumann, aber auch der Jurist Hermann Heller, der Ökonom Fritz Sternberg und der Soziologe Siegfried Marck. Manche Verbindungen dieser Wissenschaftler gab es auch zum Frankfurter Institut für Sozialforschung, einer von ihren Gegnern als jüdisch-marxistisch denunzierten Einrichtung.[29]

---

[26] Walter: Antisemitische Kriminalität und Gewalt, S. 154. Die antisemitischen Gewalttäter kamen nicht ausschließlich aus dem Lager der extremen Rechten. Die SPD sorgte sich um ein Abdriften von Arbeitern ins antisemitische Lager. Sie veranstaltete im Anschluss an die Ausschreitungen über ein Dutzend Protestkundgebungen, teilweise zusammen mit der Deutschen Liga für Menschenrechte und dem Central-Verein deutscher Staatsbürger jüdischen Glaubens.

[27] Vgl. ebd., S. 175.

[28] Vgl. Rainer Marwedel: Theodor Lessing 1872–1933. Eine Biographie, Darmstadt/Neuwied 1987; Christian Jansen: Emil Julius Gumbel. Portrait eines Zivilisten, Heidelberg 1991; Siegfried Grundmann: Einsteins Akte, Berlin 2004; Dieter Hoffmann: Einsteins Berlin, Weinheim 2006.

[29] Vgl. Martin Jay: Dialektische Phantasie. Die Geschichte der Frankfurter Schule und des Instituts für Sozialforschung 1923–1950, übers. von Hanne Herkommer und Bodo

Der sozialistische Zionismus gewann innerhalb der SPD allmählich an Boden, auch, um den Migrationsstrom von Juden aus Ost- und Ostmitteleuropa von Deutschland weg- und nach Palästina hinzulenken. Brachte *Die Gesellschaft* in diesen Jahren nur einen einzigen prozionistischen Aufsatz des bedeutenden belgischen Sozialisten Émile Vandervelde,[30] so boten die *Sozialistischen Monatshefte* zionistischen Auffassungen eine Tribüne, wofür einige Beispiele stehen mögen:[31]

Die Medizinerin Lisbeth Guttfeld schrieb 1924, dass die Errichtung »einer öffentlich-rechtlich gesicherten Heimstätte in Palästina [...] jetzt als eine sittliche Forderung in die Welt getreten [ist], die es nicht nur der Gesamtjudenheit zur Pflicht macht, mit bester Kraft an ihrer Erfüllung mitzuarbeiten, sondern die in einer Zeit der nationalen Differenzierung und der Neuordnung der Länder auf der Basis des Selbstbestimmungsrechts der Völker einen Widerhall bei allen ethisch und sozial fühlenden Menschen finden muss«.[32] Daran anschließend, begründete der Sozialdemokrat Hermann Kranold in der *Rundschau*-Spalte der Zeitschrift seine Sympathie für den Zionismus mit dem Interesse an der in Palästina »für die ganze Menschheit zu leistenden produktiven Arbeit«.[33] Bereits 1919 hatte Fritz Naphtali, führender Wirtschaftstheoretiker der SPD (und späterer israelischer Landwirtschaftsminister), den Themenbereich »Kolonisation« in dieser Rubrik redaktionell übernommen. Sein Applaus für die *Monatshefte* als demjenigen SPD-Organ, das sich »zuerst und immer wieder für die zionistische Bewegung eingesetzt« hat, war daher auch ein Lob der eigenen Arbeit.[34]

Sally Lachmann, auch er ein Mediziner, behauptete, die palästinensischen Araber seien »nicht willens und darum auch nicht imstande gewesen, [ihre] Pflicht dem Land gegenüber zu tun.«[35] Zwar beteuerte Hermann Kranold 1926, von einer Verdrängung oder Unterdrückung der Araber könne keine Rede sein, vielmehr erstrebe der Zionismus »eine Gemeinschaftsarbeit beider Nationen.«[36] Etwas später äußerte der SPD-Politiker Julius Kaliski jedoch Überlegungen, wie man die arabische Bevölkerungsmehrheit aus Palästina de facto verdrängen kön-

---

von Greiff, Frankfurt a. M. 1981, besonders S. 43f.; Rolf Wiggershaus: Die Frankfurter Schule. Geschichte, politische Entwicklung, theoretische Bedeutung, München 1988, besonders S. 49–54.

[30] Darin würdigte Vandervelde die jüdischen Produktionsgenossenschaften, die Kibbutzim, »auf freiem Boden«, ohne aber die vorangegangene Verdrängung arabischer Bauern von ihrem Land in Rechnung zu stellen. Émile Vandervelde: Die jüdischen Siedlungen in Palästina, in: Die Gesellschaft, 5 (1928), Nr. 2, S. 171.

[31] Vgl. weiterhin Dietrich: Im Schatten August Bebels, S. 71–82.

[32] Lisbeth Guttfeld: Zum Aufbau eines jüdischen Gemeinwesens, in: SM, 28 (1924), Bd. 1, S. 31; Orthografie modernisiert.

[33] Hermann Kranold: Rundschau: Zionistische Siedlungen, in SM, 28 (1924), Bd. 1, S. 210.

[34] Fritz Naphtali: Das arbeitende Palästina, in: SM, 33 (1929), Bd. 1, S. 115.

[35] Sally Lachmann: Palästina als Aufgabe, in: SM, 29 (1925), Bd. 1, S. 475.

[36] Hermann Kranold: Der jüdische Nationalfond, in: SM, 30 (1926), Bd. 1, S. 839f.

ne.[37] Nichts dergleichen findet sich bei Eduard Bernstein, wiewohl dieser 1928 Mitglied des prozionistischen Sozialistischen Palästina-Komitees wurde.[38] Doch die jüdisch-arabischen Zusammenstöße im August 1929 fanden in der SPD nur wenig Resonanz.

In der krisenhaften Endphase der Weimarer Republik verstärkte sich der Antisemitismus derartig, dass die SPD dem in Einzelfällen Rechnung trug. Sie verzichtete im Sommer 1930 auf die Wahl ihres jüdischen Parteimitglieds Bern Mayer zum Berliner Stadtbaudirektor und zog ihn zugunsten eines nichtjüdischen Kandidaten zurück.[39] Kurt Blumenfeld, Präsident der Zionistischen Vereinigung für Deutschland, beklagte, dass die SPD zwar in lobenswerter Weise gegen Antisemitismus Stellung nehme, allerdings kaum ein jüdischer Sozialdemokrat die Chance bekomme, an einer wichtigen Position in der Partei dabei gestaltend mitzuwirken.[40] Auch der Reichstag wurde wieder zunehmend zur Tribüne antisemitischer Propaganda. Im Juni 1929 forderte Ernst Graf zu Reventlow (NSDAP) die »Kenntlichmachung des Juden in Deutschland [...] so. z.B., damit Sie mich ganz richtig verstehen: der Jude Finanzminister Hilferding, (Zuruf links: Unerhört!) – Sie finden das unerhört –, der Jude Ministerialrat Badt, der Jude Reichstagsabgeordneter Bernhard usw.«[41]

Ein landesweit beachteter Korruptionsskandal, der »Fall Sklarek« (es ging um drei Brüder dieses Namens, von denen zwei SPD-Mitglieder waren), wurde von der Rechtspresse für massive Angriffe gegen die angebliche Allianz von »jüdischem Spekulantentum« und SPD-»Bonzenwirtschaft« herangezogen.[42] Die organisierte

---

[37] Vgl. Julius Kaliski: Die Zukunft der jüdischen Palästinaarbeit, in: SM, 34 (1930), Bd. 3, S. 992.

[38] Vgl. Yuval Rubovitch: Marxismus, Revisionismus, Zionismus. Eduard Bernstein, Karl Kautsky und die Frage der jüdischen Nationalität: Berlin/Leipzig 2021, S. 303f. Umso überraschender ist es, dass die SM (kurz vor ihrem Verbot) in ihrem Nekrolog auf Bernstein seine Sympathien für den Zionismus nicht erwähnten. Vgl. Paul Kampffmeyer: Die historische Leistung Eduard Bernsteins, in: SM, 37 (1933), S. 10–13.

[39] Vgl. Jüdische Rundschau, Nr. 35/1930, S. 358, und Knütter: Die Juden und die deutsche Linke, S. 212.

[40] Vgl. Kurt Blumenfeld: Die zionistische Haltung, in: Jüdische Rundschau, Nr. 17/1933, S. 81, sowie George L. Mosse: German Socialists and the Jewish Question in the Weimar Republic, in: Leo Baeck Institute: Yearbook XVI, London 1971, S. 131.

[41] Stenographische Protokolle des Reichstags, Bd. 425, 96. Sitzung am 26. Juni 1929, S. 2979B. Hermann Badt war zeitweise preußischer Landtagsabgeordneter für die SPD, Georg Bernhard gehörte der Reichstagsfraktion der Deutschen Demokratischen Partei (DDP) an.

[42] Vgl. Stephan Malinowski: Politische Skandale als Zerrspiegel der Demokratie. Die Fälle Barmat und Sklarek im Kalkül der Weimarer Rechten, in: Jahrbuch für Antisemitismusforschung, Bd. 5, Frankfurt a. M. 1996, S. 46–65. Der Sklarek-Skandal war eine Wiederholung des sogenannten Barmat-Skandals von 1924. Der nach seinen beiden jüdischen Eigentümern benannte Konzern war in der Inflationszeit in zahlreiche Schiebereien mit Lebensmitteln verwickelt gewesen, die von SPD-Politikern gedeckt worden waren. Vgl.

Gewalt gegen Juden ging in der allgemeinen Brutalisierung politischer Auseinandersetzungen inzwischen fast unter.[43] Die SPD suchte nun die Nähe zum konservativ-nationalpatriotischen Centralverein deutscher Staatsbürger jüdischen Glaubens, dem CV.[44] Diese Bemühungen stießen bei Walter Gyssling, einem leitenden Mitarbeiter des CV, auf positive Resonanz. 1929 trat er in die SPD ein. Insgesamt aber verhinderten die ideologischen und mentalen Differenzen die Bildung einer gemeinsamen Abwehrfront gegen die aufsteigende Nazi-Bewegung.[45] Trotz aller Erfahrungen mit dem Antisemitismus blieb im jüdischen Bürgertum eine apolitische Haltung lebendig, die den Erwerb von Bildungsgütern und die passionierte Hinwendung zur Hochkultur als Schutzschild vor einer Wirklichkeit begriff, der indes nicht zu entkommen war.[46]

Umso wichtiger wäre ein pragmatisches gemeinsames Handeln beider Arbeiterparteien, der SPD und der KPD, gewesen. Doch die Gemeinsamkeiten im politischen Milieu konnten die unüberbückbare Kluft, die aus dem Ersten Weltkrieg, der »Burgfriedenspolitik« und dem Bündnis rechter SPD-Führer mit den präfaschistischen Freikorps entstanden war, nicht überbrücken. Die KPD hielt an ihrer Feindschaft gegen die parlamentarische Republik fest und verhinderte so auch, den »neuen« Antisemitismus in seiner gefahrvollen Eigenständigkeit voll zu begreifen. Die SPD erkannte ihrerseits nicht das volle Maß an Demokratiefeindschaft und Antisemitismus im deutschen Bürgertum. Die bürgerlichen Parteien rückten in der Weltwirtschaftskrise deutlich nach rechts und adaptierten zunehmend antisemitische Denkmuster; dies betraf auch die ehemalige DDP, die sich mit dem teilweise antisemitischen Jungdeutschen Orden zur Deutschen Staatspartei vereinigt hatte – die Streichung des Namens »Demokratisch« war mehr als nur Symbolpolitik, ebenso die einsetzenden Versuche des ökonomischen Boykotts jüdischer Unternehmen.[47] Auch dies gehört zum Kontext, in dem der Aufstieg der radikal judenfeindlichen NSDAP möglich wurde. Die Arbeiterbewegung, hier vor allem die Sozialdemokratie, stand vor dem Problem, wie sie mit diesem in Deutschland neuen Phänomen umgehen sollte: War der nazistische Antisemitismus als Ideologie einer Massenpartei konstitutiv oder instrumentell, um Kleinbürger und Lumpenproletarier an sich zu binden?

Martin H. Geyer: Kapitalismus und politische Moral in der Zwischenkriegszeit oder: Wer war Julius Barmat?, Hamburg 2018.

[43] Vgl. Walter: Antisemitische Kriminalität und Gewalt, S. 218.

[44] Vgl. Arnold Paucker: Der jüdische Abwehrkampf gegen Antisemitismus und Nationalsozialismus in den letzten Jahren der Weimarer Republik, Hamburg 1968, S. 29.

[45] Um nicht in den Verdacht einer allzu großen Nähe zur SPD zu geraten, hielt der CV sogar Distanz zur Deutschen Liga für Menschenrechte, in der zahlreiche Sozialdemokraten mitarbeiteten. Vgl. ebd., S. 37. Unter der Hand finanzierte der CV jedoch einige Aktivitäten der Liga. Vgl. ebd., S. 89.

[46] Vgl. hierzu George L. Mosse: German Jews beyond Judaism, Bloomington, Ind. 1985.

[47] Vgl. z.B. Moshe Zimmermann: Die deutschen Juden 1914–1945, München 1997, S. 43f.

Stärker als zuvor demaskierte die SPD nun die in all ihrer Gefährlichkeit absurde, in sich widersprüchliche und (ohne Kenntnis eines Weges, der nach Auschwitz führte) auch lächerliche Rassen-»Theorie« der Nationalsozialisten und ihrer faschistischen Nachläufer, die sich auch in der DNVP zuhauf fanden. So wiesen die satirischen Zeitschriften *Der wahre Jacob* und *Lachen links* darauf hin, dass die Deutschnationalen mangels genügend eigener »Größen« mit Friedrich Julius Stahl einen getauften Juden zum Stammvater erkoren.[48]

Die SPD mobilisierte ihre parlamentarischen Vertreter und ihre Ortsgruppen gegen die seit 1930 unübersehbare nazistische Offensive inner- und außerhalb der Parlamente. In Preußen wandte die SPD, wo sie bis 1932 die Regierungsgewalt ausübte, die Republikschutzgesetze gegen NSDAP-Publikationen konsequenter als in früheren Jahren an. In Thüringen initiierte der frühere SPD-Ministerpräsident August Fröhlich 1930 eine Aufklärungskampagne gegen den von NSDAP-Innenminister Wilhelm Frick zum Jenaer Universitätsprofessor bestallten »Rassenkundler« Hans F. K. Günther und gegen weitere Versuche, die Nazipartei als normale politische und parlamentarische Kraft zu präsentieren. Der Verzicht auf jeglichen Widerstand gegen die Absetzung der SPD-geführten preußischen Landesregierung durch den Reichspräsidenten von Hindenburg und Reichskanzler von Papen entmutigte und demoralisierte jedoch in Teilen die sozialdemokratische Arbeiterschaft.[49]

Auf einer anderen Ebene leistete die SPD der faschistischen Lehre von der »Rassenreinheit« indirekt Vorschub: Eine Reihe ihrer Gesundheitspolitiker warb im Zeichen eines »gesunden Volkskörpers« für eine »sozialistische Eugenik«. Alfred Grotjahn, SPD-Mitglied, zeitweiliger Abgeordneter des Reichstags und Professor für Sozialhygiene an der Berliner Universität, propagierte in offensiver Weise die Sterilisation sogenannter Ballastexistenzen. Auch die Sexualwissenschaftler Max Hodann (SPD-Mitglied) und Magnus Hirschfeld (der SPD nahestehend), beides keine Rassisten, traten für die Sterilisation geistig zurückgebliebener Menschen ein, wenngleich nicht mit Grotjahns Vokabular.[50] Die KPD lehnte die Eugenik ab; doch hatte Ruth Fischer kurzzeitig ähnliche Ansichten vertreten: In ihrer Broschüre *Sexualethik des Kommunismus* hatte sie 1920 gefordert, sogar Alkoholiker und Syphiliskranke zu sterilisieren.[51]

---

[48] Vgl. Dietrich: Im Schatten August Bebels, S. 198–204, hierzu S. 200.

[49] Vgl. ebd., S. 204–213.

[50] Zahlreiche Belege bei Michael Schwartz: Sozialistische Eugenik. Eugenische Sozialtechnologien in Debatten und Politik der deutschen Sozialdemokratie 1890–1933, Bonn 1995. Zu Hirschfeld vgl. die Debatten in: Andreas Seeck (Hrsg.): Durch Wissenschaft zur Gerechtigkeit? Textsammlung zur kritischen Rezeption des Schaffens von Magnus Hirschfeld, Berlin/Münster 2003, besonders die Beiträge von Volkmar Sigusch.

[51] Vgl. Elfriede Friedländer [später: Ruth Fischer]: Sexualethik des Kommunismus. Eine prinzipielle Studie, Wien 1920, S. 50.

Die Konfrontation mit dem aufsteigenden Faschismus, der nach der Macht griff, führte auch zu Denkprozessen in der SPD. Manche Sozialdemokraten waren von der neuen, negativen »Qualität« der nationalsozialistischen Judenfeindschaft überfordert. Andere wie Otto Buchwitz und Ernst Heilmann begriffen die tödliche Gefahr, die den Juden, aber auch der Arbeiterbewegung und den zivilisatorischen Errungenschaften der Moderne drohte. Die Zeitschrift *Das freie Wort*, seit 1929 von Ernst Heilmann herausgegeben, wurde zum Podium entsprechender klarsichtiger Analysen.[52] Hervorzuheben sind auch die Aktivitäten des linken Sozialdemokraten Helmuth Klotz. Dieser war einst über die deutschvölkische Bewegung zur NSDAP gekommen und hatte 1923 am »Hitlerputsch« in München teilgenommen. Nach Haftverbüßung in Landsberg – gemeinsam mit Hitler – hatte er sich vom Nationalsozialismus abgewandt und war in der Folgezeit ein engagierter Antifaschist geworden. Er trat der SPD bei, für die er eine Reihe von Schriften verfasste, in denen er unablässig vor den Kriegsabsichten Hitlers warnte und dessen Verbindungen zur Industrie offenlegte.[53] Es bleibt umso tragischer, dass der Graben zwischen Kommunisten und Sozialdemokraten sich zur unüberbrückbaren Kluft verbreiterte, woraus die Nazis und ihre Verbündeten Nutzen zogen.

Nicht alle Sozialdemokraten waren bereit, dem verblendeten KPD-Slogan von den »Sozialfaschisten« das nicht minder gefährliche Wort von den »Kommunazis« entgegenzuhalten, das die politisch falsche Weichenstellung symbolisierte:

Die SPD erklärte, im Gegensatz zur KPD, die Demokratie zu verteidigen. Dabei fügte sie ihren schweren politischen Fehlern seit 1914 immer neue hinzu: Im Reichstag hatte sie 1928, entgegen dem vor den Wahlen feierlich abgegebenen Versprechen »Kinderspeisung statt Panzerkreuzerbau« dem Bau eines Panzerkreuzers zugestimmt und damit Wasser auf die Mühlen der kommunistischen Konkurrenz geleitet. Vor dem 1. Mai 1929 verbot der SPD-Polizeipräsident von Berlin, Karl Zörgiebel, die anstehenden Maifeiern unter freiem Himmel, offiziell, um Zusammenstöße zwischen Kommunisten und Sozialdemokraten zu verhindern. Hintergrund war, dass die SPD einen Massenzulauf für die KPD fürchtete. Als die Kommunisten dennoch demonstrierten, geriet bei Auseinandersetzungen

---

[52] Vgl. Dietrich: Im Schatten August Bebels, S. 230–237.

[53] Klotz setzte diese Tätigkeit auch im Pariser Exil fort. Wegen seiner Mitarbeit an Publikationen Willi Münzenbergs nahm er dort sogar den Ausschluss aus der SPD in Kauf, da der Parteivorstand ihn nunmehr – fälschlicherweise – den Kommunisten zurechnete. Klotz fiel im Pariser Exil den Nazis in die Hände und wurde 1943 in Berlin-Plötzensee hingerichtet. Vgl. Herbert Linder: Von der NSDAP zur SPD. Der politische Lebensweg des Dr. Helmuth Klotz (1894–1943), Konstanz 1998, hierzu S. 232. – Auch Hellmuth von Mücke, ein früherer Marineoffizier und dann NDSAP-Mitglied, trat zur SPD über, für die er gleichfalls antifaschistische Aufklärungsarbeit leistete. Er überlebte und engagierte sich nach dem Zweiten Weltkrieg gegen die Aufrüstung der Bundesrepublik. Vgl. zu ihm Wolfram Pyta: Gegen Hitler und für die Republik. Die Auseinandersetzung der deutschen Sozialdemokratie mit der NSDAP in der Weimarer Republik, Düsseldorf 1989, S. 44f.

mit der Polizei die Situation im Wedding außer Kontrolle. Die Polizei schoss in die unbewaffnete Menge und tötete 32 Menschen. Die anschließenden erbitterten Straßenschlachten dauerten zwei Tage. Auch in der SPD erhob sich entschiedener Protest gegen das brutale Vorgehen der Berliner Polizei und führte zur Radikalisierung der innerparteilichen Linken.[54]

Nach den Reichstagswahlen vom 14. September 1930, die die NSDAP zur zweitstärksten politischen Kraft nach der SPD werden ließ, übte diese sich in »konstruktiver Opposition« gegenüber Reichskanzler Heinrich Brüning. Sie tolerierte dessen Politik der Notverordnungen auf dem Rücken der Arbeiter durch Stimmenthaltung. Der Leipziger SPD-Parteitag bekräftigte im Juni 1931 diesen Kurs.[55]

Die SPD-Presse wies mit Recht auf die kleinbürgerliche und kleinbäuerliche Anhängerschaft der NSDAP hin, aber unterschätzte die Fähigkeit der Nazi-Führer, diese Anhänger dauerhaft an sich zu binden.[56] »Die Sozialdemokraten waren der Ansicht«, so der Historiker Jack Jacobs, »dass der Nazismus aufgrund seiner Verwurzelung in den untergehenden Schichten nicht über einen längeren Zeitraum hinweg triumphieren konnte, ebenso wenig wie die reaktionären antisemitischen Bewegungen des späten neunzehnten und frühen zwanzigsten Jahrhunderts. Jeder faschistische Erfolg wäre zweifellos nur von kurzer Dauer, da der Faschismus mit den Erfordernissen einer fortgeschrittenen kapitalistischen Gesellschaft unvereinbar sei.«[57] Zudem sei eine geistig so primitive antisemitische Hetze, wie sie Hitler und Goebbels betrieben, einer ernsthaften Widerlegung nicht wert.[58]

Dass es die Nazis aber sowohl mit ihrem Antisemitismus als auch mit ihrem Antimarxismus im Wortsinn tödlich ernst meinten, wollten die Sozialdemokraten im Glauben an die Zivilisation und die politische Vernunft der Deutschen nicht wahrhaben. So erklärte der SPD-Politiker Fritz Tarnow auf dem Bundeskongress der Sattlergewerkschaft im August 1932: »Das blutrünstige Gerede von der Nacht der langen Messer, der Abschlachtung aller Marxisten, der Besetzung der

---

[54] Vgl. Heinrich August Winkler: Der Schein der Normalität. Arbeiter und Arbeiterbewegung in der Weimarer Republik 1924 bis 1930, 2. Aufl., Bonn 1984, S. 671–679; Thomas Kurz: »Blutmai«. Sozialdemokraten und Kommunisten im Brennpunkt der Berliner Ereignisse von 1929, Bonn 1988.

[55] Vgl. aus SPD-Sicht Heinrich August Winkler: Der Weg in die Katastrophe. Arbeiter und Arbeiterbewegung in der Weimarer Republik 1930 bis 1933, 2. Aufl., Bonn 1990, S. 189–205.

[56] Vgl. auch Pyta: Gegen Hitler und für die Republik, besonders S. 110–139.

[57] Jack Jacobs: On the Verge of Apocalypse: German Jewry, Social Democracy, and the Nazi Threat, 1928–1933. Occasional Paper No. 5, City University of New York, John Jay College, Center on Violence and Human Survival, New York 1989, S. 8.

[58] Vgl. Hans-Helmuth Knütter: Die Linksparteien, in: George L. Mosse (Hrsg.): Entscheidungsjahr 1932. Zur Judenfrage in der Endphase der Weimarer Republik, 2. Aufl., Tübingen 1966, S. 328.

Gewerkschaftshäuser, das ist doch nur eine Maske für eine gewisse Unsicherheit in diesen Kreisen. Wir dürfen darauf vertrauen, dass Deutschland nach seiner sozialen und kulturellen Entwicklung nicht in die Formen eines balkanischen Räuberstaates zurückfallen kann.«[59]

Doch es gab in der SPD auch Stimmen, die voraussagten, dass der deutsche Faschismus an der Macht viel gefährlicher sein werde als sein italienisches »Vorbild.« Sie warnten die Parteiführung, sich in falscher Sicherheit zu wiegen. Eine solche Politik sei auf Sand gebaut und könne das Bürgertum vom Marsch nach rechts nicht abhalten. Angesichts der Dynamik der Nazi-Bewegung sei vielmehr ein ernsthafter Versuch bitter nötig, die KPD vom »sozialfaschistischen« Irrweg abzubringen; von der Chimäre, die die Sozialdemokraten als »Hauptfeind« sah. Eine Einheitsfront beider Arbeiterparteien sei unumgänglich. Doch ignorierte die SPD-Spitze alle Warnungen. Zum Bruch kam es, als neun sozialdemokratische Reichstagsabgeordnete 1931 die Zustimmung zu einem (nach 1928 weiteren) Panzerkreuzerbau verweigerten. Sie wurden der Verletzung der Parteidisziplin angeklagt, lehnten eine Unterwerfung unter die Beschlüsse des Vorstandes ab und mussten die SPD verlassen.

Ihr Ausschluss zog den Austritt oder Ausschluss weiterer SPD-Linker nach sich, welche am 4. Oktober 1931 die Sozialistische Arbeiterpartei Deutschlands (SAP) gründeten. Diese zählte eigenen Angaben zufolge zeitweise über 20.000 Mitglieder. Der Mitgliederstand konnte nicht aufrechterhalten werden, nachdem sich die SAP im Juli 1932 an den Reichstagswahlen beteiligt hatte, dort aber im Promillebereich stecken geblieben war. Die Faschismus-Analysen der SAP-Theoretiker Fritz Sternberg und Klaus Zweiling waren frei von Illusionen, wie sie in der SPD noch verbreitet waren. »Der Faschismus«, hieß es im von Sternberg und Zweiling verfassten Aktionsprogramm des SAP-Gründungsparteitages, »ist zunächst eine Massenbewegung von Kleinbürgern und Proletariern mit kleinbürgerlicher Gesinnung, die gegen die kapitalistische Monopolherrschaft rebellieren, aber nicht den Anschluss an die revolutionäre Arbeiterklasse finden und sich in die Arme der Reaktion werfen. In der straff zentralisierten faschistischen Partei mit ihren Militär- und Terrororganisationen findet diese Massenbewegung die Führung, die sie zum wirkungsvollen politischen Faktor macht. Die Bourgeoisie bemächtigt sich der Bewegung zur Zersetzung und Terrorisierung der Arbeiterklasse. Die faschistische Bewegung ist ein Ausdruck der ungeheuren Verschärfung der Klassengegensätze. Sie ist aber kein Beweis für die Stärke der Arbeiterklasse,

[59] Zit.n. Pyta: Gegen Hitler und für die Republik, S. 10; vgl. auch S. 63–69 und 71 (mit Zeugnissen für die tragische Unterschätzung des Nazi-Antisemitismus). Weitere Belege für die Annahme Tarnows, der Nazismus werde binnen kurzer Zeit »abwirtschaften« und habe keine Chance, an die Macht zu kommen, finden sich bei Donna Harsch: German Social Democracy and the Rise of Nazism, Chapel Hill 1993, S. 89, 105, für spätere Zweifel Tarnows vgl. ebd. S. 151.

sondern für ihre augenblickliche Schwäche und Aktionsunfähigkeit.«[60] Der deutschen Arbeiterklasse werde eine harte Auseinandersetzung mit dem Faschismus, ungeachtet aller reformistischen Illusionen, nicht erspart bleiben, schrieb Sternberg in der *Weltbühne*.[61] Dabei müsse der Zusammenhang von Faschismus und Kapitalismus erkannt werden. Der Faschismus sei, so die SAP, keine »selbständige Bewegung, sondern der Faschismus ist die Kampfwaffe, der Arm der herrschenden Klasse.«[62]

Wie die KPO, glaubte auch die SAP nicht an die Bereitschaft des deutschen Bürgertums, die Demokratie zu verteidigen. Die KPD solle, so die SAP, die bürgerliche deutsche Republik als verteidigungswert anerkennen, die SPD durch mehr Radikalität die schwankenden Mittelschichten auf die Seite der Arbeiterparteien bringen und somit ein Übergewicht gegenüber den antidemokratischen Kräften schaffen helfen. Spezielle Analysen zur Ideologie und Soziologie des Antisemitismus finden sich jedoch in den überregionalen SAP-Publikationen nicht.

Die wichtigste Differenz zwischen der KPO und der SAP bestand in der Antwort auf die Perspektiven der Arbeiterbewegung. Die KPO hoffte noch immer, die KPD könne sich aus der Abhängigkeit Moskaus befreien und einen innerparteilichen Willensbildungsprozess einleiten. Sie sah sich noch als, wenngleich zu jener Zeit verfemter Teil der KPD, während sich die SAP als eine sozialistische Dritte Kraft begriff. In diesem Kontext sagte ihr Vorsitzender Max Seydewitz auf dem Gründungsparteitag, »dass es sinn- und zwecklos wäre, zu den Kommunisten zu gehen. Warum sind wir denn aus der SPD herausgedrängt worden? Kurz gesagt, wir würden vom Regen in die Traufe kommen. (Stürmischer Beifall) Wenn wir den geringsten Versuch machen würden, einen Kampf in der KPD um die Änderung ihres Kurses zu machen, dann würden wir vielleicht zwanzigmal schneller aus der KPD rausfliegen, als aus der SPD.« Deshalb sei eine selbständige Parteiorganisation nötig.[63]

Das Dilemma der Kleingruppen spiegelte die Grundprobleme von KPD und SPD wider, ohne sie lösen zu können. Beiden Gruppen gebührt jedoch das Ver-

---

[60] Abgedruckt bei Helmut Arndt/Heinz Niemann: Auf verlorenem Posten? Zur Geschichte der Sozialistischen Arbeiterpartei. Zwei Beiträge zum Linkssozialismus in Deutschland, Berlin 1991, Zitat dort S. 265.

[61] K. L. Gerstorff [Fritz Sternberg]: Illusionen über Hitler, in: Die Weltbühne, 27. Februar 1931, S. 950–954. Vgl. auch Rüdiger Graf: Die Zukunft der Weimarer Republik. Krisen und Zukunftsaneignungen in Deutschland 1918–1933, München 2008, S. 315f.

[62] Protokoll des Ersten Reichs-Parteitages der Sozialistischen Arbeiterpartei Deutschlands, 25.–28. März 1932 in Berlin, hrsg. vom Parteivorstand, Berlin 1932, S. 12, zit.n. Hanno Drechsler: Die Sozialistische Arbeiterpartei Deutschlands (SAPD). Ein Beitrag zur Geschichte der deutschen Arbeiterbewegung am Ende der Weimarer Republik, Meisenheim 1965, S. 230.

[63] Das Protokoll befindet sich im Arbetarrörelsens Arkiv, Stockholm, SAP-Vol. 1, und ist in Teilen abgedruckt bei Arndt/Niemann: Auf verlorenem Posten?, Zitat dort S. 242.

dienst, dass sie, ungleich den vielen freischwebenden Linksintellektuellen, ihre Erkenntnisse über die Gefahr des Faschismus als Teil des politischen Handelns der Arbeiterbewegung sahen – mochte diese Bewegung, sehr zu ihrem Schaden, diesen Warnungen keinen Glauben schenken. Die meisten Kommunisten und Sozialdemokraten verschlossen, wie auch viele Juden, die Augen vor der Schrift an der Wand.

Antisemitismus und jüdische Selbstbehauptung: Der Jüdische Arbeiterbund in Polen

Die im November 1918 entstandene Republik Polen zählte unter ihren rund 27 Millionen Einwohnern etwa 2,7 Millionen Juden; ein Zehntel der Bevölkerung. Damit hatte Polen vor der Sowjetunion und den Vereinigten Staaten weltweit die größte Zahl an jüdischen Einwohnern. Entsprechend den statistischen Zahlen für das Jahr 1921 betätigten sich die polnischen Juden im Handel (58,7%), Verkehr (22,1%), Schulwesen und Kultur (21,5%), in der Industrie (21,3%), in Hausdiensten (5,1%) sowie der Landwirtschaft (0,7%). Rund ein Drittel der Industriebetriebe sowie zwei Drittel der Kleinhandelsfirmen war in jüdischem Besitz. Entgegen der antisemitischen Propaganda wurden aber nur rund 21% aller Aktivitäten im Geldhandel und Versicherungsgeschäft durch Juden abgedeckt. Juden stellten jeweils rund 40% der in freien Berufen Tätigen, aber auch der oft schlecht verdienenden Handwerker. Ungeachtet der Beschränkungen waren rund 14% der polnischen Intelligenz Juden. Die soziale Spannweite war unter den Juden somit deutlich höher als im Durchschnitt der Bevölkerung. Der gesetzliche Wegfall aller offiziellen Diskriminierung hatte also trotz des sich verbreitenden Antisemitismus für einen in diesem Tempo beispiellosen wirtschaftlichen und auch sozialen Aufstieg der Juden gesorgt.[64]

Politisch waren viele Juden bürgerlichen, auch bürgerlich-zionistischen Parteien zugeneigt. Unter den sozialistischen Parteien wurde der Allgemeine Jüdische Arbeiterbund in Polen (Ogólny Żydowski Związek Robotniczy »Bund« w Polsce) zur wichtigsten politischen Kraft.

Bereits im November 1914, als sich die Gefahr einer deutschen Invasion abzeichnete, wurde in Warschau vom Zentralkomitee des Bundes mit Jan Kuszel (Yekutiel, auch genannt Noah) Portnoy (auch: Portney) als treibender Kraft ein Komitee der bundistischen Organisationen in Polen gegründet. Die erzwungene Loslösung von der gesamtrussischen Bewegung veranlasste die in Kongress-Po-

[64] Mały rocznik statystyczny [Kleines statistisches Jahrbuch], Warschau 1939, S. 31 und S. 103–105, nach Holger Michael: Zwischen Davidstern und Roter Fahne. Juden in Polen im XX. Jahrhundert, Berlin 2007, S. 18f.

len lebenden Bundisten, sich als selbständige Organisation unter dem Namen Allgemeiner Jüdischer Arbeiterbund in Polen zu konstituieren. Das im Vergleich zu Russland gemäßigte Regime der deutschen Besatzungsbehörden ermöglichte es dem Bund in Polen, obwohl er immer noch im Verborgenen arbeitete, seinen Forderungen nach national-kultureller Autonomie Nachdruck zu verleihen und jüdische Gewerkschaften, Arbeiterküchen, Genossenschaftsläden sowie ein Netz von Kultureinrichtungen zu gründen. Der Bund begann mit der Herausgabe eines Wochenorgans (ab Ende 1918 einer Tageszeitung), *Lebens-Fragen*, und nahm auch an den Wahlen zu den Gemeinderäten teil.[65] Auf der ersten Geheimkonferenz des Polnischen Bundes in Lublin wurde Ende Dezember 1917 ein Zentralausschuss für Polen gewählt. Dieser konstituierte den Polnischen Bund als eigenständige politische Partei. Im Jahr 1918 zählte er 19.000 Mitglieder.[66] Seine prominentesten Politiker waren Henryk (eigentlich Hersz Wolf) Erlich und Wiktor Alter sowie der Vorsitzende des Zentralkomitees Portnoy, Wladimir Kossowsky, beide noch der Gründergeneration des Bundes entstammend, und der Generalsekretär Emanuel Nowogrodzki.[67]

Kurz vor der Wiedererlangung der Unabhängigkeit Polens im November 1918 organisierte der Bund einen weiteren illegalen Parteitag auf polnischem Gebiet. Im April 1920 fand in Kraków der erste legale Kongress des Polnischen Bundes statt, auf dem sich die Galizische Jüdische Sozialdemokratische Partei mit 4.062 Mitgliedern dem Bund anschloss.[68] Auf der Konferenz entbrannte ein Streit darüber, ob die Partei der Kommunistischen Internationale beitreten sollte. Eine Resolution, die den Beitritt der Partei zur Komintern forderte, fand zwar eine Mehrheit, doch wurde der Beitritt nie vollzogen. Dennoch führte allein die Debatte darüber zu einer Reihe staatlicher Repressionsmaßnahmen, die die organisatorische Substanz der Organisation bedrohten. Zudem versuchte die KP (unter Mithilfe des aus Sowjetrussland entsandten Moissej Rafes) den Bund zu spalten, da ihre Funktionäre fürchteten, bei einer möglichen Vereinigung von dessen zahlenmä-

[65] Vgl. Frank Wolff: Neue Welten in der Neuen Welt. Die transnationale Geschichte des Allgemeinen Jüdischen Arbeiterbundes 1897–1947, Köln/Weimar/Wien 2014, S. 236.

[66] Vgl. Jan Tomicki: Lewica socjalistyczna w Polsce 1918–1939 [Die sozialistische Linke in Polen 1918–1939], Warschau 1982, S. 129; Michael: Zwischen Davidstern und Roter Fahne, S. 33.

[67] Offiziell existierte die Funktion des Parteivorsitzenden nicht; der Bund bestand auf kollektiver Leitung. Dem Zentralkomitee gehörten elf Mitglieder an. Vgl. Gertrud Pickhan: »Gegen den Strom«. Der Allgemeine Jüdische Arbeiterbund (»Bund«) in Polen 1918–1939, Stuttgart/München 2001, S. 110.

[68] Vgl. Rick Kuhn: The Jewish Social Democratic Party of Galicia and the Bund, in: Jack Jacobs (Hrsg.): Jewish Politics in Eastern Europe: The Bund at 100, Houndmills, Bas. 2001, S. 133–154, hierzu S. 145.

ßiger Überlegenheit an den Rand gedrängt zu werden.[69] Diese Taktik erwies sich als erfolgreich: Ende 1921 verließ ein Viertel der Mitglieder den Bund und gründete im Januar 1922 den Kommunistischen Bund (Grupa kombundowska oder Kombund), der im Juni in der Kommunistischen Partei aufging.[70] Der Sog zum Kommunismus ergriff auch Teile der Poale Zion: Im November 1921 trat eine Gruppe um Saul Amsterdam, der sich dann Gustaw Henrykowski nannte, der Kommunistischen Partei Polens bei.[71] Hier ist beachtenswert, dass unter den Juden die Aversion gegenüber allem »Russischen« bei Weitem nicht so ausgeprägt war wie unter Polen und auch Litauern.[72]

Eine ähnliche Entwicklung hin zum Sowjetkommunismus nahm die Partei Farainigte, die 1917 aus dem Zusammenschluss zweier territorialistischer Parteien entstanden war, den Zionisten-Sozialisten und der SERP. Ihre ukrainische Sektion schloss sich im Mai 1919 den Bolschewiki an.[73] Im November des gleichen Jahres folgte ihre Polnische Sektion, eine Gruppe von wenigen Dutzend Mitgliedern, diesem Beispiel und ging in der Kommunistischen Partei Polens auf.[74]

Bereits der Gründungsparteitag der KP Polens, auf dem sich am 16. Dezember 1918 die SKDPiL mit der PPS-Linken vereinigte, verurteilte die antisemitischen Pogrome.[75] Die Partei richtete eine jüdische Sektion ein, sah aber die Assimilation als einzige Lösung der jüdischen Frage. Mit dem Eintritt der linken Poalezionisten sowie dem Beitritt der Kommunistischen Fraktion des Bundes gewann diese Frage an Gewicht. In einer Resolution des 2. Parteitages forderte die KP im Herbst 1923 ein stärkeres Engagement der nichtjüdischen Proletarier für die Belange ihrer jüdischen Genossen.[76] Anfang 1925 wurde diese Forderung auf dem 3. Parteitag wiederholt. Dort nahm die Partei auch zum Zionismus Stellung. Dieser wurde als ein Werkzeug des englischen Imperialismus und als Verbündeter der polnischen Bourgeoisie bezeichnet. Einzelne Delegierte äußerten Befürchtungen über einen unverhältnismäßig hohen Anteil von Juden in der Partei und über eine zu intensive Behandlung »jüdischer« Themen.[77] Nach parteioffiziellen Angaben

[69] Vgl. Tomicki: Lewica socjalistyczna w Polsce, S. 133; Pickahn: »Gegen den Strom«, S. 173f.

[70] Vgl. Tomicki: Lewica socjalistyczna w Polsce, S. 135.

[71] Vgl. ebd., S. 136.

[72] Vgl. Pickhan: »Gegen den Strom«, S. 162.

[73] Vgl. Zvi Y. Gitelman: Jewish Nationality and Soviet Politics. The Jewish Sections of the CPSU, 1917–1930, Princeton 1972, S. 197; Baruch Gurewitz: National Communism in the Soviet Union, 1918–1928, Pittsburgh 1980, S. 32.

[74] Vgl. Tomicki: Lewica socjalistyczna w Polsce, S. 136.

[75] Abgedruckt bei Edmund Silberner: Kommunisten zur Judenfrage. Zur Geschichte von Theorie und Praxis des Kommunismus, Opladen 1983, S. 221.

[76] Vgl. ebd., S. 225f.

[77] Vgl. ebd., S. 231.

waren im Jahre 1930 von den etwa 3.300 Mitgliedern der KP annähernd 35 Prozent, d.h. etwa 1.150 Personen, jüdischer Herkunft.[78]

Der Polnische Bund stand der KP wegen der Unterdrückung der Bundisten in Sowjetrussland zwar reserviert gegenüber, hoffte aber auf innersowjetische Reformen. So gab es in Wilna eine linke Mehrheitsgruppe und eine rechte Minderheitsgruppe im Bund, doch zögerten beide Gruppen zunächst, sich dem Bund in Polen anzuschließen, auch nachdem klar geworden war, dass Wilna ein Teil des polnischen Staates werden würde.[79] Der Grund war ein starkes Misstrauen wegen der angeblich zu nachgiebigen Haltung des Polnischen Bundes gegenüber Moskau. Die Wilnaer behaupteten sogar, der Bund in Polen sei keine sozialdemokratische Organisation mehr. Erst 1923 schlossen sich die beiden Wilnaer Organisationen zusammen und bildeten eine einheitliche lokale Parteiorganisation des Polnischen Bundes.[80]

1921 schlossen sich die dem Bund nahestehenden Gewerkschaften der Zentralkommission der Klassengewerkschaften (Komisja Centralna Zwiazków Zawodowych; KCZZ) an, in der sie vollständige kulturelle Autonomie erhielten.[81] Als ihre wichtigsten Aufgaben verstanden sie, neben dem allgemeinen Arbeitskampf, den Kampf gegen den Ausschluss von Juden aus dem öffentlichen Dienst und Gewerbe sowie auch das Angebot von praktischen Weiterbildungs- und Umschulungsmöglichkeiten. Dabei mussten die Bundisten sich auch mit dem Antisemitismus unter Arbeitern und Gewerkschaftern auseinandersetzen.[82] Wegen strittiger Fragen über das Ausmaß ihrer Autonomie traten die bundistischen Gewerkschaften hingegen nicht der Union der Berufsverbände (Związek Stowarzyszeń Zawodowych; ZSZ) bei, dem Verband der Gewerkschaften der PPS. Die Bundisten betonten, sie seien keine Fremden in Polen, sondern Teil einer multinationalen Gemeinschaft und ihrer Arbeiterklasse. »Dass man sich gleichzeitig verbunden fühlen und dabei bewusst ›anders‹ sein konnte, dass eine doppelte Loyalität gegenüber der eigenen Gruppe und gegenüber dem Land, das man ebenfalls als seine Heimat ansah, ist vielleicht das herausragendste Merkmal all derer, die sich im ›Bund‹ wiederfanden«, schreibt Gertrud Pickhan.[83]

Neben einer allgemeinen linkssozialistischen Programmatik waren die beiden wichtigsten spezifischen Forderungen des Bundes die Anerkennung der jü-

[78] Vgl. ebd., S. 235.

[79] Die Wilnaer Bundisten verstanden sich noch nach dem Ersten Weltkrieg längere Zeit eher dem russischen als dem polnischen Teil des Bundes näherstehend. Vgl. Pickhahn: »Gegen den Strom«, S. 85.

[80] Vgl. Bernard K. Johnpoll: The Politics of Futility. The General Jewish Workers' Bund of Poland, 1917–1943, Ithaca, New York 1967, S. 131f.

[81] Vgl. Pickhan: »Gegen den Strom«, S. 200f.

[82] Vgl. ebd., S. 218.

[83] Ebd., S. 270; Orthografie modernisiert.

dischen Bevölkerung Polens als nationale Minderheit und die Anerkennung des Gebrauchs des Jiddischen in Schule, Staatswesen und öffentlichem Leben. Die jiddische Sprache galt als zentraler Bestandteil der jüdischen Volkskultur, gefördert durch die (1918 in Kiew gegründete) Kulturliga, die 1925 in Warschau die erste jüdische »Volksuniversität« (eine Abendschule) eröffnete.[84] Hinzu kam ein Netzwerk jüdischer Privatschulen, die »Tsentrale Yidishe Shulorganisatsye« (Tsysho), deren Schulen von rund 10% der jüdischen Kinder besucht wurden. Sie schuf bis 1927 rund 200 Bildungseinrichtungen, in denen gut 20.000 Kinder lernten.[85] Die Forderung nach staatlichen Schulen mit Jiddisch als Unterrichtssprache konnte der Bund nicht durchsetzen.[86] Hervorhebenswert ist die Frauenorganisation Yidishe Arbeter Froy. Sie zählte 1929 rund 600 Mitglieder, zehn Jahre später etwas über 1.000.[87]

Das bewusst als Gegensatz zum Zionismus offensiv vertretene Konzept des Hierseins, der *doykeit*, beschrieb sowohl das Klassenbewusstsein als auch, in noch stärkerem Maße, ein soziokulturelles Milieu, das auf Sprache, Tradition (auch religiöser Natur) und Volkskultur, zusammengefasst im Begriff der *yiddishkeyt*, abzielte.[88] Hierzu gehörte auch der Morgnshtern als Verband der Sportorganisationen des Bundes.[89] Da es im Polen der Zwischenkriegszeit kein starkes jüdisches Industrieproletariat gab und die Übergänge zwischen Handwerker-, Arbeiter- und Heimarbeiterexistenzen fließend waren, sah der Bund ein kulturelles Zusammengehörigkeitsgefühl als wichtige Voraussetzung eines Klassenbewusstseins. Potenzielle Parteimitglieder wurden in diesem Sinn aufgefordert, »sich unserer meshpokhe anzuschließen.«[90]

Bereits 1921 hatte der Polnische Bund die Zweite Internationale verlassen. Im Juni 1930 beschloss der Parteitag in Lodz, nachdem sich eine Minderheit, die

---

[84] Vgl. ebd., S. 231f. Ähnlich bei Ezra Mendelsohn: The Jews of Central Europe between the World Wars, Bloomington, Ind. 1983, S. 44–46.

[85] Vgl. Pickhahn: »Gegen den Strom«, S. 90.

[86] Vgl. ebd., S. 245f.

[87] Vgl. ebd., S. 131; Rebekka Denz: Bundistinnen. Frauen im Allgemeinen Jüdischen Arbeiterbund (»Bund«) dargestellt anhand der jiddischen Biographiensammlung »Doires Bundistn«, Potsdam 2009, S. 100–108.

[88] Vgl. Pickhahn: »Gegen den Strom«, S. 195. Vgl. ausführlich Nathan Cohen: The Bund's Contribution to Yiddish Culture in Poland between the Two World Wars, in: Jack Jacobs (Hrsg.): Jewish Politics in Eastern Europe, S. 112–130. Die jüdische Kultur erlebte in der Zwischenkriegszeit einen bedeutenden Aufschwung. So gab es 1936 15 jüdische Theater, davon acht ständige und 1937 rund 130 jüdische Zeitungen und Zeitschriften in jiddischer und polnischer Sprache. Vgl. Michael: Zwischen Davidstern und Roter Fahne, S. 20f.

[89] Vgl. Jack Jacobs: Creating a Bundist Counterculture: Morgnshtern and the significance of Cultural Hegemony, in: Ders. (Hrsg.): Jewish Politics in Eastern Europe, S. 59–68; ders.: Bundist Counterculture in Interwar Poland, Syracuse, N. Y. 2009, S. 48–60.

[90] Pickhahn: »Gegen den Strom«, S. 142.

»Tsveyer« längere Zeit dagegen gewehrt hatte,[91] mit einer Mehrheit von 60 gegen 43 Stimmen den Beitritt zur Sozialistischen Arbeiter-Internationale.[92] In seiner Resolution zum Beitritt grenzte sich der Bund vom Reformismus innerhalb der SAI, aber auch von der Komintern sowie der Sowjetunion und dem dort existierenden Gesellschaftssystem ab. Die Bundisten wollten mit ihrem Beitritt »für die Umwandlung der SAI in ein Instrument der internationalen sozialen Revolution [...] kämpfen.«[93] Eine Minderheit, die Gruppe »Gegenstrom«, stimmte gegen den Beitritt und bestand noch bis 1935 als organisierte innerparteiliche Opposition fort.[94] Eine weitere Gruppe trennte sich 1931 in Ostgalizien vom Bund und gründete die Allgemeine Jüdische Arbeiterpartei (Ogólno Żydowska Partia Pracy). Sie arbeitete mit der KP zusammen, ohne ihr beizutreten.[95]

Erst am 14. Februar 1935 verabschiedete der Bund die »ideologische Resolution«, das Programm der Partei. Darin bezeichnete sich der Bund als sozialistische Partei der jüdischen Arbeiterklasse und als organischer Teil der sozialistischen Bewegung in Polen und weltweit. Der Bund kritisierte die Sowjetunion und die Politik der Kommunisten und rief gleichzeitig zur Zusammenarbeit mit ihnen auf. Das Programm betonte, die endgültige nationale und soziale Befreiung der jüdischen Massen würde erst mit dem Zusammenbruch des Kapitalismus kommen. Eine Forderung war die Nationalisierung der größeren Industrie- und Handelsunternehmen sowie des Großgrundbesitzes. Der Zionismus wurde als Utopie angesehen. Der Bund forderte die Aufhebung aller Beschränkungen für das jüdische Volk und verlangte seine volle Gleichberechtigung sowie die freie Entfaltung der jüdischen Kultur.[96]

Bis zum Ende der 1930er Jahre wuchs die Mitgliederzahl des Bundes, die zur Zeit des SAI-Beitritts auf 9.000 gefallen war, wiederum auf knapp 20.000.[97] In seiner Jugendorganisation Tsukunft waren zwischen 8.000 und 12.000 Jugendliche

[91] Im Gegensatz zu den »Eintsern«, der Mehrheit, die den Beitritt zur SAI anstrebte. Vgl. zu den Kontroversen über den Beitritt dies., S. 391ff.

[92] Vgl. Johnpoll: The Politics of Futility, S. 184f. Der Bund schloss sich somit nicht, wie mitunter zu lesen ist, dem Londoner Büro Unabhängiger Revolutionärer Sozialistischer Parteien an.

[93] Resolution des Bund über den Anschluß an die SAI, in: Internationale Information für Pressezwecke, Nr. 34, 12. Juli 1930, S. 392.

[94] Vgl. Pickhan: »Gegen den Strom«, S. 154f.

[95] Jiddisch: Algemajne Jidisze Arbajter Partaj, AJAP (in offizieller polnischer Umschrift). Ihre führenden Mitglieder waren Hersz Brajer und Jakub Epit. Vgl. Tomicki: Lewica socjalistyczna w Polsce, S. 313.

[96] Vgl. ebd., S. 418ff.; Geschichte der Sozialistischen Arbeiter-Internationale. Von einem Autorenkollektiv unter Leitung von Werner Kowalski, Berlin [DDR] 1985, S. 318.

[97] Um innerhalb der polnischen Delegation einen größeren Stimmenanteil in den SAI-Gremien zu erhalten, gab der Bund bei seinem Eintritt die Mitgliederzahl mit 15.000 an, was zweifellos zu hoch gegriffen war. Vgl. Pickhan: »Gegen den Strom«, S. 126.

aktiv.[98] Die Partei besaß ihre stärksten Stützpunkte in den Gebieten in und um Warschau, Lodz, Lublin und Białystok, wo 1931 knapp 50% aller polnischen Jüdinnen und Juden lebten. Bei den Sejm-Wahlen 1928 erhielt die Partei etwa 100.000 (0,7%) Stimmen; dies war ihr bestes Resultat.[99] Diese sehr niedrige Zahl erklärt sich teilweise aus der extremen Zersplitterung der polnischen Parteienlandschaft, mehr noch aus der Tatsache, dass oftmals ganze Ortsgruppen des Bundes die Sejm-Wahlen boykottierten und zum Boykott aufriefen.[100] Wie alle anderen Parteien der Linken begrüßte auch der Bund im Mai 1926 zunächst Józef Piłsudskis Machtübernahme, von der er sich eine Bekämpfung oder zumindest Eindämmung des Antisemitismus erhoffte. Doch nachdem der autoritäre (und später halbfaschistische) Charakter dieses und der folgenden Regime deutlich wurde, bemühte sich der Bund um die Einigung der oppositionellen Linkskräfte.[101]

Im Gegensatz zu den anderen jüdischen Parteien trat der Bund für eine Wahlkooperation mit den deutschen und ukrainischen sozialistischen Minderheitenparteien (im Wahlbündnis »Block der nationalen Minderheiten«) ein. Bei Kommunalwahlen traten Kandidaten des antizionistischen Bundes und der Linken Poale Zion, bei den Parlamentswahlen 1930 auch mit der »rechten« Poale Zion auf gemeinsamen Listen an. Allerdings kam es nicht zur angestrebten formellen Kooperation in Form gemeinsamer Wahllisten mit der Polnischen Sozialistischen Partei (PPS), da diese nicht als pro-jüdische Partei erscheinen wollte. So erlangte der Bund – im Gegensatz zur orthodoxen Agudat Israel, der »territorialistischen« Folkspartei und den zionistischen Parteien – nie einen Sitz im Sejm. Seit 1931 wirkten jedoch gemeinsame Maidemonstrationen mit der PPS und teilweise auch mit der Linken Poale Zion dem Bild einer Abgrenzung der jüdischen Bevölkerung im linken Lager entgegen.[102]

Das Verhältnis zwischen Bund und PPS war, wie bereits erwähnt, nie spannungsfrei gewesen. Seit Beginn des 20. Jahrhunderts warf die PPS dem Bund vor, die Frage nach der Unabhängigkeit Polens zugunsten allgemeiner Formeln des Klassenkampfes zu vernachlässigen. Zudem sei die Forderung des Bundes nach national-kultureller Autonomie nicht weit entfernt von einem Separatismus; hier glichen die Vorwürfe denen der Bolschewiki.[103] Die Bundisten erwiderten, die

[98] Vgl. Jacobs: Bundist Counterculture in Interwar Poland, S. 8–10; Michael: Zwischen Davidstern und Roter Fahne, S. 34.

[99] Vgl. Roy Francis Leslie: The History of Poland since 1863, Cambridge [UK] 1983, S. 168.

[100] Vgl. Jacobs: Bundist Counterculture in Interwar Poland, S. 2.

[101] Vgl. Johnpoll: The Politics of Futility, S. 143ff.

[102] Vgl. Pickhan: »Gegen den Strom«, S. 411f.; Piotr Wróbel: The Bund and the PPS, 1897–1939, in: Jacobs (Hrsg.): The Bund at 100, S. 164.

[103] Ulrich Haustein: Sozialismus und nationale Frage in Polen. Die Entwicklung der sozialistischen Bewegung in Kongreßpolen von 1875 bis 1900 unter besonderer Berück-

nationalistische Schlagseite der PPS »treibe die Arbeiter in die Falle bürgerlicher Politik.«[104] Diese wiederum kritisierte die Zusammenarbeit zwischen dem Bund und der SDKPiL; Rosa Luxemburgs Nihilismus in der Frage der polnischen Unabhängigkeit treffe trotz ihrer Kritik an jüdisch-nationalen Positionen auf verwandte Empfindungen unter den Bundisten.[105]

Im unabhängigen Polen versuchte der Bund, die PPS in den gemeinsamen Abwehrkampf gegen den Antisemitismus einzubinden. Der polnische Antisemitismus trug stark klerikal-religiöse Züge, die er mit populistischem Antikapitalismus verband. Dieser Antisemitismus war zwar (außer an den extremen Rändern) von der faschistischen Rassen-»Theorie« weitgehend frei, doch griffen polnische Antisemiten Juden oft physisch an.[106] Somit baute der Bund unter Leitung von Bernard Goldstein seine in der ersten russischen Revolution 1905 aufgestellte Selbstwehr-Miliz nach 1918 weiter aus, was ihr als einziger jüdischer Partei gelang.[107] »Zum einen musste sich der Bund mit der Haller-Armee auseinandersetzen, den Anhängern des nationalistischen Kriegshelden Józef Haller, die auf den Straßen Warschaus und in den Provinzstädten Juden verprügelten und frommen Menschen die Bärte abschnitten.«[108] Zum anderen stand die Polizei dem Bund feindselig gegenüber. Sie plünderte und beschlagnahmte seine Klubs und Büros, wie 1920 in der Warschauer Vorstadt Praga. Der Bund geriet indes auch mit religiösen Juden aneinander, als er 1922 beschloss, eine Samstagsausgabe der *Folkstsaytung* zu veröffentlichen und damit die Sabbatruhe zu verletzen.

Im Mai 1923 schlug der Bund die Einberufung einer Konferenz aller sozialistischen Parteien zur Koordination des Kampfes gegen den Antisemitismus vor. Die PPS reagierte mit dem Angebot, hierzu ein Gemeinsames Sekretariat einzurichten. Dazu kam es aber nicht, da innerhalb der PPS keine einheitliche Auffassung zur Frage bestand, ob die Juden in Polen eine eigenständige Nation bildeten, wie der Bund nachdrücklich betonte. So schlossen schließlich 1924 nur der Bund und die Deutsche Sozialdemokratische Partei in der Republik Polen ein solches Abkommen, das aber nur wenige Monate bestand; der Linkssozialismus des Bundes er-

sichtigung der Polnischen Sozialistischen Partei (PPS), Köln/Wien 1969, S. 40; Joshua D. Zimmerman: Poles, Jews, and the Politics of Nationality. The Bund and the Polish Socialist Party in Late Tsarist Russia, 1892–1914, Madison/London 2004, S. 87.

[104] Johnpoll: The Politics of Futility, S. 38.

[105] Vgl. Wróbel: The Bund and the PPS, S. 158; John Bunzl: Klassenkampf in der Diaspora. Zur Geschichte der jüdischen Arbeiterbewegung, Wien 1975, S. 93.

[106] Hierzu mehr bei Michael: Zwischen Davidstern und Roter Fahne, S. 85–89.

[107] Vgl. Pickhan: »Gegen den Strom«, S. 301f.

[108] Samuel Farber: Lessons from the Bund, in: Jacobin Online Magazine, 3. Januar 2017, online unter jacobinmag.com/2017/01/jewish-bund-poland-workers-zionism-holocaust-stalin-israel (zuletzt 29.3.2022).

schien den Sozialdemokraten als zu radikal.[109] Nach einigen Schritten der Zusammenarbeit auf lokaler und regionaler Ebene bot Wiktor Alter schließlich im Januar 1928 der PPS eine offizielle politische Zusammenarbeit an, was aber an deren Vorbehalten scheiterte.[110] Dennoch kam es bei verschiedenen Gelegenheiten zur Zusammenarbeit zwischen der Jugendorganisation des Bundes mit der Organisation der von der PPS unterhaltenen Bildungsanstalten, den Arbeiter-Universitäten.[111]

Angesichts steigender antisemitischer Ausschreitungen an den Universitäten intensivierten sich im Herbst 1931 die Kontakte zwischen studentischen Gruppen des Bundes und der PPS. Bund und PPS erklärten in einem gemeinsamen Aufruf vom 16. November 1931: »Wir werden uns nicht zum Brudermord provozieren lassen. Das polnische Proletariat wird die unverschämte kapitalistische Provokation Hand in Hand mit dem jüdischen Proletariat abwehren. Nieder mit dem Antisemitismus!«[112] Nach der Verschärfung der antisemitischen Gesetzgebung 1935, wie der Einführung von Zulassungsbeschränkungen für jüdische Studenten an den Hochschulen, nahmen die Konsultationen zwischen Bund und PPS an Intensität zu. Ein Aufruf des Bundes beschwor die gemeinsamen revolutionären Traditionen: »Als der polnische Arbeiter den Kampf mit dem Zarentum führte, hat der revolutionäre jüdische Arbeiter mit ihm zusammen gekämpft, sei es unter der Fahne des Bund, sei es unter der Fahne der polnischen sozialistischen Parteien. Gemeinsam füllten sie die zaristischen Gefängnisse, gemeinsam gingen sie nach Sibirien, gemeinsam starben sie auf den Straßen der polnischen Städte durch Kugeln und Bajonette. Die heutigen nationaldemokratischen Judenfresser küssten damals unterwürfig die Hand des Okkupanten [...].«[113]

Nach einem Pogrom Anfang März 1936 in Przytyk, einem Dorf in der Wojewodschaft Radom, riefen Bund, PPS und die zionistischen Parteien am 16. März zu einem landesweiten Generalstreik auf, der unter der Losung »Wie 1905« landesweit begangen wurde. Ein für den Juni geplanter Arbeiterkongress gegen Antisemitismus wurde von der Regierung verboten.[114] Ein Jahr darauf nahm die Regierung den Mord eines ehemaligen Bundisten an einem Polizei-Wachtmeister zum Anlass, ein Verbot der Partei zu erwirken. Da der Angeklagte seit Jahren keine Beziehungen zum Bund hatte, konnte eine entsprechende juristische Maßnahme ab-

[109] Vgl. Wróbel: The Bund and the PPS, S. 162; Petra Blachetta-Madajczyk: Klassenkampf oder Nation? Deutsche Sozialdemokratie in Polen 1918–1939, Düsseldorf 1997, S. 148.

[110] Vgl. Johnpoll: The Politics of Futility, S. 147f.

[111] Die 1926 gegründete Organisation Omtur (Organizacja Młodzieży Towarzystwa Uniwersytetu Robotniczego – Jugendorganisation der Gesellschaft der Arbeiteruniversität) bestand bis 1936. Vgl. Pickhan: »Gegen den Strom«, S. 334.

[112] Zit.n. Pickhahn: »Gegen den Strom«, S. 300.

[113] Ebd., S. 304.

[114] Vgl. ebd., S. 307.

gewendet werden.[115] Im Oktober 1937 initiierte der Bund einen Hochschulstreik gegen das (nicht überall durchgesetzte) Ansinnen, dass Juden ausschließlich auf bestimmten, ihnen zugewiesenen Bänken der Hörsäle Platz nehmen. Ein regierungsamtliches Memorandum hielt fest, die gesamte Aufmerksamkeit des Bundes sei »auf die PPS gerichtet mit dem Ziel, Druck in Richtung auf gemeinsame Aktionen gegen den Antisemitismus auszuüben.«[116]

Seit dem Eintritt des Bundes in die SAI und insbesondere seit den gemeinsamen Aktionen gegen Antisemitismus betrachteten beide Parteien einander als Verbündete.[117] Schließlich akzeptierte die PPS 1937 den Standpunkt des Bundes zur national-kulturellen Autonomie. Beide Parteien teilten die Hoffnung, eine sozialistische Revolution in Polen würde dem Antisemitismus den Boden entziehen.[118]

Die Gegensätze des Bundes zur Kommunistischen Partei Polens verschärften sich mit Stalins Aufstieg in der Sowjetunion und der Stalinisierung der Komintern. Die Kampagne der Komintern und der KP Polens gegen die »Sozialfaschisten« schloss in Polen den Bund als »linken Flügel des Sozialfaschismus« ein, sodass es seit dem Ende der 1920er Jahre zu gewalttätigen, teils auch blutigen Auseinandersetzungen zwischen Kommunisten und Bundisten kam.[119] So griffen 150 Kommunisten 1931 das von den Sozialdemokraten unterhaltene Medem-Sanatorium für Kinder in der Nähe von Warschau an, zerstörten die elektrische Anlage und die Küche, schlugen alle Fenster ein und veranstalteten »eine wilde Schießorgie«. Glücklicherweise waren nach einer vorherigen Warnung alle Kinder evakuiert worden.[120] Auch in der Volksfront-Periode der Komintern, die 1935 die Kampagne des »Sozialfaschismus« begrub, gab es nach kurzen Kontakten keine Zusammenarbeit mehr zwischen dem Bund und der KP.[121]

Ende 1938 beschwor Henryk Erlich angesichts des grassierenden Antisemitismus den »Geist der herrlichen Kämpfe«, die die jüdische Arbeiterklasse unter der Fahne des Bundes seit Jahrzehnten geführt hatte und fuhr fort: »Es ist kein Grund zu verzweifeln. Es gab schon Zeiten, als uns das Dach über dem Kopf gebrannt hat und man meinen konnte, dass die Wände über uns zusammenbrechen. Die Zeiten sind vorbei, und wir erinnern uns an sie wie an einen bösen Traum. Lasst

115 Vgl. ebd., S. 309–311.

116 Ebd., S 315.

117 Vgl. Wróbel: The Bund and the PPS, S. 163.

118 Vgl. Pickhan: »Gegen den Strom«, S. 341.

119 Vgl. ebd., S. 210.

120 Farber: Lessons from the Bund; vgl. auch: Ein kommunistischer Überfall auf ein Kindersanatorium, in: Internationale Information für Pressezwecke, Nr. 9 vom 14. März 1931, S. 112f. sowie Pickhan: »Gegen den Strom«, S. 247.

121 Vgl. Wróbel: The Bund and the PPS, S. 164.

uns alles dafür tun, dass bald eine Zeit anbricht, in der wir über das, was in diesen Tagen passiert, wie über einen bösen Alptraum reden können.«[122]

Der Alptraum aber war nicht vorbei. Die KP Polens wurde noch 1938 auf Anweisung Stalins aufgelöst, ihre Führer wurden, soweit sie sich in der Sowjetunion befanden, Opfer des Großen Terrors. Auch Wiktor Alter und Henryk Erlich wurden in der Sowjetunion umgebracht; möglicherweise beging Erlich Selbstmord. Die meisten Mitglieder des Bundes, so ihnen nicht die Flucht gelang, wurden Opfer des Holocaust oder starben im Widerstand gegen Hitler. Gemeinsam mit Zionisten und mit Juden unterschiedlichster politischer Überzeugung wurden viele ehemalige KP'ler im Mai 1943 bei der Niederschlagung des Warschauer Ghettoaufstandes ermordet. Zahlreiche polnische Sozialisten gaben ihr Leben im Warschauer Aufstand im Herbst 1944. Über die Hilfe für Juden in Polen während der Okkupation schreibt Władysław Bartoszewski, Historiker, Widerstandskämpfer und Auschwitz-Häftling, in seinem Buch *Vergossenes Blut uns verbrüdert.*

In diesem Buch findet sich der Abschiedsbrief von Szmul Zygelbojm, Vertreter des Bundes bei der Polnischen Exilregierung in London. Vor seinem selbst gewählten Ende aus Verzweiflung über die Passivität der Welt angesichts des Völkermordes schrieb er am 12. Mai 1943: »Es ist mein Wunsch, dass die Reste, die von den Millionen polnischer Juden übriggeblieben sind, zusammen mit der polnischen Bevölkerung die Befreiung in einer Welt der Freiheit und der sozialistischen Gerechtigkeit erleben werden. Ich glaube daran, dass ein solches Polen entsteht und dass eine solche Welt kommt.«[123]

Im Pro und Kontra: Die internationale Sozialdemokratie und der Zionismus

Die dritte Konferenz der Interalliierten Sozialistischen Parteien ergriff auf ihrer Londoner Tagung vom 20. bis 24. Februar 1918 die Initiative, um nach dem Krieg die verfeindeten Parteien wieder zusammenzuführen. Sie forderte die Parteien der Zweiten Internationale zu einem Bekenntnis für einen Frieden »ohne Annexionen, ohne Kriegsentschädigung, für das Selbstbestimmungsrecht aller Völker« auf und schlug die Einberufung eines Kongresses unmittelbar nach Kriegsende vor.[124] Der Einladung folgte eine Reihe von Parteien nicht: die Bolschewiki, die Linken Sozialrevolutionäre, die Parteien Italiens, der Schweiz, Rumäniens und Belgiens; Letztere wollten nicht mit den Deutschen, die den Überfall auf ihr Land 1914 begrüßt

[122] Naye Folkstsaytung, 24. November 1938, S. 1, zit.n. Pickhan: »Gegen den Strom«, S. 317.

[123] Władysław Bartoszewski: Vergossenes Blut uns verbrüdert. Über die Hilfe für Juden in Polen während der Okkupation, Warschau 1970, S. 175.

[124] Die Resolution ist zit. bei Julius Braunthal: Geschichte der Internationale, Bd. 2, 3. Aufl., Bonn 1978, S. 167.

hatten, an einem Tisch sitzen. Dennoch war die Arbeiter- und Sozialistenkonferenz (so ihre offizielle Bezeichnung), die am 3. Februar 1919 in Bern zusammentrat, mit 102 Delegierten aus 26 Ländern der repräsentativste Kongress des internationalen Sozialismus seit der Tagung in Basel 1912. Aus Deutschland entsandten die rivalisierenden SPD und USPD jeweils eigene Delegationen unter der Leitung von Hermann Müller bzw. Karl Kautsky. Nach einer Mischung von Selbstkritik und gegenseitigen Vorwürfen musste die offizielle Wiederaufrichtung der Internationale vertagt werden; sie erfolgte vom 31. Juli bis 5. August 1920 in Genf.[125]

Die Berner Konferenz nahm auch zur Frage des ansteigenden Antisemitismus Stellung. In vier der Konferenz vorgelegten Resolutionen verwies der Bund auf die »unbedingte Notwendigkeit« der verstärkten Bekämpfung des Antisemitismus sowie auf die Forderung nach Gewährung vollständiger politischer Gleichberechtigung und national-kultureller Entwicklungsmöglichkeiten für die jüdische Bevölkerung. Zudem bekräftigte er seine Auffassung, dass die »Schaffung einer sogenannten nationalen Heimstätte für die Juden in Palästina kein Mittel zur Lösung der Judenfrage« sei.[126] In diesem Sinn äußerte sich auch der bundistische Delegierte Wladimir Kossowsky.[127] Dagegen hielten die Sprecher des PZ-Weltverbandes, Michael Kohn-Eber und Berl Locker, an den Auffassungen der Poale Zion hinsichtlich einer »sozialistischen Kolonisation« Palästinas fest; beide traten zusätzlich für einen starken Völkerbund ein, der die politischen Rechte auch der kleineren, nicht staatlich organisierten Nationen, darunter der Juden, vertreten sollte. Der PZ-Linke Kohn-Eber widersprach dabei nicht den »zentristischen« Auffassungen Lockers und erwähnte auch nicht die Differenzierungsprozesse innerhalb des Weltverbandes.[128] Die Vorschläge der Poale Zion wurden zusammen mit einem von ihr eingebrachten Protest gegen die Judenverfolgung in Rumänien[129] an die Internationale Permanente Kommission der Zweiten Internationale überwiesen, die auf ihrer Sitzung vom 26. bis 29. April 1919 in Amsterdam angenommen wurden.[130] Auch die nachfolgende Konferenz dieser Kommission Anfang August 1919 in Luzern, an der vonseiten der Poale Zion Salomon Kaplansky und Leon Chasanowitsch teilnahmen, äußerte sich in diesem Sinn.[131]

---

[125] Vgl. für das Folgende Keßler: Zionismus und internationale Arbeiterbewegung, S. 114–120.

[126] Resolution des Allgemeinen Jüdischen Arbeiterbundes (»Bund«) in Polen »zur Judenfrage«, in: Gerhard A. Ritter (Hrsg.): Die II. Internationale 1918/1919. Protokolle, Memoranden, Berichte und Korrespondenzen, Bd. 2, Berlin [West]/Bonn 1980, S. 809.

[127] Kossowskys Rede am 6. Februar in Genf ist abgedruckt in: ebenda, Bd. 1, S. 232–325.

[128] Vgl. den Abdruck der Reden von Locker am 5. und 6. Februar in: ebenda, Bd. 1, S. 298–302 und 395–397, sowie von Kohn-Eber am 6. Februar, ebd., S. 333f.

[129] Vgl. ebd., S. VIII.

[130] Vgl. ebd., S. 603, sowie Bulletin de la Deuxième Internationale, Nr. 1, Mai 1919, S. 3f.

[131] Vgl. Ritter (Hrsg.): Die II. Internationale 1918/19, Bd. 1, S. 622 (Diskussionsbeitrag von Chasanowitsch am 6. August 1919), S.641–643 (Beitrag Kaplanskys am 8. August), S.

Im Vorfeld des Genfer Kongresses bereiste eine Kommission der Zweiten Internationale die von Pogromen heimgesuchten Gebiete Polens.[132] Nach ihrer Rückkehr unterbreitete sie dem Sekretariat der Zweiten Internationale in Brüssel einen Bericht, aus dem der Genfer Kongress die Schlussfolgerung zog, dass das »nationale Zentrum der Juden in Palästina« einen begrüßenswerten Weg zur Lösung der jüdischen Frage darstelle. Es müsse »unter dem Schutze und der Kontrolle des Völkerbundes« errichtet werden, »der über die berechtigten Interessen der anderen Völker dieses Landes wachen und sie schützen soll.«[133] Damit waren die Belange der Araber Palästinas wenigstens indirekt erwähnt worden. Hingegen stellte sich eine weitere, zwischen Januar und Mai 1920 nach Palästina entsandte Kommission ganz auf den Standpunkt der Poale Zion und ihres führenden Politikers David Ben Gurion. Unter dessen Federführung forderte diese Kommission, die Internationale solle den Eintritt der Poale Zion in die bürgerliche Zionistische Weltorganisation, die ZWO, unterstützen und Verständnis für die Entwicklung eines privatkapitalistischen jüdischen Wirtschaftssektors zeigen. Ben Gurion forderte die Unterstützung der Internationale für eine unbeschränkte sofortige jüdische Einwanderung, die in ihrer Konsequenz die Aneignung arabischen Bodens sowie die Intensivierung der wirtschaftlichen und kulturellen Segregation der jüdischen von der arabischen Bevölkerung Palästinas einschloss.[134] Dies konnte auch Salomon Kaplansky, der Leiter des Arbeitssekretariats der Poale Zion in Palästina, nicht überdecken, der schon 1916 in einer Schrift an das Internationale Sozialistische Büro betont hatte, es gehe den sozialistischen Zionisten keineswegs um eine »monopolistische Ausbeutung« des Landes, sondern vielmehr um »eine sozialistische Kolonisationspolitik, die darauf abzielt, die weiten, vernachlässigten oder noch nicht kultivierten Regionen der Erde für die menschliche Besiedlung und Zivilisation zu erschließen.«[135] Dies fand Unterstützung bei Henri van Kol, dem langjährigen Verfechter einer sogenannten »positiven« Kolonialpolitik:

---

671 (Resolution über die Pogrome in Polen); Bulletin de la Deuxième Internationale, Nr. 3, September 1919, S. 8; The International at Lucerne 1919. The resolutions, the provisorial constitutions, London 1919, S. 15.

[132] Dieser Kommission gehörten Thomas Shaw (England), Oskar Cohn (Deutschland), der Holländer Schaper sowie Pierre Renaudel (Frankreich) als Sekretär an. Vgl. Bericht des Internationalen Sekretariats an den Genfer Internationalen Kongreß am 31. Juli 1920, Brüssel 1920, S. 11.

[133] Bericht vom Zehnten Internationalen Sozialistenkongreß in Genf, 31. Juli bis 5. August 1920, hrsg. vom Sekretariat der Sozialisten- und Arbeiter-Internationale, Brüssel 1921, S. 48.

[134] Vgl. Mario Offenberg: Kommunismus in Palästina. Nation und Klasse in der antikolonialen Revolution, Meisenheim 1975, S. 81–83; Ilse Elisabeth Veronika Yago-Jung: Die nationale Frage in der jüdischen Arbeiterbewegung in Rußland, Polen und Palästina bis 1929, Diss., Frankfurt a. M. 1976, S. 365ff.

[135] S[alomon] Kaplansky: The Jews and the War, Den Haag 1916, S. 32f.

»Als Träger einer großen und glorreichen Tradition«, schrieb er 1919, »könnten die Juden in Palästina eine neue technische und intellektuelle Aufgabe erfüllen.«[136]

Die Spaltung des Weltverbandes Poale Zion am 27. Juli 1920 führte, wie wir gesehen haben, zu den letztlich scheiternden Anschlussbemühungen der radikalen Linken an die Komintern. Doch auch der Rumpf-Weltverband rückte nach links und erklärte seine Trennung von der Zweiten Internationale. Im Februar 1921 gehörte der Weltverband zu den Gründern der Internationalen Arbeitsgemeinschaft sozialistischer Parteien (IASP) in Wien. Diese schloss eine Reihe linkssozialistischer Parteien ein, deren wichtigste noch immer die USPD war, die sich jedoch selbst über der Haltung zur Komintern gespalten hatte. Im Mai 1923 sollte sich dann diese »Internationale Zweieinhalb« mit der Zweiten Internationale zur Sozialistischen Arbeiter-Internationale (SAI) vereinigen.

Doch ergaben sich aus dieser Vereinigung unerwartete Probleme für die Poale Zion. Mit der Aufnahme des poalezionistischen Weltverbandes in die Rest-Organisation der Zweiten Internationale im Jahre 1916 hatten die Poalezionisten den »allweltlichen« Charakter ihrer Organisation in der Arbeiterbewegung statuarisch zu verankern versucht. Die IASP hatte diesen Staus anerkannt. Und so hofften die Poalezionisten, sie würden als übernationale Körperschaft problemlos in die Strukturen der SAI übergeleitet werden.

Dieses Ziel konnten sie aber bei der Gründung der SAI 1923 nicht erreichen. Der Hamburger Gründungskongress beauftragte die neu gewählte Exekutive, die Form des Anschlusses der Poale Zion festzulegen. Durch den Beschluss der SAI-Exekutive vom 7. Juni 1924 wurde Palästina in die Liste der Mitgliedsländer aufgenommen, und die Poale Zion wurde als sozialdemokratische Partei dieses Landes anerkannt. Obwohl sich die Poalezionisten dem organisatorischen Territorialprinzip der SAI beugen mussten, konnten sie mit dem Text der entsprechenden Resolution dennoch einen politischen Erfolg buchen. »Die Konföderation Poale-Zion«, hieß es darin, »hat außer in Palästina auch Mitglieder in verschiedenen anderen Ländern und erhebt entsprechend Paragraph 10 der Statuten bezüglich der Nationssplitter Anspruch, dass dieselben der Partei in Palästina zugezählt werden. Es werden dementsprechend die Mitglieder dieser Konföderation, soweit sie nicht in den Ländern, wo sie wohnen, anderen angeschlossenen Parteien angehören, dem Lande Palästina zugerechnet.«[137] Doch hatte sich damit, so der Historiker Johannes Glasneck, die Exekutive der SAI zumindest indirekt die

[136] Henri-Hubert van Kol: La démocratie socialiste international et le Sionisme, Lausanne 1919, S. 33.

[137] Bulletin der Sozialistischen Arbeiter-Internationale, Nr. 3, Juni 1924, S. 5; Orthografie modernisiert.

These der exterritorialen jüdischen Weltnation zu eigen gemacht; ein Punkt, der in der SAI umstritten blieb.[138]

In den folgenden Jahren konnte die Poale Zion ihre Positionen in der Exekutive wie auf den Kongressen festigen und ausbauen. Musste sie ihren Sitz in der Exekutive zunächst noch mit den armenischen Daschnakzutjun teilen, so wurde ihr auf dem zweiten Kongress 1925 in Marseille eine eigene Vertretung zugestanden, die von Salomon Kaplansky wahrgenommen wurde; sein ständiger Vertreter war Marc Jarblum.[139] In Hamburg hatte die Poale Zion eine Kongress-Stimme zuerkannt bekommen, durch den Beschluss der Exekutive vom Juni 1924 erhielt sie zwei, in Marseille vier und auf dem Wiener Kongress 1931 fünf Stimmen.

Anders als die Mehrzahl der SAI-Mitgliedsparteien bekannte sich die PZ zum Nationalismus in Gestalt des Zionismus. Zwar hielt sie an der »Abschaffung der kapitalistischen Wirtschaftsordnung« sowie der »Einführung der sozialistischen Gesellschaft« fest.[140] Doch zeigte sich in der Praxis ein immer stärkeres Engagement der Achdut Haavoda (der palästinensischen Sektion des Weltverbandes) an den zionistischen Kolonisationsprojekten. Entsprechend agierten Poalezionisten auf den Zionisten-Kongressen, wo die Richtlinien für die Politik der ZWO festgelegt wurden. Unterstützung kam innerhalb der SAI vor allem aus dem rechten Flügel der britischen Labour Party, auf dessen Seite die britische Poale Zion stand, die 1920 in die Labour Party übernommen worden war.[141] Ramsay MacDonald und Josiah Wedgwood wurden zu engagierten Befürwortern der zionistischen Politik. MacDonald, der Anfang 1922 als Gast des Gewerkschaftsbundes Histadrut Palästina bereiste, interpretierte in einer Ansprache am 12. Februar in Jerusalem vor leitenden Achdut-Haavoda-Funktionären die zionistische Kolonisation unter sozialistischen Losungen als positives Gegenmodell zur Oktoberrevolution

[138] Vgl. Johannes Glasneck: Die Haltung der Sozialistischen Arbeiter-Internationale zum Zionismus, in: Zeitschrift für Geschichtswissenschaft, 25 (1977), Nr. 9, S. 1031. Hiernach auch das Folgende.

[139] In diesem Jahr zählte die Poale Zion weltweit rund 13.500 Mitglieder, von denen 3.350 in Palästina und 3.000 in den USA lebten; die übrigen verteilten sich auf mehr als ein halbes Dutzend Länder. Vgl. Internationaal Instituut voor Sociale Geschiedenis, Amsterdam, Archiv der Sozialistischen Arbeiter-Internationale (im Folgenden: IISG, SAI-Archiv), Nr. 25/11/28.

[140] Grundlagen des allweltlichen Jüdischen Sozialistischen Arbeiterverbandes Poale-Zion, in: Programm und Dokumente des allweltlichen Jüdischen Sozialistischen Arbeiterverbandes Poale-Zion, Berlin o. J., S. 1.

[141] Vgl. Joseph Gorny: The British Labour Movement and Zionism 1917–1948, London/Totowa, NJ, S. 25f.; Gideon Shimoni: Poale Zion: a Zionist Transplant in Britain (1905–1945), in: Peter Y. Medding (Hrsg.): Studies in Contemporary Jewry, Bd. 2, Bloomington, Ind. 1986, S. 237; Christine Collette: »Le soleil du socialisme commence à se lever sur le monde«: the Utopian visions of Labour Zionism, British Labour and the Labour and Socialist International in the 1930s, in: Dies./Stephen Bird (Hrsg.): Jews, Labour and the Left 1918–1948, Farnham 2000, S. 72ff.

und empfahl der Achdut Haavoda, die britischen Arbeiter um Unterstützung zu bitten.[142] In seiner wenig später erschienenen Broschüre *A Socialist in Palestine* bemühte er visionäre Bilder zur Rechtfertigung des Zionismus: »Der Jude sucht nicht nur deshalb eine nationale Heimstätte in Palästina, weil sie ihm anderswo versagt wird; sondern auch, weil sein Herz stets für Palästina geschlagen, muss er dorthin ziehen.«[143] Der jüdische Arbeiter besitze, so MacDonald, »eine Vision von Palästina, das zur Heimstatt seines Volkes wird. So fließt viel Liebe in seine Arbeit ein.«[144] Auch Josiah Wedgwood, der als Gast am 5. Kongress der Achdut Haavoda im Oktober 1926 in Palästina teilnahm, veröffentlichte ein Buch, worin er Palästina als künftiges britisches Dominion[145] beschrieb, in dem die Zionisten die führende Kraft sein sollten.[146] Die Reisen hochrangiger Politiker der Labour Party und der SAI wurden fortgesetzt: John W. Brown, Herbert Morrison (Großbritannien), Julius Braunthal (Österreich), Walter Schevenels (Niederlande) und Émile Vandervelde (Belgien) gehörten zu den prominenten Besuchern.[147] Vor 50.000 Menschen hatte Vandervelde in Tel Aviv pathetisch erklärt: »Die Sonne des Sozialismus beginnt über der Welt aufzugehen.«[148]

Die Debatte um Pro und Kontra von Zionismus wurde am fundiertesten im Wiener *Kampf* geführt, der theoretischen Zeitschrift der österreichischen Sozialdemokratie. Der Antizionist Jacques Hannak bestritt darin entschieden die Möglichkeit, dass sich genug Juden fänden, die die Schwierigkeiten der Kolonisation und eine ungewisse Zukunft auf sich nehmen würden.[149] In einer Entgegnung auf Hannak äußerte der führende österreichische Poalezionist Mendel Singer seine Befriedigung darüber, dass der *Kampf* den Zionismus endlich zur Kenntnis nehme. Er verwies auf den Grad der Organisierung jüdischen Lebens in Osteuropa – ein Faktor, den Hannak unterschätzt hatte –, verschwieg jedoch die Tatsache, dass die Mehrheit der osteuropäischen Juden in Opposition zum Zionismus stand.[150]

In einem zweiten Aufsatz kam Singer auf die der Assimilation der Juden entgegenwirkenden Faktoren zurück. Er verwies auf die nach 1918 verstärkte Binnenwanderung von Juden in Großstädte wie Wien, wo sie, kompakt siedelnd, eine

142 Vgl. Der jüdische Arbeiter, 3 (1922), Nr. 2/3, S. 74.

143 Ramsay MacDonald: A Socialist in Palestine, London 1922, S. 5.

144 Ebd., S. 17.

145 Mit Dominion wird ein der Verwaltung nach selbständiges Land des Britischen Reiches und Commonwealth bezeichnet.

146 Josiah C. Wedgwood: The Seventh Dominion, London 1927.

147 Vgl. Glasneck: Die Haltung der Sozialistischen Arbeiter-Internationale zum Zionismus, S. 1032.

148 Collette: »Le soleil du socialisme commence á se lever sur le monde«, S. 71.

149 Jacques Hannak: Die Krise des Zionismus, in: Der Kampf, 20 (1927), Nr. 10, S. 454–458.

150 Mendel Singer: Judenfrage und Zionismus, in: Der Kampf, 20 (1927), Nr. 11, S. 574–580.

eigenständige Bevölkerungsgruppe mit nationalen Merkmalen bilden würden.[151] Rafail Abramowitsch, der dies keineswegs bestritt, vermerkte, daraus könne keine mehrheitliche Sympathie der jüdischen Werktätigen für den Zionismus abgeleitet werden. Vielmehr behalte eine deutliche Majorität der jüdischen Arbeiter in Osteuropa ihre frühere Gegnerschaft gegen den Zionismus bei. Abramowitsch stellte dem Zionismus die vom Bund postulierte »nationale Wiederbelebung des jüdischen Volkes« gegenüber und kritisierte Vanderveldes Prozionismus.[152]

Im Vorfeld des 3. SAI-Kongresses 1928 in Brüssel suchte die Poale Zion über eine enge Verbindung zu einflussreichen Sozialdemokraten die Internationale als Ganzes verstärkt für ihre Politik zu gewinnen. Noch auf dem Marseiller Kongress 1925 hatte die Poale Zion vergeblich versucht, mittels der Minderheitenfrage eine Stellungnahme der SAI zugunsten der zionistischen Ziele herbeizuführen.[153] Im Februar 1928 gelang es den Poalezionisten jedoch durchzusetzen, dass im Bericht der Kolonialkommission der SAI an den Brüsseler Kongress auch die Mandatsgebiete einschließlich Palästinas behandelt wurden.[154] Der Weltverband beantragte, in die Resolution der Kolonialkommission zusätzlich den Passus aufzunehmen, dass »in Palästina [...] die Entwicklung der Institutionen der Selbstverwaltung wirksame Sicherungen für das jüdische Volk einschließen« solle.[155] Dieser Antrag fand jedoch keinen Eingang in die endgültige Resolution des Kongresses, der sich für die selektive Unabhängigkeit von »Kolonien mit kulturell fortgeschrittener Bevölkerung« aussprach.[156] In einer anlässlich des Brüsseler Kongresses herausgegebenen Schrift rühmten die Poalezionisten Palästina als ein Beispiel dafür, dass die Erschließung »zurückgebliebener und brachliegender Länder auch im Aufbau der sozialistischen Weltwirtschaft ihren Platz haben« werde; dass der Zionismus also auch in einer sozialistischen Weltgesellschaft, die doch auch die jüdische Frage entproblematisieren werde, seine Existenzberechtigung behalte.[157]

---

[151] Ders.: Zum Problem der Assimilation der Juden, in: Der Kampf, 21 (1928), Nr. 7, S. 295–302.

[152] Raphael Abramowitsch: Zionismus, Judenfrage und Sozialismus, in: Der Kampf, 22 (1929), Nr. 11, S. 509–519. Die Kontroverse zog sich bis 1930 hin; vgl. Émile Vandervelde, Das arbeitende Palästina, in: Der Kampf, 23 (1930), Nr. 1, S. 31–34; Hugo Steiner: Der Kampf der jüdischen Arbeiter, in: Der Kampf, Nr. 2, S. 136–140; vgl. auch Singer: Der Weg des jüdischen Arbeiters zum Sozialismus.

[153] Vgl. Zweiter Kongreß der Sozialistischen Arbeiter-Internationale in Marseille, 22. bis 27. August 1925, Berlin 1925, S. 25, 363f.

[154] Vgl. Dritter Kongreß der Sozialistischen Arbeiter-Internationale, Brüssel, 5. bis 11. August 1928, Bd. 1, Zürich 1928, Abt. IV, S. 102.

[155] IISG, SAI-Archiv, Nr. 57, BI. 24.

[156] Dritter Kongreß der SAI, Bd. 2, Zürich 1928, Abt. IX, S. 15. Zur Kolonialfrage in der SAI vgl. noch immer Inge Kircheisen: Die internationale Sozialdemokratie und die Kolonialfrage zwischen den beiden Weltkriegen. Diss. B, Halle 1977.

[157] Die jüdische Arbeiterschaft in Palästina. Aufgabe und Werk, Berlin o. J. [1928], S. 5.

Eine wichtige Rolle bei der angestrebten Interessenidentität von Poalezionisten und Sozialdemokraten spielten die seit 1923 in verschiedenen europäischen Ländern, den USA, Argentinien und Brasilien ins Leben gerufenen Ligen beziehungsweise Komitees für das arbeitende Palästina. Auf Initiative vor allem der Histadrut und der Achdut Haavoda entstanden, organisierten sie die Sammlung finanzieller Mittel für spezielle Körperschaften, die Arbeiterbank und den Palästina-Arbeiterfonds, die die Kolonisationstätigkeit sozialistischer Zionisten in Palästina unterstützten. Den Präsidien dieser Ligen und Komitees gehörten neben bürgerlichen Persönlichkeiten führende Sozialdemokraten an. Zum Führungskreis der US-amerikanischen Liga zählten Max Pine, Maurice Feinstone, Max Zaritzky und Abraham Cahan. Die deutsche Liga, die sich relativ spät – im Dezember 1928 – konstituierte, konnte sowohl Sozialdemokraten wie Eduard Bernstein, Joseph Bloch, Oskar Cohn, Julius Kaliski und Fritz Naphtali als auch Schriftsteller wie Martin Buber, Lion Feuchtwanger und Arnold Zweig zur Mitarbeit gewinnen. Der französischen Liga gehörte Léon Blum, der polnischen Schalom Asch an.[158]

Den nächsten folgerichtigen Schritt gingen Émile Vandervelde, Arthur Henderson und andere prominente Sozialdemokraten, als sie am 9. August 1928 während der Tagung des SAI-Kongresses in Brüssel ein Sozialistisches Komitee für das arbeitende Palästina gründeten. Ihm schlossen sich unter anderem an: Louis de Brouckère, Camille Huysmans (Belgien), Josiah Wedgwood, George Lansbury (Großbritannien), Léon Blum, Pierre Renaudel, Vincent Auriol, Jean Longuet (Frankreich), Paul Löbe, Eduard Bernstein, Oskar Cohn (Deutschland), Jan Oudegeest (Niederlande), Gustav Moeller (Schweden), Mieczysław Niedziałkowski (Polen; PPS), Filippo Turati (Italienische Sozialistische Partei im Exil), Wiktor Tschernow (Auslandsdelegation der russischen Sozialrevolutionäre) sowie Irakli Zereteli (Auslandsdelegation der Sozialdemokratischen Arbeiterpartei Georgiens).[159]

Hinsichtlich der Zukunft Palästinas vertraten der PZ-Weltverband und die Achdut Haavoda auf dem Kongress die Auffassung, das Land vorläufig unter Aufsicht des Völkerbundes in der Hand der britischen Mandatsmacht zu belassen.[160] Die sozialistischen Zionisten vertrauten der britischen Gunst für den Zionismus. Die Labour Party hatte in einem dem Brüsseler Kongress vorgelegten Memorandum eine Selbstverwaltung für Palästina vorgeschlagen.[161] Ein Kongressdelegier-

---

[158] Vgl. IISG Amsterdam, SAI-Archiv, Nr. 2522, Bl. 1–13; Archiwum Akt Nowych, Warszawa (im Folgenden: AAN), 150/IV-26, Bl. 39–43 u. 47.

[159] Vgl. IISG, SAI-Archiv, Nr. 338, Bl. 2; Vierter Kongreß der Sozialistischen Arbeiter-Internationale, Wien, 25. Juli bis 1. August 1931, Bd. 1, Zürich 1932, S. 115ff. Vgl. weiterhin Glasneck: Die Haltung der Sozialistischen Arbeiter-Internationale zum Zionismus, S. 1040; L. Ja. Dadiani: Rabočij Socialističeskij Internacional i sionizm [Die Sozialistische Arbeiter-Internationale und der Zionismus], in: Narody Azii i Afriki, 16 (1976), Nr. 2, S. 64.

[160] Dritter Kongreß der SAI, Bd. 2, Abt. V, S. 113.

[161] Vgl. ebd., S. 14.

ter der Labour Party, Sidney Olivier, gestand die Ratlosigkeit unter den Experten seiner Partei zu dieser Frage ein, als er festhielt, die Labour Party fühle sich »nicht befugt, irgend eine Ansicht in Bezug auf die Lage Palästinas auszusprechen.«[162] In seiner Resolution zum Kolonialproblem nannte der Kongress Palästina nicht unter den Kolonialländern, denen sofortige Unabhängigkeit gewährt werden sollte. Palästina konnte man vielmehr der Reihe jener Länder zuordnen, für die »jenes Maß von Selbstverwaltung oder jene Form der Verwaltung unverzüglich gewährt« werden könne, »die die eingeborene Bevölkerung dieser Gebiete selbst verlangt.«[163]

Im Juli 1929 legte der SAI-Exekutivsekretär Friedrich Adler der Exekutivtagung in Zürich die Frage vor, ob die Gründung des »Sozialistischen Komitees für das arbeitende Palästina«, zweckmäßig gewesen sei. Andere Nationalitäten könnten diesem Beispiel folgen; es könnte eine Serie solcher Komitees entstehen, die die SAI »mit unerwünschten Verantwortungen« belasteten. Bezüglich der Ligen für das arbeitende Palästina, die sich in einer »Weltliga« zusammengeschlossen und für September 1930 einen »Weltkongreß für das arbeitende Palästina« in Berlin vorbereitet hatten, stellte Adler die Frage, ob die SAI entsprechend Paragraf 2 ihres Statuts ihren Mitgliedsparteien die Teilnahme am Kongress und an der Weltliga gestatten wolle.[164] Damit stellte sich Adler, wie Glasneck festhielt »auf die Seite derer in der SAI, die um eine Distanz zum Zionismus bemüht waren«.[165]

Aufgrund der von Adler aufgeworfenen Fragen beauftragte die SAI-Exekutive im Juli 1929 den poalezionistischen Weltverband, einen Bericht für die Vorbereitung eines entsprechenden Beschlusses auszuarbeiten. Der Verband legte der nächsten SAI-Exekutivtagung am 13. Mai 1930 ein »Memorandum über die Ligen für das arbeitende Palästina« vor, in dem die Ziele der Ligen als den Prinzipien der Internationale entsprechend bezeichnet wurden und eine freie Entscheidung über die Mitarbeit der SAI-Parteien an den Ligen gefordert wurde.[166]

Innerhalb der SAI-Exekutive befanden sich die offenen Befürworter des Zionismus allerdings in der Minderheit. Den Zionisten Léon Blum und Marc Jarblum stand eine ganze Reihe ihrer Genossen in diesen Fragen ablehnend gegenüber: Rafail Abramowitsch, Otto Bauer, Hermann Diamand, Friedrich Adler und Jakob

---

[162] Ebd., Abt. VII, S. 82.

[163] Ebd., Abt. IX, S. 15.

[164] IISG Amsterdam, SAI-Archiv, Nr. 338, Bl. 21 (Fragen der Solidarität).

[165] Johannes Glasneck: Die internationale Sozialdemokratie und die zionistische Palästina-Kolonisation in den Jahren 1929/30, in: Wissenschaftliche Zeitschrift der Martin-Luther-Universität Halle-Wittenberg. Gesellschafts- und sprachwissenschaftliche Reihe, 26 (1977), Nr. 4, S. 46.

[166] IISG, SAI-Archiv, Nr. 2522, Bl. 5; AAN, 150/IV-26, Bl. 43. Entsprechend einer Information der Exekutive (ebd., Bl. 150/IV-25, BI. 167) war Marc Jarblum der Verfasser des Memorandums.

Pistiner (um nur Mitglieder jüdischer Herkunft zu nennen) waren erklärte Antizionisten.[167] Die offene Parteinahme für den Zionismus durch Léon Blum und Émile Vandervelde ließ die Gegensätze sichtbar werden. In seiner Antrittsrede vor der Jewish Agency erklärte Blum auf dem 16. Zionisten-Kongress im Sommer 1929 in Zürich: »Wir glauben, dass Palästina ein wunderbares Versuchslaboratorium sein kann für alle Reformen, die heute den Weg der Revolution der Weltwirtschaft bezeichnen.« Das «jüdische Palästina« beschrieb er hymnisch als »eine Art Wunder der Geschichte« und als »die Antizipation der modernen Nation.«[168]

Der SAI-Vorsitzende Vandervelde veröffentlichte 1929 nach seiner Palästinareise ein Buch, in dem er den sozialistischen Zionismus uneingeschränkt lobte. Dieser stehe »auf dem Boden des Klassenkampfes. Er verteidigt ein Kolonialsystem, das auf kooperativer Arbeit basiert. Kurz, er bemüht sich, die Synthese zwischen Zionismus und Sozialismus zu verwirklichen, indem er sich zur Zionistischen Organisation und zur Internationale bekennt, indem er gleichzeitig als Teil des jüdischen Volkes und als Teil der Arbeiterklasse der ganzen Welt handelt.«[169]

Dies stieß auf Protest. Der Pole Diamand und der Exil-Menschewik Abramowitsch wandten sich gegen Blums Präsenz auf dem Zionisten-Kongress.[170] Henryk Erlich berichtete SAI-Sekretär Friedrich Adler über Auftritte Vanderveldes auf zionistischen Kundgebungen in polnischen Städten. Erlich schrieb, er habe zu Vandervelde gesagt: »Der Zionismus in Polen, das ist die klerikale, chauvinistische, reaktionäre jüdische Bourgeoisie, die einen integrierenden Teil der allgemeinen Reaktion Polens bildet und sich in stetem und verbissenstem Kampf mit dem jüdischen und polnischen Sozialismus befindet. Was würden Sie sagen, wenn ein prominentes Mitglied der Internationale nach Brüssel kommen und dort an einer Demonstration für die Liberale oder die Katholische Partei teilnehmen würde?«[171] Erlich bezeichnete Blums Auftritt als eine »Verhöhnung der jüdischen Arbeiterschaft«, wie sie größer »wohl wirklich undenkbar sei.«[172]

---

[167] Vgl. AAN, Bl. 150/IV-25, BI. 168 (Brief Adlers an die Niederländische Sozialdemokratische Arbeiterpartei vom 4. Oktober 1929).

[168] Protokoll der Verhandlungen des XVI. Zionisten-Kongresses und der konstituierenden Tagung des Councils der Jewish Agency für Palästina, Zürich, 28. Juli bis 14. August 1929, S. 581; Orthografie modernisiert.

[169] Émile Vandervelde: Schaffendes Palästina, Dresden 1930, S. 164.

[170] Vgl. AAN, 150/IV-25, Bl. 168.

[171] IISG, SAl-Archiv, Nr. 356, Bl. 4; AAN, 150/IV-25, Bl. 170.

[172] IISG, SAl-Archiv, Nr. 356, Bl. 5; AAN, 150/IV-25, Bl. 171. Nicht unerwähnt bleiben sollte, dass Blum die französische Kolonialherrschaft in Marokko während des Aufstandes der Rifkabylen mit den Worten rechtfertigte: »Wir räumen das Recht und sogar die Pflicht der höheren Rassen ein, diejenigen mit sich zu ziehen, die nicht den gleichen Grad an Kultur erreicht haben, und sie zu dem Fortschritt anzuspornen, der durch die Anstrengungen von Wissenschaft und Industrie erreicht wurde.« Zit.n. Paul Kelemen: In the Name of Socialism: Zionism and European Social Democracy in the Inter-War Years, in: International Review of Social History, 41 (1996), Nr. 2, S. 337.

Die scharfen Gegensätze innerhalb der SAI zum Zionismus zeigten sich besonders deutlich in den Reaktionen auf die August-Ereignisse 1929 in Palästina. Der Weltverband der Poale Zion und die Achdut Haavoda forderten von der SAI und der Labour Party, die Histadrut vom Internationalen Gewerkschaftsbund in Amsterdam Unterstützung für den Zionismus.[173] Das Internationale Sozialistische Komitee für das arbeitende Palästina verurteilte das Vorgehen der Araber als Aktionen der »religiösen Fanatiker«, die ansonsten »den Einfluss auf die Massen [...] verlieren« würden. »Diese Effendis und Fanatiker haben die arabischen Massen zu Hass und Wut aufgehetzt, sie haben mit bewusst böser Absicht unter den Arabern verleumderische Gerüchte verbreitet und haben die Streitigkeiten, die wegen der Klagemauer entstanden sind, für ihre Zwecke ausgenützt. Es ist ihnen gelungen, fanatische Massen auf den Weg des Mordes, des Raubes und der Zerstörung zu führen.«[174]

Das Zentralkomitee des Bundes wies hingegen die zionistischen Aufrufe zur Solidarisierung mit der jüdischen Gemeinschaft in Palästina zurück. Die Zionisten seien, so der Bund, nicht weniger schuld an den Unruhen als Araber und Briten, da sie ein Land ihren Bewohnern wegzunehmen gedächten.[175] Der britische Imperialismus, schrieb Henryk Erlich, treibe ein falsches, ein heuchlerisches Spiel mit den Zionisten und den Arabern. »Das imperialistische England hat es verstanden, den vollen Nutzen sowohl aus seinem Mandate wie aus der Balfour-Deklaration herauszupressen. Es hat ruhig die Zionisten in ihren übertriebenen Hoffnungen schwelgen lassen und in der jüdischen Ansiedlung in Palästina für sich einen Sündenbock, einen Blitzableiter gegen den Zorn der Araber vorbereitet.« Es sei absurd, auf den Spitzen britischer Bajonette eine jüdische Bevölkerungsmehrheit erreichen zu wollen. Palästina würde eines der Länder werden, »in denen die Juden eine nationale Minderheit bilden« würden. Erlich schloss mit der Hoffnung, dass die Befürworter des Zionismus innerhalb der SAI ihre Lehren aus den jüngsten Ereignissen ziehen würden.[176]

In seiner Antwort schrieb Adler, es gebe keine offizielle SAI-Resolution zur Palästinafrage. Er riet dem Bund, der SAI beizutreten, um in ihr die Interessen der großen Massen des jüdischen Proletariats außerhalb Palästinas zu vertreten.[177] Erlich schrieb zurück, dass das ZK des Bundes in nächster Zukunft diese Frage dis-

---

[173] Vgl. Vierter Kongreß der SAI, Bd. 1, S. 315; Mendel Singer (Hrsg.): Die blutigen Ereignisse in Palästina und der internationale Sozialismus, Wien o. J. [1930], S. 9–11 und passim.

[174] Ebd., S. 19. Weitere Erklärungen folgten.

[175] Vgl. Johnpoll: The Politics of Futility, S. 183f.

[176] IISG Amsterdam, SAI-Archiv, Nr. 356, Bl. 6 (Erlich an Adler, 24. September 1929); Orthografie modernisiert.

[177] IISG Amsterdam, SAI-Archiv, Nr. 356, Bl. 7f. (Adler an Erlich, 15. Oktober 1929).

kutieren werde.[178] Die Diskussionen endeten, wie bereits bekannt, im Juni 1930 mit dem Beitritt des Bundes zur SAI.

Auf dem Kongress der Labour Party beklagte Herbert Morrison Anfang Oktober 1929 in Brighton die blutigen Zusammenstöße in Palästina. Arthur Henderson versicherte jedoch, dass im Lande »die Ordnung wieder völlig hergestellt [sei] und dass energische Maßnahmen getroffen wurden, die Schuldigen zu bestrafen, welchem Volke oder welcher Religion immer sie angehören mögen.«[179] Diese Maßnahmen richteten sich vor allem gegen Araber, doch auch gegen jüdische »Unruhestifter«. Als solche wurden die Kommunisten ausgemacht; und die nächsten Monate waren angefüllt von Schnellgerichtsverfahren mit Todesurteilen gegen Araber und Deportationen von Kommunisten. Die Labour-Regierung MacDonald benutzte die Augustereignisse, um eine massive Repressionswelle gegen die antizionistischen Kräfte einzuleiten.[180]

Doch auch den Zionisten wurden von der Mandatsmacht numehr Grenzen aufgezeigt: Zur Untersuchung der Unruhen entsandte die britische Regierung zwei Abordnungen, die Shaw- und die Hope-Simpson-Kommission, nach Palästina.[181] Aufgrund ihrer Berichte gab das Kabinett in London das Passfield-Weißbuch heraus, benannt nach dem Kolonialminister Lord Passfield (Sidney Webb).[182] Es kündigte Einwanderungsquoten an und wurde deshalb von den gemäßigten arabischen Führern als Erfolg begrüßt, vom Mufti und seinen Anhängern hingegen rundweg abgelehnt.[183] Nicht weniger erbittert war die Ablehnung bei den Zionisten von rechts bis links.[184] Im Unterhaus beteuerte Premierminister MacDonald (gegen den Widerspruch seines Parteigenossen Harry Snell, dem dies nicht weit genug ging), dass mit dieser Politik des Weißbuches »die Entwicklung Palästinas unter Bedingungen, welche die Harmonie zwischen Juden und Arabern enger und en-

---

[178] Ebd., Bl. 8f.; AAN, 150/IV-25, Bl. 174 (Erlich an Adler, 8.November 1929).

[179] Singer (Hrsg.): Die blutigen Ereignisse, S. 16.

[180] J[oseph] B[erger]: Die »Pazifizierung« Palästinas, in: Inprekorr, Nr. 92, 27. September 1929, S. 2209f.; Gegen den imperialistischen Terror in Palästina. Aufruf der Liga gegen Imperialismus und für nationale Unabhängigkeit, in: Inprekorr, Nr. 100, 2. November 1929, S. 2381; J[oseph] B[erger]: MacDonalds Galgen und Knuten in Palästina, in: Inprekorr, Nr. 102, 6. November 1929, S. 2429; ders.: Zuchthausgesetz MacDonalds in Palästina, in: Inprekorr, Nr. 104, 8. November 1929, S. 2467.

[181] Vgl. Sykes: Kreuzwege nach Israel. Die Vorgeschichte des jüdischen Staates, S. 121ff.

[182] Lady Passfield (Beatrice Webb) bemerkte, Chaim Weizmann zufolge, nach den Augustunruhen recht zynisch: »Ich verstehe nicht, warum die Juden so viel angeben, wenn ein paar Dutzend ihrer Leute in Palästina getötet werden. Jede Woche kommen ebensoviel Menschen in London durch Verkehrsunfälle um, und kein Mensch nimmt davon Notiz.« Chaim Weizmann: Memoiren. Das Werden des Staates Israel, übers. von Thea-Maria Lenz, Zürich 1953, S.487.

[183] Vgl. Yehoshua Porath: The Palestinian-Arab National Movement, 1929–1939. From Riots to Rebellion, London 1977, S. 31–47.

[184] Vgl. Gorny: The British Labour Movement and Zionism, S. 68–87.

ger gestalten, fortgesetzt wird. Dann können die Araber auch weiterhin die Vorteile [!; M. K.] genießen, die sie schon jetzt von jüdischer Immigration und jüdischem Kapital haben, und die Juden, die ergebenen Zionisten, in Palästina mehr und mehr die volle Verwirklichung ihres Ideales eines Jüdischen Nationalheims sich vollziehen sehen.«[185] Das wichtigste Element des Churchill-Weißbuches von 1922, die britische Unterstützung für ein jüdisches »Nationalheim« in Palästina, wurde durch das Passfield-Weißbuch nicht angetastet. Auf zionistischen Druck hin nahm jedoch Premierminister MacDonald im Februar 1931 das Papier praktisch zurück.[186] Dennoch wurde von nun an die Sicherung Palästinas für das britische Empire nicht mehr allein den Zionisten übertragen. Seitdem setzte Großbritannien zunehmend auch auf die arabischen Eliten.

Karl Kautsky und Eduard Bernstein trugen im Oktober und Dezember 1929 im *Vorwärts* ihre grundsätzlichen Differenzen über die Augustereignisse aus. Kautsky bezeichnete diese als nationalistische Reaktion der Araber auf die jüdische Einwanderung und kam zu dem Schluss, dass die zionistischen Siedler sich nur unter den Schutz britischer Bajonette halten könnten. Sie gerieten jedoch bei einem weiteren Anwachsen des arabischen Nationalismus in höchste Gefahr. Unter diesen Umständen sei das zionistische Ziel der Errichtung eines Judenstaates eine »unrealisierbare Utopie«. Die Juden wären in Palästina nur Opfer der zionistischen Bewegung, die vom britischen Imperialismus abhängig sei. So attraktiv der Zionismus als Mittel und Weg zur Lösung der jüdischen Frage erscheine, das zu kleine und unfruchtbare Palästina stelle keine geeignete Grundlage für ein jüdisches Staatswesen dar. Mehr noch, die islamische Kultur dominiere in Palästina; und dies sei ein weiteres Hindernis für die aus Europa kommenden Juden. Kautsky bewunderte zwar den Idealismus der zionistischen Pioniere, schätzte ihren Eifer aber als letztlich nutzlos ein.[187] Damit verteidigte und präzisierte Kautsky seine Einschätzungen aus den Jahren 1914 und 1921. Im *Vorwärts* wurde ihm insofern zugestimmt, als die verstärkte jüdische Einwanderung als Gefahr für die arabisch-jüdischen Beziehungen begriffen wurde. An die Zionisten wurde appelliert, die Araber künftig als gleichberechtigte Partner zu akzeptieren.[188]

Eduard Bernstein verteidigte hingegen die zionistische Kolonisation in Palästina. Sie stelle für die aus Osteuropa kommenden Juden die beste Lösung ihrer

[185] Jewish Agency für Palästina (Hrsg.): Palästinadebatte im englischen Unterhaus. Stenographischer Bericht über die Verhandlungen im englischen Unterhaus vom 17. November 1930, Berlin-Schöneberg 1930, S. 36. Snell forderte eine unbegrenzte jüdische Einwanderung ohne Restriktionen beim Landerwerb.

[186] Vgl. Gorny: The British Labour Movement and Zionism, S. 100–107.

[187] Karl Kautsky: Die Aussichten des Zionismus, in: Vorwärts, 4. und 6. Oktober 1929. Er bekräftigte dies in seiner Erwiderung an Bernstein ebd., 15. Dezember 1929.

[188] Vgl. die ungezeichneten Artikel in: Vorwärts, 28. August 1929 und 13. April 1930.

Probleme dar, während für die west- und mitteleuropäischen Juden keine Notwendigkeit zur Auswanderung bestünde. Den Zionismus begriff Bernstein nicht als Utopie, sondern als Realität. Der Nicht-Zionist, wie er sich sah, bekundete Verständnis für die Ziele der Zionisten auch unter britischem Mandat.[189] In der SPD erregte diese Kontroverse jedoch nur wenig Aufmerksamkeit.

In Palästina vereinigte sich Anfang 1930 die Achdut Haavoda mit dem offen nationalistischen Hapoel Hazair (Der junge Arbeiter) zur Mifleget Poale; Eretz Israel (Arbeiterpartei Palästinas; Mapai). Daraufhin versuchte SAI-Exekutivsekretär Fredrich Adler dem Weltverband der Poale Zion als exterritorialer jüdischer Vertretung in der SAI die weitere Mitgliedschaft zu versagen. Der schließlich entstandene Kompromiss, den die SAI-Exekutive im Mai 1930 in Form einer Resolution fasste, entsprach weit eher den Wünschen der Poalezionisten als ihrer Widersacher. Die Mapai wurde nicht, wie ursprünglich vorgesehen, als palästinensische Sektion der SAI anerkannt, sondern als ihre »jüdische Sektion«.[190] Weiterhin wurde formuliert: Die Mapai, »die als Hauptsektion der Konföderation Poale Zion angeschlossen ist, [...]«.[191] Damit hatten sich die Bestrebungen der zionistischen und prozionistischen Kräfte innerhalb der SAI gegenüber der Linie des Exekutivsekretärs weitgehend durchgesetzt. Die Interessenvertretung der in der sogenannten Diaspora lebenden Poalezionisten durch die Mapai wurde von der SAI anerkannt; eine Funktion, die bislang der Weltverband wahrgenommen hatte.

Diese Resolution sollte die letzte bleiben, in der die SAI ihre Haltung zum Zionismus formulierte. Ihr Text zeigte die fortbestehenden Differenzen innerhalb der Internationale. Die SAI drückte die Erwartung aus, dass die Achdut Haavoda innerhalb der ZWO und der Jewish Agency »den unbeugsamen Kampf gegen die Versuche des internationalen jüdischen und nichtjüdischen Kapitalismus, sie seiner Herrschaft zu unterwerfen, führen wird«. Eine Beteiligung der SAI als Gesamtkörperschaft an der ZWO und der Agency komme in keiner Weise in Betracht; für eine Mitarbeit einzelner Sozialdemokraten übernehme die SAI keine Verantwortung. Letztlich bedeutete dies eine Tolerierung zionistischer Aktivitäten von Sozialdemokraten durch die Internationale. »Die Exekutive der SAI«, hieß es, »hat mit Befriedigung zur Kenntnis genommen, dass die der SAI angeschlossene Partei in Palästina in ihren Kundgebungen stets das gemeinsame Klasseninteresse mit den arabischen Arbeitern [...] betont hat und sich jedem Gedanken der Aufrichtung einer Herrschaft der jüdischen Nation über die arabische in Palästina widersetzt.«[192] Der Inhalt der Resolution ging in die Beschlüsse des 4. SAI-Kongresses 1931 in

[189] Vgl. Eduard Bernstein: Die Aussichten des Zionismus, in: Vorwärts, 8. Dezember 1929.

[190] Bulletin der Sozialistischen Arbeiter-Internationale, Serie 2, Nr. 7, Juni 1930, S. 15.

[191] Ebd. Vgl. Internationale Information für Pressezwecke, Nr. 25, 1930, S. 284.

[192] IISG, SAI-Archiv, Nr. 356, Bl. 27; AAN, 150/IV-27, Bl. 38.

Wien ein.[193] Auf diesem Kongress ergriff mit Berl Locker zum einzigen Mal ein Vertreter des Weltverbandes Poale Zion das Wort und pries diesen als den »einzigen sichtbaren Vorposten des internationalen Sozialismus im Vorderen Orient.«[194]

Es war den Zionisten und ihren Sympathisanten nicht gelungen, die SAI als Ganzes für sich zu gewinnen. Dennoch hatten die Zionisten ihre Stellung innerhalb der sozialdemokratischen Dachorganisation stärken können. In der Resolution wurde der Achdut Haavoda eine progressive Rolle innerhalb Palästinas zugeschrieben. Die Exekutive der SAI hatte praktisch Abschied von der grundsätzlich kritischen Analyse des Zionismus genommen, wie sie Karl Kautsky 1914 in seinem Buch *Rasse und Judentum* geübt und 1929 wiederholt hatte.

Mit dem Machtantritt Hitlers in Deutschland verschlechterten sich die Existenzbedingungen für die Juden dramatisch. Sie wurden zunehmend entrechtet und verfolgt. Eine Voraussetzung dafür war die vom faschistischen Regime sofort betriebene Vernichtung der organisierten Arbeiterbewegung. Es folgte die Zerschlagung der österreichischen Sozialdemokratie (und der kleinen kommunistischen Partei) durch den Austrofaschismus im Februar 1934. Der einsetzende Strom jüdischer und nichtjüdischer Flüchtlinge stieß auf Abwehr durch fast alle Regierungen der Anrainerstaaten, fürchteten diese doch politische und auf dem Arbeitsmarkt auch ökonomische Konsequenzen. Die in ihrer Substanz geschwächte SAI rief am 19. Mai 1933 gemeinsam mit der Leitung des Internationalen Gewerkschaftsbundes zum Boykott deutscher Waren auf.[195] Doch damit geriet die SAI in Widerspruch zur Mapai in Palästina. Im August 1933 schlossen die Deutsche Reichsbank und die Anglo-Palestine Bank das maßgeblich vom Mapai-Politiker Chaim Arlosoroff ausgehandelte Haaverah-(Transfer-)Abkommen. Danach zahlten jüdische Kapitalbesitzer, die sich entschlossen, Deutschland in Richtung Palästina zu verlassen, ihr Kapital in Deutschland ein. Dieses wurde zum Export deutscher Waren nach Palästina benutzt.[196] Das finanzielle Gesamtvolumen des Transfers (139,6 Mio. Reichsmark von 1933 bis 1939) und der Import wichtiger Investitionsgüter aus Deutschland waren, so Alexander Schölch, »entscheidende Faktoren der Festigung der jüdischen ›nationalen Heimstätte‹, in einer Periode, in der diese durch den arabi-

[193] Vgl. Vierter Kongreß der SAI, Bd. 1, S. 116f.

[194] Ebd., S. 621.

[195] Vgl. AAN, 150/IV-34, Bl. 67.

[196] Der Transfer erfolgte in der Form, dass das liquide Vermögen der Auswanderer bei einer Treuhandstelle in Deutschland (Paltreu) gutgeschrieben wurde. Von ihr waren die für ein »Kapitalisten-Zertifikat« notwendigen Devisen zu erhalten; darüber hinausgehende Beträge wurden in Form von Waren transferiert, d. h. mit diesen Geldern wurde der Import deutscher Waren nach Palästina finanziert. Auf jüdisch-palästinensischer Seite wurde der Transfer durch eine »Schwesterfirma« der Paltreu abgewickelt, durch die Haavara Ltd. Bei diesem Verfahren verlor der individuelle sogenannte Palästina-Transferent einen beträchtlichen Teil seines Vermögens durch Veräußerungsverluste, durch die als »Reichsfluchtsteuer« bezeichneten Zwangsabgaben sowie durch Transferkosten.

schen Aufstand (1936–1939) und die Zurückweisung der von der Peel-Kommission 1937 vorgeschlagenen Teilung des Landes durch die britische Regierung politisch gefährdet war.«[197] Von daher ist die – gleichwohl hoch umstrittene – Bemerkung David Ben Gurions zu verstehen, der die Entrechtung der Juden in Deutschland beklagte und dennoch festhielt: »Aber die Einwanderungswelle, die dadurch verursacht wurde, hat dem Zionismus Segen gebracht. [...] Wir wissen nicht, wenn den Massen das Wasser nicht bis zum Hals gestiegen wäre, so wären sie nicht ins Land gekommen.«[198] Zwischen 1933 und 1939 wanderten rund 200.000 Juden in Palästina ein – nicht nur aus zionistischen Motiven, sondern um das nackte Leben zu retten.

Nach Protesten des Jüdischen Arbeiterbundes und amerikanischer Sozialisten entwarf die SAI-Exekutive auf ihrer Sitzung am 28./29. März 1936 in Brüssel eine Resolution zur Unterstützung des Boykotts deutscher Waren. Sie vermerkte kritisch, dass »das zionistische Palästina im Gegensatz zur Boykottlosung eine intensive Einfuhr deutscher Waren toleriert« hatte.[199] Der Entwurf wurde auf der Exekutivsitzung am 12. Mai 1936 behandelt.[200] Marc Jarblum und Berl Locker rechtfertigten im Namen des PZ-Weltverbandes ihren Widerspruch gegen diesen Satz mit der »tragische[n] Unvermeidlichkeit des Transfers«.[201] Adler entgegnete, dass Abkommen betreffe »nur eine kleine Oberschicht besitzender Juden«, stimmte aber dann zu, den Passus aus dem endgültigen Resolutionstext zu streichen.[202]

Im April 1936 begann eine erneute, vom Mufti von Jerusalem angeführte Revolte in Palästina, an der sich ungefähr 2.000 Araber beteiligten. Bis zur Eindämmung des Aufstands im Oktober kostete er 28 Briten, 80 Juden und rund 200 Arabern das Leben. Bereits im August setzte die Regierung eine nach ihrem Vorsitzenden benannte Peel-Kommission ein, die 1937 erstmals eine Teilung Palästinas erwog, wobei den Juden der kleinere nördliche Teil des Landes zugeteilt werden sollte. Die Araber, auch die gemäßigten Kräfte, lehnten dies durchgängig ab, und aufständische Aktionen wurden bis 1939 durchgeführt. Im Mai jenes Jahres verabschiedete die britische Regierung ein neues Weißbuch, das die Teilungspläne zurücknahm. Diese Entscheidung wurde von britischer Seite als Furcht gedeutet, dass andernfalls die Araber vollständig der deutschen und italienischen Propaganda folgen würden.[203]

---

[197] Alexander Schölch: Das Dritte Reich, die zionistische Bewegung und der Palästina-Konflikt in: Vierteljahrshefte für Zeitgeschichte, 30 (1982), Nr. 4, S. 469.

[198] David Ben Gurion: Der Zionismus, seine Faktoren und Aufgaben in unseren Tagen, Jerusalem/London 1935, S. 27, zit.n. Glasneck: Die Haltung der Sozialistischen Arbeiter-Internationale zum Zionismus, S. 1045.

[199] AAN, 150/IV-34, Bl. 66.

[200] IISG, SAI-Archiv Nr. 473, Bl. 1.

[201] Ebd., Bl. 53f.

[202] Ebd., Bl. 55. Der endgültige Resolutionstext findet sich in: IISG, SAI-Archiv, Nr. 474, Bl. 1f.

[203] Vgl. aus der Vielzahl an Darstellungen das immer noch zuverlässige Werk von Yehoshua Porath: The Palestinian-Arab National Movement. From Riots to Rebellion, 1929–

Innerhalb der Labour Party ging die Unterstützung für den Zionismus zurück, nachdem sie 1931 auf die Oppositionsbänke im britischen Unterhaus verwiesen wurde. Doch noch 1936 bezeichnete die Partei auf ihrer Jahrestagung die Errichtung eines jüdischen Nationalheims in Palästina als ein »großartiges humanes Projekt«.[204] Die zahlenmäßig kleine Kommunistische Partei sah darin, aber auch in vagen Gesten an die arabischen Führer, die Fortsetzung der vom Imperialismus praktizierten Teile-und-herrsche-Politik.[205] Die gesamte britische Linke, von der Labour Party über die Kommunisten und Zionisten bis hin zu (den in anderen Ländern verfemten) Trotzkisten verhinderte am 4. Oktober 1936 in einer Demonstration bislang unbekannter Größe einen Aufmarsch und Auftritt des Faschistenführers Sir Oswald Mosley und seiner British National Party im Londoner East End.[206]

Die Labour Party lehnte das Weißbuch von 1939 entschieden ab, da seine Realisierung die Zukunft der jüdischen Gemeinschaft in Palästina gefährde. Nachdem sich die Partei bis dahin nur zögerlich für eine Erhöhung der jüdischen Einwanderungsquoten eingesetzt hatte, forderte sie jetzt – auch unter dem Eindruck der Reichspogromnacht in Deutschland und der abstoßenden öffentlichen Quälerei der Wiener Juden nach dem »Anschluss« Österreichs an Deutschland – die Beseitigung aller Hindernisse, die einer jüdischen Einwanderung nach Palästina entgegenstanden. Noch Ende 1938 hatte das Exekutivkomitee der Labour Party erklärt, Palästina sei zu klein, um auch nur einen Bruchteil der Flüchtlinge aufzunehmen.[207] Nunmehr berief sie sich in ihrer Forderung nach Aufhebung der Einwanderungsquoten auf Grundlage der Balfour-Deklaration.[208]

Im Unterhaus attackierte Philipp Noel-Baker für die Labour Party die Tory-Regierung und warnte: Die Juden würden die Aussetzung der Einwanderung nicht akzeptieren und könnten zu den Waffen greifen. Die Politik des Weißbuchs gegenüber den Juden würde scheitern, »weil das britische Volk ihnen in der dramatischsten Stunde der jüdischen Geschichte ihr verheißenes Land nicht verweigern wird«. Herbert Morrison erklärte, der schändliche Plan könne nicht als verbindlich für künftige Regierungen angesehen werden. In einem dramatischen Appell an das

---

1939, London 1977.

[204] A. G. Sudejkin: Kolonial'naja politika Lejboristskoj Partii Anglii meždu dvumja mirovymi vojnami [Die Kolonialpolitik der Labour Party Englands zwischen den beiden Weltkriegen], Moskau 1976, S. 241.

[205] Vgl. ebd., S. 243.

[206] Die Zahl der Demonstranten wird jedoch sehr unterschiedlich angegeben: Sie reicht von zirka einhundert- bis dreihunderttausend. Vgl. Florian Weis: Ein sozialistisches neues Jerusalem? Jüdinnen und Juden in der britischen Arbeiterbewegung, in: Riccardo Altieri u.a. (Hrsg.): »Die jüdische Frage mit der allgemeinen proletarischen Bewegung zu vereinen«. Jüdinnen und Juden in der internationalen Linken, Berlin 2021, S. 59–63.

[207] Vgl. Gorny: The British Labour Movement and Zionism, S. 145.

[208] Vgl. Sudejkin: Kolonial'naja politika, S. 242.

Parlament bat er darum, den jüdischen Flüchtlingen zu erlauben, Palästina, ihren letzten Zufluchtsort auf Erden zu erreichen, ein Land von der Größe von Wales.[209]

Unterdessen hatten im Juli 1938 die Vertreter von 32 Staaten in Évian auf der französischen Seite des Genfer Sees über das Schicksal der jüdischen Flüchtlinge beraten. Die Konferenz endete ohne greifbares Ergebnis: Alle Teilnehmerstaaten, mit der einzigen Ausnahme der Dominikanischen Republik, weigerten sich, mehr jüdische Flüchtlinge aufzunehmen. Die SAI-Exekutive forderte die Konferenz auf, die Erteilung von Visa nicht »auf Flüchtlinge mit Vermögen oder Einkommen« zu beschränken, doch ging dieser Appell fast unter.[210]

Nicht unerwähnt bleiben darf, dass am 11. August 1938 die Frauenkommission der SAI die Entscheidung der britischen Regierung verurteilte, die jüdische Einwanderung nach Palästina auf 75.000 Personen während der nächsten fünf Jahre zu begrenzen. Dies war die letzte bekannt gewordene Äußerung einer SAI-Körperschaft zu Palästina.[211]

Im September 1938 erschien der letzte Aufsatz des kurz vorher verstorbenen Otto Bauer. Darin schrieb er, der Misserfolg der Konferenz von Évian »kam nicht unerwartet, aber er ist unwiderlegbar. Hier handelte es sich um ein Problem internationaler Organisation – die bürgerliche Welt ist nicht mehr imstande, ein solches Problem zu lösen. Was sie den aus der bürgerlichen Ordnung hinausgestoßenen Juden zu bieten hat, sind höchstens Fürsorgeorganisationen, Bettelsuppen – internationale Organisationsprobleme muss sie einer künftigen sozialistischen Ordnung überlassen.

Damit wollen wir keineswegs behaupten, dass der Sozialismus solche Probleme im Handumdrehen, ohne Schwierigkeiten und Opfer lösen könnte. Der Sozialismus, der das Erbe der heutigen, im Chaos zusammenbrechenden Welt antreten muss, wird diese seine Aufgabe beginnen nach hartem Kampf und in einer harten Zeit. Er wird hart sein müssen gegen seine Gegner, hart mitunter selbst gegen die Seinen. Aber er wird gerecht sein gegen alle. Die sozialistische Revolution hat zum Ziel, die Ausbeutung des Menschen durch den Menschen zu beseitigen und damit jede Form der Entrechtung des Menschen überflüssig, jedes Unrecht am Menschen unmöglich zu machen. Die sozialistische Revolution wird die Errungenschaften der menschlichen Freiheit, die die bürgerliche Welt erworben, aber ungerecht und unzulänglich verteilt hat und die sie heute nicht mehr zu bewahren vermag, wiederherstellen. Der Sozialismus wird Freiheit sein oder er wird nicht sein. Und die Vertriebenen dieser Welt werden in ihm eine neue Heimstatt finden.«[212]

---

209 Gorny: The British Labour Movement and Zionism, S. 147.

210 Communications on the Conditions of Political Prisoners, 6. Juli 1938, zit.n. Kelemen: In the Name of Socialism, S. 348f.

211 Vgl. AAN, 150/IV-44. BI. 82.

212 Austriacus [Otto Bauer]: Die neue Gestalt der Judenfrage, in: Der sozialistische Kampf, Nr. 9, 24. September 1938, S. 204f.

Nachwort

Mit Hitlers Machtantritt begann unverzüglich die Verfolgung von Juden, Kommunisten und Sozialdemokraten in Deutschland. Die Arbeiterbewegung wurde als potenziell gefährlicher Gegner zunächst stark bedrängt. Noch glaubten manche Kommunisten und Sozialdemokraten nicht, dass die Nazis es mit ihrer Rassenlehre wirklich so ernst meinten, wie sie es angekündigt hatten. In Reaktion auf den ersten organisierten Boykott jüdischer Geschäfte, Ärzte, Rechtsanwälte und Universitätslehrer am 1. April 1933 bezeichnete die KPD den »Rassenkampf« als ein faschistisches Betrugsmanöver, das auf die verzweifelte Stimmung des vom Kapitalismus ruinierten Mittelstandes abziele, aber die jüdischen Warenhäuser, Kapitalisten und Börsenspekulanten nicht ernsthaft gefährde. Die KPD rief den Mittelstand zum Kampf gegen den Kapitalismus auf und appellierte an alle arbeitenden Menschen, sich nicht im Namen rassistischer Losungen gegeneinander aufhetzen zu lassen. Unter ihren Aufrufen vor der Reichspogromnacht im November 1938 fehlte jedoch ein solcher für die verfolgten Juden, die durch keine Klassenschranken mehr geschützt waren. Auch der VII. Weltkongress der Komintern, auf dem 1935 die Analyse des Faschismus das Zentralthema war, verzichtete auf eine Resolution, die den Antisemitismus verurteilte.

Erst nach dem staatlich organisierten Pogrom vom 9. November 1938 stellte sich die KPD ohne jede Einschränkung an die Seite der verfolgten Juden, ungeachtet ihrer Klassenzugehörigkeit. In ihrer Erklärung »Gegen die Schmach der Judenpogrome« (*Dokument 16*) erhob sie »getreu den stolzen Traditionen der deutschen Arbeiterbewegung, im wahren Geiste der größten deutschen Dichter und Denker, ihre Stimme gegen die Judenpogrome Hitlers, die vor der gesamten Menschheit die Ehre Deutschlands mit tiefster Schmach bedeckt haben.«[1]

Es seien nicht die Juden, sondern die Nazi-Führer, die im Auftrag des Großkapitals die Löhne niedrig hielten, den Mittelstand ruinierten, jedes freie Wort verfolgten, Hunderttausende in Konzentrationslager und Zuchthäuser sperrten und einen Angriffskrieg vorbereiteten. »Es sind die Krupp, Thyssen, Mannesmann, Flick usw., die alten imperialistischen Verderber Deutschlands, die Kriegsgewinnler vom letzten Weltkrieg, die Inflationsgewinnler in der Republik, die Rüstungsgewinnler von heute, in deren Auftrag Hitler bereit ist, das deutsche Volk wieder in einem Krieg hinzuopfern.«

Der Kampf gegen die Judenpogrome sei deshalb ein untrennbarer Teil des deutschen Freiheits- und Friedenskampfes gegen die nationalsozialistische Diktatur. Daher wende sich die KPD »an alle Kommunisten, Sozialisten, Demokraten, Ka-

---

[1] Die Rote Fahne – Sonderausgabe gegen Hitlers Judenpogrome, 1938, Nr. 7. Teilabdruck in: Geschichte der deutschen Arbeiterbewegung, Bd. 5, Berlin [DDR] 1966. S. 509–510, und als Dokument 16. Hiernach auch die folgenden Zitate.

tholiken und Protestanten, an alle anständigen und ehrbewussten Deutschen mit dem Appell: Helft unseren gequälten jüdischen Mitbürgern mit allen Mitteln! Isoliert mit einem Wall der eisigen Verachtung das Pogromistengesindel von unserem Volke! Klärt die Rückständigen und Irregeführten, besonders die missbrauchten Jugendlichen, die durch die nationalsozialistischen Methoden zur Bestialität erzogen werden sollen, über den wahren Sinn der Judenhetze auf!«

Die Befreiung Deutschlands von der Schande der Judenpogrome werde »zusammenfallen mit der Stunde der Befreiung des deutschen Volkes von der braunen Tyrannei. Deshalb müssen alle deutschen Menschen, die das Regiment der Unterdrückung und der Schändung des deutschen Namens ablehnen und es beseitigen wollen, ihren festen Zusammenhalt schaffen.« »Gegen die Schmach der Judenpogrome« war ein Appell zur bedingungslosen Solidarität mit den verfolgten Juden. Die Führung der SED sollte sich noch Jahrzehnte später darauf berufen – zuletzt im Jahre 1988 beim Gedenken zum 50. Jahrestag der Reichspogromnacht.

Die »stolzen Traditionen der Arbeiterbewegung« schlossen in der DDR jedoch das Andenken an jene kommunistischen Dissidenten aus, die früher und präziser als die KPD (und die SPD) vor der tödlichen Dynamik des Hitlerfaschismus gewarnt und gegen diesen die Einheitsfront der Arbeiterparteien beschworen hatten. Dies galt vor allem für Leo Trotzki, der das Sinnbild des Todfeindes in marxistischer Verkleidung blieb – wenngleich ohne antisemitische Beimischungen, wie sie in der sowjetischen Propaganda nicht fehlten.

In Reaktion auf die Reichspogromnacht schrieb Trotzki in einer denkwürdigen Passage eines Briefes an amerikanische Freunde (*Dokument 17*): »Es ist ohne Schwierigkeit möglich sich vorzustellen, was die Juden beim bloßen Ausbruch des künftigen Weltkrieges erwartet. Aber sogar ohne Krieg wird gewiss die nächste Entwicklung der Weltreaktion die *physische Ausrottung der Juden* bedeuten.«[2]

Wohl niemand sonst sah damals so klar wie Trotzki und ein Teil seiner Anhänger die entsetzliche Möglichkeit, dass die organisierte Barbarei der Nazis im Holocaust gipfeln würde.[3] Die schnellstmögliche Evakuierung der Juden aus dem Machtbereich Hitlers in eine gesicherte Heimstatt begriff er als das Gebot der Stunde.

[2] Leon Trotsky: Appeal to American Jews Menaced by Fascism and Antisemitism [22. Dezember 1938], in: Leon Trotsky: On the Jewish Question, New York 1970, S. 29, und Dokument 17. Zuerst publiziert in: Fourth International, Dezember 1945; Hervorhebung im Original. Deutsch in Mario Keßler (Hrsg.): Trotzki, Leo oder: Sozialismus gegen Antisemitismus, Berlin 2022, S. 156f.

[3] Bereits am 19. November 1938 rief das Nationalkomitee der trotzkistischen Socialist Workers Party unter Max Shachtman dazu auf: »Lasst die Flüchtlinge in die USA herein!« Die beschwörende Begründung lautete: »Die Monster im Braunhemd scheuen sich selbst nicht, hinauszuposaunen, was sie wollen, nämlich die physische Ausrottung eines jeden Juden in Deutschland.« Let the Refugees into the U.S.!, in: Socialist Appeal, 19. November 1938, S. 1.

Dies war keine Parteinahme Trotzkis für den Zionismus, der im Kapitalismus nur neue Konflikte heraufbeschwören könne.[4] Doch »die gleiche Methode der Lösung der jüdischen Frage, die im untergehenden Kapitalismus einen utopischen und reaktionären Charakter hat (Zionismus), wird unter dem Regime einer sozialistischen Föderation eine reale und heilsame Bedeutung erhalten.«[5] Ein eigenständiger Platz für die Juden – dies wurde für Trotzki zur Notwendigkeit und nun auch Teil einer sozialistischen Utopie. Der deutsche Faschismus, der jüdisch-arabische Konflikt in Palästina und das Scheitern der britischen Mandatsmacht, eine Lösung zu finden, bewies ihm die Unfähigkeit des Kapitalismus, den Juden ein friedliches Leben zu sichern.

Die Massenvernichtung der europäischen Juden bedeutete das historische Scheitern der jüdischen Bestrebungen zur Assimilation gerade in Ländern, in denen sie weit gediehen schien – in Deutschland und Österreich. Wenn die Assimilation, die Angleichung an die nichtjüdische Bevölkerungsmehrheit, mit dem Verlust jüdischer Denk- und Kulturtraditionen verbunden war, so stand sie für die Überlebenden der faschistischen Vernichtungslager nicht mehr zur Diskussion.[6] Dies veränderte grundsätzlich den Stellenwert des Zionismus für Juden und Nichtjuden in der Arbeiterbewegung. Was vielen Linken als Voraussetzung für die »Lösung der jüdischen Frage« galt, die Überwindung des Kapitalismus, konnte nicht länger als Voraussetzung bestehen. Ein jüdischer Staat wurde zur Notwendigkeit im Kapitalismus. Doch den Preis für seine Errichtung zahlten andere: die palästinensischen Araber.

Im Ergebnis jüdischen Selbstbehauptungswillens entstand der Staat Israel als demokratischer Staat inmitten feindlicher Diktaturen. Doch war und ist er auch ein ethnisch definierter Staat, der auf der gewaltsamen Enteignung und Verdrängung der Palästinenser beruht. Dieser Widerspruch wurde zum unlösbaren Dilemma für sozialistische Zionisten, die eine gerechte und egalitäre Gesellschaft erstrebten. Nicht minder widersprüchlich war indes die arabische Nationalbewegung: Sie wollte eine Befreiungsbewegung sein und den Palästinensern Würde geben. Doch blieb sie ihren Ursprüngen verhaftet: Diese waren weitgehend feudalistisch, antimodern und antisozialistisch. Sie konnte auch später den Chauvinismus wie die Judenfeindschaft in ihren Reihen nicht überwinden, so sehr es solche Bemühungen gab und gibt. Ein Ende dieser Konflikte ist noch immer nicht

---

[4] Am 3. Oktober 1938 bot Mordechai Orenstein (der 1951 in Prag im Vorfeld des Slánský-Prozesses verhaftet wurde) namens des Hashomer Hatzair von Palästina aus Trotzki eine Zusammenarbeit an, doch ist eine Antwort Trotzkis nicht dokumentiert. Vgl. The Trotskii Collection, Houghton Library, Harvard University, Cambridge, Mass., bMS Rus 13.1, Nr. 17140.

[5] Leo Trotzki: Thermidor und Antisemitismus, in: Keßler (Hrsg.): Trotzki, Leo oder: Sozialismus gegen Antisemitismus, S. 155.

[6] Dem widerspricht nicht die Tatsache, dass manche – vor allem in Deutschland lebende Juden – auch nach 1945 ihre Herkunft vor der Öffentlichkeit aus Selbstschutz verbargen.

in Sicht. Es gehört zu den Paradoxien des 20. Jahrhunderts, dass Stalins Sowjetunion ein Geburtshelfer des Staates Israel wurde, den sie kurz darauf im Kalten Krieg bekämpfte – auch unter Einsatz des Antisemitismus.

In unserem Jahrhundert hat die Frage der Integration Geflüchteter in Europa eine neue Dimension erreicht. Auch aus muslimisch geprägten Ländern suchen Flüchtlinge Schutz vor Gewalt und Willkür sowie die Möglichkeit, ein besseres und menschenwürdiges Leben führen zu können. Sie kommen aus Ländern, in denen Judenfeindschaft oft Staatsdoktrin ist, und bringen diese mit nach Europa. Einige von ihnen lernen in Deutschland die Auseinandersetzung mit dem Holocaust als Teil der Geschichte des Landes zu begreifen, in das sie sich integrieren wollen. Andere verweigern sich im Zeichen der Judenfeindschaft. Zudem verbindet die europäische Rechte nach Jahren heuchlerischen Schweigens ihren Antisozialismus und Antikommunismus mit immer offenerem Judenhass – und mit Hass gegen Muslime. Andere schwingen sich zu Gralshütern der Erinnerung auf, führen mitleidvolle Gedenkphrasen im Mund, hinter denen sie aber eine antidemokratische, fremdenfeindliche und oft unausgesprochen auch antisemitische Politik betreiben.

Darüber hinaus wächst ein Antisemitismus mit Glacéhandschuhen heran: Die Verharmlosung deutscher Kriegsverbrechen und selbst von Hitlers Schlüsselstellung beim Judenmord gewinnt im Bürgertum an Akzeptanz. Die drückende Problematik verschärft sich noch, weil sich der israelbezogene Antisemitismus zunehmend vom Nahostkonflikt löst und zu einem eigenständigen Faktor wird: Er erklärt den jüdischen Staat für Epidemien, Pandemien und Katastrophen verantwortlich. Somit bleibt der Antisemitismus eine militante Form des Rassismus und ist zugleich mehr: eine kulturelle Konstante, die viele Gesichter und Tarnfarben annehmen kann.

Umso wichtiger ist es, an den Internationalismus zu erinnern und anzuknüpfen, von dem dieses Buch berichtete. Denn auch die Linke war und ist von Antisemitismus nicht frei. Nur allzu oft bestreitet linke Kritik am Besatzungsregime Israels das Existenzrecht dieses Staates, getarnt als Antikolonialismus und Antiimperialismus. Doch dagegen steht Auschwitz. Der Holocaust war eine extreme Folge imperialistischer Ideologie und Praxis, der den Juden das Lebensrecht nahm. Dies unterschied ihn qualitativ von allen anderen Formen des Rassismus.[7] Doch war er undenkbar ohne die Tradition einer jahrhundertealten Judenfeindschaft und ohne den Sozialdarwinismus, den Kolonialrassismus, undenkbar auch ohne Antisozialismus und Antikommunismus.[8]

---

[7] Der Porajmos, der Völkermord an den europäischen Roma, und die systematische Ermordung angeblich »lebensunwerter« behinderter Menschen im Nazi-Regime kamen jedoch dem Judenmord nahe – nicht in der ideologischen Vorbereitung, doch in der Praxis.

[8] Der Zusammenhang zwischen kolonialer Gewalt und Holocaust reicht über den deutschen Rahmen hinaus. Erinnert sei an die »Einübung« des Vernichtungskrieges durch hohe französische Kolonialoffiziere und Kolonialbeamte, die später zu Kollaborateuren des Vichy-Regimes wurden und am Judenmord beteiligt waren. Hierzu gehörte Maxime Wey-

Im Kampf gegen den Antisemitismus stand die Arbeiterbewegung nicht nur für die Sache der Juden ein, sondern für ihre ureigene Sache. »Die Gesellschaft kann sich selbstredend nicht befreien, ohne dass jeder einzelne befreit wird«, schrieb Friedrich Engels im *Anti-Dühring*,[9] und es war kein Zufall, dass er zugleich eine entschlossene Wendung gegen den Judenhass vollzog. Es kann nicht oft genug betont werden: Bevor der deutsche Faschismus die Juden in die Gaskammern trieb, musste er die Arbeiterbewegung zerschlagen. Sie war und blieb das Gegenprinzip zum Faschismus, ungeachtet all ihrer Widersprüche.

Einen Teil dieser Widersprüche versuchte dieses Buch aufzuzeigen, und ebenso, dass der Kampf um ihre Lösung den Weg zur Humanitas weist. Wer immer den Antisemitismus und allen Rassismus bekämpft, trägt zum »Ausgang des Menschen aus seiner selbstverschuldeten Unmündigkeit« bei. Ein solcher Kampf ist stetig neu zu führen und gleicht oft einer Sisyphosarbeit. Doch kann dieser Kampf selbst Quelle von Glück und Optimismus werden. Denn die menschliche Emanzipation ist nur ganz oder gar nicht zu haben. Auch hier gilt: »Es ist das Einfache/Das schwer zu machen ist.«

---

gand, Hochkommissar für das französische Völkerbundsmandat Syrien (und somit für die brutale Unterdrückung des Unabhängigkeits-Aufstandes 1925–1927 mitverantwortlich), unter Pétain dann Kriegsminister (bis er sich mit dem Regime überwarf). Weygand war einer der Organisatoren der Juden-Deportationen 1940. Charles Huntziker war als Oberkommandierender der französischen Truppen in Syrien hauptverantwortlich für die Unterdrückung des syrischen Aufstandes. Im Oktober 1940 war er einer der Unterzeichner des antisemitischen Gesetzes »Über die Rechtsstellung der Juden«.

[9] Friedrich Engels: Herrn Eugen Dührings Umwälzung der Wissenschaft (»Anti-Dühring«), in: MEW, Bd. 20, S. 273.

Dokumente

1: Moses Hess: Rom und Jerusalem. Die letzte Nationalitätenfrage (1862, Auszug)

Vor allem war es mein eignes Volk, das jüdische, welches mich mehr und mehr zu fesseln anfing. Die Geister meiner unglücklichen Stammesgenossen, die mich in meiner Jugend umschwebten, kamen wieder zum Vorschein und längst unterdrückte Gefühle ließen sich nicht mehr abweisen. Der Schmerz, der zur Zeit der Vorfälle von Damaskus ein vorübergehender war, wurde jetzt vorherrschende und dauernde Geistesrichtung. Nicht mehr suchte ich die Stimme meines jüdischen Gewissens zu unterdrücken; im Gegenteil, ich verfolgte eifrig ihre Spuren und war nicht wenig überrascht, als ich in meinen alten Manuskripten eine antizipierte Rechtfertigung meiner heutigen jüdischen Bestrebungen fand.

Folgendes schrieb ich im Jahre 1840 über die bereits erwähnten Ereignisse von Damaskus: »Die Art und Weise, wie diese Judenverfolgung in Europa selbst im aufgeklärten Deutschland aufgefasst wird, muss einen Wendepunkt im Judentum hervorrufen. Sie zeigt nur zu deutlich, wie trotz aller Bildung der okzidentalen Juden, zwischen ihnen und den europäischen Völkern noch immer eine ebenso große Scheidewand, als zu den Zeiten des traurigsten religiösen Fanatismus besteht. Unsre Stammesgenossen, die aus Emanzipationsrücksichten sich und Anderen gern einreden möchten, dass die modernen Juden gar kein nationales Gefühl mehr besitzen, wissen wahrhaftig nicht mehr, wo ihnen der Kopf steht.« [...]

War nicht seit Mendelssohn das ganze Streben der deutschen Juden stets dahin gerichtet, deutsch zu sein, deutsch zu denken und zu fühlen? Haben sie nicht sorgfältig jede Erinnerung an ihre antike Nationalität auszumerzen gesucht? Zogen sie nicht in den »Befreiungskrieg«? Waren sie nicht Deutschtümler und Franzosenfresser? – Sangen wir nicht noch gestern mit Nikolas Becker: »Sie sollen ihn nicht haben, den freien deutschen Rhein«? Habe ich nicht selbst die unverzeihliche Dummheit begangen, eine musikalische Komposition dieser »deutschen Marseillaise« dem Verfasser einzusenden? Dennoch ist mir im Einzelnen dasselbe widerfahren, was die deutschen Juden im Ganzen und Großen nach ihrer patriotischen Begeisterung erlebt hatten. Auch ich musste es erleben, dass der deutsche Mann nicht nur meine von Patriotismus glühende Zuschrift in einem eiskalten Tone beantwortete, sondern auch noch Überfluss auf der Rückseite seines Briefes mit verstellter Handschrift die Worte hinzufügte: Du bist ein Jud'.

Ich vergaß, dass auch die Deutschen nach ihrem Befreiungskriege die Juden, welche mit ihnen gegen Frankreich fochten, nicht nur von sich stießen, sondern sie obendrein mit Hep Hep verfolgten –, ich nahm Beckers Hep Hep als eine persönliche Beleidigung auf und schrieb ihm mit gar nicht verstellter Handschrift einige Artigkeiten, die der Biedermann, der sich wahrscheinlich seiner Ungezogenheit schämte, stillschweigend einsteckte.

Heute möchte ich fast dem deutschen Sänger Abbitte tun. Die Beleidigung war offenbar keine persönliche. Man kann nicht zugleich Teutomane und Judenfreund sein, wie man nicht zugleich die deutsche Kriegsherrlichkeit und deutsche Volksfreiheit lieben kann. Die echten Teutomanen, die Arndt und Jahn, werden stets reaktionäre Biedermänner sein. Der Deutschtümler liebt in seinem Vaterlande nicht den Staat, sondern die Rassenherrschaft. Wie kann er in seiner Mitte andern Rassen als den herrschenden eine Gleichberechtigung zugestehen, die selbst für die zahlreichsten Volksklassen in Deutschland noch eine Utopie ist! Der sympathische Franzose assimiliert mit einer unwiderstehlichen Anziehungskraft jedes fremde Rassenelement. Auch der Jude ist hier Franzose.

Übrigens hat es schon Jefferson zur Zeit des amerikanischen Befreiungskrieges gesagt: Jeder Mensch hat zwei Vaterlande, zuerst sein eigenes, sodann Frankreich. Der Deutsche dagegen möchte alle seine Vaterländer und Landesväter ganz allein besitzen. Ihm fehlt die erste Bedingung jeder chemischen Assimilation: die Wärme.

Solange der Jude Verfolgung und jede Demütigung als eine Strafe Gottes im Vertrauen auf die einstige Wiederherstellung seiner Nation ertrug, konnte sein Stolz nicht verletzt werden. Sein einziger Beruf war, sich und seinen Stamm einer Zukunft zu erhalten, welche seine Nation für alle erlittene Unbill entschädigen, für jede Kränkung rächen und für ihre Treue belohnen werde. Diesen Glauben und diese Hoffnung haben aber unsere aufgeklärten Juden nicht mehr. Für sie ist jede falsche Anklage zugleich eine Verletzung ihrer bürgerlichen Stellung und eine Ehrenkränkung. Was hilft ihnen die Emanzipation, was verschlägt es, wenn auch hie und da ein Jude Gemeinderat oder auch Volksvertreter, ja Minister wird, solange dem Namen »Jude« ein Makel anklebt, den jeder hochnäsige Bursche, jeder obskure Zeitungsschreiber, jeder dumme Junge mit sicherem Erfolge ausbeuten kann? Solange der Jude seine Nationalität verleugnen wird, weil er eben nicht die Selbstverleugnung hat, seine Solidarität mit einem unglücklichen, verfolgten und verhöhnten Volke einzugestehen, muss seine falsche Stellung mit jedem Tage unerträglicher werden. – Wozu die Täuschung? – Die europäischen Völker haben die Existenz der Juden in ihrer Mitte niemals anders denn als eine Anomalie betrachtet. Wir werden stets Fremde unter Nationen bleiben, die uns wohl aus Humanität und Rechtsgefühl emanzipieren, aber nie und nimmer achten werden, solange wir das ubi bene ibi patria mit Hintansetzung unsrer eignen großen nationalen Erinnerungen als Grund- und Glaubenssatz veranstalten.

Mag immerhin in den zivilisierten Ländern der religiöse Fanatismus unsre aufgeklärten Stammesgenossen nicht mehr mit seinem Hasse verfolgen. Trotz aller Aufklärung und Emanzipation wird doch der Jude im Exil, der seine Nationalität verleugnet, nicht die Achtung der Nationen gewinnen, in deren Mitte er wohl als Staatsbürger naturalisiert, aber nicht der Solidarität mit seiner Nation enthoben werden kann. – Nicht der alte fromme Jude, der sich eher die Zunge ausreißen ließe, als sie zur Verleugnung seiner Nationalität zu missbrauchen; der moderne Jude ist der verächtliche, er, der, gleich dem deutschen Lumpen im Auslande, seine Nationalität verleugnet, weil die schwere Hand des Schicksals auf seiner Nation lastet.

Die schönen Phrasen von Humanität und Aufklärung, womit er so freigebig um sich wirft, um seinen Verrat, seine Scheu vor der Solidarität mit seinen unglücklichen Stammesgenossen, zu bemänteln, werden ihn nicht vor dem strengen Urteile der öffentlichen Meinung schützen. Vergebens setzt er ihr sein geographisches und philosophisches Alibi entgegen.

Nehmt tausend Masken an, verändert Namen, Religion und Sitte, und schleicht Euch incognito durch die Welt, damit man Euch den Juden nicht anmerke: Jede Beleidigung des jüdischen Namens trifft doch euch mehr als den ehrlichen Mann, der seine Solidarität mit seiner Familie eingesteht und für ihre Ehre einsteht.

Moses Hess: Rom und Jerusalem. Die letzte Nationalitätenfrage, 5. Brief, Wien 1935, S. 37–40 (Orthografie modernisiert).

2: Aaron Liberman: An die jüdische Jugend (1876, Auszüge)

Alle Völker rüsten sich zum Kampf, das Proletariat organisiert sich, das Joch des Kapitals und der Tyrannei abzuschütteln; das gedrückte Menschengeschlecht trifft Anstalten, seine Rechte und Freiheiten zurückzuerobern, die soziale Revolution erhebt ihre Banner und ruft: Gemeinsamkeit der Arbeit, Gemeinschaft der Güter, freie internationale Verbindung aller Arbeiter, Abrüstung der Gewalt und alles dessen, was sich auch unsere Proletarier diesem großen Werke anschließen, zurückzuerobern, was die Ausbeuter ihres eigenen Volkes ihnen geraubt haben. Die Menschenverbrüderung kennt keine Einteilung nach Völkern und Stämmen, sie kennt nur nützliche Arbeiter und verderbenbringende Ausbeuter. Gegen diese soll das arbeitende Volk den Kampf beginnen. […] Mit einem finstern Blick und brütendem Hass sagt es [das arbeitende Volk] den ihm auf dem Halse sitzenden Scharen der Gebildeten, Heuchler und Spekulanten: Ihr tragt die Schuld an der entbrannten Religions- und Rassenfeindschaft, die sich mit allen ihren Schrecken vor allem auf uns ergoss. Ihr seid schuld daran, dass Tausende von unsern Brüdern, Kinder des Volkes ausgerottet wurden. Euretwegen häufen sich die Verleumdungen auf das ganze leidende, in Armut lebende jüdische Volk, welches unter eurer Raubsucht mehr zu leiden hat als die andern Volksmassen. […] Und wir, die Freunde aller leidenden Massen, sagen offen vor der ganzen Welt: »Wir sagen uns los von diesen Verderbern des Arbeitervolkes.« […] Ihr waret stets bereit, unsern Verstand mit der Scholastik eurer müßigen Interpretationen zu verdunkeln; ihr habt uns gezwungen, uns vor euch in Ehrfurcht zu beugen und je mehr unsere geistige Zersetzung zunahm, desto mehr Weihrauch euch zu streuen, zwangt ihr uns. […] Wir sagen uns von Euch los, ihr falschen Frömmler. Ihr habt das Volk an schwere Ketten ritueller Kleinlichkeiten und traditioneller Versteinerung geschmiedet, um es leichter ausbeuten und knechten zu können. Ihr seid nicht die Unsrigen. […]

Komme also, du Jugend, dem Proletariat zu Hilfe, zu Hilfe dem Volke, dass dich auferzogen hat, womit du stolzierst. Gehe unter das Volk, verschmilz dich mit ihm, arbeite gemeinsam mit ihm, heile seine Leiden, wecke es, ermutige die Einen, stärke die Andern und rufe alle zum Kampfe gegen die Herrscher der Welt, gegen die Bedrücker des Proletariats und die Ausbeuter des Volkes.

Elie Paretzki: Die Entstehung der jüdischen Arbeiterbewegung in Russland [1932], Zandvoort 1971, S. 32–34.

3: Friedrich Engels: Über den Antisemitismus (Aus einem Brief nach Wien) (1890)

... Ob Sie aber mit dem Antisemitismus nicht mehr Unglück als Gutes anrichten werden, muss ich Ihnen zu bedenken geben. Der Antisemitismus ist das Merkzeichen einer zurückgebliebenen Kultur und findet sich deshalb auch nur in Preußen und Österreich resp. Russland. Wenn man hier in England oder in Amerika Antisemitismus treiben wollte, so würde man einfach ausgelacht, und Herr Drumont erregt in Paris mit seinen Schriften – die an Geist denen der deutschen Antisemiten unendlich überlegen sind – doch nur ein bisschen wirkungslose Eintagssensation. Zudem muss er ja jetzt, da er als Stadtratskandidat auftritt, selbst sagen, er sei gegen das christliche Kapital ebenso sehr wie gegen das jüdische! Und Herrn Drumont würde man lesen, wenn er auch die gegenteilige Meinung verträte.

Es ist in Preußen der Kleinadel, das Junkertum, das 10.000 Mark einnimmt und 20.000 Mark ausgibt und daher den Wucherern verfällt, das in Antisemitismus macht, und in Preußen und Österreich ist es der dem Untergang durch die großkapitalistische Konkurrenz verfallene Kleinbürger, Zunfthandwerker und Kleinkrämer, der den Chor dabei bildet und mitschreit. Wenn aber das Kapital *diese* Klassen der Gesellschaft vernichtet, die durch und durch reaktionär sind, so tut es, was seines Amtes ist, und tut ein gutes Werk, einerlei, ob es nun semitisch oder arisch, beschnitten oder getauft ist; es hilft den zurückgebliebenen Preußen und Österreichern vorwärts, dass sie endlich auf den modernen Standpunkt kommen, wo alle alten gesellschaftlichen Unterschiede aufgehen in den einen großen Gegensatz von Kapitalisten und Lohnarbeitern. Nur da, wo dies noch nicht der Fall, wo noch keine starke Kapitalistenklasse existiert, also auch noch keine starke Lohnarbeiterklasse, wo das Kapital noch zu schwach ist, sich der gesamten nationalen Produktion zu bemächtigen, und daher die Effektenbörse zum Hauptschauplatz seiner Tätigkeit hat, wo also die Produktion noch in den Händen von Bauern, Gutsherren, Handwerkern und ähnlichen aus dem Mittelalter überkommenen Klassen sich befindet – nur da ist das Kapital vorzugsweise jüdisch, und nur da gibt's Antisemitismus.

In ganz Nordamerika, wo es Millionäre gibt, deren Reichtum sich in unseren lumpigen Mark, Gulden oder Franken kaum ausdrücken lässt, ist unter diesen Millionären *nicht ein einziger Jude*, und die Rothschilds sind wahre Bettler gegen diese Amerikaner. Und selbst hier in England ist Rothschild ein Mann von bescheidenen Mitteln z.B. gegenüber dem Herzog von Westminster. Selbst bei uns am Rhein, die wir mit Hilfe der Franzosen den Adel vor 95 Jahren zum Land hinausgejagt und uns eine moderne Industrie geschaffen haben, wo sind da die Juden?

Der Antisemitismus ist also nichts anderes als eine Reaktion mittelalterlicher, untergehender Gesellschaftsschichten gegen die moderne Gesellschaft, die wesentlich aus Kapitalisten und Lohnarbeitern besteht, und dient daher nur reaktionären Zwecken unter scheinbar sozialistischem Deckmantel; er ist eine Abart des feudalen Sozialismus, und damit können wir nichts zu schaffen haben. Ist er in einem Lande möglich, so ist das ein Beweis, dass dort noch nicht genug Kapital existiert. Kapital und Lohnarbeit sind heute untrennbar. Je stärker das Kapital, desto stärker auch die Lohnarbeiterklasse, desto näher also das Ende der Kapitalistenherrschaft. Uns Deutschen, wozu ich auch die Wiener rechne, wünsche ich also recht flotte Entwicklung der kapitalistischen Wirtschaft, keineswegs deren Versumpfen im Stillstand.

Dazu kommt, dass der Antisemitismus die ganze Sachlage verfälscht. Er kennt nicht einmal die Juden, die er niederschreit. Sonst würde er wissen, dass hier in England und in Amerika, dank den osteuropäischen Antisemiten, und in der Türkei, dank der spanischen Inquisition, es Tausende und aber Tausende *jüdischer Proletarier* gibt; und zwar sind diese jüdischen Arbeiter die am schlimmsten ausgebeuteten und die allerelendesten. Wir haben hier in England in den letzten zwölf Monaten *drei* Streiks jüdischer Arbeiter gehabt, und da sollen wir Antisemitismus treiben als Kampf gegen das Kapital?

Außerdem verdanken wir den Juden viel zuviel. Von Heine und Börne zu schweigen, war Marx von stockjüdischem Blut; Lassalle war Jude. Viele unserer besten Leute sind Juden. Mein Freund Victor Adler, der jetzt seine Hingebung für die Sache des Proletariats im Gefängnis in Wien abbüßt, Eduard Bernstein, der Redakteur des Londoner *Sozialdemokrat*, Paul Singer, einer unserer besten Reichstagsmänner – Leute, auf deren Freundschaft ich stolz bin, und alles Juden! Bin ich doch selbst von der »Gartenlaube« zum Juden gemacht worden, und allerdings, wenn ich wählen müsste, dann lieber Jude als »Herr von«!

London, 19. April 1890

Karl Marx/Friedrich Engels: Werke, Bd. 22, Berlin [DDR]: Dietz, 1963, S. 49–51; zuerst in: Arbeiter-Zeitung, Wien, Nr. 19 vom 9. Mai 1890 (Orthografie modernisiert).

4: August Bebel: Sozialdemokratie und Antisemitismus (Resolution des SPD-Parteitags in Köln) (1893)

Der Antisemitismus entspringt der Missstimmung gewisser bürgerlicher Schichten, die sich durch die kapitalistische Entwickelung bedrückt finden und zum Teil durch diese Entwickelung dem wirtschaftlichen Untergang geweiht sind, aber in Verkennung der eigentlichen Ursache ihrer Lage den Kampf nicht gegen das kapitalistische Wirtschaftssystem, sondern gegen eine in demselben hervortretende Erscheinung richten, die ihnen im Konkurrenzkampfe unbequem wird: gegen das jüdische Ausbeutertum.

Dieser sein Ursprung zwingt den Antisemitismus zu Forderungen, die ebenso mit den wirtschaftlichen wie politischen Entwickelungsgesetzen der bürgerlichen Gesellschaft in Widerspruch stehen, also *fortschrittsfeindlich* sind. Daher auch die Unterstützung, die der Antisemitismus vorzugsweise bei Junkern und Pfaffen findet.

Der einseitige Kampf des Antisemitismus gegen das jüdische Ausbeutertum muss notwendig *erfolglos* sein, weil die Ausbeutung der Menschen durch den Menschen keine speziell jüdische, *sondern eine der bürgerlichen Gesellschaft eigentümliche Erwerbsform ist, die erst mit dem Untergang der bürgerlichen Gesellschaft endigt.*

Da nun die Sozialdemokratie der entschiedenste Feind des Kapitalismus ist, einerlei ob Juden oder Christen seine Träger sind, *und da sie das Ziel hat, die bürgerliche Gesellschaft zu beseitigen,* indem sie deren Umwandlung in die sozialistische Gesellschaft herbeiführt, wodurch aller Herrschaft des Menschen über den Menschen, wie aller Ausbeutung des Menschen durch den Menschen ein Ende bereitet wird, *lehnt es die Sozialdemokratie ab,* ihre Kräfte im Kampfe gegen die bestehende Staats- und Gesellschaftsordnung durch falsche und darum wirkungslos werdende Kämpfe gegen eine Erscheinung zu zersplittern, die mit der bürgerlichen Gesellschaft steht und fällt.

Die Sozialdemokratie bekämpft den Antisemitismus als *eine gegen die natürliche Entwickelung der Gesellschaft gerichtete Bewegung,* die jedoch trotz ihres reaktionären Charakters und wider ihren Willen schließlich *revolutionär* wirkt, weil die von dem Antisemitismus gegen die jüdischen Kapitalisten aufgehetzten kleinbürgerlichen und kleinbäuerlichen Schichten zu der Erkenntnis kommen müssen, *dass nicht bloß der jüdische Kapitalist, sondern die Kapitalistenklasse überhaupt ihr Feind ist und dass nur die Verwirklichung des Sozialismus sie aus ihrem Elende befreien kann.*

Protokoll über die Verhandlungen der sozialdemokratischen Partei Deutschlands, abgehalten zu Köln a. Rh. vom 22. bis 29. Oktober 1893, Berlin 1893, S. 240 (Orthografie modernisiert).

5: Jean Jaurès: Das sozialistische Interesse (1898)

An diesem Tag werden wir Sozialisten das Recht haben, all jenen Führern die Stirn zu bieten, die uns seit Jahren im Namen der Grundsätze der Französischen Revolution bekämpfen. »Was habt ihr getan«, werden wir ihnen zurufen, »mit der Erklärung der Menschenrechte und der individuellen Freiheit? Ihr habt sie verachtet, ihr habt sie der Anmaßung der militärischen Macht ausgeliefert. Ihr seid die Abtrünnigen der bürgerlichen Revolution.«

Oh, ich weiß! Und ich höre schon die Spitzfindigkeiten unserer Feinde: »Was!«, sagt *La libre parole*, »das sind Sozialisten, Revolutionäre, die sich um die Legalität kümmern«. Ich habe nur ein Wort zu antworten. Die kapitalistische und bürgerliche Legalität besteht aus zwei Teilen. Es gibt eine ganze Reihe von Gesetzen, die die grundlegende Ungerechtigkeit unserer Gesellschaft schützen sollen; es gibt Gesetze, die das Privileg des kapitalistischen Eigentums, die Ausbeutung des Lohnempfängers durch den Besitzer festschreiben. Wir wollen diese Gesetze brechen und, wenn nötig, sogar durch die Revolution die kapitalistische Legalität abschaffen, um eine neue Ordnung zu schaffen. Aber neben diesen Gesetzen des Privilegs und des Raubes, die von einer Klasse und für sie gemacht wurden, gibt es andere, die den armseligen Fortschritt der Menschheit zusammenfassen, die bescheidenen Garantien, die sie durch die lange Anstrengung der Jahrhunderte und die lange Folge von Revolutionen allmählich errungen hat.

Unter diesen Gesetzen ist dasjenige, das es nicht zulässt, dass ein Mensch, wer auch immer er sein mag, verurteilt wird, ohne mit ihm zu sprechen, vielleicht das Wichtigste. Im Gegensatz zu den Nationalisten, die alles, was das Kapital schützt, von der bürgerlichen Legalität fernhalten und alles, was den Menschen schützt, den Generälen überlassen wollen, wollen wir revolutionären Sozialisten in der heutigen Legalität den kapitalistischen Teil abschaffen und den menschlichen Teil retten. Wir verteidigen die gesetzlichen Garantien gegen die tapferen Richter, die sie brechen, so wie wir die republikanische Legalität notfalls gegen putschende Generäle verteidigen würden.

Oh, ich weiß wieder, und hier sind es die Freunde, die sprechen: »Es geht nicht um einen Proletarier«, sagen sie, »der Bourgeois soll sich um den Bourgeois kümmern.« Und einer von ihnen fügte diesen Satz hinzu, der mich zugegebenermaßen schmerzt: »Wenn es sich um einen Arbeiter handeln würde, hätten wir uns schon lange nicht mehr um ihn gekümmert.«

Ich könnte erwidern, dass Dreyfus, wenn er zu Unrecht verurteilt wurde und wenn er tatsächlich, wie ich bald beweisen werde, unschuldig ist, kein Offizier oder Bürger mehr ist: Er ist durch das Übermaß seines Unglücks jedes Klassencharakters beraubt; er ist nichts anderes mehr als die Menschheit selbst, im höchsten Grad von Elend und Verzweiflung, den man sich vorstellen kann.

Wenn er gegen das Gesetz verurteilt wurde, wenn er zu Unrecht verurteilt wurde, was für ein Hohn ist es dann, ihn noch zu den Privilegierten zu zählen! Nein, er gehört nicht mehr zu jener Armee, die ihn durch einen verbrecherischen Fehler degradiert hat. Er ist nicht mehr Mitglied der herrschenden Klassen, die aus feigem Ehrgeiz zögern, ihm Rechtmäßigkeit und Wahrheit wieder herzustellen. Er ist nur ein Beispiel für menschliches Leid in seiner ergreifendsten Form. Er ist ein lebendiger Zeuge der militärischen Lüge, politischer Feigheit und der Verbrechen der Obrigkeit. Gewiss, wir können, ohne unseren Prinzipien zu widersprechen und ohne im Klassenkampf zu versagen, auf den Schrei unseres Mitleids hören;

wir können im revolutionären Kampf menschliche Gefühle bewahren; wir sind nicht gezwungen, vor der Menschheit zu fliehen, um am Sozialismus festzuhalten.

Und Dreyfus selbst, der von der Gesellschaft, die wir bekämpfen, zu Unrecht und auf kriminelle Weise verurteilt wurde, wird, was auch immer seine Herkunft war und was auch immer sein Schicksal sein sollte, zu einem scharfen Protest gegen die soziale Ordnung. Durch die Schuld der Gesellschaft, die Gewalt, Lügen und Verbrechen gegen ihn ausübt, wird er zu einem Element der Revolution.

Das ist es, was ich antworten könnte; aber ich füge hinzu, dass die Sozialisten, die den Geheimnissen der Schande und des Verbrechens, die in dieser Affäre enthalten sind, auf den Grund gehen wollen, wenn es ihnen nicht um einen einzelnen Arbeiter geht, dann geht es um die gesamte Arbeiterklasse.

Wer also ist heute am meisten von der Willkür der Generäle, von der immer wieder verherrlichten Gewalt der militärischen Repression bedroht? Wer ist das? Das Proletariat. Es hat daher ein vorrangiges Interesse daran, die Rechtswidrigkeiten und die Gewalttätigkeit der Kriegsräte zu bestrafen und ihnen entgegenzuwirken, bevor sie zu einer Art Gewohnheit werden, die von allen akzeptiert wird. Sie hat ein primäres Interesse daran, die moralische Diskreditierung und den Sturz dieser reaktionären hohen Armee zu beschleunigen, die bereit ist, sie morgen zu vernichten. Da diesmal ein Sohn der Bourgeoisie von der hohen Armee, die durch Clankämpfe in die Irre geführt wurde, ihr System der Willkür und der Lüge angewandt hat, ist die bürgerliche Gesellschaft noch stärker aufgewühlt und erschüttert, und wir müssen diese Erschütterung nutzen, um die moralische Kraft und die Angriffsmacht dieser rückschrittlichen Stäbe, die eine direkte Bedrohung für das Proletariat darstellen, zu schwächen.

Es ist daher nicht nur ein Dienst an der Menschheit, sondern auch ein direkter Dienst an der Arbeiterklasse, wenn wir gegen die jetzt bewiesene Unrechtmäßigkeit des Dreyfus-Prozesses und gegen die ungeheuerliche Anmaßung von Alphonse Humbert protestieren, dieses militärische Verbrechen für immer in der Undurchdringlichkeit des geschlossenen Raumes zu versiegeln.

Jean Jaurès: L'intérêt socialiste, in: Ders., Les Preuves. L'affaire Dreyfus, Paris: En vente à La petite république, 1898, S. 11–14 (Reprint 1981), übers. von Mario Keßler.

6: Karl Kautsky: Das Massaker von Kischinew und die Judenfrage (1903)

Die Redaktion des *Przegląd Socjaldemocratyczny* (Organ der Sozialdemokratie Russisch-Polens und Litauens) fordert mich auf, meine Meinung über das Blutbad von Kischinew auszusprechen. Es ist nicht leicht, auf diese Frage eine Antwort zu geben, die über das Selbstverständliche hinausgeht, über den selbstverständlichen Abscheu vor den furchtbaren Brutalitäten. Es fällt schwer, ruhig und nüchtern nachzudenken über Ereignisse, deren bloße Mitteilung uns das Blut in den Adern erstarren lässt und gleichzeitig unseren grimmigsten Hass gegen die daran Schuldigen anfacht. Es fällt aber auch einem Nichtrussen schwer, die Eigenart des Judentums wie des Antisemitismus Russlands zu erfassen.

Schon der westeuropäische Antisemitismus ist eine recht komplizierte Erscheinung. Die Antisemiten selbst, soweit sie überhaupt über ihr Tun nachdenken, was bei ihnen selten genug vorkommt, stehen auf dem Boden der Rassentheorie; sie sehen in ihrem Hasse gegen das Judentum ein Naturgesetz; die jüdische Rasse ist ihrer Ansicht nach von Natur aus mit Eigenschaften begabt, die jeden Nichtjuden zwingen, sie zu hassen und zu verfolgen. Noch mystischer aber ist die Auffassung des liberalen Philosemitismus, die im Judenhass nur das Produkt eines Volkswahnsinns sieht.

Immer mehr breitet sich diesen Anschauungen gegenüber die sozialistische aus, die in der jetzigen antisemitischen Bewegung ein Stück Klassenkampf sieht, ein Produkt des Verzweiflungskampfes niedergehender Volksschichten. Das untergehende Handwerk kämpft gegen Großindustrie und Zwischenhandel; der kleine Händler gegen die großen Warenhäuser; der in Schuldknechtschaft versinkende Bauer gegen den Wucherer und Händler, namentlich den Vieh- und Kornhändler. Der Niedergang dieser Schichten treibt aber ihren Nachwuchs immer mehr dazu, statt dem väterlichen Beruf einem der Intelligenzberufe sich zuzuwenden, sodass nun die liberalen Berufe immer mehr überfüllt werden. Alle diese Schichten wenden sich gegen das Judentum, das ihnen als der Repräsentant des Geld- und Handelskapitals gilt, das aber auch der Intelligenz zahlreiche und rührige Elemente zuführt. Die Niederschlagung des Judentums erscheint diesen Schichten als der beste Weg, ihrer Bedrängnis ein Ende zu machen.

Diese Erklärung des westeuropäischen Antisemitismus unserer Zeit dürfte die richtige sein; aber sie reicht nicht aus, denn nun erhebt sich die Frage, woher es kommt, dass gerade die Juden als die auserwählten Vertreter des Geld- und Handelskapitals und der Intelligenz erscheinen. Haben wir es da wirklich mit einer Eigenart des Judentums zu tun und entspringt sie seinem Rassencharakter?

Diese Eigenart ist kein Schein, sondern Wirklichkeit, ob sie aber dem Charakter der jüdischen Rasse entspringt, könnte man erst dann entscheiden, wenn man sicher wüsste, was eine Rasse eigentlich ist. Wir brauchen aber gar nicht diesen Begriff, der keine wirkliche Antwort gibt, sondern nur neue Fragen aufrollt. Es genügt, die Geschichte des Judentums zu verfolgen, um über die Ursachen seines Charakters klar zu werden. Wir finden die Juden in Palästina, als Besitzer eines Berglandes, das von einem gegebenen Moment an nicht mehr ausreichte, seinen Bewohnern eine ebenso behagliche Existenz zu gewähren, wie sie ihre Nachbarn hatten.

Ein solches Volk greift entweder zum Raub oder zur Auswanderung. Die Schotten z.B. wählten anfänglich den ersten, dann den zweiten Ausweg. Nach mannigfachen Kämpfen gegen ihre Nachbarn betraten auch die Juden den letzteren. Aber ein Bergland mit seinen abgeschlossenen Tälern erzeugt eine Bevölkerung, die sich einem fremden Milieu nicht leicht anpasst, die in der Fremde an den ererbten Sitten und Gebräuchen hängt, die sich dort aber auch nicht wohl fühlt, sondern wieder nach Hause strebt. Ihre Auswanderer gehen in die Fremde nicht, um dort zu bleiben, sondern um möglichst rasch möglichst viel Reichtum zusammenzuraffen und dann damit in die Heimat zurückzukehren. Nicht als sesshafte Ackerbauer oder Städtegründer gehen sie ins Ausland, sondern als abenteuernde Söldner, wie im Altertum die Arkadier, im Mittelalter die Schweizer, heute in der Türkei die Albanesen – oder als Händler, wie die Juden, später die Schotten, heute die Armenier. Wir sehen, das gleiche Milieu entwickelt unter Völkern der verschiedensten Rassen die gleiche Eigenart.

Aber zu dieser Eigenart, welche die Juden mit anderen Gebirgsvölkern teilten, gesellte sich im Laufe der historischen Entwicklung ein Schicksal, das kein anderer Volksstamm mit ihnen gemein hatte: die Austilgung auf ihrem Mutterboden. In seinem Stammland wurde das Judentum ausgerottet, es lebte nur noch in seinen zahlreichen Kolonien Ausgewanderter in der Fremde fort. Damit hörten die Juden auf, eine Nation zu sein, denn eine solche ohne ein Territorium ist undenkbar. Sie wurden ein Volksstamm, einzig in seiner Art, nämlich der einzige (wenn man absieht von kleinen Völkerstämmen ohne historische Bedeutung wie die Zigeuner), der nur als Fremder unter Fremden lebte, mit starkem Heimatgefühl, aber ohne Heimat; überall als Fremder schutzlos, oft nur geduldet, oft geächtet, ohne eine Zufluchtsstätte mit eigenem Rechte, in der er Sicherheit und Ruhe hätte finden können. Endlich aber wurden sie auch der einzige Volksstamm, der keinerlei Landleute in seinen Reihen zählte, der seit bald zwei Jahrtausenden fast ausschließlich in Städten lebt – und dort, wo er sich vereinzelt auf das Land hinausgewagt hat, von städtischen Erwerbszweigen lebt. Handel mit Geld und Waren und intellektuelle Berufe, das heißt jene Tätigkeiten, welche früher die aus ihrem Lande ausgewanderten Juden betrieben, das wurden nun die einzigen Erwerbszweige der gesamten Judenschaft. Im Laufe des Mittelalters, das die ständische Trennung der Klassen und Berufe liebte, wurden die tatsächlichen Beschränkungen der Juden auf bestimmte Berufe und Lokalitäten zu juristischen Beschränkungen. Abgeschlossen von der Masse der Bevölkerung, erhielt das Judentum seine Eigenart noch mehr, als seinem Wesen ohnehin entsprach; ja diese Abgeschlossenheit verschärfte und vertiefte sie und fügte ihr eine Reihe neuer Züge hinzu. Die Vermischung mit frischem Bauernblut vom Lande, die die andere städtische Bevölkerung immer wieder physisch auffrischte, aber auch immer wieder mit neuen Elementen geistiger Schwerfälligkeit und Rückständigkeit erfüllte, blieb den Juden versagt. Die Entwicklung ihrer körperlichen Kraft wurde dadurch gehemmt, aber umso mehr die ihrer Intelligenz und ihrer Rührigkeit gefördert. Kein Wunder, dass sie auch heute noch, wo in Westeuropa alle juristischen Schranken zwischen ihnen und der übrigen Bevölkerung gefallen sind, besonders zahlreich und erfolgreich unter den Kapitalisten und in der Intelligenz zu finden sind.

Aber ebenso wenig ist es zu verwundern, wenn geistig beschränkte Volksschichten – und dazu gehört auch ein gut Teil der Intelligenz, der studiert, nur der Not gehorchend, nicht dem eigenen Triebe –, die vom Kapital oder der Überfüllung im eigenen Berufe bedrängt werden, im Juden nicht bloß eine Personifikation der sie bedrängenden Ursache, sondern diese selbst in voller Ausschließlichkeit sehen.

Aber für Russland scheint mir diese Erklärung des Antisemitismus nicht auszureichen. So gibt es dort zum Beispiel keine Überproduktion an Intelligenz, sondern eine Unterproduktion. Dem dürfte es auch zuzuschreiben sein, dass in Russland die studierende Frau nicht, wie in Deutschland, von den Herren der Intelligenz als Konkurrentin angefeindet, sondern als Helferin freudig begrüßt wird. In Westeuropa sind dieselben Kreise der Intelligenz, die dem Judentum am feindseligsten gegenüberstehen, auch die borniertesten Gegner des Frauenstudiums. Dann aber umfasst in Russland das Judentum nicht bloß, wie in Westeuropa, vorwiegend Kapitalisten und Intellektuelle, sondern vielmehr alle städtischen Klassen, auch Handwerker und Proletariat, darunter die Ärmsten der Armen. Was konnte die Volkswut gegen diese entfesseln? Es ist wohl notwendig, um den russischen Antisemitismus zu erklären, nicht bloß die Eigentümlichkeiten des *Judentums*, sondern auch die eigenartige Lage des *russischen Volkes* ins Auge zu fassen.

Menschen, die in primitiven traditionellen Verhältnissen, von der übrigen Welt abgeschlossen leben, sehen in sich selbst das Maß alles Menschlichen. Ihr Milieu, ihr Denken, ja selbst ihr Verständigungsmittel, ihre Sprache erscheint ihnen als natürlich, alles davon Abweichende als widernatürlich, abscheulich. Derartige Menschen stehen daher leicht dem Fremden auch dort misstrauisch, ja feindselig gegenüber, wo kein Interessengegensatz vorhanden. Man hält die Fremden auch bar alles menschlichen Empfindens und schreckt nicht vor Grausamkeiten ihnen gegenüber zurück, die man entsetzlich fände, würden sie an Genossen der eigenen Rasse verübt.

Am wenigsten gilt das vom Fremden, mit dem man zufällig zusammentrifft, und der ebenso rasch verschwindet wie er auftaucht. Als abnormes Kuriosum mag er sogar mehr Neugierde als Abneigung erwecken. Wo dagegen der Fremde nur insofern fremd ist, dass er in Sitte, Glauben, Sprache, Körpergestalt von der Masse der Bevölkerung abweicht, wo er aber nicht ein vorüberziehender Ausländer ist, sondern ein Nachbar, der einem immer wieder begegnet, mit dem man im engsten ökonomischen Verkehr lebt, einem Verkehr, der in einer auf ökonomischen Gegensätzen beruhenden Gesellschaft in der Regel ein feindseliger ist, wo Misstrauen und Abneigung durch den erzwungenen täglichen Verkehr mit seinen mannigfaltigen Reibungen immer wieder von Neuem angestachelt werden, da nimmt die Feindseligkeit gegen den Fremden leicht die bösartigsten Formen an. Das gilt in Osteuropa von den Juden, aber anderswo können wir das Gleiche beobachten, wo verschiedene Volksstämme denselben Boden bewohnen. So ist zum Beispiel ein gut Teil der nationalen Gegensätze in Österreich und der Türkei der instinktiven Abneigung des primitiven Menschen gegen den andersgearteten Nachbar zuzuschreiben. Ebenso die Abneigung gegen den Neger in den Vereinigten Staaten, welche in den südlichen Teilen der Union oft Formen annimmt, die sich mit den Judenverfolgungen in Russland sehr wohl messen können.

Wodurch kann diese Feindseligkeit überwunden werden? Am radikalsten dadurch, dass die den fremdartigen Charakter tragenden Bevölkerungsteile aufhören, Fremde zu sein, dass sie sich mit der Masse der Bevölkerung vermischen. Das ist schließlich die einzig mögliche Lösung der Judenfrage, und alles, was das Aufhören der jüdischen Abschließung fördern kann, ist zu unterstützen.

Aber die Eigenart des Judentums ist ein Produkt jahrtausendelanger Entwicklung, es lässt sich nicht mit einem Male der Masse der übrigen Bevölkerung assimilieren. Solange dies aber nicht geschehen, gibt es nur *ein* Mittel, der Abneigung gegen die jüdische Eigenart entgegenzuwirken: die *Aufklärung* der Volksmasse. Diese Aufklärung ist jedoch nicht in dem Sinne zu verstehen, dass man die Volksmasse mit Ergüssen moralischer Entrüstung über den Antisemitismus überschüttet, worin dieser als Schmach des Jahrhunderts gebrandmarkt wird und dergleichen. Das Empfindungsleben der Menschen bleibt von Sprüchlein und Ermahnungen völlig unberührt. Soweit es sich überhaupt veränderlich zeigt, nicht von angeborenen Eigenschaften in stets gleichen Bahnen erhalten wird, ist es der Inhalt seines Lebens, der es beherrscht. Wer das Empfindungsleben der Menschen ändern will, muss ihrem Leben einen neuen Inhalt geben. Auch die Abneigung gegen das Judentum kann dort, wo sie im Volksempfinden tief eingewurzelt ist, nur dann durch Aufklärung überwunden werden, wenn diese dem Volksleben einen neuen Inhalt gibt. Wenn den primitiven Menschen von dem fremdartigen Nachbarn keine tiefgehenden Klassengegensätze trennen, dann schwindet seine Unduldsamkeit gegen diesen leicht, sobald sein Horizont sich erweitert, sobald in seiner eigenen Brust Bedürfnisse und Anschauungen auftauchen, die ihm fremd waren, sobald er aufhört, das Überkommene als das Natürliche zu betrachten, sobald er anfängt, es als ein Hindernis seines Aufsteigens von sich zu weisen. Mit einem Worte, sobald aus dem primitiven, gedankenlos in den überkommenen Formen fühlenden Menschen ein denkender Revolutionär wird. Das revolutionäre Denken macht tolerant gegenüber dem Fremden, der kein Feind ist, und nur eine Aufklärung, die imstande ist, ein revolutionäres Denken in der Volksmasse zu entzünden, ist imstande, in dieser den Antisemitismus zu überwinden, soweit er bloß der instinktiven Abneigung, der primitiven Beschränktheit gegen den fremdartigen Nachbar entspricht.

Neben der Auflösung des Judentums ist das revolutionäre Denken der Volksmasse das beste Gegengift gegen den Antisemitismus. Seit langem ist jede Klasse in Europa dem Judentum unbefangen, ja sympathisch gegenübergetreten, die revolutionär empfand, die über das Überkommene hinausstrebte. Dementsprechend haben aber auch die tiefsten und kühnsten Denker des Judentums stets das revolutionäre Denken ihrer Zeit zu dem ihren gemacht, was sie aber wieder nicht konnten, ohne sich über das traditionelle Judentum zu erheben und sich auf den Boden der allgemeinen europäischen Kulturentwicklung zu stellen.

Dieser enge Zusammenhang zwischen dem revolutionären Empfinden und den Bedürfnissen des jüdischen Emanzipationsstrebens ist aber, wie so mancher anderen Regierung, auch der russischen nicht entgangen. Sie hasst und verfolgt daher das Judentum ebenso sehr wie die revolutionären Strömungen, und sie tut alles, was in ihren Kräften steht, um den Judenhass in der Bevölkerung zu schüren und zu stärken. Sie erhält ihn nicht bloß dadurch lebendig, dass sie von der Volksmasse jede Aufklärung fernhält, die ihr Leben mit einem neuen Inhalt füllen könnte. Sie hindert auch jede Annäherung zwischen der jüdischen und nichtjüdischen Bevölkerung, verhindert ihre Vermischung und bringt den Volksmassen durch ihre Praxis die Überzeugung bei, der Jude stehe außerhalb der menschlichen Gemeinschaft, sei rechtlos und vogelfrei.

Leidet die Volksmasse, verzweifelt sie, macht sie ihrer Verzweiflung in wilden Ausbrüchen Luft, dann werden diese Ausbrüche von den Dienern des Zaren auf das Judentum abgelenkt. Die Juden werden als Blitzableiter benützt für die Gewitter, die sich über dem Haupte der Autokratie zusammenballen. Das Misshandeln, Plündern und Erschlagen der Juden ist die einzige Volksbewegung, die im russischen Reiche gestattet wird. Als vor einem Jahre der Graf Schuwaloff, der Stadtvorsteher von Odessa, erfuhr, dass eine Demonstration für den ersten Mai geplant werde, ließ er jüdische Arbeiter vor sich kommen und drohte, er werde die Demonstration mit Volksunruhen gegen die Juden beantworten.

In diesen Jahren brachen die Judengemetzel in Kischinew rechtzeitig genug aus, um die Maifeier zu stören. In Kiew haben auch unsere Genossen in einem Manifest ausdrücklich erklärt, dass sie bei der augenblicklichen Volksstimmung von einer Demonstration am 1. Mai absehen und bei etwaigen Erhebungen gegen die Juden die Arbeiter auffordern, diese zu schützen. Auch in Kischinew versuchten Arbeiter die Juden zu verteidigen. Sie wurden mit bewaffneter Macht auseinandergetrieben, von derselben bewaffneten Macht, die dem Morden und Plündern ruhig zusah. Und Polizisten waren es, die die Plündernden anführten.

Die Juden in Russland haben heute nur *einen* wahren Freund: die *revolutionäre Bewegung*. Sie allein arbeitet dem Antisemitismus wirksam entgegen, indem sie die Volksmassen über ihre wahren Interessen aufklärt und ihnen zeigt, dass sie sie ihrer Beschränktheit entreißt, sie mit neuen Anschauungen und neuen Bedürfnissen erfüllt, Anschauungen und Bedürfnissen, die allen aufstrebenden Kulturmenschen gemeinsam sind, mögen es Juden oder Nichtjuden sein; endlich dadurch, dass sie in gemeinsamem Klassenkampf jüdische und nichtjüdische Arbeiter zu vereintem Wirken zusammenführt.

Die zionistische Bewegung dagegen kann nur das antisemitische Empfinden der Volksmassen verstärken, indem sie die Abschließung des Judentums von der übrigen Bevölkerung vermehrt und es noch mehr als bisher zu einem fremden Volksstamm stempelt, der seinen eigenen Anschauungen nach auf dem russischen Boden nichts zu suchen hat. Wider Willen besorgt sie dadurch die Geschäfte des Zarentums, von dem sie denn auch bisher geduldet wurde. Von den Hoffnungen freilich, die sie auf den Zaren setzten, dürften die meisten Zionisten jetzt kuriert sein. Es kann keinem Zweifel unterliegen, dass die russische Autokratie der Hauptschuldige an den Mordtaten von Kischinew ist; sie ist indirekt daran schuldig, durch die Unwissenheit, durch die Abschließung von der übrigen Welt und von allen neuen Ideen, in der sie die Volksmassen künstlich erhält; direkt durch ihre Werkzeuge, die als Anstachler dieser Massen tätig waren. Aber es gibt noch andere Schuldige an diesen Gräueln. Der Zarismus wäre längst zusammengebrochen unter der Last seiner Sünden, hätte er nicht immer erneute moralische und finanzielle Hilfe gefunden in Westeuropa. Die Regierungen der vornehmsten Kulturländer Europas haben das System unterstützt, das solche Schandtaten zeitigt – die französische Republik hat sich mit ihm alliiert; »Genosse« Millerand hat ihm die Hand geküsst; nicht minder hat sich die große Presse Europas dem Zarentum willfährig erwiesen, und mit Hilfe der Regierungen und der Presse hat die große Finanz Europas dafür gesorgt, dass der Zar bei jeder Anleihe so viel Geld erhielt, als er brauchte, um sein bankrottes Regime weiterzufristen.

Diese Presse und diese Finanz, über deren Verjudung der Antisemitismus *so* lebhaft zetert, wussten ganz wohl, wen sie unterstützten. Der Zarismus hat aus seinem Judenhass nie ein Hehl gemacht, er hat ihn oft genug in gesetzlichen und ungesetzlichen Judenverfolgungen betätigt. Wenn sie trotzdem immer wieder dem Zarentum mit neuen Milliarden unter die Arme griffen, so haben sie damit deutlich bewiesen, dass das Kapital und seine Helfershelfer auf alle Humanität pfeifen, wo ein Profit winkt; sie haben aber auch gezeigt, wie wenig die Rassengemeinschaft bedeutet, wie wenig die Juden Russlands von dem jüdischen Kapital des Westens zu erwarten haben. Sie mögen sich nicht irreführen lassen durch das Wehgeschrei, das jetzt die kapitalistische Presse anstimmt; das europäische Kapital wird fortfahren, den Zarismus zu stützen, wie es das rumänische Regiment stützt. An der Infamie von Kischinew ist mitschuldig die Skrupellosigkeit des internationalen jüdischen und christlichen Kapitals und seiner Werkzeuge. Die jüdische Solidarität, die Solidarität der Juden aller Klassen, ist eine leere Redensart geworden, sobald es sich um mehr handelt, als um ein paar Bettelpfennige; sobald es gilt, gemeinsam einem mächtigen Gegner entgegenzutreten. Wahrheit und Wirklichkeit aber ist die Solidarität der Proletarier aller Zungen, aller Rassen. Im Klassenkampf des sozialistischen Proletariats verschwindet der so tiefgewurzelte Gegensatz zwischen dem Neger und dem Weißen in Amerika, verschwindet in Europa der zwischen dem Juden und dem »Arier«. *Nur* in dieser Solidarität findet der jüdische Proletarier die Kraft, sich seiner Dränger zu erwehren. Je stärker aber die sozialistische Bewegung, desto sicherer ist auch das gesamte Judentum davor, dass die irregeleitete Wut verzweifelnder Volksmassen sich auf das Ghetto ergießt, statt gegen den Zarismus sich zu wenden, den Hort aller Barbarei.

Möge die Solidarität zwischen jüdischen und nichtjüdischen Proletariern in Russland noch enger werden als sie bisher gewesen: wäre das die Frucht des Blutbads von Kischinew, dann sind seine armen Opfer wenigstens nicht umsonst gefallen.

Karl Kautsky: Das Massaker von Kischeneff und die Judenfrage, in: Neue Zeit, Stuttgart 21 (1902/03), Bd. 2, S. 303–309 (Orthografie modernisiert).

7: W. I. Lenin: An die jüdischen Arbeiter (1905)

Anlässlich der Herausgabe des Berichts über den III. Parteitag der SDAPR in jiddischer Sprache hält es die Redaktion des Zentralorgans der Partei für notwendig, einige Worte zu sagen.

Die Lebensbedingungen des klassenbewussten Proletariats der ganzen Welt verlangen die Herstellung einer möglichst engen Verbindung und einer größeren Einheitlichkeit im planmäßigen sozialdemokratischen Kampf der Arbeiter der verschiedenen Nationalitäten. Die große Losung »Proletarier aller Länder, vereinigt euch!«, die vor über einem halben Jahrhundert zum ersten Mal erscholl, ist jetzt nicht mehr nur die Losung der sozialdemokratischen Parteien der verschiedenen Länder. Diese Losung wird immer mehr lebendige Wirklichkeit, sowohl in der Vereinheitlichung der Taktik der internationalen Sozialdemokratie als auch in der Herstellung der organisatorischen Einheit unter den Proletariern der verschiedenen Nationalitäten, die unter dem Joch ein und desselben despotischen Staates für die Freiheit und den Sozialismus kämpfen.

In Russland leiden die Arbeiter aller Nationalitäten unter einem wirtschaftlichen und politischen Joch, wie es in keinem anderen Staat besteht, und zwar vor allem jene Arbeiter, die nicht der russischen Nationalität angehören. Die jüdischen Arbeiter leiden nicht nur unter dem allgemeinen wirtschaftlichen und politischen Joch, das sie als eine rechtlose Nationalität niederdrückt, sondern außerdem noch unter einem Joch, das sie der elementaren Bürgerrechte beraubt. Je drückender dieses Joch ist, um so gebieterischer ist die Notwendigkeit einer möglichst engen Vereinigung der Proletarier der verschiedenen Nationalitäten, da ohne solch eine Vereinigung ein siegreicher Kampf gegen dieses Joch nicht möglich ist. Je eifriger die räuberische zaristische Selbstherrschaft bestrebt ist, Zwietracht, Misstrauen und Feindschaft unter den von ihr unterdrückten Nationalitäten zu säen, je widerwärtiger ihre Politik der Aufhetzung der unaufgeklärten Massen zu bestialischen Pogromen ist, umso mehr haben wir Sozialdemokraten die Pflicht, daran zu arbeiten, dass sich alle zersplitterten sozialdemokratischen Parteien der verschiedenen Nationalitäten in einer einheitlichen Sozialdemokratischen Arbeiterpartei Russlands vereinigen.

Der I. Parteitag unserer Partei, der im Frühjahr 1898 stattfand, setzte sich das Ziel, diese Einheit zu verwirklichen. Um jeden Gedanken an einen national begrenzten Charakter der Partei auszuschließen, nannte sie sich nicht Russische Sozialdemokratische Arbeiterpartei, sondern Sozialdemokratische Arbeiterpartei Russlands. Die Organisation der jüdischen Arbeiter, der »Bund«, trat der Partei als autonomer Teil bei. Leider wurde von diesem Zeitpunkt an die Einheit der jüdischen und nichtjüdischen Sozialdemokraten in einer Partei untergraben. Unter den Führern des »Bund« begannen sich nationalistische Ideen zu verbreiten, die zu der ganzen Weltanschauung der Sozialdemokratie in krassem Widerspruch stehen. Statt auf die Annäherung der jüdischen Arbeiter an die nichtjüdischen hinzuarbeiten, begab sich der »Bund« auf den Weg der Loslösung jener von diesen, indem er auf seinen Kongressen die Sonderstellung der Juden als Nation betonte. Anstatt die Arbeit des I. Parteitags der Sozialdemokratischen Partei Russlands in der Richtung einer noch festeren Vereinigung des »Bund« mit der Partei fortzusetzen, unternahm der »Bund« Schritte zu seiner Lostrennung von der Partei: Zunächst trat der »Bund« aus der einheitlichen Auslandsorganisation der SDAPR aus und gründete eine selbständige Auslandsorganisation, – als sich dann der II. Parteitag unserer Partei im Jahre 1903 mit erheblicher Stimmenmehrheit weigerte, den »Bund« als einzigen Vertreter des jüdischen Proletariats anzuerkennen, trat der »Bund« auch aus der SDAPR aus. Er beharrte fest darauf, dass er nicht nur der einzige Vertreter des jüdischen Proletariats sei, sondern dass er außerdem in seiner Tätigkeit durch keinen territorialen Rahmen beengt werden dürfe. Es versteht sich, dass der II. Parteitag der SDAPR solche Bedingungen nicht annehmen konnte, weil in einer ganzen Reihe von Gebieten, zum Beispiel in Südrussland, das organisierte jüdische Proletariat der allgemeinen Parteiorganisation angehört. Ohne darauf Rücksicht zu nehmen, trat der »Bund« aus der Partei aus und zerstörte so die Einheit des sozialdemokratischen Proletariats, ungeachtet der auf dem II. Parteitag gemeinsam geleisteten Arbeit und ungeachtet des Programms und des Organisationsstatuts der Partei.

Die Sozialdemokratische Arbeiterpartei Russlands hat auf ihrem II. und III. Parteitag ihrer unerschütterlichen Überzeugung Ausdruck gegeben, dass dieser Austritt aus der Partei ein schwerer und bedauerlicher Fehler des »Bund« ist. Dieser Fehler des »Bund« ist das Resultat seiner prinzipiell unhaltbaren nationalistischen Ansichten, das Resultat eines unbegründeten Anspruchs auf das Monopol der alleinigen Vertretung des jüdischen Proletariats, aus dem sich unvermeidlich das föderalistische Organisationsprinzip ergibt, das Resultat einer jahrelangen Politik der Entfernung und Absonderung von der Partei. Wir sind überzeugt, dass dieser Fehler korrigiert werden muss und mit dem weiteren Wachstum der Bewegung auch unbedingt korrigiert wird. In ideologischer Hinsicht betrachten wir uns als eins mit dem jüdischen sozialdemokratischen Proletariat. Unser Zentralkomitee betrieb nach dem II. Parteitag keine nationalistische Politik, sondern bemühte sich um die Bildung von solchen Komitees (Polesje, Nordwesten), die alle Arbeiter eines Orts, sowohl die jüdischen als auch die nichtjüdischen, zu einem Ganzen zusammenfassen.

Auf dem III. Parteitag der SDAPR wurde die Herausgabe von Literatur in jiddischer Sprache beschlossen. Wir beginnen jetzt mit der Durchführung dieses Beschlusses und drucken in jiddischer Sprache die vollständige Übersetzung des Berichts über den III. Parteitag der SDAPR, der auf russisch bereits erschienen ist. Aus diesem Bericht werden die jüdischen Arbeiter – sowohl diejenigen, die gegenwärtig unserer Partei angehören, als auch jene, die vorübergehend außerhalb der Partei stehen – ersehen, wie sich unsere Partei entwickelt. Die jüdischen Arbeiter werden aus diesem Bericht ersehen, dass unsere Partei bereits auf dem Wege ist, jene innere Krise zu überwinden, unter der sie nach dem II. Parteitag zu leiden hatte. Sie werden sehen, welches die tatsächlichen Bestrebungen unserer Partei sind und wie ihr Verhältnis zu den anderen nationalen sozialdemokratischen Parteien und Organisationen ist, sie werden sehen, wie das Verhältnis der Gesamtpartei und ihrer zentralen Körperschaft zu den einzelnen Teilen ist, aus denen sie besteht. Endlich werden sie daraus ersehen – und das ist das Wichtigste –, welche taktischen Direktiven der III. Parteitag der SDAPR für die Politik des ganzen klassenbewussten Proletariats im gegebenen revolutionären Zeitpunkt ausgearbeitet hat.

W. I. Lenin: Werke, Bd. 8, Berlin [DDR] 1959, S. 496–499. – Geschrieben Ende Mai/Anfang Juni 1905. Zuerst veröffentlicht 1905 als Vorwort zu der Broschüre »Bericht über den III. Parteitag der Sozialdemokratischen Arbeiterpartei Russlands«, die in jiddischer Sprache erschien.

8: Rosa Luxemburg: Antisemitismus Arm in Arm mit dem Banditentum (1911, Auszug)

Die wohl bezeichnendste Erscheinung im gesellschaftlichen Leben Polens war in jüngster Zeit der plötzliche Ausbruch eines wilden Antisemitismus in der »fortschrittlichen« Presse.[1] Einige Monate hindurch machte sich in verschiedenen Tonarten auf den Spalten von *Prawda*, *Kurier Poranny* und *Myśl Niepodległa*[2] ein widerwärtiger Lärm breit: »Greif den Juden!« Zeitungen, die angeblich Fortschritt und Freiheit verteidigen wollen, sprachen schlagartig in haargenau dem gleichen Ton-

[1] Ironische Bezeichnung für das liberale, doch oft antisemitische politische Lager.

[2] *Prawda* (Wahrheit): gesellschaftliche, politische und literarische Wochenzeitung, erschien 1881–1915 in Warschau; Organ der Positivisten, die eine politische und kulturelle Selbstbehauptung der polnischen Kultur in der Zeit der polnischen Teilungen anstrebten. *Kurier Poranny* (Morgenkurier): Warschauer Tageszeitung mit Boulevard-Charakter, erschien 1877–1939. *Myśl Niepodległa* (Unabhängiger Gedanke): gesellschaftspolitische Zeitschrift, ursprünglich linksliberal, ab 1910 antisemitisch, erschien 1906–1931 in Warschau.

fall, wie sonst nur das klerikale Gelumpe bei uns oder die schmutzigen Radaublätter der Kruschewans[3] und anderer Organisatoren der jüdischen Pogrome in Russland.

Der Antisemitismus ist überhaupt eine Erscheinung, die in verschiedenen kapitalistischen Ländern grassiert. Er ist, so wie jede Hetze, die zum Hass gegen Menschen anderer Rasse, anderer Nationalität oder Religion aufwiegelt, eine Erscheinung reaktionärer Verrohung. Im Interesse der Arbeiterklasse und ihrer Befreiung liegen der Zusammenschluss und die Verbrüderung aller Ausgebeuteten zum gemeinsamen Kampf gegen die Ausbeuter, welcher Nationalität und Glaubensrichtung auch immer sie zugehören mögen. Deshalb spielt die Aufwiegelung zum Rassen- und nationalen Hass, um den polnischen Arbeiter vom jüdischen Arbeiter oder russischen Arbeiter zu entzweien, allein den Ausbeutern in die Hände.

Besonders bei uns in Polen und in Russland kann ganz klar gesehen werden, wer das Schüren der Hetze gegen die Juden für nötig hält. Niemand anders als die Zarenregierung hat in der Zeit der Revolution durch bezahlte Agenten die Judenpogrome veranstaltet, um die Aufmerksamkeit des Volkes von sich abzulenken, um den Hass, statt auf die Tschinowniks[4] des Zaren, auf die jüdischen Habenichtse zu lenken. In Russland hat sie als Werkzeug dafür den Abschaum der Gesellschaft, den düstersten Pöbel, benutzt, dem es durch seine Agenten einzureden suchte, die »Juden« hätten »die Revolution vom Zaun gebrochen«, und der für ein Gläschen Schnaps über die wehrlose jüdische Bevölkerung herfiel.

Bei uns in Polen war das der Regierung im Jahre 1881 auch gelungen, als Warschau zum Schauplatz eines abscheulichen Judenpogroms wurde. Doch 1905 war das Arbeitervolk durch den Sozialismus bereits soweit aufgeklärt, dass die teuflischen Machenschaften der Zarenregierung bereits im Keim erstickt werden konnten. Sobald sich in der Menge ein Agent zeigte, der gegen die Juden aufwiegelte, rechneten die Arbeiter im Schnellverfahren mit ihm ab, sodass er überhaupt Mühe hatte, heil davonzukommen.

So hatten die polnischen Arbeiter in der Zeit der Revolution unser Land vor der Pest des Antisemitismus bewahrt. Nun aber, fünf Jahre nach Ausbruch der Revolution, fand in Polen plötzlich ein wirklicher Judenpogrom statt, allerdings nicht auf der Straße, sondern in der Presse, und nicht etwa betrunkenes, vom Zarentum gekauftes Gesindel hat diesen Pogrom durchgeführt, nein, vielmehr einige polnische Schriftsteller, die sogenannte Intelligenz, mehr sogar, die fortschrittliche polnische Intelligenz. Nur jetzt ist sofort klar geworden, was eigentlich hinter dieser abscheulichen Hetze steht, die scheinbar gegen die Juden gerichtet ist. Wenn sie schrie: »Greif den Juden!«, dann hat unsere fortschrittliche Presse eigent-

[3] Pawel Kruschewan: russischer antisemitischer Publizist, veröffentlichte 1903 erstmals Teile der »Protokolle der Weisen von Zion« in Russland.

[4] Tschinownik: zaristischer Beamter.

lich gemeint: »Greif die Sozialdemokratie!«, »Greif die bewussten, die kämpfenden Arbeiter!«, »Greif das streikende und revolutionäre polnische Proletariat!«

Als Vorwand hat der polnischen Intelligenz zum Verwechseln ähnlich dasselbe hetzerische Gedicht gedient, das auch dem Zarentum während der Pogrome gedient hatte. So wie die Zarenagenten mit Kruschewan und Purischkewitsch[5] an der Spitze den Leuten einzureden suchten, die ganze Revolution von 1905 sei ein »Werk der Juden«, so begannen auch die polnischen fortschrittlichen Blätter ihren Angriff mit der Erklärung, die ganze Sozialdemokratie des Königreichs Polen und Litauens sei »verjudet«, stelle nur eine Handvoll »jüdischer Karrieristen« dar, die ihre Geschäfte auf dem Rücken der polnischen Arbeiter machen wollten. Auch wenn in der SDKPiL, wie bekannt, der Prozentsatz von Juden sehr gering ausfällt, aus dem einfachen Grund nämlich, weil die jüdischen Arbeiter ihre eigene Organisation haben, hat diese bewusste Lüge einer »Verjudung« der Sozialdemokratie der bürgerlichen polnischen Intelligenz ausgereicht, so wie dasselbe Märchen dem trunkenen Pöbel in Kischinjow oder Balta ausgereicht hatte.[6] Als die fortschrittliche Presse nun also die wilden juden- und sozialistenfresserischen Schreie absonderte, stand sie urplötzlich in einem Lager mit der klerikalen und nationaldemokratischen Presse. *Prawda*, *Kurier Poranny*, *Myśl Niepodległa*, *Rola*,[7] *Dziennik Powszechny*[8] und der Wisch *Pracownik Polski*[9] von Priester Godlewski[10] – alles hat sich vereint in einem gemeinsamen Lager gegen die bewussten polnischen Arbeiter.

Hier das folgenschwere Ergebnis dieses antisemitischen Ausbruchs: Alle bürgerlichen Parteien offen vereint im Hass gegen die Arbeiter und ihren revolutionären Kampf, das schändliche Versinken des bürgerlichen »Fortschritts« in einer einzigen reaktionär-klerikalen Flut, so die Antwort der polnischen Bourgeoisie auf den revolutionären Kampf von 1905 und 1906!

Czerwony Sztandar [Rote Fahne; illegale Zeitung der SDKPiL], Nr. 180, Februar 1911, S. 2–3, in: Rosa Luxemburg: Nach dem Pogrom. Texte über Antisemitismus 1910/11, hrsg. und übers. von Holger Politt, Potsdam 2014, S. 87–89 (Potsdamer Textbücher PTB 22).

---

[5] Wladimir Purischkewitsch: russischer antisemitischer Politiker, Mitbegründer der Union des russischen Volkes und Anführer ihrer paramilitärischen Schlägertruppen, der Schwarzen Hundert.

[6] Orte blutiger Pogrome 1903 bzw. 1882.

[7] Rola (Ackerscholle): katholische antisemitische Wochenzeitung, erschien 1883–1913 in Warschau.

[8] Dziennik Powszechny (Allgemeines Tageblatt): Tageszeitung, erschien ab 1862 in Warschau.

[9] Pracownik Polski (Polnischer Arbeiter – das Wort »pracownik« umfasst sowohl körperliche wie auch geistige Arbeiter), Organ der »Stowarzyszenie Robotników Chrześcijańskich« (Vereinigung christlicher Arbeiter), erschien in Warschau 1906–1939.

[10] Marcel Godlewski: einer der Organisatoren/Führer der Vereinigung christlicher Arbeiter.

9: J. K. (Julian Marchlewski): Die politische Bedeutung des Kiewer Prozesses (1913)

Beilis ist freigesprochen. Die einfachen Männer auf der Geschworenenbank haben es nicht über sich gebracht, einen Justizmord zu begehen, einen Mann des Mordes schuldig zu sprechen, gegen den nichts vorlag, nicht der Schatten eines Beweises, nicht einmal ein ernsthaft formulierter Verdacht. Der Staatsanwalt, der Vorsitzende des Gerichts, die Vertreter der Zivilklage haben trotzdem und gerade deshalb, weil sie nichts, gar nichts beweisen konnten vor diesen Geschworenen, den Schuldspruch gefordert. Mit allen Mitteln haben diese Verbrecher gearbeitet. Der Staatsanwalt appellierte an die niedrigsten Instinkte, an den überall vorhandenen, in Russland aber akuten tierischen Rassenhass. Die Juden sind die gefährlichsten Verderber des russischen Volkes; da steht der Jude, nehmt Rache, sprecht ihn schuldig! Der religiöse Fatalismus wurde aufgepeitscht: am Tage des Urteilsspruchs wurde in der altehrwürdigen Kathedrale von Kiew eine feierliche Seelenmesse abgehalten für den »Märtyrer des heiligen Glaubens Andreas«. Die Kirche nahm also das Urteil vorweg; der ermordete Knabe ist der Märtyrer, das Opfer des verruchten blutdürstigen Juden. Wie können die schlichten Bauern es wagen, etwas anderes zu behaupten! Fünf Wochen lang hat man die Geschworenen malträtiert. Die »echtrussischen Leute« zwangen der Mutter des ermordeten Knaben zwei ihrer skrupellosesten Parteigänger als Vertreter der »Zivilklage« auf; und wo der Staatsanwalt und der Vorsitzende des Gerichtshofes nicht wagen durften, gar zu offenkundig das Gerichtsverfahren zu verungenieren, da sprangen die Schmokow und Zamyslowski ein. Was Vernunft, was Gerechtigkeit, was Beweise – der Jud muss schuldig sein! Und trotzdem der Freispruch. Das vielgelästerte Geschworenengericht hat die ungeheuerliche Belastungsprobe glänzend bestanden.

Aber die geschulten Rechtsverdreher haben es dennoch fertiggebracht, den Spruch des Gerichts durch die Fragestellung dennoch so zu gestalten, dass der Zarismus daraus Kapital schlagen kann. Denn die erste Frage ist so gefasst, dass die Geschworenen sie weder ganz verneinen noch sie bejahen konnten, weil sie eine Anzahl objektiv erwiesener Tatsachen enthält, und gleichzeitig aus diesen Tatsachen Schlüsse gezogen werden, die dazu führen, dass man einen Ritualmord zwar nicht anzunehmen braucht, aber annehmen kann. Es wird gefragt, ob der Mord »in der Ziegelfabrik des jüdischen Krankenhauses« begangen ward, ob dem ermordeten Knaben viele Stiche beigebracht wurden, ob ihm Qualen bereitet und Blut abgezapft wurde? Der Mord ist dort begangen, die Stiche vorhanden. Die Geschworenen bejahen es. Daraus werden die blutigen Zarenknechte alsbald den Schluss ziehen: also ein Ritualmord der Juden! Der Jude Beilis ist freigesprochen, aber die Juden bleiben verdammt. Auf zum »Pogrom«, zur Judenhetze! Schlagt, mordet die Juden, die Christenblut vergießen! Die Geschworenen haben ihre Pflicht als Menschen getan, aber die zarischen Banden werden trotzdem aus dem Prozess Kapital schlagen.

Nur die zarischen Banden? Spreizen wir uns nicht gar zu sehr mit unserer westeuropäischen Zivilisation. In Berlin, der »Stadt der Intelligenz«, tischt das Antisemitenblatt, die *Staatsbürger-Zeitung*, die Nachricht von dem Freispruch in folgender Form auf: »Ein Beweis für oder gegen den Ritualmord ist der Freispruch aber nicht. Der Prozess ist vielmehr ausgelaufen, wie alle Ritualmorde ausgelaufen sind, der Mörder blieb unentdeckt.« – Also Ritualmord trotz alledem! Und das Blatt Knuten-Oertels fährt fort, von der Möglichkeit zu fabulieren, »dass ein durch abergläubische Vorstellung irgendeiner jüdischen Sekte veranlasster ›Blutmord‹ vorliegen könne«. Warum einer jüdischen, warum nicht einer christlichen Sekte?, dürfte man da fragen. Warum soll bei dem alten Kulturvolk der Juden eine solche Sekte wahrscheinlicher sein als bei den Germanen oder Slawen? Wir neigen zu der Ansicht, dass die blutrünstigen Reden, verbunden mit den Sonntagspredigten des Mannes mit der Kognakmarke, den Boden bilden für das Entstehen einer kirchlichen Sekte, die unschuldige Kinder zu Hackfleisch verarbeitet. Das dumme Gerede von der »jüdischen Sekte« ist schon deshalb ungeheuerlich, weil man dann annehmen müsste, dass ganz Europa – in Deutschland fand ja noch 1892 ein Ritualmordprozess in Xanthen am Rhein statt und 1900 einer in Konitz – unfähig sei, einer solchen Sekte auf die Spur zu kommen. Nein, der Ritualmord bleibt Ammenmärchen, und es ist nur zu entscheiden, ob die Aufrechterhaltung dieser barbarischen Idee in der Presse der »Staatserhaltenden« von bodenloser Dummheit, von niederträchtiger Gemeinheit oder von beiden zugleich zeugt.

Jedoch, wenn in Deutschland die antisemitischen Finsterlinge nicht mehr schädlich sind, nur sich selbst außerhalb der Gemeinschaft von Kulturmenschen stellen, so ist es in Russland anders, weil sie dort seit Jahren, seit dem Ausbruch der Konterrevolution über die Regierungsgewalt verfügen. Die Pogrome sind das wirksamste Mittel, um die unaufgeklärten Volksmassen im Banne der Konterrevolution zu halten: All der aufgespeicherte Hass und Zorn gegen die bestehenden Zustände sollen sich entladen in Judenmassakres, dann hat die Regierung leichtes Spiel. Deshalb ist der Zar nicht nur der Schützer und Schirmer der Verbrecherbanden der »Schwarzen Hundert«, sondern ihr Anführer, ihr politisches Oberhaupt. Und deshalb eben verfolgte ganz Russland, ja die ganze Welt den Beilis-Prozess mit gespannter Aufmerksamkeit. Es war ein politischer Prozess. Nicht das stand zur Entscheidung, ob der arme Schreiber der Ziegelei einen Mord begangen, nicht die Aufklärung einer Mordtat war zu erwarten, sondern darauf kam es an, ob es den Knechten des Zaren gelingen wird, einen neuen Anlass zu wütenden Judenverfolgungen zu schaffen.

Sie haben das Spiel zur Hälfte verloren, weil jene zwölf Männer auf der Geschworenenbank, die gleichsam die Volksseele verkörpern, ihnen einen Fußtritt gaben. Die wuchtige Tatsache des Freispruchs wird wirken. Aber sie haben das Spiel eben doch nur halb verloren, denn der Mord ist nicht aufgeklärt. Was die Antisemiten Deutschlands frevelhaft andeuten, indem sie sich stellen, als glauben sie doch an die Möglichkeit eines Ritualmordes, wird in Russland fruktifiziert werden. So hoffen es wenigstens die Auftraggeber des Staatsanwalts, der Schmakow und Zamyslowski, das ist – die zarische Regierung und die Konterrevolutionäre.

Ob sie sich verrechnen? Fast scheint es, als hätten sie in tölpelhaftester Weise den Bogen überspannt. In der russischen Arbeiterschaft ist seit einiger Zeit ein neuer Aufschwung revolutionärer Stimmung unverkennbar und selbst im Bürgertum fängt man an, sich seines hündischen Gebarens zu schämen. Und da wirkt dieser Prozess wie ein Peitschenhieb. Nicht nur, weil es möglich war, den blutrünstigen mittelalterlichen Aberglauben zur Schande Russlands zum Gegenstand einer Staatsaktion zu machen, sondern vor allem, weil der Prozess die furchtbaren Zustände in Russland mit Blitzlicht beleuchtete.

In der europäischen Presse faselt man von den »Begleiterscheinungen«, die dem Prozess etwas vom »Detektivroman« verleihen. Falsch: Denn diese »Begleiterscheinungen« sind die Hauptsache dabei. Diese Detektivs, das sind die Helden der »Ochrana«, der Geheimpolizei. Der Kerl, der sich da als Sherlock Holmes produziert und schließlich das wichtigste Material zur Entlastung des Beilis liefert, ist gleichzeitig Agent provocateur der politischen Polizei, denn die »Ochrana« ist vor allem politische Polizei, sie dient nur nebenbei zur Aufdeckung von Kriminalverbrechen. Nur weil sich die Hundsfotte[11] der »Ochrana« zufällig in die Haare gerieten, kam einer von ihnen, Krassowski, dazu, aufzudecken, wie die Polizei mit der Diebs- und Mörderbande der Tscheberjak unter einer Decke spielte, um einen Ritualmord vorzuspiegeln. Diese brüderliche Gemeinschaft von Polizei und Verbrechertum ist es, was in Russland selbst an dem Prozesse weitaus am meisten interessiert. Ein gemeiner Mord ist begangen; Verbrecher haben einen Knaben beseitigt, der ihnen gefährlich werden konnte. Es kommt die Polizei, die auf der einen Seite mit den »Schwarzen Hundert«, der Leibgarde des Zaren, verbündet ist, auf der anderen Seite mit den Verbrechern, und macht einen Ritualmord daraus. Darauf setzen die Spitzen der Regierung auf persönlichen Befehl des Zaren alle Hebel in Bewegung, damit ja nicht die sehr deutlichen Spuren der wahren Verbrecher verfolgt werden, sondern um jeden Preis der Ritualmordprozess durchgeführt wird, den man zu politischen Zwecken braucht. Das ist erwiesen und darauf kommt es an.

Deshalb bäumt sich alles, was noch nicht verkommen und verludert ist in Russland gegen dieses entsetzliche Regime auf, dessen Gräuel in Kiew offenbar wurden. Die drückende Atmosphäre des stumpfen Gleichmuts wird zerrissen. Auf der einen Seite jene, die in ihrer Verblendung vor keinem Verbrechen mehr zurückschrecken, ihre letzten Karten ausspielen, auf der andern jene, die den qualvollen Ruf ausstoßen: So kann man nicht mehr weiterleben. Dazu hat der Prozess von Kiew beigetragen und so kündet er Sturm.

Leipziger Volkszeitung. Organ für die Interessen des gesamten werktätigen Volkes, Nr. 262, 12. November 1913, S. 1–2.

---

[11] *grob abwertend:* übler Mensch.

10: W. I. Lenin: Über die Pogromhetze gegen die Juden (1919)

Antisemitismus nennt man die Verbreitung von Feindschaft gegen die Juden. Als die verfluchte Zarenmonarchie ihre letzten Tage durchmachte, war sie bemüht, unwissende Arbeiter und Bauern gegen die Juden aufzuhetzen. Die Zarenpolizei veranstaltete im Bunde mit den Gutsbesitzern und Kapitalisten Judenpogrome. Den Hass der von Not gepeinigten Arbeiter und Bauern wollten die Gutsbesitzer und Kapitalisten auf die Juden lenken. Auch in anderen Ländern hat man nicht selten Gelegenheit, zu sehen, dass die Kapitalisten Feindschaft gegen die Juden schüren, um den Blick des Arbeiters zu trüben, um seine Aufmerksamkeit von dem wirklichen Feind der Werktätigen – vom Kapital – abzulenken. Feindschaft gegen die Juden hält sich zäh nur dort, wo die Knechtung durch die Gutsbesitzer und Kapitalisten die Arbeiter und Bauern in stockfinsterer Unwissenheit gehalten hat. Nur völlig unwissende, völlig verschüchterte Menschen können den gegen die Juden verbreiteten Lügen und Verleumdungen Glauben schenken. Das sind Überreste aus den alten Zeiten der Leibeigenschaft, als die Popen die Ketzer auf den Scheiterhaufen verbrennen ließen, als der Bauer versklavt, als das Volk unterdrückt und stumm war. Diese alte feudalistische Unwissenheit geht zu Ende. Das Volk wird sehend.

Nicht die Juden sind die Feinde der Werktätigen. Die Feinde der Arbeiter sind die Kapitalisten aller Länder. Unter den Juden gibt es Arbeiter, Werktätige: Sie bilden die Mehrheit. Was die Unterdrückung durch das Kapital anbelangt, sind sie unsere Brüder, im Kampf für den Sozialismus sind sie unsere Genossen. Unter den Juden gibt es Kulaken, Ausbeuter, Kapitalisten; wie es sie unter den Russen, wie es sie unter allen Nationen gibt. Die Kapitalisten sind bemüht, zwischen den Arbeitern verschiedenen Glaubens, verschiedener Nation, verschiedener Rasse Feindschaft zu säen und zu schüren. Die Nichtarbeitenden halten sich durch die Stärke und die Macht des Kapitals. Die reichen Juden, die reichen Russen, die Reichen aller Länder unterdrücken und unterjochen im Bunde miteinander die Arbeiter, plündern sie aus und entzweien sie.

Schande über den verfluchten Zarismus, der die Juden gequält und verfolgt hat. Schmach und Schande über den, der Feindschaft gegen die Juden, Hass gegen andere Nationen sät. Es lebe das brüderliche Vertrauen und das Kampfbündnis der Arbeiter aller Nationen im Kampf für den Sturz des Kapitals.

W. I. Lenin: Werke, Bd. 29, Berlin [DDR] 1970, S. 239–240 (auf Schallplatte Ende März 1919 aufgenommene Rede).

11: Nikolai Bucharin: Der Antisemitismus in der Sowjetunion (1927)

Nikolai Bucharins Rede, die er im Februar 1927 auf der Leningrader Gebietsparteikonferenz hielt, wurde in stenografierter Form der »Jüdischen Rundschau« übermittelt, die sie mit den gekennzeichneten kleinen Auslassungen abdruckte.

Der Antisemitismus hat bei uns eine bestimmte Basis. Seine Hauptquellen sind folgende: Zur Zeit des militärischen Kommunismus haben wir die russische mittlere und kleine Bourgeoisie hart angefasst. Die sabotierende Intelligenz wurde aus ihren Positionen hinausgedrängt. Es entstand nachher der freie Handel, und die jüdische mittlere und kleine Bourgeoisie nahm den Platz der russischen Bourgeoisie und der russischen Intelligenz ein. Die fähigere und geistig regsame jüdische Intelligenz drang in die Position der sabotierenden russischen Intelligenz ein. Es ist darum kein Wunder, wenn der russische Krämer oder Intelligenzler behauptet: »Überall sind Juden, man hat Russland den Juden verkauft.«

Das Anwachsen des Antisemitismus wird auch dadurch gefördert, dass in den Zentralrayons und in den großen Städten die jüdischen Kapitalisten und Intelligenzler aus den West-Gouvernements und den südlichen Städten sich konzentriert haben. Die russischen Kleinbürger und Arbeitslosen haben nicht die verarmten jüdischen Städtchen, sondern die wohlhabenden jüdischen Großstädter vor Augen. Dies erweckt bei ihnen ein Gefühl von Neid und nationalem Hass.

Wir Genossen, fuhr Bucharin fort, müssen gegen den Antisemitismus einen scharfen und erbitterten Kampf führen. Auch in den Reihen der kommunistischen Partei machen sich oft antisemitische Tendenzen bemerkbar, die eine Kehrseite des wachsenden großrussischen Chauvinismus sind. Dies drückt sich in Witzchen, Anekdoten usw. aus. Gegen diese quasi Ideologie müssen wir ebenfalls einen scharfen Kampf führen. Andererseits darf man nicht davor zurückschrecken, den jüdischen »Nep-Mann« … hart anzufassen. … Wenn das, was man zu Beginn der Revolution »schwarze Hundertschaft« genannt hat, bei uns eine Erscheinung des täglichen Lebens wird, so müssen wir uns zum äußersten Kampfe wappnen. Wer aber fürchtet, auszusprechen, dass der reiche Jude ebenso unser Klassenfeind sei wie der reiche Russe, der dürfe sich nicht wundern, dass der Antisemitismus anwächst.

Bucharin schloss, es müsse gegen alle Formen des Antisemitismus, auch gegen die »unschuldigen« Witze und Anekdoten der schärfste Reinigungskampf geführt werden. Denn keine Ideologie entsteht fertig, sie wächst allmählich. Es ist besser, sie schon jetzt mit den Wurzeln auszureißen.

Jüdische Rundschau, Berlin, 22. Februar 1927, S. 108.

12: Socialističeskij Vestnik: Achtzig Jahre der großen Krise (1929)

Bis 1924 kannte Moskau keinen Antisemitismus. Von den Arbeitern ganz zu schweigen existierte er auch nicht im Kleinbürgertum, weder unter den Handwerkern, Kaufleuten, noch unter der angestellten sowjetischen Intelligenz. Doch 1926 wurde das Phänomen [des Antisemitismus] so offensichtlich, dass man anfing, darüber zu sprechen. Aber niemand hat versucht, dieses Phänomen zu analysieren. Und das Schlimmste war, dass die sowjetische Presse keine Erlaubnis von oben bekam, darüber zu schreiben. In vielen Betrieben, Fabriken und Gewerkschaften verkündeten die Arbeiter, dass die Juden keine Russen hineineinlassen, dass sie ihre Verwandten auf alle verantwortlichen Posten setzen und es deshalb keine Arbeitslosigkeit unter Juden gibt usw. In den früheren Bromlej-Werken, der Fabrik »Antriebsriemen«, und in der Nogin-Weberei hingen mehrere Tage lang an den Wandzeitungen des Personalbüros Plakate, auf denen stand: »Schlagt die Juden, rettet Russland!« Trotz sorgfältiger Suche wurden die Schuldigen nicht gefasst. Die gleichen Schilder mit dem Zusatz »Nieder mit der GPU« waren im Gebäude des Allunions-Zentralrats der Gewerkschaften, in Arbeiterklubs usw. zu sehen. In den Straßenbahnen, in den Warteschlangen vor den Genossenschaftsläden, den Versicherungsbüros, den Arbeitsämtern – überall äußerten sie sich lautstark im gleichen Geist.

Ende 1926 nahm ich an der gesamtrussischen Volkszählung im Krasnopresnenskij-Rayon teil. Laut dieser Volkszählung zählt der Bezirk 700.000 Einwohner, das heißt ein Drittel der Bevölkerung von ganz Moskau. Jeder hier war mit Antisemitismus infiziert. Jeder Jude gilt als Kommunist. Juden, sagen sie, leben alle gut: Ihre gesamten Wohnungen sind voller »reicher« Möbel, die vorher Nichtjuden gehörten. Aus den Juwelen aus Klöstern und Kirchen »machten sich die Juden Ringe, Armbänder und Goldzähne«. Sie nahmen den Russen in der Ukraine und auf der Krim das beste Land und gaben es den Juden, arrangierten für sie »reinen Landbesitz« mit Staatsgeld, wo sie die Russen wie Landarbeiter arbeiten ließen. Juden werden aus aller Welt nach Moskau und Russland umgesiedelt, um die Russen zu verdrängen.

Während des Gesprächs zu diesem Thema stellte sich heraus, dass viele Arbeiter mit Juden alle Nicht-Russen meinen: Armenier, Georgier, Zigeuner, Perser, Tataren, Ungarn und andere. Diese Arbeiter sehen die Kommunisten an der Spitze und alle Nicht-Russen als die neue Bourgeoisie an, die die russischen Arbeiter und Bauern ausbeutet, und nennen die Kommunisten ironisch »Herren«, »Adlige« und »Gutsbesitzer«.

Doch wo liegen die Wurzeln dieses Moskauer Antisemitismus? Man könnte sagen, die NEP hat Moskau umgestaltet. Alte stillgelegte Fabriken und Anlagen wurden einer neuen Nutzung zugeführt. Es mangelte an Arbeitskräften. Aus den Dörfern kehrten Arbeiter zurück, die während der Hungersnot und Verwüstung aus Moskau geflohen waren. Kaufleute und Gewerbetreibende begannen, ihren

Lebensunterhalt zu verdienen. Lebensnotwendige Güter wurden billiger. Der Moskauer Kleinbürger war sich sicher, dass dies nur der Anfang der Wiederherstellung des alten Kapitalismus war, dass sich weite Horizonte für die Entwicklung der Industrie und des Handels öffnen würden. Doch schon 1925 zeigte sich, dass dieser Aufschwung nur vorübergehend war. Eine Ära der Krisen aller Art begann. Wenn in den Jahren der Hungersnot und des Ruins und noch 1922–1923 die Arbeiter sich notgedrungen hilfsweise als Handwerker verdingten, so wandten sich jetzt, da die Zahl der Arbeitslosen in Moskau 200.000 erreicht hatte, die Arbeitslosen, auch durch das Arbeitsamt ermutigt, dem Handel und dem Handwerk als Hauptbeschäftigung zu.

Aber die Nicht-Moskauer unter den Handwerkern, die Neuankömmlinge, hatten es schon vorher geschafft, den Markt zu erobern. Die Chinesen übernahmen die Wäschereien, die handwerkliche Herstellung aller Arten von Lederwaren und Lederimitaten (Gürtel, Handtaschen, Geldbörsen, Brieftaschen und Kinderspielzeug). Die Chinesen hausieren auf allen Hauptstraßen Moskaus und in ihren Marktständen. Sie sind auch Opium- und Kokainverkäufer und Betreiber von Opiumhöllen. Die Georgier und Tataren sind Schuhmacher, Stiefelputzer, Verkäufer von Schnürsenkeln und Schuhcreme. Die Armenier eröffneten Restaurants, Kantinen und Läden, in den Trockenobst angeboten wird. Türken sind Bäcker und Zuckerbäcker.

Die Juden stammen meist aus den Grenzbezirken zu Polen, Rumänien und den baltischen Ländern. In den dortigen Städten zerstörte die Wirtschaftspolitik der Sowjetregierung jeden privaten Handel und jedes Handwerk. Dort gab es für sie nur eine Zukunft – auszusterben. Nach Aussage des Militärarztes, der die jährliche Rekrutierung für die Rote Armee vornahm, starb die jüdische Jugend in diesen Gebieten physisch aus. Alle, die nicht sterben wollen, verkaufen den Rest ihres beweglichen Eigentums und fliehen. Wohin? Diejenigen, die Verwandte und Verbindungen haben, gehen ins Ausland und diejenigen, die in die großen Städte fliehen, gehen hauptsächlich natürlich nach Moskau. Im Jahr 1925 war ich Augenzeuge, wie ganze Straßenzüge des Krasnopresnenskij-Rayons von jüdischen Handwerkern besiedelt wurden – von Schuhmachern, Schneidern, Uhrmachern und Friseuren. Jüdische Lebensmittelgeschäfte und kleine Kurzwarenläden schossen aus dem Boden. Hier, im handwerklichen Bereich, wurde also eine echte Konkurrenz für den russischen Arbeitslosen oder den immer gleichen Handwerker geschaffen. Die Abneigung sowohl der Arbeitslosen als auch der Moskauer Handwerker gegen das Heer der Handwerker und Gewerbetreibenden, die nach Moskau geströmt waren, ist verständlich. Die Chinesen, Turkvölker und andere Fremde, größtenteils ohne Familie, können nur noch als vorübergehende, gelegentliche Bewohner angesehen werden. Die Juden, die mit ihren Familien, mit all ihrem Hab und Gut zuziehen und sich in ihren eigenen Ecken niederlassen, werden als dauerhaft, verwurzelt und damit als ernstzunehmende Konkurrenten angesehen.

Aber das Merkwürdigste ist, dass der Antisemitismus von Oben als Mittel zur Bekämpfung der Opposition eingesetzt wird. Im Sommer 1927, auf dem Höhepunkt von Stalins Kampf gegen die Trotzkisten, konnten die einfachen Arbeiter nicht verstehen, was vor sich ging. Mehr als einmal fragten sie parteilose Intellektuelle: »Erklären Sie bitte, Genosse, worüber streiten sie, worin liegen die Unterschiede in ihren Plattformen?« Und plötzlich erkannten sie den Unterschied: »Aber die Opposition, das sind die Juden: Trotzki, Sinowjew, Kamenjew, Radek, Belenkij. Sie sehen, diese wollen alle Russen verdrängen – Rykow und Kalinin« – und sie stimmten gegen die Opposition.

Anonymer Bericht in: Socialističeskij Vestnik (Berlin), 24. Februar 1929, Nachdruck in: Kommersant (Moskau), 23. Februar 2009, übers. von Mario Keßler.

13: Juri Larin: Antisemitismus unter Gewerkschaftsmitgliedern (1929)

Antisemitische Stimmungen verbreiten sich hauptsächlich unter dem rückständigen, mit der Bauernschaft verbundenen Teil der Arbeiter und unter den Frauen. Es gibt eine auffällige Entwicklung von antisemitischen Einstellungen unter Saisonarbeitern. Der Antisemitismus wird in Gottesdiensten, in gedruckten oder im Untergrund kursierenden religiösen Publikationen geschürt. Aus den Reihen der Anstifter kommen auch die Scharfschützen. Die bösartigsten Fälle von Schikanen gegen Juden in den Betrieben sind das Werk von kleinen Gruppen. Unter den rückständigen Elementen, vor allem unter den Saisonarbeitern, findet die antisemitische Hetze manchmal Sympathie und stößt nicht auf Widerstand. Man hört oft Arbeiter antisemitische Bemerkungen machen, die die konterrevolutionäre Bedeutung des Antisemitismus nicht erkennen. Viele Tatsachen verweisen auf die Anwesenheit von Komsomolzen und Parteimitgliedern unter den Antisemiten.

Das Gerede von der jüdischen Vorherrschaft ist besonders verbreitet. Das beleidigende Verspotten, Nachäffen und Lächerlichmachen von arbeitenden Juden geschieht häufig. Das Erzählen von Witzen aller Art über Juden ist üblich. Antisemitische Verwaltungsangestellte nutzen ihre Position, um Juden zu verfolgen und zu drangsalieren, bis sie kündigen. Bösartige Antisemiten versuchen, Juden zu Schlägereien zu provozieren und sie zu verprügeln.

Der Antisemitismus nimmt manchmal die Form von Beschimpfungen, Drohungen und pogromartiger Hetze, aber auch von anonymen Schmierereien und Drohbriefen an. Auf Versammlungen, in Diskussionen und öffentlichen Vorlesungen findet man zahlreiche Beispiele antisemitischer Redereien, Sprüche und Fragen. Mündliche und schriftliche Fragen sind häufig mit der Vorstellung verbunden, dass die Sowjetregierung nur die griechisch-orthodoxe Religion bekämpfe.

Das Vorurteil gegen Juden wird durch eine Reihe von Faktoren verstärkt, so, wenn Antisemiten jeden Juden oder jemanden mit ähnlichem Aussehen verfolgen. Es gibt Fälle, in denen Juden, die beschimpft wurden, darüber Stillschweigen bewahrten und keinerlei Bericht darüber erstatteten – ganz offenkundig aus Furcht vor Verfolgung oder weil sie kaum erwarteten, dass ihnen Beachtung geschenkt würde.

Die Gewerkschaften haben es versäumt, einen organisierten Kampf gegen den Antisemitismus zu führen. Oftmals gelingt es den lokalen Gewerkschaftsorganisationen nicht, antisemitische Tendenzen früh genug ans Licht zu bringen, auf Manifestationen solcher Tendenzen zu reagieren und die notwendigen Schritte zu deren Überwindung einzuleiten. Fälle einer versöhnlichen und unentschuldbar toleranten Haltung gegenüber Manifestationen des Antisemitismus waren in den unteren Gewerkschaftsorganisationen zu beobachten. Gelegentlich versuchten diese Organisationen, Beispiele von Antisemitismus zu vertuschen.

Dennoch bemerkt man in der letzten Zeit einen kleinen Umschwung. Der fortgeschrittene Teil der Arbeiter gibt Beispiele eines bewussten Kampfes gegen Erscheinungen des Antisemitismus einzelner Genossen und reaktionärer Elemente.

Quelle: Ju. O. Larin: Evrei i antisemitizm v SSSR [Die Juden und der Antisemitismus in der UdSSR], Moskau/Leningrad 1929, S. 238–239, übers. von Mario Keßler.

14: Albert Schreiner: Faschistische Parolen und Schlagworte: »Haut den Juden« (1930)

Dieser Artikel ist Teil einer Serie über »Faschistische Parolen und Schlagworte«, die Schreiner für die KPDO-Zeitung »Gegen den Strom« schrieb und die Anfang 1930 veröffentlicht wurde. Die anderen Teile der Serie sind: Der »Mimikrycharakter« der faschistischen Propaganda (Nr. 3, S. 49f.); »Tod dem Marxismus!« (Nr. 4, S. 68); »Gegen die Zinsknechtschaft« (Nr. 7, S. 112f.); »Sozialisierung«, »Verstaatlichung«, »Enteignung« (Nr. 8, S. 125f.)

Dem marxistischen Grundgedanken über die durch die kapitalistischen Eigentumsverhältnisse bedingte Klassenentscheidung der Gesellschaft, über die Unversöhnlichkeit der Klassengegensätze und über den sich daraus fortgesetzt neu entwickelnden und sich stetig zuspitzenden Klassenkampf rückt die faschistische Demagogie am hartnäckigsten zu Leibe. *Dr. Goebbels*, der demagogischsten einer in der Front der faschistischen Kämpen, wehrt sich ganz überflüssigerweise gegen die Unterstellung des Stahlhelmführers *v. Stephani*, die Berliner Richtung der Nationalsozialisten bewege sich in den Gedankengängen des Klassenkampfes. Entrüstet ruft G.:

»Wo kann Herr Major v. St. uns nachweisen, dass wir den Klassenkampf proklamiert haben? Weiß er nicht wie jedes politische Kind, dass die NSDAP der aktivste Vortrupp im Kampf *gegen* den Klassenkampf ist? Wo hat je einer von uns die Diktatur des Proletariats gefordert? ...« (»Der Angriff« vom 27.10.1929)

Was stellt nun die faschistische Demagogie der populären These vom Klassenkampf gegenüber? Die Antithese vom *Rassenkampf*. Die zieht sich wie ein roter Faden durch das Flechtwerk der faschistischen Propaganda. Die Rassenfrage hat für die faschistische »Gedankenwelt« dieselbe Bedeutung wie im Marxismus der Klassenkampfgedanke. Die ökonomischen Grundfragen, die Stellung zum Staat, die Stellung zu allen politischen, kulturellen und weltanschaulichen Fragen sind in der faschistischen Ideologie verknüpft mit der Rassenfrage. Allerdings sind in der faschistischen Bewegung auch in dieser Frage alle Spielarten vertreten, vom stupidesten Antisemitismus bis zum »neuen Nationalismus«, für den »der Antisemitismus keine Fragestellung wesentlicher Art ist« (wie Ernst Jünger, einer der Hauptvertreter dieser Richtung, feststellte, »Tagebuch«, Heft 38, X. Jahrg., 1929), und der damit der realen Entwicklung und Struktur der großbürgerlichen Klasse am meisten Rechnung trägt. Aber den Schlagworten wie »geschichtliche, menschheitserlösende Mission der germanischen Rasse«, »völkische Wiedergeburt« und »völkische Erneuerung«, »völkischer Staat« und summa summarum: »völkische Belange«, wie den Schlagworten von der »nationalen Erneuerung« und dem »neuen Nationalismus« liegt der Gedanke vom Rassenkampf zugrunde, dessen Notwendigkeit für Deutschland »begründet« wird mit der »Überfremdung des deutschen Volkes durch fremdstämmige Elemente«, insbesondere durch die »semitische Rasse«, die das »Wucher- und Finanzkapital« in ihren Händen hält und das »gesunde, nationale Kapital« verdrängen und nach dem Plan der »Sieben Weisen von Zion« die Weltherrschaft des »raffenden« über das »schaffende Kapital« aufrichten will. Unter des ersteren »Zinsknechtschaft« habe heute schon das »deutsche Volk« besonders zu leiden.

Es ist, wie gesagt, keine neue und originelle Erfindung der faschistischen Propaganda, wenn sie die Massen – deren Klassenempfinden durch die sehr realen Tatsachen ihres Daseins als Ausgebeutete und Unterdrückte fortgesetzt geweckt wird – irrezuführen versucht, indem sie den Angriff der Arbeiterklasse auf den Hauptfeind, auf den Kapitalismus insgesamt, nach einer falschen Richtung abzulenken versucht. Um die Lebensfrist des Gesamtkapitalismus zu verlängern, wird für die Empörung der unter der Last ihrer Not und Entbehrung ächzenden Massen ein Blitzableiter aufgestellt. »Der Jud' ist schuld!«, »Das jüdische Wucher- und Raffkapital frisst am Mark des deutschen Volkes!« Deshalb: »Haut den Juden!« und »Wir brauchen keine Judenrepublik!« und so fort.

Diese Schlagworte verfangen am allermeisten bei den Schichten, die durch den fortgesetzten Expansionsfeldzug des Trust- und Monopolkapitals am meisten durcheinander gewürfelt und in Massen aus ihrer sozialen Basis als Kleinbürger oder Proletarier entwurzelt werden. Die ihrer Ideologie nach reaktionärsten Schichten des Kleinbürgertums und die korrumpiertesten Schichten des Proletariats sind der antisemitischen Demagogie am leichtesten zugänglich. Der Grundgedanke liegt auf derselben Ebene wie der von den Zauberern und Medizinmännern primitiver Negervölker geübte Brauch, den enttäuschten Gläubigen einen abgesetzten Fetisch zu opfern, an dem sie ihre Wut darüber auslassen können, dass trotz ihrer Bitten kein Regen kommt oder ein anderes Missgeschick den Stamm betroffen hat; die Machtstellung der Zauberer und Medizinmänner über den Stamm ist durch deren Schachzug auf jeden Fall erneut gerettet. Eine näherliegende Parallele zum Versuch der Faschisten, vom Klassenkampf auf den Rassenkampf abzulenken, besonders auf die »Schuld« der Juden hinzulenken, haben wir in der Negerhetze und in der Hetze »gegen die gelbe Rasse«, die von der amerikanischen Bourgeoisie betrieben wird, in der Judenhetze und den Judenpogromen des Zarismus und des heutigen Polen. In all diesen Fällen versucht die herrschende Klasse den bei der unterdrückten Klasse gegen sie angesammelten Zündstoff zur Entladung zu bringen, ohne dass die besitzende Klasse dadurch in Mitleidenschaft gezogen wird und ohne dass sie Schaden nimmt.

A[lbert] Sch[reiner]: Faschistische Parolen und Schlagworte: »Haut den Juden«, in: Gegen den Strom (Ausgabe Breslau), Nr. 5, 1. Februar 1930; Reprint Hamburg 1985, S. 77–78.

15: Leo Trotzki: Porträt des Nationalsozialismus (1933)

Naive Leute glauben, die Königswürde stecke im König selbst, in seinem Hermelinmantel und in der Krone, in seinem Fleisch und Bein. Aber die Königswürde ist ein Verhältnis zwischen Menschen. Der König ist nur darum König, weil sich in seiner Person die Interessen und Vorurteile von Millionen Menschen widerspiegeln. Wenn dieses Verhältnis vom Strom der Ereignisse weggespült wird, erweist sich der König bloß als ein verbrauchter Herr mit herabhängender Unterlippe. Davon dürfte, aus frischen Erlebnissen, jener erzählen können, der sich einst Alfons XIII. nannte.

Der Unterschied zwischen dem Führer von Gottes und dem von Volkes Gnaden ist der, dass dieser darauf angewiesen ist, sich selbst den Weg zu bahnen oder wenigstens den Umständen zu helfen, ihn zu entdecken. Aber jeder Führer ist immer ein Verhältnis zwischen Menschen, ein individuelles Angebot auf eine kollektive Nachfrage. Die Erörterungen über die Persönlichkeit Hitlers sind um so hitziger, je mehr man das Geheimnis seines Erfolges in ihm selbst sucht. Doch ist es schwer, eine andere politische Gestalt zu finden, die in einem solchen Maße Knoten unpersönlicher geschichtlicher Kräfte wäre. Nicht jeder erbitterte Kleinbürger könnte ein Hitler werden, aber ein Stückchen Hitler steckt in jedem von ihnen.

Das rasche Wachstum des deutschen Kapitalismus vor dem Kriege bedeutete bei weitem nicht die einfache Aufreibung der Mittelklassen; während er einzelne Schichten des Kleinbürgertums zugrunde richtete, schuf er wieder neue: Handwerker und Krämer um die großen Betriebe herum, Techniker und Angestellte in den Betrieben. Aber während sie sich zahlenmäßig hielten – das alte und das neue Kleinbürgertum umfasst nicht viel weniger als die Hälfte des deutschen Volkes –, büßten die Mittelklassen den letzten Schatten von Selbständigkeit ein: Sie lebten am Rande der Schwerindustrie und des Bankensystems, sie aßen die Brosamen vom Tisch der Kartelle, sie lebten von den geistigen Almosen ihrer alten Theoretiker und Politiker.

Die Kriegsniederlage verbaute dem deutschen Imperialismus den Weg. Die äußere Dynamik verwandelte sich in die innere, der Krieg ging in die Revolution über. Die Sozialdemokratie, die den Hohenzollern geholfen hatte, den Krieg bis zum tragischen Ende zu führen, verbot dem Proletariat, nun seinerseits die Revolution bis zum Ende zu führen. Vierzehn Jahre vergingen unter beständigen Entschuldigungen der Weimarer Demokratie für ihr eigenes Dasein. Die Kommunistische Partei rief die Arbeiter zu einer neuen Revolution, erwies sich aber als unfähig, sie zu führen. Die deutschen Arbeiter gingen durch die Siege und Zusammenbrüche des Krieges, der Revolution, des Parlamentarismus und des Pseudobolschewismus. Während die alten bürgerlichen Parteien sich restlos verausgabten, war zugleich die Bewegungskraft der Arbeiter gebrochen.

Das Nachkriegschaos traf die Handwerker, Krämer und Angestellten nicht weniger heftig als die Arbeiter. Die Landwirtschaftskrise richtete die Bauern zugrunde. Der Verfall der Mittelschichten konnte nicht ihre Proletarisierung bedeuten, da ja im Proletariat selbst ein riesiges Heer chronisch Arbeitsloser entstand. Die Pauperisierung der Mittelschichten – mit Mühe durch Halstuch und Strümpfe aus Kunstseide verhüllt – fraß allen offiziellen Glauben und vor allem die Lehren vom demokratischen Parlamentarismus.

Die Vielzahl der Parteien, das kalte Fieber der Wahlen, der fortwährende Wechsel der Ministerien komplizierten die soziale Krise durch das Kaleidoskop unfruchtbarer politischer Kombinationen. In der durch Krieg, Niederlage, Reparationen, Inflation, Ruhrbesetzung, Krise, Not und Erbitterung überhitzten Atmosphäre erhob sich das Kleinbürgertum gegen alle alten Parteien, die es betrogen hatten. Die schweren Frustrationen der Kleineigentümer, die aus dem Bankrott nicht herauskamen, ihrer studierten Söhne ohne Stellung und Klienten, ihrer Töchter ohne Aussteuer und Freier, verlangten nach Ordnung und nach einer eisernen Hand.

Die Fahne des Nationalsozialismus wurde erhoben von der unteren und mittleren Offiziersschicht des alten Heeres. Die ordengeschmückten Offiziere und Unteroffiziere konnten nicht darin einwilligen, dass ihr Heroismus und ihre Leiden nicht allein fürs Vaterland umsonst hingegeben sein, sondern auch ihnen selbst keine besonderen Rechte auf Dank gebracht haben sollten; daher stammt ihr Hass gegen die Revolution und das Proletariat. Sie waren unzufrieden damit, dass die Bankiers, Fabrikanten, Minister sie wieder in die bescheidenen Stellungen von Buchhaltern, Ingenieuren, Postbeamten und Volksschullehrern schickten – daher ihr »Sozialismus«. An der Yser und vor Verdun hatten sie gelernt, sich und andere aufs Spiel zu setzen und im Kommandoton zu reden, was dem kleinen Mann im Hinterland mächtig imponierte. So wurden diese Leute Führer.

Zu Beginn seiner politischen Laufbahn zeichnete sich Hitler vielleicht nur durch größeres Temperament, eine lautere Stimme und selbstsichere geistige Beschränktheit aus. Er brachte in die Bewegung keinerlei fertiges Programm mit – wenn man den Rachedurst des gekränkten Soldaten nicht zählt. Hitler begann mit Verwünschungen und Klagen über die Versailler Bedingungen, über das teure Leben, über das Fehlen des Respekts vor dem verdienten Unteroffizier, über das Treiben der Bankiers und Journalisten mosaischen Bekenntnisses. Heruntergekommene, Verarmte, Leute mit Schrammen und frischen blauen Flecken fanden sich genug. Jeder von ihnen wollte mit der Faust auf den Tisch hauen. Hitler verstand das besser als die anderen. Zwar wusste er nicht, wie der Not beizukommen sei. Aber seine Anklagen klangen bald wie Befehl, bald wie Gebet, gerichtet an das ungnädige Schicksal. Todgeweihte Klassen werden – ähnlich hoffnungslosen Kranken – nicht müde, ihre Klagen zu variieren und Tröstungen anzuhören. Alle Reden Hitlers sind auf diesen Ton gestimmt. Sentimentale Formlosigkeiten, Mangel an Disziplin des Denkens, Unwissenheit bei buntscheckiger Belesenheit – all diese Minus verwandelten sich in ein Plus. Sie gaben ihm die Möglichkeit, im Bettelsack »Nationalsozialismus« alle Formen der Unzufriedenheit zu vereinen und die Masse dorthin zu führen, wohin sie ihn stieß. Von den eigenen Improvisationen des Beginns blieb im Gedächtnis des Agitators nur das haften, was Billigung fand. Seine politischen Gedanken waren die Frucht der rhetorischen Akustik. So ging die Auswahl der Losungen vonstatten. So verdichtete sich das Programm. So bildete sich aus dem Rohstoff der »Führer«.

Mussolini war von Anfang an der sozialen Materie bewusster als Hitler, dem der Polizeimystizismus eines Metternich näher ist als die politische Algebra Machiavellis. Mussolini ist geistig verwegener und zynischer. Als Beweis dürfte genügen, dass der römische Atheist sich der Religion lediglich bedient wie der Polizei oder der Justiz, während sein Berliner Kollege wirklich an die Unfehlbarkeit der römischen Kirche glaubt. In jener Zeit, als der heutige Diktator Italiens Marx noch für »unser aller unsterblichen Meister« hielt, verteidigte er nicht ohne Geschick die Theorie, die im Leben der heutigen Gesellschaft vor allem das Gegeneinanderwirken zweier grundlegender Klassen sieht: der Bourgeoisie und des Proletariats. Allerdings, schrieb Mussolini im Jahre 1914, liegen zwischen ihnen sehr zahlreiche Mittelschichten, die sozusagen das »einigende Gewebe der menschlichen Kollektive« bilden, aber »in einer Krisenperiode werden die Mittelschichten ihren Interessen und Ideen gemäß angezogen von der einen oder der anderen der beiden Hauptklassen«. Eine sehr wichtige Verallgemeinerung! Wie die wissenschaftliche Medizin ihre Adepten sowohl mit der Möglichkeit ausrüstet, einen Kranken zu heilen, als auch mit jener, auf kürzestem Wege einen Gesunden ins Grab zu legen, so hat die wissenschaftliche Analyse der Klassenbeziehungen – die von ihrem Urheber zur Mobilisierung des Proletariats gedacht war – Mussolini, als er ins gegnerische Lager schwenkte, die Möglichkeit gegeben, die Mittelklassen gegen das Proletariat zu mobilisieren. Hitler hat die gleiche Arbeit verrichtet, wobei er die Methodologie des italienischen Faschismus in die Sprache der deutschen Mystik übersetzte.

Die Scheiterhaufen, auf denen die verruchten Schriften des Marxismus brennen, werfen helles Licht auf die Klassennatur des Nationalsozialismus. Solange die Nazis als Partei handelten und nicht als Staatsmacht, fanden sie fast keinen Eingang in die Arbeiterklasse. Andererseits betrachtete sie die Großbourgeoisie, auch jene, die Hitler mit Geld unterstützte – nicht als ihre Partei. Das nationale »Erwachen« stützte sich ganz und gar auf die Mittelklassen, den rückständigsten Teil der Nation, den schweren Ballast der Geschichte. Die politische Kunst bestand darin, das Kleinbürgertum durch Feindseligkeit gegen das Proletariat zusammenzuschweißen. Was wäre zu tun, damit alles besser werde? Vor allem die niederdrücken, die unten sind. Kraftlos vor den großen Wirtschaftsmächten hofft das Kleinbürgertum, durch die Zertrümmerung der Arbeiterorganisationen seine gesellschaftliche Würde wiederherzustellen.

Die Nazis geben ihrem Umsturz den usurpierten Namen Revolution. In Wirklichkeit lässt der Faschismus in Deutschland wie auch in Italien die Gesellschaftsordnung unangetastet. Hitlers Umsturz hat, isoliert betrachtet, nicht einmal Recht auf den Namen Konterrevolution. Aber man darf ihn nicht abgesondert sehen, er ist die Vollendung des Kreislaufs von Erschütterungen, der in Deutschland 1918 begann. Die Novemberrevolution, die die Macht den Arbeiter- und Soldatenräten übergab, war in ihrer Grundtendenz proletarisch. Doch die an der Spitze der Arbeiterschaft stehende Partei gab die Macht dem Bürgertum zurück. In diesem Sinne eröffnete die Sozialdemokratie die Ära der Konterrevolution, ehe es der Revolution gelang, ihr Werk zu vollenden. Solange die Bourgeoisie von der Sozialdemokratie und folglich von den Arbeitern abhängig war, enthielt das Regime aber immer noch Elemente des Kompromisses. Bald ließen die internationale und die innere Lage des deutschen Kapitalismus keinen Raum mehr für Zugeständnisse. Rettete die Sozialdemokratie die Bourgeoisie vor der proletarischen Revolution, so hatte der Faschismus seinerseits die Bourgeoisie vor der Sozialdemokratie zu retten. Hitlers Umsturz ist nur das Schlussglied in der Kette der konterrevolutionären Verschiebungen.

Der Kleinbürger ist dem Entwicklungsgedanken feind, denn die Entwicklung geht beständig gegen ihn – der Fortschritt brachte ihm nichts als unbezahlbare Schulden. Der Nationalsozialismus lehnt nicht nur den Marxismus, sondern auch den Darwinismus ab. Die Nazis verfluchen den Materialismus, weil die Siege der Technik über die Natur den Sieg des großen über das kleine Kapital bedeuten. Die Führer der Bewegung liquidieren den »Intellektualismus« nicht so sehr deshalb, weil sie selbst mit einem Intellekt zweiter und dritter Sorte versehen sind, sondern vor allem, weil ihre geschichtliche Rolle es ihnen nicht gestattet, irgendeinen Gedanken zu Ende zu führen. Der Kleinbürger braucht eine höchste Instanz, die über Natur und Geschichte steht, gefeit gegen Konkurrenz, Inflation,

Krise und Versteigerung. Der Evolution, dem »ökonomischen Denken«, dem Rationalismus – dem zwanzigsten, neunzehnten und achtzehnten Jahrhundert – wird der nationale Idealismus als die Quelle des Heldischen entgegengestellt. Die Nation Hitlers ist ein mythologischer Schatten des Kleinbürgertums selbst, sein pathetischer Wahn vom tausendjährigen Reich auf Erden.

Um die Nation über die Geschichte zu erheben, gab man ihr als Stütze die Rasse. Den geschichtlichen Ablauf betrachtet man als Emanation[12] der Rasse. Die Eigenschaften der Rasse werden ohne Bezug auf die veränderlichen gesellschaftlichen Bedingungen konstruiert. Das niedrige »ökonomische Denken« ablehnend, steigt der Nationalsozialismus ein Stockwerk tiefer, gegen den wirtschaftlichen Materialismus beruft er sich auf den zoologischen.

Die Rassentheorie – wie besonders geschaffen für einen anspruchsvollen Autodidakten, der nach einem Universalschlüssel für alle Geheimnisse des Lebens sucht – sieht im Licht der Ideengeschichte besonders kläglich aus. Die Religion des rein Germanischen musste Hitler aus zweiter Hand beim französischen Diplomaten und dilettierenden Schriftsteller Gobineau entlehnen. Die politische Methodologie fand Hitler fertig bei den Italienern vor. Mussolini hat sich ausgiebig der Marxschen Theorie des Klassenkampfs bedient. Der Marxismus selbst war die Frucht einer Verbindung deutscher Philosophie, französischer Geschichtsschreibung und englischer Ökonomie. In der Genealogie der Ideen – selbst der rückschrittlichsten und stumpfsinnigsten – findet sich vom Rassismus keine Spur.

Die Armseligkeit der nationalsozialistischen Philosophie hat die Universitätsprofessoren selbstverständlich nicht gehindert, mit vollen Segeln in Hitlers Fahrwasser einzulenken – als sein Sieg außer Frage stand. Die Jahre der Weimarer Ordnung waren für die Mehrheit des Professorenpöbels eine Zeit der Verwirrung und Unruhe. Die Historiker, Ökonomen, Juristen und Philosophen ergingen sich in Vermutungen darüber, welches der einander bekämpfenden Wahrheitskriterien das echte sei, das heißt, welches Lager sich zu guter Letzt als Sieger erweisen werde. Die faschistische Diktatur beseitigt die Zweifel der Fäuste und das Schwanken der Hamlets auf dem Universitätskatheder. Aus der Dämmerung der parlamentarischen Relativität tritt die Wissenschaft wiederum in das Reich des Absoluten ein. Einstein musste Deutschland verlassen.

Auf der Ebene der Politik ist der Rassismus eine aufgeblasene und prahlerische Abart des Chauvinismus, gepaart mit Schädellehre. Wie herabgekommener Adel Trost findet in der alten Abkunft seines Bluts, so besäuft sich das Kleinbürgertum am Märchen von den besonderen Vorzügen seiner Rasse. Es verdient Beachtung, dass die Führer des Nationalsozialismus nicht germanische Deutsche sind, sondern Zugewanderte: aus Österreich, wie Hitler selbst, aus den ehemali-

---

[12] Emanation bezeichnet das Hervorgehen von etwas aus seinem Ursprung, der es aus sich selbst hervorbringt.

gen baltischen Provinzen des Zarenreichs, wie Rosenberg, aus den Kolonialländern, wie der augenblickliche Stellvertreter Hitlers in der Parteileitung, Heß, und der neue Minister Darré. Es bedurfte der Schule barbarischer nationaler Balgerei in den kulturellen Randgebieten, um den Führern die Gedanken einzuflößen, die später ein Echo im Herzen der barbarischsten Klassen Deutschlands fanden.

Die Persönlichkeit und die Klasse – der Liberalismus und der Marxismus – sind das Böse. Die Nation ist das Gute. Doch an der Schwelle des Eigentums verkehrt sich diese Philosophie ins Gegenteil. Nur im persönlichen Eigentum liegt das Heil. Der Gedanke des nationalen Eigentums ist eine Ausgeburt des Bolschewismus. Obwohl er die Nation vergottet, will der Kleinbürger ihr doch nichts schenken. Im Gegenteil erwartet er, dass die Nation ihm selbst Besitz beschert und diesen dann gegen Arbeiter und Gerichtsvollzieher in Schutz nimmt.

Vor dem Hintergrund des heutigen Wirtschaftslebens – international in den Verbindungen, unpersönlich in den Methoden – scheint das Rassenprinzip einem mittelalterlichen Ideenfriedhof entstiegen. Die Nazis machen im Voraus Zugeständnisse: Im Reich des Geistes wird Rasseneinheit durch den Pass bescheinigt, im Reich der Wirtschaft aber muss sie sich durch Geschäftstüchtigkeit ausweisen. Unter heutigen Bedingungen heißt das: durch Konkurrenzfähigkeit. So kehrt der Rassismus durch die Hintertür zum ökonomischen Liberalismus – ohne politische Freiheiten – zurück. Praktisch beschränkt sich der Nationalismus in der Wirtschaft auf – trotz aller Brutalität – ohnmächtige Ausbrüche von Antisemitismus. Vom heutigen Wirtschaftssystem sondern die Nazis das raffende oder Bankkapital als den bösen Geist ab; gerade in dieser Sphäre nimmt ja die jüdische Bourgeoisie einen bedeutenden Platz ein. Während er sich vor dem kapitalistischen System verbeugt, bekriegt der Kleinbürger den bösen Geist des Profits in Gestalt des polnischen Juden im langschößigen Kaftan, der oft keinen Groschen in der Tasche hat. Der Pogrom wird zum Beweis rassischer Überlegenheit.

Das Programm, mit dem der Nationalsozialismus an die Macht gelangte, erinnert nur zu sehr an die jüdischen Warenhäuser der finsteren Provinz. Was findet man dort nicht alles zu niedrigem Preis und in noch niedrigerer Qualität. Die Erinnerung an die »glücklichen« Zeiten der freien Konkurrenz und die vage Überlieferung von der Stabilität der Ständegesellschaft, Träume von der Auferstehung des Kolonialreichs und den Wahn von einer geschlossenen Wirtschaft, Phrasen über eine Rückkehr vom römischen zum altdeutschen Recht und über die Befürwortung des amerikanischen Moratoriums, neidische Feindschaft gegen die Ungleichheit in Gestalt einer Villa und eines Autos und tierische Furcht vor der Gleichheit in Gestalt des Arbeiters mit Mütze und ohne Kragen, tobenden Nationalismus und Angst vor den Weltgläubigern – all dieser internationale Auswurf politischer Gedanken füllt die geistige Schatzkammer des neudeutschen Messianismus.

Der Faschismus entdeckte den Bodensatz der Gesellschaft für die Politik. Nicht nur in den Bauernhäusern, sondern auch in den Wolkenkratzern der Städte lebt neben dem zwanzigsten Jahrhundert heute noch das zehnte oder dreizehnte. Hunderte Millionen Menschen benutzen den elektrischen Strom, ohne aufzuhören, an die magische Kraft von Gesten und Beschwörungen zu glauben. Der römische Papst predigt durchs Radio vom Wunder der Verwandlung des Wassers in Wein. Kinostars laufen zur Wahrsagerin. Flugzeugführer, die wunderbare, vom Genie des Menschen erschaffene Mechanismen lenken, tragen unter dem Sweater Amulette. Was für unerschöpfliche Vorräte an Finsternis, Unwissenheit, Wildheit! Die Verzweiflung hat sie auf die Beine gebracht, der Faschismus wies ihnen die Richtung. All das, was bei ungehinderter Entwicklung der Gesellschaft vom nationalen Organismus als Kulturexkrement ausgeschieden werden musste, kommt jetzt durch den Schlund hoch; die kapitalistische Zivilisation erbricht die unverdaute Barbarei. Das ist die Physiologie des Nationalsozialismus.

Der deutsche wie der italienische Faschismus stiegen zur Macht über den Rücken des Kleinbürgertums, das sie zu einem Rammbock gegen die Arbeiterklasse und die Einrichtungen der Demokratie zusammenpressten. Aber der Faschismus, einmal an der Macht, ist alles andere als eine Regierung des Kleinbürgertums. Mussolini hat recht, die Mittelklassen sind nicht fähig zu selbständiger Politik. In Perioden großer Krisen sind sie berufen, die Politik einer der beiden Hauptklassen bis zur Absurdität zu treiben. Dem Faschismus gelang es, sie in den Dienst des Kapitals zu stellen. Solche Lösungen wie die Verstaatlichung der Trusts und die Abschaffung des »arbeits- und mühelosen Einkommens« waren nach Übernahme der Macht mit einem Mal über Bord geworfen. Der Partikularismus der deutschen Länder, der sich auf die Eigenarten des Kleinbürgertums stützte, hat dem polizeilichen Zentralismus Platz gemacht, den der moderne Kapitalismus braucht. Jeder Erfolg der nationalsozialistischen Innen- und Außenpolitik wird unvermeidlich Erdrückung des kleinen Kapitals durch das große bedeuten.

Das Programm der kleinbürgerlichen Illusionen wird dabei nicht abgeschafft, es wird einfach von der Wirklichkeit abgetrennt und in Ritualhandlungen aufgelöst. Die Vereinigung aller Klassen läuft hinaus auf die Halbsymbolik der Arbeitsdienstpflicht und die Beschlagnahme des Arbeiterfeiertags »zugunsten des Volkes«. Die Beibehaltung der gotischen Schrift im Gegensatz zur lateinischen ist eine symbolische Vergeltung für das Joch des Weltmarkts. Die Abhängigkeit von den internationalen – darunter auch jüdischen – Bankiers ist nicht um ein Jota gemildert, dafür ist es verboten, Tiere nach dem Talmudritual zu schlachten. Ist der Weg zur Hölle mit guten Vorsätzen gepflastert, so sind die Straßen des Dritten Reiches mit Symbolen ausgelegt.

Indem er das Programm der kleinbürgerlichen Illusionen auf elende bürokratische Maskeraden reduziert, erhebt sich der Nationalsozialismus über die Nation als reinste Verkörperung des Imperialismus. Die Hoffnung darauf, dass die Hitlerregierung heute oder morgen als Opfer ihres inneren Bankrotts fallen werde, ist völlig vergeblich. Das Programm war für die Nazis nötig, um an die Macht zu kommen, aber die Macht dient Hitler durchaus nicht dazu, das Programm zu erfüllen. Die gewaltsame Zusammenfassung aller Kräfte und Mittel des Volkes im Interesse des Imperialismus – die wahre geschichtliche Sendung der faschistischen Diktatur – bedeutet die Vorbereitung des Krieges; diese Aufgabe duldet keinerlei Widerstand von innen und führt zur weiteren mechanischen Zusammenballung der Macht. Den Faschismus kann man weder reformieren noch zum Abtreten bewegen. Ihn kann man nur stürzen. Der politische Weg der Naziherrschaft führt zur Alternative Krieg oder Revolution. Der erste Jahrestag der Nazidiktatur steht bevor. Alle Tendenzen des Regimes haben sich inzwischen klar und deutlich entfalten können. Die »sozialistische« Revolution, die den kleinbürgerlichen Massen die unentbehrliche Ergänzung der »nationalen« schien, wurde offiziell verdammt und liquidiert. Die Klassenverbrüderung gipfelt darin, dass – an einem eigens von der Regierung bestimmten Tage – die Reichen zugunsten der Armen auf Vor- und Nachtisch verzichten. Der Kampf gegen die Arbeitslosigkeit hat dazu geführt, dass man die halbe Hungerration noch einmal teilt. Alles Übrige ist Produkt der manipulierten Statistik. Die »geplante« Autarkie erweist sich als ein neues Stadium wirtschaftlichen Zerfalls.

Je weniger das Polizeiregime der Nazis ökonomisch leistet, desto größere Anstrengungen muss es auf außenpolitischem Gebiet unternehmen. Dies entspricht völlig der inneren Dynamik des durch und durch aggressiven deutschen Kapitals. Das Umschwenken der Naziführer auf Friedensdeklarationen kann nur Dummköpfe irreführen.[13] Hitler hat kein anderes Mittel, die Schuld an inneren Schwierigkeiten auf äußere Feinde abzuwälzen und die Sprengkraft des Imperialismus unter dem Druck der Diktatur zu steigern.

Dieser Teil des Programms, der noch vor der Machtergreifung der Nazis offen angekündigt wurde, realisiert sich jetzt mit eiserner Logik vor den Augen der ganzen Welt. Die Zeit, die uns bis zur nächsten europäischen Katastrophe bleibt, ist befristet durch die deutsche Aufrüstung. Das ist keine Frage von Monaten, aber auch keine von Jahrzehnten. Wird Hitler nicht rechtzeitig durch innerdeutsche Kräfte aufgehalten, so wird Europa in wenigen Jahren neuerlich in Krieg gestürzt.

Die Neue Weltbühne, Prag, 10. Juni 1933. Nachdruck u.a. in: Leo Trotzki: Sozialismus oder Barbarei! Eine Auswahl aus seinen Schriften, hrsg. von Helmut Dahmer, Wien 2005, S. 94–101. Jetzt auch in: Mario Keßler (Hrsg.): Leo Trotzki oder: Sozialismus gegen Antisemitismus, Berlin 2022, S. 126–136.

[13] Am 17. Mai 1933 hielt Hitler in scheinbar versöhnlichem Ton in der Kroll-Oper eine Reichstagsrede, worin er den grundsätzlich friedfertigen Charakter der deutschen Außenpolitik betonte. Hitler hoffte damit, bei den Westmächten weitere Erleichterungen der Bedingungen zu erreichen, die sich aus dem Versailler Vertrag ergeben hatten. Eine Zurückweisung wollte er zum Vorwand für den Austritt Deutschlands aus dem Völkerbund nehmen. Am 14. Oktober 1933 verließ Deutschland den Völkerbund.

16: ZK der KPD: Gegen die Schmach der Judenpogrome (1938, gekürzt)

Getreu den stolzen Traditionen der deutschen Arbeiterbewegung, im wahren Geiste der größten deutschen Dichter und Denker, erhebt die Kommunistische Partei Deutschlands ihre Stimme gegen die Judenpogrome Hitlers, die vor der gesamten Menschheit die Ehre Deutschlands mit tiefster Schmach bedeckt haben.

Die Bestialitäten, die von kommandierten SS-Leuten in Zivil im Auftrage der Hitler, Himmler, Goebbels, Göring und Streicher an wehrlosen Juden begangen wurden, werden von allen anständigen Deutschen abgelehnt und verabscheut. Das deutsche Volk hat mit den Brandstiftern der Synagogen, mit den Plünderern jüdischer Geschäfte und Wohnungen, mit den Peinigern und Mördern von jüdischen Mitbürgern nichts gemein. Die Kommunistische Partei Deutschlands begrüßt die ehrenvolle Haltung von vielen Deutschen aus allen Volksschichten, die unter den schwierigsten Verhältnissen versucht haben, ihren Protest gegen die Judenpogrome zum Ausdruck zu bringen und den verfolgten Juden menschliche Hilfe zu leisten.

Es ist eine elende Lüge, dass die Pogrome ein »Ausbruch des Volkszornes« gewesen seien. Sie wurden von langer Hand vorbereitet, befohlen und organisiert allein von den nationalsozialistischen Führern. Sie sollten in Wirklichkeit dazu dienen, den wachsenden Volkszorn gegen die nationalsozialistische Diktatur, gegen die wahnwitzige Ausplünderung des ganzen deutschen Volkes zugunsten der Rüstungsmillionäre und der korrupten Nazibonzen abzulenken auf Unschuldige, mit dem Ruf: »Der Jud ist schuld!«

Es sind aber nicht die Juden, die den Arbeitern die Löhne niedrig halten, den Achtstundentag vernicht haben, die unerhörteste Ausbeutung betreiben, die Männer aus ihren Familien reißen und zur Zwangsarbeit für den Krieg verschicken. Es sind die nationalsozialistischen Führer im Auftrag des Großkapitals, die diese brutale Unterdrückung und Ausbeutung der deutschen Arbeiterklasse betreiben.

Es sind nicht die Juden, die den deutschen Mittelständler mit riesigen Steuern und Abgaben vernichten, den Handwerker der notwendigsten Rohstoffe berauben, den Bauern unter die Fuchtel einer unkontrollierten korrupten Bürokratie gezwungen haben. Es sind die nationalsozialistischen Führer als Agenten der Rüstungsgewinnler, die die Politik durchführen. [...] Es sind nicht die Juden, die durch eine fortgesetzte Politik der Gewalt und der erpresserischen Drohungen gegenüber den andern Ländern den Frieden gefährden und Deutschland in einen neuen Weltkrieg treiben. Es sind die Krupp, Thyssen, Mannesmann, Flick usw., die alten imperialistischen Verderber Deutschlands, die Kriegsgewinnler vom letzten Weltkrieg, die Inflationsgewinnler in der Republik, die Rüstungsgewinnler von heute, in deren Auftrag Hitler bereit ist, das deutsche Volk wieder in einem Krieg hinzuopfern.

Immer in der Vergangenheit hat die Reaktion, wenn sie ein Volk aufs Schlimmste ausplünderte und die Erbitterung des Volkes fürchtete, sich der schmutzigen Mittel der Judenhetze und der Pogrome zum Zwecke der Ablenkung von den wahren Schuldigen am Volkselend bedient. [...] Die Kommunistische Partei wendet sich an alle Kommunisten, Sozialisten, Demokraten, Katholiken und Protestanten, an alle anständigen und ehrbewussten Deutschen mit dem Appell: Helft unseren gequälten jüdischen Mitbürgern mit allen Mitteln! Isoliert mit einem Wall der eisigen Verachtung das Pogromistengesindel von unserem Volke! Klärt die Rückständigen und Irregeführten, besonders die missbrauchten Jugendlichen, die durch die nationalsozialistischen Methoden zur Bestialität erzogen werden sollen, über den wahren Sinn der Judenhetze auf!

Die deutsche Arbeiterklasse steht an erster Stelle im Kampf gegen die Judenverfolgungen. Gegen die mittelalterliche barbarische Rassenhetze bekennt sie sich mit allen aufrechten Deutschen zum Worte Johann Gottlieb Fichtes von »der Gleichheit alles dessen, was Menschenantlitz trägt«.

Die Befreiung Deutschlands von der Schande der Judenpogrome wird zusammenfallen mit der Stunde der Befreiung des deutschen Volkes von der braunen Tyrannei. Deshalb müssen alle deutschen Menschen, die das Regiment der Unterdrückung und der Schändung des deutschen Namens ablehnen und es beseitigen wollen, ihren festen Zusammenhalt schaffen.

Solidarität im Mitgefühl und in der Hilfe für die jüdischen Volksgenossen, Solidarität mit den gehetzten Kommunisten und Sozialisten, Solidarität mit den bedrohten Katholiken, Solidarität aller untereinander im täglichen Kampf zur Unterhöhlung und zum Sturz des verhassten Naziregimes durch die Schaffung der breitesten deutschen Volksfrontbewegung – das ist es, was die Stunde von allen friedens- und freiheitsliebenden Deutschen verlangt!

Die Rote Fahne, Nr. 7, 1938 – Sonderausgabe gegen Hitlers Judenpogrome. Gekürzter Wiederabdruck in: Geschichte der deutschen Arbeiterbewegung, Bd. 5, Berlin [DDR]: 1966. S. 509–510. Vollständig in: Kurt Pätzold/Irene Runge: Pogromnacht 1938, Berlin [DDR]: 1988, S. 185–189.

17: Leo Trotzki: Die Gefahr der Ausrottung des jüdischen Volkes (1938)

Der Adressat des am 22. Dezember 1938 geschriebenen und im Dezember 1945 in der New Yorker Zeitschrift »Fourth International« publizierten Briefes war möglicherweise Max Shachtman, dem seinerseits die tödliche Gefahr, in der die Juden schwebten, bewusst war. Vgl. den von Shachtman im November 1938 publizierten Aufruf des Nationalkomitees der Socialist Workers Party: Let the Refugees into the U.S.!, in: Socialist Appeal, 19. November 1938, S. 1, worin es heißt: »Die Monster im Braunhemd scheuen sich selbst nicht, hinauszuposaunen, was sie wollen, nämlich die physische Ausrottung eines jeden Juden in Deutschland.«

Lieber Freund: Pater Coughlin,[14] der offenbar zu zeigen versucht, dass die absolute idealistische Moral den Menschen nicht daran hindert, der größte Schurke zu sein, hat im Radio erklärt, dass ich in der Vergangenheit von der jüdischen Bourgeoisie in den Vereinigten Staaten enorme Geldsummen für die Revolution erhalten habe. In der Presse habe ich bereits geantwortet, dass dies falsch ist. Ich habe dieses Geld nicht erhalten, natürlich nicht, weil ich die finanzielle Unterstützung für die Revolution abgelehnt hätte, sondern weil die jüdische Bourgeoisie diese Unterstützung nicht angeboten hat. Die jüdische Bourgeoisie bleibt dem Prinzip treu: nicht zu geben, auch jetzt nicht, wenn es um ihren Kopf geht. In seinen eigenen Widersprüchen erstickend, richtet der Kapitalismus wütende Schläge gegen die Juden aus, außerdem fällt ein Teil dieser Schläge auf die jüdische Bourgeoisie, trotz all ihrer früheren »Dienste« für den Kapitalismus. Maßnahmen philanthropischer Art für Flüchtlinge werden immer weniger wirksam im Vergleich zu der gigantischen Dimension des Übels, das das jüdische Volk belastet.

Jetzt ist Frankreich an der Reihe. Der Sieg des Faschismus in diesem Land würde eine gewaltige Verstärkung der Reaktion und eine ungeheure Zunahme des gewalttätigen Antisemitismus in der ganzen Welt, vor allem in den Vereinigten Staaten, bedeuten. Die Zahl der Länder, die die Juden vertreiben, wächst unaufhörlich. Die Zahl der Länder, die sie aufnehmen können, nimmt ab. Gleichzeitig verschärft sich die Verschärfung des Kampfes. Es ist ohne Schwierigkeit möglich sich vorzustellen, was die Juden beim bloßen Ausbruch des künftigen Weltkrieges erwartet. Aber sogar ohne Krieg wird gewiss die nächste Entwicklung der Weltreaktion die *physische Ausrottung der Juden* bedeuten.

Palästina erscheint als tragische Fata Morgana, Birobidshan als bürokratische Farce. Der Kreml verweigert die Aufnahme von Flüchtlingen. Die »antifaschistischen« Kongresse alter Damen und junger Karrieristen haben nicht die geringste Bedeutung. Das Schicksal des jüdischen Volkes – nicht nur sein politisches, sondern auch sein physisches Schicksal – ist heute mehr denn je untrennbar mit dem Emanzipationskampf des internationalen Proletariats verbunden. Nur die mutige Mobilisierung der Arbeiter gegen die Reaktion, die Schaffung von Arbeitermilizen, der direkte physische Widerstand gegen die faschistischen Banden, das wachsende Selbstvertrauen, die Aktivität und die Kühnheit aller Unterdrückten können eine Veränderung der Kräfteverhältnisse herbeiführen, die Weltwelle des Faschismus stoppen und ein neues Kapitel in der Geschichte der Menschheit eröffnen.

Die Vierte Internationale war die erste, die die Gefahr des Faschismus verkündete und den Weg der Rettung aufzeigte. Die Vierte Internationale ruft die jüdischen Volksmassen auf, sich keine Illusionen zu machen, sondern sich der bedrohlichen Realität offen zu stellen. Die Rettung liegt nur im revolutionären Kampf. Die

[14] Charles Coughlin war ein antisemitischer katholischer Geistlicher, der durch seine Rundfunkpredigten in den USA sehr bekannt wurde.

»Sehnen« des revolutionären Kampfes, wie auch des Krieges, sind Gelder. Bei den fortschrittlichen und scharfsinnigen Elementen des jüdischen Volkes liegt die Verpflichtung, der revolutionären Vorhut zu Hilfe zu kommen. Die Zeit drängt. Ein Tag entspricht nun einem Monat oder sogar einem Jahr. Was du tust, tue schnell!

Leo Trotzki: Sozialismus oder Barbarei! Eine Auswahl aus seinen Schriften, hrsg. von Helmut Dahmer, Wien 2005, S. 124–125. (Übersetzung in Nuancen modifiziert). Zuerst in Englisch veröffentlicht unter dem Titel: Appeal to American Jews Menaced by Fascism and Anti-Semitism, in: Fourth International, New York, Dezember 1945. Nachdruck in: Leon Trotsky: On the Jewish Question, New York 1970, S. 29–30. Jetzt auch in: Mario Keßler (Hrsg.): Leo Trotzki oder: Sozialismus gegen Antisemitismus, Berlin 2022, S. 156–158.

Quellen- und Literaturverzeichnis

Zu den Primärquellen der internationalen Arbeiterorganisationen: Die Archivbestände des Internationalen Instituts für Sozialgeschichte (Internationaal Instituut voor Sociale Geschiedenis, IISG) in Amsterdam sind digital zugänglich, darunter die Akten der Zweiten Internationale, der Sozialistischen Arbeiter-Internationale (SAI) und die Nachlässe von Eduard Bernstein und Karl Kautsky. Nicht digital erfasst sind die Bestände zu beiden Internationalen im ehemaligen Archiwum Lewicy Polskiej (Archiv der polnischen Linken), das jetzt zum Archiv Neuer Akten (Archiwum Akt Nowych; AAN) in Warschau gehört. Aus dem Historischen Archiv der KPD im Bundesarchiv Berlin und der Trotskii Collection in der Houghton Library der Harvard University wurden einzelne Quellen zitiert. Die Komintern-Dokumente aus israelischen und Moskauer Archiven zur KP Palästinas liegen in zwei Sammlungen von Yonathan Frankel (*Die kommunistische Bewegung und die jüdische Gemeinschaft in Eretz Israel, 1920–48*) und Le'on Zehavi (*Getrennt oder gemeinsam. Juden und Araber in Palästina nach Komintern-Dokumenten, 1919–1943*) in Hebräisch vor.

Die einzelnen Artikel aus zeitgenössischen Periodika werden aus Platzgründen nicht aufgelistet. Die wichtigsten sind: *Der Sozialdemokrat* (hier existiert ein DDR-Reprint von 1970), *Die Neue Zeit*, *Sozialistische Monatshefte*, *Der Kampf*, *Vorwärts*, *Die Rote Fahne*, *Internationale Pressekorrespondenz (Inprekorr)*, *Gegen den Strom. Organ der KPD-Opposition* und *Freie Tribüne. Organ der jüdischen sozialistischen Arbeiterpartei in Deutsch-Österreich*. Diese Periodika sind teilweise in der Bibliothek der Friedrich-Ebert-Stiftung in Bonn-Godesberg und der Staatsbibliothek/Stiftung Preußischer Kulturbesitz in Berlin digital zugänglich. Ebenfalls digital zugänglich sind die Reichstagsprotokolle der Weimarer Republik.

Bei Marx, Engels, Rosa Luxemburg, Lenin und Stalin wurden die in der DDR edierten beziehungsweise begonnenen Werkausgaben herangezogen, bei Trotzki die jeweils am leichtesten zugängliche deutsche Ausgabe. In Einzelfällen wurde auf Trotzkis russische unvollendete Werkausgabe (*Sočinenija*) zurückgegriffen, die sich in der New York Public Library sowie der Widener Library an der Harvard University befindet und bereits teilweise im Internet zugänglich ist (www.marxists.org/russkij/trotsky/index.htm).

Die folgende, thematisch gegliederte, Bibliografie enthält die in den Anmerkungen genannte Literatur, wobei jeder Titel nur einmal genannt und dem jeweils wichtigsten Themenbereich zugeordnet ist. Einzelne Artikel aus Periodika sind in der Regel nicht separat aufgeführt.

Parteitags- und Kongressprotokolle sowie entsprechende Materialien (zeitlich geordnet)

Congrès international ouvrier socialiste tenu à Bruxelles du 16 au 23 août 1891. Compte rendu analytique, Brüssel 1893.

Verhandlungen und Beschlüsse des internationalen Arbeiter-Kongresses zu Brüssel (16.–22. August 1891), Berlin 1893.

Protokoll über die Verhandlungen des Parteitages der Sozialdemokratischen Partei Deutschlands. Abgehalten zu Köln a. Rh. vom 22. bis 29. Oktober 1893, Berlin 1893.

Protokoll des Internationalen Sozialistischen Arbeiterkongresses in der Tonhalle Zürich vom 6. bis 12. August 1893. Herausgegeben vom Organisationskomitee, Zürich 1894.

Bericht der Delegierten der russischen Sozialdemokratie an den internationalen Sozialisten-Kongress in London, o. O. 1896.

Verhandlungen des sechsten österreichischen Sozialdemokratischen Parteitages abgehalten zu Wien vom 6. bis einschließlich 12. Juni 1897 im Hotel Wimberg, Wien 1897.

Stenographisches Protokoll der Verhandlungen des II. Zionisten-Congresses, gehalten zu Basel vom 28. bis 31. August 1898, Wien 1898.
Stenographisches Protokoll der Verhandlungen des V. Zionisten-Congresses in Basel, 26., 28., 29. und 30. Dezember 1901, Wien 1901.
Cinquième congrès socialiste international tenu à Paris du 23 au 27 septembre 1900. Compte rendu analytique officiel, Paris 1902.
Berichte der sozialdemokratischen Organisationen Europas, Australiens und Amerikas an den Internationalen Sozialisten-Kongreß zu Stuttgart (18.–24. August 1907) über ihre Tätigkeit in den Jahren 1904–1907, Berlin 1907.
Internationaler Sozialisten-Kongress zu Stuttgart, 18. bis 24. August 1907, Berlin 1907.
Der »Allgemeine jüdische Arbeiterbund« zur Zeit der russischen Revolution (1904–1907). (Bericht an den Stuttgarter Sozialistenkongress 1907), in: Archiv für Sozialwissenschaften und Sozialpolitik, Bd. 37, Tübingen 1913, S. 215–250.
The International at Lucerne 1919. The resolutions, the provisorial constitutions, London 1919.
USPD. Protokoll über die Verhandlungen des außerordentlichen Parteitags in Leipzig vom 30. November bis 6. Dezember 1919, Berlin o. J.
Der Zweite Kongress der Kommunistischen Internationale: Protokoll der Verhandlungen vom 19. Juli in Petrograd und vom 23. Juli bis 7. August 1920 in Moskau, Hamburg 1920.
Bericht des Internationalen Sekretariats an den Genfer Internationalen Kongreß am 31. Juli 1920, Brüssel 1920.
Bericht vom Zehnten Internationalen Sozialistenkongreß in Genf, 31. Juli bis 5. August 1920, hrsg. vom Sekretariat der Sozialisten- und Arbeiter-Internationale, Brüssel 1921.
Allweltlicher Jüdischer Kommunistischer Verband Poale Zion (Hrsg.): Dokumente zur Anschlussaktion an die Kommunistische Internationale, Wien 1921.
Protokoll des III. Kongresses der Kommunistischen Internationale (Moskau, 22. Juni bis 12. Juli 1921), Hamburg 1922.
Die Tätigkeit der Exekutive und des Präsidiums des EK der Kommunistischen Internationale vom 13. Juli bis 1. Febr. 1922, Petrograd 1922.
Bericht über die Tätigkeit des Präsidiums der Kommunistischen Internationale für die Zeit vom 6. März bis 11. Juli 1922, Hamburg 1922.
Protokoll der Konferenz der Erweiterten Exekutive der Kommunistischen Internationale, Moskau, 12.–23. Juni 1923, Hamburg 1923.
Bericht über die Verhandlungen des IX. Parteitages der KPD (7.–10. April 1924), Berlin 1924.
Zweiter Kongreß der Sozialistischen Arbeiter-Internationale in Marseille, 22. bis 27. August 1925, Berlin 1925.
Das Flammenzeichen vom Palais Egmont. Offizielles Protokoll des Kongresses gegen koloniale Unterdrückung und Imperialismus. Brüssel, 10.–15. Februar 1927, Berlin 1927.
Dritter Kongreß der Sozialistischen Arbeiter-Internationale, Brüssel, 5. bis 11. August 1928, 2 Bde., Zürich 1928.
Protokoll der Verhandlungen des XVI. Zionisten-Kongresses und der konstituierenden Tagung des Councils der Jewish Agency für Palästina, Zürich, 28. Juli bis 14. August 1929, London 1929.
Jewish Agency für Palästina (Hrsg.): Palästinadebatte im englischen Unterhaus. Stenographischer Bericht über die Verhandlungen im englischen Unterhaus vom 17. November 1930, Berlin-Schöneberg 1930.
Vierter Kongreß der Sozialistischen Arbeiter-Internationale, Wien, 25. Juli bis 1. August 1931, 2 Bde., Zürich 1932.

Pervyi s"ezd RSDRP. Dokumenty i materialy [Der erste Parteitag der SDAPR. Dokumente und Materialien], Moskau 1958 [abgehalten 1898].
Vtoroj s"ezd RSDRP. Protokoly [Der zweite Parteitag der SDAPR. Protokolle], Moskau 1959 [abgehalten 1903].
Unabhängige Sozialdemokratische Partei Deutschlands, Protokolle der Parteitage, Bd. 2: 1919–1920, Glashütten im Taunus 1976.
Ritter, Gerhard A. (Hrsg.): Die II. Internationale 1918/1919. Protokolle, Memoranden, Berichte und Korrespondenzen, Bd. 2, Berlin [West]/Bonn 1980.
Riddell, John (Hrsg.): To See the Dawn. Baku, 1920: First Congress of the Peoples of the East, New York 1993.

Judenfeindschaft, Judenemanzipation und Sozialismus (sowie Werke allgemeinen Charakters)

Arendt, Hannah: Elemente und Ursprünge totaler Herrschaft [1955], München/Zürich 1986.
Bahr, Hermann (Hrsg.): Der Antisemitismus. Ein internationales Interview [1894], Königstein im Taunus 1979.
Beer, Max: Allgemeine Geschichte des Sozialismus und der sozialen Kämpfe [1921], 7. Aufl., mit Ergänzungen von Hermann Duncker, Berlin 1931.
Beer, Max: Fifty Years of international Socialism, London 1935.
Benjamin, Walter: Gesammelte Schriften, Bd. 1/2 und 1/3, Frankfurt a. M. 1974.
Bensussan, Georges: Die Juden der arabischen Welt. Die verbotene Frage, übers. von Jürgen Schröder, Berlin/Leipzig 2019.
Bergmann, Werner: Geschichte des Antisemitismus, München 2002.
Bermann, Tamar: Produktivierungsmythen und Antisemitismus. Eine soziologische Studie, Wien 1973.
Bernstein, Eduard: Dokumente des Sozialismus, Bd. 1, Berlin 1901.
Bloch, Ernst: Das Prinzip Hoffnung, Bd. 2, Berlin [DDR] 1955.
Bloch, Ernst: Freiheit und Ordnung. Abriss der Sozialutopien, Leipzig 1985.
Bunzl, John:Klassenkampf in der Diaspora. Zur Geschichte der jüdischen Arbeiterbewegung, Wien 1975.
Dadiani, L. Ja.: Kritika ideologii i politiki social-sionizma [Kritik der Ideologie und Politik des Sozial-Zionismus], Moskau 1986.
Davis, Horace B.: Nationalism and Socialism. Marxist and Labor Theories of Nationalism to 1917, 2. Aufl., New York/ London 1973.
Deutscher, Isaac: Die ungelöste Judenfrage. Zur Dialektik von Antisemitismus und Zionismus, hrsg. und übers. von Eike Geisel und Mario Offenberg, Berlin [West] 1977.
Dubnow, Simon: Nationalism and History, Philadelphia 1961.
Endelman, Todd M.: The Jews of Britain, 1656–2000, Berkeley 2002.
Fetscher, Iring (Hrsg.): Marxisten gegen Antisemitismus, Hamburg 1974.
Geiss, Immanuel: Geschichte des Rassismus, Frankfurt a. M. 1988.
Grab, Walter: Gefahren des deutschen Nationalismus, in: Europäische Ideen, Nr. 82 (1992) S. 33–37.
Grab, Walter: Jakobinismus und Demokratie in Geschichte und Literatur, Frankfurt a. M. 1998.
Grab, Walter: Zwei Seiten einer Medaille. Demokratische Revolution und Judenemanzipation, Köln 2000.

Grab, Walter (Hrsg.): Juden und jüdische Aspekte in der deutschen Arbeiterbewegung 1848–1918. Internationales Symposium, Tel Aviv 1977.
Gramsci, Antonio: Philosophie der Praxis, hrsg. von Christian Riechers, Frankfurt a. M. 1967.
Graus, František: Pest, Geißler, Judenmorde. Das 14. Jahrhundert als Krisenzeit, Göttingen 1987.
Greive, Hermann: Geschichte des modernen Antisemitismus in Deutschland, Darmstadt 1983.
Grove, Peter: Immanuel Kant: Judentum und Vernunftreligion, in: Roderich Barth u.a. (Hrsg.): Christentum und Judentum. Akten des Internationalen Kongresses der Schleiermacher-Gesellschaft in Halle, März 2009, Berlin/Boston 2012, S. 177–191.
Haupt, Georges/Michael Löwy/Claudie Weill: Les marxistes et la question nationale 1848–1914, Etudes et textes, Montréal 1974.
Hertz, Deborah: Die jüdischen Salons im alten Berlin 1780–1806, übers. von Gabriele Neumann-Kloth, München 1995.
Jacobs, Jack: Sozialisten und die »jüdische Frage« nach Marx, übers. von Cornelia Dieckmann, Mainz 1994.
Janowski, Oscar J.: The Jews and Minority Rights, New York 1933.
Janowski, Oscar J.: Nationalities and National Minorities (With Special Reference to East Central Europe), New York 1945.
Kaminski, Andrzej J.: Konzentrationslager 1896 bis heute. Geschichte, Funktion, Typologie, München/Zürich 1990.
Kant, Immanuel: Grundlegung zur Metaphysik der Sitten (Taschenausgabe der Philosophischen Bibliothek bei Felix Meiner), 6. Aufl., Leipzig o. J.
Karády, Victor: Gewalterfahrung und Utopie. Juden in der europäischen Moderne, übers. von Judith Klein, Frankfurt a. M. 1999.
Katz, Jacob: Aus dem Ghetto in die bürgerliche Gesellschaft, übers. von Wolfgang Lotz, Frankfurt a. M. 1988.
Kautsky, Karl: Nationalität und Internationalität, Stuttgart 1908.
Kautsky, Karl: Rasse und Judentum. Ergänzungsheft zur »Neuen Zeit« [1914], 2. Aufl., Stuttgart 1921.
Keßler, Mario: Zionismus und internationale Arbeiterbewegung 1897–1933, Berlin 1994.
Keßler, Mario: Heroische Illusion und Stalin-Terror. Beiträge zur Kommunismus-Forschung, Hamburg 1999.
Keßler, Mario: Ein Funken Hoffnung. Verwicklungen: Antisemitismus, Nahost, Stalinismus, Hamburg 2004.
Kolakowski, Leszek: Die Hauptströmungen des Marxismus, Bd. 1: Entstehung, München/Zürich 1988.
Laqueur, Walter: Der Weg zum Staat Israel. Geschichte des Zionismus [1972], übers. von Heinrich Jelinek, Wien 1973.
Léon, Abraham: Die jüdische Frage. Eine marxistische Darstellung [1946], Essen 1995.
Leslie, Roy Francis: The History of Poland since 1863, Cambridge [UK] 1983.
Lessing, Theodor: Der jüdische Selbsthaß, Berlin 1930.
Levin, Nora: Jewish Socialist Movements, 1871–1914. While Messiah Tarried, London/Henley 1978.
Lindemann, Albert S.: A History of European Socialism, New Haven/London 1983.
Lindemann, Albert S.: The Jew Accused. Three Anti-Semitic Affairs (Dreyfus, Beilis, Frank) 1894–1915, Cambridge u.a. 1993.

Lindemann, Albert S.: Esau's Tears. Modern Antisemitism and the Rise of the Jews, Cambridge u.a.1997.
Liptzin, Solomon: Germany's Stepchildren [1944], Cleveland/New York 1961.
Löwith, Karl: Weltgeschichte und Heilsgeschehen. Die theologischen Voraussetzungen der Geschichtsphilosophie, Stuttgart 1961.
Luxemburg, Rosa: Gesammelte Werke, Bd. I/1 und I/2, Berlin [DDR] 1970.
Mandel, Ernest: Marxistische Wirtschaftstheorie [1962], übers. von Lothar Boepple, Bd. 2, 4. Aufl., Frankfurt a. M. 1979.
Marcuse, Herbert: Kultur und Gesellschaft I, Frankfurt a. M. 1965.
Massing, Paul W.: Vorgeschichte des politischen Antisemitismus [1949], übers. von Felix Weil, Frankfurt a. M. 1985 (Reprint der deutschen Erstausgabe von 1959).
Mayer, Hans: Außenseiter, Frankfurt a. M. 1975.
Mayer, Hans: Der Widerruf. Über Deutsche und Juden, Frankfurt a. M. 1994.
Mendes, Philip: Jews and the Left. The Rise and Fall of a Political Alliance, Houndmills, Bas. 2014.
Morina, Christina: Die Erfindung des Marxismus. Wie eine Idee die Welt eroberte, Berlin 2017.
Na'aman, Shlomo: Marxismus und Zionismus, Gerlingen 1997.
Oberman, Heiko A.: Wurzeln des Antisemitismus. Christenangst und Judenverfolgung im Zeitalter von Humanismus und Reformation, 2. Aufl., Berlin [West] 1981.
Parkes, James: Antisemitismus. Ein Feind des Volkes, übers. von Arno Dohm, Nürnberg 1948.
Payne, Stanley: Geschichte des Faschismus. Aufstieg und Fall einer europäischen Bewegung, Wien 2006.
Poliakov, Léon: Geschichte des Antisemitismus, Bd. VI, Worms 1987.
Porath, Yehoshua: The Palestinian-Arab National Movement, 1918–1929, London 1974.
Porath, Yehoshua: The Palestinian-Arab National Movement. From Riots to Rebellion, 1929–1939, London 1977.
Pulzer, Peter G. J.: Die Entstehung des politischen Antisemitismus in Deutschland und Österreich 1867–1914, Gütersloh 1966.
Rennap, I.: Anti-Semitism and the Jewish Question, London 1942.
Sachar, Howard M.: A History of Israel. From the Rise of Zionism to our Time [1976], 3. erw. Aufl., New York 2007.
Schäfer, Peter: Judenhass und Judenfurcht. Die Entstehung des Antisemitismus in der Antike, Berlin 2010.
Schoeps, Julius H. (Hrsg.): Zionismus. Texte zu seiner Entwicklung, Wiesbaden 1983.
Scholem, Gershom: Judaica 2, Frankfurt a. M. 1963
Silberner, Edmund: Western European Socialism and the Jewish Problem (1800–1918). A Selective Bibliography, Jerusalem 1955.
Silberner, Edmund: Sozialisten zur Judenfrage. Ein Beitrag zur Geschichte des Sozialismus vom Anfang des 19. Jahrhunderts bis 1914, Berlin [West] 1962.
Silberner, Edmund: Kommunisten zur Judenfrage. Zur Geschichte von Theorie und Praxis des Kommunismus, Opladen 1983.
Singer, Mendel (Hrsg.): Die blutigen Ereignisse in Palästina und der internationale Sozialismus, Wien o. J. [1930].
Spiel, Hilde: Fanny von Arnstein oder die Emanzipation. Ein Frauenleben an der Zeitenwende 1758–1818, Frankfurt a. M. 1962.
Storfer, Adolf Josef: Wörter und ihre Schicksale [1935], Wiesbaden 1981.

Sykes, Christopher: Crossroads to Israel, London 1965. Deutsch: Kreuzwege nach Israel. Die Vorgeschichte des jüdischen Staates, übers. von Harald Landry, München 1967.

Tarquini, Alessandra (Hrsg.): The European Left and the Jewish Question, 1848–1992: Between Zionism and Antisemitism, London 2021.

Thompson: Edward P.: The Moral Economy of the English Crowd in the 18th Century, in: Past & Present, 50 (1971), Nr. 1, S. 76–136.

Toury, Jacob: Soziale und politische Geschichte der Juden in Deutschland 1847–1871, Düsseldorf 1977.

Traverso, Enzo: Die Marxisten und die jüdische Frage. Geschichte einer Debatte (1843–1943), übers. von Astrid St. Germain, Mainz 1995.

Traverso, Enzo: Moderne und Gewalt. Eine europäische Genealogie des Nazi-Terrors, übers. von Paul B. Kleister, Köln 2003.

Volkov, Shulamit: Antisemitismus als kultureller Code, München 2000.

Weinstock, Nathan: Das Ende Israels? Nahostkonflikt und Geschichte des Zionismus, hrsg. und übers. von Eike Geisel und Mario Offenberg, Berlin [West] 1975.

Weinstock, Nathan: Le pain de misère. L'histoire du mouvement ouvrier juif en Europe [1984], 2 Bde., Paris 2002.

Weissberger, Adam M.: The Jewish Ethic and the Spirit of Socialism, New York 1997.

Weizmann, Chaim: Memoiren. Das Werden des Staates Israel, übers. von Thea-Maria Lenz, Zürich 1953.

Wistrich, Robert S.: Revolutionary Jews from Marx to Trotsky, London 1976.

Wistrich, Robert S.: From Ambivalence to Betrayal. The Left, the Jews, and Israel, Lincoln/London 2012.

Wistrich, Robert S. (Hrsg.): The Left against Zion. Communism, Israel and the Middle East, London/Totowa, N. J. 1979.

Yavetz, Zvi: Judenfeindschaft in der Antike. Die Münchner Vorträge, München 1997.

Zimmermann, Moshe: Die deutschen Juden 1914–1945, München 1997.

Arbeiteremanzipation und frühmoderner Antisemitismus

Berding, Helmut: Moderner Antisemitismus in Deutschland, Frankfurt a. M. 1988.

Grab, Walter: Der deutsche Weg der Judenemanzipation 1789–1938, München/Zürich 1991

Hachtmann, Rüdiger: Berlin 1848. Eine Politik- und Gesellschaftsgeschichte der Revolution 1848, Bonn 1997.

Häusler, Wolfgang: Die Revolution von 1848 und die österreichischen Juden. Eine Dokumentation, in: Das Judentum im Revolutionsjahr 1848, Wien 1974, S. 5–63.

Hanisch, Ernst: Der kranke Mann an der Donau. Marx und Engels über Österreich, Wien 1978.

Herzig, Arno: The Role of Anti-Semitism in the Early Years of the German Workers' Movement, in: Leo Baeck Institute: Year Book XXVI, London 1981, S. 243–259.

Keßler, Mario: Arbeiteremanzipation und frühmoderner Antisemitismus. Drei Studien, Berlin 2013 (Pankower Vorträge, Heft 178).

Mayer, Gustav: Radikalismus, Sozialismus und bürgerliche Demokratie, hrsg. von Hans-Ulrich Wehler, Frankfurt a. M. 1969.

Mosse, Werner E.: The Revolution of 1848. Jewish Emancipation in Germany and its Limits, in: Ders. u.a. (Hrsg.): Revolution and Evolution 1848 in German-Jewish History, Tübingen 1981, S. 389–401.

Pazi, Margarita: Die Juden in der ersten deutschen Nationalversammlung (1848/49), in: Walter Grab (Hrsg.): Jahrbuch des Instituts für deutsche Geschichte, Bd. 5, Tel Aviv 1976, S. 177–209.

Rohrbacher, Stefan: Gewalt im Biedermeier. Antijüdische Ausschreitungen in Vormärz und Revolution (1815–1848/49), Frankfurt a. M./New York 1993.

Silberner, Edmund: Johann Jacoby. Politiker und Mensch, Bonn/Bad Godesberg 1976.

Toury, Jacob: Die Dynamik der Beziehungen zwischen Juden und Arbeiterbewegung im Deutschland des 19. Jahrhunderts, in: Walter Grab (Hrsg.): Juden und jüdische Aspekte in der deutschen Arbeiterbewegung 1848–1918, Tel Aviv 1977, S. 47–62.

Toury, Jacob: Die Revolution von 1848 als innerjüdischer Wendepunkt, in: Hans Liebeschütz/Arnold Paucker (Hrsg.): Das Judentum in der deutschen Umwelt 1800–1850, Tübingen 1977, S. 359–376.

Weber, Rolf: Das Unglück der Könige... Johann Jacoby 1805–1877. Eine Biographie, Berlin [DDR] 1987.

Zimmermann, Moshe: Wilhelm Marr. The Patriarch of Anti-Semitism, New York/Oxford 1986.

Karl Marx und Friedrich Engels

Bakunin, Michail: Gott und der Staat und andere Schriften, hrsg. von Susanne Hillmann, Reinbek bei Hamburg 1969.

Bernieri, Camillo: Le juif antisémite, Paris 1935.

Bernstein, Eduard: Geschichte der Berliner Arbeiterbewegung, Bd. 2, Berlin 1907.

Blumenberg, Werner: Karl Marx mit Selbstzeugnissen und Bilddokumenten [1962], Reinbek bei Hamburg 1989.

Blumenberg, Werner (Hrsg.): August Bebels Briefwechsel mit Friedrich Engels, Den Haag 1965.

Borkenau, Franz (Hrsg.): Karl Marx, Frankfurt a. M. 1956.

Frei, Bruno: Marxist Interpretations of the Jewish Question, in: Wiener Library Bulletin, 28 (1975), Nr. 35/36, S. 2–8.

Görschler, Henry: Die revolutionäre Arbeiterbewegung und ihr Verhältnis zum Antisemitismus, in: Wissenschaftliche Zeitschrift der Karl-Marx-Universität Leipzig. Gesellschaft- und sprachwissenschaftliche Reihe, 13 (1965), Nr. 3, S. 539–551.

Haug, Wolfgang Fritz: Antisemitismus in marxistischer Sicht, in: Herbert A. Strauss/Nobert Kampe, (Hrsg.): Antisemitismus. Von der Judenfeindlichkeit zum Holocaust, Frankfurt a. M./New York 1984, S. 234–255.

Henderson, W[illiam] O[tto]: The Life of Friedrich Engels, Bd. 1, London 1976.

Kautsky, Benedikt (Hrsg.): Friedrich Engels' Briefwechsel mit Karl Kautsky, Wien 1955.

Keßler, Mario: Engels' Haltung zum Antisemitismus im Kontext der zeitgenössischen sozialistischen Diskussion, in: Theodor Bergmann/Mario Keßler/Joost Kircz/Gert Schäfer (Hrsg.): Friedrich Engels – ein »Klassiker« nach 100 Jahren, Hamburg 1996, S. 103–117.

Keßler, Mario: Karl Marx und die Juden. Ein Beitrag zu den Ambivalenzen im Denken von Marx, in: Berliner Dialog-Hefte, 8 (1997), Nr. 1, S. 3–14.

Keßler, Mario: »Sozialismus« und Judenhass: Eugen Dühring, in: Rolf Hecker/Ingo Stützle (Hrsg.): Engels' »Anti-Dühring«. Kontext, Interpretationen, Wirkung. Begleitband zur neuen Studienausgabe, Berlin 2020, S. 143–156.

Kliem, Manfred (Hrsg.): Friedrich Engels. Dokumente seines Lebens, Leipzig 1977.

Lamm, Hans: Karl Marx und das Judentum, München 1969.
Marx, Karl: Grundrisse der Kritik der politischen Ökonomie (Rohentwurf), Berlin [DDR] 1953.
Marx, Karl/Friedrich Engels: Werke [MEW], Bd. 1ff., Berlin [DDR] 1955ff.
Marx, Karl/Arnold Ruge (Hrsg.): Deutsch-Französische Jahrbücher [1844], Neuausgabe, eing. von Joachim Höppner, Leipzig 1981.
Masaryk, Thomas: Die philosophischen und sociologischen Grundlagen des Marxismus [1899], Osnabrück 1964.
Mayer, Gustav: Der Jude in Karl Marx, in: Neue Jüdische Monatshefte, 2 (1918), S. 327–331.
Mayer, Gustav: Friedrich Engels. Eine Biographie, 2. Aufl., Bd. 1, Den Haag 1934.
Mayer, Gustav: Early German Socialism and Jewish Emancipation, in: Jewish Social Studies, 1 (1939), Nr. 2, S. 409–422.
Mayer, Hans: Karl Marx und das Elend des Geistes. Studien zur neuen deutschen Ideologie, Meisenheim 1948.
Mehring, Franz: Karl Marx. Geschichte seines Lebens [1918], Berlin [DDR] 1983.
Rjazanov, David: Karl Marx and Friedrich Engels, New York 1927.
Rosdolsky, Roman: Friedrich Engels und das Problem der »geschichtslosen Völker«. Die Nationalitätenfrage in der Revolution 1848–1849 im Lichte der »Neuen Rheinischen Zeitung«, in: Archiv für Sozialgeschichte, Bd. 4, Hannover 1964, S. 87–282. Neuausgabe: Zur nationalen Frage. Friedrich Engels und das Problem der »geschichtslosen« Völker, Berlin [West] 1979.
Rubel, Maximilien: Karl Marx. Essai de biographie intellectuelle, Paris 1957.
Silberner, Edmund: Was Marx an anti-Semite?, in: Historica Judaica, 11 (1949), Nr. 1, S. 3–52.
Silberner, Edmund: Friedrich Engels' Geschenk an eine jüdische Bibliothek in London, in: Walter Grab (Hrsg.): Jahrbuch des Instituts für deutsche Geschichte, Bd. 9, Tel Aviv 1980, S. 493–496.
Thom, Martina: Dr. Karl Marx. Das Werden der neuen Weltanschauung, Berlin [DDR] 1986.

Moses Hess

Avineri, Shlomo: Moses Hess. Prophet of Communism and Zionism, New York/London 1985.
Belkina, Galina: Marxismus oder Marxologie, Berlin [DDR] 1975.
Berlin, Sir Isaiah: The Life and Opinions of Moses Hess, Cambridge 1959.
Caldwell, Peter C.: Love, Death, and Revolution in Central Europe. Ludwig Feuerbach, Moses Hess, Louise Dittmar, Richard Wagner, New York 2009.
Frei, Bruno: Im Schatten von Karl Marx. Moses Hess – hundert Jahre nach seinem Tod, Wien 1977.
Hermand, Jost (Hrsg.): Der deutsche Vormärz. Texte und Dokumente, Stuttgart 1997.
Herwegh, Georg (Hrsg.): Einundzwanzig Bogen aus der Schweiz, Zürich 1843, neu hrsg. von Ingrid Pepperle, Leipzig 1989.
Hess, Moses: Die heilige Geschichte der Menschheit. Von einem Jünger Spinoza's, Hildesheim 1964. Fotomechanischer Nachdruck der Stuttgarter Erstausgabe von 1837.
Hess, Moses: Die europäische Triarchie, Amsterdam 1971. Fotomechanischer Nachdruck der Leipziger Erstausgabe von 1841.
Hess, Moses: Rom und Jerusalem. Die letzte Nationalitätenfrage [1862], Wien/Jerusalem 1935.
Hess, Moses: Briefwechsel, hrsg. von Edmund Silberner unter Mitwirkung von Werner Blumenberg, s'Gravenhage 1959.

Hess, Moses: Ausgewählte Schriften, hrsg. und eing. von Horst Lademacher, Köln 1962.
Hess, Moses: Philosophische und sozialistische Schriften 1837–1850. Eine Auswahl, hrsg. von Wolfgang Mönke, 2. Aufl., Berlin [DDR] 1980.
Hook, Sidney: Karl Marx und Moses Hess, in: New International, 1 (1934), Nr. 5, S. 140–144.
Kandel, Jefim (Hrsg.): Marx und Engels und die ersten proletarischen Revolutionäre, Berlin [DDR] 1965.
Keßler, Mario: Moses Hess and Ferdinand Lassalle: Pioneers of Social Emancipation, Berlin 2013 (BzG – Kleine Reihe Biographien, Bd. 28).
Keßler, Mario: Engels' Weggefährte Moses Hess im Widerstreit der Meinungen. Vom Frühmarxismus zur DDR, in: Detlef Lehnert/Christina Morina (Hrsg.): Friedrich Engels und die Sozialdemokratie. Werke und Wirkungen eines Europäers, Berlin 2020, S. 309–333.
Lademacher, Horst: Moses Hess in seiner Zeit, Bonn 2012.
Lukács, Georg: Moses Hess und die Probleme der idealistischen Dialektik, in: Archiv für die Geschichte des Sozialismus und der Arbeiterbewegung, 12 (1926), S. 105–279.
Mönke, Wolfgang: Hess, Moses, in: Erhard Lange/Dietrich Alexander (Hrsg.): Philosophen-Lexikon, Berlin [DDR] 1982, S. 385–388.
Na'aman, Shlomo: Moses Hess: Zwischen Messianismus und Emanzipation, in: Walter Grab (Hrsg.): Juden und jüdische Aspekte in der deutschen Arbeiterbewegung 1848–1938, Tel Aviv 1977, S. 15–44.
Na'aman, Shlomo: Emanzipation und Messianismus. Leben und Werk des Moses Hess, Frankfurt a. M./New York 1982.
Rokitjanski, Jakow: Zur Geschichte der Beziehungen von Karl Marx und Friedrich Engels zu Moses Hess in Brüssel 1845/1846, in: Marx-Engels-Jahrbuch, Bd. 9, Berlin [DDR] 1986, S. 223–267.
Rosen, Zvi: Moses Hess und Karl Marx. Ein Beitrag zur Entstehung der marxschen Theorie, Hamburg 1983.
Rosen, Zvi: Moses Hess (1812–1875), in: Walter Euchner (Hrsg.): Klassiker des Sozialismus, Bd. 1, München 1991, S. 121–138.
Silberner, Edmund: Moses Hess. Geschichte seines Lebens, Leiden 1966.
Vester, Michael (Hrsg.): Die Frühsozialisten 1789–1848, Bd. II, Reinbek bei Hamburg 1971.
Weber, Rolf: Das Unglück der Könige. Johann Jacoby 1805–1877. Eine Biographie, Berlin [DDR] 1987.
Zlocisti, Theodor: Moses Hess, der Vorkämpfer des Sozialismus und Zionismus, 2. neu bearb. Aufl., Wien 1921.

Die deutschsprachige Arbeiterbewegung bis 1914

Acher, Mathias [Nathan Birnbaum]: Das Stiefkind der Sozialdemokratie, Wien 1905.
Adler, Victor: Aufsätze, Reden und Briefe, Bd. 8, Wien 1929.
Ascher, Abraham: Imperialists within German Social-Democracy prior to 1914, in: Journal of Central European Affairs, 21 (1961), Nr. 4, S. 397–422.
Balakan, David: Die Sozialdemokratie und das jüdische Proletariat, Czernowitz 1905.
Barkai, Avraham: The Austrian Social Democracy and the Jews, in: Wiener Library Bulletin, 23 (1970), Nr. 18, S. 32–40, Nr. 19 (1970/71), S. 16–21.
Bauer, Otto: Die Nationalitätenfrage und die Sozialdemokratie [1907], 2. Aufl., Wien 1924.
Bebel, August: Sozialdemokratie und Antisemitismus, 2. Aufl., Berlin 1906.
Berchtold, Klaus (Hrsg.): Österreichische Parteiprogramme 1868–1966, Wien 1967.
Berthold, Lothar/Ernst Diehl (Hrsg.): Revolutionäre deutsche Parteiprogramme. Vom Kommunistischen Manifest zum Programm des Sozialismus, Berlin [DDR] 1964.

Birnbaum, S[olomon] A.: Nathan Birnbaum and National Autonomy, in: Josef Fraenkel (Hrsg.): The Jews of Austria. Essays in their Life, History and Destruction, London 1967, S. 131–146.
Braunthal, Julius: Victor und Friedrich Adler. Zwei Generationen Arbeiterbewegung, Wien 1965.
Bruegel, J[ohann] W[olfgang]: The anti-Semitism of the Austrian Socialists, a Reassessment, in: Wiener Library Bulletin, 25 (1972), Nr. 24, S. 39–43.
Engelmann, Dieter/Horst Naumann: Hugo Haase. Lebensweg und politisches Vermächtnis eines streitbaren Sozialisten, Berlin 1999.
Evans, Richard J.: Kneipengespräche im Kaiserreich. Stimmungsberichte der Hamburger Politischen Polizei 1892–1914, Reinbek bei Hamburg 1989.
Fischer, Lars: »Es ist überall derselbe Faden, den ich spinne«. Annäherungen an Franz Mehrings Haltung zu Antisemitismus und Judentum, in: Dieter Bähtz u.a. (Hrsg.): Dem freien Geiste freien Flug. Beiträge zur deutschen Literatur für Thomas Höhle, Leipzig 2003, S. 129–154.
Fischer, Lars: The Socialist Response to Antisemitism in Imperial Germany, New York 2007.
Fletcher, Roger: Revisionism and Empire. Socialist Imperialism in Germany, 1897–1914, London 1984.
Hamburger, Ernst: Juden im öffentlichen Leben Deutschlands. Regierungsmitglieder, Beamte und Parlamentarier in der monarchischen Zeit 1848–1918, Tübingen 1968.
Hautmann, Hans/Rudolf Kropf: Die österreichische Arbeiterbewegung vom Vormärz bis 1945. Sozialökonomische Ursprünge ihrer Ideologie und Politik, Wien 1974.
Henke, Hans-Gerd: Der »Jude« als Kollektivsymbol in der deutschen Sozialdemokratie 1890–1914, Mainz 1994.
Jacobs, Jack L.: Kautsky on the Jewish Question, Ph. D. Thesis, Columbia University, New York 1983.
Kraus, Karl: Frühe Schriften, hrsg. von Joh[annes] Braakenburg, Bd. 2, München 1979.
Kuhn, Rick: Henryk Grossman and the Recovery of Marxism, Urbana/Chicago 2007.
Kuhn, Rick: Jüdischer Antizionismus in der sozialistischen Bewegung Galiziens, in: Pardes. Zeitschrift der Vereinigung für jüdische Studien e. V., Bd. 14, Potsdam 2008, S. 124–145.
Leuschen-Seppel, Rosemarie: Sozialdemokratie und Antisemitismus im Kaiserreich. Die Auseinandersetzungen der Partei mit den konservativen und völkischen Strömungen des Antisemitismus 1878–1914, Bonn 1978
Liebknecht, Wilhelm: Wilhelm Liebknecht über den Kölner Parteitag, Bielefeld 1893.
Löw, Raimund: Der Zerfall der »Kleinen Internationale«. Nationalitätenkonflikte in der Arbeiterbewegung des alten Österreich (1889–1914), Wien 1984.
Mansfeld, Alfred (Hrsg.): Sozialdemokratie und Kolonien, Berlin 1919.
Mommsen, Hans: Die Sozialdemokratie und die Nationalitätenfrage im habsburgischen Vielvölkerstaat (1867–1907), Wien 1963.
Morgenstern, Andreas: Die Sozialistischen Monatshefte im Kaiserreich – Sprachrohr eines Arbeiterzionismus?, in: Jahrbuch für Forschungen zur Geschichte der Arbeiterbewegung, 11 (2012), Nr. 3, S. 5–25.
Pelinka, Anton: Sozialdemokratie und Antisemitismus, in: Österreichische Zeitschrift für Geschichtswissenschaften, 3 (1992), Nr. 4, S. 540–554.
Piasecki, Henryk: Sekcja Zydowska PPSD i Zydowska Partia Social-Demokratyczna [Die Jüdische Sektion der PPSD und die Jüdisch-Sozialdemokratische Partei], Wroclaw 1982 (mit englischer Zusammenfassung).
Reuter, Ursula: Paul Singer (1844–1911). Eine politische Biographie, Düsseldorf 2004.

Ritter, Gerhard A./Klaus Tenfelde: Arbeiter im deutschen Kaiserreich 1871 bis 1914, Bonn 1992.
Rosenberg, Hans: Große Depression und Bismarckzeit. Wirtschaftsablauf, Gesellschaft und Politik in Mitteleuropa, 2. Aufl., Frankfurt a. M. 1976.
Rubovitch, Yuval: Marxismus, Revisionismus, Zionismus. Eduard Bernstein, Karl Kautsky und die Frage der jüdischen Nationalität, Berlin/Leipzig 2021.
Rürup, Reinhard: Sozialdemokratie und Antisemitismus im deutschen Kaiserreich, in: Micha Brumlik u.a. (Hrsg.): Der Antisemitismus und die Linke, Frankfurt a. M. 1991, S. 17–31.
Rürup, Reinhard: Paul Singer (1844–1911), in: Die Neue Gesellschaft/Frankfurter Hefte, 29 (2013), Nr. 5, S. 22–23.
Seils, Ernst-Albert: Hugo Haase. Ein jüdischer Sozialdemokrat im deutschen Kaiserreich, sein Kampf für Frieden und soziale Gerechtigkeit, Frankfurt a. M. 2016.
Springer, Rudolf [Karl Renner]: Der Kampf der österreichischen Nationen um den Staat, 1. Teil: Das nationale Problem als Verfassungs- und Verwaltungsfrage, Leipzig/Wien 1902.
Steenson, Gary P.: »Not One Man! Not One Penny!« German Social Democracy, 1863–1914, Pittsburgh 1981.
Wistrich, Robert S.: Anti-Capitalism or Anti-Semitism: The Case of Franz Mehring, in: Leo Baeck Institute: Yearbook XXII (1977), S. 35–51.
Wistrich, Robert S.: Socialism and the Jews. The Dilemmas of Assimilation in Germany and Austria-Hungary, London/Toronto 1982.
Wistrich, Robert S.: Eduard Bernsteins Einstellung zur Judenfrage, in: Ludger Heid/Arnold Paucker (Hrsg.): Juden und deutsche Arbeiterbewegung bis 1933. Soziale Utopien und religiös-kulturelle Traditionen, Tübingen 1992, S. 79–90.
Zohn, Harry: »A Crown for Zion«. Karl Kraus and the Jews, in: Wiener Library Bulletin, Nr. 24 (1970), Nr. 2, S. 22–26.

Der französische Sozialismus und der Dreyfus-Prozess

Abosch, Heinz: Jean Jaurès. Die vergebliche Hoffnung, München/Zürich 1986.
Blum, Léon: Beschwörung der Schatten. Die Affäre Dreyfus, Berlin 2005.
Breun, Boris: La parole et l'acte: Jean Jaurès und der Dreyfus-Prozess. Gedanken zum 150. Geburtstag des französischen Sozialisten Jean Jaurès, in: Das Freischüßler, Ausgabe 17 (2009), S. 30–32.
Deppe, Frank: Verschwörung, Aufstand und Revolution. Blanqui und das Problem der sozialen Revolution, Frankfurt a. M. 1970.
Dreyfus, Francois-Georges: Antisemitismus in der Dritten Französischen Republik, in: Bernd Martin/Ernst Schulin (Hrsg.): Die Juden als Minderheit in der Geschichte, München 1981, S. 231–248.
Dreyfus, Michel: L'antisémitisme à gauche… aussi, in: Gilles Manceron/Emmanuel Naquet (Hrsg.): Être Dreyfusard hier et aujourd'hui, Paris 2009, S. 371–384.
Epstein, Simon: Les dreyfusards sous l'Occupation, Paris 2001.
Fuchs, Eckhardt/Günther Fuchs, »J'accuse!«. Zur Affäre Dreyfus, Mainz 1994.
Goldberg, Harvey: Jean Jaurès and the Jewish Question: The Evolution of a Position, in: Jewish Social Studies, 20 (1958), Nr. 2, S. 67–94.
Green, Nancy L.: Socialist Anti-Semitism, Defense of a Bourgeois Jew and Discovery of the Jewish Proletariat. Changing Attitudes of French Socialists before 1914, in: International Review of Social History, 30 (1985), Nr. 3, S. 374–399.
Jaurès, Jean: Les Preuves. L'affaire Dreyfus [1898], Paris 1898, Neuausgabe 1981.

Judt, Tony: Marxism and the French Left. Studies on Labour and Politics in France, 1830–1981 [1986], New York/London 2011.
Keßler, Mario: Der französische Sozialismus und der Dreyfus-Prozess, in: Beiträge zur Geschichte der Arbeiterbewegung, 64 (2022), Nr. 1, S. 3–18.
Marrus, Michael R.: The Politics of Assimilation. A Study of the French Jewish Community at the Time of the Dreyfus Affair, Oxford 1971.
Rébérioux, Madeleine: Geschichte der Sozialismus, Bd. V: Die sozialistischen Parteien Europas – Frankreich, Frankfurt a. M. 1974.
Schoeps, Julius H./Hermann Simon (Hrsg.): Dreyfus und die Folgen, Berlin 1995.
Schulz, Oliver: Der »jüdische Kapitalist«. Anmerkung zu Ursprung und Entwicklung eines antisemitischen Stereotyps im Frankreich der 1840er Jahre, in: Mareike König/Oliver Schulz (Hrsg.): Antisemitismus im 19. Jahrhundert aus internationaler Perspektive/Nineteenth-Century Anti-Semitism in International Perspective, Göttingen 2019, S. 41–58.
Sternhell, Zeev: La droite révolutionnaire, 1885–1914. Les origines françaises du Fascisme, Paris 1978.
Toussenel, Alphonse: Les Juifs, rois de l'époque. Histoire de la féodalité financière, Paris 1845, Nachdruck 2018.
Wilson, Stephen: Ideology and Experience. Antisemitism in France at the Time of the Dreyfus Affair [1982], London/Toronto 2007.
Wistrich, Robert S.: French Socialism and the Dreyfus Affair, in: Wiener Library Bulletin, 28 (1975), Nr. 35/36, S. 9–20.
Zévaès, Alexandre: Histoire du socialisme et communisme en France de 1871 à 1947, Paris 1947.

Die britische Arbeiterbewegung bis 1914

Baker, Bill: The Social Democratic Federation and the Boer War, London 1974.
Bax, Ernest Belfort: Jews, Boers and Patriots, in: Justice, 28. Oktober und 4. November 1900.
Claeys, Gregory: Imperial Sceptics. British Critics of the Empire, 1850–1920, Cambridge 2010.
Fishman, William J.: East End Jewish Radicals, 1875–1914 [1975], Nottingham 2004.
Hirshfield, Claire: The British left and the »Jewish conspiracy«: a case study of modern antisemitism, in: Jewish Social Studies, 43 (1981), Nr. 2, 1981, S. 95–112.
Hobson, John A.: The Psychology of Jingoism, London 1901.
Holmes, Rachel: Eleanor Marx. A Life, London 2014.
Howell, John: British Workers and the Independent Labour Party, 1888–1906, Manchester 1983.
Mitchell, Harvey: Hobson Revisited, in: Journal of the History of Ideas, 26 (1955), Nr. 3, S. 397–416.
Piazza, Hans: Der Londoner Dockarbeiterstreik von 1889. Ein Beitrag zur Geschichte der sozialistischen Bewegung und des Neuen Unionismus in England, Phil. Diss., Leipzig 1963.
Price, Richard: An Imperial War and the British Working Class, London 1972.
Terwey, Susanne: Moderner Antisemitismus in Großbritannien, 1899–1919. Über die Funktion von Vorurteilen sowie Einwanderung und nationale Identität, Würzburg 2006.
Terwey, Susanne: Juden sind keine Deutschen! – Über antisemitische Stereotype um Juden in Deutschland und Großbritannien vor und während des Ersten Weltkrieges und die jüdische Abwehr, in: Sachor, 11 (2001), S. 41–62.

Virdee, Satnam: Socialist antisemitism and its discontents in England, 1884–98, in: Patterns of Prejudice, 51 (2017), Nr. 3/4, S. 356–373.
Wegner, Jörn: »Free-born Englishmen« und »Jew financiers«. Antisemitismus in der britischen Arbeiterbewegung während des zweiten Burenkrieges, in: Jahrbuch für Forschungen zur Geschichte der Arbeiterbewegung, 11 (2012), Nr. 3, S. 26–39.
Wegner, Jörn: Die Kriegs- und die Kolonialfrage in der britischen und deutschen Arbeiterbewegung im Vergleich 1899–1914, Berlin 2014.

Zweite Internationale und Erster Weltkrieg

Bernstein, Eduard: Die Aufgaben der Juden im Weltkriege, Berlin 1917.
Borochow, Ber: Die Grundlagen des Poalezionismus, Frankfurt a. M. 1969.
Braunthal, Julius: Geschichte der Internationale, Bd. 2, 3. Aufl., Bonn 1978.
Chasanowitsch, Leon/Leo Motzkin (Hrsg.): Die Judenfrage der Gegenwart, Stockholm 1919.
Dadiani, L. A.: Meždunarodnoe rabočee dviženie i sionizm v period dejatel'nosti II Internacionala [Die internationale Arbeiterbewegung und der Zionismus in der Periode der Tätigkeit der Zweiten Internationale], in: Narody Azii i Afriki, 15 (1975), Nr. 5, S. 67–82.
Dietrich, Christian: Positions on Zionism in the Wake of the Colonial Policy Debate: Perspectives on Labour Zionism in the »Sozialistische Monatshefte«, in: Steven Parfitt u.a. (Hrsg.): Working-Class Nationalism and Internationalism until 1945. Essays in Global Labour History, Cambridge 2018, S. 63–86.
Diner, Dan: Sozialdemokratie und koloniale Frage – dargestellt am Beispiel des Zionismus, in: Die Dritte Welt, 3 (1974), Nr. 1/2, S. 58–87.
Erklärung der Delegation des Jüdischen Sozialistischen Arbeiterverbandes Poale-Zion an das Holländisch-Skandinavische Sozialistische Komitee, Stockholm 1917.
Fainsod, Merle: International Socialism and the World War, Cambridge 1935.
Fischer, Fritz: Griff nach der Weltmacht. Die Kriegszielpolitik des kaiserlichen Deutschland 1914/18, [Neudruck] Kronberg 1977.
Die Geschichte der Zweiten Internationale, Bd. 1, Moskau 1983.
Gornberg, B.: Zur Emigrationsfrage. An den Internationalen Sozialistischen Kongress zu Stuttgart. Zu Punkt 4 der Tagesordnung: »Einwanderung und Auswanderung der Arbeiter«, Genf 1907.
Haupt, Georges (Hrsg.): Bureau Socialiste International. Comptes rendus des réunions. Manifestes et circulaires, Bd. 1: 1907–1910, Paris/Den Haag 1969.
Heid, Ludger: Im Reich Ober-Ost, in: Die Zeit, Nr. 9 vom 20. Februar 2014.
Hyrkkänen, Markku: Sozialistische Kolonialpolitik. Eduard Bernsteins Stellung zur Kolonialpolitik und zum Imperialismus 1882–1914, Helsinki 1986.
Jacobs, Jack: Die Sozialistische Internationale, der Antisemitismus und die jüdisch-sozialistischen Parteien des Russischen Reiches, in: Wladislaw Hedeler u.a. (Hrsg.): Ausblicke auf das vergangene Jahrhundert. Die Politik der internationalen Arbeiterbewegung von 1900 bis 2000. Festschrift für Theodor Bergmann, Hamburg 1996, S. 156–168.
Joll, James: The Second International, 1889–1914, New York 1956.
Joly, Laurent: D'une guerre l'autre. *L'Action française* et les Juifs, de l'Union sacrée à la Révolution nationale (1914–1944), in: Revue d'histoire moderne et contemporaine, 59 (2012), Nr. 4, S. 97–124.
Die Juden im Kriege. Denkschrift des Jüdischen Sozialistischen Arbeiterverbandes Poale Zion an das Internationale Sozialistische Bureau, 2. Aufl., Den Haag 1917.
Kaplansky, S[alomon]: The Jews and the War, Den Haag 1916.

Kaplansky, S[alomon]: Jews and Arabs in Palestine, London 1922.
Kautsky, Karl: Sozialismus und Kolonialpolitik, Stuttgart 1908.
Kowalski, Werner: Zusammenbruch und Restauration der Zweiten Internationale (1914–1923), Habil.-Schrift, 2 Bde., Halle 1969.
Kranold, Hermann: Das Interesse der deutschen Sozialisten am Zionismus, in: Der Jude, 3 (1918/19), Nr. 6, S. 251–260.
Lohr, Eric: The Russian Army and the Jews: Mass Deportation, Hostages, and Violence During World War I, in: The Russian Review, 60 (2001), Nr. 2, S. 404–419.
Mendelsohn, Ezra: The Jewish Socialist Movement and the Second International, 1889–1914. The Struggle for Recognition, in: Jewish Social Studies, 26 (1964), Nr. 3, S. 131–145.
Mendelsohn, Ezra: Class Struggle in the Pale. The Formative Years of the Jewish Worker's Movement in Tsarist Russia, London u.a. 1970.
Meynell, Hildamarie: The Stockholm Conference of 1917, in: International Review of Social History, 5 (1960), Nr. 1, S. 1–25 und Nr. 2, S. 202–225.
Nani, Michele: Le socialisme international à l'èpreuve de la »question juive«. Une résolution de l'Internationale au Congrès de Bruxelles de 1891, in: Anna Boschetti (Hrsg.): L'espace culturel transnational, Paris 2010, S. 223–239.
Pernerstorfer, Engelbert: Zur Judenfrage, in: Der Jude, 1 (1916/17), Nr. 5, S. 308–315.
Plechanov, G. V.: Rabočee dviženie v 1891 godu [Die Arbeiterbewegung im Jahr 1891], in: Ders.: Sočinenija [Werke], Bd. 4, Moskau/Leningrad 1924, S. 103–106.
Rosenthal, Jacob: Die Ehre des jüdischen Soldaten. Die Judenzählung im Ersten Weltkrieg und ihre Folgen, Frankfurt a. M./New York 2007.
Shimoni, Gideon: Poale Zion: a Zionist Transplant in Britain (1905–1945), in: Peter Y. Medding (Hrsg.): Studies in Contemporary Jewry, Bd. 2, Bloomington, Indiana 1986, S. 227–269.
Szajkowski, Zosa: East European Jewish Workers in Germany During World War I, in: Saul Liebermann (Hrsg.): Salo Wittmayer Baron. Jubilee Volume on the Occasion of his 80th Birthday, Jerusalem 1974, S. 887–918.
Tartakower, A[riyeh].: Zur Geschichte des jüdischen Sozialismus, in: Der Jude, 8 (1924), Nr. 7, S. 386–399.
Watts, Martin: The Jewish Legion and the First World War, Basingstoke 2004.
Weill, Claudie: Die Frage der Migrationen im internationalen Sozialismus: Stuttgart (1907) – London (1926), in: Mitteilungsblatt des Instituts für soziale Bewegungen, Nr. 26 (2001), S. 55–64.
Zechlin, Egmont: Die deutsche Politik und die Juden im Ersten Weltkrieg, Göttingen 1969.

Zarismus, Revolution und Bürgerkrieg in Russland

Abramovitch, Raphael: The Jewish Socialist Movement in Russia and Poland (1897–1919), in: The Jewish People: Past and Present, Bd. 2, New York 1948, S. 369–398.
Ascher, Abraham: Pawel Axelrod: A Conflict Between Jewish Loyalty and Revolutionary Dedication, in: The Russian Review, 24 (1965), Nr. 3, S. 249–265.
Agurskij, S.: Evrejskij rabočij v kommunističeskom dviženii 1917–1921 gg. [Der jüdische Arbeiter in der kommunistischen Bewegung in den Jahren 1917–1921], Minsk 1926.
Aksel'rod, P. B.: O zadačach evrejsko-socialističeskoj intelligencii [Über die Aufgaben der russisch-jüdischen Intelligenz], in: Iz archiva P. B. Aksel'roda, Russkij revoljucionnyi archiv [Aus P. B. Axelrods Archiv. Russisch-revolutionäres Archiv], Berlin 1924, S. 217–227.

Aronson, I. Michael: Troubled Waters. The Origins of the 1881 Anti-Jewish Pogroms in Russia, Pittsburgh 1990.
Babel, Isaak: Die Reiterarmee, neu übers. von Peter Urbahn, Berlin 1994.
Beyrau, Dietrich: Petrograd, 25. Oktober 1917. Die russische Revolution und der Aufstieg des Kommunismus, München 2001.
Brym, Robert J.: The Jewish Intelligentsia and Russian Marxism. A Sociological Study of Intellectual Radicalism and Ideological Divergence, London/Basingstoke 1978.
Buchbinder, N[aum]: Istorija evrejskogo rabočego dviženija v Rossii po neizdannym archivnym materialam [Die Geschichte der Jüdischen Arbeiterbewegung anhand unveröffentlichter Archivmaterialien], Leningrad 1926.
Budnitskii, Oleg: Russian Jews Between the Reds and the Whites 1917–1920, Philadelphia 2012.
Cahan, Abraham: Jewish Massacres and the Revolutionary Movement in Russia, in: The North American Review, 177 (1903), Nr. 560, S. 49–62.
Dekrety sovetskoj vlasti [Dekrete der Sowjetmacht], Bd. 3, Moskau 1964.
Engelstein, Laura: Russia in Flames. War, Revolution, Civil War, 1914–1921, Oxford 2017.
Figes, Orlando: Die Tragödie eines Volkes. Die Epoche der russischen Revolution 1891 bis 1924, übers. von Barbara Conrad u.a., Berlin 1998.
Frankel, Jonathan: Prophecy and Politics. Socialism, Nationalism and the Russian Jews, 1862–1917, Cambridge u.a. 1981.
Gelbard, Aryeh: Der jüdische Arbeiter-Bund Russlands im Revolutionsjahr 1917, Wien 1982.
Getzler, Israel: Martov. A Political Biography of a Russian Social Democrat, Cambridge u.a. 1967.
Haberer, Erich: Jews and Revolution in Nineteenth-Century Russia, Cambridge u.a. 1995.
Haimson, Leopold: The Russian Marxists and the Origins of Bolshevism, Cambridge, Mass 1955.
Haustein, Ulrich: Sozialismus und nationale Frage in Polen. Die Entwicklung der sozialistischen Bewegung in Kongreßpolen von 1875 bis 1900 unter besonderer Berücksichtigung der Polnischen Sozialistischen Partei (PPS), Köln/Wien 1969.
Herbeck, Ulrich: Das Feindbild vom »jüdischen Bolschewiken«. Zur Geschichte des russischen Antisemitismus vor und während der Revolution, Berlin 2009.
Judge, Edward H.: Ostern in Kischinjow. Anatomie eines Pogroms, übers. von Cornelia Dieckmann, Mainz 1995.
K., J. [Julian Marchlewski]: Die politische Bedeutung des Kiewer Prozesses, in: Leipziger Volkszeitung, 12. November 1913.
Kappeler, Andreas: Russland als Vielvölkerreich. Entstehung, Geschichte, Zerfall, 2. Aufl., München 1993.
Keep, John L.: The Rise of Social Democracy in Russia, Oxford 1963.
Keßler, Mario: Wandlungen des Antisemitismus in Rußland. Ein Beitrag zur Vorgeschichte der Russischen Revolution von 1905, in: Wolfgang Küttler (Hrsg.): Das lange 19. Jahrhundert. Personen, Ereignisse, Ideen, Umwälzungen. Ernst Engelberg zum 90. Geburtstag, 2. Halbbd., Berlin 1999, S. 331–343.
Laqueur, Walter: Black Hundred. The Rise of the Extreme Right in Russia, New York 1993.
Lenin, W. I.: Werke, Bd. 1ff., Berlin [DDR] 1955ff.
Lloyd George, David: Memoirs of the Peace Conference, Bd. 2, New Haven, Connecticut 1939.
Löwe, Heinz-Dietrich: Antisemitismus und reaktionäre Utopie. Russischer Konservatismus im Kampf gegen den Wandel von Staat und Gesellschaft, 1890–1917, Hamburg 1978.

Luxemburg, Rosa: Gesammelte Briefe, Bd. 5, Berlin [DDR] 1988.
Luxemburg, Rosa: Nach dem Pogrom. Texte über Antisemitismus 1910/11, übers. und hrsg. von Holger Politt, Potsdam 2014.
Martov, Ju. O.: Povorotnyi punkt v istorii evrejskogo rabočego dviženija [Ein Wendepunkt in der Geschichte der jüdischen Arbeiterbewegung], Ženeva [Genf] 1900.
McGeever, Brendan: Antisemitism and the Russian Revolution, Cambridge [UK] 2019.
Nieuwazny, Stanislawa: Maria Koszutska. Politisches Denken und moralische Autorität, in: Theodor Bergmann/Mario Keßler (Hrsg.): Ketzer im Kommunismus. 23 biographische Essays, Nachdruck der 2. erw. Aufl., Hamburg 2003, S. 36–55.
Paretzki, Eli: Die Entstehung der jüdischen Arbeiterbewegung in Russland [1932], Zandvoort 1971.
Perepiska G. V. Plechanova i P. B. Aksel'roda [Briefwechsel Plechanow-Axelrod], Bd. 1, Moskau 1925.
Plener, Ulla: Die Debatte zwischen Rosa Luxemburg und Lenin über die nationale Frage 1903–1918, in: Z. Zeitschrift marxistische Erneuerung, 109 (März 2017), S. 71–88.
Quest. Issues in Contemporary Jewish History: The Pogroms in the Russian Civil War at 100: New Trends, New Sources (Nr. 15, August 2019).
Rafes, M.: Očerki po istorii Bunda [Essays aus der Geschichte des Bundes], Moskau 1923.
Sapir, Boris: Liberman et le socialisme russe, in: International Review of Social History, 3 (1938), Nr. 1, S. 25–88.
Schapiro, Leonard: The Role of the Jews in the Russian Revolutionary Movement, in: Slavonic and East European Review, 40 (1961), Nr. 94, S. 156–177.
Schnell, Felix: Der Sinn der Gewalt. Der Ataman Volynec und der Dauerpogrom von Gajsin im Russischen Bürgerkrieg (1919), in: Zeithistorische Forschungen/Studies in Contemporary History, 5 (2008), Nr. 1, S. 18–39.
Sinowjew, G[rigori]: Geschichte der Kommunistischen Partei Russlands (Bolschewiki), Hamburg 1923.
Tobias, Henry J.: The Jewish Bund in Russia. From its Origins to 1905, Stanford, California 1972.
Trockij, L. D.: Pogromnaja agitacija [Pogromhetze], in: Ders.: Sočinenija [Werke], Bd. 3, Teil 2, Moskau/Leningrad 1925, S. 23–24.
Trockij, L. D.: Razloženie sionizma i ego vozmožnye prejemniki [Die Zersetzung des Zionismus und seine möglichen Nachfolger], in: Ders: Sočinenija [Werke], Bd. 4, Moskau/Leningrad 1925, S. 124–128.
Trotzki, Leo: Die russische Revolution 1905 [1923], Berlin 1972.
Trotzki, Leo: Mein Leben. Versuch einer Autobiographie, übers. von Alexandra Ramm, Frankfurt a. M. 1981.
Veidlinger, Jeffrey: Mitten im zivilisierten Europa. Die Pogrome von 1918 bis 1921 und die Vorgeschichte des Holocaust, übers. von Martin Richter, München 2022.
Wildman, Allan K.: Russian and Jewish Social Democracy, in: Alexander Rabinowitch/Janet Rabinowitch/Ladis K. D. Kristof (Hrsg.): Revolution and Politics in Russia. Essays in Memory of B. I. Nicolaevsky, Bloomington/London 1972, S. 75–87.
Wolff, Frank: Neue Welten in der Neuen Welt. Die transnationale Geschichte des Allgemeinen Jüdischen Arbeiterbundes 1897–1947, Köln/Weimar/Wien 2014.
Zimmerman, Joshua D.: Poles, Jews and the Politics of Nationality. The Bund and the Polish Socialist Party in Late Tsarist Russia, 1892–1914, Madison/London 2004.

Der Antisemitismus als Problem der Sowjetgesellschaft

Abramsky, Chimen: The Biro-Bidzhan Project, 1927–1959, in: Lionel Kochan (Hrsg.): The Jews in Soviet Russia since 1917, 3. Aufl., Oxford/London/New York 1978, S. 64–77.

Alperton, Max: Birobidshan, die Judenrepublik, Leipzig 1932.

Bucharin, N[ikolai] I.: Der Antisemitismus in der Sowjetunion, in: Jüdische Rundschau, 22. Februar 1927, S. 108.

Caute, David: The Fellow Travellers. Intellectual Friends of Communism, 2. Aufl., New Haven/London 1988.

Cohen, Stephen F.: Bukharin and the Bolshevik Revolution. A Political Biography, 1888–1938, New York 1973.

Deutscher, Isaac: Trotzki, Bd. II: Der unbewaffnete Prophet (1921–1929), übers. von Harry Maor, 2. Aufl., Stuttgart 1972.

Fejtö, François: Judentum und Kommunismus. Antisemitismus in Osteuropa, Wien/Frankfurt a. M./Zürich 1967.

Fel'štinskij, Jurij/Georgij Černjavskij: Lev Trockij: Oppoziconer 1923–1929 [Leo Trotzki: Der Oppositionelle 1923–1929], Moskau 2013.

Feuchtwanger, Lion: Moskau 1937. Ein Reisebericht für meine Freunde [1937], Berlin 1993.

Gerrits, André: The Myth of Jewish Communism. A Historical Interpretation, Brüssel 2009.

Gitelman, Zvi Y.: Jewish Nationality and Soviet Politics. The Jewish Sections of the CPSU, 1917–1930, Princeton 1972.

Gitelman, Zvi: A Century of Jewish Politics in Eastern Europe. The Legacy of the Bund and the Zionist Movement, in: Ders. (Hrsg.): The Emergence of Modern Jewish Politics. Bundism and Zionism in Eastern Europe, Pittsburgh 2003, S. 1–19.

Goldelmann, Salomon: Löst der Kommunismus die Judenfrage?, Prag 1937.

Goldman, Guido G.: Zionism Under Soviet Rule, 1917–1928, New York 1960.

Gorev, M.: Protiv antisemitov. Očerki i zarisovky [Gegen die Antisemiten. Essays und Skizzen], Moskau/Leningrad 1928.

Gurewitz, Baruch: Un cas de communisme national en Union soviétique: le Poale Sion 1918–28, in: Cahiers du monde russe et soviétique, Bd. 15, Paris 1974, S. 333–371.

Gurewitz, Baruch: National Communism in the Soviet Union, 1918–1928, Pittsburgh 1980.

Halfin, Igal: Intimate Enemies. Demonizing the Bolshevik Opposition, 1918–1928, Pittsburgh 2007.

Hanebrink, Paul: A Specter Haunting Europe. The Myth of Judeo-Bolshevism, Cambridge, Mass. 2018.

Hartmann, Anne: Lion Feuchtwanger, zurück aus Sowjetrussland. Selbstzensur eines Reiseberichts, in: Exil. Forschung, Erkenntnisse, Ergebnisse, 29 (2009), Nr. 1, S. 16–40.

Hedeler, Wladislaw: Nikolai Bucharin. Stalins tragischer Opponent. Eine politische Biographie, Berlin 2015.

Kagedan, Allan L.: Soviet-Jewish Territorial Units and Ukrainian-Jewish Relations, in: Harvard Ukrainian Studies, 9 (1985), Nr. 1/2, S. 118–132.

Knei-Paz, Baruch: The Social and Political Thought of Leon Trotsky, Oxford 1978.

Kommoss, Rudolf: Juden hinter Stalin – Lage und Aussichten. Die jüdische Vormachtstellung in der Sowjetunion aufgrund amtlicher sowjetischer Quellen dargestellt, Berlin/Leipzig 1938.

Kostyrčenko, G. V.: Tajnaja politika Stalina. Vlast' i antisemitizm [Stalins Geheimpolitik. Die Macht und der Antisemitismus], Moskau 2001.

Kuchenbecker, Antje: Zionismus ohne Zion. Birobidžan: Idee und Geschichte eines jüdischen Staates in Sowjet-Fernost, Berlin 2000.

Larin, Ju. O.: Evrei i antisemitizm v SSSR [Die Juden und der Antisemitismus in der UdSSR], Moskau/Leningrad 1929.

Lvavi, Jacob: Jewish Agricultural Settlements in the USSR, in: Soviet Jewish Affairs, 1 (1971), Nr. 1, S. 91–100.

Ledat, G.: Antisemitizm i antisemity. Voprosy i otvety [Der Antisemitismus und die Antisemiten. Fragen und Antworten] [1929], Tel Aviv 1970.

Mandel, Ernest: Trotzki als Alternative, Berlin 1992.

Miller, Jack: Kalinin and the Jews: A Possible Explanation, in: Soviet Jewish Affairs, 4 (1974), Nr. 1, S. 61–65.

Nedava, Joseph: Trotsky and the Jews, Philadelphia 1972.

Pinkus, Benjamin: The Jews of the Soviet Union. The History of a National Minority, Cambridge 1988.

Rabinowitch, Alexander: Die Sowjetmacht. Das erste Jahr, übers. von Andrea Rietmann und Peter Sondershausen, Essen 2010.

Rayfield, Donald: Stalin und seine Henker, übers. von Hans Freundl und Norbert Juraschitz, München 2004.

Rees, E. A.: Iron Lazar. A Political Biography of Lazar Kaganovich, New York/London 2013.

Reznik, Aleksandr: Trockij i tovarišči. Levaja oppozicija i političeskaja kul'tura RKP(b), 1923–1924 [Trotzki und Genossen. Die Linke Opposition und die politische Kultur der KPR(B)], 2. Aufl., St. Petersburg 2018.

Rogowin, Wadim S.: 1937 – Jahr des Terrors, übers. von Hannelore Georgi und Harald Schubärth, Essen 1998.

Rudy, Zvi: Die Juden in der Sowjetunion. Schicksal und Nationalitätenpolitik, Wien/Frankfurt a. M./Zürich 1966.

Schechtman, Joseph: Soviet Russia, Zionism und Israel, in: Gregor Aronson u.a. (Hrsg.): Russian Jewry 1917–1967, New York 1969, S. 406–443.

Schwarz, Salomon: Birobidshan. An Experiment in Jewish Colonisation, in: Gregor Aronson u.a. (Hrsg.): Russian Jewry 1917–1967, New York 1969, S. 342–395.

Schwarz, Salomon M.: The Jews in the Soviet Union, 2. Aufl., New York 1972.

Serge, Victor: Leo Trotzki. Leben und Tod, übers. von Peter Linnert, München 1981.

Sloin, Andrew: The Jewish Revolution in Belorussia: Economy, Race, and Bolshevik Power, Bloomington, Ind. 2017.

Solschenizyn, Alexander: Zweihundert Jahre zusammen, Bd. 2: Die Juden in der Sowjetunion, übers. von Andrea Wöhr und Peter Nordquist, München 2003.

Stalin, J. W.: Werke, Bd. 10 und 13, Berlin [DDR] 1953/55.

Stern, Ludmila: Western Intellectuals and the Soviet Union. From Red Square to the Left Bank, Abingdon-on-Thames 2007.

Szajkowski, Zosa: Jews, Wars and Communism, 2 Bde., New York 1974.

Trockij, Lev: Portrety revoljucionerov [Porträts der Revolutionäre], eing. von Mikloš Kun, hrsg. von Jurij Fel'štinskij, Moskau 1991.

Trotsky, Leon: The Stalin School of Falsification [1937], übers. von John G. Wright, New York 1979.

Trotzki, Leo: Die wirkliche Lage in Rußland, Hellerau b. Dresden o. J. [1928].

Trotzki, Leo: Verratene Revolution. Was ist die Sowjetunion und wohin treibt sie? [1937], Essen 1990.

Trotzki, Leo: Fragen des Alltagslebens, Berlin 1997.
Vetter, Matthias: Antisemiten und Bolschewiki. Zum Verhältnis von Sowjetsystem und Judenfeindschaft 1917–1939, Berlin 1995.
Vihavainen, Timo: Nationalism and Internationalism. How did the Bolsheviks Cope with National Sentiments?, in: Chris J. Chulos/Tiimo Pirainen (Hrsg.): The Fall of an Empire, the Birth of a Nation, Helsinki 2000, S. 75–97.
Z., M.: Birobidshan – autonomes jüdisches Gebiet, Jüdische Einwanderung in der Sowjetunion, in: Rundschau über Politik, Wirtschaft und Arbeiterbewegung, Nr. 31, 24. Mai 1934, S. 1226.

Die Komintern und kommunistische Dissidenten

Bashear, Suliman: Communism in the Arab East, 1918–1928, London 1980.
Berger, Joseph: La rupture avec les communistes, in: Les nouveaux cahiers, (1968), Nr. 13–14, S. 34–38.
Becker, Jens: Ein unabhängiger Kommunist: August Thalheimers Wirken in der Arbeiterbewegung, in: Markus Börner/Anja Jungfer/Jakob Stürmann (Hrsg.): Judentum und Arbeiterbewegung. Das Ringen um Emanzipation in der ersten Hälfte des 20. Jahrhunderts, Berlin/Boston 2018, S. 97–114.
Berger, Joseph: Shipwreck of a Generation. The Memoirs of Joseph Berger, London 1971.
Bergmann, Theodor: Gegen den Strom. Die Geschichte der KPD-Opposition, 2. Aufl., Hamburg 2001.
Berthold, Lothar/Ernst Diehl (Hrsg.): Revolutionäre deutsche Parteiprogramme. Vom Kommunistischen Manifest zum Programm des Sozialismus, Berlin [DDR] 1964.
Bois, Marcel: Kommunisten gegen Hitler und Stalin. Die linke Opposition der KPD in der Weimarer Republik. Eine Gesamtdarstellung, Essen 2014.
Borkenau, Franz: World Communism. A History of the Communist International [1938], Ann Arbor, Mich. 1962.
Budeiri, Musa: The Palestine Communist Party, 1919–1948. Arab and Jew in the Struggle for Internationalism, London 1979.
Couland, Jacques: Le mouvement syndical au Liban 1919–1946, Paris 1970.
Der Faschismus in Deutschland. Analysen und Berichte der KPD-Opposition 1918–1933, o. O. 1981.
Deutscher, Isaac: Die unvollendete Revolution, Frankfurt a. M. 1970.
Dupeux, Louis: Nationalbolschewismus in Deutschland 1919–1933. Kommunistische Strategie und konservative Dynamik, Frankfurt a. M. 1985.
Fischer, Ruth: Stalin und der deutsche Kommunismus. Der Übergang zur Konterrevolution, übers. von Heinz Langerhans, Frankfurt a. M. [1950].
Flores, Alexander: Nationalismus und Sozialismus im arabischen Osten. Kommunistische Partei und arabische Nationalbewegung in Palästina 1919–1948, Münster 1980.
Frankel, Y[onathan] (Hrsg.): ha-Tenu'ah ha-komunistit veha-yishuv be-Erets Yisra'el, 1920–48: leket te'udot u-mekorot [Die kommunistische Bewegung und die jüdische Gemeinschaft in Eretz Israel, 1920–48: Quellen- und Dokumentensammlung], Jerusalem 1968.
Friedländer, Elfriede [Ruth Fischer]: Sexualethik des Kommunismus. Eine prinzipielle Studie, Wien 1920.
Geschichte der deutschen Arbeiterbewegung, hrsg. vom Institut für Marxismus-Leninismus beim ZK der SED, Bd. 5, Berlin [DDR] 1966.

Gozanski, Tamar/Angelika Timm (Hrsg.): Bead ha-neged!: ha-miflagah ha-komunistit ha-Yisreelit 1919–2009 [Wider den Strom! Die Kommunistische Partei Israels, 1919–2009], Tel Aviv 2009.
Greenstein, Ran: Class, Nation, and Political Organization: The Anti-Zionist Left in Israel/Palestine, in: International Labor and Working-Class History, 2009, Nr. 75, S. 85–108.
Greilsammer, Alain: Les communistes israeliens, Paris 1978.
Haddad, L.: Tag des Fellachen, Berlin 1930.
Hakenkreuz oder Sowjetstern? Deutschlands Weg – Deutschlands Rettung, Berlin 1923.
Haury, Thomas: Antisemitismus von links. Kommunistische Ideologie, Nationalismus und Antizionismus in der frühen DDR, Hamburg 2002.
Heller, Otto: Kommunismus und Judenfrage. in: Klärung. 12 Autoren und Politiker über die Judenfrage, Berlin 1932, S. 79–96.
Heller, Otto: Der Untergang des Judentums. Die Judenfrage/ihre Kritik/ihre Lösung durch den Sozialismus, 2. Aufl., Wien/Berlin 1933.
Hen-Tov, Jacob: Communism and Zionism in Palestine. The Comintern and the Political Unrest in the 1920's, Cambridge, Massachusetts 1974.
Hobsbawm, Eric: Gefährliche Zeiten. Ein Leben im 20. Jahrhundert. Aus dem Englischen von Udo Rennert, München/Wien 2003.
Hoffrogge, Ralf: Werner Scholem – eine politische Biographie (1895–1940), Konstanz 2014.
Hoffrogge, Ralf: Ein Tag im Leben der Weimarer Republik – die »Ostjudendebatte« des Preußischen Landtages von 1922, in: Markus Börner/Anja Jungfer/Jakob Stürmann (Hrsg.): Judentum und Arbeiterbewegung. Das Ringen um Emanzipation in der ersten Hälfte des 20. Jahrhunderts, Berlin/Boston 2018, S. 297–317.
Jahoda, Marie/Paul F. Lazarsfeld/Hans Zeisel: Die Arbeitslosen von Marienthal. Ein soziographischer Versuch über die Wirkungen langandauernder Arbeitslosigkeit [1933], Frankfurt a. M. 1975.
Der Jud' ist schuld? Diskussionsbuch über die Judenfrage, Basel u.a. 1932.
Kan, Alexander: Nikolaj Bucharin och den skandinaviska arbetarrörelsen, Uppsala 1991.
Kan, Alexander: Nikolai Bucharin und die skandinavische Arbeiterbewegung, übers. von Theodor Bergmann, Mainz 1993.
Kelemen, Paul: British Communists and the Palestine Conflict, 1929–1948, in: Holy Land Studies: a Multi-Disciplinary Journal, 5 (2006), Nr. 2, S. 131–153.
Keßler, Mario: Die Kommunistische Internationale und der arabische Osten (1919–1929), Phil. Diss., Leipzig 1982.
Keßler, Mario: Die Augustereignisse 1929, die Komintern und die KP Palästinas, in: asien-afrika-lateinamerika, 19 (1991), Nr. 3, S.517–529.
Keßler, Mario: Die Kommunistische Linke und die Weimarer Republik, in: Aus Politik und Zeitgeschichte. Beilage zur Wochenzeitung »Das Parlament«, B 32–33/94 vom 12. August 1994, S. 20–30.
Keßler, Mario: Die SED und die Juden – zwischen Repression und Toleranz. Politische Entwicklungen bis 1967, Berlin 1995.
Keßler, Mario: Arthur Rosenberg. Ein Historiker im Zeitalter der Katastrophen (1889–1943), Köln/Weimar/Wien 2003.
Keßler, Mario: Der erste Bürgerkrieg in Palästina: Der arabisch-jüdische Konflikt 1929, in: Sozialismus, 31 (2004), Nr. 7–8, S. 58–62.
Keßler, Mario: Die KPD und der Antisemitismus in der Weimarer Republik, in: Utopie kreativ, Nr. 173 (2005), S. 223–232.

Keßler, Mario: Die Komintern und die Poale Zion 1919–1922: Eine gescheiterte Synthese von Kommunismus und Zionismus, in: Arbeit-Bewegung-Geschichte, 16 (2017), Nr. 2, S. 15–30.

Kessler, Mario: A Political Biography of Arkadij Maslow: Dissident Against His Will, 1891–1941, London 2020, Paperback-Ausgabe 2021.

Keßler, Mario (Hrsg.): Leo Trotzki oder: Sozialismus gegen Antisemitismus, Berlin 2022.

Kistenmacher, Olaf: Arbeit und »jüdisches Kapital«. Antisemitische Aussagen in der KPD-Tageszeitung *Die Rote Fahne* während der Weimarer Republik, Bremen 2016.

Laqueur, Walter: Deutschland und Russland, übers. von K. H. Abshagen, Berlin [West] 1965.

Laqueur, Walter: Russia and Germany. A Century of Conflict, [1965], New Brunswick/London 1990.

Let the Refugees into the U.S.!, in: Socialist Appeal, 19. November 1938, S. 1.

Löwy, Michael: Erlösung und Utopie. Jüdischer Messianismus und libertäres Denken, übers. von Dieter Kurz und Heidrun Töpfer, Berlin 1997.

Mandel, Ernest: Der zweite Weltkrieg, Frankfurt a. M. 1991.

Offenberg, Mario: Kommunismus in Palästina. Nation und Klasse in der antikolonialen Revolution, Meisenheim 1975.

Pätzold, Kurt/Irene Runge: Pogromnacht 1938, Berlin [DDR] 1988.

Pettersson, Fredrik: »We Are Neither Vionaries, Nor Utopian Dreamers«. Willi Münzenberg, the League Against Imperialism, and the Comintern, 1925–1933, Ph. D. Thesis, Abo/Turku 2013.

Piazza, Hans: Manabendra Nath Roy. »Ein alter und bewährter Soldat in Indiens Freiheitskampf«, in: Theodor Bergmann/Mario Keßler (Hrsg.): Ketzer im Kommunismus. 23 biographische Essays. Nachdruck der 2. erw. Aufl., Hamburg 2003, S. 197–217.

Remmele, Hermann: Sowjetstern oder Hakenkreuz. Die Rettung Deutschlands aus der Youngsklaverei und Kapitalistenherrschaft, Berlin [1930].

Rosenberg, Arthur: Entstehung und Geschichte der Weimarer Republik. Neuausgabe, hrsg. von Mario Keßler, Hamburg 2021.

Rubenstein, Sondra Miller: The Communist Movement in Palestine and Israel, 1919–1984, London/Boulder 1986.

Sauer, Bernhard: Freikorps und Antisemitismus in der Frühzeit der Weimarer Republik, in: Zeitschrift für Geschichtswissenschaft, 56 (2008), Nr. 1, S. 5–29

Schreiner, Albert: Faschistische Parolen und Schlagworte, in: Gegen den Strom, Nr. 3–8, 18. Januar – 22. Februar 1930.

Shapira, Anita: Black Night, White Snow. Attitudes of the Palestinian Labor Movement to the Russian Revolution, 1917–19, in: Jonathan Frankel (Hrsg.): Studies in Contemporary Jewry. An Annual, Bd. IV, New York/Oxford 1988, S. 144–171.

Schmidt-Soltau, Kai: Eine Welt zu gewinnen! Die antikoloniale Strategie-Debatte in der Kommunistischen Internationale zwischen 1917 und 1929 unter besonderer Berücksichtigung der Theorien von Manabendra Nath Roy, Bonn 1994.

Strauss, Eli: Geht das Judentum unter? Eine Erwiderung auf Otto Hellers »Untergang des Judentums«, Wien 1933.

Tarnopoler, L[ebesh]: Poalei Tziyon be-ma'avak 'im ha-Komintern [Die Poale Zion im Kampf mit der Komintern], in: ba-Derekh (Tel Aviv), Nr. 4 (1969), S. 70–86.

Thalheimer, August: Programmatische Fragen. Kritik des Programmentwurfs der Kommunistischen Internationale (VI. Weltkongress), hrsg. von Theodor Bergmann, Mainz 1993.

Tjaden, Karl-Hermann: Struktur und Funktion der »KPD-Opposition«, Meisenheim 1964.

Trotsky, Leon: On the Jewish Question, New York 1970.
Trotzki, Leo: Wie wird der Nationalsozialismus geschlagen?, hrsg. von Helmut Dahmer, eing. von Ernest Mandel, Frankfurt a. M. 1971.
Trotzki, Leo: Thermidor und Antisemitismus [22. Februar 1937], in: Ders.: Schriften 1: Sowjetgesellschaft und stalinistische Diktatur, Band 1.2, Hamburg 1988, S. 1040–1052.
Trotzki, Leo: Sozialismus oder Barbarei! Eine Auswahl aus seinen Schriften, hrsg. von Helmut Dahmer, Wien 2005.
Weber, Hermann: Demokratischer Kommunismus? Zur Theorie, Geschichte und Politik der kommunistischen Bewegung, Hannover 1969.
Zadoff, Mirjam: Der rote Hiob. Das Leben des Werner Scholem, München 2014.
Zehavi, Le'on (Hrsg.): Lehud o be-yahad: Yehudim ve-'Arvim be-Falestinah, al-pi mismakhe ha-Komintern, 1919–1943 [Getrennt oder gemeinsam. Juden und Araber in Palästina nach Komintern-Dokumenten, 1919–1943], Jerusalem 2005.
Zimmermann, Rüdiger: Der Leninbund. Linke Kommunisten in der Weimarer Republik, Düsseldorf 1978.

Die Sozialdemokratie zwischen den Weltkriegen

Arndt, Helmut/Heinz Niemann: Auf verlorenem Posten? Zur Geschichte der Sozialistischen Arbeiterpartei. Zwei Beiträge zum Linkssozialismus in Deutschland, Berlin 1991.
Barkai, Avraham: Die Juden als sozio-ökonomische Minderheitsgruppe in der Weimarer Republik, in: Walter Grab/Julius H. Schoeps (Hrsg.): Die Juden in der Weimarer Republik. Internationales Symposium, Stuttgart/Bonn 1984, S. 330–346.
Austriacus [Otto Bauer]: Die neue Gestalt der Judenfrage, in: Der sozialistische Kampf, Nr. 9, 24. September 1938, S. 202–205.
Bartoszewski, Władysław: Vergossenes Blut uns verbrüdert. Über die Hilfe für Juden in Polen während der Okkupation, Warschau 1970.
Beer, Susanne: »Noch ist es Zeit der Verwirrung entgegenzutreten…«. Die Abwehr des Antisemitismus im Kaiserreich und der Weimarer Republik, in: Sozial.Geschichte Online, Nr. 22/2018, S. 11–42.
Bering, Dietz: Von der Notwendigkeit politischer Beleidigungsprozesse. Der Beginn der Auseinandersetzungen zwischen Polizeivizepräsident Bernhard Weiß und der NSDAP, in: Walter Grab/Julius H. Schoeps (Hrsg.): Juden in der Weimarer Republik, Stuttgart/Bonn 1986, S. 305–330.
Blachetta-Madajczyk, Petra: Klassenkampf oder Nation? Deutsche Sozialdemokratie in Polen 1918–1939, Düsseldorf 1997.
Carsten, Francis L.: Eduard Bernstein 1850–1932. Eine politische Biographie, München 1993.
Cohen, Nathan: The Bund's Contribution to Yiddish Culture in Poland between the Two World Wars, in: Jack Jacobs (Hrsg.): Jewish Politics in Eastern Europe: The Bund at 100, Houndmills Bas. 2001, S. 112–130.
Collette, Christine: »Le soleil du socialisme commence a se lever sur le monde«: the Utopian visions of Labour Zionism, British Labour and the Labour and Socialist International in the 1930s, in: Dies./Stephen Bird (Hrsg.): Jews, Labour and the Left 1918–1948, Farnham 2000, S. 71–92.
Dadiani, L. Ja.: Rabočij Socialističeskij Internacional i sionizm [Die Sozialistische Arbeiter-Internationale und der Zionismus], in: Narody Azii i Afriki, 16 (1976), Nr. 2, S. 58–72.
Dietrich, Christian: Im Schatten August Bebels. Sozialdemokratische Antisemitismusabwehr als Republikschutz 1918–1932, Göttingen 2021.

Denz, Rebekka: Bundistinnen. Frauen im Allgemeinen Jüdischen Arbeiterbund (»Bund«) dargestellt anhand der jiddischen Biographiensammlung »Doires Bundistn«, Potsdam 2009.

Drechsler, Hanno: Die Sozialistische Arbeiterpartei Deutschlands (SAPD). Ein Beitrag zur Geschichte der deutschen Arbeiterbewegung am Ende der Weimarer Republik, Meisenheim 1965.

Elsner, Lothar: Zur Haltung der SPD gegenüber den sogenannten Ostjuden. Die Erlasse sozialdemokratischer preußischer Minister gegen asylsuchende »Ostjuden« 1919/20, in: Mario Keßler (Hrsg.): Arbeiterbewegung und Antisemitismus. Entwicklungslinien im 20. Jahrhundert, Bonn 1993, S. 19–28.

Farber, Samuel: Lessons from the Bund, in: Jacobin Online Magazine, 3. Januar 2017, jacobinmag.com/2017/01/jewish-bund-poland-workers-zionism-holocaust-stalin-israel (zuletzt 29.3.2022).

Geschichte der Sozialistischen Arbeiter-Internationale. Von einem Autorenkollektiv unter Leitung von Werner Kowalski, Berlin [DDR] 1985.

Geyer, Martin H.: Kapitalismus und politische Moral in der Zwischenkriegszeit oder: Wer war Julius Barmat?, Hamburg 2018.

Glasneck, Johannes: Die Haltung der Sozialistischen Arbeiter-Internationale zum Zionismus, in: Zeitschrift für Geschichtswissenschaft, 25 (1977), Nr. 9, S. 1028–1045.

Glasneck, Johannes: Die internationale Sozialdemokratie und die zionistische Palästina-Kolonisation in den Jahren 1929/30, in: Wissenschaftliche Zeitschrift der Martin-Luther-Universität Halle-Wittenberg. Gesellschafts- und sprachwissenschaftliche Reihe, 26 (1977), Nr. 4, S. 39–50.

Gorny, Joseph: The British Labour Movement and Zionism 1917–1948, London/Totowa, N. J. 1983.

Graf, Rüdiger: Die Zukunft der Weimarer Republik. Krisen und Zukunftsaneignungen in Deutschland 1918–1933, München 2008.

Grundmann, Siegfried: Einsteins Akte, Berlin 2004.

Gupta, Partha Sarati: Imperialism and the British Labour Movement, 1914–1964, London/Basingstoke 1979.

Harsch, Donna: German Social Democracy and the Rise of Nazism, Chapel Hill 1993.

Heid, Ludger: »Proletarier zu sein und Jude dazu, das bedeutet unsägliches Leid...« Sozialisten zur »Ostjudenfrage«, in: Ders./Arnold Paucker (Hrsg.): Juden und deutsche Arbeiterbewegung bis 1933. Soziale Utopien und religiös-kulturelle Traditionen, Tübingen 1992, S. 180–191.

Hoffmann, Dieter: Einsteins Berlin, Weinheim 2006.

Jacobs, Jack: On the Verge of Apocalypse: German Jewry, Social Democracy, and the Nazi Threat, 1928–1933. Occasional Paper No. 5, City University of New York, John Jay College, Center on Violence and Human Survival, New York 1989.

Jacobs, Jack: Creating a Bundist Counterculture: Morgnshtern and the significance of Cultural Hegemony, in: Ders. (Hrsg.): Jewish Politics in Eastern Europe: The Bund at 100, Houndmills, Bas. 2001, S. 59–68.

Jacobs, Jack: Bundist Counterculture in Interwar Poland, Syracuse, N. Y. 2009.

Jansen, Christian: Emil Julius Gumbel. Portrait eines Zivilisten, Heidelberg 1991.

Jay, Martin: Dialektische Phantasie. Die Geschichte der Frankfurter Schule und des Instituts für Sozialforschung 1923–1950, übers. von Hanne Herkommer und Bodo von Greiff, Frankfurt a. M. 1981.

Jeffries, Stuart: Grand Hotel Abgrund. Die Frankfurter Schule und ihre Zeit, übers. von Susanne Held, Stuttgart 2021.
Johnpoll, Bernard K.: The Politics of Futility. The General Jewish Workers' Bund of Poland, 1917–1943, Ithaca, N. Y. 1967.
Die jüdische Arbeiterschaft in Palästina. Aufgabe und Werk, Berlin o. J. [1928].
Kelemen, Paul: In the Name of Socialism: Zionism and European Social Democracy in the Inter-War Years, in: International Review of Social History, 41 (1996), Nr. 2, S. 331–350.
Kircheisen, Inge: Die internationale Sozialdemokratie und die Kolonialfrage zwischen den beiden Weltkriegen, Diss. B, Halle 1977.
Knütter, Hans-Helmuth: Die Linksparteien, in: George L. Mosse (Hrsg.): Entscheidungsjahr 1932. Zur Judenfrage in der Endphase der Weimarer Republik, 2. Aufl., Tübingen 1966, S. 323–345.
Knütter, Hans-Helmuth: Die Juden und die deutsche Linke in der Weimarer Republik 1918–1933, Düsseldorf 1971.
Kol, Henri-Hubert van: La démocratie socialiste international et le Sionisme, Lausanne 1919.
Kuhn, Rick: The Jewish Social Democratic Party of Galicia and the Bund, in: Jack Jacobs (Hrsg.): Jewish Politics in Eastern Europe: The Bund at 100, Houndmills, Bas. 2001, S. 133–154.
Kurz, Thomas: »Blutmai«. Sozialdemokraten und Kommunisten im Brennpunkt der Berliner Ereignisse von 1929, Bonn 1988.
Large, David Clay: »Out with the Ostjuden«. The Scheunenviertel Riots in Berlin, November 1923, in: Christhard Hoffmann/Werner Bergmann/Helmut Walser Smith (Hrsg.): Exclusionary Violence. Antisemitic Riots in Modern History, Ann Arbor, Mich. 2002, S. 123–140.
Linder, Herbert: Von der NSDAP zur SPD. Der politische Lebensweg des Dr. Helmut Klotz (1894–1943), Konstanz 1998.
MacDonald, Ramsay: A Socialist in Palestine, London 1922.
Malinowski, Stephan: Politische Skandale als Zerrspiegel der Demokratie. Die Fälle Barmat und Sklarek im Kalkül der Weimarer Rechten, in: Jahrbuch für Antisemitismusforschung, Bd. 5, Frankfurt a. M. 1996, S. 46–65.
Marwedel, Rainer: Theodor Lessing 1872–1933. Eine Biographie, Darmstadt/Neuwied 1987.
Mendelsohn, Ezra: The Jews of Central Europe between the World Wars, Bloomington, Ind. 1983.
Michael, Holger: Zwischen Davidstern und Roter Fahne. Juden in Polen im XX. Jahrhundert, Berlin 2007.
Mosse, George L.: German Socialists and the Jewish Question in the Weimar Republic, in: Leo Baeck Institute: Yearbook XVI, London 1971, S.123–151.
Mosse, George L.: German Jews beyond Judaism, Bloomington, Ind. 1985.
Niewyk, Donald L.: Socialist, Anti-Semite, and Jew. German Social Democracy Confronts the Problem of Anti-Semitism, 1918–1933, Baton Rouge, Lous. 1971.
Noske, Gustav: Erlebtes aus Aufstieg und Niedergang einer Demokratie, Zürich 1947.
Paucker, Arnold: Der jüdische Abwehrkampf gegen Antisemitismus und Nationalsozialismus in den letzten Jahren der Weimarer Republik, Hamburg 1968.
Pickhan, Gertrud: »Gegen den Strom«. Der Allgemeine Jüdische Arbeiterbund (»Bund«) in Polen 1918–1939, Stuttgart/München 2001.

Programm und Dokumente des Allweltlichen Jüdischen Sozialistischen Arbeiterverbandes des Poale-Zion, Berlin o. J.

Pyta, Wolfram: Gegen Hitler und für die Republik. Die Auseinandersetzung der deutschen Sozialdemokratie mit der NSDAP in der Weimarer Republik, Düsseldorf 1989.

Sabrow, Martin: Die verdrängte Verschwörung. Der Rathenau-Mord und die deutsche Gegenrevolution, Frankfurt a. M. 1999.

Schölch, Alexander: Das Dritte Reich, die zionistische Bewegung und der Palästina-Konflikt in: Vierteljahrshefte für Zeitgeschichte, 30 (1982), Nr. 4, S. 646–674.

Schwartz, Michael: Sozialistische Eugenik. Eugenische Sozialtechnologien in Debatten und Politik der deutschen Sozialdemokratie 1890–1933, Bonn 1995.

Seeck, Andreas (Hrsg.): Durch Wissenschaft zur Gerechtigkeit? Textsammlung zur kritischen Rezeption des Schaffens von Magnus Hirschfeld, Berlin/Münster 2003.

Sudejkin, A. G.: Kolonial'naja politika Lejboristskoj Partii Anglii meždu dvumja mirovymi vojnami [Die Kolonialpolitik der Labour Party Englands zwischen den beiden Weltkriegen], Moskau 1976.

Timm, Angelika: Nationalismus und Sozialreformismus in den jüdischen Arbeiterorganisationen Europas und Palästinas bis 1930, Phil. Diss., Berlin 1976.

Tomicki, Jan: Lewica socjalistyczna w Polsce 1918–1939 [Die sozialistische Linke in Polen 1918–1939], Warszawa 1982.

Vandervelde, Émile: Schaffendes Palästina, Dresden 1930.

Walter, Dirk: Antisemitische Kriminalität und Gewalt. Judenfeindschaft in der Weimarer Republik, Bonn 1999.

Wedgwood, Josiah C.: The Seventh Dominion, London 1927.

Wein, Susanne: Abgeordnete jüdischer Herkunft und Antisemitismus im Weimarer Reichstag, in: E-Newsletter für die deutschsprachigen Länder der International School of Holocaust Studies (Yad Vashem), September 2012,

www.yadvashem.org/de/education/newsletter/7/jews-in-weimar-reichstag.html (zuletzt 29.3.2022).

Weis, Florian: Ein sozialistisches neues Jerusalem? Jüdinnen und Juden in der britischen Arbeiterbewegung, in: Riccardo Altieri u.a. (Hrsg.): »Die jüdische Frage mit der allgemeinen proletarischen Bewegung zu vereinen«. Jüdinnen und Juden in der internationalen Linken, Berlin 2021, S. 59–67.

Wiggershaus, Rolf: Die Frankfurter Schule. Geschichte, politische Entwicklung, theoretische Bedeutung, München 1988.

Winkler, Heinrich August: Der Schein der Normalität. Arbeiter und Arbeiterbewegung in der Weimarer Republik 1924 bis 1930, 2. Aufl., Bonn 1984.

Winkler, Heinrich August: Der Weg in die Katastrophe. Arbeiter und Arbeiterbewegung in der Weimarer Republik 1930 bis 1933, 2. Aufl., Bonn 1990.

Wolff, Frank: Neue Welten in der Neuen Welt. Die transnationale Geschichte des Allgemeinen Jüdischen Arbeiterbundes 1897–1947, Köln/Weimar/Wien 2014.

Yago-Jung, Ilse Elisabeth Veronika: Die nationale Frage in der jüdischen Arbeiterbewegung in Rußland, Polen und Palästina bis 1929, Diss., Frankfurt a. M. 1976.

Zilkenat, Reiner: »Ostjuden« als Objekte gewalttätiger Aktionen im Berlin der Weimarer Republik. Der Pogrom im Scheunenviertel am 5. und 6. November 1923, in: Mario Keßler (Hrsg.): Antisemitismus und Arbeiterbewegung. Entwicklungslinien im 20. Jahrhundert, Bonn 1993, S. 29–34.

Abkürzungsverzeichnis

AJAP	Algemajne Jidisze Arbajter Partaj (Allgemeine Jüdische Arbeiterpartei)
CSP	Christlichsoziale Partei
CV	Centralverein deutscher Staatsbürger jüdischen Glaubens
DDP	Deutsche Demokratische Partei
DVP	Deutsche Volkspartei
DNVP	Deutschnationale Volkspartei
EAO	Evrejskaja avtonomnaja oblast' (Jüdisches Autonomes Gebiet)
EKKI	Exekutivkomitee der Kommunistischen Internationale
GPU	Gosudarstvennoe Političeskoe Upravlenie (Staatliche Politische Verwaltung; die sowjetische Geheimpolizei 1922–1934)
IASP	Internationale Arbeitsgemeinschaft Sozialistischer Parteien
Inprekorr	Internationale Pressekorrespondenz
ISB	Internationales Sozialistisches Büro
Jewkom	Evrejskij kommissariat (Jüdisches Kommissariat)
Jewsekzija	Jüdische Sektion(en)
JKP-PZ	Jüdische Kommunistische Partei – Poale Zion
JSDP	Jüdische Sozialdemokratische Partei
JSDR-PZ	Evrejskaja social-demokratičeskaja rabočaja partija – Poalej Zion (Jüdische Sozialdemokratische Arbeiterpartei Poale Zion)
KAP	Kommunistische Arbeiterpartei
KCZZ	Komisja Centralna Zwiazków Zawodowych (Zentralkommission der Klassengewerkschaften)
KfdO	Komitee für den Osten
Komzet	Komitet po zemel'nomu ustrojstvu evrejskich trudjaščichsja (Komitee zur landwirtschaftlichen Ansiedlung jüdischer Werktätiger)
KP	Kommunistische Partei
KPO	Kommunistische Partei Deutschlands-Opposition
KPdSU(B)	Kommunistische Partei der Sowjetunion (Bolschewiki)
KPP	Kommunistische Partei Palästinas
KPR(B)	Kommunistische Partei Russlands (Bolschewiki)
Mapai	Mifleget Poale; Eretz Israel (Arbeiterpartei Palästinas)
MEW	Marx-Engels-Werke
MKP	Miflagah ha-Komunistit ha-Palestinit (Palästinensische Kommunistische Partei)
MPS	Mifleget ha-Poalim ha-Sotsialistiim (Sozialistische Arbeiterpartei)
MPSI	Mifleget ha-Poalim ha-Sotsialistim ha-Ivriyim (Jüdische Sozialistische Arbeiterpartei)
MPSI-PZ	Mifleget ha-Poalim ha-Sotsialistim ha-Ivriyim – Poalei Tziyon (Jüdische Sozialistische Arbeiterpartei Poale Zion)
NEP	Novaja ekonomičeskaja politika (Neue Ökonomische Politik)
NKWD	Narodny Kommissariat Vnutrennych Del' (Volkskommissariat für Innere Angelegenheiten; 1934–1946 auch Bezeichnung für die ihm unterstellte Geheimpolizei)
NZ	Neue Zeit
Omtur	Organizacja Młodzieży Towarzystwa Uniwersytetu Robotniczego (Jugendorganisation der Gesellschaft der Arbeiter-Universität)

Ozet	Obščestvo po zemel'nomu ustrojstvu evreev trudjaščichsja (Gesellschaft zur Landansiedlung werktätiger Juden)
PKP	Palestinishe Komunistishe Partey (Palästinensische Kommunistische Partei)
PPS	Polska Partia Socjalistyczna (Polnische Sozialistische Partei)
PSDP	Polnische Sozialdemokratische Partei Galiziens und Schlesiens
PZ	Poale Zion
RF	Die Rote Fahne (Tageszeitung der KPD)
RSFSR	Russische Sozialistische Föderative Sowjetrepublik
SAI	Sozialistische Arbeiter-Internationale
SAP	Sozialistische Arbeiterpartei
SAPMO	Stiftung Archiv der Parteien und Massenorganisationen der DDR im Bundesarchiv
SDAPÖ	Sozialdemokratische Partei Deutsch-Österreichs
SDAPR	Sozialdemokratische Arbeiterpartei Russlands
SDF	Social Democratic Federation
SDKPiL	Socjaldemokracja Królestwa Polskiego i Litwy (Sozialdemokratie des Königreichs Polen und Litauens)
SERP	Socialističeskaja Evrejskaja Rabočaja Partija (Sozialistische Jüdische Arbeiterpartei)
SDF	Social Democratic Federation
SM	Sozialistische Monatshefte
Tsysho	Tsentrale Yidishe Shulorganisatsye (Zentrale Jüdische Schulorganisation)
ZK	Zentralkomitee
ZPKK	Zentrale Parteikontroll-Kommission
ZWO	Zionistische Weltorganisation
ZS	Zionisten-Sozialisten
ZSZ	Związek Stowarzyszeń Zawodowych (Union der Berufsverbände)
ZWO	Zionistische Weltorganisation

Allgemein bekannte Abkürzungen wie KPD, SPD, NSDAP, USA wurden nicht aufgelistet.